Schreiben lernen im Sozialismus
Das Institut für Literatur »Johannes R. Becher«

Gedruckt mit freundlicher Unterstützung der
Deutschen Forschungsgemeinschaft und dem
Zentrum für Zeithistorische Forschung Potsdam

Isabelle Lehn | Sascha Macht | Katja Stopka

Schreiben lernen im Sozialismus

Das Institut für Literatur
»Johannes R. Becher«

Wallstein Verlag

Bibliografische Information der Deutschen Nationalbibliothek
Die Deutsche Nationalbibliothek verzeichnet diese Publikation in der
Deutschen Nationalbibliografie; detaillierte bibliografische Daten
sind im Internet über http://dnb.d-nb.de abrufbar.

© Wallstein Verlag, Göttingen 2018
www.wallstein-verlag.de

Vom Verlag gesetzt aus der Stempel Garamond
Umschlagabbildung von Fritz Barthel
Druck und Verarbeitung: Hubert & Co, Göttingen

978-3-8353-3232-4

Inhalt

Einleitung 11

I. »Von der Lehrbarkeit der literarischen Meisterschaft« –
Das Leipziger Literaturinstitut als bildungspolitisches und
literaturpädagogisches »Experiment«
1. Institutsgründung unter Vorbehalten 31
   1.1 Literatur aus der »Retorte«? 34
   1.2 Kultur- und bildungspolitische Gründungsmotive 37
2. »Wie ist literarische Meisterschaft in unserer Zeit lehrbar?« . . . 41
   2.1 »Literarische Begabung« und »Sozialistische Persönlichkeit«
      im Auswahlverfahren 41
   2.2 Das Literaturinstitut als literaturpädagogisches
      »Experimentierfeld« 48
3. Was bleibt? Vom »Sinn und Zweck« des Studiums
aus Absolventenperspektive 69

II. Zwei Direktoren: Alfred Kurella und Max Walter Schulz
1. Leitungsstil 91
2. Linker Dogmatiker mit bürgerlicher Ausstrahlung 92
3. Vom Studenten zum Direktor 98

III. Exkurs: Der sozialistische Realismus in der DDR
und seine Facetten
1. Staatsauftrag 109
2. Entwicklungslinien 111
3. Zur Relevanz des sozialistischen Realismus in
der Schriftstellerausbildung am Institut für Literatur 129

IV. Prominente Studenten, prominente Dozenten. Der erste Jahrgang
1. Die Studenten der ›ersten Stunde‹ 137
2. Die Dozenten und ihre Lehrfächer 145
3. Das Prosa-Seminar von Wieland Herzfelde 151
   3.1 Hemingways *Der alte Mann und das Meer* 151
   3.2 Georg Lukács und Traditionen des sozialistischen Realismus 155
   3.3 Tauwetter 164

4. Besuch des IV. Deutschen Schriftstellerkongresses 166
5. Die weitere Entwicklung des Instituts für Literatur
   in den 50er Jahren 172
   5.1 Reformierung des Studiums 174
   5.2 Literarische Erträge des Studiums in den 1950er Jahren . . . 178
6. Die systemkonformen ersten Jahre 186

V. Werner Bräunig am Institut für Literatur »Johannes R. Becher«
1. Werner Bräunigs Weg zum Institut für Literatur 197
2. Student am Institut für Literatur und Aufstieg als
   sozialistischer Schriftsteller 199
3. Die künstlerische und theoretische Abschlussarbeit 201
4. Dozent am Institut für Literatur und Abstieg eines Autors . . . 206

VI. »[...] bei Zack muss man den Kopf wegnehmen« –
Die wechselhaften 60er Jahre
1. Das Institut für Literatur auf dem Bitterfelder Weg 219
   1.1 Die Institutsanthologie *Ruf in den Tag* (1960) 222
   1.2 Literatur im Dialog mit der Öffentlichkeit 228
2. Der Mauerbau 231
3. Tauwetterphase und literarische Neuerungen 234
4. Das Scheitern des Bitterfelder Weges und das Erstarken der
   Lyrik am Institut 243
5. Das 11. Plenum und seine Folgen: Exmatrikulationswelle
   und literarischer Rückzug ins Private 248
6. Curriculum und Lehrpläne der Jahre 1966/1967 257
7. Prager Frühling und Existenzkampf des Instituts 260

VII. Der Lyrik-Professor Georg Maurer und seine Schüler
Heinz Czechowski, Sarah Kirsch und Rainer Kirsch
1. Der Professor und seine Studenten 283
   1.1 Georg Maurer und sein Werdegang zur
       pädagogischen Leitfigur des Instituts 286
   1.2 Georg Maurers Unterrichtsmethode 290
   1.3 Kritische Stimmen aus dem Kollegium 295
   1.4 Maurers Beitrag zur Reputation des Instituts 297

2. Eine junge Lyrikergeneration um Georg Maurer 299
   2.1 Der Dichter Heinz Czechowski als Student (1958–1961) . . 303
   2.2 Sarah Kirsch und Rainer Kirsch am
      Johannes-R.-Becher-Institut (1963–1965) 321
3. Begrenzte Strahlkraft 343

VIII. Lern- und Schreibprozesse im Studium:
»Poetische Konfessionen« der Absolventen
1. Über das Schreiben schreiben –
   Ringen um ein poetologisches Selbstverständnis 361
2. Die Ausbildung als Krisenerfahrung –
   Umgang mit Kritik und Vergleichsdruck 365
3. Exkurs: Armeeschriftsteller am Becher-Institut 371
4. Von epigonalen Ursprüngen zu literarischer Eigenständigkeit . . 375
5. Über die Sprachlosigkeit – (Selbst-)Zensur, Erfolgsdruck und
   Schreibkrisen 378
6. Autobiographische Inhalte und Motive des Schreibens 385
7. ›Weltanschauliche Haltung‹ der Autoren und
   ›Parteilichkeit‹ literarischer Inhalte 394
8. Ästhetisches Dogma oder literarische Formenvielfalt? 397
9. Die Poetischen Konfessionen als historische Quellen und
   literarische Zeugnisse 402

IX. Zwischen vorsichtigen Liberalisierungstendenzen und erneuter
Bevormundung – Das Institut für Literatur in den 70er Jahren
1. Studienjahrgänge und Lehrkollegium in den 70er Jahren 416
2. Zwischen Gehorsam und Eigensinn – Studienalltag Anfang
   der 70er Jahre 419
   2.1 Die Selbstdarstellung des IfL in den offiziellen Dokumenten
      an das MfK 419
   2.2 »vorausgesetzt, daß der Text etwas wert ist« –
      Das IfL und seine interne Autonomie 422
3. Einblicke in Schreibpraxis, Seminarinhalte
   und Literaturdiskussion 430
   3.1 Die Essay-Anthologie *Tauchnitzstraße –
      Twerskoi Boulevard* 430
   3.2 Fortschreitende ›Öffnung zur Literatur der Moderne‹ . . . 435

4. Rückfall in den Dogmatismus? – Die Biermann-Ausbürgerung
   am Institut für Literatur 439
   4.1 Widerstand auf Seiten der Studierenden 440
   4.2 Widerstand auf Seiten der Dozenten 443
5. Literarisch Diverses – Ein Blick in die
   künstlerischen Abschlussarbeiten 446
   5.1 Die Darstellung industrieller Arbeitswelt 449
   5.2 Weibliche Selbstbestimmung 452
   5.3 Kritik an der sozialistischen Alltagswirklichkeit 454
6. Tendenzen literarischer Emanzipation 457

X. Ästhetischer Eigensinn ohne Staatsauftrag. Die undogmatischen 80er Jahre am Literaturinstitut

1. Die langen 80er Jahre 469
2. Situation am Becher-Institut 473
3. Die Sache mit dem Statut 476
4. Realistisches Schreiben jenseits des sozialistischen Realismus . . 484
5. Aus den Studienarbeiten: Von Türmen, Narren und Göttern . . 486
   5.1 *Turmgesellschaft* 487
   5.2 *Wenn ich groß bin, flieg ich zu den Sternen* 490
   5.3 *Legende* 495
6. Wer durfte studieren? Zulassungsverfahren 502
7. Noch einmal aus den studentischen Arbeiten:
   Von Eidechsen, Königskindern und verkästen Hoffnungen . . . 508
   7.1 Prosa 508
   7.2 Lyrik 516
   7.3 Dramatik 519
8. Dynamisierung durch Stillstellung 521

XI. Die Abwicklung des DDR-Instituts und die Folgen. Ein Resümee

1. Wende und Aufbruch 535
2. »Abwicklung« und Neugründung 539
3. Aufarbeitung und Ausblick 545

Zu den Archivbeständen und Quellen 555

Quellen und Literatur 563
1. Abkürzungen 563
2. Quellen 564
3. Literatur 565
   3.1 Künstlerische und theoretische Abschlussarbeiten
       der Studierenden 565
   3.2 Gedruckte Quellen 568
   3.3 Forschungsliteratur 579

Dank 593

Personenregister 595

Einleitung

Die Idee, Mitte des 20. Jahrhunderts ein Institut für literarisches Schreiben in Leipzig einzurichten, basierte auf der Überlegung, ›Schriftstellerei‹ könne man lernen. Dies schien freilich eine gewagte These im deutschen Sprachraum, in dem im 18. Jahrhundert noch ›Genies‹ geboren und nicht etwa erzogen wurden – eine Auffassung, die auch 200 Jahre später nicht grundsätzlich überkommen war. Aber in einem Teil Deutschlands war nach 1945 mit dem Sozialismus ein neuer Geist eingezogen. Um einem politischen Weltbild Platz zu machen, das mit dem Ziel einer klassenlosen Gesellschaft verbunden war, sollte mit den bürgerlichen Vorstellungen von Genialität, Individualität und Elitarismus gründlich aufgeräumt werden. In der Sowjetischen Besatzungszone (SBZ) und der Deutschen Demokratischen Republik (DDR) galt es einen sozialistischen Staat der Arbeiter und Bauern[1] aufzubauen. An diesem kollektiven Gesellschaftsentwurf wollte man auch die Künste des Landes beteiligen, insbesondere die Literatur, insofern diese »als eines der subtilsten und als eines der wirkungsvollsten Mittel der Bewußtseins- und Gefühlsbildung des Volkes« betrachtet wurde.[2] Entsprechend machte es sich das Leipziger Literaturinstitut zur Aufgabe, Schriftsteller dahingehend auszubilden, für und über den Sozialismus zu schreiben.[3]

Seine Tore öffnete das Institut für Literatur »Johannes R. Becher« am 30. September 1955. Zunächst unter dem Namen *Institut für Literatur* firmierend, wurde es mit einer Festveranstaltung an seinem Standort in Leipzig eingeweiht. Im direkten Anschluss begann im Oktober das erste Studienjahr. 1958 erhielt das Institut den Status einer Kunsthochschule und war damit die erste und lange Zeit auch einzige akademische Einrichtung für literarisches Schreiben im deutschsprachigen Raum. 1959 verlieh man ihm schließlich den Namen des 1958 verstorbenen Schriftstellers und ersten DDR-Ministers für Kultur.

»Über die vielfältigen objektiven und subjektiven Schwierigkeiten im Prozeß der Gründung existieren so gut wie keine ›Protokolle‹«, wird zwanzig Jahre nach Institutsgründung der damalige Direktor Max Walter Schulz bedauern.[4] Entsprechend rankt sich die Legendenbildung. Die Gründung des Instituts basierte aber keineswegs, wie häufig behauptet, auf der Initiative zweier Personen, zu denen neben Walter Ulbricht, dem Ersten Sekretär des ZK der SED, der Gründungsdirektor des Literaturinstituts Alfred Kurella gezählt wurde.[5] Vielmehr muss, wie in jedem Fall, die Schaffung einer Institution in einen größeren systemischen Zusammenhang gestellt werden, anstatt sie auf die Interessen einiger weniger Personen zurückzuführen.[6] Die DDR hatte in ihrer Aufbauphase immerhin klare kulturpolitische Vorstellungen, wie die Künste und vor allem die Literatur als Vermittlungsinstanz für die Verbreitung sozialistischer Ideen einzusetzen waren. Ohne die Kooperation und Vernetzung verschiedener staatlicher bzw. kulturpolitischer Organisationen und Behörden wäre die Einrichtung und Unterhaltung einer solchen Kunstschule nicht realisierbar gewesen. So trifft letztlich auch nicht zu, dass zwischen dem Vorschlag, ein solches Institut zu gründen, und seiner Realisierung lediglich zwei kurze Jahre gelegen haben sollen.[7] Denn bereits einige Monate nach der Staatsgründung der DDR war von einer Schriftstellerschule erstmals die Rede gewesen. Das zeigt zumindest der mittlerweile legendäre Tagebucheintrag von Johannes R. Becher, in dem er sich im Januar 1950 über die »Bildung eines Literatur-Erziehungs-Instituts (Internats)«[8] mokierte, einen Vorschlag, der der sich gerade erst gründenden Akademie der Künste in Ostberlin angetragen worden war.[9] Wiederum zwei Jahre später forderte der 1. Sekretär des Deutschen Schriftstellerverbandes (DSV) Kurt Barthel, genannt Kuba, auf dem III. Schriftstellerkongress im Mai die Gründung eines Literaturinstituts, das anscheinend bereits in vieler Munde war: »Um die Jungen auf das Niveau der Erfahrungen zu bringen, ist das viel besprochene, viel gefürchtete, viel erwartete Institut für Literatur notwendig.«[10] Der Schriftstellerverband übernahm ab Februar 1953 zunächst die ersten Vorbereitungsarbeiten für die Installierung eines solchen Instituts. In diesem Zuge wurde eine Kommission gebildet, die im Mai desselben Jahres das sowjetische Literaturinstitut Maxim Gorki in Moskau besuchte, das – so lautete zumindest der Plan – als Vorbild des DDR-Instituts dienen sollte.[11] Als dann im Januar 1954 das Ministerium für Kultur (MfK) gegründet wurde, um eine einheitliche Kulturpolitik auf den Gebieten der Künste und der Kunstpolitik zu gewährleisten, sollte die Angelegenheit dorthin verlagert werden. Im MfK wurde im Juli 1954 dann ein detaillierter Plan für die Institutsgründung vorgelegt, in dem auch die jeweiligen Zuständigkeiten von MfK und DSV erläutert wurden.[12] Während dieser Phase begann nun auch das Zentralkomitee in Gestalt von Walter Ulbricht sich für diese Pläne zu interessieren und unterstützte sie fortan nachdrücklich.[13] So konnte auf seinen Vorschlag hin Alfred Kurella bereits im April 1954 zum Direktor des zu gründenden Instituts ernannt werden, der – nun auch im MfK tätig – sich an der Ausarbeitung des Institutskonzepts maßgeblich beteiligte.[14] Nach einigem Hin und Her, das unter anderem durch finanzielle Engpässe und Uneinigkeiten über den Standort verursacht worden war und die geplante Eröffnung des Literaturinstituts mehrmals verzögert hatte, war im Februar 1954 dann erstmals offiziell von der Eröffnung eines Instituts für Literatur in Leipzig die Rede.[15] Der Eröffnungstermin wurde allerdings erst wesentlich später genannt. Mit Johannes R. Becher, dem ersten Minister für Kultur in der DDR, erhielt das Institut seine Bewilligung ironischerweise von einem seiner frühesten Kritiker – und nicht nur das, sollte es sich doch späterhin sogar mit dessen Namen schmücken dürfen.

Die Steuerung und Kontrolle des Literaturinstituts erfolgte durch das Zentralkomitee der SED, das MfK, den DSV und dessen Unterorganisationen, zu denen als wichtigste die Arbeitsgemeinschaften Junger Autoren (AJA) und die FDJ-Jugendorganisation gehörten, aus denen wiederum die Studierenden rekrutiert werden sollten. Des Weiteren spielten vor allem auch die DDR-Verlage eine für das Institut wesentliche Rolle. Denn durch sie konnten erst die Arbeitsergebnisse des Instituts respektive die im Haus entstandenen Kollektivwerke sowie die literarischen Erzeugnisse der einzelnen Studierenden der Öffentlichkeit präsentiert werden. Nicht zuletzt am Erfolg dieser Publikationen, ihren Auflagenzahlen und der Resonanz von Leserschaft und Literaturkritik sollte sich schließlich die Rentabilität der Literaturhochschule bemessen. Neben Verlagen wie dem Leipziger *Paul List Verlag*, dem FDJ-Verlag *Neues Leben* und dem renommierten Berliner *Aufbau-Verlag* war der in Halle (Saale) ansässige *Mitteldeutsche Verlag* (MDV) für das Institut besonders wichtig, hatte der Verlag sich im Verlauf der 50er Jahre doch als Publikationsort für sozialistische Gegenwartsliteratur profilieren können.[16] Seit der Gründung des Instituts bestanden gute Kontakte zwischen beiden Institutionen, von denen wechselseitig profitiert wurde. Laut des Buchwissenschaftlers Siegfried Lokatis entwickelte sich das Literaturinstitut sogar zu einer »Bastion des Verlages«,[17] nachdem der MDV maßgeblich an der Organisation und Durchführung der Bitterfelder Konferenz beteiligt gewesen war, die für die Entwicklung des Instituts für Literatur gleichfalls einschneidend werden sollte. Und auch die Dozenten des Instituts kamen bisweilen aus den Reihen des Verlages, durch deren Beziehungen wiederum Arbeitsplätze im Verlag für Institutsabsolventen ermöglicht werden konnten. Umgekehrt schickte der Verlag immer wieder auch seine Mitarbeiter und Autoren zu Fortbildungen in die Schreibschule.[18] Des Weiteren stellten die Literaturzeitschriften *neue deutsche literatur* (*ndl*), *Weimarer Beiträge* und *Sinn und Form* eine Plattform für die am Institut für Literatur entstandene Literatur (im Folgenden auch Becher-Institut, Literaturinstitut oder abgekürzt IfL genannt) dar sowie für Beiträge von Lehrenden wie Studierenden, die über die Lehrmethoden, über Arbeitsatmosphäre bzw. Arbeitsbeziehungen am Haus und über persönliche Schreiberfahrungen berichteten. Die Tagespresse spielte ebenfalls eine wichtige Rolle. Vor allem die Parteizeitung *Neues Deutschland* (ND) sah sich in der Pflicht der Berichterstattung über das Becher-Institut, informierte über seine Studienjahrgänge, seine Veranstaltungen und Publikationen oder ließ Angehörige des Instituts über Aufgaben, Ziele und Ergebnisse der Ausbildungsstätte resümieren.

Vor dem Hintergrund dieser kulturellen Verflechtungen steht außer Frage, dass das Literaturinstitut eingebettet war in das literarische Feld der DDR. Zur Einhegung und Bestimmung des Gegenstandsbereichs DDR-Literatur gehen wir also von Pierre Bourdieus Theorie des literarischen Feldes aus[19] – im Bewusstsein einer durchaus prekären Zuschreibung, wenn man das Verständnis eines autonom gedachten literarischen Feldes als Ausgangspunkt von Bourdieus Feldtheorie ansetzt,[20] das in der DDR durch die strukturelle Fremdbestimmung der Kunst durch die Politik (Heteronomie) nicht gegeben ist. Deshalb orientieren wir uns an dem ebenso pragmatischen wie bestechenden Vorschlag von Heribert Tommek, den er in seiner 2015 erschienenen Studie *Der lange Weg in die Gegenwartsliteratur* vorgestellt hat.

> Angesichts der Ausprägung eines von der Kulturpolitik maßgeblich bestimmten nationalliterarischen Raumes in der DDR soll daher zunächst von einem vom literarischen *Feld* in der BRD getrennten literarischen *Raum* in der DDR ausgegangen werden.[21]
>
> Ein literarisches Feld definiert sich nach Bourdieu durch ein Mindestmaß an Autonomie, d. h. durch die Ausprägung eines gesellschaftlichen Teilbereichs (nomos), wo selbstbestimmte, hier: lite-

EINLEITUNG 15

rarische ›Spiel- und Glaubensregeln‹ (doxa) als Maßstab seiner Abgrenzung von anderen Feldern wie auch als Reproduktionskriterium gelten. Dagegen ist von einem »Raum« zu sprechen, wenn die (Re-)-produktion des *nomos* sowie die durch diese Logik definierten Akteure [...] über keine autonomen Legitimationsinstanzen verfügen.[22]

Diese Abgrenzung hat den Vorteil, dass man den Autonomie-Status, den die jeweiligen sozialen Felder nach Bourdieus Feldtheorie aufzeigen müssen, in Bezug auf das DDR-Literatursystem relativieren und damit seine politische Abhängigkeit markieren kann. So muss man auf Bourdieus Feldtheorie als ein konstruktives Analyseinstrument für die DDR-Literaturgesellschaft nicht verzichten. Denn obwohl »der Literatur vom Feld der Macht kein oder nur begrenztes ästhetisches Eigenrecht zugestanden wird«,[23] lassen sich doch auch hier für das »Feld« spezifische Ressourcen und Spielregeln erkennen sowie auch Hegemonialkämpfe ausmachen. Denn eine generelle »Durchherrschtheit«[24] des literarischen Raums gab es indes auch in der DDR nicht. Zudem erweist sich diese Abgrenzung zwischen *Raum* und *Feld* für eine Binnendifferenzierung des Zeitraums der ›langen‹ 1980er Jahre als besonders tauglich, insofern man Ausprägungen eines sich nun tatsächlich als autonom entwickelnden literarischen Feldes differenzieren und nachzeichnen kann.

•

Von der Gründung des IfL bis zu seiner Schließung im Jahre 1993 konnten sich insgesamt 990 Absolventen in drei verschiedenen Studiengängen qualifizieren. Unter ihnen befanden sich viele Autoren, die zum Teil bereits während ihres Studiums, aber vor allem nach ihrem Hochschulabschluss eine prominente Rolle im literarischen Raum der DDR wie auch der BRD spielen sollten. Genannt seien u. a., der Reihenfolge ihrer Studienabschlüsse nach, Adolf Endler, Ralph Giordano, Erich Loest, Fred Wander, Karl-Heinz Jakobs, Werner Bräunig, Heinz Czechowski, Sarah Kirsch, Angela Krauß, Thomas Rosenlöcher, Katja Lange-Müller, Kurt Drawert, Kerstin Hensel, Kathrin Aehnlich, Barbara Köhler und Ronald M. Schernikau. Zudem haben sich nicht wenige der Studierenden, die aus politischen wie privaten Gründen das Studium nicht zum Abschluss gebracht hatten, einen literarischen

Ruf erworben – und das nicht nur in der BRD, wie etwa Helga Maria Novak, sondern auch in der DDR, wie Rainer Kirsch, Andreas Reimann, Kurt Bartsch und Gert Neumann, Paul Gratzik, Martin Stade und Gerti Tetzner. Neben diesen heute noch literarisch anerkannten Autoren gingen, vor allem in den 50er und frühen 60er Jahren, zahlreiche »Parteidichter« und später höchst erfolgreiche DDR-Schriftsteller aus dem Institut hervor, unter ihnen Günter Görlich, Walter Flegel, Gerhard Holtz-Baumert, Werner Lindemann, Helmut Preißler, Fred Rodrian und Max Walter Schulz. Der im Verhältnis eher kleinen Zahl an heute oder damals bekannteren Literaten steht die weitaus größere an weniger erfolgreichen Autoren und »Gebrauchsdichtern« gegenüber, die ihre erworbenen Kenntnisse nach dem Studium entweder in den literarischen Zirkeln schreibender Arbeiter, Bauern und Soldaten weitergegeben haben oder für propagandistische Zwecke in Politik und Wirtschaft dichterisch tätig waren. Viele von ihnen sind unbekannt geblieben, heute vergessen oder nur regional in Erinnerung, andere haben das Schreiben ganz aufgegeben und im Anschluss an ihr Studium im Kultur- und Verlagsbereich gearbeitet oder in ein anderes Fach gewechselt.

Die Leitlinien des Instituts sind in dem 1955 in Kraft gesetzten Statut begründet, wodurch das Institut die grundlegende Aufgabe hatte, »durch seine Forschungs- und Lehrtätigkeit die Entwicklung der zeitgenössischen deutschen Literatur im Geiste der fortschrittlichen Traditionen und Errungenschaften [...] zu fördern« und Schriftsteller »vor allem aus der Arbeiterklasse und der werktätigen Bauernschaft« fortzubilden. »Jeder Studierende«, heißt es weiter, »ist dem werktätigen Volk gegenüber zu vollem Einsatz seiner Kräfte verpflichtet«.[25] Für diese Leitlinien war vor allem auch der Gründungsdirektor maßgeblich verantwortlich. Mit dem in sozialistischer Bewusstseinsbildung erfahrenen Schriftsteller Alfred Kurella hatte das MfK einen Kulturfunktionär erster Güte für das Direktorenamt der ersten Jahre gewinnen können. Für Kurella bestand die Grundüberzeugung darin, dass der Schriftsteller »bildend und ändernd in die Wirklichkeit des Menschenlebens eingreifen« solle und entsprechend dafür ausgebildet werden müsse.[26] Bis zu seiner Abwicklung sollte diese Überzeugung zumindest offiziell das Leitbild des Instituts prägen.

Im Verlauf der ersten fünfzehn Jahre des Institutsbestehens hatte man drei Studienrichtungen entwickelt. Man unterschied ein Direktstudium, ein Fernstudium und einen Sonderlehrgang. Den dreijährigen Direktstudiengang schlossen die Studierenden mit dem akademischen Grad eines Diploms ab; für das berufsbegleitende dreijährige Fernstudium erhielten Absolventen ein sogenanntes ›Teildiplom‹. Die Sonderlehrgänge für etablierte Autoren und Kulturschaffende dauerten in der Regel ein Jahr und verliefen ohne abschließende Prüfungsverfahren. Dozenten des Instituts kamen aus unterschiedlichen Bereichen: Schriftsteller wie auch Hochschullehrer konnten sich qualifizieren, aber auch Kulturfunktionäre lehrten am Institut. Im Laufe der Jahre gaben zahlreiche namhafte Autoren und Wissenschaftler Seminare am Literaturinstitut oder hielten Vorlesungen, unter ihnen Hans Mayer, Ernst Bloch, Victor Klemperer, Wieland Herzfelde, Georg Maurer, Trude Richter, Werner Bräunig und Max Walter Schulz.

Um zum Studium am Becher-Institut zugelassen zu werden, galten strikte Kriterien. Nicht nur die von einer Immatrikulationskommission attestierte schriftstellerische Begabung war ausschlaggebend, auch eine Berufsbildung (Studium, Lehre) wurde vorausgesetzt, ebenso wie erste Veröffentlichungen. Dass die Studierenden des Becher-Instituts in der Regel älter waren als Studienanfänger an anderen Hochschulen, hing nicht zuletzt mit den Anforderungen an ihren Ausbildungs- und ›Reifegrad‹ zusammen. In diesem Kontext erklärt sich auch das üppige Stipendium: Weil sie im Durchschnitt um die dreißig waren,[27] häufig Familien zu ernähren hatten und für das Studium ihre Arbeitsplätze aufgeben mussten, erhielten die Studierenden im Vergleich zu anderen Studienstipendien, die in der DDR gewährt wurden, immens hohe monatliche Zuschüsse von bis zu 600 Mark.[28]

Die Lehre am IfL setzte sich aus den sogenannten schöpferischen Seminaren für Prosa, Lyrik und Dramatik zusammen und aus wissenschaftlichen Seminaren und Vorlesungen zu den Gesellschaftswissenschaften (vor allem zum Marxismus-Leninismus), zur Literaturgeschichte und zu Allgemeiner Geschichte sowie zur Ästhetik, zu deutscher Sprache und Weltliteratur. Neben Seminarbesuch und literarischer Produktion waren darüber hinaus mehrwöchige Praktika Bestandteil des Studiums, die in den 50er Jahren zunächst überwiegend in Verlagen, Kulturinstitutionen und Redaktionen absolviert wurden.[29] Im Zuge des Bitterfelder Programms verlegte man sie dann aber vermehrt in die industrielle Produktion und hielt daran bis zur Abwicklung fest.

Im Folgenden sollen das Aufgabenspektrum und die Zielstellung des Becher-Instituts, eine qualitätshaltige sozialistische Literatur zu fördern und mit den Mitteln einer besonderen Ausbildung zu etablieren, ebenso vergegenwärtigt werden wie die mit diesen Absichten gleichfalls verbundene Konfliktgeschichte. Für unsere Untersuchung ergibt sich daraus ein Spannungsfeld, in dem sich kulturpolitische, literaturpädagogische und ästhetische Ansprüche wie Praxen in ihrer wechselseitigen Bedingtheit zu erkennen geben und damit auch institutionalisierte Schreibprozesse im Verhältnis zu ihren literarischen Erträgen erörtert werden können.

•

Das Institut für Literatur »Johannes R. Becher« wurde in DDR-Literaturgeschichten und DDR-Literatur-Handbüchern, egal ob ostdeutscher, westdeutscher oder gesamtdeutscher Provenienz, allenfalls am Rande erwähnt.[30] Trotz des kulturpolitischen Stellenwerts und der Brisanz, die Literatur in der DDR hatte und trotz des literarischen Erfolges, den zahlreiche Autoren, die an diesem Institut studiert hatten, verbuchen konnten, ist das produktive Potenzial der Hochschule bislang weder von der kulturgeschichtlichen DDR-Forschung noch von der DDR-Literaturforschung genutzt worden. Eine profunde Einordnung bzw. genauere Analyse über den Zeitraum der vier Dekaden des Institutsbestehens wurde noch nicht unternommen. Dieses Desiderat wird mit der vorliegenden Studie behoben. Sie ist das Ergebnis eines Forschungsprojekts, das von 2013 bis 2017 am Deutschen Literaturinstitut Leipzig (DLL) situiert war und zunächst vom Sächsischen Staatsministerium für Wissenschaft und Kunst (SMWK) und dann von der Deutschen Forschungsgemeinschaft (DFG) gefördert wurde. Im Verlauf des Untersuchungszeitraums kristallisierten sich vier Aspekte von besonderem Belang heraus: 1. die historische Aufarbeitung des Auf- und Ausbaus sowie der Arbeitsstrukturen und Entwicklungsphasen des Instituts, 2. die Dokumentation und Analyse der kulturpolitischen Einflüsse auf die Ausbildungssituation, 3. die Bestimmung der ästhetischen Qualität und gesellschaftspolitischen Relevanz der aus dem Becher-Institut hervorgegangenen literarischen Erträge und 4. die Erörterung der Ausbildungskonzeption und -praxis sowie der Beziehungskonstellationen am Becher-Institut hinsichtlich der epistemischen Bedeutung für die Diskussion um die Lehr- und Lernbarkeit literarischen Schreibens.

Neben den raren Einträgen in literaturgeschichtlich orientierten Abhandlungen liegen bereits einige wenige Studien zu eingegrenzten Zeiträumen bzw. speziellen Aspekten des Instituts vor. Erste Sichtungen zur Geschichte und Arbeitsweise des Becher-Instituts wurden in Aufsätzen von dem Literaturwissenschaftler Jürgen Deppe sowie dem Schriftsteller und am Deutschen Literaturinstitut Leipzig lehrenden Josef Haslinger veröffentlicht.[31] Mit den Aufsätzen von Marina Micke, Mathew Phillpotts und David Clarke wurden interessanterweise auch Untersuchungen im englischsprachigen Raum unternommen.[32] Gleichfalls englischsprachig ist die 2015 an der University of Manchester eingereichte Dissertation von Marina Micke über das IfL.[33] Die Aufsätze von Deppe und Haslinger behandeln die Hochschule aus dezidiert historisch-genetischer Perspektive. Auf institutionengeschichtliche Aspekte im kulturpolitischen Kontext konzentriert sich der Aufsatz von Micke/Philpotts, der die Vorgeschichte des Instituts sowie seine Gründungsgeschichte in den Blick nimmt. Auch die Dissertation von Micke legt ihren Schwerpunkt auf die Vor- und Gründungsgeschichte des Instituts. Darüber hinaus widmet sie sich zwei Dozentenporträts und zeichnet an einigen wenigen Institutspublikationen aus den 60er und 70er Jahre den kulturpolitischen Einfluss auf die Hochschule nach. Clarkes Aufsätze setzen sich vor allem mit der politischen Konfliktgeschichte auseinander und formulieren davon ausgehend großräumige Thesen zum Spannungsverhältnis zwischen politisch-ideologischen Kontrollversuchen und innerinstitutionellen Freiräumen der Ausbildung. In der Zeitschrift der Sächsischen Akademie der Wissenschaften *Denkströme* sowie in der *Zeitschrift für Germanistik* sind in den Jahren 2015 und 2016 erste Ergebnisse unseres Forschungsprojekts erschienen, dessen Untersuchungsschwerpunkte zum Becher-Institut über die institutionellen und kulturpolitischen Zusammenhänge des Becher-Instituts weit hinausgehen.[34] Daneben sind auch einige Aufsätze zu Einzelaspekten aus unserem Forschungszusammenhang bereits veröffentlicht worden.[35]

Mit der vorliegenden Studie wird nun erstmals eine umfassende Darstellung und Untersuchung der kulturpolitischen Einflussfaktoren über den fast vierzigjährigen Gesamtzeitraum des Instituts von seiner Eröffnung bis zu seiner Schließung unternommen sowie ein Überblick über die Organisationsstrukturen des Instituts und den Aufbau und über die Entwicklung von Ausbildungskonzepten und Curricula im Verlauf von vier Jahrzehnten Institutsgeschichte gegeben. Aber nicht nur das: Zudem werden erstmals literaturwissenschaftliche Analysen der am Institut entstandenen literarischen Studienarbeiten sowie deren literaturhistorische Einordnung in die DDR-Literaturlandschaft unternommen. Damit wollen wir eine Forschungslücke schließen, die von Wolfgang Emmerich vor mehr als zwanzig Jahren bereits für die DDR-Literatur im Gesamten moniert worden war. So konstatierte der Literatur- und Kulturwissenschaftler 1992, dass es kaum ästhetische Untersuchungen zur DDR-Literatur gebe, während kulturpolitische Zugänge dominierten.[36] Diese Diagnose trifft, wenn mittlerweile auch nicht mehr generell für die DDR-Literatur, aber für die am IfL entstandene Literatur nach wie vor zu. Deshalb wird der von der bisherigen Forschung zum Literaturinstitut vernachlässigte Bereich der literarischen Erträge in der vorliegenden Studie in einem besonderen Maße berücksichtigt. Dabei stehen zur Beantwortung weitgehend noch ungeklärter Fragen folgende Aspekte im Vordergrund: Welche literarischen Themenspektren zeigen sich? Welche stilistischen Mittel werden eingesetzt, und welche narrativen, poetischen bzw. dramaturgischen Schreibweisen bilden sich heraus? Wie wirken sich ästhetische Dogmen wie Formalismus-Verbote sowie die Vorgaben von Realismus und Volkstümlichkeit auf die am Becher-Institut entstehende Literatur aus? Welche Traditionen und Abgrenzungen werden sichtbar? Folgen die Arbeiten kulturpolitisch erwünschten Konformitäten, etwa als Umsetzung einer literarischen Klassizität bzw. des Bitterfelder Weges, oder werden genauso unkonventionelle Themen und Darstellungsformen gewählt? Lassen sich aus den Lektüren spezifische Schreibweisen herausarbeiten, die Merkmale einer sozialistischen Literaturästhetik enthalten oder diese überschreiten und unterminieren? Wie konnten sich Künstlerpersönlichkeiten vor diesen potentiell normierenden Hintergründen entwickeln? Zwar soll die ästhetische Untersuchung der am IfL entstandenen Texte besondere Berücksichtigung erfahren, was aber nicht heißt, dass die für die Genese von Literatur gleichfalls relevanten kulturpolitischen Zusammenhänge auszuklammern sind. So erstrebenswert es uns auch erschien, den im Rahmen der Schriftstellerausbildung entworfenen literarischen Texten ästhetisch gerecht zu werden, so wäre ihren Entstehungsprozessen, ihrer literarischen Gestalt und ihrem literarischen

Gehalt doch nicht nahezukommen ohne die Berücksichtigung ihrer sozialen wie kulturellen Eingebundenheit in den machtpolitischen Raum der DDR.[37] Die Verflechtung dieser beiden Stränge sichtbar zu machen galt uns als ein wesentliches Ziel.

Weiterhin wurde vor dem Hintergrund der Forderung und Förderung einer literarischen Könnerschaft in unserer Studie eine umfassende Aufarbeitung im Hinblick auf die Praxis der Schreibausbildung am Becher-Institut unternommen. Damit soll ein Beitrag zur Untersuchung literarischer Begabungsförderung in der DDR[38] als auch darüber hinaus eine Forschungsgrundlage für Vergleichsstudien zur literarischen Ausbildungspraxis im vereinten Deutschland angeboten werden. Während sich die Forschung zur Didaktik des literarischen Schreibens auf die etablierte Unterrichtspraxis an »Creative Writing«-Seminaren im angelsächsischen Raum konzentriert,[39] finden sich Daten zur akademischen Schriftstellerausbildung im deutschsprachigen Raum lediglich in Publikationen, die direkt aus den neugegründeten Seminaren in Leipzig, Hildesheim, Biel/Bienne und Wien hervorgegangen sind. Diese »Werkstattberichte«[40] können freilich nur bedingt als Grundlage für eine wissenschaftliche Bearbeitung dienen. Um Fragen nach dem theoretischen und methodischen Fundament der Schreibausbildung zu beantworten, welches bisher allenthalben als Ansinnen formuliert wird,[41] eignete sich eine Untersuchung der akademischen Schriftstellerausbildung am Becher-Institut trotz seines spezifisch sozialistisch orientierten Rahmens in besonderem Maße. Als erste und lange Zeit auch einzige hochschulförmige Einrichtung bot das Becher-Institut eine Schriftstellerausbildung im deutschsprachigen Raum an und brach damit erstmals mit einer aus der Genieästhetik stammenden deutschen Tradition, wonach man Dichter nicht bilden kann. Insofern drängt sich eine literatur- wie kulturgeschichtliche Aufarbeitung des IfL für eine über die DDR hinausgehende Betrachtung jenseits ideologischer Wertungsabsichten geradezu auf.

Dennoch bleibt trotz des Verzichts auf ideologische Wertungsabsichten für eine Auseinandersetzung mit literaturpädagogischen Ausbildungsprozessen, biographischen Wirkungsweisen und literarischen Ergebnissen eine gesellschafts- und kulturpolitische Kontextualisierung selbstredend unumgänglich. Die Interessen und Kontrollversuche einer normativ-ideologisch ausgerichteten, sozialistischen Kulturpolitik, die 1955 zur Institutsgründung führten und die Arbeitsweise am

Becher-Institut bis zum Mauerfall zu beeinflussen suchten, wurden in Ansätzen zwar bereits rekonstruiert,[42] jedoch basieren die genannten Untersuchungen überwiegend auf der Quellengrundlage des offiziellen Schriftverkehrs zwischen Becher-Institut und dem weisungsbefugten Ministerium für Kultur (MfK) sowie auf Zeugnissen der offiziellen Selbstdarstellung des Instituts in Form von Aufsätzen, Reden und Pressebeiträgen.[43] Differenzierte Untersuchungen über das Wesen der Unterrichtspraxis und über Arbeitsvoraussetzungen bzw. Entstehungsprozesse der literarischen Produktion am Becher-Institut standen hingegen bislang noch aus.

Insofern wurden für die vorliegende Studie, deren Anliegen auch in einer stärkeren Ausleuchtung der Binnenperspektive des IfL bestand, weiterführende Dokumente, Aktenbestände und Erinnerungen herangezogen. Denn erst vor dem Hintergrund einer gründlichen Quellenauswertung kann der widersprüchliche Stellenwert der in den bisherigen Forschungsarbeiten immer wieder aufgegriffenen Zuschreibungen des Instituts für Literatur als Kaderschmiede oder Dichterhain ausgeleuchtet und beurteilt werden.

•

Die Sichtung des Quellenmaterials und seine Einordnung in die größeren gesellschaftlichen Zusammenhänge haben gezeigt, dass kulturpolitische Zäsuren der DDR auf den Lehrbetrieb des Becher-Instituts und die Beziehungsstrukturen seiner Akteure einen nicht unerheblichen Einfluss hatten. Um diese Verbindungen zu größeren Entwicklungslinien und Zusammenhängen der DDR-Kulturpolitik darzustellen, erscheint uns eine Periodisierung zentraler Ereignisse, Vorkommnisse und Sanktionen am Becher-Institut nach folgenden kulturpolitischen Zäsuren hilfreich:

Bereits ein halbes Jahr nach der Gründung des Literaturinstituts erfolgte mit der Geheimrede Chruschtschows über die stalinistischen Verbrechen auf dem XX. Parteitag der KPdSU im Februar 1956 ein politischer Einschnitt, der auch den Unterrichtsalltag nicht unberührt ließ. Dass eine offizielle Positionierung der Direktion gegenüber der Vernichtungspolitik Stalins ausblieb, empörte die Studierenden des ersten Jahrgangs und veranlasste sie zu heftigen Diskussionen mit ihren Lehrkräften.

Als nächstes einschneidendes Ereignis ist die 1. Bitterfelder Konferenz im April 1959 zu nennen. Das nun unter dem Namen »Johannes R. Becher« firmierende Institut reagierte auf den neuen ästhetischen und kulturpolitischen Leitdiskurs mit einer wesentlichen Umstrukturierung des Studiums. Aufnahmequoten für schreibende Arbeiter wurden eingeführt, es erfolgte die Einrichtung eines Fernstudiums für Arbeiter, und Betriebspraktika galten nun als verpflichtender Teil des Studiums. Neben der herrschenden ästhetischen Ausrichtung am sozialistischen Realismus erstarkte nun aber auch das Interesse an der Lyrik, aus dem sich die ›Sächsische Dichterschule‹ im Umfeld des am Becher-Institut lehrenden Professors Georg Maurer entwickelte.

Das 11. Plenum des ZK der SED im Jahre 1965 gilt als eine der folgenreichsten kulturpolitischen Zäsuren in der DDR, die auch gravierende Auswirkungen auf die Institutspolitik hatte. Eine verstärkte Kontrolle durch das Ministerium für Kultur und den Deutschen Schriftstellerverband führte zu ideologischen Verschärfungen des Auswahlverfahrens und zur Eröffnung von Disziplinarverfahren, denen zahlreiche Exmatrikulationen folgten. Im Zusammenhang dieser Vorgänge, die sich vor dem Hintergrund des »Prager Frühlings« zuspitzten, erfolgten auch der Rücktritt des stellvertretenden Direktors Horst Nalewski und die Suspendierung des Dozenten Werner Bräunig. Im Jahr 1967 wurde vom Ministerium für Kultur sogar kurzzeitig in Erwägung gezogen, das Becher-Institut zu schließen, woraufhin die SED mit wiederholten Überprüfungen der Studierenden und des Lehrkörpers durch den Staatssicherheitsdienst reagierte.[44]

1971 erfolgte der Machtwechsel von Walter Ulbricht zu Erich Honecker, an den sich eine Tauwetterperiode anschließen sollte, die auch am Becher-Institut kulturpolitisch wie literarisch spürbar war. Die Studierende konnten sich nun verstärkt innovativen literarisch-ästhetischen Erprobungen widmen, ohne Sanktionen zu fürchten, und in den offiziellen Auswahlverfahren rückte nun das Kriterium der künstlerischen Eignung in den Vordergrund.

Allerdings endete spätestens mit der Ausbürgerung Wolf Biermanns im November 1976 diese Tauwetterperiode auch für das Becher-Institut, was sich etwa in der Zunahme der Zahl der Operativen Vorgänge (OV) durch die Staatssicherheit zeigte. Aber mit der erneuten Verschärfung der Kulturpolitik setzten nun auch Autonomisierungsbestrebungen jüngerer Studierender ein, deren sich neu entwickelndes

Selbstverständnis die 80er Jahre am Institut prägen sollten. Mit dem Ausgang der 1970er Jahre lassen sich am Institut so auch gleichzeitig Prozesse von politischer Desillusionierung, pädagogischer Liberalisierung und verschärfter Dogmatisierung beobachten.

Der letzten Zäsur im Jahr 1989/90, dem Mauerfall und der Wiedervereinigung, folgte schließlich das Ende des Becher-Instituts. Am 12. Dezember 1990 verfügte die Sächsische Landesregierung in Dresden die »Abwicklung« des Instituts mit dem Argument, das Studienangebot entspreche nicht »den Anforderungen, die eine freiheitliche Gesellschaft, ein demokratischer Rechtsstaat und eine soziale Marktwirtschaft an Lehre und Forschung stellen«.[45]

•

Das Buch eröffnet sowohl chronologische als auch thematische und biographische Zugänge zu seinem Forschungsgegenstand. Das chronologische Gerüst bilden Überblicksdarstellungen, die die Ereignis-, Konflikt-, Ausbildungs- und Beziehungsgeschichte des Instituts für Literatur in den jeweiligen Dekaden seines Bestehens untersuchen und Einblicke in literarische Arbeiten der Studierenden in diesen Zeiträumen gewähren. Dabei zeigt sich, dass sich die Aktenlage für die verschiedenen Zeiträume durchaus unterschiedlich darstellt. Für die Anfangsjahre nach Institutseröffnung lässt sich auf Quellenmaterial aus dem Aktenkorpus des Instituts nur mäßig zurückgreifen, weil in diesem Zeitraum anscheinend wenig archiviert worden ist. Deshalb ist man für die Aufarbeitung des Hochschulbetriebs zwischen 1955 und 1960 stärker als für die nachfolgenden Dekaden auf autobiographisches Material angewiesen. Eine weitere Einschränkung musste aus pragmatischen Gründen unternommen werden. Aus der Vielzahl der Abschlussarbeiten der Studierenden aus den Direkt- und Fernstudiengängen war eine Auswahl zu treffen. Unsere exemplarischen Analysen der studentischen Literatur beschränken sich daher mit wenigen Ausnahmen auf Arbeiten, die im Direktstudium entstanden sind. Dieser Ausbildungszweig galt als der prestigeträchtige Kernstudiengang des Instituts mit wöchentlichen Seminar- und Vorlesungsplänen,[46] aus dem nicht zuletzt einige renommierte DDR-Schriftsteller hervorgegangen sind. Deshalb haben wir entschieden, hinsichtlich der Entwicklung der Ausbildungskonzeptionen, aber auch der Konflikt- bzw. der Beziehungsgeschichte (einerseits zwischen Kulturdoktrin und Institut, andererseits zwischen den Angehörigen des Instituts selbst) vor allem den Fokus auf das Direktstudium zu legen. In dieser Konzentration lässt sich das Spannungsfeld von kulturpolitischer Vereinnahmung, pädagogischem Experimentieren und poetischem Eigensinn besonders gut ausleuchten.

Neben den chronologischen Untersuchungen gibt es weiterhin thematisch ausgerichtete Kapitel, die zum einen wesentliche theoretische, konzeptionelle und didaktische Aspekte des Selbstverständnisses des Instituts als Ausbildungseinrichtung für literarisches Schreiben eruieren und analysieren oder übergeordnete künstlerische Zusammenhänge im Rahmen der DDR-Literaturgeschichte erörtern. Zum anderen werden hier auch die Schreibsituationen von Studierenden und ihr Selbstverständnis als Schriftsteller behandelt. Ein dritter Zugang erfolgt über wichtige Personen, deren Einfluss auf das Institut maßgeblich war wie umgekehrt der Einfluss des Becher-Instituts auf ihre künstlerischen Lebensläufe.

Diese Heterogenität der Zugänge ermöglicht einerseits einen Überblick über die großen Linien der Institutsgeschichte und erlaubt andererseits spezifische Engführungen bzw. Mikrostudien, ohne die eine Binnenperspektivierung des Instituts kaum gelingen kann. Erst aus diesen unterschiedlichen Blickwinkeln auf die politschen, didaktischen, sozialen und ästhetischen Verflechtungen, in die das Institut für Literatur »Johannes R. Becher« zeit seiner Existenz verfangen war, lässt sich seine wechselvolle wie vielschichtige Geschichte erfassen.

Noch eine Anmerkung zur Urheberschaft der vorliegenden Publikation. Das Buch ist ein Gemeinschaftswerk von uns drei Autor*innen. Gleichwohl haben wir die Kapitel untereinander aufgeteilt und je nach wissenschaftlichem Schwerpunkt und Interessenlage individuell bearbeitet. Kapitel I, VI und VIII stammen von Isabelle Lehn, Katja Stopka zeichnet für die Kapitel II, III, IV und X verantwortlich und Sascha Macht hat die Kapitel V und IX übernommen. In Gemeinschaftsarbeit sind die Einleitung sowie die Kapitel VII und XI entstanden.

1 Aus Gründen der besseren Lesbarkeit verwenden wir im Folgenden überwiegend das generische Maskulinum. Nichtsdestoweniger beziehen sich die Angaben auf Angehörige aller Geschlechter.

2 Max Walter Schulz: Nochmals über die Lehrbarkeit der literarischen Meisterschaft. Aus der Rede zum 10. Jahrestag der Gründung des Instituts für Literatur »Johannes R. Becher«, 30. September 1965. In: Institut für Literatur »Johannes R. Becher« (Hg.): Zwischenbericht. Notate und Bibliographie vom Institut für Literatur »Johannes R. Becher«. Leipzig 1980, S. 25–33, hier S. 26.

3 Alexander Abusch: Sinn und Zweck eines Instituts für Literatur. Rede zur Eröffnung des Instituts für Literatur am 30.9.1955 in Leipzig. In: Institut für Literatur »Johannes R. Becher« (Hg.): Ruf in den Tag. Jahrbuch des Instituts für Literatur »Johannes R. Becher«. Bd. 2, Leipzig 1962, S. 11–16.

4 Max Walter Schulz: Schöpferische Schule für begabte Autoren. Neues Deutschland, 30.9.1975.

5 Vgl. Abusch: Sinn und Zweck, S. 11; Marina Micke/Mathew Philpotts: Irreconcilable Differences: The Troubled Founding of the Leipzig Institute for Literature. In: Oxford German Studies 2014, H. 1, S. 5–19, hier S. 6.

6 Vgl. dazu ausführlich Micke/Philpotts: Irreconcilable Differences, S. 7ff.; Marina Micke: ›Wechselschritt zwischen Anpassung und aufrechtem Gang‹. Negotiating the Tensions between Literary Ambition and Political Constraints at the Institut für Literatur ›Johannes R. Becher‹ Leipzig (1950–1990). Manchester 2015. https://www.research.manchester.ac.uk/portal/files/54578774/FULL_TEXT. PDF. (zuletzt eingesehen am 29.7.2017).

7 Vgl. David Clarke: The Institut für Literatur »Johannes R. Becher« from its Founding to its Abwicklung. In: German Studies Review 2006, S. 87–106, hier S. 88f.; Günter Rüther: Greif zur Feder Kumpel. Schriftsteller, Literatur und Politik in der DDR 1949–1990. Düsseldorf 1999, S. 71.

8 Vgl. Johannes R. Becher: Auf andere Art so große Hoffnung. Tagebuch 1950, Eintragungen 1951. Berlin/Weimar 1955, S. 25.

9 Vgl. ebd. Zur Geschichte der Akademie der Künste vgl. Mattias Braun: Kulturinsel und Machtinstrument. Die Akademie der Künste, die Partei und die Staatssicherheit. Göttingen 2007.

10 Carsten Gansel/Tanja Walenski (Hg.): Erinnerung als Aufgabe? Dokumentation des II. und III. Schriftstellerkongresses in der DDR 1950 und 1952. Göttingen 2008, S. 454.

11 Vgl. den Bericht des Kommisssionsmitglieds über die Reise nach Moskau von Annemarie Reinhard: Über die Einrichtung eines Literatur-Institutes in der Deutschen Demokratischen Republik, 1953, SStAL, IfL, Nr. 646, Bl. 15–24; Micke/Philpotts: Irreconcilable Differences, S. 1.

12 Vgl. Micke/Philpotts: Irreconcilable Differences, S. 10f.

13 Vgl. ebd., S. 14.

14 Vgl. Schreiben des DSV-Sekretariats an Alfred Kurella/Moskau vom 20.11.1953. In: Archiv der AdK, Akte Alfred Kurella, Nr. 1401, Bl. 8; Vertrag zwischen dem Ministerium für Kultur und Alfred Kurella vom 13.4.1955. In: BArch DR 1, 1321, o. Nr.

15 Vgl. die Verordnung über die Bildung des Instituts für Literatur. In: Regierungskanzlei der Deutschen Demokratischen Republik. Gesetzesblatt der Deutschen Demokratischen Republik, Nr. 1, Berlin vom 3. Februar 1955; die

ANMERKUNGEN

Bestätigung der Begründung durch das MFK und des Eröffnungstermins, SStAL, IfL, Nr. 646, Bl. 25. Vgl. außerdem Micke/Philpotts: Irreconcilable Differences, S. 15.

16 Vgl. dazu die Studie von Simone Barck/Martina Langermann/Siegfried Lokatis: »Jedes Buch ein Abenteuer«: Zensur-System und literarische Öffentlichkeiten in der DDR bis Ende der sechziger Jahre. Berlin 1997.

17 Vgl. ebd., S. 154.

18 Vgl. ebd., S. 154f.

19 Pierre Bourdieu: Die Regeln der Kunst. Genese und Struktur des literarischen Feldes. Frankfurt a. M. 1999.

20 Zur prekären Zuschreibung des literarischen Feldes für die DDR vgl. Franz Huberth: Aufklärung zwischen den Zeilen. Stasi als Thema in der Literatur. Köln u. a. 2003; Ute Wölfel (Hg.): Literarisches Feld DDR. Bedingungen und Formen literarischer Produktionen in der DDR. Würzburg 2005; Wolfgang Emmerich: Habitus- und Generationsgemeinschaften im literarischen Feld. Ostdeutschland – vor und nach der Wende. Ein Versuch, das veränderte literarische Feld mit Bourdieu und Mannheim besser zu verstehen. In: Holger Helbig (Hg.): Weiterschreiben. Zur DDR-Literatur nach dem Ende der DDR. Berlin 2007, S. 269–283; York-Gothart Mix: Avantgarde, Retrogarde? Selbst- und Fremdbilder in der unabhängigen Literaturszene in der DDR. In: Ders./Markus Joch/Norbert Christian Wolf (Hg.): Autonomie, Markt und Aufmerksamkeit um 2000. Aktuelle Medialisierungsstrategien im Literatur- und Kulturbetrieb. Tübingen 2009, S. 123–138.

21 Heribert Tommek: Der lange Weg in die Gegenwartsliteratur. Studien zur Geschichte des literarischen Feldes in Deutschland von 1960 bis 2000. Berlin 2015, S. 142.

22 Ebd., S. 143 f.

23 Ebd., S. 143.

24 Barck/Langermann/Lokatis: Jedes Buch, S. 13.

25 Statut des Instituts für Literatur in der Fassung vom Februar 1955. In: SStAL, IfL, Nr. 368, Bl. 1, 4, 5.

26 Alfred Kurella: Von der Lehrbarkeit der literarischen Meisterschaft. Vortrag zur Eröffnung des Instituts für Literatur in Leipzig. In: Institut für Literatur »Johannes R. Becher« (Hg.): Ruf in den Tag. Jahrbuch des Instituts für Literatur »Johannes R. Becher«. Bd. 1, Leipzig 1960, S. 17–36, hier S. 19.

27 Der Altersdurchschnitt des 1955 immatrikulierten Jahrgangs lag bei 33,5 Jahren, 1965 bei 29 Jahren, vgl. Teilnehmerlisten und Statistiken 1960–1967. In: SStAL, IfL, Nr. 628.

28 Vereinbarung über die Gewährung von Stipendien an die Studierenden des Instituts für Literatur, Leipzig, SStAL, IfL, Nr. 43.

29 Vgl. Einsatzplan Praktikum 1957, SStAL, IfL, Nr. 630, Bl. 173.

30 Vgl. etwa Horst Haase u. a.: Geschichte der Literatur der Deutschen Demokratischen Republik. Autorenkollektiv unter Leitung von Horst Haase. In: Geschichte der deutschen Literatur von den Anfängen bis zur Gegenwart. Berlin 1976, Bd. 11, S. 195; Wolfgang Emmerich: Kleine Literaturgeschichte der DDR. Darmstadt u. a. 1981, S. 28; Ders.: Kleine Literaturgeschichte der DDR. Erweiterte Neuausgabe, Leipzig 1996, S. 45 f.; Michael Opitz/Michael Hofmann (Hg.): Metzler Lexikon DDR-Literatur. Stuttgart 2009, S. 194 ff.; Rüdiger Steinlein/

Heidi Strobl/Thomas Kramer (Hg.): Handbuch zur Kinder- und Jugendliteratur. SBZ/DDR. Von 1945 bis 1990. Stuttgart 2005.

31 Jürgen Deppe: Literaturinstitut Johannes R. Becher. In: Heinz Ludwig Arnold/Frauke Meyer-Gosau (Hg.): Literatur in der DDR. Rückblicke. text + kritik Sonderband. München 1991, S. 63–71; Josef Haslinger: Deutsches Literaturinstitut Leipzig. In: Geschichte der Universität Leipzig 1409–2009. Bd. 4: Fakultäten, Institute, Zentrale Einrichtungen, 2. Halbbd., Leipzig 2009, S. 1542–1570. Erneut erschienen als: Haslinger, Josef: Greif zur Feder, Kumpel! Das Institut für Literatur Johannes R. Becher (1955–1993). Zeitschrift für Germanistik, NF XX. Jg., H. 3, S. 583–598.

32 Im Folgenden seien die z. T. schon zitierten Beiträge noch einmal vollständig genannt: Marina Micke/Mathew Philpott: Irreconcilable Differences: The Troubled Founding of the Leipzig Institute for Literature. In: Oxford German Studies 2014, H. 1, S. 5–19; David Clarke: Parteischule oder Dichterschmiede. The Institut für Literatur »Johannes R. Becher« from its Founding to its Abwicklung. In: German Studies Review 2006, S. 87–106; Ders.: Das Institut für Literatur »Johannes R. Becher« und die Autorenausbildung in der DDR. In: Peter Barker u. a. (Hg.): Views from Abroad. Die DDR aus britischer Perspektive. Bielefeld 2007, S. 175–185.

33 Marina Micke: ›Wechselschritt zwischen Anpassung und aufrechtem Gang‹. Negotiating the Tensions between Literary Ambition and Political Constraints at the Institut für Literatur ›Johannes R. Becher‹ Leipzig (1950–1990). Manchester 2015. https://www.research.manchester.ac.uk/portal/files/54578774/FULL_TEXT.PDF. (zuletzt eingesehen am 29.7.2017).

34 Isabelle Lehn/Sascha Macht/Katja Stopka: Das Institut für Literatur »Johannes R. Becher«, Leipzig (1955–1993). Literarische Schreibprozesse im Spannungsfeld von kulturpolitischer Vereinnahmung, pädagogischem Experimentieren und poetischem Eigensinn. In: Denkströme. Das Journal der Sächsischen Akademie der Wissenschaften (14) 2015, Heft 2, S. 77–104; Dies.: Das Institut für Literatur »Johannes R. Becher«. Eine Institution im Wandel von vier Dekaden DDR-Literaturgeschichte. In: Zeitschrift für Germanistik (Schwerpunktthema), NF XXVI (2016), H. 3.

35 Katja Stopka: »leipzig ist die glücklichste zeit«. Ronald M. Schernikau am Institut für Literatur ›Johannes R. Becher‹ (1986–1989). In: Helmut Peitsch/Helen Thein (Hg.): Lieben, was es nicht gibt. Literatur, Pop und Politik bei Ronald M. Schernikau. Berlin 2017, S. 245–272; Dies.: Eine Insel der Seligen? Das Institut für Literatur ›Johannes R. Becher‹ im Archipel der DDR-Literaturszene der 1980er Jahre. In: Michael Ostheimer/Sabine Zubarik (Hg.): Inseln und Insularitäten. Ästhetisierungen von Heterochronie und Chronotopie seit 1960. Hannover 2016, S. 211–229; Dies.: Halbfabrikate. DDR-Literatur der 1970er Jahre im Zeichen ästhetischer Intermedialisierung. In: Kathrin Max (Hg.): Tendenzen und Perspektiven der gegenwärtigen DDR-Literatur-Forschung. Würzburg 2016, S. 143–160. Dies.: »wir sind nicht vorbildlich, wie es an der Wandzeitung heißt«. Kinder- und JugendbuchautorInnen der DDR als Studierende am Institut für Literatur *Johannes R. Becher*. In: kjl&m. forschung. schule. bibliothek, (68) 2016, Heft 4, S. 73–83; Sarah Kirsch: Im Spiegel. Poetische Konfession. Mit einer Vorbemerkung von Isabelle Lehn, Sascha Macht und Katja Stopka. In: Sinn und Form, 2013, Heft 6, S. 848–855.

36 Wolfgang Emmerich: Für eine andere Wahrnehmung der DDR-Literatur. Neue Kontexte, neue Paradigmen, ein neuer Kanon. In: Klaus Städke/Wolfgang Emmerich: DDR-Literatur und Literaturwissenschaft in der DDR. Zwei kritische Bilanzen. (Materialien und Ergebnisse aus Forschungsprojekten des Institutes. Heft 2: DDR-Literatur und Literaturwissenschaft in der DDR) 1992, S. 15–30, hier S. 25.

37 Vgl. dazu Tommek: Der lange Weg, S. 142.

38 Zum Teil ist dies bereits erfolgt im Rahmen der Forschungsförderung des Freistaates Sachsen. Vgl. dazu die Publikationen in der Zeitschrift der Sächsischen Akademie der Wissenschaften. Denkströme 2015, H. 14.

39 Katherine H. Adams: A History of Professional Writing Instruction in American Colleges. Years of Acceptance, Growth and Doubt. Dallas 1993; Gerd Bräuer: Warum Schreiben? Schreiben in den USA. Aspekte, Verbindungen. Tendenzen. Frankfurt a. M. 1996; Barbara Glindemann: Creative Writing in England, den USA und Deutschland. Kulturelle Hintergründe, Literaturwissenschaftlicher Kontext, institutioneller Bezug. Frankfurt a. M. 2001, Mark McGurl: The Program Era. Postwar Fiction and the Rise of Creative Writing. Harvard 2009.

40 Christian Hintze/Dagmar Travner: Über die Lehr- und Lernbarkeit von Literatur. Wien 1993; Josef Haslinger/Hans-Ulrich Treichel (Hg.): Wie werde ich ein verdammt guter Schriftsteller? Frankfurt a. M. 2005; Stephan Porombka: Das neue Kreative Schreiben. In: German as Foreign Language (GFL), 2009, H. 2, S. 167–193.

41 Lauri Ramey: Creative Writing and Critical Theory. In: Steven Earnshaw (Hg.): The Handbook of Creative Writing. Edinburgh 2007, S. 42–53; Mary Swander/Anna Leahy/Mary Cantrell: Theories of Creativity and Creative Writing Pedagogy. In: Steven Earnshaw (Hg.): The Handbook of Creative Writing, Edinburgh 2007, S. 11–23; Katrin Bothe: Kreatives Schreiben. In: Ulla Fix/Andreas Gardt/Joachim Knape (Hg.): Rhetorik und Stilistik/Rhetoric and Stylistics. Ein internationales Handbuch historischer und systematischer Forschung/An International Handbook of Historical and Systematic Research. Bd. 31, 2. Halbbd., Berlin 2009, S. 2364–2377.

42 Vgl. Clarke: ›Parteischule oder Dichterschmiede‹?; Haslinger: Deutsches Literaturinstitut Leipzig; Micke/Philpotts: Irreconcilable Differences.

43 Vgl. Clarke: Parteischule oder Dichterschmiede, S. 99; Vgl. Helmut Richter: Die Kleinste Hochschule der Welt. In: Christian Hintze/Dagmar Travner (Hg.): Über die Lehr- und Lernbarkeit von Literatur. Wien 1993, S. 95–110, hier S. 110.

44 Vgl. Joachim Walther: Sicherungsbereich Literatur, S. 752.

45 Vgl. Presserklärung des Sächsischen Staatsministeriums für Wissenschaft und Kunst vom 12.12.1990, Nachlass IfL am DLL.

46 Im Unterschied dazu erfolgte das Fernstudium für Berufstätige als Teilstudiengang, in dem neben dem Selbstudium in größeren Abständen regelmäßig 2- bis 4-tägige Konsultationen und Seminare am IfL angeboten wurden.

I. »Von der Lehrbarkeit der literarischen Meisterschaft« – Das Leipziger Literaturinstitut als bildungspolitisches und literaturpädagogisches »Experiment«

1. Institutsgründung unter Vorbehalten

»Ist es nicht sonderbar?«, fragte der erste Direktor des Literaturinstituts Alfred Kurella am 30. September 1955 in seiner Eröffnungsrede, als in Leipzig »zum ersten Mal in der deutschen Kulturgeschichte eine Lehr- und Studienanstalt zur Fortbildung des schriftstellerischen Nachwuchses« den Betrieb aufnahm:

> Wir nehmen es als völlig selbstverständlich hin, daß Maler und Bildhauer Kunsthochschulen und Akademien absolvieren, daß Komponisten das Konservatorium besuchen und Architekten lange Jahre an Bauhochschulen studieren. Bei all diesen Künsten nehmen wir die Lehre nicht nur als selbstverständlich, sondern als notwendig hin. Nur beim Schriftsteller, beim Dichter machen wir eine Ausnahme.[1]

Die Dichter, so Kurella, blieben »in ihrer Entwicklung sich selbst überlassen«, da die Schriftstellerei eine »Sache der Begabung und nicht eigentlich erlernbar«[2] sei.

Mit diesen Worten aus seiner Antrittsrede *Von der Lehrbarkeit der literarischen Meisterschaft* reagierte Kurella auf eine »weitverbreitete Skepsis«,[3] die der Gründung des Leipziger Instituts für Literatur bereits im Vorfeld der Eröffnung entgegengeschlagen war. Zu den Kritikern des »ironisch als ›Dichterschule‹ apostrophierten Instituts«[4] hatte ausgerechnet der amtierende Minister für Kultur und spätere Namensgeber der Einrichtung, Johannes R. Becher, gezählt – ein alter Intimfeind Kurellas noch aus Moskauer Tagen,[5] der die Überzeugung vertrat: »Neben der Berufung muß der Dichter einen Beruf haben. Er muß etwas Richtiges gelernt haben und etwas Tüchtiges leisten, abgesehen davon, daß er ein Dichter ist.«[6] Von einer ausschließlich literarischen Ausbildung hielt Becher hingegen wenig. Bereits 1950, als er von ersten Plänen zur Einrichtung eines Literaturinstituts erfahren hatte, hatte er in seinem Tagebuch mit einiger Polemik festgehalten:

Ein tolles Stück. Der noch zu gründenden Akademie der Künste wird ein Entwurf zur Bildung eines Literatur-Erziehungs-Instituts (Internats) eingereicht, als Mittel, realistische Kunst zu erzielen. Im Kampf gegen den Formalismus hyperformalistische Retortenexperimente. ›Ideologische Durchblutung‹ wäre die Aufgabe des Literatur-Seminars, meint der unfreiwillige Spaßmacher.[7]

Das Vorhaben, junge Schriftsteller ausgerechnet an einem Literaturinstitut, fernab der gesellschaftlichen Wirklichkeit, in der Methode des sozialistischen Realismus zu schulen, erschien Becher ebenso unsinnig wie eine Konzentration der Ausbildung auf formale Kunstregeln, die er zwar für möglich, aber nicht für erstrebenswert hielt – schien sie den »Kampf gegen den Formalismus«, dem sich die zeitgenössische Kulturpolitik verschrieben hatte, doch auf geradezu ironische Weise zu konterkarieren. Bechers Vorbehalte gegenüber einer institutionellen Schriftstellerausbildung sind damit auch als ästhetisches Bekenntnis zum »Sozialistischen Realismus« und Kampfansage gegen formale ›Dekadenz‹ zu verstehen, welche die Literaturpolitik der 50er Jahre bestimmte. Allerdings sind seine Zweifel kein exklusiv sozialistisches Phänomen. Vergleichbare Kritik traf bereits die Rednerschulen des römischen Kaiserreichs, als etwa Seneca in der Konzentration auf eine kunstvolle Rede*form* bei gleichzeitiger Vernachlässigung politischer Inhalte einen dem »Luxus seiner Zeit« geschuldeten Ausdruck von Dekadenz und die Folge der wirklichkeitsfremden »Erziehung in den Rednerschulen« zu erkennen glaubte, weil dort nichts Praktisches gelehrt würde.[8] Ganz ähnliche Überlegungen finden sich schließlich auch in aktuellen Feuilletondebatten, die mit einer gewissen Regelmäßigkeit konstatieren, an den Literaturinstituten in Leipzig, Hildesheim, Biel oder Wien entstehe eine zwar handwerklich »perfekte«, inhaltlich aber erfahrungsarme »Institutsprosa«.[9]

Als das Literaturinstitut 1955 trotz aller Vorbehalte in Leipzig[10] gegründet wurde, blieb Becher, inzwischen Minister für Kultur, der Eröffnungsfeier schließlich fern. Er schickte seinen Stellvertreter Alexander Abusch zum Festakt ins Haus der Deutsch-Sowjetischen Freundschaft, der die Grußworte des Ministers ausrichtete und in seiner Ansprache ebenfalls die Grundsatzfrage nach dem »Sinn und Zweck eines Instituts für Literatur« aufwarf, »die ganz natürlich auftaucht und in der Öffentlichkeit diskutiert wird.«[11] Skepsis bestand vor allem gegenüber dem erklärten Vorhaben des Instituts, nicht nur gesellschaftlich relevante Literatur fördern zu wollen, sondern auch Arbeiten von hoher künstlerischer Geltung hervorzubringen.[12] Schließlich galt auch in der DDR die weitverbreitete Überzeugung, »Schriftsteller, Dichter kann man doch nicht an einer Schule produzieren«,[13] wie Kurellas Amtsnachfolger Max Zimmering es 1960 in seinem Vorwort zur ersten Institutswerkschau *Ruf in den Tag* zusammenfasste. Dass die Kritik von Funktionären wie Kulturminister Becher nicht von der Sorge um die Freiheit der Kunst ausging, die unter den Kontrollmöglichkeiten eines staatlichen Literaturinstituts leiden könnte, liegt auf der Hand. Vielmehr schienen auch im Sozialismus trotz der grundsätzlichen Ablehnung eines elitären Dichterbildes noch tiefverwurzelte genieästhetische Konzepte nachzuwirken, die eine grundsätzliche Lehr- und Lernbarkeit von Literatur in Frage stellten und bis in die geistesgeschichtlichen Traditionen von »Sturm und Drang« und »Romantik« zurückreichten.

Bereits damals wurde davon ausgegangen, dass die schöpferische Kraft des Dichters sich allein aus der natürlichen Begabung (*ingenium*) und den Quellen der Inspiration speiste: »Dichter werden studirt, aber Dichtkunst wird nicht gelehrt. Große Dichter bringt nur die Natur hervor, aber selten. Dichterlinge zu ziehen, verlohnt sich der Mühe nicht.« Unter dieser Maxime, entnommen aus dem »Bericht über die Lehranstalten des Hochstifts Münster an die Preußische Regierung«[14] des Schulreformers Franz von Fürstenberg, verlor das in der Renaissance und im Barock etablierte Dichterbild des gebildeten, nach tradierten Kunstregeln verfahrenden »poeta doctus« immer mehr an Bedeutung. Jedes »Ziehen« der Dichter nach den Lehren der Regelpoetik, die mit Gottscheds »Critischer Dichtkunst« 1729 in Leipzig ihren Höhepunkt erreicht hatte, wurde nunmehr als Eingriff in die originalen Ausdrucksmöglichkeiten des begabten Geistes gewertet, der allein seiner Subjektivität verpflichtet und »über alles Einzelwissen, alles Gelehrte und alle bloß technischen Geschicklichkeit«[15] erhaben sei. »Regeln« und kulturelle Traditionen galten mithin als »Krücken«, als »eine nothwendige Hülfe für den Lahmen, aber ein Hinderniß für den Gesunden«.[16]

Dem ausgebildeten Dichter, dem das natürliche, sich selbst entfaltende Talent des Originalgenies abgesprochen wird, haftet seither ein Makel an – »im Sinne von ›da musste nachgeholfen werden‹«,[17] wie

Michael Lentz, Schriftsteller und Professor am DLL, den Vorbehalt pointiert, mit dem akademisch geschulte Literaten sich auch heute noch konfrontiert sehen.[18]

1.1 Literatur aus der »Retorte«?

Die Metapher der »Retorte«, die von einer »künstlichen« Literaturproduktion im Gegensatz zur »natürlichen«, autonomen Entwicklung der dichterischen Anlagen ausgeht, findet sich sowohl in Bechers Tagebucheintrag[19] als auch in Abuschs Rede wieder, wobei Abusch den Begriff lediglich aufgreift, um die darin ausgedrückten Bedenken sofort zu entkräften:

> Wir haben eine zu hohe Achtung vor jeder künstlerischen Begabung, wir schätzen das besondere Wesen des wahren Künstlers zu hoch, als daß wir wähnen könnten, große Schriftsteller könnten sozusagen in der Retorte eines Literatur-Instituts künstlich erzeugt werden.

Bei Abusch erhält der Begriff jedoch die Qualität eines Zitats, dessen Zweifel es zu entkräften gilt: Man sei nicht der Auffassung, »das fehlende Talent bei einem Schriftsteller durch eine gute Ausbildung ersetzen zu können.«[20] Begabung sei vielmehr die notwendige Bedingung jeder Ausbildung,[21] erklärte Abusch, dem Kurella beipflichtete, dass »Begabung als solche [...] nicht lehrbar« sei, wenn sie auch »gefördert und entwickelt werden«[22] müsse, um sich entfalten zu können. Mit dieser Überzeugung knüpften die Kulturpolitiker an das Dichterbild der Antike an,[23] das in den Grundlagen von *ars* und *ingenium* keinen Widerspruch, sondern vielmehr eine wechselseitige *Bedingung* künstlerischen Schaffens verstand. Im Verlauf der Aufklärung, als die Kulturtechnik des Schreibens zum Bestandteil der bürgerlichen Allgemeinbildung wurde, verloren dieses Dichterbild und mit ihm die Schulpoesie und die Kunstregeln der klassischen Rhetorik jedoch ihre historische Bedeutung. Unter dem Diktum »Jedermann soll schreiben und lesen können« wurde das Schreiben und Lesen schließlich zu einem Massenphänomen und der Begriff der Autorschaft »polarisiert zu einer durchschnittlichen Autorschaft für jedermann und einem [literarischen, I. L.] Urhebertum, das sich als einmalig davon abhebt.«[24]

Mit der Verbreitung von Schreib- und Lesekompetenz setzte ein Differenzierungsprozess ein, der ein kunstzentriertes Verständnis der »schönen Literatur« (*belles lettres*, Belletristik) erst hervorbrachte, um die Dichtung vom alltäglichen Schriftgebrauch abzugrenzen. Während die Technik des Schreibens also für breite Bevölkerungsschichten zugänglich wurde, erhielt die Dichtung – nicht zuletzt durch die »Rarifikation des Talents«[25] – einen exklusiven Status als individuelle Leistung eines genialen Schöpfers, womit sie als nicht beliebig reproduzierbar, lehr- oder lernbar galt.

Das Vorhaben, Literatur an einer sozialistischen Lehranstalt »planmäßig« zu erzeugen, stellte dieses tiefverwurzelte autonomieästhetische Dichterbild jedoch in Frage – und damit auch den modernen Literaturbegriff selbst. Dass Kurellas Absage an das Geniekonzept selbst in der DDR, die den Elitenbegriff grundsätzlich ablehnte, als »kämpferische Maßnahme«[26] verstanden wurde, ist vor diesem Hintergrund verständlich. Von diesen Einwänden allerdings wenig beeindruckt, erklärte Kurella in seiner Eröffnungsrede das literarische Schreiben unbeirrt zu einer erlernbaren Praxis:

> Alle großen Künstler sind zu dem geworden, als was wir sie kennen, indem sie einen großen Teil ihrer Energie und ihrer Fähigkeiten auf dieses mühsame Lernen, auf den unendlichen Prozeß der Auseinandersetzung des Eigenen, Persönlichen, Einmaligen mit den konventionellen Elementen der Kunst, mit dem Traditionellen verwendet haben.[27]

Zwar verengte Kurella die Ausbildung des sozialistischen Schriftstellers unter den Begriffen des »Konventionellen« und »Traditionellen« auf das humanistische Erbe, die deutsche Klassik und die Realisten des 19. Jahrhunderts,[28] während er die Auseinandersetzung mit Autoren einer »dekadente[n] Kunsttheorie«[29] des Surrealismus und Expressionismus vehement ablehnte. Allerdings ist die Überzeugung, dass Literatur stets aus einem Verhältnis zum Bestehenden hervorgeht, auch jenseits dieser normativen Zusammenhänge des sozialistischen Realismus ein weit verbreiteter Topos der Lehrbarkeits-Diskussion: »der mensch lebt nur in relativ geringem maß von eigenem, in sehr viel höherem aber von tradierten erfahrungen«,[30] schrieb einmal das literarische, musikalische und künstlerische Multitalent Gerhard Rühm in

Bezug auf die Dichtkunst, die er für »genau so wenig und genau so gut lehrbar wie musik und bildende kunst«[31] hält, während der Lyriker und Professor für literarisches Schreiben Michael Lentz mit Bezug auf Rühm konstatiert, »dass Literatur aus Literatur entsteht«,[32] und der Intertexutalitätstheoretiker Roland Barthes im Bewusstsein literarischer Abstammungslinien festhielt: »Es gibt keinen Text ohne Filiation.«[33] Alle großen Schriftsteller, so Kurellas Argumentation, hätten sich im Laufe ihrer Entwicklung intensiv mit literarischen Vorbildern auseinandergesetzt und mithin Lernprozesse durchlaufen, die sie ein literarisches Traditionsbewusstsein und Reflexionsvermögen ausbilden ließen. Kurella folgerte: »Was aber gelernt werden kann, kann auch gelehrt werden«,[34] weshalb die Frage, »ob literarische Meisterschaft lehrbar ist«, nicht länger diskutiert werden müsse und in der Praxis des Literaturinstituts vielmehr die folgende Frage zu beantworten sei: »*Wie* ist literarische Meisterschaft in unserer Zeit lehrbar?«[35]

Doch auch »die Fragen nach dem Sinn des Instituts«, das die Lehr- und Lernbarkeit immerhin zu operationalisieren hatte, sollten im Laufe der Institutsgeschichte letztlich »nie ganz verstummen«, wie Gerhard Rothbauer, von 1967 bis 1987 Dozent für Stilistik und Weltliteratur am Becher-Institut, zum 30jährigen Jubiläum des Hauses resümierte.[36] In seinem Aufsatz *Aus dem 1. Institutsjahrbuch ›Ruf in den Tag‹ (1960)*, den er anlässlich des neuerlichen Jubiläums in der 1985 erschienenen Festschrift *Selbstermutigung* veröffentlicht hatte, blickte Rothbauer auf jene erste Werkschau des Becher-Instituts zurück, die 1960 erschienen war, um der zweifelnden Öffentlichkeit »einen kleinen Einblick in die Ergebnisse unserer Bemühungen [zu] vermitteln« und die stets aktuelle Frage zu beantworten, »[o]b sich das Institut ›rentiert‹ – für die Studenten und damit auch für unseren Staat, der großzügig Mittel zur Verfügung stellt«.[37] Die damalige Bilanz des Direktors Max Zimmering fiel im Jahr 1960 durchaus optimistisch aus, weshalb Zimmering schlussfolgerte: »Das Institut hat seine Bewährungsprobe bestanden.«[38]

Dass Zimmerings Einschätzung mehr Wunsch als Wirklichkeit war, sollte sich im weiteren Verlauf der Institutsgeschichte jedoch immer wieder erweisen. Die Frage »Wozu überhaupt brauchen Schriftsteller eine Hochschule?«[39] wurde zuletzt nach dem Mauerfall an das Institut gerichtet – diesmal vom Sächsischen Landtag, der 1990 schließlich die »Abwicklung« der Hochschule verfügte. Das Studienangebot entsprach nach Einschätzung der Landesregierung nicht »den Anforderungen, die eine freiheitliche Gesellschaft, ein demokratischer Rechtsstaat und eine soziale Marktwirtschaft an Lehre und Forschung stellt«, da der Unterricht »einseitig auf eine Ideologie und auf die Staats- und Gesellschaftsordnung des ›real existierenden Sozialismus‹ festgelegt sei.«[40]

1.2 Kultur- und bildungspolitische Gründungsmotive

Tatsächlich hatte die Parteiführung nie einen Hehl daraus gemacht, dass sie sich von der Institutsgründung eine gezielte Einflussnahme auf die DDR-Literatur erhoffte. An einem staatlichen Literaturinstitut sollte nach Absicht der Parteikader der »Kampf gegen Formalismus« fortgesetzt und der Weg »für ein realistisches und volksverbundenes Volksschaffen«[41] geebnet werden. Und schließlich hatte auch Walter Ulbricht auf dem IV. Parteitag der SED von 1954 versprochen, ein staatliches Literaturinstitut werde von »großer Bedeutung für die Weiterentwicklung unserer Literatur […] sein«, indem es dazu beitrage »neue volkstümliche Werke« zu schaffen und die Defizite in der »Gestaltung des Typischen« aufzuheben, da diese Prinzipien von den Autoren »zwar diskutiert, aber noch nicht genügend in die künstlerische Praxis umgesetzt«[42] würden. In Moskau wurde bereits seit 1933 darauf abgezielt, junge Autoren »unter der Fahne des sozialistischen Realismus«[43] zu vereinen. Und so lag es nahe, auch in der DDR das Massenmedium Literatur als Instrument zur »Bewusstseins- und Persönlichkeitsbildung« und zur »Verwirklichung der sozialistischen Lebensweise« einzusetzen, wie die Institutsleitung noch 1986 im Rückblick auf die Geschichte der Hochschule festhielt.[44]

Die Absicht, junge Autoren durch zentralistische Fördermaßnahmen zu Sprachrohren des Staates auszubilden und mit einem volkspädagogischen Auftrag auszustatten, wurde auch in Kurellas Eröffnungsvortrag deutlich, indem er das Institut als »technische Hochschul[e]«[45] bezeichnete und damit nicht allein den Aspekt der handwerklichen Ausbildung betonte, sondern auch das vielzitierte Stalinwort von den Schriftstellern als »Ingenieuren der menschlichen Seele« aufgriff. »Die Kunst ist auf die Wirklichkeit gerichtet, sie will und soll […] bildend und ändernd in die Wirklichkeit des Menschenlebens eingreifen.«[46] Diese Absicht wurde gegenüber den Studierenden des ersten Jahrgangs von 1955/56 auch unumwunden eingeräumt. Es sei darum gegangen, erinnerte sich etwa Erich Loest, »aus Studenten Parteidichter zu machen«.[47] Doch auch die künstlerische Meisterschaft solcher zu ›Parteidichtern‹ ausgebildeten Studenten und der ästhetische Geltungsanspruch ihrer Literatur waren politisch ausdrücklich gewollt, erhoffte der Staat sich doch die Entstehung und Erstarkung einer »neuen deutschen Nationalliteratur«[48] von internationaler Strahlkraft, mit der die Wiedervereinigung Deutschlands unter sozialistischer Fahne letztlich noch mitgedacht wurde.[49] Abusch dazu in seiner Eröffnungsrede:

> Dabei ergibt sich aus der nationalen Mission unserer Deutschen Demokratischen Republik für ihre Literatur des sozialistischen Realismus die entscheidende Verpflichtung, durch die Kraft ihrer Ideen und durch ihre künstlerische Meisterschaft zur führenden Literatur für ganz Deutschland zu werden.[50]

Mit diesem Hegemonieanspruch war auch das Literaturinstitut dem herrschenden Diktum einer »unteilbaren« deutschen Kultur und der Pflege einer Literatur verpflichtet, die ihre Ziele *gesamtdeutsch* verfolgte und über die Landesgrenzen hinweg wirksam werden sollte. Die Erwartungen an eine Nationalliteratur unter sozialistischer Vorherrschaft[51] waren zur Mitte der 50er Jahre noch hoch, glaubte man doch an die langfristige Durchsetzung der sozialistischen Kultur »in *einer* und für *eine* deutsche Nation«[52] und eine integrative, die deutsche Teilung überwindende Funktion der Literatur, die »suchenden, fortschrittlichen, humanistischen Schriftstellern in Westdeutschland« Halt geben konnte und sie zu »Verbündeten auch in ihrem literarischen Schaffen« machte.[53] Ein weiterer Auftrag war die Bewahrung des humanistischen Erbes »für ganz Deutschland«, indem man der vermeintlichen »Barbarisierung, Verfälschung und Zerstörung unserer Kultur« durch den Imperialismus ein unerschütterliches Traditionsbewusstsein und die Pflege der deutschen Klassik entgegensetzte.[54]

Noch zu Beginn der 1960er Jahre, als die Pläne einer Wiedervereinigung mit dem Mauerbau immer unrealistischer wurden, hielt die DDR-Germanistik an der Perspektive einer »Einheitlichkeit der deutschen Nationalliteratur«[55] fest.[56] Erst Mitte der 60er Jahre rückte mit der Einsicht, »daß zwei deutsche Staaten, die auf unterschiedlichen

Gesellschaftsformationen basieren, voraussichtlich über einen längeren Zeitraum nebeneinander existieren werden«,[57] auch die Betonung literarischer Gemeinsamkeiten zugunsten der Betrachtung separater Entwicklungslinien in Ost und West allmählich in den Hintergrund. So verweist etwa die Skizze zur Geschichte der deutschen Nationalliteratur, die 1964 in den Weimarer Beiträgen veröffentlicht wurde, »auf die unterschiedliche Funktion der Literatur hier und dort und auf die schnell zunehmende Verschiedenartigkeit der widergespiegelten Wirklichkeit [...].«[58]

Mit der Wahrnehmung zweier getrennter deutscher Staaten gewann schließlich auch der Systemvergleich an Bedeutung, womit das zunächst verbindend konservative Verständnis einer gesamtdeutschen »Nationalliteratur« von einem kompetitiven Geltungsauftrag abgelöst wurde, mit dem es galt »die Autorität und die Macht der Deutschen Demokratischen Republik [...] in ganz Deutschland und in aller Welt zu stärken«[59] – auf vergleichbare Weise, wie die DDR bereits im naturwissenschaftlich-technischen Bereich, im Leistungssport oder im musikalischen Wettstreit in ein Kräftemessen mit den westeuropäischen Ländern getreten war.[60] Noch zum Ende der 1980er Jahre verwies man am Becher-Institut mithin darauf, dass die kapitalistischen Staaten »bei weitem nicht so viel Kraft in den literarischen Nachwuchs investieren«[61] würden wie die sozialistischen Staaten, die sich durch ihre hochsubventionierte Begabtenförderung von den Strukturen der »Ausbeutergesellschaft«[62] abgrenzen wollten. Diesen Anspruch hatte Abusch freilich bereits zur Institutsgründung formuliert:

> Wir haben unter den Bedingungen des Kapitalismus erlebt, wie Tausende und aber Tausende von Begabungen im werktätigen Volk verkrüppelt wurden oder überhaupt verkümmerten. Zu dem Neuen, Großen in unserer werdenden sozialistischen Gesellschaft zählt auch unsere feste Überzeugung, daß vorhandene Talente viel mehr als bisher ausgebildet und dadurch zu vollendeteren künstlerischen Schöpfungen befähigt werden können.[63]

In der sozialistischen Gesellschaft werde die »[s]chöpferische Entfaltung der Talente des Volkes«[64] hingegen »verfassungsmäßig garantiert und gefordert.« Und so sei es schließlich kein Zufall, wurde damit suggeriert, dass die Gründung einer ersten deutschen »Lehr- und Studienanstalt zur Fortbildung des schriftstellerischen Nachwuchses«[65] in der sozialistischen DDR stattfinden sollte. Denn es gebe zahlreiche bislang unentdeckte Begabungen in der vernachlässigten werktätigen Bevölkerung der DDR, die durch direktive Eingriffe gezielt entfaltet und modelliert werden könnten.[66] Insofern ließ man sich am Institut von der »marxistischen Erkenntnis leiten, daß literarisches Schaffen lehrbar und kein geheimnisvoll-kultischer Vorgang ist«, der nur Auserwählten vorbehalten bliebe. Es müsse, so steht es folglich auch im Leitbild für die Lehr- und Erziehungsarbeit, ein »entschiedener Kampf gegen elitäre, mystifizierende Auffassungen, gegen einen künstlerischen Individualismus in allen Schattierungen geführt werden«, denn diese würden fundamental den egalitär kollektivistischen Idealen der sozialistischen Gesellschaft widersprechen.[67] Dem individualästhetischen Geniebegriff des Sturm und Drang, der im begabungstheoretischen Diskurs der DDR als Konstrukt einer bürgerlichen Elite verstanden wurde, die ihren Herrschaftsanspruch zu manifestieren suchte,[68] erteilte man deshalb eine rigorose Absage:

> Von Anfang an ist eine Begabung in ihrer Ausbildung und Entwicklung gesellschaftlichen Bedingungen unterstellt; selbst die angeborenen individuellen Anlagen, die multipotent sind, werden erst in der Tätigkeit auf einem bestimmten Gebiet zum wirklichen Talent entfaltet. ›Künstler von Geburt‹ (Goethe) gibt es nicht.[69]

Bei der »Weiterführung der sozialistischen Kulturrevolution«[70] mit dem Ziel, das Bildungsmonopol der besitzenden Klasse zu brechen, kam dem Becher-Institut mithin die bereits im Gründungsstatut festgelegte Aufgabe zu, vor allem Schriftsteller »aus der Arbeiterklasse und der werktätigen Bauernschaft«[71] auszubilden – ein Auftrag, der mit der ersten Bitterfelder Konferenz im April 1959 für das Becher-Institut noch einmal stark in den Vordergrund rücken sollte.

Der ausgeprägte Glaube an die Formbarkeit individueller Anlagen und die Wirksamkeit staatlicher Fördermaßnahmen resultierte für das Literaturinstitut jedoch in einem massiven Erfolgsdruck, literarische Ergebnisse von hoher Strahlkraft hervorzubringen. Noch 1985, im 30. Jahr des Institutsbestehens, verwahrte sich der amtierende Direktor Rudolf Gehrke daher vehement gegen eine Kanonisierung der Statistik »zum absoluten Gradmesser der effektiven Wirksamkeit«,[72] um dann aber doch mit Stolz auf die zwölf Nationalpreisträger unter den Absolventen zu verweisen. Die trotzige Selbstbescheidung des Instituts, »[w]enn wir in 100 Jahren einen Tolstoi hervorbringen, haben wir die Norm erfüllt«,[73] konnte auf politischer Ebene allerdings nicht gelten gelassen werden. Schließlich hätte das Scheitern des bildungspolitischen »Experiments« Literaturinstitut nichts weniger bedeutet als »ein Eingeständnis in das Versagen des Systems«[74] und der ihm zugrunde liegenden Gesellschaftstheorie, mit der die sozialistische Begabungsförderung als »Gegensatz zur bürgerlichen Elitentheorie«[75] verstanden und mit großem finanziellen Aufwand betrieben wurde. So stellte sich bis zur Abwicklung des Becher-Instituts immer wieder die Frage nach dessen Rentabilität: Zur Finanzierung eines umfangreichen Personalkaders und hoher Studienstipendien erhielt das Haus jährlich mit bis zu einer Million Mark eine hohe Summe aus staatlichen Mitteln.[76] Und so wurde auch die Grundsatzfrage, ob Schriftsteller tatsächlich an einer Hochschule ausgebildet werden müssten oder nicht vielmehr doch, wie von Ulbricht auf der 5. Sitzung des Staatsrates gefordert, »im Kampfe wachsen«[77] sollten, nicht zuletzt aus finanziellen Gründen im Laufe des Institutsbestehens immer wieder neu diskutiert.

2. »Wie ist literarische Meisterschaft in unserer Zeit lehrbar?«

2.1 »Literarische Begabung« und »Sozialistische Persönlichkeit« im Auswahlverfahren

Die Frage »*Wie* ist literarische Meisterschaft in unserer Zeit lehrbar?«[78] stellte sich den Mitarbeitern des Instituts angesichts der hohen kulturpolitischen Erwartungen mit besonderer Dringlichkeit, zumal sich kaum theoretische Referenzpunkte fanden.[79] Als wesentliche Bedingung für den Erfolg der Ausbildung galt zunächst das Aufspüren geeigneter Bewerber, worum sich im Gründungsjahr noch der DSV bemüht hatte. Doch auch am IfL wurden im Laufe der Institutsgeschichte immer wieder Versuche unternommen, das Auswahlverfahren zu systematisieren, um »die ›Produktivität‹ des Instituts« langfristig zu steigern und die »Vielzahl von subjektiven Unsicherheitsfaktoren in der Akkumulation«[80] abzubauen.[81] In anderen Worten: Das Risiko staatlicher Fehlinvestitionen in die Ausbildung ungeeigneter Bewerber sollte möglichst gering gehalten werden, indem bereits im Bewerbungsverfahren treffsichere Prognosen zur zukünftigen Talent- und Persönlichkeitsentwicklung der Kandidaten abgegeben wurden. Allerdings fehlte es an jeder theoretischen Grundlage zur sicheren Bestimmung literarischer Begabung oder auch nur zur Definition des Begabungsbegriffs, der für die Auswahl der Bewerber und deren systematische Förderung maßgeblich werden wollte. Am Institut herrschte zwar Einigkeit darüber, dass »die Bedingung des Talents« die notwendige Voraussetzung oder auch »der älteste Hut besagter Lehrbarkeit«[82] sei, mit einer genauen Begriffsdefinition tat man sich jedoch schwer.

Alfred Kurella etwa umschrieb literarische Begabung in seiner Eröffnungsrede ebenso unscharf wie blumig »als Glück und als Fluch, wir erleben sie bald wie eine Krankheit, bald wie eine fast übermenschliche Gesundheit.«[83] Noch zum Ende der 60er Jahre erkannte man den Mangel an gesicherten Begriffen in den Anmerkungen des Instituts »zum Leitbild des jungen sozialistischen Schriftstellers«, als man festhielt, dass der »natürliche Anteil als Grundlage des künstlerischen Talents [...] in der marxistisch-leninistischen Ästhetik ungenügend wissenschaftlich bestimmt«[84] werde. Um sich zu behelfen, bezog man sich auf Hegels Ästhetik und die darin herausgestellte Fähigkeit des Künstlers zum anschaulich gegenständlichen Denken – jene »Seite der Unmittelbarkeit«, die das Subjekt als »gegeben in sich vorfinden muss.« Als Voraussetzung eines solchen Denkvermögens galt dem Verfasser des »Leitbildes« »eine entwickelte menschliche Sinnlichkeit«, außerdem eine »tiefe und entwickelte Emotionalität«[85] – und nach dem langjährigen Institutsdirektor Max Walter Schulz, der in seinen *Tagebuchnotizen* unter dem Titel *Was tut unseren jungen Schriftstellern not?* ebenfalls an Hegel anschloss, »die speichernde Kraft eines starken Wahrnehmungs- und Empfindungsgedächtnisses und die gedankenbeschleunigende Kraft der Phantasie.«[86] Die hier identifizierten originären Tugenden des Schriftstellers – Sensibilität und Emotionalität, ein gutes Gedächtnis und Phantasie – fasste Schulz in einem Schwerpunktheft der Zeitschrift *ndl* zum 20-jährigen Bestehen des Instituts auch als »Organ für Weltempfindlichkeit« zusammen.[87]

Ein ganz ähnliches Verständnis literarischer Begabung fand sich bereits 1955 bei Kurella, der in seinem Antrittsvortrag zwar zunächst einschränkend formulierte, »[i]ch will keine Definition des Begriffs Begabung improvisieren ...«, schließlich aber doch auf zwei Anteile verwies, die er für wesentlich hielt: Sowohl eine »rezeptive Seite«, die es dem literarischen Talent erlaube, die Wirklichkeit »in einer ungewöhnlichen Weise« aufzunehmen und zu memorieren, als auch die Fähigkeit, »das einmal sinnlich Aufgenommene« in ebenso ungewöhnlicher Weise »aus sich herauszustellen, zu reproduzieren«.[88] In dieser sensualistischen Definition literarischer Begabung spiegelte sich Kurellas Diktum einer ausschließlich realistischen Kunstauffassung.

> [...] danach kommt jedes Kunstwerk als Äußerung sinnlicher Menschen zustande, Quelle und Ursprung sind letzten Endes die Vorgänge der Außenwelt, deren über die Sinne aufgenommene Abbilder im schöpferischen Individuum verarbeitet, verwandelt werden.[89]

Vergleichbar äußerte sich Max Walter Schulz in seinen 1980 erschienenen *Notizen zur Literatur*: Talent bestehe vor allem in der »eigentümliche[n], nicht übertragbare[n] Begabung, aus Wirklichkeit und Weltanschauung Kunst zu machen.« Um eine »poetische Idee« zu entwickeln, müsse der Künstler »zu wissenschaftlicher und sinnlich-gegenständlicher Erkenntnis« fähig sein und auf »das schöpferische Mittel der Verdichtung« zurückgreifen, das dem literarischen Talent zur Verfügung stehe.[90] Deshalb wollte Schulz »eindeutig von der *bedingten* Lehrbarkeit des kreativen Schreibens«[91] sprechen, zumal das literarische Talent in der Regel ein ausgeprägtes Autonomiestreben an den Tag lege. »[D]as Talent verhält sich bereits in frühester Jugend arg selbständig gegenüber Gerechten und Ungerechten.« Es gedeihe selten nach »väterlichem Schöpfungsplan«,[92] begehre auf und verlache seine Lehrmeister, denen es unentwegt »Bildungs- und Erziehungsprobleme« bereite.[93]

Dem Direktor des IfL gelang an dieser Stelle ein strategischer Schachzug, nachdem er 1965, *vor* der Exmatrikulationswelle, die Bedeutung des Talentbegriffs für das Studium noch hatte einschränken wollen.[94] Nun aber erklärte er das Talent zur unabänderlichen Voraussetzung des Studiums und das »Aufbegehren« der Studierenden und ihr vermeintlich oppositionelles Verhalten, das dem Institut unter Schulz' Führung Mitte der 60er Jahre starken kulturpolitischen Gegenwind eingebracht hatte, zum genuinen Ausdruck der erforderlichen Begabung. Nicht anders argumentiert Schulz' Stellvertreter Horst Nalewski, der 1966 ebenfalls den begrifflich unbestimmten Topos des Talents heranzieht, um den Vorwurf einer zu liberalen Immatrikulationspolitik zurückzuweisen: Im Fall der exmatrikulierten und später sogar ausgebürgerten Studentin Helga M. Novak habe das Institut nicht anders entscheiden können, als »ihr bedeutendes Talent«[95] zu würdigen und sie 1965 zum Studium zuzulassen.

Die wiederkehrenden Konflikte zwischen Studierenden und Institutsleitung, die den Alltag am Becher-Institut im Laufe seiner Geschichte immer wieder bestimmten, erscheinen in dieser Deutung als unumgänglicher, gar notwendiger Entwicklungsprozess des Talents und nicht etwa als Versagen von Lehre und Erziehung. Darüber hinaus deutet Schulz die Differenzen als unvermeidlichen Generationenkonflikt, der – wie er es in Anspielung auf Volker Brauns berühmtes Gedicht »Anspruch« formuliert (»Kommt uns nicht mit Fertigem. Wir brauchen Halbfabrikate«) – gar ein konstruktives Potential aufweise:

> Man darf sich darauf verlassen, daß sich die Generationsfragen, diese sich produktiv reizenden Widersprüche, auch in diesem Fall lösen werden nach den bekannten kategorischen Imperativen: Kommt uns nicht mit Fertigem, ihr, die ihr uns mit Fertigem kommen müßt![96]

Schulz' Rechtfertigung, dass literarische Begabung sich im ästhetischen und ideologischen Aufbegehren und einer grundlegenden Konfliktbereitschaft der Studierenden äußere, wurde in den 80er Jahren erneut aufgegriffen – diesmal von Günter Gießler, der als Assistent im Fach marxistisch-leninistische Ästhetik am Becher-Institut lehrte. In einem Tagungsband zur Begabungsforschung formulierte Gießler die These, literarische Kreativität sei auf Widerstand regelrecht angewiesen, um sich entwickeln zu können. Es gelte daher für die Lehre, die »Eigenständigkeit« der begabten Persönlichkeit zu fördern, um die literarische Fähigkeit zur »differenzierten, originellen und phantasievollen Beschreibung und Gestaltung von Beobachtungen und Erfahrungen« auszubilden und sich über »gesellschaftliche Widersprüche und individuell[e] Sinn- und Wertvorstellungen« zu verständigen.[97]

Im Auswahlverfahren des Becher-Instituts rückte die »Persönlichkeit« der Bewerber sogar schon früher in den Fokus: »Talent allein, ohne umfassende Persönlichkeitsentwicklung, vermag nichts«, heißt es auch im 1969 erschienem *Handbuch für schreibende Arbeiter*, dessen

Herausgeber Jürgen Bonk als ehemaliger Dozent und Ursula Steinhaußen als Mitarbeiterin der Nachwuchskommission des DSV in enger Verbindung zum Becher-Institut standen:

> Bedeutende Werke können nur von bedeutenden Persönlichkeiten geschaffen werden. Zur Persönlichkeitsentwicklung gehört, daß jeder, der zu schreiben beginnt, einen Beruf ausübt, vor allem aber eine Verantwortung trägt: im Beruf, im gesellschaftlichen Bereich, nicht zuletzt in der Familie.[98]

So zählte es zu den Zulassungsvoraussetzungen des Becher-Instituts, dass die Autoren neben ersten literarischen Veröffentlichungen auch eine gewisse Lebens- und Berufserfahrung mitbringen mussten.[99]

Schließlich müsse das literarische Talent nicht nur über Begabung und ›Sekundärtugenden‹ wie Beharrlichkeit, persönliche Motivation, Anstrengungs- und Einsatzbereitschaft verfügen, sondern auch über die Fähigkeit zur Selbstdistanzierung, betonte Gießler, weshalb man am Becher-Institut – anders als im Sport oder der musikalischen Frühförderung – die Maxime verfolge, »literarische Begabung erst ab einer bestimmten Altersstufe auf die Laufbahn eines Schriftstellers vorzubereiten«, zumal ein »zu früh ausgeprägtes Formbewusstsein nicht selten in Manierismus« ende.[100]

Um geeignete Bewerber mit den gewünschten Voraussetzungen zu finden und anzuwerben, wollte man sich nicht auf die Eigeninitiative der Autoren verlassen. Die Bewerber wurden etwa aus den Arbeitsgemeinschaften Junger Autoren des Schriftstellerverbandes, Zirkeln schreibender Arbeiter oder den Poetenseminaren der FDJ ans Becher-Institut empfohlen. In einem persönlichen Gutachten dieser Förderinstanzen wurde nicht nur auf die literarischen Fähigkeiten der Bewerber eingegangen, sondern auch der »Entwicklungsstand der Sozialistischen Persönlichkeit« bewertet, um sowohl das Risiko einer künstlerischen »Fehlinvestition« als auch das politische Konfliktpotential in der Studiengruppe möglichst gering zu halten.[101]

In den Beurteilungen, die etwa Ursula Steinhaußen vom Nachwuchsreferat des DSV verfasste, wurde kaum ein privates Detail ausgespart: Einschätzungen zu Eheproblemen finden sich ebenso wie Empfehlungen für den weiteren Werdegang der Bewerber, der in der Darstellung der Kulturfunktionäre beliebig durch staatliche Eingriffe manipulierbar erscheint. Adolf Endler, Student im ersten Jahrgang, maß der ideologischen »Eignung« der Bewerber im Auswahlverfahren der 50er Jahre denn auch ein besonders großes Gewicht bei:

> Man wollte [am Ende der Ausbildung, I. L.] sozialistische Autoren haben, die vielseitig gebildet waren; so wie sich da eben die Vielseitigkeit dargestellt hat. Allerdings waren die meisten [bei Studienantritt, I. L.] ja schon sozialistische Autoren. [...] Man lud keine katholischen Außenseiter ein, die erst überzeugt werden sollten. Nein, man musste sich schon als Sozialist bemerkbar gemacht haben.[102]

Auch 1979, als die DDR sich bereits mit der Generation der zweifelnden, desillusionierten »Hineingeborenen« konfrontiert sah, zählte es noch zu den offiziell verlautbarten Prinzipien des Instituts, den »ihrer Partei und unserem Staat fest verbundenen jungen Autoren bei angemessenem literarischem Talent den Vorrang zu geben.«[103] Dennoch fanden sich auch in den 60er, 70er und 80er Jahren in den Seminaren des Becher-Instituts etliche Studierende, die dem Idealbild des sozialistischen Staatsbürgers nicht entsprachen, darunter Katholiken wie etwa der später als Krimiautor bekannt gewordene Steffen Mohr[104] oder die zuvor bereits von anderen Hochschulen relegierten Autoren Rainer Kirsch, Dieter Mucke oder Helga M. Novak und nicht zuletzt FDJ-Verweigerer und Bausoldaten wie Rainer Klis[105] oder die Biermann-Petitionistin Katja Lange-Müller.

Bewerber, deren Manuskripte zwar positiv beurteilt worden waren, die aber »aus anderen Gründen zweifelhaft« erschienen, unterzog das Institut im Auswahlverfahren einer besonderen Prüfung: Ihre literarischen Arbeitsproben wurden zur wiederholten Lektüre an den hauseigenen Parteisekretär übergeben, der weniger die literarische Qualität der Texte als deren »gesellschaftliche Wertigkeit« ins Auge fassen sollte.[106] Aus den Unterlagen geht jedoch auch hervor, dass die Mitarbeiter des Instituts in Phasen kulturpolitischer Entspannung einen gewissen Entscheidungsspielraum hatten. So war Direktor Max Walter Schulz im Jahr 1972, als die Krise des Instituts bereits überstanden war, wieder zu Zugeständnissen an talentierte Bewerber bereit: »Prinzipiell würde ich sagen, in solchen Fällen, in denen Bewährung nachgewiesen wird, keine Ablehnung auszusprechen, vorausgesetzt dass der Text etwas wert ist«, so sein Vorschlag,[107] während der damalige Parteisekretär Robert Zoppeck das Kollegium noch einmal an die krisengeschüttelten 60er Jahre und »die Situation mit Nalewski« erinnerte, der nach dem Kahlschlagplenum von 1965 und der drohenden Schließung des Instituts von seinem Posten als stellvertretender Direktor zurücktreten musste: »Er sagte, wir haben uns mit Talenten belastet, aber nicht mit dem Erziehungsprozeß. Wir haben nichts dazu getan, daß sie sich zu sozialistischen Menschen entwickelt haben.«[108] Um dem entgegenzuwirken, etablierte man 1967 in unmittelbarer Reaktion auf die Krise ein Mentorenprogramm »für den ganzen Bildungs- und Erziehungsprozess«,[109] mit dem jeder Student bis zum Abschluss seines Studiums begleitet, aber auch beobachtet werden sollte.

Die Entwicklung des literarischen Talents entzog sich jedoch weiterhin jeder sicheren Prognose – auch wenn noch 1986 der kommissarische Direktor Rudolf Gehrke es als »marxistisch-leninistische Erkenntnis« verstand, »daß künstlerisches Talent erkennbar und erklärbar ist«.[110] Die Protokolle des Auswahlverfahrens für das Fernstudium 1972 zeichnen hingegen ein anders Bild. Darin wird literarische Begabung der Bewerber zwar als vorrangiges Auswahlkriterium diskutiert, jedoch wird der Terminus in der Praxis ebenso unsicher gehandhabt, wie seine Definition theoretisch unscharf geblieben war. Von belastbaren oder gar ›objektiven‹ Kriterien, anhand deren sich Talent erkennen ließe, gingen die Lehrkräfte in der Auswahlkommission also keineswegs aus. Vielmehr verwiesen sie auf ihre »Intuition« und ein subjektives Empfinden, wenn sie Urteile wie »sehr gut« oder »gut«, »ganz begabte Erzählerin«, »nicht gut genug«, »schwach«, »fragwürdig« oder »katastrophal« begründeten und einem Kandidaten die notwendige Begabung zu- oder absprachen.[111] Weitere Einschätzungen lauteten:

Die eingereichten Gedichte sind echte Kindergedichte; sie gehen eben ins Didaktische. [...] Die Gedichte sind nicht gut.[112]
Hat keinen Geschmack. Er ist sehr selbstgefällig. Seine Begabung reicht nicht.[113]
Er hat Ansätze zum Erzählen, sucht aber zu abseitige Themen.[114]
Er ist nicht sehr begabt, aber er hat sich bisher überall durchgebissen.[115]
Sie hat nichts Druckreifes gemacht, aber was sie schreibt ist irgendwie originell.[116]

Er ist ein Routinier, auf den wir nicht einwirken können – nicht entwicklungsfähig. [...]
Seine Begabung liegt etwas über dem Durchschnitt, aber ich kann das jetzt nicht belegen.[117]

Die letzte Beurteilung verdeutlicht ein weiteres Mal das Grundproblem: »Es ist schwierig mit der Wertung und Einschätzung«, wie die stellvertretende Direktorin Marianne Schmidt schließlich einräumte, während der damalige Dozent für Prosa Helmut Richter ergänzte: »Subjektivität ist bei einer Beurteilung immer da.« »Ich glaube nicht, dass man das ausschalten kann«, pflichtete Ursula Sczeponik, damals Leiterin des Fernstudiums, bei. »Gewisse Risiken muss man eingehen«,[118] hielt sie fest.

2.2 Das Literaturinstitut als literaturpädagogisches »Experimentierfeld«

Kurellas Ausgangsfrage »*Wie* ist literarische Meisterschaft in unserer Zeit lehrbar?« war mit der Auswahl der Studienbewerber jedoch noch nicht beantwortet. Das neugegründete Institut stand vor der Aufgabe, Studienziele zu formulieren, Lehr- und Zeitpläne zu entwerfen und Lehrmethoden zu entwickeln. Erfahrungswissen musste erst generiert werden, da es auch hinsichtlich der Strukturen, Inhalte und Methoden der Lehre an theoretischen Grundlagen fehlte. Die Zeit des »mühevollen Aufbaus« bezeichneten Institutsangehörige daher rückblickend auch als »Experiment [...], das nicht nur in der deutschen Geschichte ohne Beispiel war.«[119]

Auch von den Erfahrungen der ersten, bereits 1933 gegründeten sozialistischen Schriftstellerhochschule in Moskau hatte die DDR-Gründung im Jahr 1955 nur bedingt profitieren können. Zwar war bereits 1953 eine DDR-Delegation zum 20. Jubiläum des Maxim-Gorki-Literaturinstituts nach Moskau gereist, jedoch war das sowjetische Vorbild vor allem der wissenschaftlichen Schriftstellerausbildung verpflichtet. In einem ersten Entwurf »Über die Einrichtung eines Literatur-Instituts in der Deutschen Demokratischen Republik« betonte daher auch die Dresdner Schriftstellerin Annemarie Reinhard, die die Delegation nach Moskau begleitet hatte, das vorrangige Ziel, »jungen Schriftstellern die wissenschaftlichen Grundlagen für ihre Arbeit zu vermitteln«. Darüber hinaus hielt sie fest, was keinesfalls zum Curriculum einer DDR-Schriftstellerschule zählen sollte:

> Es geht also nicht um eine gute Allgemeinbildung, die jeder Bürger der Deutschen Demokratischen Republik durch Abendschule, Volkshochschule usw. erwerben kann. Auch nicht um das ABC der schriftstellerischen Arbeit, das sich bei uns jeder Interessierte ebenfalls durch das Studium unserer literarischen und kulturpolitischen Zeitschriften, entsprechender Bücher, durch Mitarbeit in literarischen Zirkeln und den Sektionen der Arbeitsgemeinschaften des Deutschen Schriftsteller-Verbandes aneignen kann, sondern, wie gesagt, um wissenschaftliche Arbeit. [Herv. im Orig., I. L.]

Die Frage der didaktischen Vermittelbarkeit künstlerischer Praktiken wurde in dieser Konzeption getrost ignoriert – schließlich sollte auch die »Methodik des Unterrichts« den Maßstäben einer wissenschaftlichen Ausbildung gerecht werden »und zweckmäßigerweise die der Universitäten sein (Vorlesungen, Seminare, Übungen)«.[120]

Die späteren Lehrkräfte des Instituts legten mitunter jedoch ein anderes Verständnis für Notwendigkeiten der Schriftstellerausbildung an den Tag, indem sie von künstlerisch-handwerklichen Aspekten nicht absehen wollten. Die Unterrichtsmethodik der theoretischen Fächer müsse sich »an einer Kunsthochschule von der der Universitäten und anderen Hochschulen unterscheiden«, schrieb etwa Dietrich Herrde, der von 1955 bis 1959 als Dozent im Fach Geschichte am Leipziger Literaturinstitut unterrichtete und als stellvertretender Institutsdirektor amtierte, im Jahr 1959 in seinem Aufsatz unter dem programmatischen Titel *Haben Sie Beziehungen zur Kunst, Kollege?*. Für Herrde war es ein Unterschied, ob man »Philosophen, Historiker, Germanisten, Slawisten und dergl. aus[bildete]« oder dem »obersten Ziel, der Entwicklung der künstlerisch-schöpferischen Fähigkeiten des Studenten, dienen« wollte.

> Wir hatten uns das Ziel gesetzt, auch den jungen Schriftstellern ähnlich den Musikern, Schauspielern und bildenden Künstlern eine Hochschule zu geben, die ihnen eine umfassende Allgemeinbildung vermittelt und die künstlerisch-handwerklichen Fähigkeiten weiter

entwickelt. Es war ein schwieriger Anfang, der zu manch' kritischen Auseinandersetzungen führte. Wir hatten keinerlei Erfahrungen. Unsere Vorbilder in Moskau und Peking konnten wir nicht einfach nachahmen, da wir der konkreten Situation in unserer Republik und den Auswirkungen des Bildungsverfalls im Faschismus Rechnung tragen mussten.[121]

Stattdessen habe man sich in Leipzig der Herausforderung gestellt, in organisatorischer, didaktischer und fachlicher Hinsicht »selbst das Neue [zu] schaffen«.[122]

Mit der Aufnahme des Unterrichtsbetriebs im Oktober 1955 begann daher erst die Suche nach einem praktikablen Studienmodell, dessen Aufbau, Methoden und Inhalte auf der Grundlage wachsender Erfahrungen immer wieder modifiziert und an die sich wandelnden kultur- und bildungspolitischen Bedingungen angepasst werden sollten. Die Geschichte des Literaturinstituts lässt sich – parallel und im wechselseitigen Einfluss zu seiner politischen Konfliktgeschichte – mithin auch als Prozess der Wissensgewinnung im *Experimentierfeld Schreibschule* lesen, in dem nach dem Prinzip von Versuch und Irrtum verfahren wurde, zahlreichen Konfliktlagen zum Ausdruck kamen und die Spuren didaktischen »Improvisierens« und das »erkundende, probierende, ungewohnte Vorgehen«[123] ebenso deutlich werden wie die nachträglichen Bemühungen der Institutsleitung, politisch unerwünschte Entwicklungen und Entscheidungen (begabungs-)theoretisch zu legitimieren.

Ein grundlegendes Paradoxon konnte dabei jedoch niemals aufgelöst werden: Zwar sollte die Unterrichtspraxis neues Wissen zur Konstitution, Entwicklung und Förderung literarischer Begabung hervorbringen, jedoch waren die Institutsleitung und der Lehrbetrieb strikten Zielvorgaben der politischen Führung unterworfen. Für den Wissenschaftstheoretiker Hans-Jörg Rheinberger besteht in einer solchen Doppelverpflichtung ein Widerspruch in sich: »Das explorierende Experiment muss so angelegt sein, dass sich darin Neues ereignen kann.« Ergebnisse können »nicht einfach bestellt und geliefert werden«, der Erkenntnisgewinn ist »nicht über Vorwegnahmen, über ein Telos, über ein Ziel definierbar, das man kennt und auf das man geradewegs zustreben kann.«[124] Vielmehr müsse der Praxisversuch sich eine gewisse »Autonomie gegenüber der Theorie«[125] bewahren und auch Abweichung von Erwartbarem tolerieren. Das Becher-Institut war als staatliche Institution jedoch prinzipiell der Parteidoktrin verpflichtet, welche die Durchsetzung der sozialistischen Ästhetik und die Erziehung zur allseits entwickelten sozialistischen Persönlichkeit einforderte. »Abweichungen« vom erwarteten Ausbildungs- und Entwicklungsverlauf oder gar differierende Vorstellungen zu den Zielen der Ausbildung führten unweigerlich zu Konflikten zwischen den Studierenden, der Institutsleitung und dem Ministerium für Kultur, die im Laufe der Institutsgeschichte immer wieder aufbrechen sollten und streng sanktioniert wurden.

Mithin betonten die offiziellen, an das MfK gerichteten Dokumente des Instituts vielmehr die Nähe zu staatlichen Vorgaben, als das »Neue« hervorzuheben, das *per definitionem* den Charakter der unvorhersehbaren Abweichung trägt. Einen Erkenntnisgewinn versprechen diese Dokumente eher zwischen den Zeilen und mit Blick auf die Leerstellen, Krisen und Konfliktlagen, die das Institut zu verbergen versuchte. Schließlich war es gerade das Unberechenbare und Unkalkulierbare, das sich der staatlichen Kontrolle entzog oder gar widersetzte, das neue Erkenntnisse hervorbrachte und die Entwicklung des Becher-Instituts, seiner Ausbildungsformen und Lehrverfahren schließlich maßgeblich bestimmte und vorantrieb. Auch Helmut Richter, der von 1990 bis 1992 Institutsdirektor war, verstand diese Konflikte rückblickend als unvermeidlich und bereits im Versuchsaufbau angelegt:

[...] der intensive Umgang mit Literatur, und zwar sowohl der rezipierten fremden [...] wie auch der produzierten eigenen, machte immer wieder den Blick frei auf den umfassenden Wahrheitsanspruch von Kunst. Es mußten da also in den Vorlesungen, Seminaren und Werkstätten [...] Dinge verhandelt werden, die über das bloß Weltanschauliche weit hinausgriffen. Dabei mußte es logischerweise zu Konflikten kommen, die sich vor allem immer wieder dann besonders zuspitzten, wenn das Argusauge der Obrigkeit sie erst ausgespäht hatte.[126]

So bildete sich aus den Auseinandersetzungen zwischen Studierenden und Lehrenden nicht nur die Methodik der sogenannten schöpferischen Seminare heraus, die ein kunstzentriertes Gegengewicht zum rein theoretischen Unterricht setzten. Im Laufe der Institutsgeschichte erkämpften sich die Studierenden zudem immer mehr Freiräume für die ungeleitete künstlerische Arbeit, die weniger stark als der Fachunterricht durch ideologische Vorgaben und marxistisch-leninistische Theorie eingeschränkt war.[127] Insofern ist der Aussage des Literaturwissenschaftlers Heribert Tommek zuzustimmen, der das IfL als einen Ort versteht, »von dem aus das Loyalitätsverhältnis von Schriftstellern und Politik in Bewegung geriet«.[128] Am Becher-Institut lässt sich bereits ab Ende der 60er Jahre eine emanzipative Bewegung nachvollziehen, mit der das Haus zunehmend auf Distanz zum offiziellen literarischen Raum ging und sich dank zahlreicher Auseinandersetzungen und Abweichungen von der offiziellen Doktrin bis in die 80er Jahre zu einer Institution entwickeln sollte, an der die »offiziöse Forderung nach einer gemeinsamen Weltanschauung immer weniger Widerhall« fand und »nahezu Lehrfreiheit« herrschte.[129] So konstatierte zumindest der ehemalige Reclam-Lektor Hubert Witt rückblickend seine Eindrücke vom Institut, an dem er ab 1986 das Fach Weltliteratur unterrichtet hatte. In den 60er Jahren sei ihm das Haus hingegen noch als »hausbacken, ulkig« erschienen, das auch im Literaturbetrieb der DDR damals noch als »bespötteltes Unternehmen« galt.[130]

Unter den engen, mitunter strikt kontrollierten kulturpolitischen Vorgaben, denen das Institut in den 50er und 60er Jahren unterstellt war, konnte sich eine systematische Forschungsarbeit zu den Entwicklungsprozessen literarischer Begabung hingegen nicht entwickeln, obwohl diese noch im Gründungsstatut zu den Hauptaufgaben des Instituts gezählt worden war. Auf der Basis »wissenschaftliche[r] Kriterien« und Erkenntnisse sollte zur »Erhöhung des wissenschaftlichen Niveaus der Lehrtätigkeit« dazu beigetragen werden, eine wissenschaftliche »Qualifizierung des Lehrkörpers« zu ermöglichen und die »Herausgabe von Lehrmaterial« voranzutreiben.[131] Der geplante Aufbau einer Forschungsabteilung kam jedoch nie zustande, was das Institut im Jahr 1968 mit der »Kadersituation« von lediglich 10 statt (wie ursprünglich geplant) 40 festangestellten Institutsmitarbeitern begründete.[132] Die Fortbildung von Lehrkräften und die Herausgabe des Lehrmaterials blieb somit in der Verantwortung des Ministeriums für Kultur.

Ausdifferenzierung des Studiensystems: Direktstudium, Sonderkurs und Fernstudium

Das dreiteilige Studiensystem des Becher-Instituts, das sich in ein dreijähriges Direktstudium für angehende Autoren mit 20 stipendierten Plätzen, ein berufsbegleitendes Fernstudium für schreibende Arbeiter mit 60 Plätzen (ab 1969) und einen einjährigen, auf 20 Teilnehmer angelegten Sonderkurs für bereits bekanntere Schriftsteller (ab 1966) untergliederte,[133] hatte erst am Ende der 60er Jahre seine endgültige Form gefunden.[134] Anlass zur Ausdifferenzierung der Ausbildung in mehrere Studiengänge waren zahlreiche Probleme in den ersten Jahren des Institutsbestehens gewesen,[135] zu denen Direktor Max Zimmering 1963 vor allem die heterogenen Seminargruppen zählte, die sich infolge der Bitterfelder Kulturpolitik am Institut gebildet hatten, als nicht mehr die talentierten Nachwuchsautoren, sondern die schreibenden Arbeiter im Zentrum der Förderung stehen sollten. Den Lehrkräften erschien es angesichts der unterschiedlichen Voraussetzungen der Teilnehmer unmöglich, den Zielvorgaben der staatlichen Begabtenförderung gerecht zu werden:

> Die Studenten kommen – neben unterschiedlichem Talent – mit sehr unterschiedlicher Vorbildung zum Institut. [...] Werden unbeschadet der Vorbildung und des Talents größere Klassen geschaffen, kann der Unterricht – wie bisher – nicht den Anforderungen der Begabten-Förderung und der intensiven individuellen Betreuung entsprechen.[136]

Zum literarischen Potential der schreibenden Arbeiter, die unter Quotenvorgaben des MfK immatrikuliert worden waren, zog man am Institut 1963 denn auch ein vernichtendes Fazit. So musste man bald die Grenzen der Förderbarkeit und den Widerspruch eines Systems anerkennen, das von seinen Vertretern verlangte, »zwischen dem gesellschaftlichen Anspruch der Allgemeingültigkeit und Allseitigkeit sozialistischer Bildungsideale und der gezielten Förderung von Spitzenkadern zu lavieren«.[137] Um auf diesen Konflikt und auf die entsprechende Kritik mangelnder Qualität durch das MfK zu reagieren, wurde ab 1969 ein dreijähriger berufsbegleitender Fernstudiengang für schreibende Arbeiter am Becher-Institut angeboten, in dem die Anforderungen an Vorbildung und Talent niedriger angesetzt wurden.

Zu den Voraussetzungen, zum Fernstudium immatrikuliert werden zu können, gehörten dennoch eine abgeschlossene Berufsausbildung sowie »eine Delegierung bzw. Befürwortung der eigenen Bewerbung durch den Betrieb bzw. einen Zirkel schreibender Arbeiter oder einer Arbeitsgemeinschaft Junger Autoren« und der »Nachweis bereits geleisteter, entwicklungsfähiger literarischer Versuche«.[138] Dass literarische Breitenförderung und die Förderung künstlerischer Qualität nicht wie erhofft zu vereinbaren waren, führte am IfL schlussendlich zu der Einsicht, künstlerische und ideologische Ansprüche nicht unter allen Umständen miteinander verknüpfen zu müssen.

Zur genieästhetischen »Rarifikation des Talents«[139] und der Überzeugung, in der Bevölkerung nicht unbegrenzt auf geeignete literarische Begabungen zu stoßen, war das Institut bereits 1963 zurückgekommen, als man gegenüber dem MfK ein Nachwuchsproblem einräumen musste, um sich gegen die strengen Quotenvorgaben für die Aufnahme schreibender Arbeiter und Mindestteilnehmerzahlen[140] zur Wehr zu setzen: »Der normale Nachwuchs an jungen Talenten wird die Eröffnung einer Vollstudienklasse von mehr als 10 Teilnehmern in Zukunft nur alle zwei bis drei Jahre gestatten.«[141] Tatsächlich wurde die Zahl der Neuimmatrikulationen im Direktstudium, das sich vor allem an vielversprechende Nachwuchsautoren richtete, durch einen zunächst zweijährigen und ab 1967 dreijährigen Immatrikulationsturnus gesenkt. Bis 1965 hatten Immatrikulationen im jährlichen Rhythmus stattgefunden, weshalb verschiedene Matrikel parallel am Institut studiert hatten. Nachdem die Immatrikulationszahlen im Direktstudium gesenkt worden waren, kam es im Zuge des 11. Plenums zu einer grundsätzlichen Debatte über die literarische, pädagogische und gesellschaftliche »Rentabilität« des Instituts. Direktor Schulz reagierte darauf mit der Einrichtung eines Sonderkurses, einem einjähriges Weiterbildungsangebots an bereits bekanntere Autoren, um die Studienzahlen wieder zu steigern und die Einflussmöglichkeiten des Instituts zu erhöhen, ohne das Risiko eines Misserfolgs fürchten zu müssen, da die geförderten Autoren ihr Talent bereits unter Beweis gestellt hatten.[142] Die turnusmäßige Etablierung des Fernstudiums zu einer Zeit, als die künstlerischen Ambitionen des Bitterfelder Weges gesellschaftlich und kunstpädagogisch längst als vernachlässigenswürdig betrachtet wurden, diente neben der Ausdifferenzierung der Studiengruppen, in denen nun unterschiedliche Leistungsniveaus angesetzt waren, ebenfalls der

Existenzsicherung des Instituts, indem es die Studierendenzahlen steigen ließ. Im Rechenschaftsbericht an das MfK vom März 1972 konnte Direktor Schulz durch die vorgenommenen Umstrukturierungen denn auch die folgenden Erfolge vermelden:

> Bei annähernd gleichbleibender Zahl der künstlerischen, wissenschaftlichen und technischen Mitarbeiter konnten wir durch die Einführung der unterschiedlichen Studienformen die Zahl der Studierenden von 25 auf 100 erhöhen und die Kapazität unserer Einrichtung wirksam nutzen.[143]

Nach mehreren fehlgeschlagenen Versuchen, ein Studienangebot für schreibende Arbeiter am Institut zu konzipieren, konnte sich das Fernstudium ab 1969 schließlich als umfassend ausgearbeiteter und mit einem eigenen Mitarbeiterstab versehener Studiengang neben dem dreijährigen Direktstudium und dem einjährigen Sonderkurs im Studienangebot am Institut für Literatur etablieren.

Sechsmal im Jahr kamen die Fernstudenten für 2- bis 4-tägige Konsultationen nach Leipzig, um die im Selbststudium erarbeiteten Stoffe kontrollieren und vertiefen zu lassen. Neben einem gesellschaftswissenschaftlichen Grundstudium (Dialektischer und Historischer Materialismus, Politische Ökonomie und Wissenschaftlicher Sozialismus), zählten Inhalte des Fachstudiums (Ästhetik/Kulturwissenschaft, Stilistik, Literaturgeschichte und Probleme der Weltliteratur) und die schöpferischen Seminare Prosa, Lyrik und Dramatik zum Lehrplan. Darüber hinaus wurden vereinzelt Seminare zu Psychologie, bildender Kunst und Musik angeboten – und nicht zuletzt zu den Methoden der Zirkelarbeit. So lag der Fokus des Fernstudiums inzwischen weniger darauf, herausragende Literaten hervorzubringen, als vielmehr auf der Ausbildung von Kulturfunktionären und Zirkelleitern. Erfolgreichen Studierenden wurde allerdings der Aufstieg ins Direktstudium ermöglicht – darunter heute namhaften Schriftstellerinnen und Schriftstellern wie Kerstin Hensel, Kathrin Aehnlich, Angela Krauß, Grit Poppe oder Kurt Drawert. Außerdem nahm man nach der Experimentierphase zu Beginn der 60er Jahre inzwischen Abstand davon, ausschließlich Arbeiter und Bauern erreichen zu wollen. Stattdessen richtete sich das Angebot an alle Werktätigen im Land, um fortan bis zu 60 Studierende pro Fernstudien-Jahrgang immatrikulieren zu können.[144]

1972 hatte man zum Abschluss des Fernstudienganges erstmals ein positives Fazit ziehen können: 46 Studenten schlossen nach drei Jahren ihr Studium ab; der Notendurchschnitt bewegte sich im guten bis befriedigenden Bereich. Bis zur Schließung des Hauses 1993 hatten über 400 Fernstudenten ihren Abschluss erhalten, und so lässt sich der mehrmals modifizierte Fernstudiengang letztlich doch als geglückter Versuch bewerten, zumindest einige der Kriterien des Bitterfelder Weges in der Lehrpraxis des Instituts umgesetzt zu haben, selbst wenn dieser späte Erfolg des Bitterfelder Weges sich erst zu einer Zeit einstellte, als die Kulturpolitik sich von ihren 1959 formulierten ehrgeizigen Plänen, aus Arbeitern und Bauern große Schriftsteller zu machen, weitgehend abgewandt hatte.

Curriculum und Ausbildungsziele im Direktstudium

Auch im Curriculum des Leipziger Literaturinstituts lag der Schwerpunkt in der ersten Dekade – ganz nach dem Moskauer Vorbild – nicht auf dem Verfassen eigener literarischer Texte. Angestrebt wurde vielmehr eine literaturtheoretische Ausbildung nach einer »wissenschaftlichen Systematik«.

Zwar hatte Alfred Kurella bereits in seiner Eröffnungsrede mit Bezug auf den Namenspatron der Moskauer Schriftstellerschule, Maxim Gorki, gefordert, das Studium müsse den »Arbeitscharakter« des Kunstschaffens durch regelmäßige Tätigkeit vermitteln,[145] jedoch hielt er vor allem die »denkende Auseinandersetzung« mit dem »Konventionellen« für unerlässlich: »ohne das ›Künstliche‹, das nach Regeln ›Gemachte‹ ist Kunst wohl überhaupt nicht denkbar.« Diese Auseinandersetzung sollte in der Unterrichtspraxis jedoch weniger durch Übung als durch die Rezeption literarischer Werke und »intensiv[e] Denkarbeit« erfolgen, um den Studierenden die »klassische Auffassung von der Rolle des Verstandesprozesses in der Kunst«[146] zu vermitteln.

Tatsächlich bestand das Curriculum des neugegründeten Instituts überwiegend aus theoretischen Fächern zu deutscher Literatur, Sowjetliteratur und Weltliteratur, Ästhetik und Kulturwissenschaft, Stilistik und Literaturkritik sowie dem akademischen Pflichtfach Marxismus-Leninismus.[147] Da die Studierenden das theoretische Pensum jedoch als zu hoch empfanden, war es bereits im ersten Studienjahrgang von 1955 zum Kräftemessen etwa zwischen dem als Autor bereits etablierten

Studenten Erich Loest und seinem Direktor Alfred Kurella gekommen, wie sich Loests Kommilitone Ralph Giordano erinnerte:

> Dieser erfolgreiche junge Leipziger Schriftsteller hatte die Teilnahme am ersten Lehrgang unter der Bedingung zugesagt, daß ihm für die ungestörte Fortsetzung seiner Arbeit genügend Zeit zur Verfügung bleibe. Inzwischen aber hatte sich herausgestellt, daß das Versprechen und die Institutsdisziplin [...] nicht miteinander harmonieren wollten.[148]

Die literarische Parodie, an der Loest 1955 arbeitete, habe nur noch »an schulfreien und schulgeschwänzten Nachmittagen« wachsen können, weshalb er dem Unterricht, wie so mancher Student seines Jahrgangs, häufig ferngeblieben sei: »Schon nach zwei Monaten mußte über Bummelei debattiert werden.«[149] Nach den erfolglosen Versuchen der Direktion, diesem über Jahre andauernden Interessenkonflikt disziplinarisch beizukommen, wurde das Problem auf dem V. Schriftstellerkongress der DDR von 1961 im Redebeitrag von Eva Strittmatter auch öffentlich zur Sprache gebracht:

> Wir haben ein Literaturinstitut, an dem wir rein theoretisch verfahren. Praktische Arbeit gibt es so gut wie gar nicht. Geschichte wird gelehrt, Literaturgeschichte wird gelehrt, Ästhetik, alles Mögliche, aber es ist zu beobachten, dass die Freunde, die dort hingehen, das Schreiben verlernen.[150]

Direktor Zimmering reagierte auf diese öffentliche Kritik mit einem Zugeständnis an die Studierenden: Man habe »die Lehrpläne der wissenschaftlichen Fächer rigoros gekürzt, um der eigenen schöpferischen Arbeit mehr Raum zu geben«,[151] heißt es 1963 im Thesenpapier *Über das Verhältnis zwischen Lernen und schöpferischer Arbeit*. Darin wurde eine theoretische Einordnung des Dauerkonflikts zwischen Studierenden und Lehrkräften nachgeliefert und die Reduktion des Stoffpensums vor dem MfK gerechtfertigt, indem man ein gesetzmäßiges Stufenmodell literarischer Entwicklung skizzierte. Dieses Modell erwies sich als strategischer Schachzug – erklärte es doch den vieldiskutierten Eindruck der Studierenden, sie würden das Schreiben mit der Aufnahme des Studiums geradezu verlernen, zu einem notwendigen

Entwicklungsschritt der literarischen Ausbildung. Mit dem Prinzip der »Negation der Negation« zog das Thesenpapier dazu ein zentrales Entwicklungsgesetz des Dialektischen Materialismus zurate. Durch das Studium verlasse der junge Autor eine erste, autodidaktische Stufe des Schreibens, die durch seine Bekanntschaft mit der Theorie negiert werde. Auf den Prozess der Bewusstwerdung und Reflexion, der den Fluss des intuitiven künstlerischen Tuns störe, folge eine Phase des Verlernens, Umlernens, der Neuorientierung und Suche, die niemals als eine »schmerzlose Geburt« verlaufe.[152] Erst in der Synthese, durch die »Negation der Negation«, gelinge die Überwindung der Zweifel. »Das Gefühl, nun nicht mehr schreiben zu können, bzw. es schwerer zu haben mit dem Schreiben als vorher, muß sich selbst noch einmal negieren, bis die originale Ursprünglichkeit der Lebenserfahrung mit dem theoretischen Wissen sich zu verschmelzen beginnt.«[153] In dieser Phase vollziehe sich der Schritt vom Wissen zum Können, indem das Regelwissen verinnerlicht würde. Oder wie Zimmering es in einer weiteren »Erziehungskonzeption« des Instituts festhält:

> Denn in der entscheidenden Stunde verändert sich das objektive Erkenntnisvermögen des Gestaltenden in das subjektive Erkenntnisvermögen der ›einmaligen‹ Eigengesetzlichkeit des Stoffes und seiner Gestaltung selbst und entfernt sich – da in dieser Stunde alles konkret wird – *unbewußt wissend* von den lehrbaren abstrakten allgemeinen Reflexionen über Kunst und Wirklichkeit.[154]

Diesen Zustand des *unbewussten Wissens* bei gleichzeitiger Reflexionsfähigkeit des eigenen poetologischen Tuns würden die Studierenden der Erfahrung nach zu Beginn ihres dritten Studienjahres erreichen, was zur Folge habe, dass sie das Interesse am Institut verlören und in die Praxis hinauswollten, im »Vollgefühl der gesteigerten gestalterischen Kraft [...], es treibt sie zur Vollendung eines begonnenen größeren literarischen Vorhabens.«[155] Die Folge sei wachsender Unmut gegenüber der Arbeitsbelastung der theoretischen Fächer.[156] Mit diesem argumentativ nicht ungeschickten Kunstgriff wurde der studentische Protest vom disziplinarischen Problem zu einem Beleg für die Reifung des literarischen Talents umgedeutet und mithin als ›naturgegeben‹ und damit nicht als veränderungsbedürftig betrachtet.

Als zentrale Voraussetzung für einen reflektierten Gebrauch des

Handwerks betrachtete das Institut im 1969 verfassten *Leitbild für die Lehr- und Erziehungsarbeit* außerdem die Fähigkeit des Autors zur »Selbstkritik«:

> Um literarische Leistungen vollbringen zu können, muß im jungen Schriftstellerstudenten das Zutrauen zu den eigenen Fähigkeiten und Fertigkeiten geweckt und anerzogen werden. Dieses gesunde Selbstvertrauen hat mit Einbildung oder Größenwahn nichts gemein. Es setzt vielmehr die genaue Kenntnis der Möglichkeiten und Grenzen der eigenen Begabung voraus. Der Schriftsteller, der ein sachliches Verhältnis zu seinem handwerklichen Können hat, ist frei von falschem Ehrgeiz oder von einer aus Eitelkeit genährten Selbsttäuschung, die aus Mangel an Mut zur Selbstkritik kommt.[157]

»Der Schriftsteller«, schrieb zuvor bereits Johannes R. Becher, »braucht die ständige Möglichkeit zur kritischen Selbstdistanzierung und der Objektivierung.«[158] Auch heute formuliert der am Deutschen Literaturinstitut Leipzig lehrende Schriftsteller Michael Lentz es noch als ein Ziel der akademischen Schriftstellerausbildung, den jungen Autor dazu zu befähigen, »autorenpoetologisch sein eigenes schriftstellerisches Tun zu reflektieren«.[159] Im Sozialismus verstand man unter ›Selbstkritik‹ jedoch auch die Pflicht des Einzelnen, sich in den Dienst kollektiver Interessen zu stellen und, zurückgehend auf Stalin, sich regelmäßig selbstkritisch zu bespiegeln, um »im Entwicklungsprozess des Kollektivs und jedes einzelnen zu helfen und bessere Leistungen in der Produktion zu erreichen.«[160] Die kritische Selbsteinschätzung fungierte somit auch als Regulativ, das verlangte, Fehler nicht zuerst im System, sondern im eigenen Verhalten zu suchen, und dies nicht zuletzt, um auch die Zensurpraxis, die in der DDR stark über die Verlage und ihre Lektorate ausgeübt wurde,[161] zu kaschieren: »Es liegt zumeist nicht an den Verlagen oder Redaktionen«, hielt man 1969 im *Handbuch für schreibende Arbeiter* fest, »wenn ein Manuskript nicht gedruckt wird, sondern an mangelnder Qualität. Und das Gerede von Tabus – eine Arbeit sei abgelehnt worden, weil das Kritische darin nicht genehm sei – ist zumeist ein Mangel an Parteilichkeit in der Darstellung bei häufig durchaus parteilichem Anliegen.«[162]

Um zu einer selbstkritischen Texteinschätzung zu gelangen, sollten die Studierenden sich am Becher-Institut zunächst darin üben, mit *fremder* Kritik umzugehen, um die Anmerkungen von Dozenten und Kommilitonen schließlich mit den *eigenen* poetologischen Absichten abzugleichen:

> Ein Autor muß über die ihm gegebene Kritik nachdenken und sie auf seine Weise für seine Arbeit fruchtbar machen. Ein Lektor oder eine Arbeitsgemeinschaft legt den Finger auf wunde Stellen; sie können raten, nicht aber Rezepte geben, in welcher Weise etwa der Autor seine Stoff um- oder überarbeiten soll. Die ins Detail gehende Umarbeitung ist letztlich schöpferischer Akt des Autors selbst [...].[163]

Eine gewisse poetische und ästhetische Eigenständigkeit in der literarischen Umsetzung schien in den späten 60er Jahren am Becher-Institut nicht nur legitim zu sein, sondern wurde sogar gefördert. Zudem sollten die Studierenden als Kritiker und Lektoren ihrer Kommilitonen die eigene Reflexionsfähigkeit trainieren und dazu befähigt werden, Leseeindrücke sachlich zu äußern. Die dazu notwendige Entwicklung eines »objektiven« Lesevermögens erklärte Trude Richter, Dozentin im Fach Sowjetliteratur, in einer Kollegiumssitzung von 1966 gar zum übergeordneten Bildungsziel des zweiten Studienjahres,[164] während Gerhard Rothbauer als Dozent in den Fächern Stilistik und Weltliteratur zwischen 1967 und 1986 mit seinen Studierenden eine Praxis einübte, die er als »creative reading«[165] verstand: »Dieses Lesen, prima vista, verzichtet auf die Hilfe von außen. Man versucht zu erkennen, wie andere ihre Werke geschrieben haben und wie man dadurch, vielleicht, das eigene Schreiben fördern kann.«[166] Nach dem Weggang des beliebten Lyrikprofessors Georg Maurer war Rothbauer mit seiner Haltung für viele Studenten des Becher-Instituts zur zentralen Identifikationsfigur geworden:

> Rothbauer brachte tatsächlich Welt bei uns rein. [...] Ein Kauz, der mit einer zerknüllten Aktentasche immer reinkam, die hatte er gerollt unterm Arm. Mit seiner langen Figur und dem weißen Haarkranz. Und dann sprang er auf das Pult, und dann fing er an zu erzählen.[167]

Sein Verfahren des »creative reading« setzte Rothbauer bisweilen auch als Mittel der Textkritik ein, was auf seine ehemalige Studentin

Constanze John, die ab 1984 im Fernstudium immatrikuliert war, einen nachhaltigen Eindruck machte:

> Rothbauer haben wir alle sehr verehrt. Er hat einen Text von mir kritisiert, aber auf eine wunderbare Art: Er hat ihn vorgelesen. Ganz langsam. Satz für Satz ... Ich weiß auch gar nicht, ob er gesagt hat, von wem der Text stammt. Und irgendwann sagte er: Soll ich noch weitermachen? Darauf habe ich gesagt: Nee, es reicht. Das fand ich irgendwie genial.[168]

Die Praxis der gegenseitigen »Textkritik/Literaturkritik« wurde allerdings erst in einem Dokument von 1980 offiziell zu einer zentralen Lehrmethode des Becher-Instituts erklärt und als Einstellungsvoraussetzung für die Dozenten hervorgehoben: »Das bedeutet praktisch, daß jeder an unserem Institut Lehrende, Schriftsteller oder Wissenschaftler, abhängig und unabhängig von seinem Fach, eine produktive literaturkritische Befähigung nachzuweisen hat«,[169] schrieb Direktor Schulz. Eine solche »schöpferische Lehrmeinung, die sich sinngemäß auch als produktive Literaturkritik versteht, verlangt zu prinzipiellen Standpunkten konstruktive Ideen und verbietet apodiktische wie geschmäcklerische Urteile.«[170] Schließlich sei es nicht die Aufgabe der Hochschule, »die literarischen Arbeiten unserer Studenten und Absolventen [...] mit dem Firmenzeichen Literaturinstitut zu versehen. Sie tragen Namen und Handschrift des Verfassers«,[171] auch wenn die Einhaltung des eingeschlagenen Weges gelegentlich Standpunktkorrekturen erfordere.[172]

Diese offizielle Erklärung offenbart ein weiteres Mal die um 1980 einsetzenden Liberalisierungstendenzen, die sich etwa in der Anerkennung pluralistischer Schreibweisen und kritischer Themenschwerpunkte in Seminararbeiten äußerten. Auch umstrittene Lehrverfahren und Seminarinhalte vertrat man nunmehr selbstbewusster: Bereits 1975, in einem Interview mit der Zeitschrift *neue deutsche literatur*, hatte Schulz die »lehrhafte Provokation« in der Tradition des sokratischen Gesprächs für wirkungsvoller »als germanistische Vollständigkeit«[173] befunden und auf das Vorbild Georg Maurer verwiesen, der es als Lehrer verstanden habe, »feinfühlig-unverschämte Fragen« zu stellen: »Georg Maurer konnte so fragen: Was ist das: ein Baum?«[174]

Gegen »germanistische Vollständigkeit« und das Übergewicht einer theoretischen Ausbildung gingen auch die Studierenden immer wieder vor. So etwa im April 1968, als sie einen *Beitrag zur Studien-Konzeption am Literaturinstitut* verfassten, in dem sie abermals den Wunsch ausdrückten, »das Schreiben gleichberechtigt neben wissenschaftlichen Fächern betreiben [zu] können.«[175] Darüber hinaus versprachen sie sich durch ihren Vorschlag, neben den ständigen Dozenten auch »regelmäßig bekannte Schriftsteller der Republik als Gastdozenten« zu verpflichten, eine größere ästhetische und inhaltliche Bandbreite der künstlerischen Auseinandersetzung. Zudem müsse eine »grundsätzliche Aussprache über das Praktikum«[176] erfolgen, das ebenfalls immer wieder Gegenstand institutsinterner Auseinandersetzungen war.

Das verpflichtende Berufspraktikum, das die Studierenden in den 50er Jahren überwiegend in Verlagen, Kulturinstitutionen und Redaktionen absolviert hatten,[177] war als Folge des Bitterfelder Programms ab 1963 in die volkseigenen Betriebe des Leipziger Umlands verlegt worden, um die »Wirklichkeitserfahrung« der Studierenden zu intensivieren und ihre Parteilichkeit und Volksverbundenheit zu erhöhen. Für die Teilnehmer der 60er Jahre gehörte etwa ein mehrwöchiger Arbeitseinsatz im chemieverarbeitenden VEB Kombinat Otto Grotewohl zur obligatorischen Studienerfahrung, während die Direktstudenten der 70er Jahre vor allem im VEB Braunkohlewerk Regis arbeiteten, mit dem das Institut 1975 einen »Freundschaftsvertrag« geschlossen hatte.[178] In den Betrieben sollten sich die Studierenden laut Lehrplan in die betriebseigenen Brigaden einfügen, Lesungen organisieren und Texte über den Arbeitsalltag der Belegschaft verfassen. Die Ergebnisse fanden sich u. a. in der 1970 vom Institut herausgegebenen Anthologie *Kontakte*,[179] einer Porträtsammlung über Betriebsangehörige des Kombinats Otto Grotewohl, in der der Einfluss der 2. Bitterfelder Konferenz offenkundig wird: 1964 hatte Walter Ulbricht die Schriftsteller dazu aufgefordert, literarisch nunmehr die Perspektive der sogenannten Planer und Leiter[180] einzunehmen, um die »konfliktreiche Darstellung des sozialistischen Menschen« besser zur Geltung zu bringen.[181] Entsprechend spezifisch erwies sich auch die Auswahl der Porträtierten im *Kontakte*-Band: Den Studierenden wurden nicht etwa ›einfache‹ Arbeiter des VEB zugeteilt, sondern überwiegend Personen in gehobenen Positionen: Porträtiert wurden eine Ausbilderin, ein Brigadeleiter, der Produktionsdirektor, ein Betriebsgewerkschaftsleiter und vier Meister, die durch die literarische Darstellung in ihrer Leitungstätigkeit honoriert werden sollten.¹⁸² Der spätere Direktor Helmut Richter verstand die Studienpraktika daher auch als »eine Fundgrube menschlicher Schicksale«, zumal sie durchaus achtbare literarische Ergebnisse hervorgebracht hätten wie Angela Krauß' Debüt *Das Vergnügen*. Die Studenten empfanden die Praktika jedoch vor allem als »auferlegte Pflicht«, der sie »wohl doch lieber ausgewichen wären«¹⁸³ – zumal die Ausflüge in die Arbeitswelt sie wertvolle Zeit für das eigene Schreiben zu kosten schienen, die am Institut ohnehin knapp bemessen war. »Praxis hieß das: Arbeitseinsatz auf dem Feld zur Rübenernte«,¹⁸⁴ spitzte auch Rainer Kirsch im Interview seinen Eindruck zu, am Institut kaum Raum für künstlerische Praxis vorgefunden zu haben. Zwar galt die »eigenschöpferische Tätigkeit« laut Gründungsstatut als obligatorische Aufgabe: »Jeder Studierende ist verpflichtet, seine schöpferisch-produktive literarische Arbeit fortzusetzen«,¹⁸⁵ jedoch blieb den jungen Autoren selbst nach der Reduktion des theoretischen Pensums dazu kaum Zeit: »Man ist doch beschäftigt«, fasste es Rainer Kirsch für seine Studienzeit von 1963 bis 1965 zusammen, in der er nahezu täglich von Halle nach Leipzig pendelte:

> Über einen Lehrer ärgert man sich, vom nächsten ist man gelangweilt, beim andern lernt man etwas, das beschäftigt den Kopf auch. Man geht zum Bahnhof, fährt eine Dreiviertelstunde, muss zu Hause erst einmal essen und schlafen – der Tag geht schnell herum. [...] Im zweiten Jahr freut man sich schon, einen freien Tag mehr zu haben.¹⁸⁶

Von der Notwendigkeit, in der knappen unterrichtsfreien Zeit einer Erwerbsarbeit nachzugehen, waren die Studierenden immerhin befreit, da sie ein großzügiges Studienstipendium erhielten. Ronald M. Schernikau, 1986 aus Westberlin ans Becher-Institut gekommen und mit nicht alimentierten Lebensbedingungen vertraut, empfand seine Situation daher als durchaus privilegiert:¹⁸⁷

> Man macht sich nicht tot an dem Institut, man hat zwei, manchmal drei Doppelstunden am Tag, das ist auszuhalten. Und warum soll man sich nicht drei Jahre lang jeden Monat sechshundert Mark damit verdienen, daß man, was weiß ich, alle Vierteljahre mal einen Text vorlegt. Also det ist wirklich nicht so schlimm.¹⁸⁸

Rainer Kirsch erklärte seine Bewerbung, gemeinsam mit seiner damaligen Frau Sarah Kirsch, mit ganz ähnlichen Motiven: »Wir wussten, dass wir ein Stipendium kriegen. Dass wir bei Maurer Poesieseminar hatten. [...] Und ich nehme an, wir dachten, man lernt diesen und jenen kennen.« Nach der Bedeutung der schöpferischen Seminare[189] im Rahmen der Ausbildung gefragt, winkte Kirsch jedoch ab: »Ach, wissen Sie, das waren zwei Wochenstunden bei Maurer. Also eine Doppelstunde. Da wurden eben Arbeiten der Studenten besprochen. Weiter nichts.«[190]

Künstlerische Praxis: Die ›schöpferischen Seminare‹

Tatsächlich war der Anteil der schöpferischen Seminare,[191] die in den Gattungen Prosa, Lyrik, Dramatik und Essayistik/Literaturkritik angeboten wurden,[192] gegenüber der Bandbreite an Fachseminaren relativ gering: Obligatorisch waren in den 60er Jahren lediglich zwei Schreibseminare im ersten Studienjahr und nur noch jeweils ein Seminar im zweiten und ggf. dritten Jahr.[193]

Darüber hinaus herrschte selbst in den schöpferischen Seminaren keine Einigkeit unter den Lehrkräften, wie viel Raum den literarischen Projekten der Studierenden und der freien Diskussion eingeräumt werden sollte. Neben Stimmen, die in einer Institutssitzung von 1960 einforderten, dass man »im Wesentlichen von den Arbeiten der Studenten ausgehen sollte«, da in den schöpferischen Seminaren nicht zu viele »abstrakte Definitionen gegeben werden« sollten,[194] fanden sich auch Gegenstimmen wie die der überzeugten Kommunistin Trude Richter, die Max Walter Schulz als Leiter des Prosaseminars dazu aufforderte, deutlich mehr »Beispiele aus der sozialistischen Literatur ab[zu]handeln« und vor allem Prinzipien des sozialistischen Realismus zu vermitteln: »Also wichtig ist die Herausarbeitung des Typs, die Darstellung des Menschen im Kollektiv, die Darstellung von Personengruppierungen und Kontrasttypen.« Schulz zeigte sich bereit, »auf die Gestaltung der Typen« einzugehen sowie »die Fragen des Märchens mit aufzunehmen und die Skizze noch etwas weiter zu behandeln«, beharrte aber gleichwohl darauf, »zwei Drittel der Zeit zur Besprechung von Studentenarbeiten« zu benötigen.[195]

Derartige Gestaltungsfreiräume wurden von den politischen Kontrollinstanzen seit den Gründungsjahren des Instituts als ein unkalkulierbares Risiko wahrgenommen: »Sorgenkind sind vor allem die schöpferischen Seminare, deren Leiter sich selbst überlassen sind«, notierte Werner Baum, Abteilungsleiter in der HA Schöne Literatur des MfK, nach seinem Besuch im Institut für Literatur im November 1956.[196] Anders als die systematische Wissensvermittlung nach sozialistischen Themenkatalogen erlaubte die freie Textdiskussion geringere Möglichkeiten zur Kontrolle und Lenkung. Noch 1963 bestätigte das Dokument *Über das Verhältnis zwischen Lernen und schöpferischer Arbeit* diese Einschätzung: »[E]ine durchgehende wissenschaftliche Systematik« sei in der künstlerischen Ausbildung »nicht möglich«. Vor allem in den schöpferischen Seminaren stehe »die Einheit des Parteilichen, Volkstümlichen und künstlerisch Individuellen [...] zwar ständig im Zentrum der Gespräche«, wobei es jedoch stets »von verschiedenen Seiten und Ebenen aus angegangen« werde.[197]

Ein anschauliches Beispiel für die relativ freie Gesprächskultur in den Seminaren liefern auch die Protokolle des ersten Prosa-Seminars, das von 1955 bis 1956 unter der Leitung des Autors und Exilverlegers Wieland Herzfelde stattfand und an dem u. a. die während ihres Studiums am Literaturinstitut bereits bekannten Autoren Gotthold Gloger, Fred Wander, Ralph Giordano oder Erich Loest teilnahmen. Aus den Protokollen geht hervor, dass Herzfelde in seiner Seminarkonzeption nicht nur weitgehend »sich selbst überlassen« war, sondern auch auf den Mitgestaltungswunsch und die Ansprüche seiner Studierenden einging, die eine als angemessen empfundene Seminarmethodik erst mit ihm aushandelten und dabei erstaunlich offen und kritisch über normative literarische Leitbilder,[198] »Schönfärberei«[199] oder Fragen der Zensur[200] debattierten.

In Herzfeldes Prosa-Seminar war die Arbeit an eigenen literarischen Texten ursprünglich nicht vorgesehen. Vielmehr präsentierte er seinen Studierenden in der ersten Sitzung einen Seminarplan, nach dem etwa Gattungsfragen und Stilprobleme oder erzähltheoretische und handwerkliche Grundlagen mit Blick auf literarische Beispiele erörtert werden sollten.[201] Das Seminar entwickelte jedoch bald eine Eigendynamik, die Herzfelde dazu zwang, von seinem deduktiv systematischen Lehrkonzept abzuweichen und seine Methodik und Literaturauswahl stärker an die Bedürfnisse der Studierenden anzupassen, womit auch hier der Experimentcharakter der improvisierten Seminarsituation deutlich hervortritt.

Die Verhandlung über Herzfeldes methodisches Vorgehen begann in der vierten Sitzung, als der Student Gotthold Gloger die Frage aufwarf, ob man weiterhin von den vorgeschlagenen Themen oder nicht von »Fall zu Fall« vorgehen wolle, um sich »ohne besondere Konzepte über die Probleme [zu] unterhalten, auf die wir durch praktische Beispiele stossen.« Herzfelde zeigte sich durchaus zur Diskussion mit seinen »Hörern« bereit, sah aber die Gefahr, dass man nach Glogers Methode »immer wieder auf gleiche, oder zumindest ähnliche Dinge zurückkommt«,[202] während es geschehen könne, »dass in allen gewählten Werken verschiedene Probleme nicht auftauchen, die zu behandeln notwendig«[203] wären. Eine deduktive Methode biete also eher Gelegenheit zum systematischen, umfassenden Vorgehen, während eine induktive Auseinandersetzung den Vorteil hätte, sich intensiver mit Einzelaspekten befassen zu können.

Man einigte sich vorerst darauf, nach »der von Herzfelde vorgeschlagenen Methode zur Durchführung des weiteren Seminars« fortzufahren, was sich jedoch als problematisch erwies, da die meisten Studierenden die ausgewählten Literaturbeispiele nicht gelesen hatten. Herzfelde schlug daher vor, dass die Teilnehmer selbstgewählte Literaturbeispiele mitbringen sollten.[204] Nachdem die Studierenden jedoch auch dieser Aufforderung kaum nachkamen, einigte sich die Gruppe auf eine verbindliche Lektüreliste, um nunmehr doch von Werk zu Werk vorzugehen, wie Gloger es vorgeschlagen hatte. Zu den literarischen Beispielen, die in der Gruppe einem intensiven Lektorat unterzogen wurden, zählten etwa Franz Fühmanns Erzählung *Kameraden* oder Stephan Hermlins umstrittene Novelle *Die Kommandeuse*.[205] Zur Analyse der »Sprach- und Ausdrucksproblem[e]« in Fühmanns *Kameraden* gingen die Teilnehmer unter Herzfeldes Anleitung Satz für Satz vor, sie prüften Bilder auf ihre Stimmigkeit oder betrachteten einzelne Wörter in ihrem Verhältnis zur Stilebene.[206] In der 11. Seminarsitzung kam es schließlich zum zentralen Vorschlag der Studierenden, der den Übungscharakter der schöpferischen Seminare bis auf weiteres prägen sollte: Der Student Walter Püschel schlug »im Auftrage der Hörer einige Änderungen in der Durchführung des Seminars vor« und trug Herzfelde den Wunsch der Studierenden vor, »als Lektüre auch Arbeiten der Hörer heranzuziehen.« Herzfelde nahm die Anmerkung zur Kenntnis, äußerte jedoch seine Bedenken:

> So wertvoll es für den einzelnen sein mag, wenn sein Manuskript durchgesprochen wird, so kommen doch die anderen Hörer zu kurz.

Ich bin dagegen bereit, zu Abenden, an denen einer von Ihnen aus eigenen Arbeiten vorliest, zu kommen und auf Wunsch im Anschluss daran darüber zu diskutieren. Es ist auch möglich, dass einige nicht gern kritisiert werden, und die Kollegen aus irgendwelchen Gründen ihre Meinung nicht so frei äussern möchten.[207]

Das Konzept einer abendlichen Lesung mit anschließender gemeinsamer Diskussion sollte ab den 60er Jahren als sogenannte Werkstatt vor dem Institutsplenum tatsächlich zum festen Bestandteil des Studiums werden.[208] Vor einer solchen Plenarzusammenkunft hatte ein Student zu lesen, aber im Anschluss zu schweigen, während im Plenum »mit respektvoller Zuneigung die Intention des Autors erfaßt und der Grad der Internalisierung durch spontane Lesarten belegt werden [sollte]: ein zugleich analytischer wie auch kreativer Vorgang«.[209] Nicht zuletzt dienten diese Werkstätten auch als Instrument der Öffentlichkeitsarbeit, saßen im Publikum neben Institutsangehörigen doch u. a. Kulturfunktionäre und Verlagsvertreter.

Herzfeldes ursprünglicher Vorschlag zielte hingegen auf einen geschützten Diskussionsrahmen, womit aus den Bedenken des Autors und Verlagsgründers nicht nur der Respekt vor dem unfertigen Manuskript sprach, sondern auch eine Sensibilität für die Befindlichkeiten des Autors im Umgang mit öffentlicher Kritik. »Vielleicht sollten wir uns auf schon gedruckte Bücher beschränken und zunächst mit einem beginnen«,[210] schlug Herzfelde den Studierenden schließlich vor. Für den Verlauf einer solchen Sitzung einigte man sich zudem auf die folgenden Regeln:

Eröffnet wurden die Sitzungen mit einer kurzen Einführung zu den vorliegenden Romanen, in der ein vorher bestimmter Kommilitone seinen Leseeindruck zusammenfasste, Charakteristika und literarische Traditionslinien des Romans benannte und Kritikpunkte formulierte, über die im Anschluss in der Gruppe diskutiert wurde.[211] Der Autor selbst erhielt kein Redeverbot, sondern beteiligte sich an der Diskussion, indem er etwa den Einsatz seiner literarischen Mittel kommentierte, seine Intentionen darstellte oder den Schreibprozess beschrieb,[212] was es Herzfelde wiederum erlaubte, das Handwerkszeug des Autors unmittelbar zu kommentieren. Manches Instrument hielt der Seminarleiter für geschickt gewählt, an anderer Stelle bemängelte er, dass die »Absicht [...] nicht gut durchgeführt«[213] sei. Zum Abschluss der ersten Sitzung nach diesem Verfahren, in der am 2. März 1956 Gotthold Glogers Roman *Der Soldat und sein Lieutenant* besprochen worden war, zog Herzfelde ein positives Fazit, das sich sowohl auf die Erzählerstimme des Autors als auch auf die konstruktive Atmosphäre der Gruppe beziehen mochte: »Es ist schön, dass die Lust am Fabulieren nicht von der Lust am Belehren zerstört wurde.«[214]

Die letzte Vorstufe zum genuinen *Werkstatt*gespräch als Diskussion zu noch in Arbeit befindlichen Texten vollzog sich schließlich in der 25. Sitzung: »Auf Vorschläge von Hörern erzählt Erich Loest das Exposé einer Erzählung, über das anschliessend die Hörer diskutieren.«[215] Zwar lag der Gruppe in diesem Fall noch kein ausformulierter Text vor, jedoch scheuten sich Loests Kommilitonen nicht, über die Motivation der konzipierten Figuren zu sprechen und sich an der Plotentwicklung der Erzählung mit dem Arbeitstitel *Kampagne* zu beteiligen. Herzfelde, der sich an der Diskussion beteiligte, hob schließlich ein Problem des politischen Stoffes hervor, das – bei allen Gemeinsamkeiten des Seminars mit der heutigen Unterrichtspraxis – die unterschiedlichen Rahmenbedingungen der DDR-Schriftstellerschule noch einmal offensichtlich werden lässt: »Eine grosse Schwierigkeit besteht darin, die Dinge so zu schreiben, dass man nicht die Partei diskreditiert.«[216]

Dennoch geht aus den Protokollen eine methodische und thematische Offenheit der Sitzungen hervor, die sich auch in späteren Jahren noch in den Lehrplänen spiegelte, die das Institut an das MfK weiterleitete. So wurde etwa in den Lehrkonzeptionen von 1960 betont, »daß es hier auf elastische Durchführung ankommt, die sich sofort dem Verhalten der jeweiligen Seminargruppe anpasst, d. h. sowohl das Teilnehmerkollektiv wie das individuelle Interesse anspricht.«[217] Eine solche Flexibilität schien wenige Jahre später, im Anschluss an das 11. Plenum des ZK der SED, jedoch nicht mehr möglich zu sein. Nunmehr wurden detailliert ausgearbeitete Stoffpläne präsentiert, die einer verschärften kulturpolitischen Kontrolle am Institut Rechnung trugen und den Unterrichtsgegenstand jeder einzelnen Doppelstunde festlegten. Insbesondere in den schöpferischen Seminaren wurde versucht, den Unterricht stärker zu systematisieren. Bereits im Jahr 1963 war von der Institutsleitung daher nahegelegt worden, die Studierenden literarische »Fingerübungen« zu zentralen Themen der sozialistischen Ästhetik schreiben zu lassen:

Nach unserer Erfahrung lohnt es sich, wenn im ersten und zweiten Studienjahr hin und wieder künstlerische Übungen zu einem verbindlichen Thema durchgeführt werden, wenn bestimmte Grundsituationen des Lebens in kleiner Form zur gestalterischen Aufgabe erklärt werden: z. B. Heimkehr von der Schicht, Abschied, ein Sieg, usw.[218]

Auch dabei galt: »Meisterhaft gestaltete Beispiele aus der Weltliteratur bilden die Vergleichswerte.«[219] Dieter Muckes Text *Ankunft und Abschied in einem Café*, der im Herbst 1965 nach einer Aufgabenstellung des Prosa-Dozenten Werner Bräunig entstand und aufgrund seines kontroversen Inhalts Muckes Exmatrikulation einleitete, liefert jedoch ein drastisches Beispiel dafür, dass auch vermeintlich harmlose »Etüden« nach vorgegebenen Aufgabenstellungen zu unkontrollierbaren literarischen Ergebnissen führen konnten.

3. Was bleibt? Vom »Sinn und Zweck« des Studiums aus Absolventenperspektive

Bereits im zweiten Jahr ihres Studiums galt es für die Studierenden, »Kurs auf die wissenschaftlichen und künstlerischen Abschlußarbeiten«[220] zu nehmen. Währenddessen diskutierten die Dozenten im Kollegium über die Entwicklung der Teilnehmer im Studienverlauf. In der Leitungssitzung vom 21.7.1960 erhoffte sich etwa der Dozent Georg Maurer, dass der Autor Karl-Heinz Tuschel durch die Beschäftigung mit dem klassischen Erbe von seinem »agitatorisch-propagandistischen Stil [...] loskommt«[221] – womit Maurer im unverhohlenen Widerspruch zur offiziellen kulturpolitischen Linie urteilte. Bei seinem aufstrebenden Schüler Werner Bräunig sah Maurer hingegen eher »die Gefahr der Routine. Er ist begabt. Es besteht jedoch der Eindruck, daß er nicht tief genug denkt.« Sein Fazit über den sich später zu einem hochgeschätzten Lyriker entwickelnden Heinz Czechowski zeugte wiederum von Ratlosigkeit: »Czechowski ist völlig aus der Bahn geworfen, sodaß ich mir kein Urteil mehr erlauben kann.«[222] In Maurers Privatnachlass[223] findet sich denn auch ein »Sonett, welches Czechowski seiner theoretischen Examensarbeit am Institut für Literatur voranstellte« – eine unrühmliche Bilanz, die der damals sechsundzwanzigjährige Lyriker zu den Erträgen seines dreijährigen Studiums zog:

Hier wird auf vierzig Seiten leeres Stroh gedroschen.
Der Esel, der es drosch, geht nun nach Haus.
Und die Dozentenschar, der er es anempfiehlt, o Graus!
Stellt fest: nach zwanzig Seiten war sein Geist erloschen.

Dem Ochsen, der da drischt, verbinde man die Goschen!
Dem Esel aber zieh man aus der Nase 'raus,
Was in drei Jahren er gelernt! – Doch ei, der Daus!
Wie sich herausstellt, ist nicht für drei Groschen,

Von dem, was man dem Tiere investiert, geblieben. –
Denn statt zu lernen, in den Büchern viel zu lesen,
Vertrieb er sich beim Saufen und beim Lieben –

Gleich Francois Villon in trüben Nachtquartieren –
Die Zeit und ist nicht oft zu Haus gewesen:
Ihr, die ihr nach ihm kommt, sollt mehr studieren!

Aus den Belegexemplaren seiner Abschlussarbeit, die am Becher-Institut archiviert wurden, ist Czechowskis polemische Abrechnung mit dem »Sinn und Zweck« seines Studiums verschwunden. Maurer hob das Gedicht jedoch auf, und Czechowskis – wenn auch mit wenig Ernst umgesetztes – Beispiel eines selbstkritischen Studienrückblicks sollte für nachfolgende Absolventengenerationen gar zur obligatorischen Aufgabe werden, indem sie anstelle einer »theoretischen Abschlussarbeit« wahlweise eine »Poetische Konfession« zu den Lern- und Schreibprozessen im Rahmen ihrer Ausbildung vorlegen konnten. Die darin reflektierten Entwicklungsprozesse[224] lassen sich einerseits kaum generalisieren – zu verschieden sind die biographischen Erfahrungen, künstlerischen Voraussetzungen und Erwartungen der jungen Autoren bereits zu Studienbeginn. Andererseits ähneln sich viele der beschriebenen Lernprozesse und Krisensituationen, die sich zudem kaum von aktuellen Erfahrungen angehender Autoren an Literaturinstituten unterscheiden.

Den Wert von Studienerfahrungen für ihre Schreibprozesse und ihren weiteren Werdegang hoben einzelne Absolventen des Becher-Instituts auch mit großem zeitlichen Abstand noch hervor, allerdings sind dies vorwiegend Studierende aus den liberalen 8oer Jahren. So schätzte

Katja Lange-Müller mit einer Distanz von 32 Jahren im Rückblick auf ihr Studium am Becher-Institut vor allem die Befähigung zu einem produktionsästhetischen, analytischen Zugriff auf literarische Texte, die ihr damals vermittelt worden sei – eine Kompetenz, die auch heute noch zu den zentralen Zielen der akademischen Autorenausbildung zählt.

Natürlich haben wir von unseren Dozenten bestimmte Dinge gelernt, von Peter Gosse, dass ein Text etwas Gemachtes ist, das war sehr wichtig, aber das lernt man jetzt am Literaturinstitut [am Deutschen Literaturinstitut Leipzig, I. L.] wohl auch. Das ist nichts Mystisches und nichts Mysteriöses, und weder küsst dich 'ne Pampelmuse, noch sonst irgendwas, manchmal vielleicht, aber in der Regel nicht. Dass man also auch ein Gedicht, ohne deswegen den Respekt davor zu verlieren oder das Kunstvolle daran nicht mehr zu schätzen, analysieren kann wie eine Substanz, dass man gucken kann, woraus es gemacht ist, das war sehr wichtig.[225]

Auch Kathrin Aehnlich, Absolventin des Becher-Instituts im Direktstudiengang von 1988, hebt heute hervor, dass sie vor allem vom Wissenserwerb am Institut profitiert und dort gelernt habe, Texte fundiert zu bewerten.[226] Der Schritt vom Wissen zum Können, mithin die Anwendung und Reflexion des erworbenen Wissens in der eigenen Schreibpraxis, fiel anderen Studierenden des Instituts jedoch besonders schwer, wie viele der sogenannten Poetischen Konfessionen offenlegen, jenes Format der Abschlussarbeit, in dem Studierende über ihre eigenen Schreibverfahren berichteten. Diese Schwierigkeiten erklären sich u. a. dadurch, dass der Raum für die literarische Übung und die Erprobung eigener Schreibweisen gegenüber den theoretischen Schwerpunkten des Curriculums insbesondere in den 50er und 60er Jahren sehr knapp bemessen war. Nach zahlreichen Umstrukturierungen im Curriculum und einer Ausdifferenzierung der Studiengänge wurde den eigenen Schreibprozessen im Laufe der Institutsgeschichte allerdings dann zunehmende Bedeutung beigemessen, weshalb Constanze John, 1984 bis 1987 Studentin im Fernstudium, vor allem den Übungsaspekt und die Regelmäßigkeit des Schreibens betont, die ihr die Zeit am Becher-Institut ermöglicht habe: Ihr Schreiben sei »im Training« geblieben, wie es ihr nicht erlaubt gewesen wäre, hätte sie »nur Familie und einen Brotberuf« gehabt. Vor allem aber profitiere sie auch nach dreißig Jahren noch vom damals erworbenen Zutrauen in ihre literarischen Fähigkeiten: »Ich weiß, dass ich das kann, und wenn ich mich für andere Formen entscheide, dann soll das genauso sein. Insofern gibt es mir noch an dem Punkt, an dem ich jetzt bin, eine Basis.«[227]

Neben einer fachlichen Grundlage und dem damit verbundenen Selbstvertrauen vermittelte die Ausbildung den Absolventen jedoch auch sekundäre Schlüsselkompetenzen für die Selbstbehauptung im Literaturbetrieb: Im gegenseitigen Austausch erlebten die Teilnehmer ihre Kommilitonen nicht nur als gleichgesinnte Mitstreiter, sondern auch in den Rollen von Kritikern und Konkurrenten, womit die Seminarsituation die Bedingungen des Literaturbetriebs vorwegnahm und die Studierenden im Umgang mit jenen Herausforderungen schulte, auf die sie nach ihrer Studienzeit treffen sollten. In vielen der Poetischen Konfessionen schilderten die jungen Autoren daher auch ihren Umgang mit Kritik und Vergleichsdruck, der für sie ebenso zur prägenden Studienerfahrung geworden war wie die Suche nach eigenen literarischen Themen und Ausdrucksformen, bei der es sich in ein Verhältnis nicht nur zu kulturpolitischen Normen und literarischen Vorbildern zu stellen galt, sondern auch zu den Schreibweisen der Kommilitonen. Kerstin Hensel, Absolventin von 1985, hob daher insbesondere auch den Wert der Krisenerfahrung hervor: Eine wesentliche Aufgabe des Instituts habe darin bestanden, Illusionen zu zerstören, anstatt welche aufzubauen. Wäre nicht schon viel gewonnen, wenn ein Mensch zu der Einsicht gelange, dass er nicht zum Schreiben geboren sei?, fragte sie auf einer Tagung der Deutschen Literaturkonferenz e. V., die unter der Fragestellung »Ist Dichten lehrbar?« im Mai 1992 in Leipzig stattfand.[228]

Kathrin Aehnlich empfand den Austausch mit Gleichgesinnten hingegen überwiegend als Bereicherung, bei dem sie gelernt habe, »mit Kritik umzugehen [...] oder einfach Bücher [zu] lesen, die man sonst nicht gelesen hätte, und so [zu] versuchen, Literatur einzuordnen. Einfach sein Gesichtsfeld erweitern.«[229] Für den Krimi- und Kinderbuchautor Steffen Mohr, der in den 70er Jahren am IfL studiert hatte, blieb diese Horizonterweiterung auch nach dem Studium unverzichtbar: »Schriftstellerei sollte immer einen Austausch mit Kollegen sein. [...] Dieser Austausch ist wichtig. Ich sehe es an solchen Leuten, die geistig verarmen, wenn sie zu einsam sind.«[230] Zu diesem Austausch zählte für den ausgebildeten Musikwissenschaftler, Rundfunkjournalisten und Orchestermusiker Till Sailer, der als Autor den Sonderkurs von 1979/1980 besucht hatte, auch die Möglichkeit, sich mit Gleichgesinnten über die Organisation des »methodischen Lebens«[231] zu verständigen, wie Roland Barthes die alltäglichen Herausforderungen bezeichnet hatte, die er zu den »Prüfungen des Autors«[232] zählte.

Kontakt zu haben zu Leuten, die genau dieselben Schwierigkeiten hatten und dieselben Entscheidungsfragen: Soll ich bei meinem erlernten Beruf bleiben? Oder: Kann ich das wagen? Bin ich begabt genug, hab ich die Widerstandskraft?[233]

Ebendiese Nähe zu Menschen mit gleichen Interessen und ähnlichem Alter, die sich in vergleichbaren Lebenssituationen befinden, nährt jedoch den Verdacht der Abschottung von der gesellschaftlichen »Wirklichkeit«, wie ihn auch Becher bereits in seinem Tagebuch zum Ausdruck gebracht hatte. Die literarische Ausbildung steht auch heute noch im Verdacht, einen normierenden Einfluss auszuüben, es wird vermutet, »[d]ass sich in den Instituten Ecken und Kanten abschleifen«, mit dem Ergebnis einer regelrechten »Institutsliteratur«, da die Studierenden sich zu stark an den Stimmen der Kommilitonen orientierten, sich dem Druck der Gruppendiskussionen beugten oder versuchten, den Professoren entgegenzukommen, die selbst »mehr oder weniger Mainstream schreiben«.[234]

Auch die Absolventin des IfL Katja Lange-Müller räumte kürzlich ein, dass man die Dynamik der persönlichen Beziehungen an Literaturinstituten nicht unterschätzen dürfe, die auch in ihrer eigenen Studienzeit »sehr viel bewirkt haben, auch im Schreiben. Man kann sich ja dagegen nicht abschirmen.« Dennoch müsse die aufkommende Reibung nicht zwangsläufig zum Glätten aller literarischen Eigenarten führen. Sie könne auch dazu verhelfen, diese stärker zu konturieren. Zumal sich der persönliche, literarische und poetologische Austausch der Kommilitonen am Institut nicht von den größeren Zusammenhängen im Literaturbetrieb unterscheide. Vielmehr bilde es diesen Austausch lediglich ab, mit dem Autoren auch außerhalb von Literaturinstituten stets miteinander in Beziehung stehen und sich in ihrem Schaffen gegenseitig wahrnehmen und beeinflussen:

Das war sowieso ein Merkmal der DDR, dass man ganz oft mit Texten auf andere Texte geantwortet hat. Weil man natürlich noch kannte, was die Zeitgenossen geschrieben haben, weil man natürlich noch damit umging – es entwickelte sich so eine Art Literaturfeld, was dann innerhalb einer bestimmten Gruppe, die sogar sehr groß sein konnte, eine Art billardkugelhafte Korrespondenz auslöste. Das war schon ein Spiel mit vielen Beteiligten. Viele Texte waren Reaktionen auf andere Texte, so auch in dieser Gruppe.[235]

In seinem Essay »MFA vs. NYC«[236] schlägt auch der US-amerikanische Autor und Herausgeber Chad Harbach vor, die normative Distinktion zwischen einer kasernierten und einer freien Produktionssphäre zu überwinden, die bis heute mit Blick auf die Arbeitsprozesse an Literaturinstituten zum Tragen kommt. Damit bringt Harbach sich in eine jüngst in den USA ausgetragene Debatte ein, die von der These ausging, dass akademisch ausgebildete und im Hochschulkontext lehrende Autoren lediglich für andere College-Autoren und akademische Zirkel schrieben, in denen sie Prestige erwarben, nicht aber für den freien Buchmarkt, auf dem sie und ihre Werke sich nicht behaupten könnten. Harbach verweist in diesem Zusammenhang darauf – wobei er die Trennung der Sphären schließlich doch aufgreift –, dass jedes Umfeld, in dem ein Autor sich bewegt – sei es der Literaturbetrieb oder das akademische Milieu, den Schreibprozess gewissen ökonomischen Zwängen unterstelle. Wobei es sogar als ökonomische und ästhetische Emanzipation von den Mechanismen des Marktes verstanden werden könne, wenn Autoren sich den Anforderungen einer »Publikumsliteratur«, dem Druck der Lesbarkeit und dem Wetteifern um Aufmerksamkeit bewusst verweigerten und ihre Werke stattdessen den Spielregeln des akademischen Betriebs unterstellten:

> There is an element of liberation in this, however complex; the MFA writer is no longer at the whim of the market – or, rather, has entered a less whimsical, more tolerant market. [...] Is this not artistic freedom of a quiet and congenial sort? Could not books be written here in the university, all sorts of different books, that could never be written from within the narrow confines of the New York publishing world?[237]

Harbach führt mit diesem Gedanken die diskursive Wende fort, die Mark McGurl im Jahr zuvor wegweisend als »The Program Era« ausgerufen hatte. McGurl charakterisierte darin die abgeschiedene Produktionssphäre der Literaturinstitute weniger als Problem denn als eine Chance der Gegenwartsliteratur:

> For better or worse, colleges and universities are now the central conservators of modernist literary value as such, and they are where most »serious writers« (of which there is now an oversupply) and »serious readers« (of which there can never be enough) are trained.[238]

Einer ähnlichen Argumentation folgt auch die Metapher der »Insel der Toleranz«, mit der das Becher-Institut nach dem Mauerfall sein zuletzt quasiautonomes Selbstverständnis zum Ausdruck brachte. Die Implikation dieser Wendung: Man habe den Zugriffen von Staat und Partei einen Raum des freien Denkens und Schreibens entgegengesetzt. Und obwohl sich dieser Rückzugsort in der Planwirtschaft befand, betonte auch Helmut Richter die Unabhängigkeit von ökonomischen Zwängen: »Nicht die Abrichtung auf den Markt war das oberste Ziel, sondern die ruhige Vorbereitung auf einen der entsetzlichsten Risikoberufe, der unserer Meinung nach nicht nur den berühmten Elfenbein-Turm bewohnen sollte, oder allenfalls nur als Zweitwohnung.«[239] Der Fluchtraum des Instituts wird damit als eine Art »Exterritorium auf dem Gebiet der DDR«[240] inszeniert, wo es den Studierenden möglich gewesen sei, sich von den Restriktionen und Zensurmaßnahmen des politischen Feldes, aber auch von den ästhetischen Anforderungen der Parteiliteratur zu befreien – eine relative Freiheit, die man allerdings mit dem Preis der Abgeschiedenheit bezahlt habe.

Tatsächlich aber war das Becher-Institut weder Insel noch Elfenbeinturm und, wie Lange-Müller es ausdrückt, auch keine »Sache auf einer fliegenden Untertasse«,[241] die sich losgelöst von staatlichen Einflüssen durchs All bewegte. Das Ministerium für Kultur hatte im Lauf der Institutsgeschichte oftmals streng auf das kritisch-diskursive Potential der nur schwer zu kontrollierenden Teilöffentlichkeit am Institut reagiert, etwa mit den Schließungsdrohungen der späten 60er Jahre, als die Direktion unter Max Walter Schulz, mitnichten abgeschnitten von jedem Zugriff, dem Verdacht der konterrevolutionären Gruppenbildung unter den Studierenden mit zahlreichen Exmatrikulationen zuvorzukommen versuchte. Die auf diese Weise zwischen 1967 und 1970 »Geschassten und nach freiem Ausdruck suchenden Jungpoeten«[242] blieben jedoch auch über ihr Studium hinaus miteinander verbunden und unter Beobachtung des Staatssicherheitsdienstes. In den 80er Jahren überschnitten sich wiederum die Sphären zwischen der Leipziger Off-Literatur-Szene und den Studenten des Becher-Instituts, die zum Teil auch in selbstverlegten Künstlerbüchern und Samisdat-Zeitschriften publizierten und auch untereinander einen literarisch-poetologischen Austausch pflegten, wobei sie staatliche Institutionen und Strukturen umgingen.

Seinen Wert erhielt das Haus damit auch als Begegnungsstätte und Ausgangspunkt für zahlreiche dauerhafte literarische Beziehungen, Freundschaften und Netzwerke unter DDR-Autoren. Doch nicht nur in der literarischen Teilöffentlichkeit, die sich von den staatlichen Strukturen abnabeln wollte, galt die Ausbildung am Institut vielen DDR-Schriftstellern als verbindende Basis. Allgemein herrschte unter den Absolventen des Instituts ein gemeinsamer Habitus, wie Till Sailer zu berichten weiß, der sich selbst nach seinem nur einjährigen Institutsbesuch als Teil eines großen Absolventen-Netzwerks empfand:

> Nach dem Ende des Sonderkurses gehörte man zu der Gemeinde der Ex-Literaturinstitutler. Die Studienform wurde dabei nicht unterschieden, man sprach nicht vom Sonderkurs, sondern vom Literaturinstitut. Im Lebenslauf für den Schriftstellerverband hab ich es angegeben, sonst aber nirgendwo erwähnt. Aber dieses Detail, das hab ich immer wieder gemerkt, war entscheidend. Ich war sowohl im DDR-Schriftstellerverband, als auch im Bundesvorstand des VS aktiv. Dort ist man immer wieder Leuten begegnet, die einmal am Literaturinstitut waren. Ich war im Frankfurter Bezirksverband, wo Hans Weber Vorsitzender war, einer der früheren Direktstudenten. Man spürte das irgendwie – als ob man in irgendeinem Zirkel zusammen gewesen wäre.

Darüber hinaus bedeutete eine Ausbildung am Becher-Institut einen Statusgewinn – galt sie doch als Talentnachweis und Siegel solider literarischer Fähigkeiten.[243] Von diesem Ruf profitierten im literarischen Raum der DDR jedoch vor allem Autoren, die ihr Prestige nach dem Studium nicht auch aus anderen Quellen hatten speisen können, etwa durch öffentlichkeitswirksame Literaturpreise oder vielbeachtete literarische Veröffentlichungen. Für sie bedeutete die Ausbildung im weiteren Werdegang vor allem eine Autorisierung ihrer literarischen Tätigkeit, während sich bekanntere Autoren häufig vom »Markenzeichen« des Literaturinstituts distanzierten und – geschult im Umgang mit genieästhetischen Implikationen – den autonomen Kern ihrer Autorschaft betonten. In diesem Sinne ließen auch Sarah und Rainer Kirsch zwar den Einfluss einzelner Lehrerpersönlichkeiten wie Georg Maurer oder der umfangreichen Institutsbibliothek auf ihr Schaffen gelten, beharrten ansonsten aber auf ihrer künstlerischen Unabhängigkeit. Vor allem das Stipendium habe ihm geholfen, sich zu entwickeln, erklärte Rainer Kirsch im Interview, da es für ihn bedeutet habe, »zweieinhalb Jahre Ruhe« zu haben, »die finanziert waren«, was ihn von der Verpflichtung befreite, Auftragsarbeiten annehmen und künstlerische Kompromisse eingehen zu müssen.[244]

Über die nachhaltigen Auswirkungen des Studiums auf die spätere literarische Arbeit und die öffentliche Geltung einzelner Autoren kann letztlich nur spekuliert werden. Nicht zuletzt hängt die Bedeutung, die die Absolventen ihrer Zeit am Becher-Institut für den eigenen Werdegang, die Entwicklung ihrer Schreibprozesse und ihre aktuelle Arbeit beimessen, auch von deren Selbstverständnis als Schriftsteller ab. Ein Beispiel gibt die Lyrikerin und Romanautorin Kathrin Schmidt, die in ihrer Jugend zahlreiche Institutionen der DDR-Literaturförderung durchlaufen hatte und in den 8oer Jahren am Sonderkurs des IfL teilnahm, wobei sie rückblickend jedoch jedweden Einfluss des Instituts auf ihre literarische Entwicklung negierte. So empörte sie sich 1993 nach dem Erhalt des Darmstädter Leonce-und-Lena-Lyrikpreises in der Zeitschrift *Weltbühne* darüber, als »Absolventin«[245] des Becher-Instituts bezeichnet worden zu sein. Schmidt bestand darauf, als bereits bekanntere Autorin lediglich den Sonderkurs besucht zu haben. Während die Unterscheidung zwischen den Studienformen laut Sailer für das Zugehörigkeitsgefühl der Instituts-Absolventen keine Rolle gespielt habe, hob Schmidt diese Differenz zwischen den Studienformen hervor, um ihre Unabhängigkeit von der Institution zu untermauern: Sie sei nicht erst vom Becher-Institut auf die literarische Bühne getreten, zumal der Kurs »mehr eine etwas bessere Stadtführung« gewesen sei. Weitergeholfen habe ihr höchstens das monatliche Stipendium von 500 Mark, von dem sie ihre drei Kinder damals »beinahe ernähren«

konnte. In einer galligen Replik verspottete die *Weltbühne*-Redaktion Schmidt daraufhin für ihre Selbstdarstellung als Originalgenie.[246] Auch Autoren und Autorinnen sind folglich nicht frei von den diskursiven Zuschreibungen und Implikationen der Lehrbarkeitsdebatte, schließlich profitieren sie unmittelbar vom Kult um ihre literarische Originalität, sofern diese nicht als mühsam erworben gilt. Kein Autor ist frei von diesen Zwängen, und keine Schriftstellerin verabschiedet sich freiwillig von der Aura eines exklusiven Talents. Oder wie der Literaturkritiker Hajo Steinert es formulierte: »Schriftsteller sind stolz darauf, Autodidakten zu sein, […] keiner sagt: ja, ich habe mich gerne belehren lassen«.[247]

Mithin darf der Einfluss der Ausbildung im lebensgeschichtlichen Kontext von Autorenbiographien sicherlich nicht überbewertet werden. Zumal die literarischen Arbeiten der jungen Autoren bereits zu Studienzeiten ebenso sehr von kulturpolitischen Zäsuren und dem allgemeinen Wandel ästhetischer Normen im literarischen Feld beeinflusst waren wie von den gezielten literaturpädagogischen Bemühungen am Becher-Institut. Auch unter den mal mehr, mal weniger restriktiven Bedingungen einer staatlichen DDR-Hochschule unternahmen die angehenden Schriftsteller zudem immer wieder den Versuch, eigenständige Poetologien zu behaupten und eine ästhetische Formenvielfalt für die Lehre und ihre Schreibprozesse einzufordern. Dieses Bemühen zeigte sich in zahlreichen Konflikten, die im Laufe der Institutsgeschichte zwischen Studierenden, Lehrenden und kulturpolitischer Führung aufbrachen und bis in die 8oer Jahre zur Aushandlung ästhetischer und diskursiver Freiräume beitrugen. Das dirigistische Konzept der sozialistischen Dichterbildung ließ sich mithin nicht widerspruchslos aufrechterhalten.

---

1 Alfred Kurella: Von der Lehrbarkeit der literarischen Meisterschaft. Vortrag zur Eröffnung des Instituts für Literatur in Leipzig. In: Institut für Literatur »Johannes R. Becher« (Hg.): Ruf in den Tag. Jahrbuch des Instituts für Literatur »Johannes R. Becher«. Bd. 1, Leipzig 1960, S. 17–36, hier S. 17. Der Vergleich mit der etablierten Ausbildungspraxis in anderen Künsten ist ein gängiges Argument der Debatte, das sich auch bei Gerhard Rühm wiederfindet: »literatur ist genau so wenig und genau so gut lehrbar wie musik und bildende kunst.« Gerhard Rühm: über die lehrbarkeit von literatur. In: Christian Hintze/Dagmar Travner

ANMERKUNGEN

(Hg.): Über die Lehr- und Lernbarkeit von Literatur. Wien 1993, S. 27–30, hier S. 27.
2 Kurella: Lehrbarkeit, S. 18.
3 Ebd., S. 17.
4 Ralph Giordano: Die Partei hat immer recht. Ein Erlebnisbericht über den Stalinismus auf deutschem Boden. Europäische Zeitzeugen. Hg. von Elke und Wolfgang Leonhard. Freiburg i. Br. 1990, S. 139f.
5 Vgl. Die Schulbank der roten Dichter. Das Leipziger Literaturinstitut. Ein Feature von Linde Rotta, Deutschlandfunk, 22. Februar 2005.
6 Johannes R. Becher: Verteidigung der Poesie. Vom Neuen in der Literatur. Berlin 1960, S. 139.
7 Ders.: Auf andere Art so große Hoffnung. Tagebuch 1950, Eintragungen 1951, Berlin/Weimar 1955, S. 25.
8 Vgl. Gert Ueding/Bernd Steinbrink: Grundriß der Rhetorik. Geschichte, Technik, Methode. 3. Aufl., Stuttgart 1994, S. 37f.
9 Der Ruf nach größerer Wirklichkeitsnähe und einer politisch wirksamen, erfahrungsgesättigten Literatur setzt sich bis heute fort. Nach wie vor wird über die Erfahrungsarmut akademisch ausgebildeter Schriftsteller diskutiert, zuletzt im Zuge der sogenannten »Arztsohn-Debatte« im Anschluss an Florian Kessler: Lassen Sie mich durch, ich bin Arztsohn! In: Zeit Online vom 23.1.2014.
10 Ob die Wahl des Gründungsstandortes Leipzig auf den Einfluss des skeptischen Kulturministers zurückging, etwa mit dessen Ziel, eine räumliche Distanz zur Berliner Akademie der Künste zu schaffen, der Becher seinerzeit vorstand, ist heute umstritten. Helmut Richter, Institutsleiter von 1990 bis 1992, würde die Standortwahl rückblickend »nicht als schädigende Mißachtung auslegen, im Gegenteil. Leipzig war günstiger. Vielleicht nach dem Motto: Rußland ist groß und der Zar ist weit weg.« Helmut Richter: Die kleinste Hochschule der Welt. In: Christian Hintze/Dagmar Travner (Hg.): Über die Lehr- und Lernbarkeit von Literatur. Wien 1993, S. 95–110, hier S. 98. Im Vorfeld der Gründung war auch Schloss Belvedere in Weimar als möglicher Standort des Instituts im Gespräch gewesen. Vgl. Annemarie Reinhard: »Über die Einrichtung eines Literatur-Institutes in der Deutschen Demokratischen Republik«, 1953, SStaL, IfL, Nr. 646, Bl. 18. Vgl. auch Josef Haslinger: Deutsches Literaturinstitut Leipzig. In: Geschichte der Universität Leipzig 1409–2009. Bd. 4: Fakultäten, Institute, Zentrale Einrichtungen, 2. Halbbd., Leipzig 2009, S. 1542–1570, hier S. 1545.
11 Alexander Abusch: Sinn und Zweck eines Instituts für Literatur. Rede zur Eröffnung des Instituts für Literatur am 30.9.1955 in Leipzig. In: Institut für Literatur: Ruf in den Tag. Jahrbuch des Instituts für Literatur »Johannes R. Becher«. Bd. 2, Leipzig 1962, S. 11–16, hier S. 11.
12 »Das Institut muß dazu beitragen, daß die in der DDR entstehende Literatur des sozialistischen Realismus beispielgebend für die Entwicklung der Literatur in ganz Deutschland wirkt. Deshalb sollen am Institut für Literatur Schriftsteller erzogen werden, die Werke von hoher ideologischer und künstlerischer Qualität mit eindeutig sozialistischer Perspektive schaffen.« Vgl. Hochschulprogramm, SStaL, IfL, Nr. 646, Bl. 13.
13 Max Zimmering: Vorwort. In: Institut für Literatur »Johannes R. Becher« (Hg.): Ruf in den Tag. Jahrbuch des Instituts für Literatur »Johannes R. Becher«. Bd. 1, Leipzig 1960, S. 9–16, hier S. 9.

14 Franz von Fürstenberg: Bericht des Ministers von Fürstenberg an die königlich preußische Regierung über die Lehranstalten des Münsterlandes. In: Wilhelm Esser (Hg.): Franz von Fürstenberg. Dessen Leben und Wirken nebst seinen Schriften über Erziehung und Unterricht. Münster 1842, S. 151. Vgl. auch Heinrich Bosse: Dichter kann man nicht bilden. Zur Veränderung der Schulrhetorik nach 1770. In: Jahrbuch für internationale Germanistik, Jahrgang 10, Heft 1, 1978, S. 80–125, hier S. 80.

15 Jochen Schmidt: Die Geschichte des Genie-Gedankens in der deutschen Literatur, Philosophie und Politik 1750–1945. Bd. 1: Von der Aufklärung bis zum Idealismus. Darmstadt 1985, S. 37.

16 Edward Young: Gedanken über die Original-Werke. Aus d. Engl. von H. E. von Teubern, Faksimile-Druck der dt. Ausgabe von 1760. Heidelberg 1977, S. 29. Vgl. auch Günter Blamberger: Das Geheimnis des Schöpferischen oder: Ingenium est Ineffabile? Stuttgart 1991, S. 64.

17 Michael Lentz: Schreiben lernen? Haben andere nicht nötig! In: Josef Haslinger/Hans-Ulrich Treichel (Hg.): Schreiben lernen, Schreiben lehren. Frankfurt a. M. 2006, S. 30–46, hier S. 30.

18 Vgl. Kessler, Arztsohn.

19 Vgl. Becher: Auf andere Art so große Hoffnung. Tagebuch 1950, Eintragungen 1951, Berlin/Weimar 1955, S. 25.

20 Abusch: Sinn und Zweck, S. 12.

21 Vgl. ebd.

22 Kurella: Lehrbarkeit, S. 24.

23 Nachdem es an institutionellen Vorbildern und Referenzpunkten in der sozialistischen Ästhetik fehlte, habe man sich am Becher-Institut vor allem »europäischen Traditionen verpflichtet, die im griechisch-römischen Altertum wurzeln«, schrieb auch Hubert Witt, der ab 1986 im Fach ›Weltliteratur‹ unterrichtete, in seinem 1990 publizierten Rückblick auf die Geschichte der »Leipziger Dichterschule«. Vgl. Hubert Witt: Leipziger Dichterschule. In: Sprache im technischen Zeitalter, 116/1990, S. 321–329, hier S. 321.

24 Bosse: Dichter, S. 86.

25 Ebd., S. 99.

26 Zimmering: Vorwort, S. 10.

27 Kurella: Lehrbarkeit, S. 29f.

28 Zu den literarischen Ahnherren des Instituts zählt Kurella etwa Lessing, Goethe und Schiller, Heine und Hebbel.

29 Ebd., S. 27.

30 Rühm: lehrbarkeit, S. 28.

31 Ebd., S. 27.

32 Lentz: Schreiben lernen, S. 31.

33 Roland Barthes: Die Vorbereitung des Romans. Vorlesung am Collège de France 1978–1979 und 1979–1980. Frankfurt a. M. 2008, S. 220.

34 Kurella: Lehrbarkeit, S. 25.

35 Ebd., S. 18.

36 Gerhard Rothbauer: Aus dem 1. Institutsjahrbuch ›Ruf in den Tag‹ (1960). In: Rudolf Gerke/Lothar Zschuckelt (Hg.): Selbstermutigung. Erwägungen ums Schreiben. Leipzig 1986, S. 67–80, hier S. 67.

37 Zimmering: Vorwort, S. 16.

ANMERKUNGEN

38 Ebd., S. 13.
39 Dozenten und Studentensprecher des Instituts für Literatur »Johannes R. Becher«: Verteidigung der Poesie. In: Leipziger Volkszeitung, 15./16.12.1990.
40 Vgl. Presseerklärung des Sächsischen Staatsministeriums für Wissenschaft und Kunst vom 12.12.1990, Nachlass IfL am DLL.
41 Vgl. Manfred Jäger: Kultur und Politik in der DDR. Köln 1994, S. 37.
42 Walter Ulbricht: Errungenschaften und Aufgaben auf dem Gebiet der Kultur. Rechenschaftsbericht vor dem IV. Parteitag der SED, 5. bis 6. April 1954. In: Schubbe: Dokumente, S. 339.
43 Anatolij Potapov: Moskau: Das Gorki-Literaturinstitut. In: Hintze/Travner: Lehr- und Lernbarkeit, S. 77–93, hier S. 78.
44 Vgl. Rudolf Gehrke: Literarisches Talent im befreiten Leben. In: Ders./Zschukelt: Selbstermutigung, S. 11–46, hier S. 36 f.
45 Kurella: Lehrbarkeit, S. 18.
46 Ebd., S. 19.
47 Erich Loest, zit. n.: Rotta: Schulbank.
48 Vgl. Walter Ulbricht: Fragen der deutschen Nationalliteratur. Rede auf dem auf dem IV. Deutschen Schriftstellerkongreß 9. bis 14. Januar 1956. In: Schubbe: Dokumente, S. 421–426.
49 Vgl. Helmut Peitsch: Vom Faschismus zum Kalten Krieg – auch eine deutsche Literaturgeschichte. Literaturverhältnisse, Genres, Themen. Berlin 1996, S. 249f.
50 Abusch: Sinn und Zweck, S. 15.
51 Dass diese gemeinsame deutsche Nationalliteratur eine *sozialistische* Nationalliteratur sein würde, war dem Konzept stets implizit. Schließlich galt die Verteidigung des Humanismus zugleich als »die künstlerische Parteinahme für den Sozialismus« (Klaus Hermsdorf: Die Nationale Bedeutung der sozialistischen Literatur. In: Weimarer Beiträge. Zeitschrift für Literaturwissenschaft, Ästhetik und Kulturtheorie, 1961, H. 7, S. 290–315, hier S. 300) – zumal mit dem Begriff einer gemeinsamen deutschen Nationalliteratur die Zukunftsperspektive eines wiedervereinigten, sozialistischen Deutschlands gleich mitgedacht wurde. Vgl. Peitsch: Vom Faschismus zum Kalten Krieg, S. 249.
52 Jürgen Schröder: Sozialistischer Sturm und Drang. In: Wilfried Barner (Hg.): Geschichte der deutschen Literatur von 1945 bis zur Gegenwart. 2., erw. Aufl., München 2006, S. 321–337, hier S. 321.
53 N. N.: Zum IV. Deutschen Schriftstellerkongreß. In: Neues Deutschland, 8.1.1956.
54 Ulbricht: Errungenschaften, S. 338.
55 Hermsdorf: Die nationale Bedeutung, S. 298.
56 Auch zwei Jahre nach dem Mauerbau ging etwa Hans Jürgen Geerdts von der Gültigkeit einer »nationale[n] Perspektive« für die Literatur in beiden Teilen Deutschlands sowie von der antizipierten Entwicklung aus, dass sich die westdeutsche Literatur langfristig der sozialistischen Nationalliteratur auflösen würde: »Eine ›autonome‹ Betrachtung der Literatur Westdeutschlands ist schlechthin falsch.« Hans Jürgen Geerdts: Gedanken zur Diskussion über die sozialistische Nationalliteratur nach 1945. In: Weimarer Beiträge. Zeitschrift für Literaturwissenschaft, Ästhetik und Kulturtheorie, 1963, H. 9, S. 100–122, hier S. 102; vgl. auch Peitsch: Vom Faschismus zum Kalten Krieg, S. 249f.

57 Autorenkollektiv: Skizze zur Geschichte der deutschen Nationalliteratur. In: Weimarer Beiträge. Zeitschrift für Literaturwissenschaft, Ästhetik und Kulturtheorie, 1964, H. 10, S. 644–812, hier S. 646.
58 Ebd., S. 737.
59 N. N.: Zum IV. Schriftstellerkongreß.
60 Als Instrument der musikalischen Begabungsförderung war bereits 1950 in Ostberlin die Berufsvollschule für Musik eröffnet worden. Seit 1952 kam es in der DDR zur Gründung erster Kinder- und Jugendsportschulen (KjS), in denen der sportlich begabte Nachwuchs zur Teilnahme an internationalen Meisterschaften und den Olympischen Spiele ausgebildet wurde. Die Gründung weiterer Spezialschulen mit Schwerpunkten wie Musik und Mathematik, Russisch und Sport folgte Mitte der 60er Jahre. Vgl. Matthias Judt: DDR-Geschichte in Dokumenten. Beschlüsse, Berichte, interne Materialien und Alltagszeugnisse. Berlin 2013, S. 422.
61 Günter Gießler: Einige Gedanken zur literarischen Begabung. In: Hans-Georg Mehlhorn (Hg.): Nachdenken über künstlerische Begabungen. Materialien der wissenschaftlich-methodischen Konferenz des Ministeriums für Kultur zur Entwicklung, Diagnose und Förderung künstlerischer Begabungen, Leipzig, am 5.10.1988. Leipzig 1989, S. 51–52, hier S. 51.
62 Gehrke: Literarisches Talent, S. 11.
63 Abusch: Sinn und Zweck, S. 12.
64 Gehrke: Literarisches Talent, S. 11.
65 Ebd., S. 12.
66 Dieser Gedanke galt auch in Bezug auf die Ausbildung anderer künstlerisch-musischer Talente, etwa in der Ausbildung des Orchesternachwuchses. Vgl. Wolfgang Lessing: ›Dienstag hab ich Hauptfach, muss noch viehisch rabotten …‹ Anmerkungen zur Lernkultur in den Spezialschulen für Musik der DDR. Manuskript zum Vortrag, gehalten am 11.10.2013 an der Hochschule für Musik und Theater Rostock.
67 Leitbild für die Lehr- und Erziehungsarbeit am Institut f. Literatur (überarbeiteter Entwurf), SStAL, IfL, Nr. 857, Bl. 29.
68 Vgl. Gerlinde und Hans-Georg Mehlhorn: Man wird nicht als Genie geboren. Ein Plädoyer für die Begabungsentwicklung. Berlin (Ost) 1987, S. 58ff.
69 Anmerkungen zum Leitbild des jungen sozialistischen Schriftstellers, SStAL, IfL, Nr. 857, Bl. 49.
70 Vgl. Dietrich Allert: Bitterfeld – Tradition und Perspektive. In: Jürgen Bonk, Dieter Faulseit, Ursula Steinhaußen (Hg.): Handbuch für schreibende Arbeiter. Berlin 1969, S. 12–30, hier S. 24.
71 Verfügungen und Mitteilungen des Ministeriums für Kultur, Nr. 15/1955 in: SStAL, IfL, Nr. 368, Bl. 1.
72 Gehrke: Literarisches Talent, S. 40.
73 Begründung und Vorschläge zur Funktionsveränderung des Instituts für Literatur »Johannes R. Becher«, Leipzig vom 27.5.1968, SStAL, IfL, Nr. 851, Bl. 101.
74 Lessing: Hauptfach.
75 Gehrke: Literarisches Talent, S. 14.
76 Christel Foerster: Die ›Dichterschule‹ kämpft ums Überleben. Literaturinstitut auf der Flucht nach vorn. In: Leipziger Volkszeitung, 28.2.1990, S. 6.

ANMERKUNGEN

77 Begründung und Vorschläge zur Funktionsveränderung des Instituts für Literatur »Johannes R. Becher«, Leipzig vom 27.5.1968, SStAL, IfL, Nr. 851, Bl. 97.
78 Kurella: Lehrbarkeit: S. 18.
79 Eine Grundlage hätten die Überlieferungen der antiken Rhetorik dargestellt, die von der Entfaltung natürlicher Anlagen (*ingenium*) durch die Vermittlung künstlerisch-technischer Regeln (*ars/techné*) ausgingen, eine andere die »Autoren-Poetiken des 19. und 20. Jahrhunderts« schreibt der IfL-Dozent Hubert Witt rückblickend. Vgl. Witt: Dichterschule, S. 321.
80 Zur Struktur der Einheit von Bildung und klassenmäßiger Erziehung, 1967, SStAL, IfL, Nr. 852, Bl. 9.
81 So geschehen etwa im Jahr 1967, als das MfK dem Institut »eine schwelende pädagogische Krise« und unzureichende Rentabilität vorgeworfen hatte. Vgl. Begründung und Vorschläge zur Funktionsveränderung des Instituts für Literatur »Johannes R. Becher«, Leipzig vom 27.5.1968, SStAL, IfL, Nr. 851, Bl. 94.
82 Max Walter Schulz: Über die Lehrbarkeit kreativen Schreibens. Interview mit Walter Nowojski. In: Neue Deutsche Literatur, 1975 (23), Heft 9, S. 30-34, hier S. 30.
83 Kurella: Lehrbarkeit, S. 22.
84 Anmerkungen zum Leitbild des jungen sozialistischen Schriftstellers, ohne Datum, SStAL, IfL, Nr. 857, Blatt 49f.
85 Ebd., Bl. 50.
86 Max Walter Schulz: »Was tut unseren jungen Schriftstellern not? Tagebuchnotizen. In: Tauchnitzstraße 8. Blätter des Instituts für Literatur »Johannes R. Becher«. Leipzig 1963. Nr. 2, S. 12-14, hier S. 13.
87 Schulz: Über die Lehrbarkeit, S. 30.
88 »Der künstlerisch begabte Mensch sieht, hört und empfindet intensiver, stärker, mehr als der gewöhnliche Mensch, er nimmt mehr Außeneindrücke in sich auf, registriert oder speichert mehr von diesen aufgenommenen Eindrücken in einer besonderen Art von Gedächtnis.« (Kurella: Lehrbarkeit, S. 22).
89 Ebd., S. 23.
90 Schulz: Pinocchio und kein Ende. Prosa-Seminar über einen begabten Hampelmann. In: Ders.: Pinocchio und kein Ende. Notizen zur Literatur. 2., erw. Aufl., Halle (Saale) 1980, S. 180-201, hier S. 197f.
91 Schulz: Über die Lehrbarkeit, S. 30.
92 Ders.: Pinocchio, S. 183.
93 Ebd., S. 181.
94 »Eine musische Schule, die sich vor ihren talentierten Schülern auf die Knie wirft und Daseinsberechtigung vom immerhin noch unbewährten Talent erheischt, eine musische Schule, die den Talentbegriff zum Absolutismus der Institution ausruft, wäre allerdings reif für die Spitzhacke.« Max Walter Schulz: Nochmals über die Lehrbarkeit der literarischen Meisterschaft. Aus der Rede zum 10. Jahrestag der Gründung des Instituts für Literatur »Johannes R. Becher«, 30. September 1965. In: Ders.: Stegreif und Sattel. Anmerkungen zur Literatur und zum Tage. Halle (Saale) 1968, S. 63-76, hier S. 70.
95 Bericht über den ideologisch-erzieherischen Zustand am Institut für Literatur ›J. R. Becher‹ und die eingeleiteten bzw. geplanten Maßnahmen. 16.12.1965. SStAL, IfL, Nr. 41, Bl. 1-4, hier Bl. 1.

96 Schulz: Pinocchio, S. 184.
97 Gießler: Gedanken zur Begabung, S. 52. Derartige Konflikte trug Gießler im Unterricht unter anderem mit Ronald M. Schernikau aus, der die »Drögheit« und das »abstrakte Gefasel« des Ästhetik-Dozenten als Widerspruch zu den eigenen Ansprüchen empfand. Vgl. Matthias Frings: Der letzte Kommunist. Das traumhafte Leben des Ronald M. Schernikau. Berlin 2011, S. 346.
98 Bonk u. a.: Handbuch, S. 155. Der Ruf nach größerer Wirklichkeitsnähe und einer politisch wirksamen, erfahrungsgesättigten Literatur setzt sich bis heute fort. Nach wie vor wird über die Erfahrungsarmut akademisch ausgebildeter Schriftsteller diskutiert. Vgl. Kessler: Arztsohn.
99 »Der Nachweis des Talents«, heißt es in einem Musterbrief, der ab Dezember 1965 an abgelehnte Bewerber verschickt wurde, »erfolgt anhand von Veröffentlichungen oder druckreifen Manuskripten, die ein solches Niveau haben müssen, daß eine Begabung zu erkennen ist. Eine mehrjährige literarische Praxis und eine Berufspraxis sind Voraussetzungen für ein Studium, das 2 ½ bis 3 Jahre dauert.« (SStAL, IfL, Nr. 570, Bl. 1).
100 Gießler: Gedanken zur Begabung, S. 52.
101 Vgl. Beurteilungen des DSV, Referat Nachwuchs, Ursula Steinhaußen vom 15.11.1966, SStAL, IfL, Nr. 628, Bl. 24ff.
102 Adolf Endler: Dies Sirren. Gespräche mit Renatus Deckert. Göttingen 2010, S. 139.
103 Strukturüberlegungen für die Arbeit des Instituts für Literatur »Johannes R. Becher«, Oktober 1979, SStAL, IfL, Nr. 851, Bl. 30.
104 Mohr räumte jedoch im Interview vom 5.11.2014 seine Zurückhaltung am Becher-Institut in Bezug auf religiöse Themen ein: »Tja, als ich an der Theaterhochschule mein Jesulein heraushängen ließ, wurde mir das zum Verhängnis. Also hab ich es [am Becher-Institut] doch weitgehend verschwiegen.«
105 Vgl. Bernd Leistner: Auskunft zum Leipziger Literaturinstitut. In: Publizistik und Kunst. 1991/4, S. 26.
106 Protokoll zur Institutssitzung am 1.3.1972 zum Auswahlverfahren des Fernstudienganges 1973–1976, SStAL, IfL, Nr. 1, Bl. 91.
107 Ebd., Bl. 92.
108 Ebd.
109 »Zur Funktion, Struktur und Perspektive des Instituts für Literatur Johannes R. Becher in Leipzig«, 1967, SStAL, IfL, Nr. 852, Bl. 4.
110 Gehrke: Literarisches Talent, S. 14.
111 Protokoll zur Institutssitzung vom 1.3.1972, SStAL, IfL, Nr. 1, Bl. 90ff.
112 Ebd., Bl. 98.
113 Ebd., Bl. 99.
114 Ebd., Bl. 100.
115 Ebd., Bl, 101.
116 Ebd., Bl. 99.
117 Ebd., Bl. 101.
118 Ebd., Bl. 94.
119 Institut für Literatur (Hg.): Zwischenbericht. Notate und Bibliographie zum Institut für Literatur »Johannes R. Becher«, Leipzig. Leipzig 1980, S. 7.
120 Annemarie Reinhard: »Über die Einrichtung eines Literatur-Institutes in der Deutschen Demokratischen Republik«, 1953, SStAL, IfL, Nr. 646, Bl. 16.

# ANMERKUNGEN 85

121 Dietrich Herrde: Haben Sie Beziehungen zur Kunst, Kollege? SStAL, IfL, Nr. 646, Bl. 11.
122 Ebd., Bl. 12.
123 Georg Jäger: Experimentell. In: Klaus Weimar (Hg.): Reallexikon der deutschen Literaturwissenschaft. Bd. 1, Berlin 1997, S. 546–547, hier S. 546.
124 Hans-Jörg Rheinberger: Man weiss nicht genau, was man nicht weiss. Über die Kunst, das Unbekannte zu erforschen. NZZ, 5.5.2007.
125 Vgl. Falko Schmieder: ›Experimentalsysteme‹ in Wissenschaft und Literatur. In: Michael Gamper (Hg.): Experiment und Literatur. Themen, Methoden, Theorien. Göttingen 2010, S. 17–39, hier S. 23.
126 Richter: Kleinste Hochschule der Welt, S. 102.
127 Vgl. Über das Verhältnis zwischen Lernen und Schöpferischer Arbeit (1963), SStAL, IfL, Nr. 538, Bl. 7; Beitrag der Studenten zur Studien-Konzeption am Literaturinstitut (25.4.1968), Georg-Maurer-Archiv, Archiv der AdK, Nr. 1186: 1969/ 1970.
128 Heribert Tommek: Der lange Weg in die Gegenwartsliteratur. Studien zur Geschichte des literarischen Feldes in Deutschland von 1960 bis 2000. Berlin 2015, S. 162. Eine »agonale Dynamik« in den Seminaren des Becher-Instituts erkennt auch Hempel. Ders.: Die agonale Dynamik des lyrischen Terrains. Herausbildung und Grenzen des literarischen Feldes der DDR. In: Ute Wölfel (Hg.): Literarisches Feld DDR. Bedingungen und Formen literarischer Produktion in der DDR. Würzburg 2005, S. 13–29.
129 Witt: Dichterschule, S. 325 f.
130 Ebd., S. 321.
131 Statut des Instituts für Literatur (1955), SStAL, IfL, Nr. 365, Bl. 8.
132 Begründung und Vorschläge zur Funktionsveränderung des Instituts für Literatur »Johannes R. Becher«, Leipzig vom 27.5.1968, SStAL, IfL, Nr. 851, Bl. 91.
133 Vgl. Richter: Kleinste Hochschule der Welt, S. 105.
134 In dieser Reihenfolge konnten die Studienformen auch aufeinander aufbauen: Autorinnen und Autoren wie Angela Krauss, Kurt Drawert oder Kerstin Hensel wechselten vom Fernstudium ins Direktstudium, bevor sie als arrivierte Schreibende auch den Sonderkurs am Institut belegten.
135 Vgl. Probleme des Instituts für Literatur »Johannes R. Becher«, 1963, SStAL, IfL, Nr. 538, Bl. 1.
136 Ebd., Bl. 3.
137 Dagmar Schulz: Zum Leistungsprinzip in der DDR. Politische und pädagogische Studien. Köln 1998, S. 121.
138 Informationsblatt über das Fernstudium am Institut für Literatur »Johannes R. Becher«. In: SStAL, IfL, Nr. 545, Bl. 10.
139 Bosse: Dichter, S. 99.
140 Im Jahr 1960 betrug die Mindestteilnehmerzahl für einen Jahrgang 30 Studierende (SStAL, IfL, Nr. 11, Bl. 33).
141 Probleme des Instituts für Literatur »Johannes R. Becher«, 1963, SStAL, IfL, Nr. 538, Bl. 1.
142 Vgl. Information an das Ministerium für Kultur zur Entwicklungsanalyse, 1972, SStAL, IfL, Nr. 851, Bl., 67.
143 Ebd.

144 Vgl. Unterlagen zum Fernstudienkurs 1969–1972, SStAL, IfL, Nr. 545.
145 Maxim Gorki nannte das Talent einen Funken, der an sich noch nichts bedeutet. Erst die Arbeit schüre ihn zur Flamme, in der dann das Erz des Wirklichkeitsstoffes zu Edelmetall ausgeschmolzen wird. (Kurella: Lehrbarkeit, S. 26).
146 Ebd., S. 27.
147 Vgl. Stoffpläne 1960–1967, SStAL, IfL, Nr. 536.
148 Giordano: Die Partei, S. 146.
149 Erich Loest: Durch die Erde ein Riß. Ein Lebenslauf. Leipzig 1990, S. 260.
150 Eva Strittmatter, zit. n. David Clarke: Parteischule oder Dichterschmiede? The Institut für Literatur »Johannes R. Becher« from Its Founding to Its Abwicklung. In: German Studies Review, Vol. 29, No. 1, 2006, S. 87–106, hier S. 92.
151 Über das Verhältnis von Lernen und Schöpferischer Arbeit, 1963, SStAL, IfL, Nr. 538, Bl. 6.
152 Vgl. ebd.
153 Ebd.
154 Skizzierung zu einer Erziehungskonzeption des Instituts für Literatur (undatiert). SStAL, IfL, Nr. 857, Bl. 47. [Herv. I. L.]
155 Über das Verhältnis von Lernen und Schöpferischer Arbeit, 1963, SStAL, IfL, Nr. 538, Bl. 7.
156 Vgl. ebd.
157 Leitbild für die Lehr- und Erziehungsarbeit am Institut f. Literatur (Überarbeiteter Entwurf), SStAL, IfL, Nr. 857, Bl. 29.
158 Johannes R. Becher: Das poetische Prinzip. Berlin 1975, S. 149.
159 Lentz: Schreiben lernen, S. 38.
160 Bonk u. a.: Handbuch, S. 53.
161 Vgl. Simone Barck, Martina Langermann, Siegfried Lokatis: »Jedes Buch ein Abenteuer«. Zensur-System und literarische Öffentlichkeiten in der DDR bis Ende der sechziger Jahre. Berlin 1997.
162 Bonk u. a.: Handbuch, S. 120.
163 Ebd., S. 11. [Herv. I. L.]
164 Vgl. Prosaseminar 1966/67, SStAL, IfL, Nr. 536, Blatt 68.
165 So bezeichnet es Rothbauer in einem Vortrag vor Studierenden der Universität Dortmund. Vgl. Gerhard Rothbauer: Creative reading: Ein Leipziger Lehrbeispiel. In: Walter Grünzweig (Hg.): The United States in Global Contexts. American Studies after 9/11 and Iraq. Münster 2004, S. 128.
166 Ebd.
167 Steffen Mohr im Interview, 5.11.2014. Auch Rothbauers Vorgänger im Fach Stilistik, Horst Nalewski, teilte diese Einschätzung: »Ja, Rothbauer war wichtig. War sehr offen, war sehr kritisch, war sehr schöpferisch. [...] Und vielleicht hat er Dinge anders gemacht, als ich sie gemacht habe, auch wenn er den Anspruch fortsetzte, das Sprachliche, das Künstlerische, das Formbewusstsein bei den Studenten entwickeln zu wollen.« (Horst Nalewski im Interview, Leipzig, 29.7.2014).
168 Constanze John im Interview, 9.10.2013.
169 Grundzüge unserer Lehrmethode und Lehrmeinung, 1980, SStAL, IfL, Nr. 851, Bl. 4.
170 Ebd., Bl. 5.
171 So befand Schulz bereits in den 60er Jahren: Über die Lehrbarkeit: S. 32.

ANMERKUNGEN

172 Vgl. Grundzüge unserer Lehrmethode und Lehrmeinung von Max Walter Schulz, 22.1.1980, SStAL, IfL, Nr. 851, Bl. 5.
173 Schulz: Über die Lehrbarkeit, S. 33.
174 Ebd., S. 32.
175 Vgl. Beitrag der Studenten zur Studien-Konzeption am Literaturinstitut (25.4.1968), Georg-Maurer-Archiv, Archiv der AdK, Nr. 1186: 1969/ 1970, Bl. 1. Unterzeichnet von einem Großteil des Jahrgangs, darunter Heide Härtl, Gert Neumann und Gerti Tetzner, die als Wortführerin der Gruppe galt.
176 Vgl. ebd., Bl. 4.
177 Vgl. Einsatzplan Praktikum 1957, SStAL, IfL, Nr. 630, Bl. 173.
178 Vgl. Institut für Literatur »Johannes R. Becher« (Hg.): Zwischenbericht. Notate und Bibliographie zum Institut für Literatur »Johannes R. Becher«, Leipzig. Leipzig 1980, S. 53.
179 Die Anthologie erschien erst 1970, als der Bitterfelder Weg bereits als gescheitert galt, das Institut aber dennoch an den Betriebspraktika festhielt. Vgl. Max Walter Schulz (Hg.): Kontakte. Literarische Porträts. Halle (Saale) 1970.
180 Vgl. zur Rolle der Planer und Leiter in der DDR, Kerstin Stüssel: In Vertretung. Literarische Mitschriften von Bürokratie zwischen früher Neuzeit und Gegenwart. Tübingen 2004, S. 245–300.
181 Vgl. IfL: Zwischenbericht, S. 51 f.
182 Vgl. Max Walter Schulz: Vorwort. In: Ders. (Hg.): Kontakte. Literarische Porträts. Halle (Saale) 1970, S. 5–12, hier S. 11 f.
183 Richter: Kleinste Hochschule der Welt, S. 107.
184 Rainer Kirsch im Interview, 22.8.2013.
185 Statut des IfL, SStAL, IfL, Nr. 368, Bl. 4.
186 Kirsch, Interview.
187 Als westdeutschem Staatsbürger kam Schernikau am Becher-Institut jedoch ohnehin eine Sonderrolle zu, in der er auch gegenüber seinen ostdeutschen Kommilitonen einige Privilegien genoss – etwa die Unterbringung in einer institutseigenen Wohnung und Reisefreiheit nach Westberlin.
188 Ronald M. Schernikau: Schweres Schicksal oder Curiosité? Im Gespräch mit Thomas Blume. In: Sonntag, 1990/10, S. 6–7, hier S. 6.
189 »Das hieß schöpferisches Seminar, aber kein Mensch hat das gesagt. Weil das Wort schöpferisch schon damals diskreditiert war. Ich kann es bis heute nicht leiden. Allerdings ist es natürlich noch besser als kreativ. Kreativ ist ja ein Synonym von Faulheit. Grass hatte das mal gesagt: Das sind begabte Faulenzer, die Kreativen. Völlig richtig. Aber der kann das auch sagen. Wenn ich das sage: Das druckt niemand, dann lass ich's auch.« Kirsch, Interview.
190 Ebd.
191 Unter Schöpfertum verstanden die Verfasser des Pädagogischen Wörterbuches der DDR eine »Besonderheit menschlicher Tätigkeit, die dazu befähigt, Neues hervorzubringen, durchzusetzen, Natur- und gesellschaftliche Gegensätze zu erkennen, zu beherrschen und nutzbar zu machen.« Hans-Joachim Laabs, in: Ders. u. a. (Hg.): Pädagogisches Wörterbuch, Berlin (Ost) 1987, S. 324.
192 Auch mit dieser Unterteilung der Gattungen war man Reinhards Konzept nach der Moskauer Erfahrung gefolgt. Vgl. SStAL, IfL, Nr. 646, Bl. 20.
193 Vgl. Stundenplan/Wochenstunden für Direktstudium, 1967/1968, SStAL, IfL, Nr. 536, Bl. 3.

194 Protokoll über die Institutssitzung vom 5.10.1960, SStAL, IfL, Nr. 358, Bl. 125.
195 Ebd.
196 Bundesarchiv (BArch), DR1/1321. Vgl. auch Clarke: Parteischule, S. 103.
197 Über das Verhältnis von Lernen und schöpferischer Arbeit, 1963, SStAL, IfL, Nr. 538, Bl. 7.
198 Protokolle zum Prosaseminar von Wieland Herzfelde, 1955/1956, SStAL, IfL, Nr. 629, Bl. 29.
199 Ebd., Bl. 131.
200 Ebd., Bl. 133.
201 Herzfeldes Themen für die Seminare lauteten: »Über Begriffsdefinitionen«, »1. Sprach- und Ausdrucksprobleme«, »2. Die persönliche Note«, »3. Das Problem der Proportionen«, »4. Probleme der Charakterisierung«, »5. Das Problem des Hintergrundes«, »6. Probleme der Totalität (Lukács)«, »7. Grenzen und Möglichkeiten verschiedener Genres«, »8. Problem der Fabel«, »9. Humor, Satire, Ironie, Komik, Groteske, Karikatur«, »10. Stilprobleme«, »11. Parteilichkeit«, »12. Was langweilt den Leser?«, »13. Über Erfolg« (ebd., Bl. 1 u. 2).
202 Ebd., Bl. 66.
203 Ebd., Bl. 67.
204 Ebd., Bl. 70 u. 75.
205 Hermlins 1954 erschienene Erzählung *Die Kommandeuse* löste nach ihrem Erscheinen eine heftige Kontroverse unter Literaten und Literaturkritikern aus. Dabei bestand der Vorwurf vor allem darin, dass die Erzählung nicht den Kriterien des sozialistischen Realismus entsprach. Vgl. Helmut Peitsch: Nachkriegsliteratur 1845–1989. Göttingen 2009, S. 174.
206 Ebd., Bl. 37.
207 Ebd., Bl. 103.
208 Vgl. Über das Verhältnis zwischen Lernen und schöpferischer Arbeit, 1963, SStAL, IfL, Nr. 538, Bl. 8.
209 Richter: Kleinste Dichterschule der Welt, S. 105.
210 Protokolle zum Prosaseminar von Wieland Herzfelde, 1955/1956, SStAL, IfL, Nr. 629, Bl. 104.
211 Bei dieser Form des »Ko-Referats« handelt es sich um ein didaktisches Verfahren, das man auch heute noch in den Leipziger Textwerkstätten vorfinden kann.
212 Ebd., Bl. 55ff.
213 Ebd., Bl. 57.
214 Ebd., Bl. 58.
215 Ebd., Bl. 137.
216 Ebd., Bl. 141.
217 Stoffplan, 1960, SStAL, IfL, Nr. 536, Bl. 27.
218 Über das Verhältnis zwischen Lernen und schöpferischer Arbeit, 1963, SStAL, IfL, Nr. 538, Bl. 7.
219 Ebd.
220 Ebd., Bl. 8.
221 Protokoll der Institutssitzung vom 21.6.1960, SStAL, IfL, Nr. 358, Bl. 143.
222 Ebd., Bl. 144.
223 Georg-Maurer-Archiv, Archiv der AdK, Nr. 1197.

ANMERKUNGEN

224 Anhand der literarischen Quellen aus dem Nachlass des Becher-Instituts lassen sich die künstlerischen Entwicklungsprozesse der Studierenden hingegen nicht nachvollziehen. Neben den künstlerischen Abschlussarbeiten liegen in der Regel keine Bewerbungstexte oder frühere Seminararbeiten der Absolventen vor, die sich in ein Verhältnis zu ihren späteren Texten stellen ließen.
225 Katja Lange-Müller im Podiumsgespräch am Deutschen Literaturinstitut Leipzig, 16.7.2014.
226 Vgl. Kathrin Aehnlich im Interview, 27.8.2014.
227 John, Interview.
228 Vgl. Kerstin Hensel, zit. n. Manfred Skitschak: Vor der Abwicklung gerettet. Leipziger Dichterschule besteht unter neuem Namen weiter. In: Süddeutsche Zeitung, Nr. 124, 29.5.1992, S. 14.
229 Aehnlich, Interview.
230 Mohr, Interview.
231 Barthes: Vorbereitung, S. 220.
232 Ebd., S. 272 ff.
233 Till Sailer im Interview, 15.11.2013.
234 Verleger Jochen Jung im Interview, 9.7.2010. Zit. nach Marlen Schachinger: Werdegang. Varianten der Aus- und Weiterbildung von Autor/innen. Frankfurt a. M. 2014, S. 236.
235 Lange-Müller, Podiumsgespräch.
236 Chad Harbach: MFA vs. NYC. America now has two distinct literary cultures. Which one will last? In: N+1. Issue 10. Fall 2010.
237 Ebd.
238 Mark McGurl: The Program Era. Postwar Fiction and the Rise of Creative Writing. Harvard 2009, S. X.
239 Richter: Kleinste Dichterschule der Welt, S. 106.
240 »Das Haus war eine Art Exterritorium auf dem Gebiet der DDR. Von 1977 bis 1979 habe ich es als Ort erlebt, an dem man frei reden und schreiben konnte. Wer es verließ, stieß an seine Grenzen.« (»Eine Art Exterritorium auf dem Gebiet der DDR. Im Gespräch mit Angela Krauß über das Leipziger Literaturinstitut ›J. R. Becher‹«. *Sächsische Zeitung*, 17.1.1991, S. 7).
241 Lange-Müller, Podiumsgespräch.
242 Siegmar Faust: 1968 und kein Ende? In: Glossen. Eine internationale Zeitschrift zu Literatur, Film und Kunst nach 1945, 27/2008, S. 5. http://www2.dickinson.edu/glossen/heft27/1968−27/Siegmar-Faust.html (zuletzt eingesehen am 27.8.2007).
243 »Das war wie ein Markenzeichen, da wusste man: Der hat von der Pieke auf was gelernt und man kann Vertrauen haben. Doch, das war ein Qualitätsmerkmal. Irgendwie hatte es doch einen guten Ruf in der DDR. Und auch in der Bundesrepublik habe ich gemerkt, dass es sich rumgesprochen hat. Dort galt: Wenn er am Literaturinstitut war, dann ist er wahrscheinlich nicht so ein grober Dilettant.« (Sailer, Interview).
244 Vgl. Kirsch, Interview.
245 Michael Braun: Carola di Ossi, come on. In: Weltbühne, 15/88, 13.4.1993, S. 463–466, hier S. 466.
246 Vgl. »Antwort«. In: Weltbühne, 18/88, 4.5.1993, S. 570.
247 Hajo Steinert: Gäbe es bessere Bücher, wenn Schriftsteller ausgebildet

würden? Die Perspektive der Literaturverwerter. In: Ministerium für Schule und Weiterbildung, Wissenschaft Nordrhein-Westfahlen (Hg.): Studienziel: Dichter. Ist literarisches Schreiben lehrbar? Düsseldorf 1998, S. 51–53, hier S. 53.

II. Zwei Direktoren: Alfred Kurella und Max Walter Schulz

1. Leitungsstil

Während seines Bestehens amtierten am Institut für Literatur »Johannes R. Becher« insgesamt sieben Direktoren, von denen sechs auch Schriftsteller waren. Alfred Kurella, dem Gründungsdirektor, der von 1954 bis 1957 amtierte, folgte Max Zimmering im Jahr 1958. Abgelöst wurde Zimmering 1964 von Max Walter Schulz, der bis 1983 das Amt innehatte. Seine Nachfolge trat vorübergehend der Kulturfunktionär Rudolf Gehrke als einziger Nicht-Schriftsteller an, der wiederum 1985 von dem Romancier und Dramatiker Hans Pfeiffer abgelöst wurde. Nach der Wiedervereinigung übernahm 1990 zunächst Helmut Richter für zwei Jahre das Direktorenamt, gefolgt von Peter Gosse, der bis 1993 die Abwicklungsphase des Becher-Instituts begleitete.

Hervorzuheben sind fraglos zwei Direktoren: Alfred Kurella und Max Walter Schulz. Alfred Kurella prägte als Gründungsdirektor maßgeblich die Leitlinien der Institutspolitik und war für seinen Dogmatismus und seine Parteitreue bekannt, wurde aber auch als »gespalten« beschrieben, als »Bildungsbürger und ein linker Radikalinski«.[1] Max Walter Schulz, der als dienstältester Direktor aus dem Amt schied, hatte das Institut durch seine schwierigsten Phasen begleitet. Sein Leitungsstil galt unter Kollegen und Studierenden zwar als aufgeschlossen und liberal. Wenn es kulturpolitisch verlangt wurde, konnte Schulz jedoch auch unpopuläre Institutsentscheidungen treffen. Nicht selten saß er zwischen zwei Stühlen, hatte er doch die Interessen des Instituts gegen die häufig konträren Ziele der Kulturpolitik abzuwägen. Mitunter erfuhren seine Entscheidungen entweder von der einen oder der anderen Seite Missbilligung und Unverständnis. Deshalb wurde er von einigen Studierenden und Kollegen auch als schwankende Persönlichkeit beurteilt. Nichtdestotrotz war Schulz bei weitem beliebter bei seinen Studenten und Studentinnen als seine Amtsvorgänger Kurella und Zimmering. Besonders Kurella konnten die Studierenden aufgrund seiner Strenge und Kompromisslosigkeit eher wenig Sympathisches abgewinnen, andererseits waren sie von seinem Lebenslauf und seiner Autorität als überzeugtem und altgedientem Kommunisten, der bereits Lenin die Hand geschüttelt hatte, durchaus auch beeindruckt.

2. Linker Dogmatiker mit bürgerlicher Ausstrahlung

Alfred Kurella, 1895 in eine bürgerliche Familie hineingeboren, engagierte sich mit bereits 15 Jahren als Mitglied der Jugendbewegung. 1914 zog er als Freiwilliger in den Ersten Weltkrieg, der ihn zum Kriegsgegner werden ließ. Unmittelbar nach Beendigung des Krieges, aus dem Kurella bereits 1916 als Soldat entlassen worden war, wurde er dreiundzwanzigjährig Mitglied der KPD und arbeitete fortan für die Kommunistische Internationale (Komintern). Als deren Vertreter war er zwischen 1919 und 1934 abwechselnd u. a. als Redakteur, Lehrer und Funktionär in Frankreich, Deutschland und der Sowjetunion tätig. 1934 erhielt er von der KPdSU, in die er 1924 eintrat, eine Abberufung nach Moskau, wo er ein Jahr lang als persönlicher Sekretär für Georgi Dimitroff, den Generalsekretär der Komintern, arbeitete. 1935 wurde Kurella wegen des Verdachts, an vermeintlich parteischädlichen Zusammenkünften beteiligt gewesen zu sein, aus dem Apparat der Komintern entlassen. Gleichwohl blieb er in der Sowjetunion, deren Staatsbürgerschaft er 1937 erhielt. Nach Tätigkeiten als Bibliothekar, Redakteur, Publizist und Übersetzer in Moskau und im Kaukasus strebte Kurella ab 1948 seine Rückkehr nach Deutschland an. Im Februar 1954 holte Walter Ulbricht ihn schließlich nach einer für hochrangige Geheimniskader in der Sowjetunion üblichen fünfjährigen Karenz (die Kurella aufgrund seiner Tätigkeiten bei der Komintern einzuhalten hatte) in die DDR.[2] Bereits im November 1953 hatte der Deutsche Schriftstellerverband (DSV) ihn brieflich um Mithilfe beim Aufbau eines Instituts für literarisches Schaffen gebeten. Aufgrund seiner »genauen Kenntnis der Ausbildungsmethoden im Maxim-Gorki-Institut« wurde ihm bereits zu diesem Zeitpunkt angetragen, die Leitung dieses neuen Instituts zu übernehmen.[3] Nach seiner Rückkehr nach Deutschland trat Kurella der SED bei. Kurz darauf wurde der seit seiner Jugend auch als Schriftsteller tätige Funktionär zunächst zum Leiter des Deutschen Schriftstellerverbandes in Leipzig gewählt und übernahm im April desselben Jahres schließlich das Amt als Direktor des noch zu gründenden Instituts für Literatur,[4] wozu man ihm den Titel Professor für literarisches Schaffen verlieh.⁵ Mit dieser Entscheidung, die vor allem auf Wunsch Walter Ulbrichts getroffen worden war, wurden nicht nur die Weichen für Kurellas zukünftige politische Karriere in der DDR gestellt, sondern ebenso die Grundlagen für die im Oktober 1955 mit dem ersten Studienjahr in Gang gesetzte institutionelle Ausbildung von sozialistischen Schriftstellern geschaffen – und dies sowohl in kulturpolitischer wie in ästhetischer Hinsicht.⁶ Denn Kurella ging der Ruf voraus, ein kompromissloser Vertreter sozialistischer Literaturvermittlung und Literaturproduktion zu sein. Aus seinen literaturkritischen und -theoretischen, essayistischen und autobiographischen Schriften lässt sich dies genauso bestätigen wie aus seiner literarischen Prosa.⁷

Die Ausbildung von Literaten hatte sich Kurella zufolge denn auch ausschließlich nach den Prinzipien des Sozialismus zu richten, wobei die »Grundhaltung des Schriftstellers [...] seine bejahende Haltung zu den Entwicklungstendenzen, die zum Sozialismus führen«, entscheidend sein sollte.⁸ Seines Erachtens waren für das literarische Schaffen vor allem die Wahl der Inhalte bzw. Themen ausschlaggebend und weniger die »Fragen der Form und des Stils«.⁹ In der von ihm 1937 unter dem Pseudonym Bernhard Ziegler mitinitiierten Expressionismusdebatte prangerte er den Expressionismus indes auch als Vorläufer des Faschismus an. Er monierte die Zerstörungskraft der literarischen Form, seine unrealistische Darstellungsweise und bezichtigte ihn des Formalismus, der in der sozialistischen Literaturpolitik schon damals als Negativbegriff zum sozialistischen Realismus kursierte. Auch in seinem 1936 in der Sowjetunion geschriebenen, aber erst 1954 in der DDR veröffentlichten Roman *Die Gronauer Akten* folgte Kurella nahezu mustergültig den inhaltlichen und formalen Kriterien des sozialistischen Realismus. Der Roman spielt während der NS-Zeit und schildert die Begegnung eines als Kriminalbeamter arbeitenden Nazis, der den Mord an einem SA-Mann aufklären soll, mit einem heimlich agitierenden Kommunisten, der als Hauslehrer bei einem schließlich des Mordes an dem SA-Mann überführten adeligen Großgrundbesitzer arbeitet. Die Schlechtigkeit und Korruptheit des NS-Systems wird in dem Roman dem Humanismus und den Gerechtigkeitsvorstellungen des Kommunismus gegenübergestellt. Nicht zuletzt wegen seiner plakativen Polarisierung von Gut und Böse und seiner schematischen Figurenzeichnung wurde Kurellas Buch von der Literaturkritik der frühen DDR auch in höchsten Tönen gepriesen.¹⁰ Dennoch sollte es

Kurella nie gelingen, als Schriftsteller größere öffentliche Anerkennung in der DDR zu erlangen.

Als glühender Verfechter der in der Sowjetunion entwickelten Kunsttheorie und -methode des sozialistischen Realismus war er selbstverständlich ein ebenso grundsätzlicher wie leidenschaftlicher Verächter der Klassischen Moderne. Sie sah er unter das Verdikt des Formalismus gestellt, den es laut eines Beschlusses des 5. Plenums des Zentralkomitees der SED vom 17. März 1951 nun auch in der DDR systematisch zu bekämpfen galt. Eben auf diesem Plenum wurde der sozialistische Realismus als ästhetisches Konzept und schriftstellerische Methode nach sowjetischem Vorbild zur maßgeblichen Kultur-Doktrin der DDR erhoben. Insofern es am Institut für Literatur darum ging, den nachwachsenden Schriftstellern genau diesen sozialistischen Auftrag zu vermitteln, konnte sich die Parteiführung kaum einen besseren Kandidaten für das Direktorenamt vorstellen als den in Sachen sozialistischer Kunst überzeugten und erfahrenen Kulturfunktionär Alfred Kurella. Entsprechend agierte und agitierte der Direktor auch in seinem Amt. So wandte er sich strikt gegen jegliche Plädoyers – etwa von Bertolt Brecht und Hans Mayer –, die mit der normativen Strenge des sozialistischen Realismus nicht einverstanden waren und für größere formale Aufgeschlossenheit sowie ästhetische Spielräume eintraten.[11] In diesen Bestrebungen sah Kurella nur die spätbürgerliche Dekadenz der Klassischen Moderne fortgesetzt, deren

> Verarmung und Entleerung des praktischen Lebens in der imperialistischen Phase der Entwicklung begleitet (wird) von einer Auflösung der Formen nicht nur in allen Künsten, sondern auch in den Beziehungen der Menschen untereinander. Zur Begründung dieses ganzen Verfalls bemüht sich eine Schar von Theoretikern, das klassische Menschenbild aufzulösen, die ›Nachtseiten‹, das Tierische in der menschlichen Natur ins Blickfeld zu rücken, Entartung und Krankheit zu verherrlichen.[12]

Diese im Ton erschreckend nah am Jargon der Nationalsozialisten orientierte Kunstauffassung, die sich in zahlreichen weiteren, in den 1950er Jahren von Kurella veröffentlichten Artikeln und Vorträgen widerspiegelt,[13] irritierte indes auch etliche Studenten, die im ersten Jahrgang auf ihren Direktor trafen und ihn selbst nach Bekanntwerden der Verbrechen Stalins als unverbesserlichen Stalinisten erlebten, der zudem häufig aufbrausend und ungeduldig reagierte und unter den Studierenden als pädagogisch ungeeignet galt. Kurella wiederum hielt anscheinend nicht viel von der nachwachsenden Generation, der er vorwarf, den sozialistischen Realismus »für alte Galoschen« zu halten und stattdessen »Abfallprodukt[e]« wie Jazz und Rock zu bevorzugen.[14] Dass dies auch anders gehe, würde er bei seinen nach sozialistischen Prinzipien erzogenen Kindern und deren Freunden beobachten, die ein »Bedürfnis« nach »Sauberkeit« und »Treue« hätten.[15] Insofern sei es wichtig, formulierte Kurella in seiner Festrede zur Eröffnung des Instituts für Literatur am 30. September 1955,

> Kurs auf einen Typus von Künstler [zu nehmen], der sich unterscheidet von dem, den die dekadente Kunsttheorie vertritt. Was wir fördern, ist der künstlerisch schaffende Mensch, der sich bewußt mit der Kunst der Vergangenheit und ihren Ausdrucksmitteln auseinandersetzt, um aus ihr ein Maximum von künstlerischen Wirkungsmitteln zu gewinnen; ein Künstler, dem vor allem daran liegt, den künstlerischen Ausdruck in den Dienst der großen fortschrittlichen Ideen seiner Zeit zu stellen [...].[16]

In einem Interview, das die Redaktion der vom Kulturbund zur Demokratischen Erneuerung Deutschlands herausgegebenen Literaturzeitschrift *Aufbau* ein Jahr vor der Eröffnung des Instituts mit dem neuberufenen Direktor geführt hatte, war Kurella schon einmal auf die Unzulänglichkeit und Unwissenheit der Jugend zu sprechen gekommen und hatte die notwendige Aufgabe des Literaturinstituts darin gesehen, dem überwiegend im Nationalsozialismus sozialisierten schriftstellerischen Nachwuchs eine pädagogische Anleitung zukommen zu lassen.

> Das Ziel, besser die Aufgabe, die eine solche Hochschule sich stellen muß, ist bestimmt durch die Lage an der Front unseres schriftstellerischen Nachwuchses und unseres literarischen Lebens überhaupt. Die letzten zwanzig Jahre der deutschen Geschichte waren – die jüngsten fünf im abnehmenden Maße! – wenig dazu angetan, einem Menschen, der künstlerische Begabung mitbrachte, die Kenntnisse, Fähigkeiten und Eigenschaften zu geben, die man außer ›Begabung‹

nun einmal braucht, wenn man ein wirklicher Schriftsteller sein will. Die Lücken, die hier bei vielen Begabten – jüngeren und weniger jungen – Nachwuchsautoren klaffen, können in keiner der bestehenden normalen Lehranstalten ausgefüllt werden. Hier soll unsere Hochschule helfen. Sie ist also, um es etwas ironisch auszudrücken, eine Nachhilfeanstalt für angehende Schriftsteller.[17]

Auf die Frage, »mit welchen Hilfsmitteln« am IfL gelehrt werden solle, antwortete Kurella weitgehend unpräzise: zuallererst müsse die Kunst selbst, das Leben und das sozialistische Engagement das »Lehrbuch« sein. Denn die »marxistische Einsicht in die Zusammenhänge der Entstehung dieser Herrlichkeiten« [gemeint sind die Errungenschaften des Sozialismus; K. St.] habe auch seiner Generation »kein Lehrbuch der Literaturgeschichte oder der theoretischen Ästhetik gegeben, sondern das marxistische Studium des Gesamtprozesses der Gesellschaft.«[18] Wie wenig der Direktor die aktuelle, keineswegs mehr auf kriegerische Klassenkämpfe basierende gesellschaftliche Situation der DDR im Blick hatte und sich mithin auch nicht die Lebensumstände der zukünftig am Literaturinstitut Studierenden vor Augen führte, verdeutlicht ein weiterer Kommentar Kurellas aus diesem Interview, in dem es heißt, »letzten Endes [gebe es] für den, der die Seele des Menschen verstehen will, keine bessere Schule als diese Teilnahme am Kampf der Völker«.[19] Entsprechend gab es in der Gründungsphase des Instituts auch kein konzises Konzept, wie die Vermittlung künstlerischen Schreibens auszurichten war, zu unpräzise und auch zu wenig zeitgemäß waren die didaktischen und pädagogischen Vorstellungen des ersten Direktors.

Seiner klassenkämpferischen Haltung entgegen stand indes Kurellas Festhalten am bürgerlichen Bildungsideal und an bürgerlicher Literatur. »Die Wurzeln des ›anderen Deutschland‹ [gemeint sind damit die antifaschistischen Strömungen und Bewegungen während des Nationalsozialismus, K. St.] liegen bei den bürgerlich-humanistischen und bei den proletarischen Schriftstellern der Zwanziger Jahre«, deren »legitime Erbin« die Literatur der DDR sei, heißt es in einer Notiz zu einem Manuskript mit dem Titel *Über den Charakter unserer Wirklichkeit – Basis und Stoff unserer Literatur*.[20] Indes stand nicht nur die sozialistische Literatur auf den Lehrplänen des Instituts, sondern ähnlich ausführlich sollten die deutsche Klassik und die realistische Literatur des 19. und 20. Jahrhunderts behandelt werden.

So ist auch die Einrichtung der Bibliothek des Literaturinstituts, die allen Studierenden des Instituts offenstand, Kurella zu verdanken. Auf seine Initiative wurden neben den wichtigsten Werken der sozialistischen Literatur und Theorie aber nicht nur die Werke der bürgerlich-humanistischen Tradition von Goethe bis Thomas Mann gesammelt, sondern ebenso sämtliche Titel der von Kurella als Dekadenz stigmatisierten Literatur, wie etwa Robert Musils *Mann ohne Eigenschaften* oder auch die zur damaligen Zeit noch verfemten Werke Franz Kafkas.[21] Darüber hinaus verschaffte er den Studenten seines Instituts Zugang zu schwer zugänglicher Literatur, die an anderen Fakultäten der Karl-Marx-Universität untergebracht war, wie etwa »Westliteratur« und Literatur, die dem Ausleihverbot unterlag.[22] Entsprechend charakterisierte der Schriftsteller Gerhard Zwerenz, ein enger Freund Erich Loests und zur selben Zeit gleichfalls in Leipzig an der Karl-Marx-Universität studierend, Kurella als janusköpfig:

> Vielleicht gibt es auch zwei verschieden Kurella-Exemplare, eines, streng auf Parteilinie und Öffentlichkeit programmiert, den Mann, der sich verkrampft, mit gequetschter Stimme spricht und platte Parteisprüche absondert, und andererseits den Literaturkenner Kurella, der aus dem Fundus einer ausgezeichneten bürgerlich-humanistischen Bildung schöpfen kann, zu differenzieren versteht, dass es eine Lust ist, ihm zuzuhören, mit ihm zu streiten und ihn wirklich zu fordern.[23]

Ähnlich ambivalente Schilderungen Kurellas finden sich u. a. bei Ralph Giordano und Adolf Endler, die im ersten Jahrgang unter der Ägide Kurellas studiert hatten. Auch war es vor allem Kurellas Beziehungen zu verdanken, dass in den ersten Studienjahren herausragende Intellektuelle als Gastprofessoren für die Lehre am Institut für Literatur gewonnen werden konnten. Nicht zuletzt zeichnete sich Kurellas Souveränität dadurch aus, dass er mit Ernst Bloch, Hans Mayer und Wieland Herzfelde auch jene ›Genossen‹ einlud, die seine dogmatische Gesinnung mitnichten teilten.

Gleichwohl Kurella maßgeblich die ideologische Ausrichtung des Instituts für Literatur geprägt hatte, hielt es ihn nicht lange in dieser Position. Bereits zwei Jahre nach der Eröffnung des Instituts gab er sein Direktorenamt zugunsten einer die gesamte Nation betreffenden

Aufgabe auf. Im Oktober 1957 wurde er zum Leiter der neugegründeten Kulturkommission bestellt, die für die Vorbereitung von kulturpolitischen Beschlüssen und Maßnahmen des Politbüros zuständig sein sollte. Kurellas Karriere als hochrangiger Kulturfunktionär lagen nun keine Steine mehr im Weg.[24] 1958 wurde er Kandidat des Politbüros (bis 1963) und Abgeordneter der Volkskammer. In diesen Funktionen behielt er nicht nur das Institut für Literatur im Blick,[25] sondern war maßgeblich an der Durchsetzung des sozialistischen Realismus sowie an vielen kulturpolitischen Interventionen der SED-Führung beteiligt.

Zum zehnjährigen Jubiläum des Becher-Instituts sandte er einen Geburtstagsbrief an den seit September 1964 amtierenden Direktor Max Walter Schulz mit einer Beglückwünschung zum Erfolg des Instituts, allerdings nicht ohne daran zu erinnern, wie stark er sich selbst darum verdient gemacht hatte:

> Aber seine [die des Instituts für Literatur, K. St.] Gründung und Behauptung (gegen alle Anfechtungen!) war ein Stück unserer sozialistischen Kulturpolitik. Und deren Grundsätze sind heute ebenso gültig und richtig wie damals. Darauf – für die nächsten 10 Jahre! Euer Alfred Kurella.[26]

3. Vom Studenten zum Direktor

Als das zehnjährige Jubiläum im September 1965 gefeiert wurde, war Max Walter Schulz auf den Monat genau seit einem Jahr im Amt des Direktors in der Nachfolge Max Zimmerings. Schulz war der dritte Direktor und sollte 19 Jahre in dieser Position bleiben, womit er die längste Amtszeit als Institutsleiter bestritt. Mehr noch: Insgesamt verbrachte er 26 Jahre am IfL, von seiner Zeit als Student bis zu seiner Verabschiedung aus dem Direktorenamt. Damit zählt er gewissermaßen zu den Urgesteinen der Institutsgeschichte.

Der 1921 in Thüringen geborene Schulz kehrte 1945 aus dem Zweiten Weltkrieg mit anschließender amerikanischer Kriegsgefangenschaft in die sowjetische Besatzungszone zurück. In Leipzig nahm er zunächst ein Pädagogikstudium auf, trat der SED bei und arbeitete ab 1950 als Lehrer. 1957 kam er dann an das IfL, zunächst als Student in einem einjährigen Lektorenlehrgang. Im Anschluss daran wechselte er für ein weiteres Jahr in das Direktstudium, das er gemeinsam mit weiteren später erfolgreichen und überwiegend unumstrittenen Autoren wie Fred Rodrian, Paul Kanut Schäfer, Rudi Strahl und Martin Viertel im Sommer 1959 absolvieren sollte. Unmittelbar nach erfolgreichem Studienabschluss stellte ihn die Direktion unter Max Zimmerings Vorsitz 1959 als Dozent für literarisches Schreiben ein.[27] Während seiner Amtszeit als Direktor heiratete Schulz Anfang der 70er Jahre die Schriftstellerin Elisabeth Semrau-Groß, die von 1967 bis 1970 ebenfalls ein Studium am Becher-Institut absolviert hatte und 1972 auch dort zu lehren begann. 1983 verließ Max Walter Schulz schließlich das Becher-Institut, um als Chefredakteur die Literaturzeitschrift *Sinn und Form* zu leiten. Kein anderer Student oder Lehrender war über so viele Jahre hinweg dem Haus verbunden geblieben. In seinen Rollen als Student, Dozent und Direktor findet Schulz indes auch in nahezu allen Kapiteln des vorliegenden Buches mehr oder weniger ausführlich Erwähnung. In seine Amtszeit fielen einige Neuerungen. So war Schulz u. a. darum bemüht, das Institut stärker in einen größeren wissenschaftlichen Kontext einzubinden, wozu er ab Mitte der 60er Jahre Kolloquien mit renommierten Experten etablierte, die sich etwa mit Fragen zur Wirklichkeitserfahrung und realistischen Gestaltung befassten oder die Rolle der DDR-Kinder- und Jugendliteratur bzw. der Abenteuerliteratur in den Blick nahmen.[28] Weiterhin wurden unter Schulz' Leitung 1966 ein einjähriger Sonderkurs für bereits bekanntere Autoren sowie 1969 nun endlich auch ein dreijähriger Fernstudiengang für schreibende Arbeiter eingerichtet, der parallel zum Direktstudium stattfinden sollte. Zu Beginn der 80er Jahre musste die Direktion die Überarbeitung ihres Statuts und die Gründung eines Beirats veranlassen, beides Maßnahmen, um dem MfK eine größere ideologische Kontrolle am IfL zuzusichern, was nicht zuletzt aufgrund der geschickten Politik von Max Walter Schulz kaum Auswirkungen zeitigte, weder auf die Immatrikulationspolitik noch auf den damals liberalen Lehrstil am Haus.

Neben seinen Tätigkeiten am IfL machte sich Schulz als erfolgreicher Schriftsteller einen Namen. 1962 legte er mit *Wir sind nicht Staub im Wind. Roman einer unverlorenen Generation* sein bekanntestes Buch vor, das zum Publikumsliebling avancierte und als ein vorbildliches Beispiel für den sozialistischen Wandlungsroman galt.[29] Dabei handelt es sich um die Entwicklungs- und Läuterungsgeschichte eines Wehrmachtssoldaten zum überzeugten und hoffnungsfrohen Sozialisten.

1974 folgte dann mit dem Roman *Triptychon mit sieben Brücken* eine Fortsetzung, in der Schulz denselben Protagonisten auftreten lässt, der nun im Leben der DDR angekommen ist und vor dem Hintergrund der Ereignisse des Prager Frühlings und seiner Niederschlagung eine politische Bewährung durchläuft, die dazu führt, mehr denn je von Sozialismus und DDR überzeugt zu sein. Schulz machte sich aber nicht nur als Romancier einen Namen, sondern erhielt auch Anerkennung für seine kulturpädagogischen und literaturtheoretischen Arbeiten sowie für seine Kritiken und Rezensionen, die sich vor allem auf die Literatur der jüngeren DDR-Autoren konzentrierten.[30] In seiner Rolle als Direktor meldete er sich auch regelmäßig zu Veranstaltungen, zu Fragen der Ausbildung, der Lehre und der Förderung des schriftstellerischen Talents in der Tagespresse zu Wort. Zudem trat er als Herausgeber von Publikationen hervor, die am Becher-Institut entstanden sind, wie etwa der Band *Kontakte* (1970), in dem Studierende Porträts von Arbeitern eines Erdölkombinats vorstellten, mit denen sie während ihres Betriebspraktikums zusammengearbeitet hatten, oder das mit einem sowjetischen Kollegen betreute Buch *Tauchnitzstraße – Twerskoi Boulevard* (1975), das Beiträge zu der Lehrbarkeit literarischen Schreibens und der Ausbildung von Schriftstellern aus dem Leipziger und dem Moskauer Literaturinstitut enthält.

Nicht zuletzt lässt sich aus all diesen Arbeiten die literaturpolitische Haltung Schulz' herauslesen, die auch immer wieder sein Vorgehen als Direktor des Becher-Instituts bestimmte: Max Walter Schulz war 26 Jahre jünger als sein Amtsvorgänger Alfred Kurella und gehörte nach Kurellas Einschätzung jener unzulänglichen Jugendgeneration an, die sich nicht nur durch Erfahrungslosigkeit, sondern auch durch mangelnde Bildung auszeichnete und unbedingt einer »Nachhilfeanstalt« bedurfte, wie Kurella sie gegründet hatte. Insofern entspricht Max Walter Schulz als Zögling wie als Absolvent und sozialistischer Schriftsteller nahezu dem Ideal, das Kurella bei der Gründung des Instituts für Literatur vorschwebte, nämlich einen Künstler hervorzubringen, der lernen sollte – hier noch einmal in den Worten des Gründungsdirektors –, »den künstlerischen Ausdruck in den Dienst der großen fortschrittlichen Ideen seiner Zeit zu stellen«.[31]

Max Walter Schulz selbst hatte die spezielle Aufgabe der Literatur bzw. des Schriftstellers, wie sie am Literaturinstitut schon zu Gründungszeiten formuliert worden war, in seiner Direktorenrede anlässlich des zehnjährigen Bestehens des Instituts einmal mehr bestätigt und sie in ihrer Aktualität unterstrichen:

Politisch real gewordene antifaschistische sozialistische Volksmacht sah sich nach jeder Möglichkeit um, das Kontinuum humanen Geistes in Kunst und Literatur zu gewährleisten. Und Literatur wurde dabei aufgefaßt als das, was es ist, als eines der subtilsten und als eines der wirkungsvollsten Mittel der Bewußtseins- und Gefühlsbildung des Volkes.[32]

Wie dies schulisch zu vermitteln sei, erläuterte er in Anspielung auf die philosophische Denkschule des antiken Griechenland, die in der Renaissance durch das Fresko Raffaels mit dem Titel *Schule von Athen* zum Inbegriff europäischer Kultur erhoben worden war.

Es gibt eine alte und legendäre Vorstellung vom Wesen des Unterrichts an unserer Schule. Man meinte zu Anfang, man müsse sich ergehen in sokratischen Gesprächen mit den Meistern, auf und ab wandelnd unter den schattigen Bäumen des Gartens. [...] Halten wir aber diese Vorstellung nicht für Neigung zur Boheme; halten wir sie der Lust zum Gespräch zugute. Und halten wir in unseren Unterrichtsprinzipien der Lust am Gespräch ihren Stammplatz frei. Wir meinen, das seminaristische Unterrichtsprinzip, das natürlich auch Erziehungsqualität besitzt, schlägt Stufen in den steilen Anstieg von der Wahrnehmung, der Empfindung, der Vorstellung zur Erkenntnis und von da bis zur poetischen Idee. Rezeptionsfähigkeit, Abstraktionstüchtigkeit und Formulierfreudigkeit (insofern auch Formfreudigkeit) gehören zusammen.[33]

Dieser Standpunkt widerspricht prinzipiell allen Vorstellungen von einer Kaderschmiede, in der Schriftsteller auf sozialistisches Bewusstsein und Parteilinie gedrillt werden sollten, und verweist damit letztlich auch auf Schulz' Ruf, ein toleranter und ästhetisch aufgeschlossener Dozent und Direktor gewesen zu sein, dem es vor allem um die Kreativität und die künstlerischen Entfaltungsmöglichkeiten von Nachwuchsautoren ging. Mit Blick auf die Erträge, die das Institut für Literatur in den zehn Jahren nach seiner Gründung als Bildungsinstitution beigetragen hat, resümierte er dann auch nicht ohne Stolz

All diese Werke [gemeint sind die literarischen Arbeiten von Studierenden während ihres Studiums und danach, K. St.] haben sich der parteilichen und künstlerischen Aufgabe gestellt, den realen humanen Auftrag des Menschen in unserer sozialistischen Gesellschaft zu veranschaulichen. [...] sie haben dazu beigetragen, den ersten deutschen Arbeiter- und Bauernstaat literaturwürdig zu machen.[34]

Dass Schulz sich mit seinen kunstpolitischen Auffassungen auf der Höhe seiner Zeit bewegte und sich trotz aller politischen Linientreue nicht unbedingt einem starren Dogmatismus verpflichtet sah wie Kurella zeitlebens, zeigt sich auch in seiner liberalen Haltung dem sozialistischen Realismus gegenüber, dessen in den frühen 50er Jahren festgelegte Regularien sich allmählich als allzu starr und anachronistisch erweisen sollten. Indes plädierte der Direktor in seiner Jubiläumsrede für eine moderne Variante realistischen Schreibens und realistischer Literatur.

Insofern steht die realistische Literatur auch in unmittelbarer Abhängigkeit von den Veränderungen des gesellschaftlichen Bewußtseins. [...] Insofern können wir auch die stetige Bewegung aus dem Begriff des sozialistischen Realismus nicht wegdenken. Sozialistischer Realismus hält sich zugute, die Wirklichkeit der Dinge und Erscheinungen transparent zu halten durch die Richtigkeit seiner historischen und dialektischen parteilichen Erkenntnismethode. Wir können als sozialistische Realisten nicht alte Scherenschnitte der Wirklichkeit mit neuem Transparentpapier bekleben und wiederum vors Licht halten als das Neue. Wir müssen das Licht in die Hand nehmen, um neue Gestalten der Wirklichkeit, die sich verändern zu suchen, zu sehen und sie sozusagen ausschneiden zu können.[35]

Auch wenn das 11. Plenum derart offene Realismuskonzepte und entsprechend innovative literarische Zugänge nicht dulden konnte, so bot das Becher-Institut unter der Direktion von Schulz durchaus eine Plattform, auf der sich künstlerisch experimentieren ließ. Gleichwohl konnte die Direktion den verheerenden Kahlschlag, der der Kunst im Winter 1965 zugefügt wurde, nicht einfach ignorieren. Max Walter Schulz sah sich genötigt, den auf dem 11. Plenum vorgebrachten Maßnahmen zu folgen und Produzenten von scheinbar Dekadentem und Formalistischem und somit Staatsfeindlichem aus dem Institut zu entfernen. Aber auch Kandidaten, die durch vermeintliche Undiszipliniertheit und Aufsässigkeit aufgefallen waren, blieben vor einem Ausschluss vom Studium nicht verschont. Die traurigen Folgen, die das zeitigte, waren zwei von Schulz verantwortete Exmatrikulationswellen höchst talentierter, aber auch künstlerisch wie politisch höchst undogmatischer Studierender. Im Zuge dieser Institutskrisen handelte sich Schulz unter seinen Studierenden nun auch den Ruf ein, ein schwankender Charakter zu sein – »pflaumenweich«[36] und mit »grobe[n] Pfoten«[37] –, der sich mit der Kulturdoktrin gemein mache und entsprechende »Bauernopfer« in Kauf nehme, um nicht die Existenz des Instituts und seine eigene Karriere zu gefährden.[38] Auch zehn Jahre später, als die Biermann-Ausbürgerung das Land bewegte, verhielt sich Schulz als Direktor weitgehend staatskonform und erwartete von allen Angehörigen des Instituts, eine Zustimmungserklärung zur Ausbürgerung des Liedersängers zu unterschreiben, gleichwohl diese Forderung einigen Aufruhr unter den Studenten auslösen sollte. Ebenfalls unrühmlich und nicht in das Bild eines ästhetisch aufgeschlossenen Schriftstellers und Pädagogen passend sind Max Walter Schulz' Angriffe auf Christa Wolfs Roman *Nachdenken über Christa T.* (1968) und Reiner Kunzes Gedichtband *Sensible Wege* (1969) während des VI. Schriftstellerkongresses im Mai 1969.[39] Christa Wolfs avanciertem Roman warf er vor, »ein gebrochenes Verhältnis zum Hier und Heute und Morgen« zu erzeugen, und Reiner Kunzes Gedichte, die in der Bundesrepublik erschienen waren, weil sie in der DDR niemand verlegen wollte, bezichtigte er gar der Kollaboration mit dem »Antikommunismus, mit der böswilligen Verzerrung des DDR-Bildes.«[40]

Trotz solcher Ausfälle, die einmal mehr den Eindruck des Grobianismus bestärken, ließ Schulz nicht davon ab, sich als verständnisvoller Förderer des literarischen Nachwuchses zu gerieren. In der 1978 veröffentlichten Essaysammlung *Pinocchio und kein Ende. Notizen zur Literatur* widmete er sich im letzten Beitrag der phantastischen Schöpfungs- bzw. Bildungsgeschichte Pinocchios und interpretierte diese als Parabel für die Entwicklung des künstlerischen Talents. Entsprechend gestand er dem Talent Widerspruchsgeist und Unvernunft nicht einfach nur zu, sondern beurteilte beides gar als Voraussetzung der Begabung. Denn künstlerische Talente, so Schulz, »besitzen ein ausgesprochen heftiges Selbstwertempfinden, was zum Besten gehört, das der Mensch empfinden kann, sich jedoch auch als Unvernunft austut.«[41] Dass diese Unvernunft aber erzieherisch kanalisiert werden muss in etwas Konstruktives, worauf die Geschichte des Pinocchio immerhin auch hinauswill, daran ließ Schulz keinen Zweifel, wenngleich er auch für Langmut und Nachsicht der Lehrmeister plädierte:

> Dieses Verwandtschaftsverhältnis von Talent und Quentchen Unvernunft gibt den Talentbildnern und -erziehern immer wieder harte Nüsse zu knacken. Nicht selten tun talentierte Kinder das Gegenteil von dem, was die Alten von ihnen erwarten.[42]

Und bereits 1975, anlässlich des 20-jährigen Bestehens des Becher-Instituts hatte Schulz das Konzept der Schriftstellerausbildung als einen von Zwängen befreiten und auf Einfühlungsvermögen bauenden Lernprozess formuliert.

> Schöpferische Lehre ist dann eine solche, wenn sie mit objektiviertem Erfahrungs- und Bildungsmaterial, mit Einfühlungsvermögen und auch mit Aufträgen die rein subjektiven Einbildungen im ersten Stadium des Talentbewußtseins sprengt und dessen eigentlich potenten Kern, das gesellschaftliche Ich, soweit freisetzt, daß es seine notwendigen und freien Beziehungen zur Wirklichkeit und zur Weltanschauung aus eigenem Antrieb erkennend vertieft und tätig erweitert.[43]

Wenn Schulz während der Institutskrisen auch häufig zu schwach schien, dieser Grundhaltung in der Praxis gerecht zu werden, und die Erhaltung des Literaturinstituts ihm letztlich wichtiger war als die Förderung begabter, ›unvernünftiger‹ Studenten und Studentinnen, erklärt sich aus dieser Grundhaltung dennoch sein Einsatz für literarische Talente wie etwa Katja Lange-Müller, deren Aufnahme zum Studium das MfK gerne verhindert hätte, weil ihr der Ruf der Renitenz vorauseilte.

So erinnerte Helmut Richter in seiner Beerdigungsrede am Grab des am 15. November 1991 verstorbenen Max Walter Schulz nicht nur an dessen Verdienste, sondern ebenso an den Wankelmut und die Widersprüchlichkeiten im Führungsstil des einstigen Direktors. Schulz habe »diese ›kleinste Hochschule der Welt‹ wirklich erst zu einer Kunsthochschule gemacht; und viele seiner vielen Studenten erinnern sich

ANMERKUNGEN 105

mit Dankbarkeit an ihn und haben durch ihn ihren eigenen schriftstellerischen Weg erst gefunden.«[44] Aber in seine Amtszeit als Direktor fielen, konstatierte Richter auch, der nach der Wende nun selbst die Leitung des Literaturinstituts übernommen hatte,

freilich auch einige Exmatrikulationen, die besser nicht geschehen wären und die er sich als eigenes Versagen oder sogar als Schuld auf seine eigene Seele geladen hat, obwohl sie von außen erzwungen waren: aber er hat immer auch wieder um die Immatrikulationen von begabten ›Problemfällen‹ gekämpft, die nirgendswo anders ›angekommen‹ wären, ob es sich um Wehrdienstverweigerer oder um Biermann-Petitionisten handelte.[45]

Inwieweit Helmut Richter hier mit der Betonung von Schulz' Gewissensnot und seiner Großzügigkeit Tatsachen kleiner redete, um die Verdienste des Verstorbenen schließlich doch stärker hervorzuheben als seine Fehlentscheidungen, mag dahingestellt sein. Fakt ist jedenfalls, dass die Biermann-Petitionisten, die sich am Becher-Institut zu erkennen gegeben hatten und zu denen immerhin auch der Lyrik-Dozent Peter Gosse gehörte, von Sanktionen verschont geblieben waren. Ebenfalls Fakt ist, dass in Schulz' Amtszeit nicht wenige Autoren und Autorinnen studieren konnten, die mitnichten dem Bild des sozialistisch konformen Künstlers entsprachen und ihr Studium dennoch zu Ende führen konnten bzw. später wieder zu einem erneuten Studium am IfL zugelassen wurden, obwohl sie vorher exmatrikuliert worden waren. Zu ersteren zählen beispielsweise Ulrich Berkes, Sarah und Rainer Kirsch, Rainer Klis, Katja Lange-Müller, Norbert Marohn, Uwe Kolbe, Ulrich Plenzdorf, Thomas Rosenlöcher und Horst-Ulrich Semmler. Zu den exmatrikulierten und wiederaufgenommenen Schriftstellern gehören etwa Dieter Mucke, Andreas Reimann, Martin Stade und Gerti Tetzner.[46]

1 Heinz Czechowski im Gespräch mit Anne-Marie Pailhès, zitiert in Anne-Marie Pailhès: Die Debatte um die Lehrbarkeit des Schriftstellerberufs in der DDR. Alfred Kurellas Rede zur Eröffnung des Instituts für Literatur in Leipzig am 30. Juli 1955. In: Themenportal Europäische Geschichte, 2014, www.europa.clio-online.de/essay/id/artikel-3772, S. 1–6, hier S. 4 (zuletzt eingesehen am 29.8.2017).

2 Zu Kurellas Lebenslauf vgl. Martin Schaad: Die fabelhaften Bekenntnisse des Alfred Kurella. Eine biographische Spurensuche. Hamburg 2014.
3 Schreiben des DSV-Sekretariats an Alfred Kurella/Moskau vom 20.11.1953. Alfred-Kurella-Archiv, Archiv der AdK, Nr. 1401, Bl. 8.
4 Vgl. Vertrag zwischen dem Ministerium für Kultur und Alfred Kurella vom 13.4.1955. In: BArch DR 1, 1321, o. Nr.
5 Vgl. Ministerium für Kultur an Alfred Kurella vom 29.9.1955. In: BArch DR 1, 1321, o. Nr.
6 Vgl. Marina Micke, Matthew Philpotts: Irreconcilable differences. The troubled founding of the Leipzig Institut for Literature. In: Oxford German Studies. 2014 (43), H. 1, S. 5–19; hier S. 10ff.; Josef Haslinger: Deutsches Literaturinstitut Leipzig. In: Geschichte der Universität Leipzig. 1409–2009. Bd. 4: Fakultäten, Institute, Zentrale Einrichtungen. 2. Halbbd., Leipzig 2008, S. 1542–1570, hier S. 1543f.
7 Vgl. etwa Alfred Kurella: Nun ist dies Erbe zu Ende …: [Das Wort 7/1938]. In: Hans-Jürgen Schmitt: Die Expressionismusdebatte. Materialien zu einer marxistischen Realismuskonzeption. Frankfurt a. M. 1973, S. 50–60; Ich lebe in Moskau. Berlin (Ost) 1947; Die Gronauer Akten. Berlin (Ost) 1954; Zwischendurch. Verstreute Essay 1934–1940. Berlin (Ost) 1961; Tatsachen gegen Legenden. Zur Geschichte des Begriffs »Sozialistischer Realismus«. In: Neue Deutsche Literatur, 5/2 (1957), S. 136–145; Wer bagatellisiert? Zur Gegenwartslage unserer Literatur. In Sonntag 3./4.12.1956; Die Einflüsse der Dekadenz. In Sonntag, 21.7.1957,
8 Alfred Kurella, Bilanz der Sowjetliteratur (II). In Neue Deutsche Literatur 3/3 (1955), S. 121.
9 Ebd.
10 Zu diesem, dem sozialistischen Realismus verpflichteten Roman Kurellas vgl. die sehr erhellende Studie von Martin Schaad: Die fabelhaften Bekenntnisse des Alfred Kurella.
11 Vgl. etwa Bertolt Brecht: Was ist Formalismus? In: Ders.: Schriften zur Literatur und Kunst. Bd. 3: 1934–1956. Anmerkungen zur literarischen Arbeit. Aufsätze zur Literatur. Die Künste in der Umwälzung, Frankfurt a. M. 1967, S. 185–189; Hans Mayer: Zur Gegenwartslage unserer Literatur. In: Sonntag, 28.11.1956.
12 Alfred Kurella: Die Einflüsse der Dekadenz. In: Sonntag, 21.7.1957.
13 Vgl. etwa Alfred Kurella, Tatsachen gegen Legenden; Ders.: Wer bagatellisiert?; Ders.: Die Einflüsse der Dekadenz.
14 Alfred-Kurella-Archiv, Archiv der AdK, Nr. 241, Bl. 5, 8.
15 Ebd., Bl. 9.
16 Alfred Kurella: Von der Lehrbarkeit der literarischen Meisterschaft. Vortrag zur Eröffnung des Instituts für Literatur in Leipzig. In: Institut für Literatur »Johannes R. Becher« (Hg.): Zwischenbericht. Notate und Bibliographie vom Institut für Literatur »Johannes R. Becher«, Leipzig 1980, S. 13–20, hier S. 18.
17 Alfred-Kurella-Archiv, Archiv der AdK, Nr. 719, Bl. 2, 3.
18 Ebd., Bl. 7.
19 Ebd., Bl. 8.
20 Vgl. ebd., Nr. 236, Mappe 5, hier Bl. 3.
21 Vgl. Handakte Kurella des Literaturinstituts, SStAL, Institut für Literatur, Nr. 384,

22 Vgl. ebd., Bl. 205.
23 Gerhard Zwerenz: Der Widerspruch. Autobiographischer Bericht. Frankfurt a. M. 1974, S. 128.
24 Zur politischen Karriere und Einstellung Kurellas vgl. auch Simone Barck: Das Dekadenz-Verdikt. Zur Konjunktur eines kulturpolitischen »Kampfkonzepts« Ende der 50er bis Mitte der 60er Jahre In: Jürgen Kocka (Hg.): Historische DDR-Forschung. Aufsätze und Studien. Berlin 1993, S. 327–344, hier S. 229ff.
25 Vgl. etwa einen Brief Kurellas an den damaligen Direktor des Instituts Max Walter Schulz vom 24.11.1966, in dem er eine kritische Einschätzung der Lage des Literaturinstituts unternimmt. Vgl. Max-Walter-Schulz-Archiv, Archiv der AdK, Nr. 2550, Bl. 1–3.
26 Vgl. den Jubiläumsbrief von Kurella an das IfL, Alfred-Kurella-Archiv, Archiv der AdK, Nr. 2550.
27 Im entsprechenden Anschreiben des Instituts vom 1.8.1959 an das MfK heißt es: »Bezugnehmend auf die Planstelle für einen weiteren künstlerischen Mitarbeiter, um die Fachgruppe Literarisches Schreiben und Sprache zu stärken, wird um die Einstellung von Max Walter Schulz ersucht, der gerade sein Studium absolviert hat.« SStAL, IfL, Nr. 11, Bl. 217.
28 Vgl. zu den Kolloquien, SStAL, IfL, Nr. 49, 50, 51.
29 Vgl. Theresa Hörnigk: Kriegserlebnis und Wandlungsgestalt in der frühen DDR-Literatur. In: Literatur im Wandel. Entwicklungen in europäischen sozialistischen Ländern 1944/45–1980. Berlin u. a. 1986, S. 223–246.
30 Diese Arbeiten befinden sich u. a. in den Sammlungen Stegreif und Sattel (1967) sowie Pinocchio und kein Ende (1978).
31 Kurella: Von der Lehrbarkeit, S. 18.
32 Max Walter Schulz: Nochmals über die Lehrbarkeit der literarischen Meisterschaft. Aus der Rede zum 10. Jahrestag der Gründung des Instituts für Literatur »Johannes R. Becher, 30. September 1965. In: Institut für Literatur »Johannes R. Becher« (Hg.): Zwischenbericht. Notate und Bibliographie vom Institut für Literatur »Johannes R. Becher«, Leipzig 1980, S. 25–33, hier S. 26.
33 Ebd., S. 31.
34 Ebd., S. 28.
35 Ebd., S. 32.
36 Rainer Kirsch im Interview, 22.8.2013.
37 Gert Neumann im Interview, 25.2.2014.
38 Vgl. etwa Kirsch, Interview; Gespräch mit Siegmar Faust. In: Uta Grundmann (Hg.): Revolution im geschlossenen Raum. Die andere Kultur in Leipzig, 1970–1990. Leipzig 2002, S. 106–109, hier S. 106.
39 Vgl. Joachim-Rüdiger Groth: Widersprüche. Literatur und Politik in der DDR 1949–1989. Zusammenhänge, Werke, Dokumente. Frankfurt a. M. 1994, S. 88.
40 Ebd.
41 Max Walter Schulz: Pinocchio und kein Ende. Prosa-Seminar über einen begabten Hampelmann. In: Ders.: Pinocchio und kein Ende. Notizen zur Literatur. 2., erw. Aufl., Halle (Saale) 1980, S. 180–201, hier S. 185.
42 Ebd.
43 Max Walter Schulz: Schöpferische Schule für begabte Autoren. In: Neues Deutschland, 30.9.1975, S. 4.

44 Grabrede von Helmut Richter, Max-Walter-Schulz-Archiv, Archiv der AdK, Akte, Nr. 66, Bl. 6. Zu Teilen auch veröffentlicht als Nachruf in der Leipziger Volkszeitung vom 15.11.1991.
45 Ebd., Bl. 7.
46 Vgl. die Listen der Studienjahrgänge, Nachlass IfL am DLL.

III. Exkurs: Der sozialistische Realismus in der DDR und seine Facetten

1. Staatsauftrag

Der Auftrag des Instituts für Literatur bestand darin, eine Ausbildung von Schriftstellern »nach den Prinzipien des Sozialismus«[1] anzubieten. Damit verpflichtete man sich am Institut auf die Vermittlung des Konzepts und der Methode des *sozialistischen Realismus*, der in beinah allen sozialistischen Staaten zur Norm künstlerischen Schaffens erklärt wurde. Von den Anfängen bis zum Ende der Leipziger Kunsthochschule für Literatur gehörte die Befassung mit dem sozialistischen Realismus auch zum Teil des Curriculums. Allem voran im Fach Ästhetik, aber auch in den Seminaren zu russischer Literatur und Weltliteratur sowie in den schöpferischen Seminaren wurden die Genese und die Bedeutung des sozialistischen Realismus für das literarische Schreiben ausführlich behandelt.[2]

Allerdings lässt sich die Umsetzung dieses sozialistischen Bildungsauftrags als durchaus zwiespältig beurteilen. So gab es, was das Interesse der Studierenden am Konzept bzw. an der Methode des sozialistischen Realismus und deren ästhetischer Ausführung betraf, Konjunkturen. Darauf weisen sowohl die theoretischen Abschlussarbeiten in ihrer thematischen Beschäftigung wie auch die künstlerischen Abschlussarbeiten in der Anwendung der Methode des sozialistischen Realismus hin. Während in den 50er Jahren, wie diese Arbeiten zeigen, von den Studierenden noch viel über den sozialistischen Realismus nachgedacht und in seinem Sinne geschrieben wurde, so kann man dies für die 80er Jahre kaum noch behaupten. Aus welchen Gründen sich dieser Akzeptanzverlust vollzog, lässt sich letztlich nur mit Blick auf die größeren kulturpolitischen Entwicklungslinien innerhalb der 40-jährigen DDR-Geschichte erschließen. In deren Verlauf veränderte sich die Programmatik des sozialistischen Realismus nämlich durchaus, wie politischen Richtlinien abzulesen ist, aber auch den Diskussionen über seine kulturhistorische Akzeptanz und Valenz. Nicht zuletzt hat man fortwährend »gekämpft um die Interpretation und ›Erosion‹ des ›Sozialistischen Realismus‹ als Kanon«.[3]

Der sozialistische Realismus wurde als Begriff 1934 auf dem 1. Allunionskongress der Sowjetschriftsteller von dem Sekretär des ZK der KPdSU Andrej Shdanow eingeführt und definiert: Der sozialistische Schriftsteller müsse zuallererst das Leben kennen, um es in den literarischen Werken als die Wirklichkeit in ihrer revolutionären Entwicklung wahrheitsgetreu darstellen zu können. Die wahrheitsgetreue und historisch konkrete künstlerische Darstellung sei dabei mit der Aufgabe verbunden, die werktätigen Menschen im Geiste des Sozialismus ideologisch umzuformen und zu erziehen. Darüber hinaus sei es die Verpflichtung der Literatur des sozialistischen Realismus, sich dem arbeitenden Menschen als Hauptthema zuzuwenden und im Unterschied zur ›bürgerlichen‹ Literatur der Moderne, die sich auf Verfall und Zersetzung konzentriere, auf das Positive und den Fortschritt ausgerichtet zu sein.[4]

Als ein normativer Ansatz wurde diese Verpflichtung der Literatur auf die sozialistische Ideologie Ende der 1940er Jahre von der SBZ/DDR-Kulturpolitik übernommen und durch weitere Anweisungen ergänzt, denen zufolge der sozialistische Schriftsteller seine Literatur außerdem auf Parteilichkeit und Volkstümlichkeit zu fokussieren habe. Das somit festgelegte Aufgabenfeld des DDR-Schriftstellers hatte sich demnach an vier wesentlichen Prinzipien zu orientieren: (1) Literatur als Waffe im Kampf für den Sozialismus einzusetzen, (2) die Unterordnung der literarischen Prozesse unter die Parteipolitik zu akzeptieren und sich auf ihre vermeintlich objektiven Gesetzmäßigkeiten zu verpflichten, (3) die ideologische Funktion der Literatur als Erziehungsinstrument der DDR-Staatsbürger ernst zu nehmen, (4) sich inhaltlich auf die Darstellung positiver Helden, typischer Lebenssituationen und zukunftsweisender Verhaltensweisen im Sinne des Sozialismus zu konzentrieren.[5] Zum Gegenpol und Feindbild des sozialistischen Realismus erklärte die Doktrin künstlerische Darstellungsweisen der Moderne, die sie mit den Kampfformeln *Dekadenz* und *Formalismus* stigmatisierte, ablehnte und politisch auch ahndete.[6] Mit dem Begriff der Dekadenz zielte man wesentlich auf die Kunst des Westens, allem voran der Bundesrepublik, die in ihren Darstellungen von Verfall den vermeintlichen Niedergang des Kapitalismus und der bürgerlichen Gesellschaft spiegele. Als formalistisch wurden wiederum solche Kunstformen und Schreibweisen degradiert und abgestraft, die sich Stilmittel wie etwa der Abstraktion, Destruktivität und der Verzerrung bedienten. Damit würde die Form über den Inhalt gestellt und die Zerstörung der Kunst selbst angestrebt.⁷ Vorbereitet wurde die Kunstideologie der DDR von der sowjetischen Militäradministration (SMAD), deren Leiter der Kulturabteilung der russische Literaturwissenschaftler Alexander Lwowitsch Dymschitz war, der die Richtlinien für die neue Kunst in die SBZ trug. Individualismus, Subjektivismus, Emotionen, Fantasien und Abstrahierungen seien Ausdruck bürgerlicher Dekadenz, die sich von der Methode des Realismus abgrenzten und damit abzulehnen seien.⁸ Von staatlicher Seite wurde in der DDR zu Beginn der 1950er Jahre dezidiert zum »Kampf gegen den Formalismus in Literatur und Kunst« aufgerufen. Diese Kampfansage mündete 1951 in den sogenannten Formalismusbeschluss der SED, dem zufolge Literatur und bildende Künste der Politik unterzuordnen seien und die Idee der Kunst der Marschrichtung des politischen Kampfes folgen müsse.⁹

2. Entwicklungslinien

Mochte der normative Ansatz des sozialistischen Realismus zur Geburtsstunde der DDR für die Künste und somit auch für die Literatur maßgebend und verpflichtend gewesen sein, so wäre es doch zu vereinfachend, die ästhetischen Prozesse, die sich über die Jahrzehnte bis zu Beginn der 1990er Jahre vollzogen haben, allein auf ihn zu reduzieren. Im Laufe der Zeit haben sich Begriff, Methode und der Umgang mit dem sozialistischen Realismus gewandelt, was vor dem Hintergrund der vielzähligen Akteure und Interessen auf diesem Feld nicht wirklich verwundert. Dies zeigt sich in fortwährenden Auseinandersetzungen zwischen Kulturfunktionären und Schriftstellern wie auch zwischen Kulturpolitik und Literaturwissenschaften über ästhetische und literarische Angelegenheiten und Ansprüche.¹⁰

Fünfziger Jahre

Schon der Formalismusbeschluss von 1951 löste Proteste von Künstlern und Intellektuellen gegen die verordnete ästhetische Festlegung auf den sozialistischen Realismus und die damit drohende Einbuße künstlerischer Freiheit aus, was ferner zu einer Abwanderung von Studenten, Künstlern und Geisteswissenschaftlern in den Westen führte. Nach dem Aufstand vom 17. Juni 1953 wurde erneut Kritik an der »administrativen Gängelung im Kampf für den sozialistischen Realismus«[11] durch Funktionäre der Kunstkommission laut, worauf die Regierung mit Maßnahmen der Besänftigung reagierte, indem sie den Monopolanspruch sozialistischen Schreibens vorübergehend etwas abmilderte, was aber keine nennenswerten Folgen zeitigte.[12] Auf dem im Januar 1956 tagenden IV. Schriftstellerkongress in Ostberlin gab es dann auch von offizieller Seite Kritik am Konzept und an der Methode des sozialistischen Realismus. So wurde u. a. von der Präsidentin des Schriftstellerverbandes der DDR Anna Seghers festgestellt, dass vor allem mit der Konzentration auf die Stoffe des Aufbauromans und durch die Darstellungsweisen des Typischen, Heldischen und Optimistischen ein gewisser Schematismus die Oberhand gewinne, der auf Schönfärberei und Konfliktlosigkeit setze und sowohl in ästhetischer wie auch didaktischer Hinsicht problematisch sei. Denn solcherart Literatur verlöre zunehmend ihre Leserschaft – und das nicht nur, weil sie auf Dauer als eintönig wahrgenommen würde, sondern auch als einseitig, insofern sich in ihr nicht unbedingt die mannigfaltigen und häufig nicht unkomplizierten Alltagswelten der Bevölkerung widerspiegelten.[13] Des Weiteren wurde im selben Jahr mit Georg Lukács einer der Chefideologen sozialistischer Literaturtheorie im Zuge von dessen Beteiligung am Ungarn-Aufstand in der DDR verdammt und geächtet.[14] Diese Degradierung hatte zur Folge, dass es auf kulturpolitischer Ebene nun auch gewisse Desorientierungen bezüglich der Leitlinien sozialistischen Schreibens gab, wodurch die normative Kraft des sozialistischen Realismus bereits recht früh an Schärfe und Präzision einbüßte.[15] Deshalb lässt sich eine länger währende verbindliche Definition des sozialistischen Realismus kaum finden, weder in der kulturpolitischen noch in der kunstwissenschaftlichen Sphäre.[16] Und auch die Erzählmuster und Schreibweisen der im Laufe der Jahrzehnte in der DDR entstandenen Literatur sind nicht ohne weiteres über einen Kamm zu scheren und somit auch keinesfalls auf die Methode *eines* sozialistischen Realismus herunterzubrechen.

Bereits in den 50er Jahren gab es also einige hitzige Debatten über die Qualität der Literatur der DDR, in denen u. a. Autoren wie Bertolt Brecht, Heiner Müller, Heinz Kahlau und Günter Kunert sowie der Literaturwissenschaftler Hans Mayer die engen ästhetischen Grenzen des sozialistischen Realismus in Frage stellten.[17] Gleichwohl bemühte sich der Großteil der Schriftsteller, Literaturwissenschaftler und Literaturkritiker in diesem Jahrzehnt in ihren Werken, Studien und Kritiken noch nach Kräften um die Einhaltung der von der Kulturpolitik verordneten ästhetischen Norm. Im Beschluss des IV. Schriftstellerkongresses wurde die Literatur trotz aller lautgewordenen Kritik an den Schwächen sozialrealistischer Darstellungsweisen auf ebendiese verpflichtet.[18] Durch die Ausrufung und Umsetzung des Bitterfelder Wegs im Jahr 1959 gewann die »offensive Kanonisierungspolitik«[19] der SED und ihrer Institutionen in dieser Dekade überdies noch einmal größeren Raum. Die an dem Kanon orientierten DDR-Autoren verschrieben sich in den 50er Jahren vorwiegend didaktischer Literatur, die entweder das Thema Faschismus und sozialistischen Widerstand verhandelte oder im Interesse des Aufbaus des Landes das Leben und Arbeiten in der Industrie und in der Landwirtschaft thematisierte. Ziel war es, die Bevölkerung zu ermutigen, sich für die Sache des Sozialismus zu engagieren. Zu dieser Textsorte gehörten Romane wie *Menschen an unserer Seite* (1951) von Eduard Claudius, *Roheisen* (1955) von Hans Marchwitza sowie *Nackt unter Wölfen* (1958) von Bruno Apitz oder Theaterstücke des jungen Heiner Müller (*Die Korrektur II*, 1958) und des Absolventen des Literaturinstituts Helmut Baierl, dessen Abschlussarbeit *Die Feststellung* (1958) zu einer der erfolgreichsten Komödien seiner Zeit avancierte. Unter den Lyrikern, die sich dem sozialistischen Aufbau verpflichtet sahen, findet sich neben Johannes R. Becher, Bertolt Brecht und Stephan Hermlin etwa auch der frühe Heinz Czechowski, der ebenfalls in den 50er Jahren am Becher-Institut studiert hatte und dort einige seiner dem Bitterfelder Weg verpflichteten Gedichte verfasst hatte.[20]

Sechziger Jahre

Mit dem Mauerbau, den übrigens nicht wenige Schriftsteller befürwortet hatten, die den Maßnahmen der DDR-Kulturpolitik mitunter kritisch gegenüberstanden,[21] veränderte sich die politische und gesamtgesellschaftliche Situation in der DDR. Die Abschottung vom westlichen Ausland wollte man indes nicht als Freiheitsberaubung begreifen. Vielmehr böte sich nun endlich die Chance, sich auf die innergesellschaftlichen Probleme im Alltag bzw. in der Arbeitswelt und damit vermehrt auf die Umsetzung der sozialistischen Ziele zu konzentrieren. In diesem Zuge trat nun auch eine neue Autorengeneration auf den Plan, die sich von den Dichtern der Gründungsphase der DDR durch einen anderen Erfahrungshorizont unterschied. Die in den 1930er Jahren Geborenen waren in die Ära des Nationalsozialismus zwar hineingeboren, hatten aber als Kinder und Jugendliche vor allem den Zusammenbruch des Faschismus und den Aufbau eines neuen Staates als zentrale Ereignisse miterlebt. Daher sind die Protagonisten ihrer Literatur auch seltener bewährte Kommunisten und Antifaschisten, Kriegsteilnehmer und Widerstandskämpfer, sondern junge Menschen, die sich an der DDR als ihrem Heimatland zu orientieren versuchen. Bereits der 1961 erschienene Roman *Ankunft im Alltag* von der 1933 geborenen Brigitte Reimann griff die Themen dieser Generation auf, die als *Ankunftsliteratur* ihre literaturwissenschaftliche Prägung erhalten sollte.[22] Dabei geht es in dieser Literatur vor allem um junge Menschen, die durch ihre Erfahrungen in der Arbeits- und Lebenswelt ihr politisches Bewusstsein und ihren Glauben an den Sozialismus erst noch entwickeln lernten. Im Unterschied zu den auf die dörflichen Lebensumstände, die Landwirtschaft und die Bodenreform konzentrierten literarischen Texte der 50er Jahre widmete sich die Ankunftsliteratur, zu der weithin die Romane *Beschreibung eines Sommers* von Karl-Heinz Jakobs (1961), *Der geteilte Himmel* von Christa Wolf (1963) und *Spur der Steine* von Erik Neutsch (1964) gehören, vermehrt dem großstädtischen und betrieblichen Leben in der produzierenden Industrie. Dem Programm des Bitterfelder Weges wurde damit zwar insofern gefolgt, als nun das Milieu der Industriearbeiter verstärkt in das Zentrum der Narrationen rückte. Gleichzeitig setzten diese Ankunftsromane aber nicht mehr auf die typisierenden Handlungsmuster und schematischen Heldenfiguren der 50er-Jahre-Literatur, sondern schilderten aus individuellem Blickwinkel das alltägliche Leben und Arbeiten. Trotz aller Loyalität dem Staat gegenüber wurden Probleme wie Materialknappheit, innerbetriebliche Konkurrenz, komplizierte bürokratische Strukturen sowie persönliche Zweifel an Lebensstrukturen und dem subjektiven Leiden unter zwischenmenschlichen Konflikten nicht verschwiegen. So konstatierte Jörg Magenau, der Biograph Christa Wolfs, im Rückblick treffend:

Die »Ankunftsliteratur« brachte einen neuen Ton in den starren Realismus. Sie ging von den Nöten und Wünschen der Menschen aus und nicht von Dogmen, wobei aber die Konflikte durchaus zu mustergültigen Lösungen führen durften.[23]

Die ambivalente und kritische Darstellung des DDR-Alltagslebens in solcherart Literatur hatte wiederum den Nerv der Bevölkerung getroffen; die Bücher von Reimann, Wolf und Neutsch wurden in hohen Auflagen gedruckt und zu Bestsellern der DDR-Literatur. Auch viele Lyriker der 60er Jahre befreiten sich von der verordneten Kollektivität und den Bejahungsformeln der Aufbaujahre. Das lyrische Ich verlagerte seinen Ton vom sozialistischen Pathos in die Alltagssprache und richtete seinen Blick weg von den großen Dingen und Geschehnissen, hin auf die kleinen, unscheinbaren Gegebenheiten, Gefühle und Gegenstände im sozialistischen Leben.[24] In die Verse schlich sich dabei auch ein feiner Akzent der Kritik, der der Staatsmacht schon bald ein Dorn im Auge sein sollte. Zu den jungen Lyrikern, die maßgeblich die sogenannte *Lyrikwelle* der 60er Jahre in Gang setzten, gehörten die auch noch heute weithin bekannten Dichter Volker Braun, Sarah Kirsch, Reiner Kunze, Karl Mickel und Wolf Biermann.

Trotz solcher literarischen Phänomene, die nun nicht mehr zwangsläufig den Vorgaben eines verordneten sozialistischen Realismus Folge leisteten, insofern Kritik am System, persönliche Zweifel und Erfahrungen des Scheiterns und Verzagens laut werden konnten, beharrte die Kulturpolitik weiterhin auf der diktierten Programmatik sozialistischen Schreibens. Der Kulturfunktionär der SED Hans Koch hielt noch Mitte der 60er Jahre an der Widerspiegelung des Typischen und zu Verallgemeinernden fest, was eine Ablehnung der Darstellung des Individuellen und Subjektiven mit einschloss.

Die Widerspiegelung einer Erscheinung unseres Lebens ins Typische zu erheben, damit beginnt Kunst.[25]

Man kann keine sozialistische Literatur von ästhetischer Qualität gegen die Ethik und Ästhetik des sozialistischen Lebens schreiben.[26]

Auch wenn es zunächst so schien, als gäbe es mit kritischen Stimmen wie der des renommierten Leipziger Germanisten Hans Mayer noch einen gewichtigen akademischen wie kulturpolitischen Gegenpol zu der vermeintlich unveränderbaren Programmatik des sozialistischen Realismus, so wurde spätestens mit der im Frühjahr 1963 eröffneten Kampagne gegen Mayers Lehrmeinung diese Hoffnung zunichte gemacht. Hans Mayer, der in zahlreichen Vorträgen und Debatten für ein avanciertes und aufgeschlossenes DDR-Literaturverständnis plädiert hatte,[27] gab sein Engagement schließlich resigniert auf und ging im Sommer 1963 in die Bundesrepublik.[28] Mit der Abwicklung des »Störfaktors« Mayer[29] verblieb die Germanistik indes bis zum Ende der 60er Jahre in einer Position, die als weitgehend systemkonform zu beurteilen ist.[30] Autoren, die mit ihrer Literatur gegen die starren Regularien verstießen, hatten mit einer Unterstützung von literaturwissenschaftlicher Seite daher kaum zu rechnen. Entsprechend unnachgiebig fielen wiederkehrende Kritiken von Literaten an Vertretern des akademischen Faches aus.[31]

Die Hoffnung zahlreicher Literaten, dass mit den ersten Erfolgen der Ankunftsliteratur auch eine liberalere Kulturpolitik in Gang gesetzt worden sei, erwies sich dann doch recht schnell als unberechtigt: Das Zugeständnis an künstlerische Eigenständigkeit, das mit dem Mauerbau und der damit einhergehenden allgemeinen Liberalisierung in Aussicht gestellt worden war,[32] wurde bereits vier Jahre später zunichte gemacht, als Autoren, die sich mit ihren literarischen Texten nicht an die verordneten ästhetischen Regeln hielten, zum kulturpolitischen Problemfall deklariert wurden. Auf dem 11. Plenum des ZK der SED im Dezember 1965 ging die SED mit Gerd Biekers Roman *Sternschnuppenwünsche*, der von Lebenseinstellungen und Wertvorstellungen einer Gruppe Jugendlicher in der DDR handelt, scharf ins Gericht. Das bereits gedruckte Buch musste daraufhin vom Verlag eingestampft werden, mit der Begründung, es stelle die Wirklichkeit verzerrt dar und habe nichts mit dem herrschenden sozialistischen Lebensgefühl gemein. Gegen Wolf Biermann, der schon zuvor wegen staatskritischer Lyrik politisch sanktioniert worden war, verhängte man auf dem 11. Plenum schlussendlich ein komplettes Auftritts- und Publikationsverbot für die DDR. Werner Bräunigs Romanprojekt *Rummelplatz* geriet ebenfalls ins Visier des Plenums und führte schließlich unter dem politischen Druck zur Auflösung des bereits unterzeichneten Verlagsvertrags, mit dem Ergebnis, dass der Autor seinen Roman nicht fertigstellen sollte. Auch Heiner Müllers Drama *Der Bau* (1965) nach Motiven von Erik

Neutschs erfolgreichem Roman *Spur der Steine* wurde einer unmissverständlichen Kritik unterzogen und erhielt Aufführungsverbot. Die laufenden Proben zur Uraufführung mussten abgebrochen werden. Ein Jahr später sollte es die Verfilmung von *Spur der Steine* treffen. Der Film unter der Regie von Frank Beyer erhielt wegen »antisozialistischer Tendenzen« ebenfalls Aufführungsverbot.[33] Der Ruf nach programmatischer, bekenntnishafter, optimistischer und stromlinienförmiger Literatur schallte erneut durch das ganze Land. Literarische Texte, die sich an Facetten eines Realismus orientierten, die dem Sozialismus-Bild der Staatsorgane nicht entsprachen, galten als unerwünscht und unterlagen der Zensur.

Der Plan der Kulturpolitik, mit solchen Verhinderungsmaßnahmen den sozialistischen Realismus zu stärken, ging jedoch nicht auf. Denn das Konzept des Bitterfelder Weges, Literaten durch den Einsatz in der Produktion an Partei und Werktätige zu binden, sollte genauso scheitern wie umgekehrt die Absicht, Arbeitern literarisches Schreiben zu lehren. Dass man nicht, wie es der Parteipolitik vorschwebte, einfach und parallel zur Werktätigkeit zum erfolgreichen Schriftsteller herangezogen werden konnte, zeigte die Praxis. Der Großteil der schriftstellerischen Versuche aus der Arbeiterschaft entsprach, wie sich herausstellte, nicht einmal in Ansätzen einem literarischen Niveau, das eine größere Leserschaft erreicht hätte.[34] Der Ruf nach Qualität wurde nicht zuletzt aufgrund der schlechten Erträge des Bitterfelder Weges nun auch unter Berufsautoren wieder lauter und zeitigte seine Folgen, gleichwohl dies kein einfaches Unterfangen war angesichts der kulturdoktrinären Stimmung im Land.

So sind auch nach dem 11. Plenum Romane und Erzählungen in der DDR publiziert worden, deren ästhetische Ansprüche mit den Regularien eines sozialistischen Realismus wenig bis gar nichts gemein hatten – und das sogar von Autoren, die der DDR-Macht zeitlebens verbunden blieben. Hermann Kants Roman *Die Aula* (1965) folgte auf der inhaltlichen Ebene zwar dem sozialistischen Anliegen der DDR-Nomenklatur, formal und stilistisch bediente sich der Autor aber souverän diverser Stilmittel, die die simplen Kriterien des sozialistischen Realismus durch den Wechsel von Zeit- und Stilebenen sowie durch die Vielschichtigkeit von Figuren- und Handlungszeichnungen mittels satirischer und ironischer Elemente virtuos überboten. All dies ließ *Die Aula* zu einem der erfolgreichsten Bücher der DDR-Literatur werden.³⁵ Der Facettenreichtum realistischer Schreibweisen jenseits normativer Vorgaben zeigte sich zudem in der Prosa von weniger parteifrommen Autorinnen und Autoren wie Christa Wolf (*Nachdenken über Christa T.*, 1968), Günter de Bruyn (*Buridans Esel*, 1968) sowie Jurek Becker (*Jakob der Lügner*, 1968). Originelle Stoffe, unkonventionelle Darstellungsweisen sowie eigenwillige subjektive Perspektiven kennzeichnen diese von Selbstreflexion und Entfremdungserfahrungen geleitete Prosa, die der Verarbeitung sozialistischer Wirklichkeit verpflichtet blieb, ohne dem plumpen Schematismus eines sozialistischen Realismus aufzusitzen.³⁶ Auch viele Lyriker ließen sich von der neuerlichen politischen Eiszeit nicht einschüchtern. Volker Braun etwa setzte auf das »Experiment« gegen »steife Routine«. »Kommt uns nicht mit Fertigem, wir brachen Halbfabrikate«, heißt es ein Jahr nach dem 11. Plenum in seinem Gedicht »Anspruch« (1966),³⁷ einem Plädoyer, dem sich die nicht eben kleine Gruppe der *Sächsischen Dichterschule* begeistert anschloss.

Allerdings wäre es ein Trugschluss, davon auszugehen, dass das Kahlschlagplenum keine Folgekosten für DDR-Autoren und ihre Literatur gehabt hätte. Der Romancier Stefan Heym, der gleichfalls auf dem 11. Plenum wegen seines Manuskripts über den Arbeiteraufstand am 17. Juni 1953 *Der Tag X* (später veröffentlicht unter den Titel *Fünf Tage im Juni*) scharf angegriffen wurde, erhielt bis Anfang der 70er Jahre ein weitgehendes Publikationsverbot in der DDR. Heiner Müller hatte der Angriff auf dem 11. Plenum gleichfalls hart getroffen. Viele seiner Dramen wurden in der DDR bis Mitte der 70er Jahre weder gedruckt noch aufgeführt. Die Rezeption seiner Literatur wie auch die Stefan Heyms erfolgte überwiegend in der Bundesrepublik. Der Autor Reiner Kunze bekam noch Ende der 60er Jahre im Kontext des Prager Frühlings den Kahlschlag zu spüren, insofern es für ihn kaum noch eine Chance gab, in der DDR zu veröffentlichen. Daneben schrieb eine Reihe von Autoren affirmative Texte, die der Kulturpolitik, aber auch dem Publikum gefielen, wie bspw. die Theaterstücke von Horst Salomon, Kurt Barthel (Kuba) und Helmut Baierl oder die Prosa von Eduard Claudius und Günter Görlich. Salomon, Baierl und Görlich hatten zuvor ein Studium am Becher-Institut absolviert.

Zum Ende der 60er Jahre wurde die Diskrepanz zwischen dem von der Politik geforderten sozialistischen Programm und der tatsächlichen Literaturpraxis dennoch immer offensichtlicher. Entsprechend war der sozialistische Realismus als ernsthafte ästhetische Leitkategorie langsam nicht mehr zu halten.[38] Vielleicht verlor er auch deshalb seine bindende Kraft, weil das Projekt Sozialismus in der Literatur einer Christa Wolf, eines Volker Braun oder eines Heiner Müller letztlich nie aufgegeben worden war. Denn trotz ihrer kritischen Einwürfe hielt diese Autorengeneration bis zuletzt an einer Literatur für den Sozialismus fest. Dass es um eine Engführung von sozialistischer Politik und Literatur gehen musste, darin waren sich wohl die meisten systemkritischen Autoren der 60er und 70er Jahre einig. Einzig der Modus des Politischen unterschied sich häufig von dem, was der Staatsführung vorschwebte.[39] Die Eingriffe der SED und ihrer Institutionen jedenfalls wurden mit der Zeit geringer. Man zeigte sich zunehmend moderater, was auch mit der Aufmerksamkeit zu tun hatte, die viele systemkritische Autoren mittlerweile im westlichen Ausland erhielten. Von ihrem Erfolg, der sich in den hohen Auflagenzahlen ihrer Bücher in westdeutschen Verlagen spiegelte, profitierten schließlich auch die Ökonomie und das Ansehen der DDR.[40] So blieb der Anspruch der Kulturpolitik, den literarischen Raum immerwährend und umfassend zu kontrollieren wie zu sanktionieren, letztlich hinter der Realität der Praxis zurück.[41]

Das vermeintlich zementierte Fundament des sozialistischen Realismus löste sich also Ende der 60er Jahre weitgehend auf. Stattdessen beanspruchte ein durch die Literaturpraxis forcierter funktioneller bzw. pragmatisch orientierter Ansatz zunehmend größere Geltung, mit dem das Konzept des Realismus an Variantenreichtum gewinnen und von der Kulturpolitik nunmehr auch toleriert werden sollte. Mit der Wende zu einem pragmatischen Realismus einher ging nun auch ein neues Engagement in den akademischen Disziplinen der Literaturwissenschaften. An den Universitäten widmeten sich Literaturwissenschaftler und Philologen wieder dezidiert der zeitgenössischen Literatur und schalteten sich in öffentliche Diskussionen über deren Aufgabe und Funktion ein, was nicht zuletzt auch innerhalb des akademischen Betriebs zu Veränderungen führen sollte. Hier war man fortan weniger um das kollektive Einverständnis hinsichtlich einer allgemeinverbindlichen Realismustheorie bemüht, an der sich die Literatur des Landes auszurichten hatte und für deren Beaufsichtigung die Literaturwissenschaften eigentlich von Staats wegen mit verpflichtet worden waren.[42] Vielmehr entstanden in der Zunft nun lebhafte Diskussionen und Kontroversen über die unterschiedlichen Varianten und Möglichkeiten realistischen Schreibens, in denen marxistische Grundlagen und sozialistische Ideologeme mal mehr, mal weniger eine zentrale Rolle spielten.[43] Mit dieser Entwicklung geriet in Kulturpolitik wie Literaturwissenschaft die weltanschauliche Lehrmeinung sozialistischen Schreibens ins Hintertreffen, und der sozialistische Realismus verkam zunehmend zu einer Worthülse und Leerformel.[44]

Siebziger Jahre

Der Machtwechsel in der SED-Spitze zu Beginn der 70er Jahre bestätigte diese bereits vorhandenen, bis dahin aber eher latent wirkenden Tendenzen in Kulturpolitik und Literaturwissenschaften. Mit Honeckers Amtsantritt wurde nun einer Liberalisierung der Kunst auch höchst offiziell das Wort geredet. Auf dem VIII. Parteitag der SED im Juni 1971 hofierte der neue Vorsitzende des Politbüros die DDR-Künstler auf eine bis dahin nicht gehörte Weise.

Unsere Partei fühlt sich mit den Schriftstellern und Künstlern freundschaftlich verbunden. Sie können auf unser Verständnis für ihre Fragen und Schaffensprobleme rechnen, weil wir alle zusammen in einem Land leben, in dem sich das humanistische Ideal der Einheit von Geist und Macht erfüllt hat.[45]

Ein halbes Jahr später, auf der 4. Tagung des ZK der SED am 16. und 17. Dezember 1971, machte Honecker noch weitere nahezu verblüffende Zugeständnisse, die eine neue künstlerische Freizügigkeit und Freiheit versprachen: »Wenn man von der festen Position des Sozialismus ausgeht«, so der neue Staatschef, »kann es meines Erachtens auf dem Gebiet von Kunst und Literatur keine Tabus geben. Das betrifft sowohl die Fragen der inhaltlichen Gestaltung als auch des Stils.«[46] Wenngleich der Verweis auf die Sozialismus-Festigkeit keinen Zweifel an der ideologischen Verbindlichkeit und Verpflichtung künstlerischer Tätigkeit zuließ, verabschiedete Honecker mit diesen Worten dennoch das Verdikt des sozialistischen Realismus, indem er die funktionalistische Aufgabe der sozialistischen Schriftsteller auf den Punkt brachte, die fürderhin den »ganzen Reichtum ihrer Handschriften und Ausdrucksweisen« an der »Fülle der Lebensäußerungen unserer Zeit« orientieren sollten.⁴⁷ Die Zugeständnisse veranlassten Dichter zu künstlerischen Höhenflügen. Ein frischerer und jugendlicherer Ton war nun in der realistischen Prosa zu vernehmen, wie etwa der flapsige Jugendjargon in dem Roman/Bühnenstück *Die neuen Leiden des jungen W.* (1972) von Ulrich Plenzdorf, der auch das Drehbuch *Die Legende von Paul und Paula* verfasste, einer romantisch-verzweifelten Liebesgeschichte, deren Verfilmung zu einem Kassenschlager in der DDR wurde. Auch phantastische Elemente waren in der DDR-Prosa nun kein Tabu mehr. Irmtraud Morgner erzielte mit ihrem ungewöhnlichen Montage-Roman *Leben und Abenteuer der Trobadora Beatriz de Dia nach Zeugnissen ihrer Spielfrau Laura* (1974), einer virtuosen Mischung aus Phantastik und realistischer Alltagsbeschreibung, große Erfolge und legte damit einen Grundstein für die feministische Literatur in der DDR. Eine Tabuverletzung auf formaler wie inhaltlicher Ebene war das Stück Erinnerungsliteratur *Kindheitsmuster*, das Christa Wolf 1976 veröffentlichte. Das Werk erzählt von einer Kindheit während des NS-Regimes, von Flucht und Vertreibung nach dem Krieg sowie von einem gegenwärtigen Leben in der DDR. Wolf verwebt die Zeitebenen des Geschehens zu einem komplizierten Netzwerk, indem sie auf die Schilderung der Ereignisse in ihrer chronologischen Reihenfolge zugunsten eines nichtlinearen Erzählens verzichtet – im Sinne des sozialistischen Realismus eine absolute Unmöglichkeit und des Formalismus verdächtig. Dass Wolf sich auf dieser Ebene des Themas Flucht und Vertreibung annahm, welches mit Rücksicht auf die Sowjetunion und die sozialistischen Bruderstaaten in der DDR bis dahin eher ausgespart geblieben war, stellte auf inhaltlicher Ebene zudem noch eine Tabuverletzung politischer Art dar.⁴⁸ Dennoch wurden im Unterschied zu der acht Jahre zuvor erschienenen Erzählung *Nachdenken über Christa T.* der Veröffentlichung dieses Textes keine Steine in den Weg gelegt, und die Literaturkritik reagierte überwiegend positiv.⁴⁹

Die Kulturpolitik reagierte auf die Verlautbarungen des neuen Staatschefs vor allem mit Lockerungen im Bereich des Publikations- und Aufführungsverbots. Ulrich Plenzdorfs Stück *Die neuen Leiden des jungen W.* (1972) konnte am Deutschen Theater aufgeführt werden, Heiner Müller durfte *Macbeth* (1972) für das Theater bearbeiten, Werke von Stefan Heym, die bisher nur im Westen veröffentlicht worden waren, erschienen nun auch offiziell in der DDR.[50] Darüber hinaus wurde ab den 70er Jahren den Lesern in der DDR der Zugang zur Literatur der Moderne und Avantgarde nicht mehr versperrt. Unter den Reihentiteln *Klassiker der Moderne* und *Museum der modernen Poesie* konnten nun lang verfemte Werke ihren Veröffentlichungsraum in der DDR finden.[51] Innerhalb der Literaturwissenschaften hatte man sich schon seit den späten 60er Jahren verstärkt dem Verhältnis von Realismus und Moderne zugewandt.[52] In den programmatischen Debatten zur Realismustheorie rückten im Verlauf der 70er Jahre nun Fragen nach den Wirkungsweisen von literarischen Texten in den Vordergrund, woraus sich eine eigenständige Forschungsrichtung im Laufe des Jahrzehnts entwickeln sollte. Die unter dem Rubrum firmierende neue *Rezeptionstheorie* nahm die Wirkung von Literatur in der sozialistischen Literaturgesellschaft in den Blick, wobei Neubewertungen des Ansatzes des sozialistischen Realismus unvermeidlich schienen. So wurde konstatiert, dass Kunst, sofern man ihren Rezeptionsprozess mit einschließe, sich nicht mehr auf ein bloßes Erkenntnis- und Erziehungsinstrument reduzieren lasse, sondern in ihrer Eigenlogik und ihrem Eigenwert genauso Berücksichtigung erfahren müsse wie auch das subjektive Moment im Rezeptionsprozess.[53]

Während man sich innerhalb der Literaturwissenschaften auf einen differenzierteren Umgang mit dem literarischen Realismus eingestellt und neue interessante Fragestellungen daraus entwickelt hatte, mit denen man nun endlich auch internationalen Anschluss erhielt,[54] sah es mit den Liberalisierungs- und Reformierungstendenzen in der Kulturpolitik anders aus. Erneut wurden nach kurzer Zeit erste Risse sichtbar. Angriffe auf Autoren wie etwa Volker Braun und Ulrich Plenzdorf erfolgten bereits 1973. Deren lässige Aussteiger-Phantasien (Plenzdorf) und ironische Aussagen über die DDR als »langweiligstes Land der Welt« (Braun) behagten den Kulturfunktionären kaum.[55] Vielmehr schienen sie enttäuscht, hatte man doch mit dem Angebot eines größeren künstlerischen Freiraums als Gegenleistung von den Intellektuellen und Künstlern Dankbarkeit und ideologische Treue erhofft. Die blieb aber weitgehend aus. Stattdessen nutzten viele Künstler nun formal wie inhaltlich ihre künstlerische Freiheit, statt sich brav an den zwar nicht mehr ganz so normativen, aber gleichwohl doch ernst zu nehmenden realsozialistischen Richtlinien zu orientieren.[56] Dass dies die Partei und ihre Institutionen erzürnte, zeigt einmal mehr, wie fundamental gestört und missverständlich das doktrinäre Kunstverständnis der DDR war und bis zu ihrem Ende blieb.

1976 spitzte sich die Situation mit den Streitfällen um Reiner Kunze und Wolf Biermann zu. Im September desselben Jahres erschienen Reiner Kunzes Prosastücke *Die wunderbaren Jahre* im westdeutschen S. Fischer Verlag. Aufgrund ihres kritischen und ironischen Tenors hätten Kunzes Texte über die Versuche von Jugendlichen, in dem auf Ordnung und Kontrolle fixierten System der DDR ein weitgehend unkonventionelles Leben zu führen, auch in der vermeintlich liberalen kulturpolitischen Atmosphäre keine Veröffentlichungschance erhalten, zumal Reiner Kunze hier zum wiederholten Male seine Solidarität mit den seit dem Prager Frühling in der ČSSR verfolgten Schriftstellern äußerte. Auf die Veröffentlichung des Buches in der BRD folgte im Oktober 1976 dann auch der Ausschluss des Autors aus dem Schriftstellerverband der DDR. Die Begründung ließ an Fadenscheinigkeit nichts zu wünschen übrig. Der Ausschluss erfolge wegen »mehrfachen gröblichen Verstoßes gegen das Statut des Verbandes« und gegen die »Schaffensmethode des sozialistischen Realismus«.[57] Wollte man Schriftsteller mundtot machen, galt der sozialistische Realismus immer noch als Verdikt, wenngleich es kaum noch ernstzunehmende Literatur gab, die sich daran orientierte.

Die Ausbürgerung Wolf Biermanns, der im November von seinem Kölner Konzert nicht mehr in die DDR zurückkehren durfte, auf dem er übrigens auch eine Solidaritätserklärung für Reiner Kunze abgab, tat ihr Übriges, eine Protestwelle unter den DDR-Schriftstellern in Gang zu setzen, deren Ausmaß von der Regierung Honecker mitnichten antizipiert worden war.[58] Die Auswirkungen sind bekannt. Neben weiteren Ausschlüssen von Unterzeichnern der Solidaritätsbekundungen gegen Biermanns Ausbürgerung im *Brief der DDR-Künstler* vom 17. November 1976 aus Partei und Schriftstellerverband und neben Publikationsverboten zog es eine Reihe von bekannten und gewichtigen Autoren in den Westen Deutschlands.[59] Und für die avancierten Literaten, die blieben, war klar, dass ihre künstlerischen Ambitionen trotz der vorübergehenden Hoffnungen auf größere kritische und ästhetische Spielräume in einem nun von kunstdoktrinärer Willkür beherrschten und nach wie vor eng gesteckten ideologischen Rahmen zu bleiben hatten, sofern sie publiziert werden wollten.[60] Die verstärkte Bezugnahme von Literaten auf historische, mythologische und phantastische Stoffe lässt sich als ein Ausdruck der Resignation lesen, mit literarischen Gegenwartsdiagnosen nichts erreichen zu können.[61] So wandte sich Christa Wolf in der Erzählung *Kein Ort. Nirgends* (1979), die von einer fiktiven Begegnung zwischen Heinrich von Kleist und Karoline von Günderrode erzählt, vom Realismus ab. Das in die literarische Romantik verlegte Gespräch der beiden Dichter befasst sich mit der Situation von Künstlern im engen gesellschaftlichen Korsett ihrer Zeit. Auch Volker Braun, Franz Fühmann und Heiner Müller widmeten sich nun in ihren Werken der griechischen bzw. germanischen Mythologie.[62] Andere Autoren, die ihre literarischen Stoffe aus der Realität der Gegenwart schöpften und sich der realistischen Schreibweise genauso verpflichtet sahen wie der Kritik am System, bekamen allerdings nach wie vor Schwierigkeiten mit den Kulturbehörden und der Zensur. Zu ihnen gehörte Erich Loest, der nach jahrelanger Abstinenz im Feld der Gegenwartsdiagnosen sich nun wieder in literarischer Systemkritik übte (*Es geht seinen Gang oder Mühen in unserer Ebene*, 1978). Weil er zudem wegen seiner oppositionellen Haltung erneuten Repressalien ausgesetzt war und die Möglichkeit des Publizierens im eigenen Land für ihn immer geringer wurde, übersiedelte er Anfang der 80er Jahre in die Bundesrepublik. Jurek Becker (*Schlaflose Tage*, 1978) war es ähnlich ergangen, und hatte schon 1977 das Land verlassen. Beide prominente Literaten veröffentlichen ihre DDR-kritische Literatur fortan in westdeutschen Verlagen.[63]

Achtziger Jahre

Einen völlig anders gearteten Rückzug aus der Literaturgesellschaft DDR ließ sich in den 80er Jahren vor allem bei den jüngeren Schriftstellern beobachten. Die wachsende Zahl künstlerischer Autonomiebestrebungen, die sich um 1980 in der DDR etwa mit der Verbreitung von nicht systemkonformer Literatur abseits der offiziellen Publikations- und Distributionswege herausbilden sollte, konfrontierte die Kulturpolitik plötzlich mit einer bis dahin unbekannten Form widerstrebenden Handelns, das weniger in der lauten Wortmeldung als in der stillen Abkehr von staatlichen Konsens- und Kollektivvorstellungen bestand. Diese Abgrenzungstendenzen der 20- bis 30-jährigen in das DDR-System hineingeborenen Autoren[64] sind als Spätfolgen der Ausbürgerung von Wolf Biermann zu verbuchen, die ein »Schwinden der ästhetischen Doktrin«⁶⁵ mit sich brachte. Literaten wie Uwe Kolbe, Leonhard Lorek, Sascha Anderson, Jan Faktor, Bert Papenfuß, Andreas Koziol und Rainer Schedlinski machten sich nicht nur keine Illusionen darüber, jemals Teil des etablierten Kulturbetriebs zu werden, sondern lehnten dies sogar rigoros ab.⁶⁶ Im Bewusstsein, wie gering ihre ästhetischen und politischen Spielräume im stark kontrollierten Literatursystem waren,⁶⁷ versuchten sie sich erst gar nicht in literarischer Systemkritik wie noch ihre Vorgängergeneration, zu der Volker Braun, Christa Wolf, Rainer und Sarah Kirsch oder Wolf Biermann gehörten. Vielmehr zählten diese ›Alten‹ für die ›Jungen‹ zum Establishment des DDR-Literatursystems, wie es besonders dezidiert in der Aussage des Lyrikers Fritz Hendrik Melle zum Ausdruck kommt, in der es heißt:

> Volker Braun? – Da kann ich nur sagen, der Junge quält sich. Dazu habe ich keine Beziehung mehr. Ich bin schon in einer frustrierten Gesellschaft aufgewachsen. Diese Enttäuschung ist für mich kein Erlebnis mehr, sondern eine Voraussetzung. Es ist so, daß der Braun für mich zur Erbmasse gehört. Er hat mir eigentlich nichts mehr zu sagen.⁶⁸

Im Unterschied zu den literarischen Vertretern der Vorgängergeneration, die ihre Kritik am politischen System immer auch mit der Absicht einer Reform verbunden hatten, entwickelte sich die neue Art des individuellen Widerstandes aus einer Haltung der Resistenz dem System gegenüber und der Verweigerung, sich sowohl am sozialistischen Diskurs zu beteiligen wie sich an dessen Verhaltensnormen anzupassen, die auf kollektive Ideale und obligatorische Regeln der Vergemeinschaftung setzten.⁶⁹ Vielmehr galt es nun, neue Formen und neue Foren der Abgrenzung und Entkoppelung zu entwerfen.⁷⁰

Abseits vom offiziellen Literaturbetrieb und seinen Genehmigungsprozeduren organisierten junge Autoren in verschiedenen Städten, häufig unabhängig voneinander, vielfältige urbane Subkulturen.⁷¹ Orientiert an den Samisdat-Verfahren in der UdSSR, ČSSR, in Polen und Ungarn, mit denen im Eigenverlag Verbotenes veröffentlicht und vervielfältigt wurde, druckte die alternative Künstlerszene nun auch in der DDR von staatlicher Seite nicht genehmigte Literaturzeitschriften und brachte sie in Umlauf.⁷² Daneben organisierte man unangemeldete

Happenings und Konzerte an so ausgefallenen wie verfallenen Veranstaltungsorten, die, verbreitet durch die Mundpropaganda innerhalb der Szenen der Subkultur, immer größeren Zulauf erhielten. Dass in diesem Umfeld die Orientierung an offiziellen Maßgaben eines sozialistischen Realismus komplett ignoriert wurde, liegt auf der Hand. Stattdessen bezog sich die alternative Literaturszene, die aufgrund des begrenzten Platzes in den Zeitschriften vorwiegend Kurzprosa und Lyrik schrieb, auf die Konzepte poststrukturalistischen Denkens und postmodernen Schreibens.[73] Charakteristisch dafür waren nicht nur die Verwischungen der Grenzen zwischen den einzelnen Kunstformen, wie sie sich in den Collagen aus graphischen Elementen, bildender Kunst und literarischen Texten in den alternativen Zeitschriften präsentierten sowie auf den Veranstaltungen, bei denen Literaten, Musiker, Schauspieler und bildende Künstler gemeinsam auftraten und ihre Kunstformen experimentell und multiperspektivisch miteinander verbanden.[74] Darüber hinaus fand sich in der alternativen Szene nun auch Literatur, die ironisierende Perspektiven einnahm, um die Ernsthaftigkeit und Glaubwürdigkeit zu unterminieren sowie die damit verbundenen Vernunftkriterien kritisch in Frage zu stellen, mit denen in der DDR von offizieller Seite an Gegenwart und Zukunft des Sozialismus festgehalten wurde. Weiterhin war es nun die Sprache selbst, die als Ausdruck subjektiven Selbstverständnisses wie auch als Instrument kollektiver Verständigung oder als Transmitter von Wissensvermittlung auf der Ebene des Literarischen thematisiert wurde. Sascha Andersons paradoxe Verse – »ich habe ausser meiner sprache keine / mittel meine sprache zu verlassen« – stehen symptomatisch für eine durchaus als krisenhaft erlebte Sprachlosigkeit, Resignation und Abwehrhaltung von jungen Literaten gegenüber ihrem Herkunftsland.[75] Ihr Bestreben nach künstlerischer Autonomie und der Abkopplung ihrer literarischen Produkte von einer wie auch immer gearteten gesellschaftlichen Funktion in der DDR war schließlich der letzte Fluchtpunkt, der innerhalb des Systems eine Außenseiterposition zuließ und vor Strafverfolgung und Zensur schützte.

Aber auch in der offiziellen Literaturlandschaft, in der viele der systemkritischen, wenngleich längst etablierten und kanonisierten DDR-Autoren weiterhin publizieren konnten, sucht man Texte, die normativen Schreibanweisungen folgen und positive Blicke auf eine sozialistische Gesellschaft von morgen werfen, vergeblich. Der Appell, sich an dem sozialistischen Ideal des Fortschritts zu orientieren, war nach dem Exodus der Künstler Ende der 70er Jahre größtenteils verstummt. Anstelle eines optimistischen und parteilichen Tonfalls waren auch hier eher von Desillusionierung und politischer Resignation durchdrungene Missklänge zu vernehmen. Denn selbst diejenigen Autoren, die bislang vom Projekt des Sozialismus nicht Abstand genommen hatten, widmeten sich jetzt verstärkt Themen des gesellschaftlichen Stillstands und der Frustration des Einzelnen, wie etwa Christa Wolf in ihrer wiederum einen mythologischen Stoff aufgreifenden Erzählung *Kassandra* (1983) oder Volker Braun in seinem endzeitlichen Theaterstück *Die Übergangsgesellschaft* (1982), das an Anton Tschechows Drama *Drei Schwestern* angelehnt war. Die DDR-Erstaufführung dieser Dystopie unter der Regie von Thomas Langhoff im März 1988 konnte allerdings erst in der Spätzeit des sozialistischen Staates erfolgen, in der die DDR-Politik es sich unter Druck von Glasnost und Perestroika nicht mehr leisten konnte, ungehemmt kulturfeindlich zu agieren wie noch in der ersten Hälfte der 80er Jahre. Wenn mittlerweile auch im Ministerium für Kultur von einem plakativen und verkürzten Verständnis eines literarischen Realismus Abstand genommen worden war, ließ sich trotzdem nicht ausschließen, dass weiterhin kulturpolitisch gegängelt wurde. Dies zeigt sich nicht zuletzt auch im Verbot von Monika Marons überaus realistischem Roman *Flugasche* (1981 beim S. Fischer Verlag erschienen), der die mittlerweile auch in der DDR brisant gewordene Umweltproblematik behandelt und die Staatsindustrie für Luftverschmutzung und Gesundheitsschädigung verantwortlich macht. Zwar konnte eine Erzählung wie Christoph Heins *Der fremde Freund* (1982) erscheinen, in der die Stagnation der DDR-Gesellschaft eindrücklich im Gewand eines persönlichen Entfremdungsprozesses geschildert worden war. Eine offene Kritik am Tun des Staats allerdings wurde nach wie vor nicht geduldet. Von einer kulturpolitischen Leitlinie für die Kunst ließ sich indes längst nicht mehr sprechen. In der Kulturadministration war man eher ratlos und versuchte sich einerseits in Schadensbegrenzung, andererseits griff man politisch kaum nachvollziehbar und willkürlich mit aller Härte durch, wenn man Missliebiges zensierte oder Schriftsteller durch Haft aus dem gesellschaftlichen Verkehr zog.[76] Um den sozialistischen Realismus, wie er nach den Vorstellungen der DDR-Politik zur Zeit der Staatsgründung gestaltet sein sollte, war es allerdings geschehen, auch wenn Honecker in einer

Rede auf dem XI. Parteitag der SED im Jahr 1986 gebetsmühlenartig
- und unbeirrt von allen Entwicklungen - die vermeintlich notwendigen
Kriterien sozialistischen Schreibens vortrug, als sei nichts geschehen.[77]
Nun existierte endlich eine Vielzahl unterschiedlicher literarischer
Zugänge, die sich in Stil und Methode als realistisch erweisen sollten,
ohne auf die einst normierten Kriterien des sozialistischen Realismus
zu rekurrieren.[78] Die akademische Disziplin der Literaturwissenschaft
immerhin reagierte darauf und redete statt dem sozialistischen Realismus nun einem offenen Realismus das Wort:

> Die Theorie wie auch die Praxis dieses Realismus sind nichts Feststehendes, nichts Verordnendes, kein Dogma oder Abstraktum, vielmehr eine Agentur der stets veränderlichen und widerspruchsreichen Verkehrsverhältnisse zwischen dem Gesellschaftsangebot der Kunst und dem Kunstbedürfnis der Gesellschaft.[79]

Ein weiterer Vorschlag in Richtung eines offenen Realismus stammte
von dem Literaturwissenschaftler Dieter Schlenstedt. Mit dem sogenannten sozialistischen kritischen Realismus sollten die Defizite, an
denen die DDR-Gesellschaft und die DDR-Politik bisher gekrankt
haben, literarisch fruchtbar gemacht werden und damit im Marx'schen
Sinne eine souveräne und zugleich solidarische Form sozialistischer
Selbstkritik üben.[80] Die Vorschläge aus den Reihen der Literaturwissenschaft, nicht mehr doktrinär und normsetzend zu agieren, sondern
auf Diskussion und Reflexion hinsichtlich gesellschaftlicher und politischer Gegebenheiten zu setzen, wurden von Literaturpolitik und
Kulturdoktrin zwar nur widerstrebend zugelassen, setzten sich aber
zum Ende der 80er Jahre mehr und mehr durch. So konstatierte 1987
sogar der stellvertretende Minister für Kultur Klaus Höpcke, der im
Volksmund auch als Bücherminister bezeichnet wurde, dass der sozialistische Realismus kein »Scheuklappenmodell« sei, lasse er doch Raum
für unterschiedliche »Schreibhaltungen und -weisen«.[81] Offener kann
man das Konzept eines sozialistischen Realismus wohl kaum variieren,
was schlussendlich mit seiner offiziellen Bankrotterklärung einhergeht.

3. Zur Relevanz des sozialistischen Realismus in der Schriftstellerausbildung am Institut für Literatur

Die kulturpolitischen Programmatiken und Beschlüsse über den Umgang mit dem sozialistischen Realismus, wie sie von der DDR-Kulturpolitik festgelegt wurden, hatten sicherlich einigen Einfluss auf die Ausbildung und die Schreibprozesse am Becher-Institut. Aber auch die jenseits von solchen kulturpolitischen Vorgaben erfolgten Wandlungsprozesse im literarischen Raum der DDR zeitigten Auswirkungen auf die didaktischen Konzepte der Lehrenden und die literarische Praxis der Studierenden. Dies wird in den folgenden Kapiteln dieses Buches wiederkehrend thematisiert. Generell lässt sich konstatieren, dass die allgemeine Entwicklung, die der sozialistische Realismus in der DDR genommen hat, sich auch auf der Mikroebene des Instituts für Literatur vollzog. Wie bereits eingangs erwähnt, zeigen die in den 5oer Jahren und frühen 6oer Jahren entstandenen Studienabschlussarbeiten, dass die Studierenden gewillt waren, der Lehre und damit dem kulturpolitischen Auftrag des sozialistischen Realismus Folge zu leisten. Der Großteil der eingereichten Arbeiten weist bereits im Titel auf die Auseinandersetzung mit ihm hin. Da Lehrpläne aus den Anfangsjahren des Instituts nicht überliefert sind, geben vor allem Zeitzeugenerinnerungen sowie die als Poetische Konfessionen bezeichneten Abschlussarbeiten von Studierenden und vereinzelt Seminarprotokolle Auskunft über die didaktische Vermittlung sozialistischen Schreibens.

Mit der Zulassung von Nachwuchsautoren am IfL, die zu einer neuen Schriftstellergeneration ab Anfang der 6oer Jahre zählten, lässt sich dann eine Distanzierung von diesen normativen Vorgaben feststellen. Die jungen Autoren hatten im Vergleich zu den Studierenden der Kriegsgeneration, welche überwiegend in den 5oer Jahren am IfL immatrikuliert waren, den Zweiten Weltkrieg als Kinder erlebt und nahmen damit eine andere Perspektive auf den Sozialismus und seine Literatur ein. Dabei geriet Lyrik als literarischer Interessenschwerpunkt verstärkt in den Vordergrund der Abschlussarbeiten sowie Prosa der sogenannten Ankunftsliteratur, die erstmals auch die Problematiken, im Sozialismus zu leben, aufgriff. In der Lehre schien die didaktische Vermittlung des einst normativ festgeschriebenen Konzepts des sozialistischen Realismus ebenfalls nicht mehr verbindlich gewesen zu sein. In den Seminaren des Lyrikers Georg Maurer, eines der einflussreichsten Dozenten dieses Jahrzehnts, spielten die Maßgaben des sozialistischen Realismus so gut wie keine Rolle. Und Max Walter Schulz, der das Institut ab 1964 leiten sollte, resümierte in seiner Rede zum zehnjährigen Jubiläum des Hauses im September 1965, man müsse, wenn man den sozialistischen Realismus zeitgemäß halten wolle, die Veränderungen, die die Wirklichkeit mit sich bringe, auch in der Literatur berücksichtigen und entsprechend nicht die Literatur an die Vorgaben des sozialistischen Realismus anpassen, sondern das Konzept des sozialistischen Realismus an die Literatur.[82] Gleichwohl drehte sich das Blatt auch am IfL mit dem im Dezember folgenden Kahlschlagplenum, zumal mit Werner Bräunig und Gerd Bieker Angehörige des Becher-Instituts auf dem Plenum angegriffen worden waren. Ab Mitte der 60er Jahre reagierten die Verantwortlichen des Becher-Instituts mit zahlreichen ›politischen‹ Exmatrikulationen von Studierenden als Konsequenzen aus dem 11. Plenum sowie im Zuge der Ereignisse des Prager Frühlings und verloren damit, wie sich herausstellen sollte, nicht wenige literarische Talente.

Die mit dem Amtsantritt Honeckers sich ankündigende Liberalisierung zu Beginn der 70er Jahre machte sich gleichfalls am Becher-Institut bemerkbar. Einige Studierende, die in den 60er Jahren aus politischen Gründen relegiert worden waren, konnten nun an den seit Mitte der 60er Jahre etablierten Sonderkursen für arrivierte Schriftsteller des Hauses teilnehmen; neben den Lyrikern Andreas Reimann und Dieter Mucke auch Martin Stade, ein Autor, der sich durch eine höchst eigenwillige Schreibweise auszeichnete und in seine realistische Prosa phantastische Elemente integrierte. Weitere bekannte Autoren der DDR, die sich offenkundig nicht dem sozialistischen Realismus verpflichtet sahen, wie etwa Volker Braun oder Ulrich Plenzdorf und Klaus Schlesinger, nahmen ebenfalls an diesen Sonderkursen teil. Nach der Biermann-Ausbürgerung sah sich die Institutsdirektion allerdings einmal mehr gezwungen, der Politik zu versichern, dass die Ausbildung am Institut nach ideologischen Maßgaben erfolgt. Die Abschlussarbeiten dieser Dekade weisen indes ein weites Spektrum auf. Neben systemkonformen, dem sozialistischen Realismus sowohl in formaler als auch inhaltlicher Hinsicht nach wie vor verpflichteter Prosa und Lyrik findet sich eine große Zahl an problemorientierten literarischen Texten, die sich kritisch mit Alltagskonflikten, gesellschaftlichen Zuständen im Land oder nun auch erstmals mit Themen wie Umwelt- und

Naturschutz befassten. Auffallend häufig widmeten sich Studierende in diesem Jahrzehnt poetologischen Fragen und setzten sich mal mehr, mal weniger kritisch mit den Ansprüchen an das eigene literarische Schreiben im Verhältnis zu ideologischen Vorgaben und den damit verbundenen Schwierigkeiten auseinander. Auch phantastische und märchenhafte Motive, typische Merkmale, die die Literatur der 70er Jahre auszeichneten, wurden nun häufiger verwendet, und dies nicht nur in der Kinder- und Jugendliteratur, sondern mitunter auch in der Erwachsenenliteratur.

In den 80er Jahren finden sich keinerlei Abschlussarbeiten mehr, die auch nur im Entferntesten der Programmatik des sozialistischen Realismus folgten; ganz im Gegenteil: Es wurde mit unterschiedlichsten Spielarten des Realismus jenseits von verordneten Schreibweisen und Methoden experimentiert, die sowohl Elemente des Phantastischen und Absurden als auch des Surrealistischen und Hyperrealistischen enthielten. Gleichzeitig beriefen sich allerdings Direktion wie Lehrkörper des Instituts in diesem Jahrzehnt in Lehrprogrammen, Perspektivplänen und Grundsatzpapieren auffällig häufig auf die Aneignung des Konzepts und der Methode des sozialistischen Realismus als erklärtes Lernziel. So wurde etwa in dem 1981 überarbeiteten Institutsstatut erstmalig explizit gemacht, dass das Institut die Aufgabe habe, Schriftsteller auszubilden, »die bereit und fähig sind, mittels ihres literarischen Schaffens im Sinne des sozialistischen Realismus an der weiteren Gestaltung der entwickelten sozialistischen Gesellschaft aktiv mitzuwirken.«[83] Diese erst im letzten Jahrzehnt erfolgte Verankerung einer solchen Verpflichtung im Institutsstatut gibt angesichts der dazu diametral entgegenstehenden Schreibpraxis nicht zuletzt Auskunft darüber, wie mangelhaft die künstlerische Akzeptanz des sozialistischen Realismus unter den Studierenden gewesen sein muss.[84] Aber auch die Lehrenden am Institut unterließen es letztlich, die Freiräume ihrer Studenten und Studentinnen bei der Wahl ihrer Themen einzuschränken. Ihre Beteuerungen, sich in der Lehre auf den sozialistischen Realismus zu verpflichten, dienten insofern vor allem dazu, den offiziellen kulturpolitischen Forderungen zu genügen, waren aber wohl, wie vieles andere in den 80er Jahren, lediglich als ein Lippenbekenntnis zu bewerten.

·

Führt man sich die Entwicklung des sozialistischen Realismus über 40 Jahre DDR-Geschichte vor Augen, entpuppt er sich als »ein politisch überdeterminiertes Konglomerat normativer Geschmacksurteile, stilistischer Vorschriften, literaturhistorischen Recyclings und kulturanthropologischer Festschreibung (›Menschenbild‹)«.[85] Als politisches Konstrukt beruhte der sozialistische Realismus weder auf einer »einheitliche[n] Theorie der Literatur bzw. Poetologie«,[86] noch taugte er in seiner starren Verfasstheit dazu, literarische Wandlungsprozesse konstruktiv aufzunehmen bzw. einzubeziehen. Deshalb musste das mehr und mehr auch politisch zu einer Leerformel verkümmernde Programm an seiner kategorialen Verweigerung scheitern, Aspekte des ästhetischen Mehrwerts zuzulassen, an dem Literatur – auch eine sozialistische – sich stets orientiert.

1 Alfred Kurella: Bilanz der Sowjetliteratur. In: Neue Deutsche Literatur 3/3 (1955), S. 121.
2 Vgl. etwa die Lehrpläne in folgenden Akten: Lehrplan 1967/68, SStAL, IfL, Nr. 543, Bl. 6 u. 13; Lehrplan 1960–167, SStAL, IfL, Nr. 536, Bl. 37/38, 41, Lehrplan des Ästhetik-Seminars von 1986, Schernikau-Nachlass, Leipzig Konvolut, Mappe 1. Zu Überlegungen seitens des Lehrpersonals zur Bedeutung des sozialistischen Realismus für das Studium vgl. das Konzept des Direktors Max Walter Schulz zu »Grundzügen unserer Lehrmethode und Lehrmeinung«, SStAL, IfL, Nr. 851, Bl. 2–8 sowie den Entwurf eines »Lehrprogramm[s] marxistisch-leninistische Ästhetik« des in den 80er Jahren am IfL lehrenden Ästhetik-Dozenten Günter Gießler, SStAL, IfL, Nr. 23 Bl. 43–56.
3 Simone Barck/Martina Langermann/Siegfried Lokatis: »Jedes Buch ein Abenteuer.« Zensur-System und literarische Öffentlichkeit(en) in der DDR bis Anfang der sechziger Jahre. Berlin 1997, S. 14.
4 Vgl. Günter Erbe: Die verfemte Moderne. Die Auseinandersetzung mit dem »Modernismus« in Kulturpolitik, Literaturwissenschaft und Literatur der DDR. Opladen 1993, S. 38 ff.; Werner Brettschneider: Zwischen literarischer Autonomie und Staatsdienst. Die Literatur in der DDR. Berlin 1972, S. 35 ff.; Jens Saadhoff: Germanistik in der DDR. Literaturwissenschaft zwischen »gesellschaftlichem Auftrag« und disziplinärer Eigenlogik. Heidelberg 2007, S. 365 ff.; Magdalena Heider: Politik – Kultur – Kulturbund. Zur Gründungs- und Frühgeschichte des Kulturbundes zur demokratischen Erneuerung Deutschlands 1945–1954 in der SBZ/DDR. Köln 1993, S. 90ff.
5 Vgl. Juri Andrejew: Theoretische Probleme des sozialistischen Realismus. In: Der sozialistische Realismus in der Literatur, von einem Autorenkollektiv unter der Leitung von Harri Jünger. Leipzig 1979, S. 188–216, hier S. 191 ff.
6 Vgl. Erbe: Die verfemte Moderne S. 55 ff.; Simone Barck: Das Dekadenz-Verdikt, S. 328 f.

ANMERKUNGEN

7 Vgl. Hans-Ulrich Treichel: Ein Wort, geflissentlich gemieden. Dekadenz und Formalismus am Institut für Literatur »Johannes R. Becher«. In: Zeitschrift für Germanistik, 2016, NF XXVI. Jg., H. 3, S. 530–548, hier S. 531f.
8 Vgl. Alexander Lwowitsch Dymschitz: Über den Formalismus in der Deutschen Malerei. Tägliche Rundschau vom 19.11.1948.
9 Ausführlicher zum Formalismusbeschluss vgl. Erbe: Verfemte Moderne, S. 59f., Helmut Peitsch: Nachkriegsliteratur 1945–1989. Göttingen 2009, S. 167f.
10 Zu diesen Entwicklungen vgl. Saadhoff: Germanistik in der DDR; Brettschneider: Zwischen literarischer Autonomie, Erbe: Verfemte Moderne; Gunnar Decker: 1965. Der kurze Sommer der DDR. München 2015, S. 129–136.
11 Erbe: Die verfemte Moderne, S. 67.
12 Vgl. ebd., Emmerich: Kleine Literaturgeschichte, S. 125.
13 Vgl. IV. Deutscher Schriftstellerkongreß, Januar 1956. Protokoll. 2 Teile. Beiträge zur Gegenwartsliteratur, hg. vom Deutschen Schriftstellerverband. Berlin 1956.
14 Vgl. Caroline Gallée: Georg Lukács. Seine Stellung und Bedeutung im literarischen Leben der SBZ/DDR 1945–1985. Tübingen 1996; Helmut Peitsch: Die Vorgeschichte der ›Brecht-Lukács-Debatte‹. Die Spesen zu Brechts ›Sieg‹. In: Internationales Archiv für Sozialgeschichte der deutschen Literatur (IASL) Juni 2014, Bd. 39, H. 1, S. 89–121.
15 Vgl. Saadhoff: Germanistik in der DDR, S. 223ff.
16 Vgl. ebd.
17 Vgl. Erbe: Die verfemte Moderne, S. 66–74; Saadhoff: Germanstik in der DDR, S. 104ff., Peitsch: Nachkriegsliteratur, S. 171f.
18 Vgl. Entschließung des IV. Deutschen Schriftstellerkongresses. In: IV. Deutscher Schriftstellerkongreß, Januar 1956. Protokoll 2. Teil, S. 179–180.
19 Ronald Weber: Peter Hacks, Heiner Müller und das antagonistische Drama des Sozialismus. Ein Streit im literarischen Feld der DDR. Berlin 2015, S. 17.
20 Vgl. Maja-Maria Becker: »Was hat das mit sozialistischer Lyrik zu tun?« Die Bedeutung der Lyrik am Institut für Literatur »Johannes R. Becher« in der Ära Maurer. In: Zeitschrift für Germanistik. Neue Folge XXVI 3/3016, S. 549–566.
21 U.a. Stephan Hermlin, Erwin Strittmatter, Franz Fühmann und Rainer Kirsch. Vgl. Werner Mittenzwei: Im Zwielicht. Auf der Suche nach dem Sinn einer vergangenen Zeit. Leipzig 2004, S. 179.
22 Zur Konturierung des Begriffs vgl. Matthias Aumüller: Ankunftsliteratur. Explikation eines literaturhistorischen Begriffs. In: Wirkendes Wort 61, H. 2, 2011, S. 293–311.
23 Jörg Magenau: Guten Abend, Du Schöne. Tagesspiegel vom 21.7.2013.
24 Vgl. Gerrit-Jan Berendse: Die »Sächsische Dichterschule«. Lyrik in der DDR der sechziger und siebziger Jahre. Frankfurt a.M. u.a. 1990; Wolfgang Emmerich: Kleine Literaturgeschichte der DDR. Erw. Neuausgabe. Berlin (1996) 2009, S. 397f.
25 Hans Koch: Unsere Literaturgesellschaft. Kritik und Probleme. Berlin (Ost) 1965, S. 19.
26 Ebd., S. 65.
27 Vgl. dazu auch die Einschätzung der Mitte der 70er Jahre in der DDR entstandenen Studie von Klaus Jarmatz: Forschungsfeld Realismus. Theorie, Geschichte, Gegenwart. Berlin u.a. 1975, S. 31f.

28 Vgl. Saadhoff: Germanistik in der DDR, S. 170f.; Erbe: Die verfemte Moderne, S. 69ff.
29 Saadhoff: Germanistik in der DDR, S. 108.
30 So wurden weitere Stimmen der DDR-Germanistik, die in den 60er Jahren eine »Weite und Vielfalt realistischer Schreibweisen« (Brecht) forderten, wie die der Literaturwissenschaftler Dieter Schlenstedt, Dieter Schiller und Werner Mittenzwei von Universitätskollegen abgewürgt, die dem Diskurswächter des sozialistischen Realismus Hans Koch nahestanden, etwa von Horst Haase und Edith Braemer. Vgl. ebd. S. 170f., 237ff.
31 Adolf Endler hatte in seinem 1971 in *Sinn und Form* erschienenen Pamphlet *Im Zeichen der Inkonsequenz* einen Bruch zwischen einer gänzlich ideologisch vereinnahmten Germanistik und der Literatur konstatiert. Vgl. Sinn und Form, 1971, S. 1358–1366, hier S. 1363. Vgl. außerdem Saadhoff, S. 245; Erbe: Die verfemte Moderne, S. 114f.
32 Vgl. dazu Decker: 1965, S. 76ff.
33 Vgl. ebd., S. 355ff.
34 Vgl. Barck/Langermann/Lokatis: Jedes Buch ein Abenteuer, S. 153ff.; Emmerich: Kleine Literaturgeschichte, S. 129ff.; Erbe: Die verfemte Moderne, S. 77.
35 Vgl. Brettschneider: Zwischen literarischer Autonomie S. 130ff.; Emmerich: Kleine Literaturgeschichte, S. 202f.
36 Vgl. Brettschneider: Zwischen literarischer Autonomie, S. 57, 126, 134.
37 Volker Braun: Anspruch. Zitiert nach: Volker Braun: Gedichte. Frankfurt a. M. 1979, S. 7.
38 Vgl. Saadhoff: Germanistik in der DDR, S. 240f.
39 Weber: Peter Hacks, Heiner Müller, S. 19.
40 Vgl. ebd., S. 23, 338ff.
41 Vgl. ebd.; Erbe: Die verfemte Moderne, S. 240f.
42 Zur bewusstseinsbildenden und steuernden Funktion des Faches vgl. Saadhoff: Germanistik in der DDR, S. 177ff.
43 Vgl. ebd., S. 173ff.; Emmerich: Kleine Literaturgeschichte, S. 399f.
44 Vgl. Saadhoff: Germanistik in der DDR, S. 239ff.; Peitsch: Nachkriegsliteratur, S. 232f.
45 Bericht des Zentralkomitees an den VIII. Parteitag der Sozialistischen Einheitspartei Deutschlands. Berichterstatter: Erich Honecker, Berlin (Ost) 1972, S. 77. Zu den Liberalisierungstendenzen vgl. Erbe: Die verfemte Moderne, S. 113ff.; Dagmar Schittly: Zwischen Regie und Regime. Die Filmpolitik der SED im Spiegel der DEFA-Produktionen. Berlin 2002, S. 170ff.
46 Erich Honecker: Die Hauptaufgabe umfasst auch die weitere Erhöhung des kulturellen Niveaus. In: Ders.: Reden und Aufsätze. Bd. 1, Berlin 1975, S. 426–429, hier S. 427.
47 Ebd., S. 428.
48 Vgl. Philipp Ther: Deutsche und polnische Vertriebene. Gesellschaft und Vertriebenenpolitik in der SBZ/DDR und in Polen 1945–1956. Göttingen 1998, S. 249.
49 Vgl. Kristin Felsner: Perspektiven literarischer Geschichtsschreibung: Christa Wolf und Uwe Johnson. Göttingen 2010, S. 173f.
50 Vgl. Erbe: Die verfemte Moderne, S. 115; Schittly: Zwischen Regie und Regime, S. 172.; Weber: Peter Hacks, Heiner Müller, S. 330ff.

ANMERKUNGEN

51 Vgl. Erbe: Die verfemte Moderne, S. 117.
52 Vgl. ebd., S. 126f., 132; Saadhoff: Germanistik in der DDR, S. 248.
53 Vgl. Saadhoff: Germanistik in der DDR, S. 253, 269ff.; Werner Mittenzwei: Der Realismusstreit um Brecht. Berlin u. a. 1978, S. 154ff.
54 Vgl. Saadhoff: Germanistik in der DDR, S. 270, 285, 387ff.; Erbe: Die verfemte Moderne, S. 132f.
55 Vgl. Schittly: Zwischen Regie und Regime, S. 175.
56 Vgl. Erbe: Die verfemte Moderne, S. 115.
57 Vgl. Manfred Jäger: Das Ende einer Kulturpolitik. Die Fälle Kunze und Biermann. In: Deutschland-Archiv 12, 1976, S. 1233–1239, hier S. 1234.
58 Vgl. ebd., S. 1237f.; Emmerich: Kleine Literaturgeschichte, S. 253f.; Erbe: Die verfemte Moderne, S. 115f.; Weber: Peter Hacks, Heiner Müller, S. 337ff.
59 Vgl. Emmerich: Kleine Literaturgeschichte, S. 257; Erbe: Die verfemte Moderne, S. 116; Roland Berbig/Holger Jens Karlson: »Leute haben sich als Gruppe erwiesen. Zur Gruppenbildung bei Wolf Biermanns Ausbürgerung: In: In Sachen Biermann. Protokolle, Berichte und Briefe zu den Folgen einer Ausbürgerung. Berlin 1994, S. 11–28, hier S. 26f.
60 Vgl. Erbe: Die verfemte Moderne, S. 120f.; Berbig/Karlson: Leute haben, S. 26f.
61 Vgl. Claudia Schmidt: Rückzüge und Aufbrüche zur DDR-Literatur in der Gorbatschow-Ära. Frankfurt a. M. 1995, S. 188.
62 Franz Fühmann: Der Geliebte der Morgenröte (1978), Heiner Müller: Philoktet (1977), Volker Braun: Siegfried, Frauenprotokolle, Deutscher Furor (1983).
63 Emmerich: Kleine Literaturgeschichte, S. 304, 428.
64 Der Topos von der Generation der Hineingeborenen geht zurück auf das Gedicht »Hineingeboren« von Uwe Kolbe, das in seinem ersten Gedichtband gleichen Namens enthalten ist. Vgl. Uwe Kolbe: Hineingeboren. Berlin 1980, S. 48. Kolbe hat übrigens 1980/1981 einen sog. Sonderkurs am Becher-Institut absolviert.
65 Emmerich: Kleine Literaturgeschichte, S 396.
66 Vgl. ebd., S. 407; Peter Böthig: Grammatik einer Landschaft. Literatur aus der DDR in den 80er Jahren. Berlin 1997, 15f.
67 Das Scheitern der sogenannten Fühmann-Anthologie ist dafür das wohl prominenteste Beispiel. Vgl. Dietrich Löffler: Buch und Lesen in der DDR. Ein literatursoziologischer Rückblick. Bonn 2011, 121ff.
68 Fritz Hendrick Melle. Notizen aus einem Gespräch. In: Berührung, S. 147. Volker Braun polemisierte im Gegenzug gegen den »Wortmüll« und »den geistlosen Handbetrieb der Avantgarde-Literatur«. Vgl. Volker Braun: Rimbaud. Ein Psalm der Aktualität. In: Sinn und Form, 1985, S. 978–998.
69 Vgl. Rainer Eckert: Widerstand und Opposition in der DDR. Von den Forschungen zur Geschichte des Nationalsozialismus zur Auseinandersetzung mit der SED-Diktatur, Version: 1.0. In: Docupedia-Zeitgeschichte, 2.12.2013, Docupedia https://docupedia.de/zg/Widerstand_und_Opposition (zuletzt eingesehen am 29.8.2017).
70 Vgl. Böthig: Grammatik, S. 15f.; Ines Geipel/Joachim Walther: Gesperrte Ablage. Unterdrückte Literaturgeschichte in Ostdeutschland 1945–1989. Düsseldorf 2015, S. 245ff., Löffler: Buch und Lesen, S. 126.
71 Vgl. Paul Kaiser/Claudia Petzold: Boheme und Diktatur in der DDR. Gruppen, Konflikte, Quartiere 1970–1989. Berlin 1997, S. 68f.

72 Vgl. Friederike Kind-Kovács/Jessi Labov (Hg.): Samizdat, Tamizdat, and Beyond. Transnational Media During and After Socialism. New York 2013.
73 Vgl. Emmerich: Kleine Literaturgeschichte, S. 410f.
74 Vgl. ebd.; Böthig: Grammatik, S. 70.
75 Vgl. Böthig: Grammatik, S. 70f.; Emmerich: Kleine Literaturgeschichte, S. 409ff.
76 Vgl. Geipel, Walther: Gesperrte Ablage, S. 244–306.
77 Vgl. Erbe: Die verfemte Moderne, S. 28ff.
78 Vgl. ebd., S. 122f.; Saadhoff: Germanistik in der DDR, S. 387.
79 Robert Weimann: Realität und Realismus. Über Kunst und Theorie in dieser Zeit. In: Sinn und Form, 1984, Heft 5, S. 924–951, hier S. 925.
80 Vgl. Emmerich: Kleine Literaturgeschichte, S. 400.
81 Zitiert nach ebd., S. 401.
82 Vgl. Max Walter Schulz: Nochmals über die Lehrbarkeit der literarischen Meisterschaft, S. 31.
83 Vgl. Statut des Instituts für Literatur von 1981, SStAL, IfL, Nr. 368, Bl. 8.
84 In diesem Zusammenhang äußerte sich der Ästhetik-Dozent Günter Gießler später:»In den 50er Jahren brauchten die Rituale nicht ständig beschworen zu werden, sie wurden von den meisten jungen Intellektuellen aus Überzeugung befolgt. In den 80er Jahren war die permanente Beschwörung nötig, weil die Rituale ihre magische Kraft verloren hatten, keiner glaubte mehr an die Losungen.« Günter Gießler: Das Literaturinstitut J. R. Becher und das Kreative Schreiben. In: Wilhelm Gössler/Christoph Hollender (Hg.): Schreiben und Übersetzen.»Theorie allenfalls als Versuch einer Rechenschaft«. Tübingen 1994, S. 131–144, hier S. 133.
85 Klaus Michael Bogdal: Alles nach Plan, alles im Griff. Der diskursive Raum der DDR-Literatur in den Fünfziger Jahren. In: Georg Mein/Markus Rieder-Ladich (Hg.): Soziale Räume und kulturelle Praktiken. Über den strategischen Gebrauch von Medien. Bielefeld 2004, S. 123–148, hier S. 131.
86 Ebd.

IV. Prominente Studenten, prominente Dozenten. Der erste Jahrgang

1. Die Studenten der ›ersten Stunde‹

»Klipp und knapp« soll es der Generalsekretär des Schriftstellerverbandes Eduard Claudius gegenüber Erich Loest formuliert haben: »wir brauchen am Institut [...] auch ein paar Schüler, die sich als Schreiber ausgewiesen haben, die in der Debatte den Ton angeben können, wir brauchen sie nicht zuletzt für das Renommee des Hauses.«[1] Denn umstritten war das Institut für Literatur »Johannes R. Becher« schon in seiner Gründungsphase, lange bevor es 1959 den Namen des damals bereits verstorbenen expressionistischen Dichters und ersten Kulturministers der DDR erhielt.

Trotz zahlreicher Vorbehalte, die die Erlernbarkeit literarischen Schreibens anzweifelten,[2] wurde das Institut am 30. September 1955 in Leipzig im Haus der Gesellschaft für deutsch-sowjetische Freundschaft feierlich eröffnet. Am 1. Oktober begann der Lehrbetrieb zunächst in einer Etage der Theaterhochschule in der Schwägrichenstraße 3[3] – ein Provisorium, weil ein eigenes Haus im Gründungsjahr noch nicht zur Verfügung stand. Zu den Studenten der ersten Stunde gehörte Erich Loest, der sich widerwillig dem Druck von Eduard Claudius beugte und als ›ausgewiesener‹ Schriftsteller Teilnehmer des ersten Jahrgangs wurde. Er blieb allerdings nicht der einzige aus heutiger Perspektive prominente Schüler. Mit ihm nahmen Adolf Endler, Ralph Giordano und Fred Wander das Studium auf. Diese drei lebten bis zu der Aufnahme ihres Studiums in Leipzig noch nicht in der DDR, sondern waren »aus den Westzonen« Deutschlands und aus Österreich gekommen.[4] Weiterhin fand sich der Dramatiker Helmut Baierl unter den ›Gründungsstudenten‹ ebenso wie Helmut Preißler, beide spätere Nationalpreisträger der DDR. 26 Studierende waren es insgesamt,[5] im Alter zwischen fünfundzwanzig und fünfzig. »Kinderbuch- und Hörspielautoren, Lyriker und Dramatiker, gewesene Lehrer, Lektoren, Journalisten, ein Schneider dabei, und ein Lok-Führer«,[6] unter ihnen »auch ruhige, angepasste Bürger«, die »sich geehrt und bevorzugt als Hörer am Literaturinstitut«[7] fühlten, wie sich Erich Loest und Fred Wander erinnern werden.

Dem Gründungsstatut zufolge lag die Aufgabe des Literaturinstituts darin, »Schriftsteller und Literaturkritiker fortzubilden, und zwar vor allem aus der Arbeiterklasse und werktätigen Bauernschaft«.[8] Die ausdrückliche Erwähnung, dass auch ein Schneider und ein Lok-Führer unter den Studenten weilten, weist jedoch darauf hin, dass Arbeiter und Bauern im ersten Jahrgang eher rar waren. Allerdings erscheint die Formulierung in dem Statut ohnehin etwas unscharf. Denn unklar bleibt, ob die familiäre Herkunft der Studierenden aus dem Arbeiter- und Bauern-Milieu oder die berufliche Erfahrung der Studierenden selbst als entscheidendes Kriterium gelten sollte. Die Berücksichtigung der Herkunft erscheint angesichts dessen, dass die meisten Studierenden zu Studienbeginn am Institut um die 30 waren, indes ein wenig kurios.

Der überwiegende Teil der Studierenden des ersten Jahrgangs jedenfalls kam aus der schreibenden und lehrenden Zunft. So hatten neben den bereits erwähnten Studenten auch Gotthold Gloger, Joachim Kupsch, Rudolf Brock, Herbert Bruna, Erwin Lademann, Hans-Gert Lange, Helmut Sperling und Rudolf Weiß bereits Literarisches publiziert. Walter Püschel hatte zuvor als Lektor im Verlag Neues Leben gearbeitet. Werner Lindemann und Harry Gerlach waren wie Helmut Preißler als Lehrer tätig gewesen. Fred Reichwald konnte Erfolge als Fernsehautor vorweisen, Rudolf Bartsch hatte bereits als Journalist und Erwin Bekier als Übersetzer von Kinderbuchliteratur gearbeitet.[9] Die meisten von ihnen wurden in den 1920er Jahren geboren und gehörten mithin zu der Gruppe der DDR-Autoren, die zwischen 1933 und 1945 aufgewachsen waren, in einigen Fällen unter dem Einfluss der NS-Ideologie gestanden und am Krieg teilgenommen hatten, bevor sie sich zunächst dem sogenannten antifaschistisch-demokratischen Aufbau und dann dem Sozialismus und der DDR zuwandten. Mit ihrem Lebenslauf und ihrem Alter unterschieden sie sich maßgeblich von jener um 1900 geborenen Schriftstellergruppe, die bereits während des Zweiten Weltkrieges als überzeugte Sozialisten agiert hatten wie etwa Johannes R. Becher, Bertolt Brecht und Anna Seghers.[10] Adolf Endler, der, 1930 geboren, zu den Jüngsten des Jahrgangs zählte, berichtete später, es habe eine Weile gedauert, bis ihm zu Bewusstsein gekommen sei, dass er die ganze Zeit

> mit Landsern zusammen gewesen war, mit ehemaligen Soldaten, die dort lernen sollten, etwas zu schreiben, was in die Nähe des sozia-

listischen Realismus ging [...]. Diese Leute waren oft unheimlich zynisch, sie nahmen nichts ernst. Nicht, dass sie renitent gewesen wären, das nicht, aber sie ließen alles mit einem ungeheuren Zynismus über sich ergehen. Und ich mit meiner Verträumtheit war wiedermal ein Außenseiter. Später erst ist mir klargeworden, warum. Ich war kein Soldat gewesen, und konnte auch nicht schießen.[11]

Dass das Interesse am Studium und den damit verbundenen Verpflichtungen nicht besonders groß war, bezeugte aus der Erinnerung heraus auch Erich Loest.»Schon nach zwei Monaten mußte über Bummelei debattiert werden.«[12] Und von Hans Mayer, der als renommierter Professor der Literaturwissenschaft der Universität Leipzig eine der ersten Gastvorlesungen am Institut für Literatur hielt, ist die Klage kolportiert, dass ihm niemals zuvor ein derart unaufmerksames und stupides Publikum begegnet sei.[13] Viel getrunken und viel geschwänzt wurde in diesem ersten Jahrgang.

[D]ie meisten hatten keine Lust in die Seminare zu gehen, und haben das alles gar nicht ernst genommen. Die meiste Zeit saß man vorn im Aufenthaltsraum und spielte Karten, das hatte sich irgendwann so ergeben; vielleicht trank man auch ein Bier dazu. Und dann wurde abgestimmt, wer nun in die Russische Literatur geht. Drei oder vier wurden dahin delegiert, und die anderen spielten weiter Skat.[14]

Auch nach Seminar und Vorlesung traf man sich häufig auf ein Bier und ein Kartenspiel, statt sich dem Schreiben zu widmen.»Nicht wenige Studenten nutzten die Möglichkeit der Großstadt zu intensiv, bald hörte man, manche kennten sich in den städtischen Cafés und Kneipen, etwa dem ›Kaffeebaum‹ und in der ›Femina‹ besser aus als im Institut.«[15] Von Wissensdurst und Elan am Literaturinstitut sei unter den Studenten hingegen wenig zu spüren gewesen. Vielleicht habe es daran gelegen, resümierte Erich Loest, dass es keine Leistungsanforderungen gab, »keine Arbeiten wurden geschrieben, keine Prüfungen waren angedroht«.[16] Gar als ein »einziges großes Durcheinander« beschrieb Adolf Endler später seine Zeit am Institut, »mit großen Besäufnissen und jeder Menge Frauengeschichten [...]. Ich war furchtbar viel betrunken, wie die anderen dort auch«.[17] Von dem Zynismus der Landser-Generation weder angesteckt noch angewidert war Fred Wander, wenngleich auch er von »Anzeichen einer gewissen Nachlässigkeit« in Sachen Studienmoral und Disziplin seines Jahrgangs zu berichten wusste.[18] Der aus Wien stammende Jude hatte Auschwitz überlebt und war in die DDR gekommen, weil ihm das Leben im nach wie vor antisemitischen Nachkriegs-Österreich unerträglich geworden war.[19] So kam es dem seit 1950 der Kommunistischen Partei Österreichs Angehörenden zupass, dass man ihm als Auslandsstudenten einen Studienplatz am Institut für Literatur anbot.[20] Seine Eindrücke von den Begegnungen mit Kommilitonen am Literaturinstitut fallen nachdenklich, freundlich und wenig herablassend aus.

> Sie amüsierten sich glänzend über mich, meine neuen Freunde, ich war Jude, der ja der Legende nach immer über einen ausgekochten Verstand verfügen sollte; ich aber stellte laufend irritierend naive Fragen. In einer der ersten Diskussionen, die manchmal nach den Vorlesungen abgehalten wurden, fragte ich völlig unschuldig, was es mit folgenden Texten – auf den Plakaten, die man überall sehen konnte – für eine Bewandtnis habe: ›Senkt die Waldbrände um 50 Prozent!‹. Und auf einem anderen Plakat in Berlin hatte ich gelesen: ›Werner-Seelenbinder-Gedächtnisringen!‹ Als ich diesen Spruch zitierte, meldete sich hinter mir eine ältere Dame, eine Heimatdichterin aus dem Erzgebirge [d. i. Martha Weber-Liebscher, K. St.] und sagte in ihrem unnachahmlichen Dialekt: Jawohl, sie habe auch ständig mit ihrem Gedächtnis zu ringen! – Sie hatte während der Vorlesung geschlafen und war eben erst aufgewacht. Großes Gelächter![21]

Wander beschreibt in seinen Memoiren die Atmosphäre unter den Kommilitonen als aufgeschlossen und angenehm, debattenfreudig, geistreich und politisch. Diskussionen über die »Sprache der Apparatschiks«, über die »Sprache der Ideologie« wurden geführt, und als »völlig entleert vom wirklichen Leben« verurteilt.[22] Vor allem Loest, Giordano und Gloger seien äußerst kritisch sowohl dem Lehrbetrieb als auch dem System gegenüber gewesen und hätten immer wieder heftige Debatten in den Pausen zwischen den Teilnehmern angefacht.

> Es war eine heftig durchpulste, vibrierende Welt, in die ich geraten war [...]. Ich beobachtete die Leidenschaft und Radikalität einiger meiner neuen Freunde mit wachsendem Interesse. [...] Und ich sah

ihre Radikalität, ihr ehrliches glühendes Aufbegehren mit heimlicher Bewunderung.[23]

Ralph Giordano, ebenfalls jüdischer Holocaust-Überlebender, der für das Studium am Institut für Literatur aus Hamburg übergesiedelt war, kam als bekennender Stalin-Verehrer und KPD-Mitglied in die DDR. 1956 nach der Enthüllung der stalinistischen Verbrechen auf dem XX. Parteitag der KPdSU wandte er sich in derselben Radikalität, wie er sich dem Stalinismus zugewandt hatte, auch wieder von ihm ab, wovon sein Buch *Die Partei hat immer Recht* eloquent Auskunft gibt. Erich Loest erinnerte sich später an seinen Kommilitonen als »sizilianisch-heißblütig«.[24] In einer am Literaturinstitut geführten Debatte über die stalinistischen Verbrechen soll Giordano »sich die Mähne raufend« ausgerufen haben: »Muß ich Stalin aus meinem Herzen reißen?«[25]

Giordanos Erinnerungen an seine Zeit am Literaturinstitut sind geprägt von Desillusionierung und Enttäuschung. Im Unterschied zu Fred Wander thematisiert er in seinen Memoiren überwiegend Situationen des Dissenses und der Unzufriedenheit.

Aber auch für Giordano ragten Erich Loest und Gotthold Gloger als talentierte und streitbare Charismatiker aus der Gruppe der Studierenden heraus.

Gloger, ein junger Mann aus dem Südwesten Deutschlands, Mitglied der KPD [...]. Dieser schriftstellerisch hochbegabte, rhetorisch aber völlig unfähige Riese, dessen anarchischem Hirn es schwer fiel, seine Gedanken klar und folgerichtig mündlich zu formulieren, bebte zuweilen vor Wut.[26]

Loest hingegen umgab die Ausstrahlung einer »hintergründigen Unbeugsamkeit«.[27] Giordano wusste, dass Loest 1953 bereits einige Konfrontationen mit der Kulturbürokratie ausgefochten hatte und »haarscharf einem Parteiausschluß [entgangen war], der auf lange Zeit seiner schriftstellerischen Karriere ein Ende gesetzt hätte«.[28] Dass er sich nicht im »Sinne seiner Angreifer« läuterte, sondern weiterhin seine Rolle als Autor nutzte, um literarische Kritik am System zu üben, dafür zollte Giordano Loest großen Respekt. Was Loest und Gloger, »zwei Naturen, die man sich vom Temperament unterschiedlicher nicht vorstellen konnte, zueinander trieb und von Anfang an Front gegen den ›Natschalnik‹ machen ließ«, konstatierte Giordano, »das war der gemeinsame, aus langen Erfahrungen gewachsene Abscheu vor der Didaktik einer anonymen Macht, die ihr Talent und seine Entfaltung tödlich bedrohte«.[29]

Der Natschalnik – was auf Russisch so viel wie ›Chef‹ heißt –, das war Alfred Kurella, der Direktor des Hauses. Den aus der UdSSR remigrierten Kommunisten der ersten Stunde, der Lenin begegnet war und für Dimitroff gearbeitet hatte, umgab eine ungewöhnliche Aura, die bei den Studenten höchst zwiespältige, zwischen Bewunderung und Hochachtung, Abneigung und Entsetzen changierende Eindrücke hervorzurufen schien. Giordano war zu Beginn des Studiums begeistert von Kurella: »aufgeräumt, klug, vital, ein federnder Sechziger«.[30] Zwei Monate später allerdings entwirft er ein geradezu entgegengesetztes Bild: Nun umgibt den Direktor nur noch der Ruch des »Schmalspurismus«; einer, der »keine Veränderung«, sondern »Bestätigung des Dogmas«, »keine Unruhe«, sondern »Glauben« von den Studenten fordere.[31] Die Beziehung zwischen Loest und Kurella schien dagegen, wie Giordano berichtete, von Beginn an, von »wortloser Spannung« geprägt zu sein.[32] Loest selbst lässt in seinen Memoiren tatsächlich kaum ein gutes Haar an Alfred Kurella – zu sehr widerstrebte ihm dessen Dogmatismus und dessen Haltung, Literatur als ein bloßes Instrument zur Heroisierung des Sozialismus zu betrachten und die Aufgabe des Schriftstellers darin zu sehen, »die Beschlüsse der Partei mit den Mitteln der Literatur den Massen nahezubringen«.[33] Auch von Kurellas Fähigkeiten als Pädagoge hielt Loest nicht viel. Kurella hatte auf der Eröffnungsveranstaltung in seiner programmatischen Rede die *Lehrbarkeit der literarischen Meisterschaft* zwar proklamiert, doch, folgt man Loest, sei er als Lehrender kaum dazu geeignet gewesen, sie zu vermitteln.

Natürlich forderte er zur Debatte auf, da stellte sich nach kurzem heraus, daß er der Jugend durchaus nicht gestatten wollte, dort Erfahrung zu sammeln, wo sie seiner Meinung nach gesichert war. Das haben wir längst hinter uns! rief er, warum wollen Sie das Fahrrad neu erfinden? Manchmal pochte einer der Jüngeren auf die Nützlichkeit der Überzeugung durch eigenes Erleben. Kurella ging das so gegen den Strich, daß er aufbrauste: Das haben wir uns in den zwanziger Jahren an den Schuhsohlen abgelaufen! Seine Mißstimmung drängte tief zwischen die Schulbänke.[34]

Kurella ließ grundsätzlich, so Loests Fazit, nicht gelten, »was ihm nicht behagte, und griff an, wo er Lücken fand. [...] Hier ging es nicht um Literatur, sondern um die Macht über Literatur.«[35] Alfred Endlers politisches Urteil über Kurella unterscheidet sich kaum von dem Loests, auch wenn es, anscheinend typisch für Endler, um einiges drastischer ausfällt. Jedoch gelingt Endler zugleich, das Schillernde und Vielschichtige des Gründungsdirektors zu konturieren. Eine »höchst widersprüchliche Figur« sei er gewesen, aber trotz

> seiner merkwürdigen Ansichten war er kein unangenehmer Mensch. [...] Aber es gibt offenkundig diesen Widerspruch, daß manche Verbrecher ganz angenehme Menschen sind. Er hat unglaublich gestottert. Er hielt Vorträge über den Hu-hu-humanismus und gab die unsäglichsten Stalinismen von sich. Aber durch dieses Stottern kam das alles sehr menschlich herüber; und es entbehrte auch nicht einer gewissen Komik. Kurella rechtfertigte die stalinistischen Verbrechen und erklärte uns, daß diese Schriftsteller, wie Babel, in Moskau nicht wegen ihrer literarischen Abweichungen oder Formalismen erschossen worden sind, sondern wegen ihrer politischen Untergrundtätigkeit.[36]

Andererseits rechnete Endler Kurella hoch an, dass er als Direktor dem Literaturinstitut zu einer Bibliothek verholfen hat, »die ihresgleichen suchte. Es war die großartigste Bibliothek moderner Literatur, die ich kannte«.[37]

Auch Fred Wander hielt Kurella für einen unverbesserlichen Stalinisten. Im Zuge des mit Chruschtschows Geheimrede auf dem XX. Parteitag der KPdSU eingeleiteten Prozesses der Entstalinisierung, der unter den Studierenden am Literaturinstitut Diskussions- und Erklärungsbedarf ausgelöst hatte, warb Kurella nachgerade dafür, Verständnis für die stalinistischen Verbrechen aufzubringen.

> Man müsse sich einmal die Lage vor Augen führen, die Sowjetunion sei umzingelt gewesen von mächtigen Feinden [...]. In der verständlich harten Gegenwehr sei es oft nicht zu vermeiden gewesen, daß Unschuldige verdächtigt und verurteilt wurden![38]

Diese Reaktion hatte auch Loest den »Atem stocken« lassen, zumal Kurella eine zynische Metapher verwendete: »Wenn ein Arzt ein Krebsgeschwür herausschneide, wäre es nicht zu vermeiden, daß er auch gesunde Zellen entfernte.«[39]
Im Vergleich zu diesen Eindrücken zeichnete Helmut Baierl ein erstaunlich positives Bild des Direktors.

A. K. versuchte, uns damals mit Geduld und Nachsicht ein großes – generales Gefühl zu lehren – ein neues, lebensbejahendes, auf Erfahrung und exakte Erkenntnis gegründetes Weltgefühl – (und solches hielt er für den lebendigen Kern dessen, was überhaupt an literarischer Meisterschaft lehrbar ist).[40]

So pathetisch dieses Urteil über Kurella ausfällt, so nüchtern resümierte Baierl über die Lebenswege der Absolventen:

Die Wege der einzelnen, für einige und wie kurze Zeit verknüpft durch das Institut zogen sich wieder in alle Himmelsrichtungen auseinander, für manch einen dahin, woher er gekommen war, für andere in völlig neue Umgebung, für einige wenige in Wüste und Abseits. Die Rechnung mit dem Institut muss jeder für sich summieren.[41]

Angesichts des Tatbestandes, dass Erich Loest kurze Zeit später, im Zuge des Ungarn-Aufstandes, nach Paragraph 13 des Strafgesetzbuches wegen vermeintlich konterrevolutionärer Handlungen zu siebeneinhalb Jahren Haft verurteilt werden sollte, lassen sich Baierls Umschreibungen »Wüste« und »Abseits« im besten Fall als linientreu interpretieren, im schlimmsten Fall als mitleidlos und zynisch.
Im Unterschied zu Endler, Giordano, Loest und Wander spiegelte sich für Helmut Baierl die Haltung Kurellas positiv in den Leistungen des Literaturinstituts wider. Einige Monate nach Beendigung seines Studiums am Institut, so resümiert er, sei ihm

der Seifensieder aufgegangen. Ich brauche das Gelernte wie die Luft zum Atmen, sei es als Lektor im Verlag, sei es als Stückeschreiber oder in der täglichen Auseinandersetzung. Ich weiß nicht, wie es den anderen geht, die mit mir am Institut studierten. Mir ist, als habe diese Schule eigens für mich stattgefunden. Aber damals, am Anfang, hatte ich nichts gemerkt. Ich sah am Institut nur Bürokraten und Holzhämmerer, die sich in die Seele eines Künstlers nicht hineinversetzen können. Zu meinem Erstaunen aber war meine Seele gar nicht auf ›Hineinversetzen‹ angewiesen. Sie war angewiesen auf guten Rat, auf Wissen und Handwerk. Und das konnte man kriegen: guten Rat, Wissen und Handwerk. Man mußte nur zugreifen.[42]

2. Die Dozenten und ihre Lehrfächer

Wie aber sah der Lehrplan aus? Welche Fächer wurden gelehrt, und wer waren die Dozenten des Instituts für den ersten Jahrgang? Die Konzeption des Lehrplans und die Auswahl der Lehrkräfte oblag im Wesentlichen dem Direktor des Literaturinstituts in Zusammenarbeit mit dem Deutschen Schriftstellerverband (DSV), der Hauptabteilung (HA) Künstlerische Lehranstalten und dem Staatssekretariat für Hochschulwesen.[43]

Laut des Lehrplanes für den Monat Oktober hatte man Schwerpunktfächer konzipiert, die sich folgendermaßen unterteilten: Gesellschaftswissenschaften, Literaturgeschichte, Allgemeine Geschichte, Ästhetik und Deutsche Sprache. Hinzu kamen die sogenannten schöpferischen Seminare für Prosa, Lyrik und Dramatik. In den Gesellschaftswissenschaften lehrte man neben *Marxismus-Leninismus* die Fächer *Politische Ökonomie* und *Wissenschaftlicher Kommunismus*. In der *Literaturgeschichte* wurden als Schwerpunkte die deutsche, die russische und sowjetische Literatur sowie die sogenannte Weltliteratur vermittelt.[44] Zum fest eingestellten Lehrkörper zählten 1955 neben Alfred Kurella dessen Stellvertreter im Amt des Direktors, Dietrich Herrde, der für das Fach *Geschichte* zuständig war. Als Oberassistenten lehrten Maximilian Jakubietz die Fächer *Deutsche Sprach- und Literaturgeschichte*, Kurt Kanzog das Seminar zur *Deutschen Literatur* sowie Leonhard Kossuth die Fächer *Russische und Sowjetische Literatur*. Wilhelm Strube unterrichtete als Assistent das Seminar *Dialektischer Materialismus*, Günther K. Lehmann, gleichfalls als Assistent angestellt, sollte das Fach *Philosophie* übernehmen, das aber dann zunächst von Nikolai Janzen, einem Weggefährten Kurellas, unterrichtet wurde.[45] Kurella hatte den Sowjetrussen, dessen pädagogische Erfolge in der

UdSSR in der antifaschistischen (Um-)Erziehung lagen, eigens für die Lehre am Literaturinstitut aus Moskau kommen lassen.⁴⁶ Der Lyriker Georg Maurer, der sich im Laufe der Jahre zu einem der beliebtesten Dozenten am Institut entwickeln sollte und als Mentor der Sächsischen Dichterschule gilt, wurde zunächst als Gastdozent für die Leitung des schöpferischen Seminars *Lyrik* mit einer festen Verpflichtung von vier Wochenstunden angeworben. Ebenfalls als Gastdozent betreute der bekannte Verleger Wieland Herzfelde, der nach seiner Rückkehr aus dem amerikanischen Exil eine Professur für Literatur an der Karl-Marx-Universität Leipzig innehatte, das Prosa-Seminar mit sechs Wochenstunden. Für das Fach *Dramatik* gab es, wenn man Fred Wanders Erinnerungen vertraut, Gastvorlesungen von bekannten Theaterleuten, Autoren und Regisseuren.⁴⁷ Weiterhin verpflichtete Kurella renommierte Gastdozenten für Einzelvorträge, die das von ihm in seiner Eröffnungsrede angekündigte weite Bildungsspektrum abdecken sollten. Zu ihnen gehörten der Romanist Victor Klemperer, der Philosoph Ernst Bloch, der Literarturwissenschaftler Hans Mayer, der Kunsthistoriker Joachim Uhlitzsch sowie weitere Anglisten, Amerikanisten, Gesellschaftswissenschaftler und Archivare.⁴⁸

Den ehemaligen Studenten Loest, Endler, Giordano, Wander und Baierl im Gedächtnis geblieben sind vor allem die am Institut tätigen Dozenten Kurella, Maurer, Janzen und Herzfelde sowie einige der als Gäste eingeladenen Professoren, zu denen Ernst Bloch, Victor Klemperer und Hans Mayer gehörten. Den Besuchen der Letzteren zollten die Studenten großen Respekt. Auf Giordano hatte der Auftritt von Ernst Bloch einen besonders tiefen Eindruck hinterlassen.

Der ganze Verlauf der Leipziger Monate bekam für mich seinen Kurs durch den Besuch eines berühmten Mannes gleich in den ersten Tagen dort, das Gesicht wie ein Felsbrock, aus dem die starke Nase herausgehauen schien – Professor Ernst Bloch! Er durchschritt den Studiensaal, wo wir zu zweien und zu dreien vor kleinen Pulten saßen, setzte sich, musterte uns durch die dicken Brillengläser und begann: Er spreche ja wohl zu Schriftstellern. Also – wie sehe es aus mit der Gegenwartsliteratur? Betrüblich sehe es aus, denn was sich darin abspiele, das sei nicht die Wahrheit, sondern die Diktatur des Kleinbürgertums im Namen des Proletariats! Sei es nicht ein Verbrechen, die herrlichste Sache von der Welt, den Sozialismus, durch pedantisches Umgehen der wahren gesellschaftlichen Konflikte zur todlangweiligsten zu machen?[49]

Auch Endler erinnerte sich Jahrzehnte später »an den ungeheuren Eindruck, den seine [Blochs] etwas expressive Vortragsweise auf uns gemacht hat. Er las am Institut, obwohl Kurella einer seiner Todfeinde war. Damals wurde noch akzeptiert, was Bloch machte.«[50] Dass Bloch sich seine politische wie ästhetische Aufgeschlossenheit nur einige wenige Jahre in der DDR leisten konnte, ist bekannt. Zwei Jahre später stellte man ihn im Zuge des Ungarn-Aufstandes kalt und enthob ihn seines Professorenamtes. Auch Fred Wander war sehr beeindruckt von Bloch, aber ebenso von Hans Mayer, der politisch gleichfalls in Ungnade fiel und die DDR 1963 verließ.[51] Und auch der Romanist und Verfasser der LTI Victor Klemperer imponierte ihm.

Sie waren großartige Rhetoriker und hatten ein Charisma, das den provinziellen Rahmen unseres Instituts beinahe sprengte. Ich war hingerissen von ihrem Wissen, auch von ihrer Körpersprache, wie wir es heute nennen würden, von der Wirkung auf ihre Zuhörer.[52]

Loest erwähnt in seinem Lebensbericht Bloch und Mayer nur flüchtig. Dass sie jeweils nur einmal zu einem Vortrag gekommen waren, schien ihm offenbar aussagekräftig genug, den seiner Ansicht nach mittelmäßigen Rufs des Literaturinstituts zu bescheinigen.[53]

Bei weitem nicht so euphorisch und begeistert fielen die Kommentare über die fest angestellten und mithin konstant lehrenden Dozenten aus. Der Direktor Alfred Kurella hatte anscheinend keine regelmäßige Seminarverpflichtung wahrgenommen, sondern nur zu ausgesuchten Themen doziert, hier und da »Schlaglichter« gesetzt.[54] Im Verlaufe des Studienjahres hatte er sich vor Ort überdies zunehmend rar gemacht, was sich insofern auf die Disziplin der Studierenden auswirken sollte, als diese »bald eine ruhige Zeit genossen«, wie Loest süffisant formuliert – eine Bemerkung, die nicht zuletzt Aufschluss über die enorme Ausstrahlung des umstrittenen Direktors gibt. Selbst für so selbstbewusste, eigensinnige und streitbare Charaktere wie Loest schien Alfred Kurella die einzige Person am Literaturinstitut gewesen zu sein, die überzeugend Autorität ausstrahlte und Respekt einflößte.[55] Nikolai Janzen, der die Vorlesungen über den Marxismus-Leninismus hielt, hatte bei den Studenten dagegen vor allem den Ruf eines verstockten und nicht ganz ernst zu nehmenden Dogmatikers. Wander erinnert sich, dass er »in gutem Deutsch und mit dem Brustton eiserner Überzeugung [unterrichtete]; irgendwelche Zweifel am Dogma waren nicht erwünscht!«[56] Endler war er sogar zutiefst verdächtig. »Er hatte sich wie ein Offizier beim Verhör alles auf eine Manschette geschrieben. Ganz sicher war er vom Geheimdienst.«[57] Man hörte über ihn, so Loest, dass er

in Gefangenenlagern Hunderten, Tausenden Nazis die Augen geöffnet (habe). [...] in seinem Unterricht ging alles auf wie ein Puzzlespiel. Wer aufgepaßt hatte, schritt in dem beruhigenden Gefühl in den Tag hinaus, daß ihm nun die Sonne wieder ein wenig klarer erschien. Die Welt war erkennbar, man mußte den untrüglichen Kompaß des Marxismus-Leninismus und seinen Vollender Stalin nur richtig anwenden.[58]

Den ohnehin eher mangelnden Respekt, den Janzen bei den meisten Studenten zu haben schien, verdarb er sich gänzlich bei einer Versammlung, die anlässlich des XX. Parteitags der KPdSU von der Institutsleitung einberufen worden war. Dort versuchte sich der Sowjetrusse Janzen in Beschwichtigungen und Beschönigungen, ohne auf den Rumor um die stalinistischen Verbrechen einzugehen. Mit dieser Strategie der Verharmlosung kurbelte er die Debatte unter den Studierenden erst an. Zu deren Entschärfung trug schließlich nicht er, sondern der Direktor höchstselbst bei. Kurella wiederum, statt zu beschwichtigen, beschwor die Notwendigkeit zur Opferbereitschaft, die die Revolution nun einmal mit sich brächte. In diesem Zusammenhang gebrauchte er jene medizinische Metapher vom Krebsgeschwür und seiner Beseitigung, die bei Loest Entsetzen hervorgerufen hatte.[59]

Einen völlig anderen Eindruck hinterließ der Lyriker Georg Maurer bereits im ersten Jahr seiner Lehrtätigkeit, die er bis 1970 fortsetzen sollte. Der von vielen Studierenden verehrte Lyrik-Professor wurde von Fred Wander als bedeutender Dichter bezeichnet und von Adolf Endler, der sonst wenig Gutes von seiner Studienzeit am Institut zu berichten wusste, mit großer Anerkennung bedacht. Im Unterschied zu anderen sei Maurer »vollkommen undogmatisch« gewesen.

Er hat sich auch immer selbst in Frage gestellt. Die anderen hauten einem etwas um die Ohren – das mußte man akzeptieren, oder man ließ es abprallen. Maurer bezog einen in seine Überlegungen ein. Das war etwas, was abstach von allen anderen Dozenten. Und das haben so auch spätere Generationen erlebt.[60]

Die Lyrikgruppe des ersten Jahrgangs bestand aus einem kleinen Kreis. Endler erinnert sich namentlich an Helmut Preißler und Werner Lindemann und noch zwei, drei andere. Thema sei aber nicht gewesen, wie man Gedichte schreiben lernt.

Nein, Maurer unterhielt sich mit uns über Formen moderner und alter Lyrik. Es waren immer Unterhaltungen, und das war sehr angenehm. [...] Es war eine sehr lockere Atmosphäre, und unser Gespräch tangierte auch alles, was damals in Westdeutschland diskutiert wurde.[61]

Günter Gießler, der in den 1980er Jahren als Dozent für Ästhetik am Becher-Institut unterrichtet hatte, resümierte noch in der Phase der Institutsabwicklung, dass Alfred Kurella und Georg Maurer stellvertretend für einen Konflikt standen, der das Institut von Anbeginn an bis 1990 begleitet habe:

Alfred Kurella, der erste Direktor des Instituts gehörte zu den kommunistischen Intellektuellen, vor denen sich die eigenen Genossen fürchteten, zugleich lehrte aber auch Georg Maurer, ein Lyriker von artifizieller Sprachkraft und epikureischer Heiterkeit. [...] Handwerkliches Können und Individualität contra Instrumentalisierung der Kunst im Sinne der Staatsideologie.[62]

Dass solche Ambivalenzen zugelassen wurden, spricht nicht zuletzt für die fachliche Toleranz des Alfred Kurella, der entschied, wer am Literaturinstitut lehrte. Und auch Endler wusste um diese Toleranz des Direktors und profitierte von ihr. Einmal, so berichtet er,

kam Kurella zu mir, weil er sah, daß ich den ›Mann ohne Eigenschaften‹ las. Er fragte mich: ›Was haben Sie denn davon, das zu lesen?‹ Ich blickte ihn erstaunt an und sagte: ›Ich finde, das ist eine ungeheuer gute Prosa!‹. Da hat er nur gesagt: ›Na, na, na!‹ und ist weggegangen.⁶³

Ein ganz und gar nicht freundliches Bild zeichnete Endler hingegen von Wieland Herzfelde, der seit Beginn der 1950er Jahre eine Professur für Literatur an der Universität Leipzig innehatte und dessen Seminar am Institut für Literatur offenbar aufgrund formaler Komplikationen mit beinah einmonatiger Verspätung erst Ende Oktober beginnen konnte. Von dem Dadaisten, der zusammen mit seinem Bruder John Heartfield den legendären Malik-Verlag und später den Exilverlag Aurora gegründet hatte, versprachen sich, laut Endler, die Studenten einiges. So dachte man, jetzt komme ein anderer Ton herein. »Doch dann war das vor allem der langweiligste und dogmatischste«, der in seinen Seminaren »in unsäglicher Weise über die amerikanische Literatur hergezogen ist«.⁶⁴ Erich Loest, der mit Herzfelde befreundet war, schien gleichfalls nicht überzeugt von dessen Qualität als Hochschullehrer. Das Proseminar, so Loest, leitete Herzfelde ohne »innere Sicherheit; seine Schüler merkten es bald«.⁶⁵ Herzfelde stand aufgrund seiner Verwandtschaft mit dem Begründer der Fotomontage John Heartfield und seiner freundschaftlichen Verbindung zu dem amerikanischen Kommunisten Noel Field in dieser Zeit politisch unter großem Druck. Sein Bruder war als Künstler in der DDR der 1950er Jahre dem Verdikt des Formalismus zum Opfer gefallen, und Noel Field wurde im Zuge einer erneuten stalinistischen Säuberungswelle, die in dem Slánský-Prozess⁶⁶ gipfelte, der Spionage für die USA bezichtigt.⁶⁷ Für Loest war dies ein entscheidender Grund für Herzfeldes Zurückhaltung am Institut.

> Herzfelde trug schwer an dieser Last. [...] Jeden Augenblick konnte Herzfelde verhaftet werden und mit anderen Westemigranten zusammen angeklagt werden, in den Volksdemokratien gab es Beispiele genug. [...] Jetzt wich Herzfelde beinahe vor jedem Argument zurück. Undenkbar, er hätte sich Kurella zum Disput gestellt.⁶⁸

Auch Endler meinte in den politischen Verstrickungen Herzfeldes den Grund für dessen ›Linientreue‹ erkannt zu haben:

> Später ist mir dann klar geworden, daß dieser Mann Angst hatte. [...] Und aus dieser Angst heraus war er dann völlig linientreu, als er in

die DDR kam. [...] Ich kann mir die unglaubliche Schlichtheit, mit der Wieland Herzfelde die amerikanische Literatur abgehandelt hat, und überhaupt sein ganzes Verhalten nur mit dieser Angst erklären.[69]

Das Seminar von Herzfelde, schimpft Endler, sei eine »einzige üble Tirade gegen die amerikanische Literatur« gewesen. Die sei für ihn das Letzte gewesen. Am schlimmsten habe er Hemingway gefunden, der kurz zuvor den Nobelpreis bekommen hatte. In Herzfeldes Augen sei *Der alte Mann und das Meer* völliger Schrott gewesen.[70]

3. Das Prosa-Seminar von Wieland Herzfelde

Wirft man einen näheren Blick in die ihrem Wert nach kaum zu unterschätzenden Verlaufsprotokolle, die über Herzfeldes Prosa-Seminar angelegt wurden, wundert man sich allerdings ein wenig über Endlers harsche Kritik an Herzfeldes vermeintlicher Blindwütigkeit.[71] Das Protokoll der Sitzung, in der es um die Lektüre von Hemingways Buch *Der alte Mann und das Meer* ging, scheint ein derart scharfes Urteil kaum zu rechtfertigen.

3.1 Hemingways *Der alte Mann und das Meer*

Die 1952 im Original erschienene Novelle von Ernest Hemingway ist im Mai 1956 nach einem nicht unproblematischen Druckgenehmigungsverfahren in der DDR erstmalig veröffentlicht worden.[72] Am 5. Juni 1956 erfolgte dann bereits – erstaunlich früh für akademische Verhältnisse – die Besprechung des Buches im Prosa-Seminar von Wieland Herzfelde. Das Protokoll zeichnet nach, dass es sich um eine zwar kontroverse, aber aufgeschlossen und sachlich geführte Diskussion vor dem Hintergrund des Konzepts des sozialistischen Realismus und seiner ästhetischen Bedingungen und Möglichkeiten gehandelt haben muss. Man nahm am Literaturinstitut Mitte der 1950er Jahre neu erschienene Literatur also nicht nur zügig zur Kenntnis, sondern behandelte sie sogar umgehend im Seminar. Nicht zuletzt folgte Herzfelde damit dem Appell Stephan Hermlins, der im Januar desselben Jahres auf dem IV. Schriftstellerkongress in Berlin nachdrücklich darauf hingewiesen hatte, dass es in der DDR doch möglich sein müsse, auch die Literatur aus dem westlichen Ausland, wie etwa die Prosa von Koeppen, Hemingway, Faulkner, Steinbeck und Sartre, zu verlegen und zu lesen.[73] Der Eindruck, dass in dieser wie auch in anderen Sitzungen des Seminars von Herzfelde eine produktive Auseinandersetzung geführt wurde, verliert sich auch dann nicht, wenn man grundlegende Einschränkungen bezüglich der Zuverlässigkeit der Seminar-Protokolle berücksichtigt, auf die sich hier als Quelle bezogen wird. Denn insofern es sich bei diesen Unterrichtsprotokollen um offizielle Dokumente des Lehrbetriebs handelt, kann durchaus davon ausgegangen werden, dass gewisse Aspekte nicht mit verzeichnet oder gar wieder gestrichen wurden, etwa wegen der Fülle der Eindrücke oder auch Kompliziertheit der Sachverhalte, aber eventuell auch, um die Dokumentation von Heiklem zu unterbinden. Allerdings lässt sich eben letztere Annahme kaum bestätigen, findet man doch wiederholt kritische Aussagen zu Kulturpolitik und herrschenden Literaturvorstellungen. Die Diskussion über Hemingways Novelle *Der alte Mann und das Meer* wird laut Protokoll eingeleitet mit einem Wortbeitrag Fred Wanders, der eingesteht, dass ihm die Novelle nicht gut gefallen hat, sie erscheine ihm »nicht so realistisch«. Herzfelde fügt Wanders Kritik am mangelnden Realismus noch die Kritik am Nicht-Typischen hinzu: »Dieser alte Fischer ist für uns heute nicht mehr typisch, es gibt ihn kaum noch.«[74] Gar als »prähistorisch« bezeichnet der Dozent Hemingways Novelle: »Ein Mann gegen einen Fisch ist eine groteske Gegenüberstellung im 20. Jahrhundert.«[75] An den Stichworten ›nicht-realistisch‹ und ›nicht-typisch‹ erkennt man die sozialistische Prägung der Beurteilungen, die sich am Leitbild eines sozialistischen Realismus orientieren, dessen Grundlage auf eine Aussage Friedrich Engels' zurückgeht: »Realismus bedeutet, meines Erachtens, ausser der Treue zum Detail die getreue Wiedergabe typischer Charaktere unter typischen Umständen.«[76]

Neben Lebensechtheit und der Darstellung des Typischen gehörten Volkstümlichkeit und sozialer Optimismus zu den Hauptkategorien des sozialistischen Realismus in der DDR. Diesen ästhetischen Rahmen nach sowjetischem Vorbild gab zumindest die Literaturpolitik der 1950er vor, die sich rückbezog auf die Vereinbarungen des 5. Plenums des Zentralkomitees der SED aus dem Frühjahr 1951, die auch nach dem Aufstand vom 17. Juni 1953 und dem daraus resultierenden

Liberalisierungsversuch des »Neuen Kurses« ihre Gültigkeit behalten sollten.[77] Dort wurde der sozialistische Realismus als ästhetisches Konzept zur maßgeblichen Kultur-Doktrin der DDR erklärt. An- und Aufforderung an den Schriftsteller bestand darin, einer inhaltlich klar umrissenen und nicht in Zweifel zu ziehenden sozialistischen Programmatik und Handlungsmaxime zu folgen, die neben dem optimistischen sozialistischen Selbstverständnis, die Darstellung von »positiven Helden« und eine Allgemeinverständlichkeit der Kunst verlangte. Inszenierungen von Konflikten waren erwünscht, sofern am Ende der Fabel eine Überwindung oder Lösung präsentiert wurde. Zudem galt als eine weitere wesentliche Aufgabe des sozialistischen Realismus, über die vermeintlich wirklichkeitsgetreue Gestaltung hinausgehend, die Zukunft einer vom Sozialismus durchwirkten Welt gleichsam in realistischer Manier in Aussicht zu stellen. Optionen und Probleme literarischer Verfahren sollten in diesen vor allem auf inhaltliche Aspekte abzielenden Konzeptionen allerdings kaum eine Rolle spielen. Vielmehr wurden sämtliche ästhetischen Ansätze, die sich nicht an den Kriterien und den Inhalten der kulturpolitisch gewünschten Vorgaben orientierten, als Formalismus verurteilt, dem wiederum im Namen einer fortschrittlichen deutschen Kultur der Kampf angesagt worden war.[78]

Wieland Herzfelde sieht sich ähnlich wie sein Student Fred Wander diesen Grundpfeilern des sozialistischen Realismus selbstverständlich verpflichtet. Beide vermissen an Hemingways Novelle die Darstellung des Typischen und Realistischen. Auch Helmut Preißler übt Kritik ganz im Einverständnis mit den Kategorien des sozialistischen Realismus, wenn er der Erzählung mangelnden Optimismus bescheinigt.

Preissler: Ich war von der Novelle sehr unbefriedigt. Sie ist sehr anschaulich und grossartig gestaltet, aber ich fragte mich sogleich nach dem Sinn und kam auf den gleichnishaften Charakter des Inhalts: was man sich erjagt, erstrebt, wird einem dann wieder stückchenweise abgejagt.[79]

Diesen Vorbehalten sowohl des Untypischen wie auch des Pessimistischen widersprechen die Studenten Joachim Kupsch, Walter Püschel und Adolf Endler. Es gebe doch auch heute noch arme Fischer in der Gegenwart. Deren Not und Elend stelle Hemingway am Beispiel des alten Mannes realistisch dar. Darüber hinaus sei die Erzählung doch sehr optimistisch, fahre der Fischer doch trotz seiner Niederlage und Enttäuschung wieder aufs Meer hinaus. Dabei nehmen Kupsch, Püschel und Endler trotz ihrer von Herzfelde und Wander abweichenden Lektüre gleichfalls das Konzept des sozialistischen Realismus ernst.[80] Auch die schärfste Kritik Herzfeldes an Hemingways Darstellung des alten Mannes als unbeugsamen und einzelkämpferischen Heroen amerikanischer Prägung, die dem Ideal von der sozialistischen Gemeinschaft grundlegend zuwiderlaufe, findet unter den Studenten nicht ausschließliche Zustimmung. Einige Studenten widersprechen vehement. Herzfeldes konkreter Einwand lautet, das Individuum werde verherrlicht, »der he-man«, der sich im Zweikampf mit einem ebenbürtigen starken Gegner befinde, der gleichfalls als ein Einzelkämpfer dargestellt sei. Erschwerend käme hinzu, dass der Fisch als »hohes Tier« gepriesen werde im Unterschied zu den im »Rudel« auftretenden Fischen, von denen nur im abwertenden Sinne die Rede sei.[81]

Dagegen wendet Preißler ein, »dass hier das Gegenteil von der These ›Der Stärkere ist am mächtigsten allein‹ gezeigt wird: der ganze Mut nützt nichts, wenn er allein ist.«[82] Auch Püschel sieht in Hemingways Konturierung des Einzelkämpfers zugleich die Kritik an ihm. Das Alleinfahren würde als bedauernswert dargestellt und die wichtige Rolle des Jungen für den alten Mann müsse im Sinne eines Plädoyers für die Gemeinschaft berücksichtigt werden.[83] Auf der theoretischen Höhe des Sozialismus präsentiert sich Kupsch mit seiner Kritik, wenn er den ideologischen Ansatz Hemingways als einen »typisch idealistischen Ausgangspunkt« kennzeichnet, dem die materialistische Auffassung des Sozialismus diametral entgegenstehe: »Das ist in Wirklichkeit umgekehrt: da ist erst das Fische jagen und dadurch die Anschauungen von dem kämpfenden Menschen, nicht wie hier, wo zuerst der Mensch kämpferisch ist und dann Fische fängt.«[84] Gleichwohl verteidigt er weiterhin gemeinsam mit Endler Hemingways Erzählung, deren Philosophie des Optimistischen das Wesentliche sei.[85] Herzfelde reagiert auf die Argumente seiner Studenten mit Bedacht und Aufmerksamkeit, ohne seinen eigenen Standpunkt absolut zu setzen, aber auch ohne ihn aufzugeben.[86] Das letzte kritische Wort behält sich, zumindest laut Protokoll, der Professor dennoch vor, wenn er davor warnt, die Novelle als Spiegelbild des Amerika von 1950 zu sehen. »Den Abgesang auf den he-man darf man nicht als Abgesang auf Amerika und seine

Industrie ansehen.«[87] Die Diskussion über Hemingways Novelle lässt sich indes als eine auf Augenhöhe geführte Auseinandersetzung zwischen Studenten und ihrem Dozenten beurteilen, die Aufschlüsse über das weitgehend ungetrübte positive Verhältnis zum sozialistischen Realismus unter den Studenten zulässt. Zwar können Rückschlüsse hinsichtlich des recht negativ ausfallenden Amerika-Bildes Herzfeldes gezogen werden; dies ist aber schwerlich mit Dogmatismus gleichzusetzen. Herzfeldes Beurteilung der Novelle lässt sich eher als eine eigenwillige Meinung unter verschiedenen betrachten, die mitunter ein wenig kurios klingt, wenn man dem Argument vom ›hohen Fisch‹ versus ›Fisch-Rudel‹ gesteigerte Bedeutung zumisst.

Vielleicht war es die Beharrlichkeit, mit der Herzfelde letztlich seine Missbilligung gegenüber Hemingways Novelle aufrechterhielt, die Adolf Endler dazu veranlasst hat, ihn der »üble[n] Tirade gegen die amerikanische Literatur« zu bezichtigen. Aus den vorliegenden Protokollen zumindest kann dies nicht herausgelesen werden. Auch den Einwänden von Endler und Loest, Wieland Herzfelde habe sich am Literaturinstitut durch seine Angepasstheit und Linientreue ausgezeichnet, ist mit Blick auf die Protokollierungen seiner literaturwissenschaftlichen Grundhaltung und seiner literaturkritischen Kommentare im Seminar nicht unbedingt zuzustimmen.

3.2 Georg Lukács und Traditionen des sozialistischen Realismus

Besonders deutlich zeigt sich dies an den Seminar-Protokollen, die die Lektüre von Georg Lukács' einschlägigem Essay *Erzählen oder Beschreiben?* betreffen. Georg Lukács galt in der ersten Hälfte der 1950er Jahre als der wohl einflussreichste Literaturtheoretiker in der DDR, dessen Realismus-Konzept maßgeblich die Ästhetik des sozialistischen Realismus schon in den 1930er Jahren geprägt hatte.[88] Nach seiner Teilnahme am ungarischen Volksaufstand im Oktober 1956 erklärte man ihn in der DDR wie in den sozialistischen Bruderländern allerdings zur Persona non grata. Fortan wurde er als Revisionist in der DDR öffentlich geschmäht; seine Literaturtheorie galt ab diesem Zeitpunkt als verfemt.[89] Zu Ehren seines 70. Geburtstags im Jahr 1955 aber soll der Kulturminister Johannes R. Becher den ungarischen Literaturwissenschaftler noch mit folgendem Toast beglückwünscht haben:

»Du lehrtest uns Durch-Sicht und Über-Sicht, wir wurden mündig erst in Deiner Lehre.«[90] Vor diesem Hintergrund umso erstaunlicher erscheint es, wie kritisch Lukács' Essay *Erzählen oder Beschreiben?* in dem Seminar Herzfeldes am Literaturinstitut behandelt wurde, das vom Herbst 1955 bis Sommer 1956 stattfand, also einige Zeit vor Lukács' Verbannung aus dem intellektuellen Horizont der DDR, als er noch als höchst angesehene Persönlichkeit und als unangefochtene Koryphäe des sozialistischen Realismus galt. Da der Dozent in der ersten Hälfte des Semesters seine Studenten auf zwei Gruppen verteilt hatte, fand die Befassung mit dem Text an zwei Terminen, nämlich am 24.2. und 28.2.1956, statt. Der im Seminar besprochene Text *Erzählen oder Beschreiben?*, den Lukács bereits 1936 veröffentlicht hatte, befasst sich mit der Tauglichkeit zweier Realismuskonzepte aus dem 19. Jahrhundert vor dem Hintergrund der Frage, was als literarisches Erbe für die Erneuerung einer Literatur auf der Basis einer marxistisch-sozialistischen Literaturtheorie Geltungsanspruch behaupten kann. Lukács unterscheidet zwischen einem alten klassischen Realismus, zu dem seiner Ansicht nach Romane von Leo Tolstoi, Walter Scott und Honoré de Balzac gehören, und einem neuen Realismus, zu dem er die Romane von Gustave Flaubert und Émile Zola zählt. Der klassische Realismus mit seinem Gestaltungsprinzip des Erzählens wird von Lukács zur Norm des sozialistischen Realismus erklärt. Den neuen bzw. modernen Realismus hingegen wertet er ab, weil in ihm »an die Stelle der Gestaltung die Beschreibung und an die Stelle der auf Typik gerichteten Wesenserfassung der Wirklichkeit deren naturalistische Oberflächenanalyse getreten sei«, wie der Literaturwissenschaftler Karl Robert Mandelkow Lukács' Abneigung kurz und bündig zusammenfasst.[91] Lukács hält den Autoren der beschreibenden Methode vor, sie hätten das Beschreiben zum Selbstzweck erhoben, statt es dem Erzählen unterzuordnen. Insofern der beschreibende Roman seine Protagonisten zu erfahrungsarmen Beobachtern degradiert habe, seien sie nicht mehr aktiv, nicht mehr handelnd, parteiergreifend am Geschehen beteiligt wie etwa die Romanfiguren eines Tolstoi, Stendhal oder Balzac.[92] Wo der Realismus alter Schule mit seinem Kompositionsprinzip des Erzählens sinnstiftend, meinungsbildend und moralisierend wirke, vertrete das Kompositionsprinzip des ›modernen‹ Realismus Fatalismus, Indifferenz und Amoralität. Damit seien Flaubert und Zola zu »Schriftsteller[n] im Sinne der kapitalistischen Arbeitsteilung«[93] geworden im Unterschied zu den

Vertretern des erzählenden Realismus, die »aus den Erfahrungen eines vielseitigen und reichen Lebens« sich eben noch nicht der kapitalistischen Arbeitsteilung unterworfen hätten.[94] Dabei sei es nicht einmal so, betont Lukács, als hätte »die ganze moderne Literatur [...] vor der Fetischisierung und Entmenschlichung des Lebens durch den ›fertigen‹ Kapitalismus kapituliert«. Es habe immer wieder auch, das gesteht der Literaturtheoretiker immerhin zu, literarische Bestrebungen gegeben, die »die Bedeutungslosigkeit des kapitalistischen Lebens« dichterisch zu bekämpfen versuchten.[95] Nur mussten solche literarischen Bestrebungen ins Ergebnislose verlaufen, weil sie mit ähnlichen Desillusionierungsstrategien wie der moderne Realismus künstlerische Bankrotterklärungen seien und sich damit letztlich doch widerstandslos »vor den fertigen Ergebnissen, vor den fertigen Erscheinungsformen der kapitalistischen Wirklichkeit«[96] beugen mussten. Unschwer zu erkennen, dass hier auf die literarischen Bewegungen angespielt wird, die im Sozialismus seit den 1930er Jahren und in der DDR bis mindestens in die 1970er Jahre hinein ungebrochen als Formalisten verpönt waren. Seien es Naturalisten, Symbolisten, Impressionisten, Expressionisten, Futuristen oder Surrealisten – Lukács zufolge sind es nicht zuletzt die Ausläufer ebenjenes beschreibenden Realismus, der mit seinen vermeintlich sinnentleerenden und destruktiven Formprinzipien verantwortlich für die avantgardistischen Strömungen der Kunst sei, die das Erbe des Humanismus verraten hätten und ihren Verzerrungen, Abstrahierungen und ihrer Neigung zur Verdinglichung anheimgefallen wären.[97]

Es sind vor allem diese normativen Statements und agitatorischen Bekenntnisse, denen es wohl zu verdanken ist, dass Lukács' über lange Strecken zweifellos kluge und differenzierte Literaturstudie zum Realismus zu einem offiziellen Grundlagenwerk der staatstragenden sozialistischen Literaturtheorie der DDR werden konnte. In jedem Fall trug sie entscheidend zu der Beantwortung der Frage bei, nach welchen Regeln in der DDR sozialistische Literatur zu schreiben bzw. eben nicht zu schreiben sei. In den beiden Herzfelde-Seminaren werden die plakativen Appelle Lukács' allerdings eher vernachlässigt, bzw. seinen stark normierenden und instrumentalisierenden Vorgaben wird umstandslos eine rigorose Absage erteilt. Der Fokus der Auseinandersetzung liegt viel stärker auf Lukács' Argumentationsführung, die äußerst kritisch beurteilt wird. Dabei übernimmt Wieland Herzfelde – anders als in der

Sitzung zu ›Hemingway‹ – in seiner Funktion als Leiter der Diskussion sofort eine dominante Rolle, insofern er erstens ausführlich über Lukács' Essay doziert, zweitens die Diskussion in bestimmte Richtungen dirigiert und drittens einen kritischen Blickwinkel von seinen Studenten einfordert. Deren Beteiligung in beiden Sitzungen fällt hingegen eher zurückhaltend aus.

In der ersten, am 24. Februar stattfindenden Seminarsitzung beteiligen sich laut Protokoll die Studenten Püschel, Loest, Brock an der Diskussion. Die meisten Gesprächsanteile übernimmt Herzfelde, der bemüht ist, sehr dicht am Text zu argumentieren, um dessen Schwachpunkte deutlich hervorzuheben. Die Diskussion in der ersten Sitzung erscheint ausgewogener als in der zweiten Sitzung, was daran liegt, dass Püschel, der die entscheidenden Thesen des Essays zu Beginn des Seminars zusammenfasst, eine sofortige Kritik an der bewertenden Differenzierung Lukács' unternimmt: »Ich glaube, dass der moderne Roman nicht eine Entweder-oder-Entwicklung verträgt. Elemente des Beschreibens kann man durchaus im modernen Roman anführen.«[98] Es folgt eine kurze Diskussion über die Bedeutung und Funktion des Beschreibens, bei der man sich weitgehend einig ist über die Sinnhaftigkeit der beschreibenden Methode, die immerhin auch von Thomas Mann eingesetzt werde, dessen Romane von Lukács dem klassischen ›guten‹ Realismus zugerechnet werden. Herzfelde beurteilt dazu abschließend Lukács' rigoroses Werturteil bezüglich der jeweiligen Methoden des Schreibens als zu einseitig.[99]

In der zweiten Sitzung, die vier Tage später stattfindet, verläuft die Diskussion zunächst in eine andere Richtung. An der Diskussion sind neben Herzfelde die Studenten Baierl, Gerlach, Reichwald und Bekier sowie der Dozent Strube beteiligt. Nachdem hier Herzfelde selbst die Thesen des Essays vorgestellt hat, erfolgt ein längerer Beitrag von Fred Reichwald, der sich augenscheinlich sehr intensiv mit dem Essay befasst hat. Ihm leuchte »die Grundtendenz, Gegenüberstellung, Gestaltungsprinzip Balzac – Zola – Flaubert« ein, sie sei »richtig und für uns heute sehr wichtig. Vielleicht gibt sie uns eine Tür, den Schematismus zu überwinden.«[100] Reichwald, der vom Kommilitonen Fred Wander als ein sehr scharfsinniger und kluger Kopf bezeichnet wird,[101] greift mit dem Stichwort Schematismus einen produktionsästhetischen Kritikpunkt auf, der Mitte der 1950er Jahre verschiedentlich von prominenten Vertretern aus dem Deutschen Schriftstellerverband in Bezug auf die zeitgenössische Literatur der DDR hervorgebracht wurde und der auf dem Schriftstellerkongress im Januar 1956 als ein zentrales Thema diskutiert wurde.[102] Mit dem Begriff des Schematismus wurde das Problem gekennzeichnet, welches literarische Texte betraf, deren Konstruktionsprinzipien geradezu mustergültig den vorgegebenen Kriterien des sozialistischen Realismus folgten. Dies bezog sich vor allem auf die sogenannte Aufbau- und Produktionsliteratur, insbesondere die zahlreich erschienenen Betriebsromane, die »befohlenermaßen funktionalistisch, unmittelbar operativ auf die Steigerung der Arbeitsproduktivität hin orientiert, über Schematismus, Schönfärberei und Verkleisterung der Widersprüche nicht hinauskam«.[103] Reichwald greift damit ein höchst aktuelles ästhetisches und in der Kulturpolitik und Schriftstellerzunft kontrovers diskutiertes Problem der DDR-Literatur auf und erkennt in Lukács' Ausführungen nicht zuletzt einen diskutierbaren Weg, wie man einem drohenden Schematismus beim Schreiben entgehen könnte. Interessant ist nun, dass Herzfelde alles andere als bereit ist, auf diesen Diskussionsvorschlag näher einzugehen. Er bemüht sich zwar jovial um lobende Worte für Reichwalds Engagement und Lernbereitschaft, lenkt von dessen Ausführungen aber sofort wieder ab und gibt eine eigene Richtung vor, die wiederum die Notwendigkeit der Kritik an Lukács' Realismus-Poetik beschwört.

Wenn der Artikel Ihnen geholfen hat, gegen Mangel an Fabel, gegen Schematismus und platten Naturalismus vorzugehen, so ist das eine erfreuliche Wirkung. Dessenungeachtet stehe ich auf dem Standpunkt, dass dieser Essay, was seine Beispiele, die Grundidee angeht, zur Kritik herausfordert.[104]

In dieser zweiten Sitzung über *Erzählen oder Beschreiben?* formuliert Herzfelde ausführlich, präzise und zusammenhängend seine Einwände gegen Lukács, wie sie bereits in der ersten Sitzung zur Sprache gekommen waren, in der die Lektürefrüchte weit weniger monologisch als vielmehr dialogisch im Gespräch mit den beteiligten Studenten zusammengetragen wurden. Dass die einer Vorlesung vergleichbare zweite Sitzung auf ein geringeres Interesse der Studenten gestoßen sein könnte als die erste, wird allerdings vom abschließenden Satz des Seminar-Protokolls widerlegt, in dem es heißt: »Diskussion über diesen Aufsatz soll etv. [sic] bei Herzfelde privat weiter geführt werden.«[105]

Was Herzfelde mit seiner offenherzigen Kritik an Lukács' Realismusauffassung bekundet und bezweckt, erklärt sich, wenn man einen größeren Bogen zu den ästhetischen Kontroversen unter sozialistischen Literaten und Literaturwissenschaftlern in den 1930er Jahren schlägt.

Schon in diesen Debatten wird ersichtlich, dass sich die ästhetische Position Herzfeldes in seiner Unterstützung der und Teilhabe an den Avantgarde-Bewegungen nicht nur von der Position Georg Lukács' fundamental unterscheidet, sondern ebenso von der Alfred Kurellas, der in den 1930er Jahren gleichfalls als Verfechter einer dogmatischen Realismusauffassung auftrat und mithin Herzfelde, dem Verleger von Georg Grosz, Bertolt Brecht, Ernst Bloch und Alfred Döblin, als ein Widersacher in ästhetischen Fragen gelten musste. Eine der Kontroversen *Realismus contra Avantgarde* fand auf dem ersten Allunionskongress der Schriftsteller 1934 in Moskau statt. Als deren Fortsetzung kann der unter dem Schlagwort Expressionismusdebatte geführte Disput von 1937/38 bezeichnet werden, der in der in Moskau erschienenen deutschsprachigen Zeitschrift *Das Wort* publiziert wurde und den man auch als Realismusdebatte verstand.[106]

Eine der zentralen Thesen von Lukács, die einen unmittelbaren Zusammenhang von gesellschaftlichen Ereignissen und literarischem Produkt behauptet, wird in dem Seminar gleich mehrmals von Herzfelde vehement bestritten. Dass große Literatur nur in bestimmten Aufstiegsperioden entstehe, in Phasen gesellschaftlichen Niedergangs dagegen nur schlechte Literatur produziert werden könne, sei so falsch, wie eine pauschale Verurteilung der Produktion ganzer Generationen unannehmbar sei.[107] »Die bejahenswerte Weltanschauung« als ein wichtiges Kriterium zu bewerten sei zwar richtig, »aber nicht das einzige Kriterium, das für den Wert einer Dichtung massgebend« sei.[108] Dass »Weltanschauung« den »Stil« mache, sei nicht zu akzeptieren, da verabsolutiert.[109] Zugleich wendet sich Herzfelde auch entschieden gegen die Normierung von Literatur: »Für das Schreiben kann man [...] keine ewigen Regeln aufstellen«.[110] Gegen Lukács und in Anlehnung an Brecht argumentiert Herzfelde, »neuauftretende Phänomene und Fragestellungen [würden] auch neue Methoden und Formen der Literatur hervorrufen«.[111] In diesem Bezug warnt er überdies davor, die beschreibende Methode ebenso wie den Naturalismus so entschieden abzulehnen, wie Lukács dies tue. Zwar müsse man mit Lukács' Kampf gegen den Naturalismus sympathisieren[112] – auch er selbst, so Herzfelde, würde den Naturalismus nicht mögen –; aber Lukács »verkennt, dass der Naturalismus auch positive Züge hatte.«[113] Diese Vorteile für die zeitgenössische Literatur fruchtbar zu machen, sei entscheidend. So könne man doch die für den Sozialismus wesentlichen kollektiven Arbeitsprozesse gar nicht, wie Lukács es fordere, als »kampfvolle Wechselbeziehungen zwischen einzelnen Personen« darstellen, sondern viel besser gelinge dies in einem Verfahren der Beschreibung, wie dies etwa Zola getan habe.[114] »Ich bin der Meinung, dass unsere Zeit in hohem Maße die Beschreibung verlangt.«[115] Darüber hinaus kritisiert Herzfelde die Argumentationsführung von Lukács als nicht ganz redlich, da sie nicht unbedingt von Stringenz zeuge. Damit sei sie durchaus als tendenziös zu beurteilen. Denn es gebe auch in den von Lukács geschätzten Romanen eines Balzac, Tolstoi und Thomas Mann etliche Beschreibungen, die wie auch bei den modernen Realisten nicht im direkten Handlungskontext der Fabel stünden.[116]

So lässt sich konstatieren, dass Herzfelde an dem Institut, dessen Direktor sein Widersacher aus alten Tagen ist, mit seiner Lukács-Kritik im Seminar kein Blatt vor den Mund nimmt. Und wenn es auch scheint, als würde er sich rhetorisch mitunter doch etwas zurücknehmen,[117] formuliert er seinen Standpunkt gegenüber den Studierenden ohne weiteres Lavieren klar und deutlich. Diesen Standpunkt vertritt er so offenkundig in dem Seminar immerhin nicht zum ersten Mal. Bereits in den 1930er Jahren, während des bereits oben erwähnten Allunionskongresses, auf dem der sozialistische Realismus als einzig akzeptable Kunstform und ästhetische Methode gegen andere literarische Spielarten und Formen zementiert wurde,[118] setzte sich Herzfelde gegen diese Vereinseitigung in einem öffentlichen Vortrag auf besagtem sowjetischen Schriftstellerkongress zur Wehr. In seiner Erwiderung auf eine ebenfalls dort vorgetragene Polemik des Kulturfunktionärs der KPdSU und Journalisten Karl Radek gegen James Joyce' Roman *Ulysses* wünschte sich Herzfelde mehr Avantgarde als Traditionalismus im sozialistischen Realismus, von Joyce' Experimentierfreudigkeit könne man durchaus einiges lernen.[119] Dafür wurde Herzfelde in Radeks anschließender Replik als gefährlich eingestuft.[120] Drei Jahre nach dem Allunionskongress sollte der sozialistische Realismus in seiner dortigen Festlegung – die im Übrigen nicht nur für Herzfelde, sondern vor allem unter deutschen Exilanten höchst strittig war – erneut diskutiert werden. Als Verfechter eines stringenten sozialistischen Realismus in der 1937/38 geführten

Expressionismusdebatte trat neben Georg Lukács vor allem Alfred Kurella hervor. Unter dem Pseudonym Bernhard Ziegler hatte dieser die Kontroverse gar ausgelöst, indem er behauptet hatte, der Expressionismus münde in den Faschismus. Lukács nutzte die Gelegenheit, indem er Kurella/Ziegler mit seinem Beitrag *Es geht um den Realismus* zur Seite sprang. Der sozialistische Realismus sei als verbindlich gesetzte Interpretationsform von Wirklichkeit nachdrücklich zu konturieren und der Expressionismus als formalistisch zu verwerfen. Als Gegner dieser ästhetischen Vereinseitigung wiederum sahen sich Ernst Bloch, Bertolt Brecht und Hanns Eisler vereint, die auf die Anerkennung des ästhetischen Innovationscharakters der bürgerlichen Avantgardebewegungen bestanden, von denen auch eine sozialistische Literatur profitieren könne.[121] Herzfelde, der sich an dieser Debatte nicht persönlich beteiligte, aber mit den Ansichten Lukács' und Kurellas kaum sympathisieren konnte, bekundete 1938 in einem Brief an Ernst Bloch so auch seine Missbilligung von Kurellas Haltung in der Kontroverse. Ihn mute »das alles so irre an. Weil er, Ziegler, ein schlechter expr. Maler war, taugt der Expressionismus nichts. Als ob nicht bei jedem Stil Macher und Bluffer zu finden wären. [...] Komisch!«[122]

Seine Abneigung gegen Kurella, die zunächst vielleicht nur auf Meinungsverschiedenheiten in Bezug auf das Realismusverständnis basiert hatte, musste sich in den 1950er Jahren vertieft haben. Kaum, dass Kurella in der DDR eingetroffen war, legte er Herzfelde und seinem Bruder öffentlich zur Last, ihr Exil in den USA statt in der Sowjetunion gesucht zu haben.[123] Dies wird Herzfelde nicht nur sehr gedemütigt, sondern auch geängstigt haben, stand er doch seit seiner Ankunft in der DDR 1949 ohnehin unter der Kontrolle der Partei, die Westemigranten grundsätzlich misstrauisch begegnete und deren Mitglied er aufgrund dieser Vorbehalte zu dieser Zeit nicht sein durfte. So hatte man dem renommierten und für seine antifaschistischen Leistungen verdienstvollen Verleger nicht etwa angeboten, einen Verlag aufzubauen, sondern Herzfelde wurde, obgleich weder promoviert noch habilitiert, zum Professor für neuere Literatur an der Universität Leipzig ernannt, wohl um ihm besser im Auge behalten zu können.[124] Überdies stammte die Idee, seine Seminarsitzungen zu protokollieren, nicht von Herzfelde selbst. Stattdessen wurden die Protokolle von der Direktion des Instituts beauftragt und von einer gleichfalls von der Direktion bestellten Protokollantin geführt. Da diese Protokollpflicht lediglich für das

Seminar von Herzfelde und nicht etwa für die Seminare anderer Dozenten und Lehrbeauftragte galt, ist davon auszugehen, dass Kurella Herzfelde unter Beobachtung stellen ließ, um dessen Unterricht zu kontrollieren. Offensichtlicher kann der Ausdruck seines drastischen Misstrauens wohl kaum bekundet werden.[125]

Vor dem Hintergrund dieser Gegnerschaft lesen sich die Seminar-Protokolle über den Lukács-Essay gleich ein wenig anders. Obwohl Herzfelde, wie seine Studenten Loest und Endler kritisch anmerkten, sich nicht im Stande zeigte, einen offenen Kampf gegen den Direktor des Literaturinstituts auszufechten, widersetzte er sich dennoch. Nur zeigte sich diese Widersetzlichkeit auf einer leiseren, nämlich der fachlichen Ebene. Mit seiner Kritik an der Dogmatik Lukács' griff er auch die ästhetische Engstirnigkeit Kurellas an. Dies unternahm er nicht etwa im Privatgespräch, sondern als offizieller Vertreter der sozialistischen Pädagogik, die damit beauftragt war, linientreue Schriftsteller auszubilden. Von Unsicherheit und Zurückhaltung oder gar von einem Hang zum Uninspirierten – Eindrücke, die Herzfelde laut Loest und Endler am Literaturinstitut hinterlassen haben soll[126] – ist in den beiden Seminarsitzungen zu Lukács indes auch nichts zu finden. Herzfelde tritt engagiert und überzeugend auf, vertritt konsequent seine ästhetischen Ansichten, plädiert für künstlerische Aufgeschlossenheit und unterstellt Lukács sogar, »einen für die bürgerliche Literaturwissenschaft typischen Standpunkt«[127] zu vertreten, was zu diesem Zeitpunkt gewiss noch einer Beleidigung des ›Hoftheoretikers‹ gleichkommt. Das alles spricht Herzfelde in dem Wissen aus, dass seine Aussagen und Standpunkte im Auftrag der Direktion protokolliert werden. Seine Studenten, die die Ausmaße der Kontrolle wohl nicht einzuschätzen wussten, wirken indes interessiert am Gegenstand und sind konzentriert bei der Sache, was an deren zwar wenigen, aber instruktiven Fragen und Kommentaren zu erkennen ist. Dass ihre aktive Beteiligung eher zurückhaltend wirkt, mag nicht zuletzt auch an der Komplexität des Textes wie des Themas gelegen haben sowie auch an einer Unkenntnis der damit zusammenhängenden Sachverhalte – ein Grund vielleicht, warum Herzfeldes Widerstand auf leisen Pfoten von den Studenten erst gar nicht wahrgenommen werden konnte. So berichtet Loest in seinem Bericht *Prozesskosten*, er habe erst zwei Jahrzehnte später erfahren, dass Herzfelde und Kurella seit den 1940er Jahren schon »herzliche Intimfeinde« waren.[128]

3.3 Tauwetter

Wenngleich sich das Prosa-Seminar von Herzfelde als eine so doppelbödig wie unterschwellig ausgetragene Kontroverse interpretieren lässt, zeigt sich an ihr zugleich eine andere Tendenz, die wiederkehrend in Phasen des über vier Dekaden bestehenden Becher-Instituts auszumachen ist – die Tendenz einer relativen Autonomie der Dozenten und des Curriculums. Trotz vorgegebener offizieller Leitlinie, am Institut für Literatur Schriftsteller im Geiste eines sozialistischen Realismus auszubilden, war es bereits im Gründungsjahr wie auch in späteren Jahren möglich, in den Seminaren selbst gegen diese Ausrichtung zu argumentieren bzw. sie vollständig zu ignorieren.[129]

Ein weiteres Indiz, das für einen wesentlichen Freiraum in der Lehrkonzeption im ersten Jahrgang spricht, ist das Herzfelde-Seminar vom 25.5.1956, in dem über den in der Sowjetunion Aufsehen erregenden und umstrittenen Roman *Tauwetter* von Ilya Ehrenburg vor dem Hintergrund des XX. Parteitages diskutiert wurde. Nachdem die Geheimrede Chruschtschows Anfang März auch in der DDR zugänglich wurde, schienen die Enthüllungen der stalinistischen Verbrechen auch am Institut Dauerthema unter den Studierenden gewesen zu sein – so berichtet zumindest Loest.[130] Im Seminar von Wieland Herzfelde wird zwar auf den Parteitag Bezug genommen, auf die Geheimrede selbst indes nicht eingegangen. Vielmehr widmet man sich den Auswirkungen des XX. Parteitages im Hinblick auf die Relevanz der Literatur für die Politik. Vielleicht war die Aussparung der Chruschtschow-Rede auch eine Vorsichtsmaßnahme von Herzfelde, einer direkten Konfrontation mit konservativ eingestellten Vertretern aus dem Lehrkörper des Instituts auszuweichen. Denn der Dozent Leonhard Kossuth, der bereits am selben Morgen in seinem Seminar für russische und sowjetische Literatur den Roman *Tauwetter* mit den Studenten diskutiert hatte und laut Protokoll an dem nachmittäglichen Herzfelde-Seminar vom 25.5. ebenfalls teilnahm, hatte Erich Loest kurze Zeit zuvor Unmissverständliches klargemacht. Er, Kossuth, gedenke nicht über die Geheimrede zu diskutieren. »Chruschtschows Bericht sei bewusst hinter verschlossenen Türen für eine Elite gehalten worden, die Führung der SED wünsche keine breite Erörterung, das sei wohl deutlich. Sollte sich das ändern, werde sich die Partei äußern. Bis dahin lehne er es ab, sich an diesen hektischen Diskussionen zu beteiligen«.[131] Andererseits handelte Chruschtschows Rede nicht von Literatur, und es gab daher eigentlich keinen Anlass, in einem Prosa-Seminar über sie zu sprechen. So ist begreiflich, sich der Bedeutsamkeit des Parteitages über einen Autor wie Ilya Ehrenburg zu nähern, dessen dortiger Beitrag die Literatur zum Gegenstand hatte. Auffallend an dieser Sitzung ist, dass hier eine der wenigen tagespolitischen Auseinandersetzungen geführt wurde. Man diskutiert über das Verhältnis von Politik und Literatur sowie über die vermeintlich politischen Aufgaben der Literatur, übt aber auch Kritik an der aktuellen Politik und Zensur in der DDR. Der Roman von Ehrenburg taugt indes besonders gut für die Erörterung politischer Zu- und Missstände, ist dessen Handlung doch in der unmittelbaren Gegenwart der Sowjetunion angesiedelt und befasst sich mit dem Beginn einer Phase der Liberalisierung der sowjetischen Kulturpolitik und der Rehabilitation von Opfern der stalinistischen Verfolgungen nach Stalins Tod. Der Titel des Romans wurde schon in dessen Erscheinungsjahr 1954 zum Schlagwort für die politischen Entspannungstendenzen in der Sowjetunion. Gleichzeitig geriet das Buch aber nicht lang nach seinem Erscheinen auch schon wieder in die Kritik. Ehrenburg konnte auf dem im selben Jahr tagenden sowjetischen Schriftstellerkongress die Möglichkeit zu seiner Verteidigung nutzen und seinen Kritikern offen die Frage stellen, was es denn für ein Kodex sei, der festlege, wie und was man genau zu schreiben habe.[132] Die geplante deutsche Übersetzung seines Romans wurde ob dieser Querelen in der DDR derweil erst einmal auf Eis gelegt. Man wollte abwarten, wie sich alles entwickelte.

Im Seminar sprach man laut Protokoll aber nicht von dieser sowjetischen Kontroverse um den Roman. Vielmehr stand die vermeintliche Offenheit der Sowjetunion im Unterschied zu der politischen Unaufgeschlossenheit der DDR im Mittelpunkt der Diskussion. Gotthold Gloger konstatiert: »Hier bei uns fehlen die Tauwetter«,[133] und bescheinigt der DDR, die Liberalisierungsbestrebungen weitestgehend zu ignorieren, die sich in der UdSSR nach dem Tod Stalins angekündigt hatten. Beteiligt an dieser interessanten Diskussion haben sich allerdings wenige; neben Herzfelde, Kossuth und Gloger nur noch die Studenten Erwin Bekier und Rudolf Bartsch.

Herzfelde vertrat eine für die DDR-Verhältnisse der 1950er Jahre sehr liberale Ästhetik am Institut für Literatur, welche unter dem Schlagwort »Formalismus« in der offiziellen Kulturpolitik zu dieser

Zeit auch immer wieder gern unter Beschuss geriet.[134] Auch pflegte er eine aufgeschlossene und weithin partnerschaftliche Beziehung zu seinen Studierenden, wie die Lektüre der Seminarprotokolle zeigt. Dennoch war er anscheinend nicht bereit, in seinem Seminar auf den Diskussionsbedarf einzugehen, der während der Studienzeit am Institut aus den Erfahrungen der Studenten mit dem Literaturbetrieb und der Kulturpolitik entstanden ist, was wiederum die Enttäuschungen der Studenten Loest und Endler erklären könnte. Dies lässt sich vielleicht am deutlichsten im Kontext der Vorkommnisse auf dem Schriftstellerkongress erläutern, an dem Studierende wie Lehrende des ersten Jahrgangs im Januar 1956 gemeinsam teilgenommen hatten.[135]

4. Besuch des IV. Deutschen Schriftstellerkongresses

Auf dem in Berlin veranstalteten Schriftstellerkongress traf eine für die DDR-Literatur prominente Autorenschar zusammen, die sechs Tage, vom 9. bis 14. Januar, über die Aufgaben und Probleme einer sozialistischen Gegenwartsliteratur berieten und miteinander stritten. Erich Loest und Ralph Giordano berichten in ihren Memoiren von diesem Ausflug im Rahmen ihres Studiums am Institut für Literatur.[136] Besonders Giordano ist dieses Ereignis nachdrücklich im Gedächtnis geblieben, verknüpft es sich für ihn mit einer tiefen politischen (wie auch menschlichen) Enttäuschung. Als einziger studentischer Teilnehmer des Literaturinstituts ergriff er die Gelegenheit, am Rednerpult zu sprechen, und nutzte sie für eine saftige Kritik an dem Umgang des Landes mit seiner Literatur und seinen Künstlern. Weitere mit dem Institut für Literatur verbundene Redner waren Alfred Kurella, Georg Maurer und Ernst Bloch, wobei nicht jeder von ihnen zum Literaturinstitut sprach, sondern lediglich Kurella und Giordano auf diesen Erfahrungshorizont Bezug nahmen – allerdings aus diametral entgegengesetzten Perspektiven. Der Streitpunkt, an dem sich Giordanos Kritik entzündete, bezieht sich auf die Frage, ob man als Schriftsteller in der DDR Mut brauche, um hochwertige ›meisterhafte‹ sozialistische Literatur jenseits von Schematismus und Opportunismus sowie ›Schönfärberei‹ zu schreiben.

Aufgeworfen wurde das Thema auf dem Kongress gleich von mehreren Teilnehmern. Anna Seghers gemahnte in ihrer Rede an die Schriftsteller, sich nicht von der Angst vor Kritik leiten zu lassen und aufgrund dessen die Darstellung von Konflikten und Widersprüchen des sozialistischen Lebens in ihrer Literatur auszusparen. Dies würde schließlich nur den Schematismus befördern, den es doch zu vermeiden gelte.[137] Im Anschluss daran referierte Arnold Zweig über die »Selbstverantwortung unserer freien Schriftsteller« und forderte zu »Zivilcourage« auf im Kampf um den »Aufstieg des Proletariats, dem Kampf einer neuen Menschheit«.[138] Stefan Heym widersprach dann in seinem Appell für qualitativ anspruchsvolle sozialistische Literatur dem Vorwurf, es mangele an Mut bei Schriftstellern. »[W]ir haben keine Angst vor Kritik und vor dem erhobenen Zeigefinger und den erhobenen Augenbrauen großer und kleiner Päpste.«[139] Im Fortgang des Kongresses kamen Willi Bredel, einer der Pioniere der sozialistisch-realistischen Literatur, sowie der Vorzeige-Parteidichter Kuba [d. i. Kurt Barthel] und sogar der dem Schriftstellerkongress die Ehre erweisende Generalsekretär Walter Ulbricht auf das Thema Mut zurück, wobei vor allem Kuba sich in gewohnter Linientreue empörte, es sei »eine Unverschämtheit unserer Republik gegenüber« zu behaupten, es bedürfe besonderen Muts, »in unserer Republik die Wahrheit zu sagen.«[140] Besonders dieser Kommentar muss Giordano derart zugesetzt haben, dass er sich entschloss, ebenfalls das Podium zu betreten. In seiner 1961 erstmalig publizierten Abrechnung *Die Partei hat immer Recht* sind es vor allem die Erfahrungen von Enttäuschung und Zorn, die als Quintessenz seines damals gerade mal drei Monate währenden Aufenthalts in der DDR nachklingen:

> *Kuba*, der nun mit dem Gewicht seiner protegierten Persönlichkeit das Pult erklettere und seinen Bannfluch gegen das ›Gefasel vom persönlichen Mut des Schriftstellers in der DDR‹ schleuderte – das sei eine Unverschämtheit! In diesem Augenblick trat die Dialektik meiner politischen Erziehung in Aktion. Ich hatte im Hotel begonnen, mir lose Notizen zu machen, die sich zu Gedanken formulierten. Innerhalb von vierundzwanzig Stunden bedeckten sie einen ganzen Block – ein einziger Protest gegen die Art und Weise, wie dieser Kongreß aufgezogen war. Jetzt galt es zu sprechen oder mit den Trümmern all dessen, was die Ideale der Partei genannt wurde, erledigt vor sich selber, nach Hamburg zurückzukehren. Aber war es nicht absurd, wider den Stachel zu löcken? Die Woche war in ihre zweite Hälfte getreten und bedeutende Namen hatten gesprochen,

ohne ein Tabu zu berühren. Doch wenngleich in mir bis zur letzten Minute die Hoffnung lebte, es werde irgend etwas eintreten, das mich von dem inneren Zwang, sprechen zu müssen, befreien könnte, irgend etwas, das mich halbwegs zu sagen rechtfertigte, besondere Umstände hätten es eben mit sich gebracht, den Willen für die Tat zu nehmen – so war in Wirklichkeit doch viel stärker als der Greuel, zu widersprechen, gegen den Strom zu schwimmen, öffentlich von der Linie abzuweichen, die Furcht, das Bild der Partei könnte zerstört werden, wenn sich inmitten des offiziellen Duckmäusertums, der schweigenden Resignation, dieser ganzen todtraurigen Leisetreterei und Heuchelei kein Widerspruch erhöbe.[141]

Giordano betrat sodann am nächsten Tag das Podium, auf dem er Kuba entschieden widersprach. Zwar brauche man in der DDR als Schriftsteller tatsächlich nicht, wie vielleicht noch in Westdeutschland, persönlichen Mut, um gegen Faschismus und Faschisten zu sein, aber persönlichen Mutes bedürfe es schon, wenn man sich gegen eine Erscheinung ausspreche, die – und hier greift Giordano auf eine Formulierung Ernst Blochs zurück – als die »Diktatur des kleinbürgerlichen Geschmacks im Namen des Proletariats« zu bezeichnen sei. In dem Vierteljahr seines Aufenthalts am Institut für Literatur, so Giordano weiter, sei er oft überrascht worden,

mit welcher Raffinesse sich die konservative Ängstlichkeit als lautere Prinzipientreue zu tarnen wußte, überrascht mit welcher Frechheit sich die erbärmlichste Prüderie als sittenstrenge Gouvernante des Sozialismus aufspielen durfte, überrascht, wie resigniert und eingeschüchtert manche Schriftsteller von diesen Erscheinungen sind. Bei vielen ist der Mut noch Mangelware.[142]

Einmal in Fahrt geraten, fuhr Giordano fort mit einer Kritik an der mangelnden Bereitschaft, den Holocaust literarisch aufzuarbeiten, der Verzagtheit der Verlage und Redaktionen, Unkonventionelles publizieren zu wollen, sowie an einer grundlegend falschen Literaturpolitik, wobei der Vorwurf der Zensurausübung, obzwar im Mantel der Literaturlenkung verblümt, hörbar mitklingt.

Das Amt für Literatur sollte sich nicht in Fragen künstlerischer Gestaltung stecken [sic], sondern in Übereinstimmung mit der Präambel seiner Satzungen, die von den Verlagen zur Druckgenehmigung eingereichten Werke prüfen auf etwaige antihumanistische, antidemokratische und antisowjetische Tendenzen.[143]

Die Reaktionen auf seine Rede fielen überwiegend missbilligend aus, wie Giordano in seinem Buch berichtet. Dass er keinen Zuspruch für seine Kritik, kein offenkundiges Lob für *seinen* Mut und keine Solidaritätsbekundungen von Seiten seiner Kommilitonen erhielt, hat ihn schwer gekränkt. Lediglich stummes Händedrücken sei die Antwort auf seine Ausführungen gewesen. »Viele hatten mir die Hand gedrückt – und geschwiegen. Auch Loest hatte mir die Hand gedrückt – und geschwiegen. Keiner war nach oben gegangen und hatte den Faden aufgenommen.«[144] Stattdessen erhielt er am selben Abend noch Parteischelte von einem westdeutschen Genossen aus Düsseldorf.[145] Bezugnahmen auf Giordanos Ausführungen zum persönlichen Mut des Schriftstellers erfolgten erst am nächsten Tag auf dem Podium, wobei auch diese überwiegend missbilligend ausfielen. Giordano habe Kuba missverstanden und ihm die Worte im Munde verdreht, lautete einer der Vorwürfe.[146] Ein anderer gegen Giordano gerichteter Kommentar verteidigte die Rede von Kuba. Dieser habe doch schließlich recht damit, dass »bei uns in der Republik kein Mut dazu gehört, die Wahrheit über die Wirklichkeit zu sagen«.[147] Besonders perfide aber fiel die öffentliche Reaktion Alfred Kurellas aus, die in herablassender Zurechtweisung und in äußerster Beiläufigkeit von ihm eingestreut wurde, weshalb sie umso nachhaltiger wirkte. Kurellas Rede, die sich im Großen und Ganzen mit übergreifenden literaturpolitischen Themen befasste, hob mit einigen Auskünften über das Literaturinstitut an. In diesem Kontext empfahl er denjenigen Teilnehmern des Kongresses, die Näheres über das Institut zu erfahren hofften, »das Büchlein ›Zunftgenossen‹« zur Hand zu nehmen und die Seite 37 aufzuschlagen. Dort, so verspricht er, »erhalten Sie eine erschöpfende Antwort darauf, was das Institut ist«.[148] Kurella nahm mit seiner Empfehlung Bezug auf eine zum Zeitpunkt des Kongresses zwar noch nicht, aber in Bälde erscheinende Publikation von der Illustratorin Elisabeth Shaw und dem Lyriker Paul Wiens, die unter dem Titel *Zunftgenossen Kunstgefährten* ganzseitige Karikaturen von bekannten DDR-Schriftstellern sowie einen dazugehörigen Vers enthält. Auf besagter Seite 37 sah sich Alfred Kurella selbst karikiert – und zwar in Gestalt einer überlebensgroßen beschürzten »Amme«, wie es im Vers heißt,[149] die gleich mehrere in Strampelanzügen gekleidete kreischende und zappelnde Studenten im Arm hält. Hinter ihm befindet sich ein vergleichsweise kleines Haus, auf dem der Name »Institut für Literatur« geschrieben steht und an dessen Fenstern weitere Studenten halsbrecherische Kletterübungen unternehmen. Überdies ist das Institutsgebäude mit einer Wäscheleine umspannt, an der zahlreiche Manuskriptseiten an Wäscheklammern aufgehängt sind.[150] Offensichtlich sehr erheitert und voll des Lobes für die Illustratorin kommentierte Kurella diese Karikatur zunächst als »ein Musterbeispiel für das bildhafte Erkennen der Wahrheit« und amüsiert sich über die treffende Darstellung seiner eigenen Person mit der »Neigung zum Tantenhaften«.[151] Umso unvermittelter und brüsker wirkte sein darauffolgender Angriff auf Ralph Giordano und dessen Rede. Mit ihrer Zeichnung habe Elisabeth Shaw sogar, so konstatierte Kurella,

> einen Blick in die Zukunft bewiesen, den ich kaum für möglich gehalten habe. Sie hat auf dem Bild die Rede des einzigen Hörers unseres Instituts, der hier zu Wort gekommen ist, bereits festgehalten. Schauen Sie nach: da turnt einer an dem Fenster herum, kann aber nicht ganz hochkommen, denn er ist eben doch noch ein Schüler und noch nicht so sehr lange auf diesem Institut.[152]

Kurella griff mit dieser Verhöhnung seines Studenten auf eine für die 50er Jahre alles andere als untypische Infantilisierungsstrategie der DDR-Nomenklatura zurück, die immer dann angewendet wurde, wenn Kritik am bzw. Protest gegen System und Regierung erfolgt war. So wurde etwa der vermeintlich von jugendlichen Halbstarken initiierte Volksaufstand im Juni 1953 von Funktionären als kindisch bewertet.[153] Auf diese Diskreditierung seitens Kurellas geht Giordano in seinem Buch allerdings nicht ein. Er empört sich vielmehr darüber, dass nicht nur seine Kommilitonen sich nicht zu der Auseinandersetzung äußerten, sondern gleichfalls in den Medien nichts zu hören und zu lesen war.[154]

Obwohl am 17. Januar 1956 in einer außerordentlichen Sitzung des Herzfelde-Seminars eine Nachbereitung des Schriftstellerkongresses stattfand, sind auch in den dazugehörigen Aufzeichnungen weder ein Kommentar noch eine Diskussion über Giordanos Rede protokolliert. Als Gast hatte man den russischen Schriftsteller Konstantin Fedin eingeladen, der am Gorki-Institut für Literatur in Moskau lehrte und auf dem Schriftstellerkongress vor dem Publikum aus der Perspektive des sozialistischen Realismus über die Fragen »Was ist Literatur?« und »Warum schreibe ich?« gesprochen und sich damit vor allem an Nachwuchsautoren gewandt hatte.[155] Als weiterer außerordentlicher Teilnehmer befand sich auch der Institutsleiter Alfred Kurella im Seminar. Man tauschte sich über die Eindrücke aus, die man vom Kongress mitgenommen hatte. Die Studierendenbeteiligung war im Unterschied zu einigen anderen Sitzungen sehr rege. Es partizipierten diesmal auch Studierende, deren Wortanteile in anderen Sitzungen eher gering waren, unter ihnen Hildegard Habel, Martha Weber-Liebscher, Gottfried Lorenz und Helmut Sperling, aber auch die meistenteils engagierten Studenten Gotthold Gloger, Werner Lindemann und Erich Loest. Giordano hingegen beteiligte sich nicht. Möglicherweise war er zu der Sitzung erst gar nicht erschienen. Der Schriftstellerkongress wurde von den meisten Studierenden als anregend beurteilt. Man war stolz, so nah am Geschehen gewesen zu sein und so viele bekannte Schriftsteller beisammen gesehen und gehört zu haben. Besonders eindrucksvoll sei es gewesen, die Vielfalt der Stimmen und Ansichten in den Diskussionen präsentiert bekommen zu haben. Darüber hinaus sei man sich des Selbstverständnisses sozialistischen Schreibens, aber auch der damit verbundenen künstlerischen Probleme bewusster geworden.[156]

Es mutet allerdings seltsam an, dass über den Auftritt Giordanos als einzigen studentischen Redner des Literaturinstituts auf dem Schriftstellerkongress kein weiteres protokolliertes Wort verloren wurde – weder in dieser noch in nachfolgenden Seminarsitzungen. Vielleicht hatte sich auch Alfred Kurella gerade zum Zwecke der Vermeidung der Wiederaufnahme von Giordanos Kritik in das Seminar begeben. Seine Beteiligung an der Diskussion fiel zumindest äußerst spärlich aus; der Grund seiner Teilnahme an dieser Seminarsitzung des Herzfelde-Seminars bleibt insofern unklar. Jedenfalls hatten weder Wieland Herzfelde noch die Studenten in Kurellas Gegenwart gewagt, Giordanos Namen auch nur auszusprechen. Lediglich eine kurze Anmerkung Herzfeldes ließe sich auf diesen Vorfall beziehen. Es habe ihn gefreut, so seine Aussage, wie sie im Protokoll nachzulesen ist, dass auf dem Kongress nicht »diese und jene privaten Kümmernisse ausgetragen [wurden], es wurde vielmehr über Probleme gesprochen, die uns alle bewegt haben, so ist der Kongress zu einem Gemeinschaftserlebnis geworden«.[157]

Obwohl Herzfelde Giordanos Aussagen nicht als private Kümmernisse abgetan hatte, steht die Zufriedenheit des Dozenten über das gemeinschaftliche Erlebnis doch im krassen Widerspruch zu der Enttäuschung des Studenten darüber, im Stich gelassen worden zu sein. Giordano führte sein Studienjahr trotz dieser für ihn desillusionierenden Erfahrung noch zu Ende. Im Sommer 1956 allerdings verließ er nicht nur das Institut, sondern auch die DDR. Sein endgültiger Bruch mit der »Partei« und dem Sozialismus erfolgte im darauffolgenden Frühjahr.[158]

5. Die weitere Entwicklung des Instituts für Literatur in den 50er Jahren

Erich Loest, Fred Wander und Gotthold Gloger verließen gleichfalls das Institut nach dem ersten Studienjahr, obwohl die Option bestand, noch ein weiteres Jahr dort zu studieren.

Fred Wander blieb zwar in der DDR, fand aber am Literaturinstitut nicht das Umfeld, in dem er seine KZ-Erfahrung als von den Nazis verfolgter Jude verarbeiten konnte.[159] Erich Loest schließlich war froh, endlich dem Diktat des Unterrichtsalltags entkommen zu sein, und versprach sich fernab des Studiums mehr Zeit zum Schreiben.[160] Wegen angeblicher konterrevolutionärer Gruppenbildung wurde Loest allerdings ein Jahr später im Zusammenhang des Ungarnaufstandes verhaftet und zu siebeneinhalb Jahren Zuchthaus verurteilt.[161] Am Literaturinstitut ging der Betrieb indes ungeachtet der Schicksale seiner prominenten Absolventen weiter.

Auf das Angebot, ein weiteres Jahr am Literaturinstitut zu studieren, bewarben sich tatsächlich nicht wenige Angehörige des ersten Jahrgangs. Neben Helmut Baierl und Adolf Endler setzten Herbert Bruna, Joachim Kupsch, Hans-Gert Lange, Werner Lindemann, Gottfried Lorenz, Dieter Mallwitz und Helmut Preißler ihr Studium fort. 17 Neustudierende kamen im Herbst 1956 dazu, so dass es im zweiten Jahrgang 26 Studierende gab. Zu ihnen gehörten Ulrich Komm, Werner Schmoll, Martin Viertel und Walter Werner, die im Anschluss an das Studium als freie Schriftsteller arbeiteten. Andere Studierende, wie etwa Joachim Knappe, Eckard Krumbolz und Kurt Steiniger, arbeiteten im Anschluss als Redakteure und Kulturleiter in Großbetrieben, schrieben aber nebenberuflich weiter. Zu den interessanten Neuzugängen gehörte Karl-Heinz Jakobs, der zwei Jahre am Literaturinstitut blieb und im Anschluss einige nennenswerte literarische Werke schuf, allem voran sein 1961 erschienener Longseller *Beschreibung eines Sommers*. Nach der Ausbürgerung Biermanns, gegen die er protestiert hatte, wurden seine Publikationsmöglichkeiten in der DDR allerdings stark beschnitten, so dass er 1981 in die Bundesrepublik übersiedelte. Auch der späterhin als Arbeiterschriftsteller und Kinderbuchautor bekannte Martin Viertel nahm in Herbst 1956 sein Studium auf, das er sogar um zwei weitere Jahre verlängern konnte.

Im Sommer 1957 bekam das Literaturinstitut endlich auch eine eigene Adresse. In der Gründerzeit-Villa in der Karl-Tauchnitz-Str. 8 gab es nun wesentlich mehr Platz als in den provisorischen Räumen der Schwägrichenstraße, so dass auch das Studienprogramm sukzessive erweitert werden konnte. Neben dem Direktstudiengang organsierte man 1957 einen einjährigen Lektorenlehrgang. An diesem nahmen mit Paul Kanut Schäfer, Fred Rodrian, Max Walter Schulz und Rudi Strahl talentierte Nachwuchsautoren teil, von denen einige nach Beendigung des Lektorenlehrgangs in das Direktstudium wechselten. Als Beitrag zu der neuen Kulturpolitik des Bitterfelder Weges, die die Ära des Arbeiter-Schriftstellers einleitete, ging im Herbst 1959 der erste Studiengang für schreibende Arbeiter am Literaturinstitut mit 27 zugelassenen Studenten an den Start. Im Jahr zuvor hatte man erstmals einen dreijährigen Direktstudiengang angeboten, der bis 1961 dauern sollte.[162] Dass das Institut um 1960 einen angesehenen Ruf hatte, geht nicht zuletzt aus der Namensliste der zu diesem ersten dreijährigen Studium zugelassenen Studierenden hervor. Unter den 20 Nachwuchstalenten befanden sich späterhin erfolgreiche Schriftsteller wie Werner Bräunig, Heinz Czechowski, Günter Görlich, Gerhard Holz-Baumert, Horst Salomon und Karl-Heinz Tuschel – bemerkenswert allerdings ist, dass in den 50er Jahren, mit Ausnahme des ersten Jahrgangs, keine Frauen unter den Studierenden zu finden waren. Der Anteil an Nachwuchsautorinnen sollte erst mit den Studiengängen des nächsten Jahrzehnts wieder steigen. 1959 bekam das Institut, das mittlerweile auch einen Hochschulstatus besaß,[163] den Namen des ersten Ministers für Kultur der DDR verliehen, der im Jahr zuvor verstorben war und dem von ihm wenig geschätzten Institut zu Lebzeiten lediglich einen einzigen, pflichtschuldigen Besuch abgeleistet hatte.[164] Fortan, so will es die Ironie der Geschichte, war nun vom Institut für Literatur »Johannes R. Becher« die Rede.[165] Diese Ehrerweisung lässt sich als ein weiteres Zeichen dafür interpretieren, dass das Literaturinstitut vier Jahre nach seiner Gründung von Kultur und Politik der DDR erst einmal anerkannt worden war – sich mithin bis dahin erfolgreich etabliert hatte. Mit Erhalt seines Hochschulstatus im Mai 1958 wurden am Literaturinstitut aber auch die ersten geheimpolizeilichen Untersuchungen des Ministeriums für Staatssicherheit dokumentiert, galten die Hochschulen der DDR zwar als »wichtige ›Kaderschmieden‹, aber doch auch [als] gefährdete Denkfabriken«, die von der SED und ihrem wichtigsten Sicherheitsorgan unter besonderer Kontrolle gehalten werden mussten.[166]

Insgesamt wurden am Literaturinstitut in den ersten prägenden Jahren von 1955 bis 1959 in den unterschiedlichen Studienausrichtungen 100 Personen zugelassen. Sieben von ihnen haben das Institut während des Studiums verlassen.[167] Aus den zum Teil lückenhaften bzw. nicht einsehbaren Akten lässt sich allerdings zurzeit noch nicht nachvollziehen, wer freiwillig das Studium aufgegeben hat und wer aufgrund von Disziplinarvergehen gehen musste.

5.1 Reformierung des Studiums

Nach dem ersten Studienjahr wurden einige Maßnahmen zur Professionalisierung des Studiums unternommen.[168] Aus den Erfahrungen mit den Studierenden des ersten Jahrgangs hatte man wohl gelernt, dass ein Studium ohne Leistungsanforderungen und Prüfungen nicht unbedingt zur Arbeitsdisziplin beitrug und überdies das Ansehen des Instituts zu gefährden drohte. Entsprechend wurde eine Disziplinarordnung erarbeitet, die zum 15. April 1957 in Kraft trat und Disziplinarverstöße und deren Sanktionierungen definierte. Neben (a) schweren Verstößen gegen die Gesetze und Verordnungen der Deutschen Demokratischen Republik wurden als weitere Disziplinarvergehen festgelegt: (b) die Verletzung von Anweisungen durch Institutsorgane, (c) Verstöße gegen die Studiendisziplin, wozu das unentschuldigte Fehlen bei Institutsveranstaltungen und mangelnde Mitarbeit in den Seminaren sowie die Vernachlässigung des Selbststudiums zählten, und (d) die Schädigung des Ansehens des Instituts durch »unmoralisches, ehrloses und taktloses Verhalten«. Zu den Sanktionen gehörten die mündliche Verwarnung, der schriftliche Verweis und schließlich die Exmatrikulation.[169] Weiterhin sollte eine Studien- und Prüfungsordnung das Statut von 1955 ergänzen, in dem die Organisation der Studienarbeit und die Informationen über den Studienabschluss äußerst knapp ausgefallen waren und zudem für den ersten Jahrgang anscheinend auch keinerlei Relevanz besessen hatte.[170] Die erweiterte Studien- und Prüfungsordnung regelte Leistungskriterien und -nachweise sowie die Prüfungsanforderungen in aller Ausführlichkeit.[171] Mit Beginn des zweiten Studiengangs 1956 wurden eine Zwischen- und eine Abschlussprüfung eingeführt. Nur wer die Zwischenprüfung bestand, konnte sein Studium um ein, bzw. später um zwei Jahre fortsetzen.[172] Die Diplomprüfungen setzten sich aus Leistungen zusammen, die im Verlauf des Studiums erworben worden waren, sowie den Prüfungen am Ende des Studiums. Neben Klausuren und mündlichen Prüfungen war die Anfertigung von zwei schriftlichen Abschlussarbeiten vorgesehen, die zum einen Teil aus einem literarischen und zum anderen Teil aus einem essayistischen bzw. literaturwissenschaftlichen Text bestehen sollten. Als Abschluss erhielt man ein Diplom für literarisches Schreiben.[173] Auch die Struktur des Lehrplans wurde reformiert. Man unterschied nun klar zwischen zwei Ausrichtungen des Studiums. Zum einen sollten in den sogenannten schöpferischen Seminaren und literarischen Konsultationen das Handwerkszeug des Schreibens geschult werden. Zum anderen sollten »den Studierenden Kenntnisse auf den für Schriftsteller, Kritiker usw. wichtigen Wissensgebieten in Form von Vorlesungen und Seminaren vermittelt (werden).«[174] Dieser Umstrukturierung fiel wohl auch das Prosa-Seminar von Wieland Herzfelde zum Opfer, dem zum Beginn des Jahres 1957 mitten im Semester der Lehrauftrag gekündigt wurde. Kündigungsunterlagen im Bestand des Becher-Instituts geben keine konkreten Hinweise auf diesen Vorgang. Im Privatnachlass Herzfeldes, der im Archiv der Akademie der Künste verwahrt wird, befindet sich allerdings eine Korrespondenz, die darauf schließen lässt, dass es nicht Herzfeldes eigene Entscheidung war, die Lehre am Institut für Literatur aufzugeben. So wurde er noch im Juni 1956 von dem wissenschaftlichen Assistenten Günther K. Lehmann im Auftrag von Alfred Kurella dazu aufgefordert, »dem Institut mitzuteilen, welche Übungsaufgaben Sie für den experimentellen Teil Ihrer Prosa-Seminare im nächsten Jahr vorsehen, bzw. in welcher Form Sie die experimentelle Arbeit mit den Schülern durchzuführen gedenken«.[175] Herzfelde hatte am 20.7. brieflich geantwortet und sein Unterrichtskonzept vorgestellt.[176] Im Januar 1957 wandte sich dann der stellvertretende Direktor Dietrich Herrde brieflich an Herzfelde, um ihn darüber zu informieren, dass »im Zuge der strukturellen Veränderungen unseres Instituts Umstellungen, besonders in bezug auf den Lehrstuhl Literarisches Schaffen, Sprache und Ästhetik vorgenommen (wurden). Die mit Ihnen am 18. November 1955 abgeschlossene Vereinbarung über Ihre Tätigkeit als Gastdozent war mit dem Studienjahr 1956 abgelaufen, so daß beiderseits keine vertraglichen Bindungen mehr bestehen.«[177] Dieser ungewöhnliche Vorgang, während eines Studienjahres einem Dozenten den Lehrauftrag zu kündigen, lässt sich aufgrund mangelnder Informationen nicht weiter nachverfolgen. Bedenkt man, dass die Protokollierung von Herzfeldes Seminar im ersten Jahrgang bereits von der Direktion angeordnet worden war, erhärtet sich indes der Verdacht, dass der Direktor Herzfelde als Dozent am Institut von Anbeginn an misstraut hatte. Nach der Einsicht in die Seminarprotokolle, deren Inhalte Kurellas dogmatisches Literaturverständnis offenkundig konterkarierten, liegt die Vermutung nahe, dass die Direktion letztlich nur nach einem Grund gesucht hatte, Wieland Herzfelde von seiner Lehre abzuziehen.

Wer das Seminar von Herzfelde im zweiten Teil des Studienjahres übernahm, geht aus den Akten nicht hervor. Das Fach *Gegenwartsliteratur* wurde von 1956 bis 1961 von Jürgen Bonk angeboten, der 1969 zusammen mit dem Literaturwissenschaftler Dieter Faulseit und der im Bereich der schriftstellerischen Nachwuchsförderung beim Schriftstellerverband tätigen Ursula Steinhaußen das *Handbuch für schreibende Arbeiter* herausgeben sollte.[178] Das schöpferische Seminar *Prosa* übernahm 1961 Werner Bräunig, der nach seinem Studium am Literaturinstitut bis 1967 lehrte. Im Oktober 1957 verließ Alfred Kurella das Becher-Institut und wurde Leiter der Kulturkommission des Politbüros des Zentralkomitees der SED. Als sein Nachfolger übernahm 1958 Max Zimmering das Amt des Direktors – ein gleichfalls parteikonformer Schriftsteller und verdienstvoller Kommunist, aber weit weniger charismatisch als sein Vorgänger. In Zimmerings Amtszeit fiel die Umsetzung der Beschlüsse der Bitterfelder Konferenz, die das Literaturinstitut in den darauffolgenden Jahren prägen sollten. Welche Einflusskraft der erste Direktor besaß, die dem Literaturinstitut mit seinem Weggang nun verloren gehen sollte, hatte Kurella am Ende seiner Rede auf dem IV. Schriftstellerkongress gezeigt. Dort hatte er seine Schriftstellerkollegen inständig darum gebeten, die Arbeit des Literaturinstituts durch ihre Mithilfe zu unterstützen. Die Nachwuchsschriftsteller müssten für ihr eigenes Schaffen von den Erfahrungen der älteren Autoren in ihrem Studium profitieren können. Zu diesem Zweck, so Kurella, sollten diese »nun wirklich regelmäßig zu den schöpferischen Seminaren für erzählenden Prosa, Lyrik und Dramatik kommen.«[179] Dieser Aufforderung wurde tatsächlich verstärkt gefolgt, was sich bereits im direkten Anschluss an den Kongress im Herzfelde-Seminar zeigte. So besuchte kurz nach dem Schriftstellerkongress nicht nur der russische Schriftsteller Konstatin Fedin das Seminar, um den Studenten über sein Selbstverständnis als Autor sowie über seine Literatur zu berichten und mit ihnen zu diskutieren. Ihm folgten die DDR-Schriftsteller Wolfgang Joho, Franz Fühmann und Ehm Welk.[180]

Als eine weitere Neuerung wurden ab dem zweiten Studienjahr Praktika als Teil des Studiums eingeführt. Praktikumsplätze für die Studierenden gab es zunächst in den Bereichen Journalismus, Verlagswesen sowie in kulturellen Einrichtungen. Allerdings wurde 1959 die Praktikumsvergabe für die kommenden Studienjahrgänge noch einmal neu organisiert, wie aus einer Mitteilung des Becher-Instituts an das Ministerium für Kultur (MfK) hervorgeht:

> Für unsere Vollstudenten (jetzt 2. Studienjahr) beschlossen wir in Auswertung der Bitterfelder Konferenz erstmalig die Studienmethode so zu ändern, daß ein regelmäßiger Wechsel von 4 WOCHEN Studium und 2 Wochen praktischem Einsatz erfolgt. Die Einsatzorte sind Großbetriebe und LPG's sowie Einheiten der Nationalen Volksarmee. Während dieses Praktikums, das vom Lehrkörper ständig kontrolliert wird, soll in enger Verbindung mit den Werktätigen die künstlerische Abschlussarbeit entstehen.[181]

Nicht zuletzt wollte man dem Ministerium für Kultur damit signalisieren, wie ernst man die programmatische Entwicklung der sozialistischen Kulturpolitik am Literaturinstitut nahm. Im Rahmen des Bitterfelder Weges sollten auch die Leipziger Nachwuchsschriftsteller regelmäßig in der Industrie arbeiten; zum einen, um ihre dortigen Erfahrungen schriftstellerisch zu verarbeiten, und zum anderen, um die Arbeiter bei deren eigener künstlerischer Tätigkeit zu unterstützen. Das ehrgeizige Ansinnen, einen regelmäßigen Wechsel zwischen vierwöchigem Studium und zweiwöchigem Arbeitseinsatz zu organisieren, sollte sich in der Praxis allerdings als umständlich erweisen. Langfristig wurde deshalb die Einbindung des Praktikums in den Studienablauf erneut umstrukturiert. So erfolgten in den 60er Jahren ein einwöchiger Arbeitseinsatz zu Beginn des ersten Studienjahrs sowie ein mehrwöchiges Praktikum im zweiten Studienjahr.

5.2 Literarische Erträge des Studiums in den 1950er Jahren

Ab dem zweiten Studienjahr war es für den Abschluss des Direktstudiums verpflichtend, Prüfungen zu absolvieren. Dazu gehörte, Arbeitsproben einzureichen, die als Abschlussarbeiten galten und deren Beurteilung maßgeblich für die Gesamtbewertung war. Für den Zeitraum von 1956 bis 1961 sind insgesamt 88 Abschlussarbeiten von lediglich 44 Studenten nachgewiesen, wobei einige der Nachwuchsautoren gleich mehrere Arbeitsproben einreichten. Neben literarischen Texten gehören Essays sowie theoretische bzw. (literatur)wissenschaftliche Studien dazu. Von den eingereichten literarischen Arbeiten sind 28 der Prosa, zehn der Dramatik und sechs der Lyrik zuzurechnen. Überraschend ist die Zahl von 44 theoretischen Texten. Somit gehört die Hälfte der eingereichten Abschlussarbeiten der Form nach nicht zur Literatur, sondern zur wissenschaftlichen Studie. Nicht zuletzt darin zeigt sich, dass in den ersten Jahren des Institutsbestehens nicht etwa das literarische Schreiben im Mittelpunkt des studentischen Schaffens stand, sondern, wie es Alfred Kurella in seiner Rede zur Eröffnung des Instituts gefordert und auf dem IV. Schriftstellerkongress 1956 noch einmal erörtert hatte, verstärkt die Aneignung von Wissen als Grundlage für die literarische Arbeit.[182]

Inhaltlich kreisen die theoretischen Abschlussarbeiten um das Thema Sozialismus, entweder als Reflexionen über das sozialistische Bewusstsein, sozialistische Schreibweisen bzw. den Auftrag des sozialistischen Schriftstellers sowie die grundsätzlichen Möglichkeiten sozialistischen Denkens und Handelns oder aber auch in Form von literaturwissenschaftlichen Analysen von sozialistischer Gegenwartsliteratur.[183] Die Titel dieser Arbeiten lauten entsprechend programmatisch: *Widerspiegelung und erzieherische Funktion der Pionierorganisation »Ernst Thählmann« in den Kinderbüchern Benno Pludras* (Werner Bauer, 1959); *Gedanken über den gesellschaftlichen Auftrag des Schriftstellers* (Erich Blach, 1958); *Probleme des lyrischen Bildes im sozialistischen Realismus* (Werner Bräunig, 1960); *Wie spiegelt das Kinderhörspiel des demokratischen Rundfunks den neuen, sozialistischen Menschen wider?* (Hans Eschenberg, 1960); *Der Typ des Grenzsoldaten in unserer Gegenwartsliteratur* (Erich Hahn, 1961); *Die Widerspiegelung der sozialistischen Bäuerin in der sozialistischen Literatur* (Erich Köhler, 1961); *Der lyrische Dichter in der Gesellschaft* (Karl-Heinz Jakobs, 1958); *Ein großer Dichter ist das Volk* (Horst Salomon, 1961); *Die Frühwerke Hans Marchwitzas. Ein Beitrag zur Ästhetik des sozialistischen Realismus* (Siegfried Stöbe, 1958); *Problematisches zur Dichtung Georg Trakls für den sozialistischen Schriftsteller* (Walter Werner, 1959); *Über die Theorie des Sozialistischen Realismus* (Klaus Wolf, 1958).

Überwiegend Ideologisches verhandeln die Studierenden auch in den Stoffen ihrer literarischen Abschlussarbeiten und folgen damit dem staatlichen Ansinnen, als Schriftsteller Sprachrohr der sozialistischen Politik zu sein. Dabei lassen sich die Arbeiten den unterschiedlichen Kategorien sozialistischer Auftragsliteratur zuordnen. So widmet sich die Prosa von Werner Bauer (*Franzl und das Tschechenmädchen*, 1959),[184] Günter Görlich (*Familie Wegener [Arbeitstitel] – Roman einer deutschen Arbeiterfamilie*, 1961)[185] und Erich Köhler (*Schatzsucher*, 1960)[186] den Stoffen antifaschistischer Literatur. Einen Beitrag zur sozialistischen Aufbauliteratur leistet Helmut Baierl mit seiner Komödie *Die Feststellung* (1957)[187] über die Gründung der LPGs ebenso wie die Prosa von Heino Leist (*Dumme Geschichten*, 1961) und Hans-Jürgen Steinmann (*Stimme der Jahre*, 1961),[188] die von den mit der Kollektivierung verbundenen Umbrüchen in der landwirtschaftlichen Arbeit handelt. Martin Viertel (*Vorarbeiten verschiedener Kapitel eines Romans über die SDAG Wismut*, 1959),[189] Hermann Otto Lauterbach (*Keiner kommt zu spät*, 1961)[190] und Arne Leonardt (*Die Mannbuben*, 1960) siedeln ihre Prosa im industriellen Umfeld an, wobei die Arbeiter im Mittelpunkt des Geschehens stehen. Es wird beispielsweise von den Aufgaben innerhalb der Arbeitsbrigaden erzählt sowie von den Arbeitsumständen in der Montanindustrie (Wismut) und in weiteren

Zweigen der Massenproduktion. Gerhard Neumann (*Der Neue*, 1958) und Wolfgang Karalus (*Berliner Bericht. Eine Leseprobe*, 1958) setzen sich mit den Arbeiteraufständen des 17. Juni 1953 auseinander, wobei beide Texte parteikonform ausgerichtet sind, insofern in ihrem Mittelpunkt heroische Protagonisten stehen, die den Protest aufs Schärfste verurteilen und zu verhindern suchen. Die Erzählungen von Lothar Kurczyk (*Und noch einmal von vorn*, 1958), von Max Walter Schulz (*Der rote Leutnant. Novelle aus unserer Zeit*, 1958) und Herbert Friedrich (*Strupp auf dem Damm*, 1961)[191] handeln von Entwicklungswegen und Umerziehungsprozessen, in denen Nicht-Kommunisten zu überzeugten Kommunisten werden, Unpolitische sich zu engagierten Sozialisten mausern und Gruppen von Einzelkämpfern sich in ein nützliches Kollektiv verwandeln. Der Kapitalismuskritik widmen sich wiederum Max Walter Schulz mit seiner zweiten eingereichten literarischen Arbeit (*Die weiße Taube. Eine Komödie*, 1958) sowie Eckart Krumbholz (*Das grüne Halstuch*, 1958) und Gerhard Respondek (*Kenners Coup*, 1958)[192] mit ihren agitatorischen Erzählungen über die auf Profit ausgerichtete Wirtschaft der BRD, ihrer nach wie vor faschistischen Politik und ihrer gesellschaftlichen Verkommenheit. Zu den wenigen Lyrikern am Institut zählte Heinz Czechowski. Einige seiner als Abschlussarbeit eingereichten Gedichte mit dem Titel *Anspruch auf Schönheit* (1961)[193] folgen der Programmatik des Bitterfelder Weges (»Landschaft um Zeitz«; »Hydrierwerksluft«; »Genossen«; »Kleines Gedicht für Anni H«). Karl-Heinz Jakobs, der später mit seiner Prosa literarische Erfolge erzielte, hatte als künstlerische Abschlussarbeit gleichfalls Lyrik eingereicht. Unter dem Titel *Guten Morgen, Vaterlandsverräter* (1958)[194] thematisieren die Gedichtzyklen vorwiegend Krieg, Zerstörung, Liebe und Heimkehr. Kurt Steiniger thematisierte mit seinem Gedichtzyklus *Sonette einer Jüdin* (1959), der um das Leben einer Jüdin im Dritten Reich von der Reichspogromnacht bis zu ihrem Tod kreist, den Holocaust.[195]

Allerdings ist nicht ganz klar, wie obligatorisch diese schriftlichen Arbeiten tatsächlich für einen Studienabschluss waren. Von den neun Studenten des ersten Jahrgangs, die ihr Studium um ein weiteres Jahr bzw. sogar zwei Jahre fortgesetzt hatten, sind lediglich die Arbeiten von Helmut Baierl und Joachim Kupsch überliefert. Von Helmut Preißler, Werner Lindemann, Adolf Endler und anderen sind keine Abschlussarbeiten in den Archivunterlagen verzeichnet. Dass sie keine Arbeiten vorlegen mussten, ist im Fall von Preißler zumindest erstaunlich, übernahm er doch nach zwei Jahren Studium eine Stelle als wissenschaftlicher Assistent am Institut und beteiligte sich an der Lehre, was ohne ein Abschlussdiplom vom Institut schwer vorstellbar erscheint.

Die Abschlussarbeiten von Helmut Baierl

Helmut Baierl reichte als literarische Abschlussarbeit das Bühnenstück *Die Feststellung* ein, das mit dem Untertitel *Lehrstück* versehen ist und mithin nicht nur in die Kategorie der Aufbauliteratur passt, sondern ebenso den Vorgaben didaktischer Literatur gehorcht. In der DDR ist das Stück über den Bauern Finze und seine Frau zu einem der erfolgreichsten und meistgespielten Komödien der 50er Jahren avanciert.[196] Die Komödie spielt vor dem Hintergrund der Kollektivierung der Landwirtschaft und der dadurch verursachten Republikflucht vieler Bauern. Das Stück setzt ein, nachdem der republikflüchtige Finze mit seiner Frau reumütig aus dem Westen in die DDR zurückgekehrt ist. Ein Bauernkollektiv untersucht nun nachträglich, wie es zu den Verfehlungen der beiden kommen konnte – und zwar in Form eines von den Bauern selbst aufgeführten Laientheaterstücks. Als der entscheidende Abend vor der Flucht nachgespielt wird, stellt sich heraus, dass der Vorsitzende des Kollektivs eine Mitschuld an der Flucht trug, da er den Eintritt Finzes in die LPG mit Drohungen erpressen wollte. Der Vorsitzende sieht seinen Fehler in der nachgespielten Szene ein, und Bauer Finze wiederum lässt sich von der Arbeit in der LPG überzeugen. Am Ende singen alle ein Hohelied auf den Sozialismus und die Kollektivierung der Landwirtschaft.

Der Erfolg dieses agitatorischen Bühnenstücks in der DDR blieb indes dem Westen nicht verborgen. Im bundesrepublikanischen Nachrichtenmagazin *Der Spiegel* wurde die sozialistische Komödie im Sommer 1958 auch so scharf wie scharfsichtig aufs Korn genommen.

Auf ostzonalen Dorfbühnen von Altenpleen bis Niederndodeleben, erst recht aber in zahlreichen festen Ostzonen-Theatern ist seit einigen Wochen ein Stück zu sehen, das für den Gebrauch in der Deutschen Demokratischen Republik als nahezu ideal gelten darf. Es erfüllt alle Forderungen der regierenden Parteiinstanzen nach dem »sozialistischen Gegenwartstheater« und gefällt obendrein auch noch dem Publikum.[197]

Der Artikel des *Spiegel* attestierte mit seiner Beurteilung dem Leipziger Literaturinstitut, an dem der Student Baierl das Stück ja immerhin verfasst hatte, sogar großen Erfolg. So bringt er das ideologische Anliegen der sozialistischen Schreibschule, wenn auch im Ton des Spottes gehalten, exakt auf den Punkt.

> Sogar SED-Parteichef Walter Ulbricht führte in seiner Rede vom 21. April vor Hallenser »Wissenschaftlern, Lehrern und Werktätigen« Baierls »Feststellung« als Beweis dafür an, daß die Schriftsteller sich »auf ihre eigentliche Aufgabe« besinnen, nämlich »mit ihren Mitteln am Aufbau des Sozialismus mitzuhelfen.[198]

Helmut Baierl, der 1926 geboren und 18-jährig in die NSDAP eingetreten war, sah sich nach seiner ›Umerziehung‹ zum Sozialisten tatsächlich der SED und ihrer Politik treu ergeben. Er, der sich selbst als Brecht-Schüler verstand und später Autor, Dramaturg und Parteisekretär am Berliner Ensemble wurde, betrachtete seine Stücke als »direkte Entwicklungshilfe beim Aufbau des ›real existierenden Sozialismus‹«.[199] Von der Bedeutung des Humors und der Erzeugung des Lachens für das sozialistische Drama handelt seine theoretische Abschlussarbeit, die den Titel *Dialektik des Details. Bemerkungen zum Problem des Realismus in der darstellenden Kunst* trägt. Die vermeintlich wissenschaftliche Studie ist gesättigt mit bekenntnishaften Worthülsen, die der Terminologie des sozialistischen Realismus entnommen sind. Es ist von Parteilichkeit, von der Veranschaulichung des Typischen sowie der Darstellung und Aufhebung der Widersprüche im dialektischen Prozess die Rede. Im Mikrokosmos des Alltags solle das Große aufscheinen, denn »das Anliegen des sozialistischen Künstlers ist immer ein Großes, Wichtiges: der Aufbau des Sozialismus und sein weiterer Ausbau«.[200] Für diese zeitlebens währende Haltung wurde der später auch als Vizepräsident der Akademie der Künste amtierende und für die Stasi als IM arbeitende Schriftsteller in der DDR vielfach ausgezeichnet.

Die Abschlussarbeiten von Joachim Kupsch

Joachim Kupsch hatte als zweiter aus dem ersten Jahrgang stammender Absolvent eine literarische Abschlussarbeit vorgelegt, die die ersten Kapitel eines unpolitischen biographischen Romans über den Komponisten Joseph Haydn umfasst. 1959 erschien der Roman erstmals unter dem Titel *Die Reise nach London*. *Ein Haydnroman* im Henschelverlag und ging als Longseller 1987 in die 13. Auflage. Daneben hatte Kupsch noch zwei literaturwissenschaftliche Arbeiten vorgelegt. In dem Text *Über den Rhythmus der deutschen Sprache*[201] versucht Kupsch der Frage nach Herkunft und Gebrauch der deutschen Metrik auf den Grund zu gehen. In der äußerst unausgegorenen und kleinteiligen Studie wird die absurd anmutende Hypothese aufgestellt, dass das Gefühl des Menschen für rhythmische Bewegungen sich durch seine gleichmäßigen Bewegungen im Arbeitsprozess entwickelt habe und auf die Dichtung übertragen worden sei. Deshalb stuft Kupsch die Versfüße, die metrischen Schemata folgen, wie etwa Jambus und Trochäus, Daktylus und Anapäst, als vollkommen ein und konstatiert, diese alternierenden Wechsel von Hebung und Senkung entsprächen dem Grundtypus der deutschen Sprache, die von vollkommener Natürlichkeit sei, wie man an den Meisterwerken der deutschen Klassik studieren könne. Freie Verssetzungen hingegen würden im Gegensatz dazu unnatürlich wirken, weil sie Unfertiges bzw. Unvollkommenes und damit Aufrührerisches und Empörendes vermitteln würden. Dies wiederum würde die moderne Prosa und Lyrik eines Bertolt Brecht oder Thomas Mann auszeichnen. Georg Maurer, der für Lyrik zuständige Dozent am Institut, hatte Kupschs Arbeit zur Begutachtung vorliegen und konnte ihrer Argumentation nichts abgewinnen. Er weist der studentischen Arbeit etliche sachliche Fehler und falsche Verwendungen von Begriffen nach, womit auch die Grundthese der Studie letzlich nicht haltbar sei. Wie dem Ton seines Gutachtens zu entnehmen ist, macht Georg Maurer keinen Hehl aus seinem Ärger über das mangelnde Fachwissen des Studenten und dessen Nachlässigkeiten.

Kupsch bemerkt am Schluß seiner theoretischen Arbeit, daß er keine Sekundärliteratur benutzt habe. Hätte er sie benutzt, hätte er nicht den Hauptbegriff, um den es ihm geht, jedesmal, wenn er ihn erwähnt, falsch geschrieben [gemeint ist der Begriff Rhythmus, den Kupsch meistenteils ohne das zweite h schreibt]. Er hätte Rhythmus auch nicht mit Takt verwechselt. [...] Er hätte bei Benutzung von Sekundärliteratur auch seine Hauptthese fallen lassen müssen, daß der »Grundtypus des rhythmischen Geschehens in der deutschen Sprache ein regelmäßiger Wechsel von Hebung und Senkung« ist.

In unserer Sprache ist ein Wechsel da, aber kein regelmäßiger, wir würden wohl sonst durch das Geklapper verrückt werden.[202]

Kupschs zweite literaturwissenschaftliche Arbeit erscheint im Unterschied zu seiner Studie über die Prosodie der deutschen Sprache wesentlich sachkundiger und solider. Sie trägt den Titel *Einige Bemerkungen über die Bedeutung der Autobiographie für die neue deutsche Literatur*[203] und befasst sich mit der Ausgangssituation für junge ostdeutsche Schriftsteller nach 1945, zum einen im Vergleich zu der älteren Generation von DDR-Autoren und zum anderen zu westdeutschen Autoren der eigenen Generation, wie etwa der Gruppe 47. Im Unterschied zu den älteren DDR-Autoren, von denen viele im Exil gelebt hatten, wandten sich, so Kupsch, viele der jüngeren DDR-Autoren, die im Nationalsozialismus nicht die Chance bekommen hatten, sich die literarischen Traditionen anzueignen, dem autobiographischen Schreiben zu, um ihre sozialistische Bewusstseinsbildung aus ihren Lebenserfahrungen im NS-Regime und im Krieg herzuleiten. Der Autor hebt Romane hervor, die diesen autobiographischen Zugang wählten, wie etwa Kurt Türke mit seinem Roman *Widerschein der Jahre*, Kurt Davids Roman *Die Verführten* (1956), und Götz Richters *Schiffe, Menschen, fernes Land* (1956). Trotz allen Lobs für diese Prosa geizt Kupsch auch nicht mit Kritik. Das »bewußte Wechseln der Seite« sei in all diesen Romanen nicht überzeugend, da zu gefühlsbetont dargestellt und dies müsse sich in Zukunft ändern. »[D]ie Parteinahme für Sozialismus [...] waren nicht das Ergebnis einer sensitiven Wertung, sondern das Resultat eines rationalen Bemühens unter dem Einfluß des Studiums theoretischer Schriften und Lehren.«[204]

Nicht zuletzt nimmt Kupsch mit diesem Text Bezug auf das Herzfelde-Seminar, das er im ersten Jahrgang besucht hatte. In der Sitzung am 20.3.1956 wurde sein ein Jahr zuvor publizierter Roman *Gefährlicher Sommer* zum Seminarthema.[205] Der Roman erzählt die Entwicklungsgeschichte eines in der DDR lebenden Dorfarztes aus dem Mecklenburgischen, der, aus dem Krieg zurückgekehrt, desorientiert, ziellos und freudlos lebt und arbeitet. Des Lebens überdrüssig, hat er sein Mitgefühl für seine Patienten und Mitmenschen verloren. Als er einen anonymen Brief erhält, der ihm Angst macht, und er sich zudem in die Ehefrau eines Künstlers verliebt, kehrt er Dorf und Praxis den Rücken zu und zieht unter das Dach des Ehepaares, obgleich er den Ehemann wegen seiner abstrakten Malerei und seiner ›dekadenten‹ Kunstabsichten verachtet. Nachdem ihm klar wird, dass er die Ehefrau, die ihm zwar immer wieder Hoffnung macht, letztlich nicht für sich gewinnen kann, flüchtet er nach Westberlin, erlebt die brutale Wirklichkeit des Kapitalismus und kehrt schließlich in sein Dorf zurück, wo er sich mit Hilfe der Dorfbewohner läutert, die die Kollektivierung der Landwirtschaft mit großem Optimismus angehen. Seine Arbeit als Arzt nimmt er, nun in der Überzeugung, damit eine verantwortungsvolle Aufgabe zu übernehmen, wieder auf und findet endlich seine Rolle in der sozialistischen Gemeinschaft.

In der Seminarsitzung wird Kupschs Roman kontrovers diskutiert. Zum einen sei die Darstellung des Arztes, vor allem seiner Ängste, zu expressiv und überspitzt, so die Einwände einiger Kommilitonen. Andererseits seien Thema, Mittel und Stil der Erzählung gut, lauten andere studentische Kommentare, und mitunter sei es dem Autor auch durchaus gelungen, den Weg des Arztes realistisch zu schildern. Wiederkehrend ist der Einwand, dass Leben und Erlebnisse des Arztes nicht typisch seien und mithin nicht den Kriterien sozialistischen Schreibens entsprächen. Kupsch, der auf alle Kommentare geduldig und ausführlich eingeht, scheint Wieland Herzfeldes Kritik wohl besonders ernst genommen zu haben, wenn man diese im Kontext seiner theoretischen Abschlussarbeit liest. Herzfelde bedauert den Einfluss des Autobiographischen auf den Text, der durch die Wahl der homodiegetischen Erzählperspektive entstehe. Die Ich-Perspektive wirke sich negativ aus und beeinträchtige die Glaubwürdigkeit des Erzählten.[206] Die Gleichsetzung von homodiegetischem Erzähler und Autor ist zum einen ein Ausweis für das mitunter äußerst schlichte Realismusverständnis, das in den 50er Jahren im literarischen Kontext der DDR geherrscht haben muss und vor dem auch ein Lukács-kritischer Geist wie Wieland Herzfelde nicht gefeit zu sein schien. Darüber hinaus scheint es für Herzfelde, der zu der älteren Generation der DDR-Intellektuellen gehört, schlechterdings nicht vorstellbar, dass man Zweifel an einem Leben in der DDR hegen konnte. Dass dies aber durchaus der Fall sein konnte und eng mit den Erfahrungen der im Nationalsozialismus aufgewachsenen Generation zusammenhing, vollzieht Kupsch wiederum in seiner Studie über die Bedeutung der Autobiographie für die neue deutsche Literatur argumentativ nach. Nicht zuletzt verweist er damit auf die Notwendigkeit der literarischen Darstellung einer auch von

Zweifeln durchsetzten Persönlichkeitsentwicklung hin zum Sozialismus, die er für seine eigene Generation typisch hält.

6. Die systemkonformen ersten Jahre

Die Engführung von Herzfeldes Argumentation in der Seminarsitzung mit den Überlegungen aus Joachim Kupschs Abschlussarbeit zeigt einmal mehr, wie sehr bei aller übereinstimmenden Haltung gegenüber dem sozialistischen Staatsgefüge DDR sich das Selbstverständnis sowie die Lebenserfahrungen und Literaturansprüche zwischen der älteren und der jüngeren Kriegsgeneration in den 1950er Jahren unterschieden. Diese Differenz zu betonen, einschließlich etlicher Vorschläge, sie zu überwinden, kehrte als Thema in zahlreichen Debatten unter DDR-Autoren, Literaturwissenschaftlern und Kulturfunktionären wieder, wie dies etwa auch die zahlreichen Vorträge des IV. Schriftstellerkongresses widerspiegeln.[207] Dass sich die Virulenz des Themas sowohl in Seminarsitzungen als auch in studentischen Abschlussarbeiten zeigte und damit die großen Debatten der Nation im Mikrokosmos einer akademischen Schriftstellerausbildung aufgegriffen wurden, verdeutlicht, welche kulturelle und gesellschaftliche Relevanz das Literaturinstitut über seine ersten fünf Jahre erworben hatte.

Allerdings erscheinen diese ersten am Literaturinstitut sichtbar werdenden Differenzen zwischen älteren und jüngeren Autoren sowohl hinsichtlich des schriftstellerischen Selbstverständnisses und der Inhalte wie auch mit Blick auf die Debattenkultur vergleichsweise harmlos. In den kommenden Kontroversen, die in den 1960er, 70er und 80er Jahren zwischen Schriftstellern verschiedener Lebensalter und Traditionsvorstellungen am Becher-Institut entstehen, wird mit härteren Bandagen gekämpft. Nachdem die grundlegenden Meinungsverschiedenheiten mit dem Ende des ersten turbulenten Studienjahrs 1956 verebbt waren, reflektierte und schrieb man in den kommenden Jahren überwiegend über unterschiedliche Modi sozialistischen Schreibens. Systemkritische Stimmen sucht man in den Abschlussarbeiten dieser Zeit hingegen vergeblich. Nur einige wenige Studierende wurden in den 1950er Jahren exmatrikuliert – und dies anscheinend vor allem aufgrund ihrer Nicht-Teilnahme an den Seminaren oder eines vermeintlich moralisch nicht zu vertretenden Lebenswandels.[208] Insofern lassen sich diese

Gründungsjahre am Literaturinstitut als *die* systemkonformen Jahre verstehen. Analog zur Aufbauphase der Republik entfaltet sich auch die Aufbauphase des Hauses konstruktiv, was sich nicht zuletzt im optimistisch-systemkonformen Ton der Abschlussarbeiten dieser Zeit spiegelt. Als Anleihe auf eine konfliktfreie Zukunft taugen diese Jahre allerdings nicht, werden die folgenden Jahrzehnte am Becher-Institut doch von etlichen Kontroversen und Krisen bestimmt sein.

1 Erich Loest: Durch die Erde ein Riß. Ein Lebenslauf. Hamburg 1981, S. 258.
2 Darüber hinaus sahen die Lehrstühle für Germanistik und Philologie die Gründung des IfL als Schachzug der Partei, dazu bestimmt, die traditionellen germanistischen und Literatur-Wissenschaften auszustechen. Vgl. dazu Brief von Alfred Kurella zur Einschätzung der Lage des IfL an Max Walter Schulz vom 24.11.1966, Max-Walter-Schulz-Archiv, Archiv der AdK, Nr. 2550, Bl. 1.
3 Vgl. zur Eröffnung des Instituts, SStAL, IfL, Nr. 646, Bl. 25.
4 Loest: Durch die Erde, S. 258.
5 Das geht aus den Akten hervor. Loest und Wander erinnern sich an dreißig Teilnehmer, darunter seien nach Loests Angaben zwei Frauen (Loest: Durch die Erde, S. 258), nach Wanders Erinnerung vier Frauen gewesen (Fred Wander: Das gute Leben oder Von der Fröhlichkeit im Schrecken. Erinnerungen. Göttingen 2006, S. 165). Die in den Akten vorliegende Teilnehmerliste der Studierenden des ersten Jahrgangs weist mit Hildegard Habel und Martha Weber-Liebscher auf zwei Studentinnen hin. Letztere kam im Alter von 50 an das Institut für Literatur, was ihr zum Durchbruch als Lyrikerin verhalf. Vgl. Teilnehmerlisten der Studierenden, Nachlass des IfL am DLL.
6 Loest: Durch die Erde, S. 259.
7 Fred Wander: Das gute Leben, S. 165.
8 Statut des Instituts für Literatur von 1955, SStAL, IfL, Nr. 368, Bl. 1. Vgl. außerdem die Publikation des Statuts des Instituts für Literatur. In: Verfügungen und Mitteilungen des Ministeriums für Kultur vom 1. November 1955, Nr. 15/1955.
9 Die Angaben sind zu größten Teilen der Deutschen Nationalbibliothek, aber auch Recherchen im Netz entnommen.
10 Zu der unterschiedlichen Sozialisation der Kriegsgeneration vgl. Stephen Brockmann: Writers' State. Constructing East German Literature, 1945–1959. Rochester, New York 2015, S. 260–278.
11 Adolf Endler: Dies Sirren. Gespräche mit Renatus Deckert. Göttingen 2010, S. 137.
12 Loest: Durch die Erde, S. 260.
13 Vgl. ebd.
14 Endler: Dies Sirren, S. 140.
15 Loest: Durch die Erde, S. 260.
16 Ebd.
17 Endler: Dies Sirren, S. 140.

18 Wander: Das gute Leben, S. 167.
19 Vgl. ebd., S. 160f.; Ulrike Schneider: »Uns interessierten im Grunde nur die Menschen«. Utopie und Wirklichkeit der sozialistischen Gesellschaft. Maxi und Fred Wanders Leben in und ihre Deutungen der DDR. In: Margid Birken/Andreas Degen (Hg.): Reizland DDR. Deutungen und Selbstdeutungen literarischer West-Ost-Migration. Göttingen 2015, S. 193–211, hier S. 196ff.
20 Vgl. Wander: Das gute Leben, S. 147.
21 Ebd., S. 164.
22 Ebd.
23 Ebd., S. 168.
24 Erich Loest: Prozesskosten. Bericht. Göttingen 2007, S. 18.
25 Ebd., S. 19.
26 Ralph Giordano: Die Partei hat immer Recht. Ein Erlebnisbericht über den Stalinismus auf deutschem Boden, (1961). Freiburg i. Br. 1990, S. 145.
27 Ebd., S. 146.
28 Ebd.
29 Ebd., S. 147.
30 Ebd., S. 140.
31 Vgl. ebd., S. 161f.
32 Ebd., S. 146.
33 Loest: Durch die Erde, S. 259. Dies äußert Kurella bereits 1954 in einem Resümee über den III. Schriftstellerkongress, vgl. Horst Haase u. a.: Geschichte der Literatur der Deutschen Demokratischen Republik. Autorenkollektiv unter Leitung von Horst Haase. In: Geschichte der deutschen Literatur von den Anfängen bis zur Gegenwart. Berlin 1976, Bd. 11, Berlin (Ost) 1971, S. 212.
34 Loest: Durch die Erde, S. 259.
35 Ebd., S. 268.
36 Endler: Dies Sirren, S. 144f. Isaak Babel war ein russischer Journalist und Schriftsteller. Sein bekanntestes Werk ist der 1926 veröffentlichte Erzählungsband *Die Reiterarmee*. Nach anfänglichen Erfolgen in der jungen Sowjetunion fiel er den stalinistischen Säuberungen zum Opfer. Unter anderem wurde er angeklagt, für den Westen spioniert zu haben. Er wurde 1940 hingerichtet. Erst 1954 sprach man Babel öffentlich von den gegen ihn erhobenen Anschuldigungen frei.
37 Endler: Dies Sirren, S. 145.
38 Wander: Das gute Leben, S. 176.
39 Loest: Durch die Erde, S. 272.
40 Helmut Baierl: Il Tricheco. In: Sinn und Form, 1971, Heft 1, S. 13–20, hier S. 13.
41 Ebd., S. 17.
42 Zitiert nach Max Zimmering: Vorwort. In: Institut für Literatur »Johannes R. Becher« (Hg.): Ruf in den Tag. Jahrbuch des Instituts für Literatur »Johannes R. Becher« 1960. Leipzig 1960, S. 9–16, hier S. 14. Vgl. auch das Manuskript von Helmut Baierl vom 29.12.1957: Rentiert sich das Literatur-Institut oder die Steckenpferde des Professor Kurella, Helmut-Baierl-Archiv, Archiv der AdK, Nr. 139, Bl. 6.
43 Vgl. die im Bundesarchiv Berlin vorliegende Mitteilung des Ministeriums für Kultur, HA Schöne Literatur, Berichtsprotokoll der 2. Kommissionsbesprechung am 12.5.1954. In: BArch, DR 1 1324 o. Nr.

ANMERKUNGEN

44 Vgl. Stundenplan für den Unterricht in einer Studienwoche am Institut für Literatur in Leipzig, SStAL, IfL, Nr. 34, Bl. 451.
45 Vgl. ebd.
46 Vgl. den Text *Haben Sie Beziehungen zur Kunst, Kollege?* von dem stellvertretenden Direktor Dietrich Herrde zur Gründungs- und Aufbauphase des IfL, SStAL, IfL, Nr. 646, Bl. 10–13.
47 Vgl. Wander: Das gute Leben, S. 167.
48 Vgl. Schreiben des Instituts für Literatur an das Ministerium für Kultur HA Künstlerische Lehranstalten vom 10.11.1955. In: BArch, DR 1 1322 o. Nr.
49 Giordano: Die Partei, S. 140f.
50 Endler: Dies Sirren, S. 147.
51 Zu dem Umgang der DDR mit ihren Intellektuellen ab Mitte der 1950er Jahre vgl. Beate Ihmel-Tuchel: Die SED und die Schriftsteller 1946–1956. In: Aus Politik und Zeitgeschichte. 13/2000, S. 3–10.
52 Wander: Das gute Leben, S. 32.
53 Vgl. Loest: Durch die Erde, S. 259f.
54 Ebd.
55 Vgl. ebd., S. 261f.
56 Wander: Das gute Leben, S. 166.
57 Endler: Dies Sirren, S. 140.
58 Loest: Durch die Erde, S. 260.
59 Vgl. ebd., S. 272.
60 Endler: Dies Sirren, S. 145f.
61 Ebd., S. 146f.
62 Günter Gießler, Das Literaturinstitut Johannes R. Becher und das Kreative Schreiben. In: Wilhelm Gössmann/Christoph Hollender (Hg.): Schreiben und Übersetzen. Tübingen 1994, S. 131–144, hier S. 135.
63 Endler: Dies Sirren, S. 145.
64 Ebd., S. 143.
65 Loest: Durch die Erde, S. 261.
66 Der Slánský-Prozess war ein Schauprozess im Jahre 1952 in Prag gegen 14 Mitglieder der Kommunistischen Partei der Tschechoslowakei (KSČ). Vom 20. bis zum 27. November 1952 wurden Rudolf Slánský, Generalsekretär der KSČ, sowie 13 andere führende Parteimitglieder der Teilnahme an einer trotzkistisch-titoistisch-zionistischen Verschwörung angeklagt und verurteilt. Elf der Angeklagten, darunter Rudolf Slánský, wurden am 3. Dezember im Gefängnis Pankrác in Prag gehängt.
67 Zu diesen Ereignissen vgl. Bernd Rainer Barth/Werner Schweizer/Thomas Grimm (Hg.): Der Fall Noel Field. 2 Bde., Berlin 2006.
68 Loest: Durch die Erde, S. 261.
69 Endler: Dies Sirren, S. 143f.
70 Vgl. ebd., S. 144.
71 Vgl. Unterrichtsprotokolle (im Folgenden zitiert als Herzfelde-Protokolle), SStAL, IfL, Nr. 629. Daneben liegen weitere, im Sächsischen Staatsarchiv Leipzig fehlende Protokolle im Nachlass von Wieland Herzfelde am Archiv der Akademie der Künste in Berlin vor. Diese Protokolle werden wie folgt zitiert: Herzfelde-Protokolle, Wieland-Herzfelde-Archiv, Archiv der AdK, Nr. 2872.
72 Zum Druckgenehmigungsverfahren der Novelle *Der alte Mann und das*

Meer vgl. Anna-Christina Giovanopoulos: ›Humanistischer Aufschrei‹ oder ›anarchistischer Protest?‹. The East German Reception of Ernest Hemingway, J. D. Salinger, and Jack Kerouac. In: Heike Paul/Katja Kanzler (Hg.): Amerikanische Populärkultur in Deutschland. Case Studies in Cultural Transfer Past and Present. Leipzig 2002, S. 87–109, hier S. 91–93.

73 Vgl. Stephan Hermlin: Beitrag. In: IV. Deutscher Schriftstellerkongreß Januar 1956. Protokoll, 2. Teil, Beiträge zur Gegenwartsliteratur, hg. vom Deutschen Schriftstellerverband. 2 Teile, Berlin (Ost) 1956, S. 56–64.

74 Herzfelde-Protokolle, Wieland-Herzfelde-Archiv, Archiv der AdK, Nr. 2872, Bl. 1.

75 Ebd., Bl. 2.

76 Karl Marx, Friedrich Engels: Werke (MEW). Bd. 37, Berlin (Ost) 1948ff., S. 42.

77 Vgl. speziell zum *Neuen Kurs* und zur Literaturpolitik dieser Zeit generell, Beate Ihme-Tuchel: Die SED und die Schriftsteller.

78 Vgl. Siegfried Lokatis: Volk und Welt. Ökonomische Probleme eines DDR-Verlags, In: Heiner Timmermann (Hg.): Die DDR in Europa – zwischen Isolation und Öffnung. Münster 2005, S. 528–537, hier S. 545; Oliver Czech/Gabriele Müller: Sozialistischer Realismus und die DDR-Literaturwissenschaft. Von der Instrumentalisierung bis zum allmählichen Verfall eines Leitbegriffs. In: Heiner Timmermann (Hg.): Das war die DDR. DDR-Forschung im Fadenkreuz von Herrschaft, Außenbeziehungen, Kultur und Souveränität. Münster 2004, S. 592–609; Ihme-Tuchel: Die SED und die Schriftsteller.

79 Herzfelde-Protokolle, Wieland-Herzfelde-Archiv, Archiv der AdK, Nr. 2872, Bl. 1.

80 Vgl. ebd., Bl. 1, 2.

81 Ebd., Bl. 2.

82 Ebd.

83 Ebd. Bl. 1, 2.

84 Ebd., Bl. 2.

85 Ebd.

86 Vgl. ebd.

87 Ebd.

88 Vgl. Wolfgang Emmerich: Kleine Literaturgeschichte der DDR. Leipzig 1996, S. 120; Jens Saadhoff: Germanistik in der DDR. Literaturwissenschaft zwischen »gesellschaftlichem Auftrag« und disziplinärer Eigenlogik. Heidelberg 2007, S. 84–93.

89 Vgl. Emmerich: Kleine Literaturgeschichte, S. 127f.; Saadhoff: Germanistik in der DDR, S. 217–228; Haase u. a.: Geschichte der Literatur der Deutschen Demokratischen Republik, S. 225.

90 Vgl. Kaninchen am Himalaya. In: Der Spiegel 52/1963, S. 83–88, hier S. 83.

91 Karl Robert Mandelkow: Die literarische und kulturpolitische Bedeutung des Erbes. In: Hansers Sozialgeschichte der deutschen Literatur vom 16. Jahrhundert bis zur Gegenwart. Bd. 11, München u. a. 1983, S. 78–119, hier S. 95.

92 Vgl. Georg Lukács: Erzählen oder Beschreiben? In: Ders.: Probleme des Realismus. Berlin (Ost) 1955, S. 103–145, hier S. 110f.

93 Ebd., S. 110.

ANMERKUNGEN

94 Ebd., S. 111.
95 Ebd.
96 Ebd., S. 136.
97 Vgl. ebd., S. 137ff.
98 Herzfelde-Protokolle, SStAL, IfL, Nr. 629, Bl. 50.
99 Ebd., Bl. 51.
100 Ebd., Bl. 117.
101 Wander: Das gute Leben, S. 166.
102 Vgl. IV. Deutscher Schriftstellerkongreß, Januar 1956. Teil 1 und 2, Berlin 1956; Haase u. a.: Geschichte der Literatur der Deutschen Demokratischen Republik, S. 224.
103 Emmerich: Kleine Literaturgeschichte, S. 125. Vgl. dazu auch Konrad Franke: Die Literatur der Deutschen Demokratischen Republik. München u. a. 1971, S. 60–66.
104 Herzfelde-Protokolle, SStAL, IfL, Nr. 629, Bl. 118.
105 Ebd., Bl. 121.
106 Vgl. Hans-Jürgen Schmitt: Die Expressionismusdebatte. Materialien zu einer marxistischen Realismuskonzeption. Frankfurt a. M. 1973; Simela Delianidou: Transformative, transitäre, transgressive Identitätsmodelle: autothematische Exilliteratur zwischen Moderne und Postmoderne. Würzburg 2010, S. 201.
107 Herzfelde-Protokolle, SStAL, IfL, Nr. 629, Bl. 53.
108 Ebd., Bl. 120.
109 Ebd., Bl. 121.
110 Ebd., Bl. 120f.
111 Ebd., Bl. 53.
112 Ebd., Bl. 120.
113 Ebd., Bl. 118.
114 Ebd., Bl. 52.
115 Ebd., Bl. 120.
116 Ebd., Bl. 50, 52, 119.
117 »Mit diesem Kampf [gegen den Naturalismus, K. St.] müssen wir sympathisieren« / »Ich mag das Beschreiben auch nicht« (ebd. Bl. 120).
118 Vgl. Hans-Jürgen Schmitt/Godehard Schramm (Hg.): Sozialistische Realismuskonzeptionen. Dokumente zum 1. Allunionskongreß der Sowjetschriftsteller. Frankfurt a. M. 1974.
119 Vgl. Wieland Herzfelde (26.8.1934/Dok. Nr. 19). In: Schmitt/Schramm (Hg.): Sozialistische Realismuskonzeptionen, S. 239–244.
120 Vgl. Schlusswort Karl Radeks (26.8.1934/Dok. Nr. 22). In: Schmitt/Schramm: Sozialistische Realismuskonzeptionen, S. 265–280, hier S. 276.
121 Vgl. Schmitt: Expressionismusdebatte.
122 Vgl. Dieter Schiller: Der Traum von Hitlers Sturz. Studien zur deutschen Exilliteratur 1933–1945. Frankfurt a. M. 2011, S. 370. Das Originalzitat unter: Wieland Herzfelde an Ernst und Karola Bloch, 9.8.1938. In: Ernst Bloch/Wieland Herzfelde: »Wir haben das Leben wieder vor uns«, Briefwechsels 1928–1949, hg. von Jürgen Jahn. Frankfurt a. M. 2001, S. 21. Herzfelde bezieht sich mit dieser Anspielung wohl auf Alfred Kurellas Ausbildung als Graphiker und Maler an der Münchner Kunstgewerbeschule, die er 1914 beendet hatte, sowie auf seine nachgesagte Nähe zu den rheinischen Expressionisten in dieser Zeit. Vgl. Erhard

Scherner: »Junger Etrusker erteilt Unterricht«. Eine Erinnerung an Alfred Kurella (1895–1975). In: Utopie kreativ, Juli/August 2007, Heft 201/202, S. 657–673, hier S. 660.

123 Vgl. David Pike: The Politics of Culture in Soviet-Occupied Germany 1945–1949. California 1992, S. 572: »Later, following his return from Soviet exile, Alfred Kurella berated Wieland Herzfelde for having fled to the West; Herzfelde and his brother John Heartfield were both kicked out of the party, and Herzfelde feared ›arest and execution‹ at any time«.

124 Vgl. ebd.; Wolfgang Schreyer: Ahrenshooper Begegnungen. Ein Haus am Meer und seine Gäste, o. O., S. 25.

125 Vgl. die Handakte von Alfred Kurella, in der die Protokollbeauftragung vermerkt ist. SStAL, IfL, Nr. 34, Bl. 472.

126 Vgl. Endler: Dies Sirren, S. 143 f.; Loest: Durch die Erde, S. 261.

127 Herzfelde-Protokolle, SStAL, IfL, Nr. 629, Bl. 51.

128 Loest: Prozesskosten, S. 20.

129 Wie etwa Georg Maurer in seinen Lyrik-Seminaren, die von Studierenden immer wieder als angenehm unideologisch beschrieben wurden.

130 Loest: Prozesskosten, S. 11–25.

131 Ebd. S. 19 f.

132 Vgl. Heinz Kersten: Gefangen im Käfig der Ideologie. In: Die Zeit vom 19.1.1956.

133 Herzfelde-Protokolle, SStAL, IfL, Nr. 629, Bl. 132.

134 Zum Formalismus-Verdikt vgl. Günter Erbe: Die verfemte Moderne. Die Auseinandersetzung mit dem »Modernismus« in Kulturpolitik, Literaturwissenschaft und Literatur der DDR Opladen 1993; Ihme-Tuchel: Die SED und die Schriftsteller.

135 Eine Mitteilung des IfL an den Deutschen Schriftstellerverband, gibt Auskunft darüber, dass 28 Studenten und sieben Dozenten des Literaturinstituts am IV. Schriftstellerkongress teilnehmen werden. Vgl. Anleitung und Kontrolle durch den Schriftstellerverband, SStAL, IfL, Nr. 20, Bl. 442.

136 Vgl. Loest: Durch die Erde, S. 263–269; Giordano: Die Partei, S. 167–178.

137 Anna Seghers: Der Anteil der Literatur an der Bewußtseinsbildung des Volkes. Hauptreferat auf dem IV. Schriftstellerkongreß. 10. Januar 1956. In: IV. Deutscher Schriftstellerkongreß, Januar 1956. Protokoll. 1. Teil, S. 41–70, hier S. 55.

138 Arnold Zweig: Selbstverantwortung unserer freien Schriftsteller. 10. Januar 1956. In: IV. Deutscher Schriftstellerkongreß, Januar 1956. Protokoll, 1. Teil, S. 1–74, hier S. 73.

139 Stefan Heym: Beitrag. In: IV. Deutscher Schriftstellerkongreß, Januar 1956. Protokoll, 2. Teil, S. 7–18, hier S. 17.

140 Kuba: Beitrag. In: IV. Deutscher Schriftstellerkongreß, Januar 1956. Protokoll, 2. Teil, S. 44–50, hier S. 48 f.

141 Giordano: Partei, S. 171 f.

142 Giordano: Beitrag. In: IV. Deutscher Schriftstellerkongreß, Januar 1956. Protokoll, 2. Teil, S. 93–96, hier S. 93.

143 Ebd., S. 95. Vgl. auch Giordano: Die Partei, S. 173–176. Giordano gibt hier seinen Beitrag auf dem Kongress in indirekter Rede wieder, dessen Inhalt gleichfalls auf einem Protokoll beruhen soll. Im Unterschied zu dem vom Schrift-

ANMERKUNGEN   193

stellerverband herausgegebenen Dokument fallen die wesentlich drastischeren und provokanteren Formulierungen des von Giordano verwendeten Protokolls auf, dessen Herkunft allerdings unbekannt ist.

144 Giordano: Die Partei, S. 177f.
145 Vgl., ebd. S. 176f.
146 Vgl. Annemarie Reinhard: Beitrag. In: IV. Deutscher Schriftstellerkongreß, Januar 1956. Protokoll, 2. Teil, S. 130–133, hier S. 132.
147 Bernhard Seeger: Beitrag. In: IV. Deutscher Schriftstellerkongreß, Januar 1956. Protokoll, 2. Teil, S. 133–135, hier S. 134.
148 Alfred Kurella: Beitrag. In: IV. Deutscher Schriftstellerkongreß, Januar 1956. Protokoll, 2. Teil, S. 146–154, hier S. 146.
149 Vgl. Zunftgenossen Kunstgefährten. Bilder von Elisabeth Shaw. Verse von Paul Wiens. Berlin (Ost) 1956, S. 36.
150 Vgl. ebd., S. 37.
151 Alfred Kurella: Beitrag. In: IV. Deutscher Schriftstellerkongreß, Januar 1956. Protokoll. 2. Teil, hier S. 147.
152 Ebd.
153 Vgl. Brockmann: The Writers' State, S. 207ff.
154 Vgl. Giordano: Die Partei, S. 177f.
155 Konstantin Fedin: Beitrag. In: IV. Deutscher Schriftstellerkongreß, Januar 1956. Protokoll. 2. Teil, S. 50–56, hier S. 52. Zum Besuch Fedins am Institut vgl. auch Hans-Ulrich Treichel: Ein Wort, geflissentlich gemieden. Dekadenz und Formalismus am Institut für Literatur »Johannes R. Becher«. In: Zeitschrift für Germanistik, 2016, NF XXVI. Jg., H. 3, S. 530–548, hier S. 543f.
156 Vgl. Herzfelde Protokolle, SStAL, IfL, Nr. 629, Bl. 87–94; Treichel: Ein Wort, S. 543f.
157 Herzfelde Protokolle, SStAL, IfL, Nr. 629, Bl. 88.
158 Vgl. Giordano: Die Partei, S. 250f.
159 Wander: Das Gute Leben, S. 148.
160 Vgl. Loest: Durch die Erde, S. 274, 281.
161 Vgl. ebd., S. 315–352.
162 Vgl. Protokolle der Leitungssitzungen und Arbeitsberatungen 1958–1960, SStAL, IfL, Nr. 358, Bl. 184, 200, 201, 205.
163 Vgl. Statut des Instituts für Literatur von 1958, in dem der Hochschulstatus geregelt wird, SStAL, IfL, Nr. 368, Bl. 6f.
164 Vgl. Chronik des Instituts. In: Institut für Literatur »Johannes R. Becher« (Hg.): Ruf in den Tag. Jahrbuch des Instituts für Literatur »Johannes R. Becher«, Leipzig 1960.
165 Vgl. Urkunde zur Namensverleihung, SStAL, IfL, Nr. 553.
166 Vgl. Matthias Braun: Vorbeugende Bearbeitung. Das MfS an den Hochschulen der DDR. In: Deutschland Archiv, 1997, H. 6, S. 912–923, hier S. 912.
167 Vgl. die Teilnehmerlisten der Studierenden, Nachlass IfL am DLL.
168 Vgl. Protokoll der Institutssitzung am 4.2.1958, SStAL, IfL, Nr. 358, Bl. 204.
169 Vgl. Disziplinarordnung, SStAL, IfL, Nr. 43, Bl. 212–213.
170 Vgl. das Institut-Statut von 1955, SStAL, IfL, Nr. 368, Bl. 4.
171 Vgl. zu den diversen und zum größten Teil undatierten Studien- und Prüfungsordnungen des Instituts, SStAL, IfL, Nr. 43.

172 Vgl. die undatierte Studienordnung, die wahrscheinlich für das zweite Studienjahr in Kraft trat, SStAL, IfL, Nr. 43, Bl. 314.
173 Vgl. die Studien- und Prüfungsordnung für den Diplomstudiengang Literarisches Schreiben, § 2. SStAL, IfL, Nr. 43, Bl. 292 (undatiert). Auf der ausgehändigten Diplomurkunde heißt es hingegen, dass das Institut für Literatur »Johannes R. Becher« das Diplom für den erfolgreichen Abschluss des Studiums sowie für besondere künstlerische Fähigkeiten verleiht. Vgl. SStAL, IfL, Nr. 630, Bl. 1.
174 Studien- und Prüfungsordnung (undatiert), SStAL, IfL, Nr. 43, Bl. 313–315.
175 Korrespondenz vom 10.7.1956, Wieland-Herzfelde-Archiv, Archiv der AdK, Nr. 1991.
176 Korrespondenz vom 20.7.1956, ebd.
177 Korrespondenz vom 24.1.1957, ebd.
178 Ursula Steinhaußen/Dieter Faulseit/Jürgen Bonk (Hg.): Handbuch für schreibende Arbeiter. Berlin (Ost) 1969.
179 Alfred Kurella: Beitrag. In: IV. Deutscher Schriftstellerkongreß Januar 1956. Protokoll, 2. Teil, S. 153.
180 Vgl. Herzfelde Protokolle, SStAL, IfL, Nr. 629 sowie Vorlesungen von Herzfelde, Wieland-Herzfelde-Archiv, Archiv der AdK, Nr. 2872.
181 Brief an das MfK, Sektor Schulische Einrichtungen, datiert auf 29.7.1959, SStAL, IfL, Nr. 11, Bl. 207, 208.
182 Für die Studierenden, so formulierte es Kurella in der Eröffnungsrede des Instituts, sei eine »denkende Auseinandersetzung« mit dem »Konventionellen« unerlässlich: »ohne das ›Künstliche‹, das nach Regeln ›Gemachte‹, ist Kunst wohl überhaupt nicht denkbar.« (Alfred Kurella: Von der Lehrbarkeit der literarischen Meisterschaft. Vortrag zur Eröffnung des Instituts für Literatur in Leipzig. In: Institut für Literatur »Johannes R. Becher« [Hg.]: Ruf in den Tag. Jahrbuch des Instituts für Literatur ›Johannes R. Becher‹. Leipzig 1960, S. 17–36, hier S. 27). Auf dem IV. Deutschen Schriftstellerkongress betonte Kurella erneut die Notwendigkeit der Wissensaneignung für die Nachwuchsautoren. (Vgl. Alfred Kurella: Beitrag. In: IV. Deutscher Schriftstellerkongreß Januar 1956. Protokoll, 2. Teil, S. 151f.).
183 Zu einzelnen Analysen vgl. Maja-Maria Becker: »Was hat das mit sozialistischer Lyrik zu tun?« Die Bedeutung der Lyrik am Institut für Literatur »Johannes R. Becher« in der Ära Maurer. In: Zeitschrift für Germanistik. Neue Folge XXVI 3/3016, S. 549–566; Treichel: Ein Wort.
184 Erschienen unter dem Titel *Franzl und Jana*. Kinderbuchverlag, Berlin 1960.
185 Erschienen unter dem Titel *Das Liebste und das Sterben*. Verlag Neues Leben. Berlin 1963.
186 Erschienen unter gleichnamigem Titel. Hinstorff Verlag. Rostock 1964.
187 Erschienen unter gleichnamigem Titel. Henschel Verlag. Berlin 1958.
188 Erschienen unter gleichnamigem Titel. Verlag Kultur und Fortschritt. Berlin 1963.
189 Erschienen unter dem Titel *Sankt Urban*. Verlag Neues Leben. Berlin 1968.
190 Erschienen unter dem Titel *Zeuge Robert Wedemann*. Verlag Neues Leben. Berlin 1963.

ANMERKUNGEN

191 Erschienen unter gleichnamigem Titel. Kinderbuchverlag, Berlin 1962.

192 Verfilmt unter dem Titel *Kenners Dreh*. Deutscher Fernsehfunk 1961.

193 Gedichte größtenteils erschienen in *Nachmittag eines Liebespaares*. Mitteldeutscher Verlag, Halle (Saale) 1962. Zu einer genaueren Betrachtung der als Abschlussarbeit eingereichten Gedichte Czechowskis vgl. Becker: »Was hat das mit sozialistischer Lyrik zu tun?«, S. 558f.

194 Erschienen unter gleichnamigem Titel. Mitteldeutscher Verlag, Halle (Saale) 1959.

195 Die Sonette sind u. a. erschienen in: Institut für Literatur »Johannes R. Becher« (Hg.): Ruf in den Tag. Jahrbuch des Instituts für Literatur »Johannes R. Becher«. Mit Bildbeigaben von Studierenden der Hochschule für Grafik und Buchkunst Leipzig. List Verlag Leipzig 1960.

196 In zwei Spielzeiten soll es 580 Aufführungen in der DDR erreicht haben. Vgl. Jürgen Schröder: Sozialistischer Sturm und Drang. In: Wilfried Barner (Hg.): Geschichte der deutschen Literatur von 1945 bis zur Gegenwart. 2., erw. Aufl., München 2006, S. 321–340, hier S. 335.

197 Zonenflucht, Der Spiegel 24/1958.

198 Ebd.

199 Schröder: Sozialistischer Sturm und Drang, S. 335.

200 Helmut Baierl: Dialektik des Details. Bemerkungen zum Problem des Realismus in der darstellenden Kunst. Abschlussarbeit am IfL; eingereicht 1958 (unveröff., o. O.).

201 Joachim Kupsch: Über den Rhythmus der deutschen Sprache Abschlussarbeit am IfL; eingereicht 1958 (unveröff., o. O.).

202 Gutachten, Georg-Maurer-Archiv, Archiv der AdK, Nr. 512, Mappe Kupsch, Bl. 1.

203 Joachim Kupsch: Einige Bemerkungen über die Bedeutung der Autobiographie für die neue deutsche Literatur. Abschlussarbeit am IfL; eingereicht 1958 (unveröff., o. O.).

204 Ebd., S. 24.

205 Vgl. Herzfelde-Protokolle, SStAL, IfL, Nr. 629, Bl. 122–125.

206 Herzfelde-Protokolle, SStAL, IfL, Nr. 629, Bl. 122.

207 Vgl. bspw. die Beiträge von Alexander Abusch, Ralph Giordano, Helmut Hauptmann, Annemarie Reinhard, Bernhard Seeger und Arnold Zweig. In: IV. Schriftstellerkongreß, Januar 1956, Teil 1 und 2. Vgl. dazu auch Werner Brettschneider: Zwischen literarischer Autonomie und Staatsdienst. Die Literatur in der DDR. Berlin 1972, S. 48 ff.

208 Vgl. Josef Haslinger: Deutsches Literaturinstitut Leipzig. In: Uwe von Hehl/Uwe John/Manfred Rudersdorf (Hg.): Geschichte der Universität Leipzig 1409–2009. Bd. 4: Fakultäten, Institute, Zentrale Einrichtungen, S. 1542–1570, hier S. 1549.

V. Werner Bräunig am Institut für Literatur »Johannes R. Becher«

Der 1934 in Chemnitz geborene Schriftsteller Werner Bräunig, der als Autor des Aufrufs ›Greif zur Feder, Kumpel!‹ in der Bewegung schreibender Arbeiter einige Berühmtheit genossen und zuletzt 2007 mit seinem postum veröffentlichten DDR-Gesellschaftsroman *Rummelplatz* für literarisches Aufsehen gesorgt hatte, war fast ein Jahrzehnt lang eng mit dem Betrieb des Becher-Instituts verbunden. Die insgesamt neunjährige Zeit, die Bräunig von 1958 bis 1961 zunächst als Student und von 1961 bis 1967 als Dozent am IfL verbracht hatte, hing wiederum untrennbar mit den Erfolgen und Rückschlägen in seiner Karriere als Schriftsteller zusammen, die zunächst glänzend beginnen sollte. Zu Beginn der 1960er Jahre noch als Hoffnungsträger einer sozialistischen Nationalliteratur gehandelt, zeigten sich während seiner Zeit am IfL bei Bräunig jedoch zunehmend Spuren ideologischer Desillusionierung. Sein großer Roman, der unter dem Titel *Der eiserne Vorhang* lange erwartet worden war, fiel durch den Vorabdruck seines berühmt-berüchtigten *Rummelplatz*-Kapitels dem politischen Kahlschlag des 11. Plenums zum Opfer. Während Bräunig seinen bereits weit fortgeschrittenen Roman in der DDR nie veröffentlichen konnte und bis zu seinem frühen Tod mit 42 Jahren nur noch an kleinteiligeren literarischen Projekten arbeitete,[1] blieb die öffentliche Kritik an seiner Person auch für das Becher-Institut nicht folgenlos. Schließlich war Bräunigs Entwicklung und Aufstieg vom schreibenden Arbeiter zum vielbeachteten Berufsschriftsteller bereits zu DDR-Zeiten unmittelbar mit seiner Ausbildungs- und Wirkungsstätte identifiziert worden.

1. Werner Bräunigs Weg zum Institut für Literatur

Werner Bräunig trat 1958 im Alter von 24 Jahren sein Direktstudium am drei Jahre zuvor gegründeten IfL an. Im Zuge der bald einsetzenden Bitterfelder Kulturpolitik wurde er als Prototyp des Arbeiterschriftstellers aufgebaut, zu dessen Mitgestaltung das Literaturinstitut maßgeblich beitrug. Die Jahre zuvor waren für den 1934 in Chemnitz in eine Arbeiterfamilie hineingeborenen Bräunig von häufigen Ortswechseln geprägt gewesen, u. a. verbrachte er als Jugendlicher einige Zeit in einem Erziehungsheim,[2] geriet anschließend in kleinkriminelle Milieus der Nachkriegszeit und musste in diesem Zusammenhang ab 1953 auch eine zweijährige Haftstrafe verbüßen.[3] Währenddessen hatte der literaturbegeisterte Bräunig aber auch viel lesen und seine Talente entdecken können, die in einer raschen Auffassungsgabe sowie einer Begabung für die Redekunst und das literarische Schreiben bestanden. In der noch jungen Republik sah er indes auch Chancen, gesellschaftlich aufzusteigen, was ihm ab Mitte der 50er Jahre gelingen sollte. Nach seiner Haftentlassung im Jahre 1955 begann er sich in Schneeberg in der Gesellschaft für Sport und Technik (GST) zu engagieren, einer 1952 nach sowjetischem Vorbild gegründeten vormilitärischen Massenorganisation der DDR. Damit setzte seine Laufbahn als Kulturfunktionär ein: Er stieg in der GST zum Ausbildungsleiter auf, betätigte sich zudem als Propagandist der FDJ im Zentralvorstand der Gewerkschaft IG Druck und Papier und als hauptamtlicher Instrukteur der FDJ-Kreisleitung Schneeberg.[4] Für sein eigenes literarisches Schaffen und für seine Rolle als sogenannter ›schreibender Arbeiter‹ sollte aber vor allem seine Tätigkeit als Arbeiter im Montanbau von Bedeutung werden. 1952 war Bräunig zunächst im VEB Steinkohlenwerk ›Karl Liebknecht‹ in Oelsnitz tätig gewesen.[5] Vom 20. Januar bis 9. Februar 1953 hatte er dann seine Arbeit als Bergarbeiter bei der Sowjetischen Aktiengesellschaft (SAG) Wismut in Johanngeorgenstadt fortgesetzt[6] und während seiner Haftzeit von Juni 1953 bis November 1954 wiederum im VEB Braunkohlenwerk Deutzen gearbeitet.[7] Seine ersten literarischen Veröffentlichungen von Erzählungen, Gedichten und Reportagen, die just in die Zeit fallen sollten, als er als Kulturfunktionär Erfolg hatte, spielten indes auch vornehmlich im Bergbaumilieu.[8] Erste literarische Gehversuche hatte Bräunig nach eigenen Angaben aber bereits Ende der 1940er Jahre in Form von Liebesgedichten unternommen, die seinen Schwärmereien für ein Mädchen an der Berufsschule entsprungen waren.[9] Dass er sich schon in seiner Jugendzeit für die sogenannte bürgerliche Literatur »von Karl May über [die Groschenheftserie] Frank Allan bis Hans Dominik« interessiert hatte,[10] vermerkte er überdies später in seinem Lebenslauf für die Bewerbung am Literaturinstitut. Zuvor hatten seine ersten Veröffentlichungen und seine kurzzeitige Tätigkeit bei der SAG Wismut ihm schon zu ersten Kontakten mit dem (Ost-)Deutschen Schriftstellerverband (DSV) verholfen: Bräunig durfte an einem Treffen der betriebseigenen Arbeitsgemeinschaft Junger Autoren (AJA) im erzgebirgischen Aue teilnehmen,[11] wechselte 1957 dann in die AJA Karl-Marx-Stadt[12] und erhielt 1958 durch den Verband schließlich eine Delegierung zum Direktstudium nach Leipzig an das IfL.[13] Kurz zuvor war er im Oktober 1958 der SED beigetreten.[14] Die Zugehörigkeit zur Staatspartei war zwar zu keiner Zeit Bedingung für die Immatrikulation am Institut, dürfte Bräunigs Zulassung angesichts seiner Vorgeschichte dennoch begünstigt haben. In seinem Aufnahmeantrag zum Studium verschwieg er auch seine kriminelle Vergangenheit nicht,[15] sondern nutzte sie, um seinen Entwicklungsprozess herauszustellen, habe er sich doch am Ende zum Sozialismus bekehren lassen und sei der sozialistischen Staatspartei in Treue verbunden, wie auch seine SED-Mitgliedschaft zeige. So heißt es in den Bewerbungsunterlagen:

Ich möchte durch das geschriebene Wort mithelfen, das Leben zu erhalten. Ich möchte für die Menschen schreiben, die mich sehen und denken lehrten; für die Arbeiter, für die Partei. Ich möchte das Vertrauen, daß die Partei mir schenkte, rechtfertigen.[16]

2. Student am Institut für Literatur und Aufstieg als sozialistischer Schriftsteller

Bräunig wurde während seiner Studienzeit unter der Direktion von Max Zimmering von Max Walter Schulz im schöpferischen Seminar Prosa und von Georg Maurer im schöpferischen Seminar Lyrik unterrichtet. Zudem besuchte er die Seminare der habilitierten Literaturwissenschaftlerin Trude Richter, die trotz ihrer fünfjährigen Inhaftierung in einem der berüchtigten Straflager des sowjetischen Gulag überzeugte Kommunistin geblieben war und als Dozentin für die Lehre der russischen und sowjetischen Literatur sowie für die sogenannte Weltliteratur verantwortlich zeichnete. Der Literaturwissenschaftler Horst Nalewski, der sich in seinem späteren Leben vor allem als Rilke-Forscher einen Namen machen sollte, betreute damals das Fach Stilistik. Weiterhin unterrichtete der als wissenschaftlicher Mitarbeiter eingestellte Maximilian Jakubietz Einführungen in die Literaturgeschichte, der Philosoph Günther K. Lehmann hielt Vorlesungen zur Ästhetik, und der von Alfred Kurella einst an das Institut berufene Sowjetrusse Nikolai Janzen lehrte das Fach Philosophie.[17]

Mit Beginn des Studiums nahm Bräuing die Arbeit an seinen ersten beiden größeren Veröffentlichungen auf, zu denen die Erzählung *Waffenbrüder* gehörte, die 1959 vom Mitteldeutschen Verlag (MDV) publiziert werden sollte, sowie der ein Jahr später gleichfalls beim MDV erscheinende Erzählungsband *In diesem Sommer*. Zudem arbeitete er, nicht eben unfleißig, gemeinsam mit seinem Kommilitonen und engen Freund Horst Salomon, der vor dem Studium auch bei der SAG Wismut tätig gewesen war, an dem Gedichtband *Für eine Minute. Agitationsverse*, der 1960 veröffentlicht werden sollte. Die Inhalte seiner *Agitationsverse* legen nahe, dass Bräunig sich selbst als Parteidichter mit sozialistischem Auftrag verstand. Des Weiteren steuerte er für die 1961 wiederum im MDV von Gerhard Wolf herausgegebene Lyrik-Anthologie *Bekanntschaft mit uns selbst* erneut eine Reihe von Gedichten bei. Damit gehörte Bräunig neben den Autoren Günter Görlich, Gerhard Holtz-Baumert und Erich Köhler zu den wenigen Studierenden seines Jahrgangs, die bereits während des Studiums erfolgreich eigene Literatur veröffentlichen sollten. Anderen Kommilitonen wie Heinz Czechowski, Horst Salomon oder Karl-Heinz Tuschel gelang es erst nach ihrem Hochschulabschluss, sich als Autoren einen Namen zu machen. Der beachtlichen literarischen Produktion während des Studiums standen Bräunigs akademische Studienleistungen in nichts nach. Schaut man sich seinen Notenspiegel aus dem zweiten Studienjahr an, erfährt man, dass er in den Fächern Stilistik, Ästhetik, Deutsche Literatur und Russische Literatur/Weltliteratur die Note 1 erhalten hat, für Politische Ökonomie und Philosophie gab es die Note 2; einzig den Russischunterricht schloss er mit der Note 3 ab.[18] 1959 erlebte Bräunig indes auch den vorläufigen Höhepunkt seiner noch jungen Karriere als sozialistischer Schriftsteller. Die SED würdigte ihn endgültig als einen wichtigen kulturpolitischen Funktionsträger, indem sie ihm die öffentlichkeitswirksame Aufgabe übertrug, zu der im April 1959 in Bitterfeld geplanten, legendär werdenden Autorenkonferenz seines Hausverlages MDV den zentralen Aufruf für eine Stärkung des kulturpolitischen Status der Arbeiterschriftsteller zu verfassen. Die von Bräunig erdachte Losung ›Greif zur Feder, Kumpel!‹, durch Alfred Kurella mit dem Nachsatz ›Die sozialistische Nationalkultur braucht dich!‹ versehen,[19] sollte geradezu sprichwörtlich für die Ära des Bitterfeldes Weges werden. Dem ehemaligen Bergarbeiter und talentierten Nachwuchsautor, der durch ›Selbstkritik‹ seine früheren Verfehlungen wiedergutgemacht und sich zum überzeugten und tätigen Sozialisten entwickelt hatte, war nach einem halben Jahr Studium am IfL beschieden, zu einer Zentralfigur der proklamierten Kultur- und Literaturpolitik des Bitterfelder Weges aufgestiegen zu sein. Selbstbewusst und bestärkt durch die ihm zukommende Anerkennung, suchte Bräuig von nun an vermehrt die Öffentlichkeit,[20] insbesondere auch mit seinen literarischen Werken.

3. Die künstlerische und theoretische Abschlussarbeit

Zweieinhalb Jahre später schloss Werner Bräunig sein Studium mit einer künstlerischen sowie einer theoretischen Abschlussarbeit erfolgreich ab. Für seine künstlerische Abschlussarbeit hatte er die in der NDL bereits 1960 veröffentlichte Novelle *Weil dich das Leben braucht*[21] zu einem Drehbuch[22] umgearbeitet und sich neben den Gattungen Prosa und Lyrik nun auch der Dramatik zugewandt. In Anlehnung an die Prosa-Version handelte auch das Drehbuch von der schicksalhaften Geschichte des 28-jährigen Herbert Beier, der durch einen Betriebsunfall erblindet ist und in eine schwere Lebenskrise gerät, weil er nicht in seinen Beruf als Bergwerksingenieur zurückkehren kann. Es gibt allerdings auch entscheidende Differenzen zwischen Novellen- und Drehbuch-Version: In der Novelle wird Beier von seiner Verlobten Jutta verlassen, was die Sinn- und Lebenskrise des jungen blinden Ingenieurs verstärkt. Erst durch die Fürsorge und Zuneigung der Krankenschwester Ruth erhält der Protagonist der Novelle neuen Lebensmut. Im Drehbuch dagegen wird Beier weder von seiner Verlobten verlassen, noch verliebt er sich in die Krankenschwester. Seine Lebenskrise wird in der Drehbuchversion also auf seinen Unfall bzw. seine Erblindung und auf den mit diesen Umständen verbundenen Zusammenbruch seiner Arbeitswelt reduziert. Der weitere Verlauf der Handlung bleibt indes in beiden Fassungen bestehen: Beier erwägt auf einer Brücke stehend seinen Selbstmord. Doch schließlich erkennt er, dass seine Situation nicht so entmutigend ist, um sein Leben zu beenden. Er kehrt in die Augenklinik zurück, und seine Entscheidung *für* das Leben wird sogleich belohnt. Von einem Kollegen seines Betriebes erhält er die

Nachricht, dass man ihn für die Sicherung der Produktionsabläufe als sogenannten Dispatcher weiterbeschäftigen wird. Im Drehbuch kommt dem Arbeitskollektiv der Zeche eine bedeutende Rolle zu, die es in der Prosa-Version so noch nicht hat, insofern es für die Entscheidung über Beiers Wiedereinstellung verantwortlich zeichnet. Bräunig selbst, der Novelle und Drehbuch-Adaption auch im Studienkontext diskutieren ließ, erklärte in seinem Vorwort zum Skript, dass er sich nach »Gesprächen am Institut, mit Lesern und im Kollegenkreis« dazu entschlossen habe, die Bedeutung des Kollektivs für den Ausgang seiner Fabel zu stärken, um ihr über die reinen Arbeitsprozess-Zusammenhänge (die Bräunig als »mechanisch-enge Auffassung der Rolle des Kollektivs« beschreibt) hinaus auch eine soziale und humane Relevanz zuzuerkennen.[23] Was Bräunig damit herausstellen wollte, ist eine Engführung von Mikro- und Makroebene des DDR-Sozialismus: Im kleinen Kollektiv des Bergwerksbetriebs sollten sich »das große Kollektiv unseres Staates und der sozialistischen Bewegung, das kollektive Wissen, die kollektive Kultur und die kollektiven Ideen der Menschheit« widerspiegeln.[24]

Nicht nur hinsichtlich Handlung und Moral unterscheiden sich die Prosa- und die Drehbuchfassung, sondern auch im Hinblick auf den Einsatz von Stilmitteln – was natürlich angesichts der Gattungsunterschiede naheliegt und wahrscheinlich auch für Bräunig als die eigentliche Herausforderung galt. Bräunig arbeitete in seiner Erzählung mit unterschiedlichen Perspektiven, atmosphärisch dichten Zustandsbeschreibungen und inneren Monologen, einem Verfahren übrigens, das er auch in seinem zur gleichen Zeit in Arbeit befindlichen Romanprojekt *Der eiserne Vorhang* (dem späteren *Rummelplatz*) verwendete. Die Drehbuch-Adaption hingegen transportiert seine Geschichte in erster Linie über lakonische Dialoge und Regieanweisungen, denen die expressive erzählerische Kommentierung von Bräunigs Prosa aufgrund des szenischen Formzwangs größtenteils fehlt. Ob die Umarbeitung seiner Novelle zu einem Drehbuch auf Bräunig selbst zurückgeht oder ob möglicherweise ein Arbeitsauftrag des Fernsehens der DDR oder der DEFA die Motivation zur Adaption gab, darüber kann nur spekuliert werden. Für Letzteres sprechen die minutiös ausgearbeiteten Regieanweisungen, die Bräunig mit großem Wissen um eine technische Realisierbarkeit verfasst hatte. Obwohl das Drehbuch 1962 in der Institutsanthologie *Ruf in den Tag* veröffentlicht wurde,[25] scheint eine Verfilmung nicht zustande gekommen zu sein.

Das Gutachten zur Arbeit fiel indes mittelmäßig aus. Als Gutacher firmierte der Ästhetik-Dozent Günther K. Lehmann, der die Qualität des Drehbuchs eher verhalten einschätzte. Der Student habe »das schwer zu bewältigende Thema befriedigend behandelt«[26] und an der »ideologische[n] Grundhaltung«[27] des Drehbuchs sei auch nichts auszusetzen. Allerdings warf Lehmann Bräunigs Drehbuch vor, viel zu schematisch und plakativ zu verfahren. So kam der Gutachter zu der kritischen Quintessenz, der Autor habe sich schlussendlich »an diesem Stoff übernommen« und »zuwenig aus ihm gemacht«, weil er sich zu sehr auf die Beispielhaftigkeit seiner Fabel als Ausdruck gesellschaftlichen Miteinanders im Sozialismus konzentriert hätte, anstatt die komplexen inneren und äußeren Vorgänge weiter auszuarbeiten, die mit der plötzlichen Erblindung des Bergwerksingenieurs Beier einhergingen:

> Die ungenügende Individualisierung fällt besonders bei Beier auf, der nun doch mit sehr persönlichen, ungewöhnlichen inneren Konflikten fertig werden muß, über die der Leser bzw. Zuschauer nur in Andeutungen erfährt.[28]

Lediglich Beiers Monolog auf der Brücke, in dem er das Für und Wider seines geplanten Freitods abwägt, sei »– leider – beinahe die einzige Stelle, die dem Betrachter den Charakter Beier und nicht den Fall Beier« nahebringe.[29] Der Dozent und Gutachter Lehmann plädierte hier im weiteren Sinne gegen Schematismus und Typisierung und für die künstlerische Qualität von Individualisierung und Figurenpsychologie. Damit setzte er Maßstäbe an, die der Anfang der 60er Jahre erstarkenden sozialistisch-realistischen Ankunftsliteratur entsprechen sollten. Die Ankunftsliteratur trat mit dem Anspruch an, eine prozesshafte Figurenentwicklung mit all ihren Hürden, Widersprüchen und Fehlentscheidungen zu gestalten, um letztlich aufgrund der vermeintlich positiven gesellschaftlichen Rahmenbedingungen des Sozialismus, zu einer konstruktiven Konfliktlösung zu gelangen. Auch wenn Lehmann diesen Anspruch in Bräunigs Drehbuch nicht erfüllt sah, erkannte er die »wertvolle erzieherische Wirkung« des Filmprojekts an und wertete diesen künstlerischen Teil der Abschlussprüfung dementsprechend als bestanden.[30]

Bräunigs erste literarische Arbeiten konnten aufgrund fehlender Konturierung seiner Figuren und mangelnden handwerklichen Könnens anscheinend nicht so recht überzeugen. In seinem Manuskript *Der eiserne Vorhang* hatte er diese Schwächen dann weitgehend überwunden. Allerdings wurde sein Romanprojekt im Zuge des 11. Plenums des ZK der SED nunmehr von der Kulturpolitik gerade für die differenzierte, nicht länger schematisierende Charakterzeichnung seiner Figuren scharf kritisiert,[31] was bekanntermaßen dazu führte, dass Bräunig diesen Roman nie abschließen sollte. Anerkennung fand sein literarisches Können erst mit der postumen Veröffentlichung des Fragments unter dem Titel *Rummelplatz* im Jahr 2007.[32]

Auch in seiner theoretischen Abschlussarbeit, der unveröffentlichten literaturwissenschaftlichen Studie *Probleme des lyrischen Bildes im sozialistischen Realismus* aus dem Jahr 1960, bediente Bräunig noch weitgehend normativ und plakativ die Register des staatlichen Verständnisses von sozialistischer Literatur. Ausgangspunkt seiner Untersuchung sind die Funktionen von Tropen (z. B. Metapher, Allegorien, Metonymie, Ironie) im Gedicht, die er unter dem Begriff des ›lyrischen Bildes‹ subsumierte[33] und deren Entwicklung er von der Klassik über die Romantik und die Klassische Moderne bis zum sozialistischen Realismus lediglich »in groben Umrissen« nachzeichnete, wie ihm die Gutachterin Trude Richter bescheinigte.[34] Im Anschluss an diesen epochenübergreifenden Einblick in die Entwicklung rhetorischer Figuren widmete Bräunigs Studie sich einer literaturkritischen Untersuchung von lyrischen Bildentwürfen in der Dichtung der DDR, wobei er äußerst plakativ das normative Programm des sozialistischen Realismus zum Maßstab erhob:

> Ja, die Wiederkehr des realistischen Bildes auf einer qualitativ neuen, nämlichen sozialistischen Stufe ist nur möglich innerhalb einer marxistischen Weltanschauung, mit einer qualitativ neuen Methode, nämlich der des Sozialistischen Realismus. Nur von hier aus ist heute die realistische künstlerische Darstellung der Wirklichkeit in ihrer Entwicklung möglich.[35]

Diese Art von Dichtung müsse laut Bräunig einerseits »die Welt in ihren Zusammenhängen«[36] darstellen und andererseits die »Vorwegnahme der künftigen Wirklichkeit«,[37] also ein utopisches Potential in sich tragen. Großdichter wie Johannes R. Becher, Bertolt Brecht, Louis Fürnberg, Wladimir Majakowski oder Erich Weinert fungierten für

Bräunig dabei als Ideale jenes sozialistischen Dichtertypus, der »sein subjektives Erlebnis (und seine Erkenntnis) einer Erscheinung, eines Zusammenhangs, eines Prozesses in Natur und Gesellschaft nacherlebbar für die Klasse oder Schicht [macht], die er vertritt.«[38] Nachfolgende Lyrikergenerationen, so Bräunig, hätten ihre eigenen Werke an jenem Diktum zu messen, das die Nachvollziehbarkeit gesellschaftlicher Prozesse zu einer der Hauptaufgaben sozialistischer Dichtung erklärt. Dementsprechend gnadenlos fällt Bräunigs Analyse des Langgedichts »Poem Neunundfünfig« seines jungen Schriftstellerkollegen Armin Müller aus, das 1959 im Weimarer Volksverlag veröffentlicht wurde und die gesellschaftlichen Entwicklungen in der Sowjetischen Besatzungszone ab 1945 bis zum zehnjährigen Bestehen der DDR im Jahr 1959 lyrisch reflektiert.[39] Bräunig sieht in Müllers Versen (»Die Nacht / spricht mit den Zungen des Metalls. / Die Winde haben Flügel aus Draht. // Da genügen die alten Harfen nicht«)[40] eine reine Aufzählung agitatorischer Metaphern, die eben nicht einem ›prozesshaften Denken‹ des Dichters entspringe, sondern lediglich »eine neue Form um der neuen Form willen« erzwingen wolle, ohne sie aus einer genauen Analyse der gesellschaftlichen Entwicklungstendenzen im Land herauszuentwickeln.[41] Viel Lob erhielt hingegen Bräunigs Kommilitone Horst Salomon für sein Gedicht »Sonne in Menschenhänden«, das in der 1960 erschienenen Institutsanthologie *Ruf in den Tag* veröffentlicht wurde. Der darin enthaltene Bildentwurf »Uran – Sonne in Menschenhänden« wird von Bräunig als ›klar‹, ›wahrhaft‹, ›modern‹, ›optimistisch‹ und ›parteilich‹ charakterisiert, weil er die Nutzung der Kernenergie durch den sozialistischen Menschen zur angeblich friedlichen Veränderung des gesamten Planeten zum Inhalt habe: »Wirst Atommeiler speisen, / Meere enteisen, / reisende Flüsse sinnvoll lenken, / Wüsten blühendes Leben schenken«.[42] Harsche Kritik übte er hingegen an zwei anderen deklamatorischen Gedichten Salomons, »Zwei Begegnungen mit Majakowski« und »Unbesiegbar«, denen er zum Vorwurf machte, ihren Gegenstand, die führende Rolle von Partei und Arbeiterklasse in der sozialistischen Gesellschaft, »nicht entwickelt, nicht bewiesen, nicht gestaltet, sondern einfach konstatiert« zu haben.[43] Ebenfalls nicht einverstanden erklärte sich Bräunig mit Salomons Liebeslyrik in dessen Zyklus *Brigita*, in dem er eine »kleinbürgerliche Besitzideologie« seines engen Freundes auszumachen glaubte, die sich darin äußere, dass Salomon »großspurig« den Mann zum aktiven und die Frau zum passiven Part in einer Beziehung erkläre, womit das »Selbstbestimmungsrecht« und die »Gleichberechtigung« der Partnerin aufgehoben sei: »Ich wußt, wenn ich nur wollte, / du würdest mir ganz gehörn. / Ich ließ es – ich habe befürchtet / es könnt unsre Liebe zerstörn.«[44] Diese Kritik scheint erst einmal nur schwer nachvollziehbar zu sein, da aus den von Bräunig zitierten Versen in Salomons Zyklus gar nicht ersichtlich wird, ob das ›Ich‹ männlich und das ›Du‹ weiblich gemeint ist. Bräunig schien jedoch Einblick in den Entstehungsprozess des Zyklus gehabt zu haben, der nach seinen eigenen Worten auf »ein starkes Erlebnis Horst Salomons zu den Weltfestspielen 1949 in Budapest«,[45] also vermutlich auf die Begegnung mit einer Frau zurückgegangen war. Der unerbittliche Ton der Kritik an Salomons Lyrik deutet nicht nur auf Bräunigs hohe ästhetische Ansprüche hin, sondern auch darauf, dass das Verhältnis der beiden ehemaligen Wismutkumpel, die miteinander befreundet waren und ihre Gedichte mtiunter auch gemeinsam publiziert hatten (*Für eine Minute. Agitationsverse*, 1960), nicht frei von künstlerischen Differenzen war, was möglicherweise auch auf eine Konkurrenzsituation zwischen den gleichermaßen erfolgreichen wie ehrgeizigen Arbeiterschriftstellern zurückzuführen sein könnte. Ende 1965 kam es endgültig zum Bruch zwischen den beiden, als sich Salomon öffentlich auf die Seite der Kritiker des Romanprojekts *Der eiserne Vorhang* (dem späteren *Rummelplatz*) schlug und Bräunig mit scharfen Worten ›Verzerrung der Wirklichkeit‹ vorwarf.[46]

Bräunigs kritischen Untersuchungen von zeitgenössischer DDR-Lyrik sprach Trude Richter als Gutachterin der Arbeit schließlich »treffende Hinweise« zu und beurteilte die Arbeit als »gut«,[47] womit der Student auch den theoretischen Teil seiner Abschlussprüfung bestanden hatte.

4. Dozent am Institut für Literatur und Abstieg eines Autors

Nach Beendigung seines Studiums widmete sich Werner Bräunig intensiv seinem in Arbeit befindlichen Gesellschafts- und Entwicklungsroman *Der eiserne Vorhang*. Gleichzeitig begann der frischgebackene Absolvent am 1. September 1961 aber auch seine Tätigkeit als wissenschaftlicher Assistent am Becher-Institut, wo er die Konzeption eines geplanten Fernstudiengangs übernehmen sollte.[48]

Mit Werner Bräunigs Einstellung gelang es dem Institut unter der Leitung von Max Zimmering, einen seiner bekanntesten Absolventen am Haus zu halten und die eigenen Verdienste an dessen Erfolg herauszustellen. Denn Bräunig galt mit seinen guten Leistungen im Studium, seiner literarischen Strahlkraft und seiner gesellschaftlichen Reputation als Arbeiterschriftsteller doch als ein Qualitätsnachweis für die literaturpädagogische Ausbildung am Haus. Zudem wollte die Direktion mit Bräunigs Einstellung als Mitarbeiter des Instituts, der für die Konzipierung eines Studiengangs für schreibende Arbeiter zuständig sein sollte, eine ganz konkrete Forderung des Bitterfelder Weges erfüllen, um nämlich talentierten Arbeitern im Land zu ermöglichen, die ›Höhen der Kultur‹ zu erstürmen.[49] Obwohl Bräunig nur über kurze Zeiträume im Bergbau gearbeitet hatte und sicherlich nicht dem typischen Bild eines Bergbaukumpels entsprach, war es dem Institut doch gelungen, ihn zum sozialistischen Arbeiter-Schriftsteller hochzustilisieren.

Bräunigs erste Amtshandlung als neu eingestellter Assistent bestand darin, die Richtlinien für den zweijährigen ›Fernkurs für Junge Autoren und Schreibende Arbeiter‹ auf der Grundlage des ›Sonderlehrgangs für schreibende Arbeiter‹ von 1959/60 auszuarbeiten.[50] Das von Bräunig konzipierte Curriculum wurde im Februar 1962 erstmals als Studienkurs angeboten, der allerdings sehr unbefriedigend verlief und deshalb wieder eingestellt wurde: Einige der 39 Fernstudierenden kamen nur unregelmäßig zu den Seminaren, und 16 brachen ihr Studium sogar vorzeitig ab. Dabei war im Rahmen von Bräunigs Konzeption streng darauf geachtet worden, nur Bewerber anzunehmen, die sich durch ihre regelmäßige Teilnahme an den Arbeitsgemeinschaften junger Autoren des Deutschen Schriftstellerverbands hervorgetan hatten oder aufgrund ihrer literarischen Entwicklungsfähigkeit von den Bezirkshäusern für Volkskunst vorgeschlagen worden waren.[51] Ein zusätzliches Aufnahmegespräch sollte ein weiteres Kritierium für die Qualifizierung zum Studium geben.[52] Doch diese Kriterien hatten nicht ausgereicht, um alle Teilnehmer zu einem erfolgreichen Abschluss des Fernkurses zu führen, zu stark schwankte das Bildungsniveau der während des turnusmäßigen Blockunterrichts am Institut von ihrer Arbeit befreiten Kursanten. Als Konsequenz beschloss die Institutsleitung, für einen weiteren Fernstudienkurs die mittlere Reife der Polytechnischen Oberschule als Voraussetzung festzulegen.[53] Allerdings verwarf man die

Pläne für die Fortführung des Fernkursprogramms bis auf Weiteres. Erst im Jahr 1969 sollte es einen erneuten Anlauf in Sachen Fernstudium für schreibende Arbeiter geben. Die Institutsleitung war trotz des Scheiterns des Fernkurses voll des Lobes für Bräunigs organisatorische Fähigkeiten. Dessen Zeit als Kulturfunktionär hatte sich bezahlt gemacht. Daher wurde er zum 1. September 1962 zum Oberassistenten befördert, hatte er doch, wie einem Brief des stellvertretenden Institutsdirektors Kurt Kanzog an Bräunig zu entnehmen ist, mit »großer Verantwortung und sehr gewissenhaft« am Aufbau des Fernkurses mitgewirkt und damit Anteil gehabt an »einer wichtigen Aufgabe des Instituts im Rahmen der Verwirklichung der Bitterfelder Beschlüsse«.[54] 1964 wurde Bräunig dann noch ein weiteres Mal befördert und übernahm die Dozentur für das schöpferische Seminar Prosa. Er trat damit die Nachfolge Max Walter Schulz' an, der wiederum als Institutsdirektor Max Zimmering nachfolgte.[55]

Als Hochschullehrer für Prosa betreute Bräunig zunächst die Teilnehmenden eines einmaligen achtmonatigen Vorstudienkurses für schreibende Arbeiter, der 1964 begann und im Herbst 1965 mit einem neuen, zweijährigen Direktstudienjahrgang zusammengelegt werden sollte. Für einen dieser Teilnehmer des Vorstudienkurses, den ehemaligen Bergarbeiter Harry Kampling,[56] der 1956 aus dem Ruhrgebiet in die DDR gekommen war und seit 1964 das Prosa-Seminar besuchte, entwickelte sich Bräunig zu einer wichtigen Bezugsperson:

> Ich kam ans Institut, da konnte ich nicht diskutieren. Ich brachte keinen vollständigen Satz zustande. Ich habe das alles erst dort gelernt. Ich gelangte zu Werner [Bräunig] ins Prosaseminar, 1964. [...] Eines Tages las ich eine Geschichte vor, mein Erlebnisbericht drüben, die Gruben im Ruhrpott. Da wurde er auf mich aufmerksam.[57]

Mit den Manuskripten seiner Studierenden ging der Prosa-Dozent laut Kampling jedoch nicht gerade zimperlich um: »Er nahm sich einen Text von mir vor, strich alles zusammen. So mußt du das machen, so, so, so.«[58] Dennoch fiel Kamplings Resümee positiv aus, wohl auch, weil Bräunig und er sich aufgrund ihres gemeinsamen Erfahrungshintergrundes der handwerklichen Arbeit gegenseitig schätzten:

Wir saßen oft zusammen, sprachen über unsere frühere Arbeit.
Weißt du, wie ein polnischer Türstock gezimmert wird? Oder wie
man einen Schacht mauert? Von oben nach unten. Komisch, was?
[...] Er hat mir vieles gegeben, Tips, so was wie einen Rückhalt.[59]

Rolf Floß,[60] der im selben Jahrgang wie Kampling studierte, fiel dagegen vor allem auf, dass Bräunig »richtig besessen« von Literatur gewesen war: »Immer hatte er einen Kreis um sich, Leute, die sich ernsthaft für Literatur interessierten. Immer wollte er etwas vermitteln, weitergeben.«[61] Als geradezu »unentbehrlich« sah Floß den Prosa-Dozenten, nicht zuletzt wegen dessen bereits früher Erfolge als Autor: »Er war kaum älter als wir, aber er hatte bereits veröffentlicht. Und wir fanden toll, was er geschrieben hatte.«[62] Auch Dieter Mucke, der im Herbst 1965 im Direktstudium immatrikuliert war, allerdings kurz darauf das Institut aus politischen Gründen verlassen musste, brachte Bräunigs literarischer Arbeit Hochachtung entgegen. So zeigte er sich beeindruckt von dessen »radikale[m] Realismus aus seinem [in Arbeit befindlichen Romanprojekt, S. M.] ›Rummelplatz‹«,[63] dessen Auszüge mehrmals vorabgedruckt worden waren.[64] Der von 1963 bis 1965 am Institut studierende Rainer Kirsch hingegen zog Georg Maurers schöpferisches Seminar Lyrik den Lehrveranstaltungen Bräunigs vor und machte dafür, neben dem zeitlichen Aufwand, mehrere Kurse besuchen zu müssen, künstlerische Diskrepanzen zwischen ihm und Bräunig verantwortlich: Auf die Frage, woran es gelegen habe, dass der sowohl lyrisch als auch essayistisch schreibende Kirsch sich für Bräunigs Seminar nicht begeistern konnte, konstatierte dieser so lapidar wie selbstgewiss: »An ästhetischen Dingen. [...] Ich glaube, ich fand da nichts zu lernen. Zumal Bräunig ja auch Arbeiten der Studenten besprach, und die interessierten mich nun überhaupt nicht.«[65]

Die literarischen Arbeitsproben der Studierenden, die in Bräunigs Seminaren diskutiert wurden, widmeten sich überwiegend kurzen Prosaformen. Auf einer Institutssitzung im Februar 1965, in der die Leistungen und Lehrmethoden der Dozierenden beurteilt wurden, kritisierte Bräunig die Vorliebe seiner Studenten für diese Kurzformen und beurteilte ihre Leistungen als ungenügend, wie einer protokollarischen Notiz zu entnehmen ist:

Gen. Bräunig kommt mit der kleinen Form gut hin. Es werden von den Studenten auch nur kleine Texte vorgelegt. Klassische Prosa ist ihnen [den Teilnehmenden] nicht oder kaum bekannt und nicht gelesen. Es fehlen also viele Voraussetzungen zu einem erfolgreichen Unterrichtsgespräch.[66]

Bräunig nahm hier Anstoß an der mangelnden literarischen Vorbildung seiner Studierenden. So bemühte er sich nach eigener Aussage, der studentischen Präferenz für kurze Erzählformen etwas entgegenzusetzen, indem er ihnen beispielsweise Methoden der Gestaltung von Expositionen als einführendes Element in ein längeres literarisches Handlungsgeschehen näherbrachte. Gegenüber der Institutsleitung hob er diese Bemühungen aber als einen zu hohen Arbeitsanspruch im Rahmen des Seminars hervor und betonte, dass er »in Zukunft nur von den vorliegenden Arbeiten ausgehen und hin und wieder etwas Theorie [an]bringen [könne].«[67] In einer Konzeption für das schöpferische Seminar Prosa in den Studienjahren 1966 und 1967, das hauptsächlich zur Unterstützung der Fertigstellung der künstlerischen Abschlussarbeiten diente, plante er unter dem Stichwort »Genretheorie«, seinen Seminarteilnehmenden die proletarisch-revolutionäre Literatur von Willi Bredel, Hans Marchwitza sowie Adam Scharrer zu vermitteln und deren Einflüsse auf die sozialistisch-realistischen Werke von Franz Fühmann, Hermann Kant, Erik Neutsch oder Christa Wolf aufzuzeigen.[68] Gleichwohl standen für Bräunig in diesen Seminaren die Beurteilungen studentischer Arbeiten im Mittelpunkt. Themen wie »Handlungsraum und Handlungszeit«, innerer Monolog und Bewusstseinsstrom, »Erzählen und Beschreiben«, »Aspekte des Volkstümlichen« oder die Gestaltung von Konflikten in der Epik behandelte er auch entsprechend »nach Möglichkeit im Zusammenhang mit der Besprechung von Arbeiten der Studenten« in Form einer vergleichenden Analyse.[69] Dass Bräunig sein Unterrichtskonzept nur für diese kurze Zeit von zwei Jahren entwickeln und umsetzen konnte, hing damit zusammen, dass er aufgrund von Konflikten mit der Direktion und der Kulturadministration im Frühjahr 1966 zunächst für ein halbes Jahr vom Dienst suspendiert wurde und im Frühjahr 1967 seine Lehrtätigkeit am Becher-Institut endgültig beendete. Dass der vielversprechende Prosadozent schließlich seine Hochschulkarriere aufgab, stand im Zusammenhang mit der landesweiten Verschärfung der kulturpolitischen Lage in der

DDR in der zweiten Hälfte des Jahres 1965 und dem 11. Plenum des ZK der SED im Dezember 1965. Dort gerieten sozialistisch vermeintlich nicht gefestigte Künstler in die Schusslinie der Partei, zu denen auch Werner Bräunig gehörte, dessen *Rummelplatz*-Kapitel in die Kritik geriet. Bereits kurz zuvor hatte sich in Bräunigs Seminar ein Vorfall ereignet, der am Institut Wellen schlug. Der Student Dieter Mucke hatte in einer von Bräunig geforderten Schreibaufgabe die Etüde *Ankunft und Abschied in einem Café* verfasst und darin auf zornig-sarkastische Weise mit scheinheiligen und kleinbürgerlichen Parteigängern abgerechnet. Dies führte nicht nur zu der sofortigen Exmatrikulation des Studenten,[70] sondern hatte auch ein Nachspiel für Bräunig, der die Brisanz von Muckes Arbeitsprobe insofern nicht erkannt hatte, als er sie der Institutsleitung nicht gemeldet hatte, die davon über andere Wege erfuhr.[71] Im Frühjahr 1966 hatte Bräunig im Leipziger Haus des Lehrers während einer dortigen Skatrunde mit seinen Studierenden einige kritische Äußerungen über den Mauerbau fallengelassen und hatte darüber hinaus anderere Gäste des Hauses beschimpft. Dies geht zumindest aus Berichten des Ministeriums für Staatssicherheit hervor, welches Bräunig aufgrund seiner vermeintlichen Verfehlungen schon seit 1961 durch inoffizielle Mitarbeiter überwachen ließ.[72] Obwohl Bräunig sich für sein Verhalten rechtfertigen durfte,[73] sah sich die Direktion nach den Ereignissen auf dem 11. Plenum und den Vorfällen um den Fall Mucke gezwungen, Sanktionen zu ergreifen, und entband Bräunig vorübergehend von seiner Lehrtätigkeit und vermittelte ihn an die Wirtschaftsredaktion der halleschen Tageszeitung *Freiheit*.[74] Das Dienstverhältnis Bräunigs mit dem Institut blieb allerdings unangetastet, und nach einer positiven Beurteilung des Chefredakteurs der *Freiheit* konnte Bräunig indes auch wenige Monate später aus der Bewährung an seinen Arbeitsplatz ans Institut zurückkehren.[75] Dass er nach kurzer Zeit wieder zurückkehren durfte, hatt Bräunig vor allem Max Walter Schulz zu verdanken, der sich als Direktor gegen den Willen der Kollegin Trude Richter für ihn eingesetzt hatte. Richter hatte zuvor Kontakt mit dem ZK der SED und dem Ministerium für Kultur aufgenommen, um die Frage zu klären, ob Bräunig »weiterhin als Erzieher künftiger Schriftsteller« am Becher-Institut geeignet sei.[76] Der Minister für Kultur Klaus Gysi erwog daraufhin eine Kündigung Bräunigs, die Schulz aber nicht akzeptierte.[77] Ein gutes halbes Jahr später allerdings fiel Bräunig erneut unangenehm auf, diesmal durch eine Liebesaffäre mit einer Direktstudentin, was aufgrund von Regeln des sittlichen und moralischen Anstandes am Institut nicht zu tolerieren war. Ein Parteiverfahren folgte, in dem man zu dem Ergebnis kam, dass Bräunig zu oft auffällig geworden sei, was auch als »›Demonstration gegen die Politik der Partei im allgemeinen und gegen die Kulturpolitik im besonderen‹« gewertet werden müsse, wie es in einer gemeinsamen Stellungnahme der Direktion und der institutseigenen Parteileitung hieß.[78] Der »Auseinandersetzungen endgültig leid«,[79] sah Bräunig anscheinend keinen anderen Weg, als seine Lehrtätigkeit zu beenden. In Form einer Erklärung gab er sich einsichtig und bekannte sich reumütig schuldig: Sein Verhalten gegenüber der Studentin »und darüber hinaus gegenüber dem Institut« sei »einem Lehrer und Seminarleiter nicht gemäß« gewesen.[80] Weiter heißt es in der Begründung, er verspüre nach neun Jahren am Institut eine gewisse »Lehrmüdigkeit« und wolle ferner sein Romanprojekt endlich fertigstellen.[81] Ob er diese Kündigung aus eigenem Antrieb oder auf »Empfehlung« des Instituts eingereicht hatte, muss ungewiss bleiben. Als freischaffender Autor konnte er in den nächsten Jahren noch einige Erfolge erringen, etwa mit Auftragsarbeiten wie Reportagen und Drehbüchern oder mit seiner Essaysammlung *Prosa schreiben. Anmerkungen zum Realismus* von 1968. Für seinen Erzählungsband *Gewöhnliche Leute* von 1969 erhielt er sogar den Literaturpreis des FDGB. Aber mit seinem Romanprojekt *Rummelplatz* kam er nicht weiter. Stattdessen versuchte er sich an einem neuen Roman, der postum 1981 auszugsweise unter dem Titel *Ein Kranich am Himmel* in einem Sammelband veröffentlicht wurde. Allerdings verschlechterte sich Bräunigs Gesundheitszustand zunehmend aufgrund seines hohen Alkoholkonsums, an dessen Folgen er schließlich 1976, neun Jahre nach seinem Ausscheiden am IfL, starb.

1 Vgl. Martina Langermann: Rummel um den *Rummelplatz* von Werner Bräunig. In: Simone Barck/Dies./Siegfried Lokatis: »Jedes Buch ein Abenteuer«. Zensur-System und literarische Öffentlichkeiten in der DDR bis Ende der sechziger Jahre. Berlin 1997, S. 319–331, hier S. 331.
2 Der Grund für die Einweisung in das Erziehungsheim bestand in Schwarzmarktschiebereien, die der junge Bräunig im Chemnitz der Nachkriegszeit unternahm. Vgl. Jörg Bernhardt Bilke: Der Wismut-Roman blieb ungedruckt. Zu Werner Bräunigs 70. Geburtstag. In: Deutschland Archiv, 2004, Jg. 37, H. 2, S. 264–269, hier S. 264.

ANMERKUNGEN

3 Bräunig war aufgrund von Schmuggelfahrten nach Westberlin im Juni 1953 zu einer dreijährigen Freiheitsstrafe verurteilt worden, die wegen seiner guten Führung und aufgrund zweier Arbeitseinsätze auf zwei Jahre reduziert wurden. Vgl. Angela Drescher: »Aber die Träume, die haben doch Namen«. Der Fall Werner Bräunig. In: Werner Bräunig: Rummelplatz. Berlin 2007, S. 625–674, hier S. 628.

4 Vgl. ebd., S. 629.

5 Vgl. Werner Bräunig: Aufnahmeantrag für die Universität/Hochschule Institut für Literatur/Leipzig vom 13.8.1958, SStaL, IfL, Nr. 924, Bl. 73–74.

6 Vgl. Gotthard Bretschneider: Verbotene Kunst. Zum Schicksal des Wismut-Romans »Rummelplatz« von Werner Bräunig u. a. Kunstwerken. Schlema 1998, S. 6.

7 Vgl. Bräunig: Aufnahmeantrag, Bl. 73–74.

8 Publiziert wurden diese Texte in Anthologien, Kulturzeitschriften wie *Junge Kunst* und Tageszeitungen wie der Karl-Marx-Städter *Volksstimme*. Vgl. Heinz Sachs: Nachwort. In: Ders. (Hg.): Werner Bräunig. Ein Kranich am Himmel. Unbekanntes und Bekanntes. Halle (Saale) 1981, S. 467–477, hier S. 471.

9 Vgl. Werner Bräunig: Vom ersten Schritt. In: Ders.: In diesem Sommer. Erzählungen. Halle (Saale) 1960, S. 255–274, hier S. 270f.

10 Vgl. Werner Bräunig: Lebenslauf, o. D., SStAL, IfL, Nr. 924, Bl. 75.

11 Vgl. Bilke: Der Wismut-Roman blieb ungedruckt, S. 265. Die AJA des DSV waren ein Instrument der literarischen Nachwuchsförderung in der DDR.

12 Vgl. Bräunig: Lebenslauf, Bl. 75.

13 Vgl. Karen Lohse: Schattenwelten. Romantische Montan-Diskurse als Medien der Reflexion über Arbeit in der DDR(-Literatur): Hilbig. Fühmann. Bräunig. Marburg 2010, S. 225.

14 Vgl. Bräunig: Aufnahmeantrag, Bl. 73–74.

15 »Ich lernte, wie man bei Schwarzhandelsgeschäften den ›Partner‹ am besten übers Ohr hauen kann, wie man größere Mengen Alkohol auf möglichst attraktive Weise vertilgt, wie man jemanden möglichst gefahrlos verprügeln und dergleichen mehr.« (Bräunig: Lebenslauf, Bl. 75).

16 Ebd., Bl. 75.

17 Vgl. Institut für Literatur (Hg.): Zwischenbericht. Notate und Bibliographie zum Institut für Literatur »Johannes R. Becher«, Leipzig. Leipzig 1980, S. 70.

18 Vgl. Werner Bräunigs Notenspiegel im 2. Studienjahr, SStAL, IfL, Nr. 924, Bl. 96–97.

19 Vgl. Siegfried Lokatis: Otto Gotsches Konferenz und der Bitterfelder Weg (1959). In: Simone Barck, Martina Langermann, Ders.: »Jedes Buch ein Abenteuer«. Zensur-System und literarische Öffentlichkeiten in der DDR bis Ende der sechziger Jahre. Berlin 1997, S. 140–155, hier S. 142f.

20 Vgl. Gunnar Decker: 1965. Der kurze Sommer der DDR. München 2015, S. 189.

21 Veröffentlicht als Werner Bräunig: Weil dich das Leben braucht. Neue deutsche Literatur, 1960, 8. Jg., H. 1, S. 58–76.

22 Veröffentlicht als Werner Bräunig: Weil dich das Leben braucht. Szenarium zu einem Fernsehfilm. In: Institut für Literatur (Hg.): Ruf in den Tag. Jahrbuch des Instituts für Literatur »Johannes R. Becher« 1962. Leipzig 1962, S. 267–341.

23 Vgl. ebd., S. 268.
24 Ebd.
25 Vgl. Bräunig: Weil dich das Leben braucht, S. 267–341.
26 Vgl. Günther K. Lehmann: Gutachten: Bräunig, Werner: Weil Dich das Leben braucht. Szenarium für einen Fernsehfilm, SStAL, IfL, Nr. 359, Bl. 25.
27 Ebd.
28 Ebd.
29 Vgl. ebd.
30 Vgl. ebd.
31 Vgl. Langermann: Rummel um den *Rummelplatz*, S. 326.
32 Vgl. etwa die Rezension von Evelyn Finger: Pechblende. In: Die Zeit vom 3.5.2007, S. 59.
33 Vgl. Werner Bräunig: Probleme des lyrischen Bildes im Sozialistischen Realismus. Abschlussarbeit am IfL, eingereicht 1960 (unveröff., o. O.), S. 18.
34 Vgl. Trude Richter: Gutachten: Werner Bräunig, Probleme des lyrischen Bildes im Sozialistischen Realismus, SStAL, IfL, Nr. 359, Bl. 28.
35 Bräunig: Probleme des lyrischen Bildes, Bl. 39.
36 Ebd., S. 37.
37 Ebd., Bl. 49.
38 Ebd.
39 Vgl. ebd., Bl. 50.
40 Ebd.
41 Vgl. ebd., Bl. 52.
42 Vgl. ebd., Bl. 59. Vgl. auch die Ähnlichkeiten zwischen Salomons Gedicht »Sonne in Menschenhänden« und Bräunigs Dichtung *Uran*, das ebenfalls 1960 in der Anthologie *Ruf in den Tag* des IfL veröffentlicht wurde, Kapitel VII.
43 Vgl. Bräunig: Probleme des lyrischen Bildes, Bl. 63.
44 Ebd., Bl. 65.
45 Ebd., Bl. 64.
46 Vgl. Langermann: Rummel um den *Rummelplatz*, S. 326. Vgl. auch Drescher: »Aber die Träume ...«, S. 652.
47 Vgl. Richter: Gutachten, Bl. 28.
48 Vgl. Brief von Kurt Kanzog an Werner Bräunig vom 18.8.1961, SStAL, IfL, Nr. 924, Bl. 98.
49 Vgl. Walter Ulbricht: Der Kampf um den Frieden, für den Sieg des Sozialismus, für die nationale Wiedergeburt Deutschlands als friedliebender demokratischer Staat. In: Elimar Schubbe: Dokumente zur Kunst-, Literatur- und Kulturpolitik der SED. Stuttgart 1972, S. 536.
50 Vgl. Brief von Kurt Kanzog an den Sektor Schöne Literatur in der Abteilung Literatur und Buchwesen des Ministeriums für Kultur vom 5.9.1961, SStAL, IfL, Nr. 12, Bl. 70.
51 Vgl. Richtlinien für die Immatrikulation zum Fernkurs für Junge Autoren und Schreibende Arbeiter, o. D., SStAL, IfL, Nr. 358, Bl. 96–99, hier Bl. 97.
52 Vgl. ebd.
53 Vgl. Protokoll einer Institutssitzung vom 18.10.1962, SStAL, IfL, Nr. 358, Bl. 76–77, hier Bl. 76.
54 Brief von Kurt Kanzog an Werner Bräunig vom 11.10.1963, SStAL, IfL, Nr. 924, Bl. 101.

ANMERKUNGEN 215

55 Max Zimmering wurde 1963 Kandidat des ZK der SED und verließ das IfL. Vgl. Helmut Richter: Institut für Literatur »Johannes R. Becher«. Zum 50. Jahrestag der Gründung am 30. September 2005. In: Rektor der Universität Leipzig (Hg.): Jubiläen 2005. Personen, Ereignisse. Leipzig 2005, S. 69–74, hier S. 73.

56 Der Arbeiterschriftsteller Harry Kampling (1930–1991) veröffentlichte mit *Der Mann aus der Siedlung* (1981) und *Tage wie ein ganzes Leben* (1988) zwei Romane. Nach der Wiedervereinigung saß er für einen kurzen Zeitraum als Abgeordneter der PDS im ersten Sächsischen Landtag. Vgl. Klaus-Jürgen Holzapfel (Hg.): Sächsischer Landtag. 1. Wahlperiode 1990–1994. Volkshandbuch. Rheinbreitbach 1991, S. 93.

57 Harald Korall: Der Fall W. B. – Späte Bilder zu einer Legende. In: Argonautenschiff. Jahrbuch der Anna-Seghers-Gesellschaft Berlin und Mainz e. V., 2006, H. 15, S. 163–174, hier S. 165.

58 Ebd.

59 Ebd.

60 Die Romane des Schriftstellers und Elektromaschinenbauers Rolf Floß, 1936 in Dresden geboren, wurden in der DDR in mehreren Auflagen nachgedruckt. Seine Novelle *Irina* über eine Liebe zwischen einer Sowjetbürgerin und einem Monteur aus der DDR wurde 1971 unter dem Titel *Reisefieber* verfilmt. Ab 1971 war Floß unter dem Decknamen ›Erich Kunert‹ als inoffizieller Mitarbeiter für das MfS tätig, ehe er 1976 als Mitglied in die SED-Bezirksleitung Dresden gewählt wurde. Vgl. Joachim Walther: Sicherungsbereich Literatur. Schriftsteller und Staatssicherheit in der Deutschen Demokratischen Republik. Berlin 1996, S. 674.

61 Korall: Der Fall W. B., S. 166.

62 Ebd., S. 165.

63 Vgl. Dieter Mucke im schriftlichen Interview, 15.6.2014.

64 Vgl. Langermann: Rummel um den *Rummelplatz*, S. 320.

65 Rainer Kirsch im Interview, 22.8.2013.

66 Protokoll einer Institutssitzung am 17.2.1965, SStAL, IfL, Nr. 358, Bl. 36–39, hier Bl. 37.

67 Ebd.

68 Vgl. Prosa-Seminar 1966/67, o. D., SStAL, IfL, Nr. 536, Bl. 68–69, hier Bl. 68.

69 Vgl. ebd., Bl. 68f.

70 Mucke protestierte daraufhin in mehreren wütenden Briefen, u. a. an die Institutsleitung, das MfK und die Abteilung Kultur beim ZK der SED, gegen seine Exmatrikulation, weshalb ihn das MfS im Sommer 1966 in Untersuchungshaft nahm, die er erst nach knapp drei Wochen wieder verlassen durfte. Vgl. Isabelle Lehn/Sascha Macht/Katja Stopka: Das Institut für Literatur ›Johannes R. Becher‹, Leipzig (1955–1993). Literarische Schreibprozesse im Spannungsfeld von kulturpolitischer Vereinnahmung, pädagogischem Experimentieren und poetischem Eigensinn. In: Denkströme. Journal der Sächsischen Akademie der Wissenschaften, 2015, H. 14, S. 77–104, hier S. 99ff.

71 Vgl. Drescher: »Aber die Träume ...«, S. 649.

72 Vgl. Walther: Sicherungsbereich Literatur, S. 442–444; vgl. außerdem BVfS Leipzig, Abt. XX/1: Maßnahmeplan zum Vorlauf-Operativ ›Autor‹ vom 25.5.1966. BStU, MfS, BV Lpz., AOP, Nr. 840/71, Bd. 1, Bl. 61–68, hier Bl. 66.

73 Werner Bräunig: Zu den Vorkommnissen im »Haus des Lehrers« vom 20.3.1966, SStAL, IfL, Nr. 924, Bl. 106.
74 Vgl. Drescher: »Aber die Träume ...«, S. 666.
75 Vgl. Brief des Chefredakteurs der Tageszeitung *Freiheit*, Bobach, an Max Walter Schulz vom 1.11.1966, SStAL, IfL, Nr. 924, Bl. 112.
76 Vgl. Angela Drescher: »Ach, wie geht man von sich selber fort?« Werner Bräunigs letzte Jahre. In: Werner Bräunig: Gewöhnliche Leute. Erzählungen, hg. und mit einem Nachwort von Angela Drescher. Berlin 2008, S. 221–250, hier S. 226.
77 Vgl. ebd.
78 Vgl. ebd., S. 227f.
79 Vgl. ebd. S. 228.
80 Vgl. Werner Bräunig: Antrag auf Ablösung des Arbeitsverhältnisses vom 20.3.1967, SStAL, IfL, Nr. 924, Bl. 113.
81 Vgl. ebd.

VI. »[...] bei Zack muss man den Kopf wegnehmen« – Die wechselhaften 60er Jahre

Den 60er Jahren kommt in der Geschichte des Instituts für Literatur »Johannes R. Becher« eine besondere Bedeutung zu – sowohl in literarisch produktiver Hinsicht als auch mit Blick auf die wechselhafte Konfliktgeschichte, die das Haus zum Ende des Jahrzehnts an den Rand der politisch verordneten Schließung führte. In kaum einer anderen Dekade lässt sich der Einfluss kulturpolitischer Kursschwankungen und historischer Zäsuren auf das Institutsgeschehen und die dort entstandene Literatur so unmittelbar nachvollziehen wie in den 60er Jahren. Sarah Kirsch, die wohl bekannteste Institutsabsolventin jener Dekade, dachte mit einem geflügelten Wort der Kommilitonen an die plötzlichen Kurswechsel ihrer Studienzeit zurück:

> [D]ie Geschichte geht in Zick-Zack-Bewegungen, und bei Zack muss man den Kopf wegnehmen. So haben wir das gesehen, und manchmal war Zick, manchmal war Zack.[1]

War die Institutspolitik in der ersten Hälfte der 60er Jahre noch von den Ambitionen des Bitterfelder Weges und den Liberalisierungstendenzen einer politischen Tauwetterphase geprägt, so sollte die zweite Hälfte des Jahrzehnts maßgeblich von der Kahlschlagpolitik des 11. Plenums des ZK der SED und den Regulierungsversuchen als Folge des Prager Frühlings bestimmt sein, die am Becher-Institut zu rigiden Personalentscheidungen und zahlreichen Exmatrikulationen führten.

Nichtsdestotrotz gelten die 60er Jahre auch als literarische Blütephase des Instituts, »als hier der Lyriker Georg Maurer als großer Lehrer und eine Gruppe hochbegabter junger Gedichtemacher aufeinandertrafen«.[2] Zu Maurers Schülern zählten die Stimmen einer neuen Autorengeneration, die heute noch unter dem etwas unscharfen Sammelbegriff der »Sächsischen Dichterschule«[3] bekannt sind – wie das aus Halle ans Institut pendelnde Ehepaar Kirsch, der Dresdner Lyriker Heinz Czechowski und der junge Leipziger Andreas Reimann, aber auch Gasthörer wie Bernd Jentzsch und Karl Mickel. Durch ihre literarische Geltung und zahlreiche Reminiszenzen an den wertgeschätzten Lehrer trugen Maurers Studenten maßgeblich zur Bewertung seiner Lyrikseminare als »Sternstunden der Institutsgeschichte«[4] bei.

Die Beurteilung des literarischen Schaffens am Institut wird mit dem alleinigen Blick auf Maurers Seminare jedoch unnötig beschränkt. Schließlich umfasst die Lyrik den kleinsten Teil der insgesamt 88 aus den 60er Jahren überlieferten literarischen Abschlussarbeiten des Becher-Instituts. Und so unbestritten Maurers Verdienste auch sein mögen: Diese Arbeiten lassen sich nie bloß auf den Einfluss einzelner Lehrerpersönlichkeiten zurückführen, sie zeugen auch vom Ringen um literarische Eigenständigkeit und sind nicht zuletzt Spiegel ihrer Zeit und Teil größerer literarischer Entwicklungslinien, die auch außerhalb des Literaturinstituts wirksam wurden.

Zwischen 1960 und 1970 schlossen insgesamt sechs Jahrgänge ihr Direktstudium am Becher-Institut ab.[5] 85 Studierende erhielten in dieser Zeit ihr Diplom, 17 Teilnehmer wurden – ausschließlich in der zweiten Hälfte des Jahrzehnts – exmatrikuliert.[6] Zu Beginn des Jahrzehnts schlossen nahezu ausschließlich Männer ihr Institutsstudium ab, darunter einige bekannte Protagonisten des Bitterfelder Weges wie Erich Köhler, Martin Viertel oder Horst Salomon und Werner Bräunig. Darüber hinaus zählen einige Autoren zu den Absolventen der 60er Jahre, die das weitere Institutsgeschehen als Direktoren oder Lehrkräfte mitbestimmen sollten – so Werner Bräunig,[7] Helmut Richter[8] und Klaus Steinhaußen.[9] Aber auch zahlreiche heute vergessene Autoren schlossen in den 60er Jahren ein Direktstudium am Becher-Institut ab und hinterließen mit ihren Abschlussarbeiten ein literarisches Zeugnis. Andere wiederum mussten ihr Studium nach dem »Kahlschlagplenum« des ZK der SED oder in der Umbruchphase von 1968 auf Druck der Institutsleitung vorzeitig abbrechen. So waren es oft die talentiertesten Autoren und Autorinnen wie Helga M. Novak, Andreas Reimann und Gert Neumann, die in den Archivalien des Instituts kaum literarische Spuren hinterlassen konnten, während die staatlichen Repressionen, denen sie im Anschluss an ihr Studium ausgesetzt waren, in umfangreichen Akten der BStU dokumentiert sind.

1. Das Institut für Literatur auf dem Bitterfelder Weg

In seiner *Kleinen Literaturgeschichte der DDR* bescheinigt Wolfgang Emmerich dem Becher-Institut der 60er Jahren lediglich eine kulturpolitische Bedeutung »als Pflanzstätte eines neuen Typus von Arbeiterschriftstellern im Sinne des Bitterfelder Weges«.[10] Zu Beginn des Jahrzehnts entsprach diese Zuordnung durchaus dem Selbstverständnis des Instituts, das sich ab 1959 als Förderstätte für schreibende Arbeiter im öffentlichen Bewusstein zu etablieren versuchte.

Ziel dieser 1959 in Bitterfeld ausgerufenen Kulturpolitik war es bekanntlich, eine sozialistische Literatur zu fördern, die sich verstärkt mit Themen aus der sozialistischen Arbeitswelt auseinandersetzte und in den volkseigenen Betrieben, den LPGs und Bergbauschächten des Landes angesiedelt war. Die Kunst sollte sich dem Leben annähern, aber auch die Werktätigen selbst sollten sich vermehrt literarisch betätigen, um nach der Vorherrschaft in Staat und Wirtschaft nun auch die Kultur für sich zu erobern. Darüber hinaus versprach man sich aus ihrem Erfahrungshorizont wertvolle Einsichten in die sozialistische Arbeitswelt und deren fortschrittliche Entwicklung. Das berühmt gewordene Motto der ersten Bitterfelder Konferenz, die im April 1959 vom Mitteldeutschen Verlag organisiert wurde und im damaligen Elektrochemischen Kombinat Bitterfeld stattfand, lautete entsprechend auch »Greif zur Feder, Kumpel! Die sozialistische Nationalkultur braucht dich!«

Für die Berufsschriftsteller bedeuteten die Bitterfelder Beschlüsse konkret, vermehrt in die Betriebe zu gehen, um sich tiefere Einblicke in die Anforderungen, Abläufe und Besonderheiten der Produktion zu verschaffen und darüber zu schreiben. Außerdem erhielten sie den kulturpolitischen Auftrag, als Leiter von ›Zirkeln schreibender Arbeiter‹ literarisch interessierte Werktätige zu einer neuen Autorengeneration heranzuziehen. Dieses Programm fand in den 60er Jahren auch am Becher-Institut seine Umsetzung:

An der Spitze des Instituts stand seit November 1958 Kurellas Nachfolger Max Zimmering, der seine Amtszeit ganz der Umsetzung des Bitterfelder Weges verschrieb. Zimmering, ein 1909 in Pirna geborener jüdischer Schriftsteller, hatte in der Weimarer Republik dem kommunistischen »Bund proletarisch-revolutionärer Schriftsteller« angehört und war nach langer Emigrationszeit in der DDR vor allem durch politische Zeitgedichte[11] bekannt geworden, die er in die Tradition

Heinrich Heines und Erich Weinerts einreihte.[12] Mit dem Versuch, das Institut bei der Ausbildung schreibender Arbeiter unentbehrlich zu machen und wie gefordert »alle Talente im werktätigen Volk aufzuspüren und zu fördern«,[13] reagierte Zimmering auch auf die verbreitete Skepsis gegenüber dem gesellschaftlichen und künstlerischen Nutzen der kostspieligen Schriftstellerausbildung, die dem Haus seit den Gründungstagen entgegengebracht wurde. Deutlich wird dieser Zusammenhang noch 1963, als der Direktor in einer Leitungssitzung das Fortbestehen des Instituts von dessen Funktion für den Bitterfelder Weg abhängig machte.[14] Entsprechend ambitioniert war die Umstrukturierung im Studienbetrieb: Unter Zimmerings Leitung wurden erstmals gesonderte Lehrgänge für schreibende Arbeiter und Zirkelleiter angeboten. Einen ersten Sonderlehrgang für schreibende Arbeiter brachte man bereits im September 1959 auf den Weg, nur wenige Monate nach der Bitterfelder Konferenz. Die Immatrikulation ging laut Einschätzung der Institutsleitung daher auch »etwas Hals über Kopf vor sich. Dadurch wurden einige Studenten immatrikuliert, die nicht die notwendigen politischen und moralischen Qualitäten mitbrachten, die für ein solches Studium erforderlich sind«.[15] Auf die literarische Eignung der Teilnehmer wurde indes nur geringer Wert gelegt. Ziel des Lehrgangs war denn auch weniger die Ausbildung von Arbeiterschriftstellern als die Befähigung der Kursanten, selbständig »Zirkel anzuleiten oder auch größere kulturelle Aufgaben zu bewältigen«.[16] Kleinere literarische Texte mussten dennoch geschrieben und zur kritischen Besprechung vorgelegt werden. Auf dem Lehrplan standen jedoch überwiegend theoretische Fächer wie »Ästhetik/Kulturpolitik«, »Geschichte der deutschen Literatur«, »Gegenwartsliteratur« oder »Sowjetliteratur«, wobei die Inhalte überwiegend in Form von Vorlesungen vermittelt wurden. Den langen Lektürelisten konnten die Kursteilnehmer kaum gerecht werden, was das Institut auf ihre mangelnde moralische Eignung zurückführte. In einer resümierenden »Einschätzung des Sonderlehrgangs« kommt außerdem »ein sehr unterschiedliches Bildungsniveau«[17] der Kursanten zur Sprache, was es den Lehrkräften kaum erlaubt habe, angemessen zu reagieren. Den schreibenden Schlossern und Rangierern, Volkspolizisten und Schriftsetzern unter den 27 Teilnehmern, zu denen auch sechs Frauen zählten, empfahl das Institut nach dem Ende des Lehrgangs schließlich mehrheitlich eine »Rückkehr in den alten Beruf«, während vor allem den Redakteuren und leitenden Kulturfunktionären unter den Kursanten eine Weiterführung der Studien im Direktstudium nahegelegt wurde.[18] Gegenüber dem Ministerium für Kultur und dem Deutschen Schriftstellerverband (DSV) wurde der Kurs dennoch als Erfolg verbucht, sei doch vor allem »die politisch-ideologische Entwicklung vieler Genossen ... ein großes Stück vorangeschritten. Die Hälfte des Lehrgangs kann man nach gutem Gewissen mit verantwortlichen Funktionen auf Kreis- und Bezirksebene betrauen«.[19]

Mit der weiteren Konzeption des Fernstudiums wurde ab 1961 der vormalige Student Werner Bräunig beauftragt, womit das Institut einen seiner prominentesten Absolventen, der als ehemaliger Wismutarbeiter und Autor des Aufrufs »Greif zur Feder, Kumpel!« zur Symbolfigur der Bewegung schreibender Arbeiter avanciert war, weiterhin an sich binden konnte. Doch auch der zweite, von 1962 bis 1964 stattfindende Fernstudienkurs scheiterte sowohl an den mangelnden Bildungsvoraussetzungen und an disziplinarischen Problemen der schreibenden Arbeiter, wie auch an organisatorischen Schwierigkeiten und unzureichenden Lehrmaterialien.[20] So sollte es schließlich noch bis ins Jahr 1969 dauern, bis das Institut die konzeptionellen Herausforderungen bewältigte und ein regelmäßiges dreijähriges Fernstudium anbieten konnte, während die Kulturpolitik sich von den künstlerischen Ambitionen des Bitterfelder Weges zu diesem Zeitpunkt bereits verabschiedet hatte.

Weniger kompliziert als die Ausbildung schreibender Arbeiter und Zirkelleiter gestaltete sich indes die Umsetzung der Vorgabe, Schriftsteller in die volkseigenen Betriebe zu schicken, um sie in einen intensiveren Kontakt zur sozialistischen Wirklichkeit treten zu lassen. Während frühere Studierendengenerationen noch überwiegend berufsvorbereitende Praktika in Redaktionen, Verlagen und Theatern absolviert hatten,[21] wurden die obligatorischen Studienpraktika im Zuge des Bitterfelder Weges in die industriellen Großbetriebe des Leipziger Umlands verlegt, so etwa ins VEB Erdölverarbeitungskombinat ›Otto Grotewohl‹ in Böhlen, mit dem das Becher-Institut nach mehrjähriger Zusammenarbeit 1967 sogar einen Freundschaftsvertrag schloss.[22] In den Betrieben sollten sich die Studierenden laut Lehrplan in die betriebseigenen Brigaden einfügen, Lesungen organisieren und ihre Erfahrungen in Brigadetagebüchern, Reportagen und Arbeiterporträts festhalten. Auch am IfL wurden diese literarischen Gebrauchsformen des Bitterfelder Weges, die als Grundbausteine einer zukünftigen Nationalliteratur galten,[23] entsprechend gefördert und publiziert.

1.1 Die Institutsanthologie *Ruf in den Tag* (1960)

An der Schwelle zu den 60er Jahren und mithin noch zu Beginn des Bitterfelder Weges erschien wiederum die erste Institutsanthologie *Ruf in den Tag*, die 1960 zum fünfjährigen Bestehen des Instituts eine erste literarische Bilanz ziehen sollte. Im Vorwort hob Zimmering in Reaktion auf die erst wenige Monate zurückliegenden Bitterfelder Beschlüsse hervor, dass die Institutsstudenten mehrheitlich aus der Arbeiter- und Bauernschaft stammten:

> Unsere 1958 immatrikulierten Studenten sind zu 75 % Arbeiter- und Bauernkinder und kommen wie Erich Köhler von der LPG oder wie Horst Salomon und Werner Bräunig von der Wismut [...], während andere von der Nationalen Volksarmee an das Institut delegiert wurden.[24]

Zimmerings Signal: Mit der Anthologie *Ruf in den Tag* präsentierte das Institut zum fünfjährigen Jubiläum eine Werkschau auf der kulturpolitischen Höhe der Zeit, die alle Zweifel am Nutzen des Instituts ausräumen sollte. Dabei bietet die Anthologie einen literarischen Querschnitt der Institutsjahre 1955 bis 1960, wobei ein Wandel vom »Writers' State« hin zum »Workers' State« nachvollziehbar wird,[25] wie er sich auch in der Literaturlandschaft der DDR entwickelte: Während die Autoren der 50er Jahre sich weithin als ›Staatsdichter‹ im ›Dichterstaat‹ verstanden, die sich dem sozialistischen Aufbau verpflichtet fühlten und mit volkspädagogischem Auftrag an antifaschistischer Gesinnungsbildung und an der Stärkung des sozialistischen Klassenbewusstseins mitwirkten, widmeten sich die Autoren des 1959 in Bitterfeld ausgerufenen »Workers' State« vorrangig Themen der industriellen[26] und landwirtschaftlichen[27] Produktion, dem Bergbau[28] oder dem NVA-Millieu,[29] die auch in den jüngeren Beiträgen der Instituts-Anthologie dominieren.[30]

Doch auch wenn die inhaltlichen Schwerpunkte mit den Jahren einen Wandel erkennen ließen, bescheinigte Zimmering allen Beiträgen eine

Ästhetik »gegen die Erscheinungen der bürgerlichen Dekadenz und für den sozialistischen Realismus«,[31] womit er sein Institut und dessen Absolventen fest in der marxistischen Ästhetik verankerte. Zwar hätten einige Studenten des ersten Matrikels laut Zimmering noch »bohemienhafte Vorstellungen mitgebracht« und »geistige und künstlerische Bevormundung« gefürchtet, jedoch habe sich inzwischen ein Gesinnungswandel unter den Teilnehmern vollzogen, die nunmehr allesamt nach gesellschaftlicher Wirksamkeit strebten.[32]

In der Anthologie, deren ursprünglich geplanter Titel *Ruf und Widerhall*[33] diese Vorstellung eines literaturpädagogisch steuerbaren literarischen Schaffens auf den Punkt bringt, finden sich denn auch keine Beiträge von streitbaren und nunmehr auch umstrittenen Absolventen aus dem ersten Matrikel, zu denen Erich Loest, Ralph Giordano, Adolf Endler oder Gotthold Gloger zählten.[34] Vertreten sind hingegen der Lustspielautor Helmut Baierl, der trotz seiner früheren NSDAP-Mitgliedschaft in der DDR große Publikumserfolge feierte – etwa mit dem Lehrstück *Die Feststellung*, das sich der sozialistischen Umgestaltung der Landwirtschaft widmete und in der Anthologie vollumfänglich abgedruckt ist –, sowie die Lyriker Werner Lindemann, Helmut Preißler und Kurt Steiniger, die zu den bereits bekannt gewordenen Absolventen des Instituts zählten. Preißler, der wie Baierl im ersten Jahrgang studiert hatte und anschließend für ein Jahr als Assistent am Institut beschäftigt war, ist in der Werkschau mit zwölf lyrischen Porträts zum Gedenken an die »Opfer des Faschismus«[35] vertreten. Die Gedichte sind dem 1957 erschienenen Band *Stimmen der Toten*[36] entnommen, in dem Preißler ein formales Prinzip des US-Autors Edgar Lee Masters aufgriff, der mit seiner *Spoon Rivers Anthology*[37] von 1915 eine Sammlung fiktiver Nachrufe veröffentlicht hatte.[38] Preißlers Porträts sind wie Grabsteine mit Namen und Lebensdaten der Toten betitelt, die aus der Ich-Perspektive über die erlittenen Grausamkeiten berichten. Tatsächlich gelingt Preißlers Rollengedichten eine weitgehend sensible Anverwandlung der Ich-Perspektive, die auf Wertungen und überhöhendes Heldenpathos verzichtet. Der nüchterne Protokollton entwickelt die von Lektor Heinz Kucharski in seinem Verlagsgutachten attestierte sprachliche »Wucht [...] und Eindringlichkeit«[39] – trotz ihrer unverhohlenen Erziehungsfunktion als Mahnung »für die Nachgeborenen«,[40] womit die Gedichte ganz dem didaktischen Anspruch an die Literatur der 50er Jahre entsprachen.[41]

Ein Verständnis der Literatur als »antifaschistische« Praktik, die »in der Gesamtpolitik einen im Vergleich zu den Westzonen unverhältnismäßig hohen Stellenwert«[42] erhielt, liegt auch den fünfzehn *Sonetten einer Jüdin* zugrunde, mit denen Kurt Steiniger in der Anthologie vertreten ist. Im Verlagsgutachten wurden die Sonette, die nach strengen formalen Kunstregeln gestaltet sind, als »eindrucksvoll und erschütternd« bezeichnet – jedoch nicht ohne sie für die tagespolitische Frontenbildung zu vereinnahmen: Lektor Kucharski lobte neben der zeitlosen Form die besondere inhaltliche Aktualität der Gedichte, mit denen sich Steiniger auch gegen die »zunehmenden antisemitischen Exzesse in Westdeutschland« gewendet habe.[43]

In den Beiträgen von Manfred Richter, Herbert Friedrich und Fred Reichwald steht hingegen die Geschichte des Klassenkampfes im Vordergrund. Insbesondere Reichwald, der für seine Schau- und Fernsehspiele 1959 den Nationalpreis der DDR erhalten hatte, entfernte sich von der eigenen Lebensgeschichte und der jüngsten Vergangenheit,[44] indem er den kurios anmutenden, aber durchaus temporeich umgesetzten Versuch unternahm, am Dramenstoff von Robin Hood »historische Zusammenhänge klassenmäßig zu beleuchten und zu aktualisieren«.[45] Werner Lindemanns Balladen-Zyklus *Das unheilige Testament*[46] gestaltet hingegen in Anlehnung an François Villons Hauptwerk *Le Testament* ebenso derb wie parteilich das Vermächtnis eines ehemaligen Pferdeknechts als »zornige Abrechnung mit den Mächten des Ewig-Gestrigen.«[47] Während das Verlagsgutachten der Ballade »ein gesundes klassenkämpferisches Pathos«[48] zubilligte, zeigte sich Direktor Zimmering weniger einverstanden mit Lindemanns ideologischer Kraftmeierei, die den Baron »bei einem Mistloch«[49] begraben wissen will oder – in Anlehnung an Villons berühmten Vierzeiler aus der Todeszelle[50] – den »Nazi-Bürgermeister Denunzi mit einem Strick« bedenkt:

Du hast zwei Polenmädchen und den Maurer Horn
auf Deinem Schuldenkonto stehn.
Als Du bezahlen solltest, hast Du Gift gefressen.
Drum sei Dir nachträglich ein Strick vermacht,
daran ich Dich sehr gerne hätte baumeln sehn.[51]

Bereits 1957 hatte Zimmering Lindemanns *Unheiliges Testament*, das 1959 im Aufbau-Verlag erscheinen sollte, für eine Preisvergabe begutachtet. Damals hatte er Lindemanns Balladen-Zyklus zwar zu den stärksten Arbeiten aus dessen Studienzeit gezählt. Zeilen, die in »Rachsucht oder gar Brutalität ausarten«, hatte Zimmering jedoch als »Überschreitungen und Geschmacklosigkeiten« abgelehnt. Zumal, so monierte der Gutachter weiterhin, habe Lindemann vergessen,

> daß er sich nicht in der Position Villons befindet, der als ewig Verfolgter, Unterdrückter, Notleidender gegen eine Gesellschaft rebelliert, in der er noch lebt und die er nicht überleben wird, sondern als Sieger, d. h. als Angehöriger der Klasse spricht, die zur Macht gekommen ist und mit denen Schluß gemacht hat, gegen die sich Spott und Hohn im Gedicht richten.[52]

Der Klasse der Sieger zugehörig fühlten sich auch Lindemanns Altersgenossen, die zwischen 1933 und 1945 aufgewachsen und mitunter stark von der NS-Ideologie geprägt worden waren, bevor sie sich in der DDR dem Aufbau des Sozialismus zugewandt hatten.[53] Die geteilte Kriegserfahrung der ersten Institutsabsolventen ist somit ein weiterer Schwerpunkt der Anthologietexte – wie auch das Prosastück *Die Straße* von Max Walter Schulz,[54] das in der Anthologie als »Vorarbeit zu einem autobiographischen Roman«[55] ausgewiesen wird und sich in überarbeiteter Form in Schulz' 1962 publiziertem Erfolgsroman *Wir sind nicht Staub im Wind*[56] wiederfindet. Schulz porträtiert darin den Flak-Unteroffizier Rudi Hagedorn, der im April 1945 eine Straße hinuntergeht und in einem frei assoziierenden Gedankenstrom Einblick in das Bewusstsein eines desillusionierten Wehrmachtssoldaten gibt. In einer kurzen Vorrede zum Text wird auf den geplanten Roman verwiesen: Schulz »stellt sich dem Zeitthema ›Wie der Mensch wieder zum Menschen wurde‹«, indem er davon erzähle, wie ein »jung verdorbener faschistischer Landsknecht« in den Irrungen der Nachkriegsjahre »den Weg zum Sozialismus findet und ihn kämpfend mitgeht.«[57] Mit dieser Thematik bediente Schulz die zeitgenössische Forderung nach literarischen Läuterungs- und Entwicklungsgeschichten,[58] die den sozialistischen Neuanfang moralisch legitimierten: Indem der Einzelne als typisches Beispiel galt, stand seine Läuterung schließlich auch für einen gesamtgesellschaftlichen Gesinnungswandel. Diese Lesart suggeriert auch das Verlagsgutachten, das Hagedorn zum »typischen Angehörigen der faschistischen Wehrmacht«[59] erklärte, während Schulz' Werk vom Mitteldeutschen Verlag mit dem Untertitel auch zum »Roman einer unverlorenen Generation« erhoben wurde.

Anders als dem 1921 geborenen Schulz wurde dem erst 1935 in Dresden geborenen Heinz Czechowski von den politischen Zensoren des MfK jedoch nicht zugestanden, sich mit den Kriegserfahrungen seiner Kindheit lyrisch auseinanderzusetzen. Den Gedichten fehle die lebensgeschichtliche Beglaubigung, mutmaßten die Entscheidungsträger im Druckgenehmigungsverfahren über die Werke des jungen Autors, der sich zeitlebens auf die verstörenden Erfahrungen der Dresdner Bombennacht als Motor seines Schreibens berufen sollte: »Das Bild des Hungernden erscheint uns gesucht und – bei der Jugend und Lebensunerfahrenheit des Autors – für wenig glaubwürdig« – so die Begründung, mit der Czechowskis Gedicht »Die Frage« nicht in den Band aufgenommen wurde. Czechowski, der erst 1961 in der von Gerhard Wolf herausgegebenen Anthologie *Bekanntschaft mit uns selbst*[60] einem größeren Publikum vorstellig werden sollte, ist in der Werkschau mit drei Gedichten vertreten, unter anderem mit seinem später berühmt gewordenen Sonett »An der Elbe«.[61] Neben den anderen Anthologiebeiträgen erscheinen Czechowskis lyrische Landschaftsbilder geradezu zeitlos: Die klangreichen Strophen sind weitgehend frei von sozialistischem Pathos und Zugeständnissen an »Volkstümlichkeit«[62] und »Parteilichkeit«. Dennoch bemühte sich das Verlagsgutachten, auch das sozialistische Anliegen von Gedichten wie »Frage« und »Theresienstadt« herauszustellen, in denen die »Thematik des Klassenkampfes in einer vom Inhalt und von der Form her überzeugenden Weise«[63] gestaltet werde.

Im Gedicht »Theresienstadt« skizziert Czechwoski die Gegend um das ehemalige KZ. Mit idyllischen Mitteln des Landschaftsgedichts, die im scharfen Kontrast zur Geschichte der Landschaft stehen, wird in den Versen die Frage nach der deutschen Schuld aufgeworfen – als kollektiver Schuld, aber vor allem als individuellem Empfinden des Reisenden, der die lieblichen Eindrücke nicht mit dem Wissen um die dort verübten Grausamkeiten in Einklang bringen kann:

O schönes Land, zwischen Gebirg und Elbe hingebreitet,
durch deine Haine, Fluren arglos ziehn –
wer könnte es, wenn er ein Deutscher ist? Wohin
sein Fuß auch tritt, hat Deutschland Schmerz bereitet.

Wo Deutsche waren, war der Totenkopf ihr Zeichen:
Dein Name ließ die Welt erbleichen, Tereszin –
ob wir den Toten zum Gedenken Blumen reichen
und Rosen heute auf den Kasematten blühn ...[64]

Bemerkenswert ist, dass das Gedicht gerade nicht die im Verlagsgutachten beschworene »Thematik des Klassenkampfes« verhandelt, sondern auf Schuldzuweisung und Frontenbildung zwischen Ost und West, Imperialismus und Arbeiterklasse, Faschismus und (sozialistischen) Antifaschismus verzichtet. Stattdessen gestaltet Czechowski ein individuelles Schuldbewusstsein, ein unbedingtes Betroffensein des Einzelnen, der Gefühle wie Scham und Trauer nicht an eine vergangene Zeit oder ein überkommenes System delegiert und sein lyrisches Gedenken von den herrschenden Antagonismen nicht vereinnahmen lässt.

Den Verantwortlichen des MfK erschien es hingegen »nicht ganz gerechtfertigt«, dass die Lyriker Heinz Czechowski und Walter Werner mit mehreren Gedichten in der Werkschau vertreten sein sollten, »während von zumindest ebenso begabten Autoren wie Bräunig und Köhler nur je ein Gedicht aufgenommen wurde.«[65]

Werner Bräunig, der nur drei biographisch belegte Wochen in den Schächten der SDAG-Wismut gearbeitet hatte,[66] galt seit der Bitterfelder Konferenz im April 1959 als Paradebeispiel des schreibenden Arbeiters, zumal ihm die Urheberschaft des Aufrufs »Greif zur Feder, Kumpel!« zugesprochen worden war.[67] Die Rolle als Aushängeschild der Bewegung kam nicht zufällig Bräunig und seinen ebenfalls am IfL studierenden Kollegen Martin Viertel, Erich Köhler und Horst Salomon zu, die mit der Untersützung des Institutsstipendiums den nur selten gelingenden »Sprung vom Arbeiter zum Berufsschriftsteller«[68] gemeistert hatten, während der Großteil der schreibenden Arbeiter trotz zahlreicher quantitativer Erfolgsmeldungen zu neugegründeten Zirkeln in der literarischen Öffentlichkeit nur wenig Beachtung fand.

Der List Verlag zeigte sich von den Prosabeiträgen Bräunigs und Köhlers allerdings weniger überzeugt – man hätte sie »nach reiflicher Erwägung abgelehnt.«[69] So blieb Bräunig schließlich nur mit dem Gedicht »Uran« vertreten, das bereits einen Vorgeschmack auf seinen später so umstrittenen *Rummelplatz*-Roman gibt, indem es die Rohheit der Umgangsformen unter den Bergleuten und die Dunkelheit der Gemütslagen darstellt. Bereits in der zweiten Strophe erhält das Dargestellte jedoch eine moralische Einordnung, bevor die Strophen drei bis fünf in parteilichen Hyperbeln und patriotischen Appellen gipfeln: »Strahlende Sonne, / entrissen der Nacht – / du sollst die Erde verändern! / Vorwärts Genosse, / befreie die Welt von Mördern / und Sonnenschändern!«[70] Nahezu wörtlich wiederholt sich Bräunigs Thematik auch im letzten Beitrag der Anthologie – dem Agitationsgedicht »Sonne in Menschenhänden« von Horst Salomon, das mit einem fortschrittsgläubigen Ausrufezeichen endet: »Wir brechen aus steinernen Wänden / die Macht über Leben und Tod! / Uran in Arbeiterhänden / heißt Sieg über Krieg und Not!«[71]

Sechs Jahre später sollte Günter Kunert in der Wochenzeitschrift *Forum* eine erhitzte Debatte auslösen, weil er auf die Frage, welche Veränderungen die technische Revolution für die Lyrik bewirke, an Auschwitz und Hiroshima erinnerte und konstatierte: »Ich glaube, nur noch große Naivität setzt Technik mit gesellschaftlichem Fortschritt gleich.«[72] In der Instituts-Anthologie von 1960, die bis auf wenige Ausnahmen eine weitgehend geschlossene Sammlung didaktisch affirmativer Literatur darstellt, sucht man solche Skepsis jedoch vergeblich.

1.2 Literatur im Dialog mit der Öffentlichkeit

Neben der Ausrichtung auf den Bitterfelder Weg setzte die Institutsleitung zu Beginn der 1960er Jahre verstärkt auf Öffentlichkeitsarbeit,[73] um die Geltung des Instituts im literarischen Raum der DDR zu erhöhen. Damit reagierte das Institut zum einen auf den Druck einer utilitaristischen Kulturpolitik, die Ulbrichts Leitfrage »Wem nutzt das?« unterstellt war. Zum anderen hatte der »Dialog mit der Öffentlichkeit« vor dem Hintergrund des Bitterfelder Weges an Bedeutung gewonnen – galt der Austausch zwischen Autoren und Lesern doch als Teil des angestrebten Annäherungsprozesses »von Kunst und Leben«: Literatur erhielt die Aufgabe, in gesellschaftliche Prozesse einzugreifen, und wurde vice versa als Ergebnis einer kollektiv geäußerten Kritik betrachtet, mit der das Publikum auf die Darstellung der eigenen Geschichte einwirken sollte.[74] So wurde das Institut durch zahlreiche Anweisungen von MfK und DSV zu öffentlichen Auftritten verpflichtet, wenn es etwa auf dem Schriftstellerkongress von 1961 galt, über die »Praxiserfolge der Bitterfelder Politik«[75] zu berichten. Das Haus wurde angehalten, auf Parteiveranstaltungen und -Festtagen »besonders in der Öffentlichkeit hervor[zu]treten«,[76] sich an Kundgebungen,[77] Kulturfesten, Literaturveranstaltungen und Konferenzen[78] zu beteiligen und durch Lesungen und Publikationen der Studierenden Einblick in das literarische Schaffen zu geben. Mitunter vergab das MfK gar literarische Aufträge »auf direkten Wunsch vom Genossen Walter Ulbricht« und hielt die Studierenden etwa dazu an, »Kurzberichte in anekdotenhafter Form über die sozialistische Umgestaltung des Dorfes«[79] für Presse und Rundfunk zu schreiben.

Darüber hinaus lud das nunmehr auf den Namen »Johannes R. Becher« getaufte Institut zu Absolvententreffen und Klubabenden in die Tauchnitzstraße ein, wo neben Funktionsträgern von MfK, DSV und Verlagen auch bekannte Autoren wie Christa Wolf, Franz Fühmann und Helmut Preißler aufeinandertrafen.[80] In Kooperation mit dem MDV und dem DSV wurden zudem Arbeitstagungen und Ferienkurse organisiert, bei denen Themenschwerpunkte des Bitterfelder Weges auf der Agenda standen.[81]

Mitunter setzte sich die Direktion unter Zimmering jedoch gegen die zahlreichen repräsentativen Verpflichtungen zur Wehr. Im Januar 1960 zeigte man sich »mit der Art«, wie die Studenten Köhler und Steinmann zur Teilnahme an einer Veranstaltung delegiert wurden, »nicht einverstanden«.[82] Als Werner Bräunig auf der Mitgliederversammlung des DSV am 11. Juni 1959 über die Beschlüsse der Bitterfelder Konferenz sprechen sollte, weigerte Zimmering sich, den Studenten vom Unterricht freizustellen: Er glaube nicht, dass das Gelingen der Diskussion von der Teilnahme Werner Bräunigs abhängig sein könne, schrieb Zimmering an den DSV, zumal »auch andere Kollegen, die in Bitterfeld waren«, an der Versammlung teilnehmen würden und in der Lage sein sollten, über die Konferenz Auskunft zu geben.[83]

Doch nicht nur der Außenauftritt – auch das pädagogische und organisatorische Alltagsgeschehen am Becher-Institut unterlag in den frühen 60er Jahren einer engmaschigen Einflussnahme durch das MfK: Das Ministerium stellte Lehrmaterial bereit,[84] verpflichtete Dozenten zum Besuch von Fortbildungen[85] und ließ sich Stunden- und Lehrplänen, Praktikumsdokumente, Abschlussarbeiten und literarische Veröffentlichungen der Studierenden zur Kontrolle vorlegen.[86] Delegierte von DSV und MfK besuchten das Institut regelmäßig, um mit den Studierenden über deren künstlerische und ideologische Entwicklung zu sprechen,[87] und überprüften den »Leistungsstand« eines Jahrgangs anhand des übermittelten Zensurenspiegels.[88] Beisitzer des Ministeriums und des DSV waren zudem im Immatrikulationsausschuss und in den Diplomprüfungen anwesend,[89] zumal das MfK über Zulassungsquoten entschied: Im Jahr 1960 musste »der Anteil der Arbeiter- und Bauernkinder mindestens 60 % der Neuaufnahmen«[90] betragen, bei einer Mindestzahl von 30 Immatrikulationen, um die »Planauflage für die Studentenzahlen«[91] zu erfüllen und das Fortbestehen des Hauses zu gewährleisten.

Die Erfüllung der Vorgaben sicherte dem Institut und seinen Studierenden jedoch auch einige Freiheiten: Dazu zählte ein fester Etat »zum Bezuge wissenschaftlicher Literatur aus Westdeutschland und dem kapitalistischen Ausland«, der zwar an die Auflage gebunden war, »die Auswahl [...] mit größter Sorgfalt zu treffen und auf das wirklich Notwendige zu beschränken«.[92] Nichtsdestotrotz war es dem Becher-Institut im Laufe der Jahre möglich, mit staatlichen Mitteln eine umfangreiche Bibliothek aufzubauen, deren Bestand weit über die Grenzen des sozialistischen Kanons hinausging.[93] Nahezu unbegrenzt war auch der literarische Austausch mit internationalen Autoren: Schriftsteller aus New York, der Türkei, Indien, Italien und Japan gehörten zu den Gästen, die man bis zum Mauerbau in der Tauchnitzstraße empfing.[94] Zu den Privilegien der Studierenden zählten neben einem überdurchschnittlichen Studienstipendium wiederum Auslandsreisen, um Kontakte zu Schriftstellerverbänden in den sozialistischen Bruderstaaten zu pflegen.[95] Und selbst der Austausch mit Schriftstellern aus dem kapitalistischen Ausland war bis zum Mauerbau durchaus üblich.[96] Ab 1960 veranstaltete das Institut in Kooperation mit dem DSV sogar Ferienkurse am märkischen Schwielowsee, wo sich junge Autoren aus Ost- und Westdeutschland über ihr Schaffen austauschten, gemeinsam eine LPG besuchten und auf bekannte DDR-Autoren wie Peter Huchel, Bruno Apitz und Stephan Hermlin trafen.[97]

Ein Jahr später zerschlug der Bau der Berliner Mauer jedoch die Zukunftspläne des Instituts als sozialistische Schriftstellerschule mit gesamtdeutscher Anziehungskraft. Das zweite Kolloquium mit jungen westdeutschen Schriftstellern, ursprünglich für Anfang September 1961 geplant, wurde nur sechs Tage vor dem Mauerbau auf Anweisung des DSV in den Oktober verschoben, angeblich, »da die westdeutschen Kollegen aus finanziellen Gründen gezwungen sind, im September Urlaub zu machen.«[98] Nur noch in Ausnahmefällen und in enger Absprache mit DSV und MfK wurden in den folgenden Jahren Bewerber aus Westdeutschland zum Auswahlverfahren um einen Studienplatz am Becher-Institut zugelassen.[99] Der Empfang von Gästen aus der BRD war zwar weiterhin möglich, scheiterte jedoch oftmals aus organisatorischen Gründen.[100]

2. Der Mauerbau

Dass der Bau der Berliner Mauer am IfL als einschneidendes Ereignis wahrgenommen wurde, ist aus den Unterlagen des Instituts nur zwischen den Zeilen ersichtlich. »[...] bei Zack muss man den Kopf wegnehmen« – man hielt sich bedeckt. Erst vier Monate nach dem Mauerbau erstattete Zimmering dem MfK schriftlich über »die gegenwärtige politisch-ideologische Situation an der Schule« Bericht, wobei er auf die Ereignisse vom 13. August des Jahres Bezug nahm: Im Kollegium habe es »zu den Fragen der Verteidigungsmaßnahmen der Regierung keinerlei falsche Einschätzungen oder schwankende Haltungen« gegeben: »Bereits am 14. August fand eine Aussprache mit den Dozenten und Angestellten statt, die mit individuellen Zustimmungserklärungen abschloß, von denen sich kein einziger ausnahm.« Auch in den Seminaren gehe seither alles seinen geordneten Gang, was der Direktor vor allem auf »die günstige Zusammensetzung unseres Lehrkörpers« und die »intensive politisch-ideologische Erziehungsarbeit« der Dozenten zurückführte, deren Erfolg »sich in den Tagen nach dem 13. August besonders deutlich gezeigt«[101] habe.

Tatsächlich hatte der Mauerbau zunächst keine spürbaren Auswirkungen auf den Institutsalltag. Zwar wurde das Becher-Institut wie alle Hochschulen der DDR am 23.8.1961 vom MfK dazu aufgefordert, die Aufnahme Ostberliner Studenten zu organisieren, die bislang an den Westberliner Hoch- und Fachschulen studiert hatten. Zu Neuimmatrikulationen kam es am IfL jedoch nicht, da es in Westberlin kein vergleichbares Studienangebot gab.[102]

Stattdessen war das Institut in den Monaten nach dem Mauerbau mit der Herausgabe eines zweiten Bandes der Anthologie *Ruf in den Tag* beschäftigt, der 1962 erneut im Paul List Verlag erscheinen sollte. Die eingereichten Beiträge wurden jedoch aufgrund der aktuellen Ereignisse im Druckgenehmigungsverfahren einer besonders intensiven Prüfung unterzogen oder ganz aus der Auswahl entfernt. Betroffen war etwa Walter Werners[103] Gedicht »S-Bahn-Fahrten«, das, so das Argument der Zensoren, »durch die Ereignisse des 13. August gewissermaßen historischen Charakter erhalten« habe. Zudem trage Werners »doch wohl recht verklausulierte Symbolik« nicht dazu bei, »die Meinungsbildung über diese Ereignisse im positiven Sinne zu unterstützen.«[104]

Auch die Kontrolle durch das MfS zog am Institut spürbar an, zumal die Studenten und Absolventen sich deutlich weniger einverstanden mit dem Mauerbau zeigten, als Zimmering es dargestellt hatte: Auf der Verabschiedungsfeier des Jahrganges von 1961 habe sich Rudolf Bartsch, der gemeinsam mit Werner Lindemann im ersten Matrikel studiert hatte, kritisch gegenüber der Partei und den bewaffneten Organen der Republik geäußert, was ihm ein Parteiverfahren wegen des Vorwurfs massiver staatsfeindlicher Äußerungen einbrachte.[105] In einem Akt der (Selbst-)Zensur entschied der List Verlag daraufhin, das Fragment der Erzählung »Die Abrechnung« von Rudolf Bartsch aus der Institutsanthologie *Ruf in den Tag* zu entfernen, »da gegen die Person des Autors erhebliche Bedenken vorliegen.«[106]

Ab Oktober 1961 standen zudem die ehemaligen Studenten Bartsch, Lindemann und Bräunig wegen einer angeblich staatsfeindlichen Haltung und divisionistischer Bestrebungen im Gruppen-Vorgang »Schriftsteller« unter Beobachtung des Staatssicherheitsdienstes.[107] Werner Bräunig sei von dem Studienkollegen Hermann Otto Lauterbach negativ beeinflusst worden, der wiederum unter ideologischer Verwirrung leide und eine übermäßige Orientierung an westdeutscher Literatur pflege, mutmaßte deren ehemaliger Kommilitone Horst Salomon in einem Gespräch mit dem MfS.[108]

Verleumdungen, Misstrauen und Unterstellungen spielten auch in den Abschlussarbeiten des Jahrgangs 1961 eine Rolle, die das virulente Thema der Republikflucht literarisch aufgriffen. Herbert Friedrichs Kinderbuchmanuskript *Strupp auf dem Damm*[109] und Karl-Heinz Räppels Jugendgeschichte *Purzel setzt sich durch*[110] erzählen u. a. von zwei Jungen, die von ihren republikflüchtigen Vätern verlassen wurden. Fritz Schmengers Drama *Neue Freunde*[111] behandelt einen Todesfall an der innerdeutschen Grenze, als der Sohn einer Professorenfamilie in den Monaten nach Kriegsende einen Fluchtversuch unternimmt, während der Tod eines jungen »Grenzgängers« Ausgangspunkt in Erich

Hahns Romanauszug ist. In Hahns Manuskript *Die Grenze*[112] wird die Liebe eines jungen Paares zueinander, vor allem aber zu Staat, Partei und Vaterland auf die Probe gestellt, wobei sich Hahns unveröffentlichter Romanauszug geradezu spiegelbildlich zu Brigitte Reimanns zwei Jahre später erschienener Erzählung *Die Geschwister*[113] liest. Während bei Reimann die junge Ich-Erzählerin Elisabeth im Zentrum steht, die ihren Bruder Uli von seinen Fluchtabsichten abhalten will und sich ihrem Verlobten Joachim anvertraut, entwirft Hahn eine vergleichbare Figurenkonstellation: Das Mädchen Hanna steht zwischen ihrem Verlobten Kurt Baumann, einem parteitreuen Grenzsoldaten, und ihrem »leichtfertigen Bruder« Hans, der bei einem Fluchtversuch durch einen Schuss Baumanns stirbt. Der Tod des Bruders erweist sich dabei als unglückliche Verkettung von Zufällen, um an der Integrität des Grenzsoldaten keinen Zweifel zu lassen: Weil der Grenzgänger im Dorngestrüpp hängen blieb und stürzte, traf Baumanns Kugel ihn nicht wie beabsichtigt in die Beine, sondern in den Kopf.[114] Dass die Verlobte sich daraufhin von Baumann abwendet, versteht Hahn weniger als unausweichliche Folge eines tragisches Geschehens, sondern als Ausgangspunkt einer Eintwicklungsgeschichte: Es fehle dem Paar »die gemeinsame ideelle Position, die ihrer Liebe festen Grund verleihen würde«, erläuterte der Autor im Exposé. Erst »die wahre Liebe zur Republik, [...] die Befreiung der Hirne und Herzen von unklaren Gedanken über die Spaltung und Wiedervereinigung Deutschlands«[115] erlaube es dem Paar im weiteren Verlauf des Romans, die gemeinsame Krise zu überstehen und wieder zueinander zu finden.

Hahns Text reiht sich damit ein in die frühe »Teilungsliteratur« der DDR, die durchaus Chancen auf Veröffentlichung hatte, wenn sie parteilich war und das Handeln des SED-Staats verteidigte.[116] Während es Brigitte Reimann in diesem engen Legitimationsrahmen gelang, ambivalente Charaktere zu entwerfen, erscheinen Hahns nach starren Freund-Feind-Schemata gestaltete Figuren geradezu grotesk überzeichnet: Sein Republikflüchtling Hans verachtet die Werte der sozialistischen Gesellschaft, erweist sich als arbeitsscheu und charakterschwach und lässt sich von den hedonistischen Verheißungen des Westens blenden:

Das Filmtheater, in dem er den ›Arkansas-Jack‹ gesehen hatte; das Tanzlokal, wo er mit bildhübschen Mädchen über das Parkett gehopst war, die prima Zigaretten, die chromblitzenden Fahrräder und Autos.[117]

Außerdem flieht er nicht vor der Willkür und Enge eines politischen Apparats wie Reimanns Protagonist Ulrich Arendt, den die Autorin nachvollziehbare Argumente gegen die Bürokratie des Systems äußern lässt, sondern vor einem mühsamen Leben als Landwirt, dem nicht die Staatsgrenze, sondern die Mauer des elterlichen Hofes zur Metapher der Unfreiheit wird. Während Reimanns *Geschwister* trotz der offen kritischen Anklänge 1965 mit dem Heinrich-Mann-Preis ausgezeichnet wurde, blieb Hahns agitatorischer Roman auch in der DDR unveröffentlicht. Der Autor, dem in seiner Abschlussarbeit mitunter stimmungsvolle Landschaftsbeschreibungen gelangen, trat bis zu seinem Tod im Jahr 1999 vor allem als Chronist seiner Heimatregion, der Röhn, in Erscheinung.

3. Tauwetterphase und literarische Neuerungen

Die Grenzschließung leitete nach einer kurzen Phase der Anspannung erneut einen Kurswechsel und schließlich eine innenpolitische Liberalisierung ein. Hinzu kam eine zweite Entstalinisierungswelle nach dem XXII. Parteitag der KPdSU im Oktober 1961, mit der auch in der DDR Reformen wie das von Walter Ulbricht und Erich Apel forcierte »Neue Ökonomische System der Planung und Leitung« (NÖSPL) plötzlich möglich erschienen.[118] Am Becher-Institut leitete das Tauwetter eine Konsolidierungsphase ein: Man konzentrierte sich wieder auf den laufenden Lehrbetrieb, trieb die Entwicklung des Fernstudienganges voran, organisierte ab 1964 regelmäßige Kolloquien am Schwielowsee, etwa zum Verhältnis von Realismus und Literatur, und widmete sich bislang vernachlässigten Zielen wie der Förderung der Kinder- und Jugendliteratur. In den literarischen Arbeiten des Instituts lässt sich zudem ein deutlicher Modernisierungsschub beobachten, der auch außerhalb des Instituts die literarische Entwicklung bestimmte:

Nach dem Mauerbau 1961 war die gemeinsame Hoffnung von Schriftstellern und Literaturkritikern: Da dem Klassenfeind der Zutritt nun verwehrt sei, könne die Literatur auf Schönfärberei der Verhältnisse verzichten und die Probleme des sozialistischen Aufbaus offener beim Namen nennen.[119]

Unter Kulturschaffenden herrschte eine regelrechte Aufbruchstimmung, die ästhetische Neuerungen und deutlich kritischere Auseinandersetzungen mit dem konfliktreichen Alltagslebens der DDR hervorbrachte.[120] Gegenüber den fortschrittsoptimistischen »Produktionsromanen« des Bitterfelder Wegs oder den größtenteils rückwärtsgewandten proletarisch-antifaschistischen Werken der Kriegsveteranen, konzentrierte sich die jüngere »Ankunftsliteratur«, die ihren Titel in Brigitte Reimanns Roman *Ankunft im Alltag* von 1961 fand, vor allem auf das suchende Individuum, das sich mit Fragen der Selbstverwirklichung innerhalb der sozialistischen Gesellschaft beschäftigte.[121] War im literarischen Raum der DDR in den 50er Jahren noch eine »Angleichung und Vereinheitlichung der Schreibweisen durch Realismusnorm und ideologischer Verbindlichkeit« erfolgt,[122] so gab es nunmehr außerdem »eine neue dialogische *ästhetische* Qualität« und eine Pluralisierung der literarischen Stimmen«.[123]

Die beiden Erfolgsromane aus dem IfL, die nach dem Mauerbau auf die öffentliche Bühne der DDR-Literatur traten, standen jedoch weiterhin für eine didaktische Funktionärs-Literatur in realistischer Ästhetik: Max Walter Schulz' Roman *Wir sind nicht Staub im Wind*, der 1962 im Mitteldeutschen Verlag erschien, während Günter Görlich 1963 seinen Roman *Das Liebste und das Sterben*[124] im Verlag Neues Leben veröffentlichte. Görlichs Roman, 1961 in Auszügen und unter dem Arbeitstitel *Familie Wegener* als Abschlussarbeit am IfL eingereicht, erzählt im geradlinigen Realismus eines Willi Bredel von einer politisch gespaltenen Arbeiterfamilie in den Jahren 1939 bis 1945. Der Roman begründete Görlichs Laufbahn als Erfolgsschriftsteller und Funktionär. Wenn »das Institut den idealtypischen Autor hervorgebracht hat«, dann, so konstatierte der Schriftsteller und Literaturhistoriker Joachim Walther rückblickend, sei dies

> der Typus Günter Görlich. Also […] fleißig, auch im konspirativen Teil fleißig, aber auch fleißig als Schreiber, der dann später innerhalb der sogenannten DDR-Literatur auch Karriere gemacht hat, hohe Funktionen hatte, Bezirksleitungsmitglied war usw., in der Partei, in

der Staatssicherheit, also sozusagen die idealtypische Karriere eines Autors wie er mit der Institutsgründung intendiert war.[125]

Bereits im nachfolgenden Jahrgang (1960–1963) machte sich am Institut jedoch ein grundlegender Wandel bemerkbar. Es waren nicht länger die Autoren der Flakhelfer-Generation, die nunmehr das literarische Geschehen am Institut prägten, sondern junge Schriftsteller wie der 1937 im Erzgebirge geborene Gerd Bieker, die eine literarische Auseinandersetzung mit der sozialistischen Gegenwart und dem Lebensgefühl einer jungen Generation suchten, für die sie eigene Ausdrucksformen beanspruchten.

Zwar widmeten sich auch im Jahr 1963 noch zahlreiche Abschlussarbeiten der Rückschau auf das NS-Regime oder die sozialistischen Aufbaujahre, etwa die Gedichte von Ernst Kreitlow[126] und Dagmar Zipprich[127] oder Walter Flegels Novelle *Wie Klaus Hermann sein Dorf verteidigte*,[128] in der der Titelheld im Mai 1945 den Angriff dreier NS-Schergen auf eine russische Kompanie abwehrt. Auch das Problem der Republikflucht war weiterhin präsent, so im Drama *Die Wasserscheide*[129] von Alfons Linnhofer und im Stück *Die kontrollierte Sommerliebe* von Josef Müller sowie in Wolfgang Eckerts Roman *Licht und Schatten*,[130] in dem die Republikflucht eines ehemaligen Werksleiters zur Spaltung der Fabrikbelegschaft führt. Die Agenda des Bitterfelder Weges hinterließ ebenfalls ihre Spuren – in Walter Flegels NVA-Erzählung *Mein Kamerad sollst du sein*,[131] Günter Glantes *Bemerkungen zum Brigadetagebuch*[132] oder Dagmar Zipprichs unbetitelter Erzählung, die das Ringen einer jungen Autorin in einem Zirkel schreibender Arbeiter zum Gegenstand hat.[133] Die Schilderungen fielen jedoch in nahezu allen Fällen deutlich konfliktreicher aus. Die Arbeiten rückten Probleme und Widersprüche der sozialistischen Gesellschaft in den Fokus und zeichneten deutlich ambivalentere Charaktere, die zwischenmenschliche Konflikte in Liebesbeziehungen und im sozialistischen Betrieb durchleben, Spannungen zwischen Kollektiv und Individuum oder den Generationen erfahren und mit dem idealisierten sozialistischen Heldentypus der 50er Jahre wenig gemeinsam haben. In der Regel dominierte dabei ein konstruktiver Gestus, der zu einer glücklichen Auflösung der Widersprüche führt, wie er von Walter Ulbricht 1964 auf der II. Bitterfelder Konferenz als Charakteristikum der sozialistischen Literatur auch offiziell eingefordert wurde:

Für den Sozialismus, in dem es keinen Klassenantagonismus mehr gibt, ist nicht schlechthin die Existenz von Widersprüchen charakteristisch, sondern ihre praktische Lösbarkeit und Lösung durch die Menschen.

Literatur, so Ulbricht, habe nicht etwa die Aufgabe, Widersprüche aufzuzeigen, sondern Lösungen »in der bewussten, organisierten Arbeit von Partei, Staatsführung und Volksmassen«[134] zu präsentieren. Die Abschlussarbeiten von 1963 sahen sich hingegen nicht durchweg einer optimistischen Perspektive verpflichtet. Sie zeigten mitunter einen desillusioniert düstereren Blick auf die Gegenwart, wie in Günter Glantes Romanauszug *Keiner lebt für sich allein*[135] in Anlehung an Hans Falladas berühmten Romantitel *Jeder stirbt für sich allein*. Glante, ein schreibender Arbeiter aus dem Elektrochemischen Kombinat Bitterfeld,[136] schilderte die Auseinandersetzungen in einem sozialistischen Betrieb und entwarf einen reizbaren, gebrochenen Helden, der seinen Betriebsleiter niederschlägt und die Arbeitsstelle wechseln muss, bevor seine Frau ihn verlässt. In nahezu dystopischer Atmosphäre thematisiert Glantes Text die Umweltverschmutzung durch das neue Chemiewerk – »[s]chneeige Oliumdämpfe wälzen sich aus einem vereinzelt stehenden Schlot, ballen sich bevor sie zur Erde herabfallen und das Grün ersticken«[137] – und gibt aus wechselnden Perspektiven Einblick in die egoistischen Motive und Selbstzweifel seiner Protagonisten. Auch der Romanauszug des gelernten Webers Wolfgang Eckert unter dem vielsagenden Titel *Licht und Schatten* erzählt ernüchtert vom Übergangenwerden »des Menschen in der Produktion durch schematisches Übernehmen von Anweisungen und einen Mangel an Eigenverantwortlichkeit«.[138]

So zeigte sich auch in der am IfL entstehenden Literatur eine emanzipative Entwicklung, die Tommek für den literarischen Raum in der DDR der frühen 60er Jahre ausmacht und als Folge des Bitterfelder Weges identifiziert: Die Bewusstwerdung realer gesellschaftlicher Probleme, die mit dem Blick der Schriftsteller in die Arbeitswelt einherging, leitete eine erste »Krise des ›Paktes‹ zwischen Staat und literarischer Intelligenz« ein und führte zu den »Anfänge[n] der Autonomisierungstendenzen«,[139] die auch das Becher-Institut im Laufe seiner Geschichte immer mehr auf Distanz zum offiziellen literarischen Raum gehen ließen. Vorerst aber wurde auch in den Seminaren am IfL noch die Frage nach dem »wahren Sozialismus« verhandelt. Ein Beispiel ist die Erzählung *Mein Kamerad sollst du sein* des NVA-Majors Walter Flegel, die Kritik an einem politischen System übt, das den individuellen Bedürfnissen und Beweggründen der Menschen nicht gerecht werden kann. In Flegels Erzählung verliebt sich Soldat Brockmann, ein Einzelgänger und vermeintlicher Querulant, bei einem Einsatz in eine Strafgefangene. Das führt zu Auseinandersetzungen in seiner Einheit, wobei Brockmann in seinem Unterleutnant einen Fürsprecher findet:

> Immer nur höre ich: hoffnungsloser Fall, der macht uns nur Schwierigkeiten, aus der FDJ ausgeschlossen, in der Kartei nur Bestrafungen. Wissen Sie was das ist? Das ist ein verantwortungsloses Abschießen.[140]

In der Version, die Flegel 1963 als Abschlussarbeit einreichte, nimmt die Erzählung ein glückliches Ende: Die Liebenden finden zueinander. In seinen *Notizen zu meiner künstlerischen Abschlußarbeit*[141] erklärt er jedoch, dass dieser optimistische Schluss nur auf den Einfluss des Seminarkollektivs zurückgegangen sei. In seiner ursprünglichen Konzeption sollte der Soldat, der sich nicht in das NVA-Kollektiv eingliedern kann, auf der Flucht von seinem Hauptmann erschossen werden. Flegel übernahm jedoch die Einwände der Kommilitonen und überarbeitete seinen Entwurf: »Bei meinem Vorhaben deckte sich meine Absicht nicht mit dem gesellschaftlichen Auftrag«,[142] schrieb er selbstkritisch. Und weiter: »Unsere Gesellschaft löst Konflikte, wie ich sie darstellen will, optimistisch. Das ist typisch.«[143] – Seine erste Version habe hingegen gezeigt, dass er nicht »gründlich über die Kategorie des Tragischen in unserer Gesellschaft nachgedacht«[144] und die Möglichkeiten nicht ausreichend genutzt habe, vor dem Schreiben »mit anderen im Gespräch die richtige Konzeption zu finden«.[145]

Das Seminarkollektiv fungierte somit auch als Korrektiv, das den Einzelnen an der Abweichung von ästhetischen Leitlinien hinderte. Die Rolle »als sein besserer Teil, als sein Gewissen«[146] hatte bereits Johannes R. Becher dem Leser in der »Literaturgesellschaft« zugedacht. Eine ähnliche Erfahrung zum normierenden Einfluss der Seminargruppe schildert auch die spätere Kinderbuchautorin Dagmar Zipprich in einer Vorrede zu ihrer Abschlussarbeit. Ihr Entwurf einer autobiographischen Erzählung über die Entwicklung einer Mittdreißigerin am

Literaturinstitut fiel im Prosaseminar durch. Zipprich wurde mit dem Vorwurf konfrontiert, dass ihr »Vorhaben an subjektiver Gestaltungsweise krankte«, da ihr der nötige Abstand fehlte, um »Institutsprobleme und -angehörige objektiv richtig zu sehen und darzustellen.«[147] Von der Überwindung der klassischen Subjekt-Objekt-Dichotomie, wie sie Christa Wolf schließlich unter dem Schlagwort der »subjektiven Authentizität« anstrebte, indem sie das unmittelbare Ereignis der sekundären Erinnerung gegenüberstellte,[148] war man am Becher-Institut zu Beginn der 60er Jahre noch weit entfernt. Denn obwohl Zipprich ihre schöpferische Arbeit laut eigener Aussage »immer eng mit eigenem Erleben verknüpft«[149] hatte, empfahlen ihr die Kommilitonen, »eine Heldin zu wählen, die meinem eigenen Charakter entgegengesetzt ist.«[150]

Nichtsdestotrotz gingen in den 60er Jahren auch literarische Arbeiten aus dem Institut hervor, die von den hauseigenen Zensur- und Kontrollmechanismen nicht erfasst wurden, obwohl ihre inhaltliche wie sprachliche Unkonventionalität unübersehbar schien. Dies führte allerdings dazu, dass sie auf der großen, kulturpolitischen Bühne umso heftiger in die Diskussion gerieten. Ein Beispiel vermeintlicher Regelverstöße, das schließlich öffentlich verhandelt wurde, war die Abschlussarbeit von Gerd Bieker aus dem Jahr 1963, die als selbstbewusstes Zeugnis der jungen Generation auf dem 11. Plenum des ZK der SED im Jahr 1965 zum Politikum wurde. Bieker leitet seinen Romanauszug, dessen Titel *Hallo, wir sind nicht Halb!*[151] gegen den abwertenden Begriff der »Halbstarken« aufbegehrt, mit einem Zitat des sowjetischen Schriftstellers Anatoli Wassiljewitsch Kusnezow ein:

> Mit der Jugend darf man nicht in der Sprache eines Protokolls reden und nicht nur durch eine gute Losung. Mit ihr muss man aus vollstem Herzen sprechen, bis zur Heiserkeit, bis zum Morgengrauen. Sie verdient das!

Biekers Text hält sich an dieses ästhetische Programm und übernimmt konsequent die Sprache der Jugend, um deren Lebensgefühl zwischen FDJ, Rock 'n' Roll und Volkstanzgruppen, Petticoats, Westjeans und amerikanischen Zigaretten einzufangen, von Generationenkonflikten zu erzählen und den Wunsch einer gelingenden Koexistenz der Jugendbewegungen in der DDR zu formulieren. Zahlreiche Dialoge wechseln mit inneren Monologen, die aus wechselnder Perspektive über die Erfahrungswelt der Mitglieder einer Jugendbande Aufschluss geben. Bieker stattet sie mit den Insignien der Beat-Bewegung aus: »Der Kleine« trägt »auf dem papageienbunten Hemd eine handtellergroße Plakette mit dem Abbild des Rock-'n'-Roll-Sängers Elvis Presley«,[152] außerdem eine »gelbestickt[e] Nietenhose, auf der ein lassoschwingender Cowboy und die Aufschrift ›Texas‹ verrieten, daß er die Röhren nicht im Konsum gekauft hatte.«[153] Auch der Erzähler wählt einen ironischen Tonfall von geradezu respektloser Beiläufigkeit:

> Die Bäume trugen Knopsen und die Mädchen Petticoats, optimistische Gesichter und so weiter. An einem dieser lichtbauen und planmäßig besonnten Vorfrühlingsnachmittage gingen vier Männer miteinander durch eine Straße im Zentrum der Stadt.[154]

Eigentlich sei, schreibt der als Experte für das Kahlschlagplenum geltende Filmhistoriker und Theaterwissenschaftler Günter Agde, Biekers Text ein harmloser »Entwicklungsroman der eher bescheidenen Art, ein Stück Ankunftsliteratur [...].«[155] Aus seiner Handlung, der Sprache der Protagonisten und dem spielerischen Umgang mit literarischen Konventionen spricht jedoch das Aufbegehren einer jungen Generation, die eine eigene Musik und eigene Kleidung, eigene Tänze und kulturelle Umgangsformen, eine eigene Sprache und Literatur beanspruchte. 1963 schien die Zeit reif zu sein für diese Forderung: In ihrem »Jugendkommuniquée«[156] versprach die Parteiführung Freiheit von »Gängelei, Zeigefingerheben und Administrieren«[157] und gab sich unter der Losung »Der Jugend Verantwortung und Vertrauen« ungewohnt tolerant:

> Niemandem fällt ein, der Jugend vorzuschreiben, sie solle ihre Gefühle und Stimmungen beim Tanzen nur im Walzer- oder Tangorhythmus ausdrücken. Welchen Takt die Jugend wählt, ist ihr überlassen: Hauptsache, sie bleibt taktvoll![158]

Bald aber endet die liberale Phase abrupt, nachdem Breschnew die Entstalinisierung nach dem Sturz seines Vorgängers Chruschtschow im Oktober 1964 für beendet erklärt hatte. In der DDR scharten sich dogmatische Kräfte um Ulbrichts Herausforderer Honecker, die bereits im Vorfeld des Kahlschlagplenums mit der Sammlung von Material begonnen hatten, um einen unhaltbaren politischen Zustand der Jugend nachzuweisen.[159] Bald darauf verbot die Partei Beatgruppen und machte »Front gegen ›Gammler‹, ›Langhaarige‹, ›Verwarloste‹, ›Herumlungernde‹«.[160] Ausgerechnet zur selben Zeit erschien Biekers Roman nun unter dem weniger provokanten Titel *Sternschnuppenwünsche* ab August 1965 als Fortsetzungsroman in der FDJ-Zeitung *Junge Welt*. Dort erregte der Vorabdruck zahlreiche – womöglich fingierte – kritische Zuschriften aus der Leserschaft, die sich über die Darstellung des Generationenverhältnisses und der FDJ-Funktionäre empörten. Anfang Dezember 1965, kurz vor dem 11. Plenum, verlangte Honecker »wegen gestalterischer Mängel« in Biekers Roman den Abbruch der Vorveröffentlichung.[161]

Derart exponiert, gelang es dem jungen Autor nicht mehr, vor dem bevorstehenden Angriff in Deckung zu gehen: Auf dem 11. Plenum holte Honecker mit seinem »Bericht des Politbüros an das 11. Plenum des ZK der SED« zum Rundumschlag gegen die »Einflüsse der kapitalistischen Unkultur und Unmoral« und die »Erscheinungen der amerikanischen Unmoral und Dekadenz« aus, die sich in Theaterstücken, Filmen und Büchern der DDR zeigten.[162] Auch Biekers Buch verurteilte er namentlich, da es »mit unserem sozialistischen Lebensgefühl nichts gemein«[163] habe. Biekers *Sternschnuppenwünsche*, bereits in einer Auflage von 10.000 Stück im Verlag Neues Leben gedruckt, mussten nach diesem Angriff von oberster Stelle eingestampft werden, und der Roman wurde erst 1969 in einer stark überarbeiteten Fassung erneut aufgelegt. Gegenüber der Abschlussarbeit von 1963 wirkt die Publikation von 1969 jedoch brav und bieder in ihrem Bemühen, den immer neuen Vorgaben von FDJ-Zentralrat, Hauptverwaltung Verlage und Buchhandel des MfK und des Verlages gerecht zu werden. Biekers erste Überarbeitung des neuen Manuskripts war noch 1967 vom Verlag Neues Leben als nicht druckreif abgelehnt worden, da er zwar die Haltung seiner Helden zum Positiven verändert hätte, nicht aber ihre »vulgäre« Umgangssprache, weshalb nun eine Diskrepanz zwischen Inhalt und Form bestünde.[164] Nach weiteren Überarbeitungsschritten war von der ursprünglichen »Frische des Debüts«[165] nichts mehr übrig geblieben: Beginnt Biekers erste Fassung des Romans noch unter den »Radaubrüdern« in einer Ausnüchterungszelle, setzt in der zweiten Fassung die Romanhandlung nunmehr in der Druckerei einer Kleinstadt ein. Die Figur der Hauswirtin ist nicht länger regimekritische Christin, die Jugendbande hat ihre von englischen Vokabeln durchsetzte Sprache verloren. Bieker selbst räumte 1969 im Gespräch mit dem MfS ein, dass die aktuelle Fassung außer dem Namen und der zugrundeliegenden Handlung nichts mehr mit dem 1965 gedruckten Buch gemeinsam hätte.[166]

Auch am IfL hatte sich das Ende der Tauwetterphase bereits 1963 angekündigt, nachdem der Generationenwechsel in den Seminaren und die Liberalisierungstendenzen, von denen auch einige Dozenten erfasst worden waren, zu einer »ungesunden Atmophäre« und einer »ungenügend kämpferische[n] Haltung« am Institut geführt hätten.[167] So urteilte zumindest die Parteileitung des Instituts in einer apologetischen Selbstkritik, nachdem in einer Sonderausgabe der Wandzeitung *Tauchnitzstraße 8* im November 1962 umstrittene Gedichte von Institutsangehörigen in den Fokus des Staatssicherheitsdienstes geraten waren. Zu den Gedichten, die angeblich »besonders zugespitzt ausdrückten, was an [ideologischen, I. L.] Unklarheiten gewachsen war«, und dennoch von der Redaktion unkommentiert abgedruckt worden waren, zählten die Arbeiten *Über das Schema* und *Über das Träumen* von Helmut Richter, der Songtext »Vom rosaroten Kleister« von Rainer Otto sowie Werner Bräunigs »Flugplatzgedicht«, das nach Einschätzung seiner Kritiker gegen die beschränkten Reisemöglichkeiten für DDR-Bürger polemisierte.[168] Über einen Bericht des damaligen Studenten und späteren Oberassistenten Klaus Steinhaußen (GI »Bergmann«) geriet insbesondere Bräunigs Gedicht ins Visier des Staatssicherheitsdienstes.[169] Die Abbitte folgte im März 1963 mit einem »Dokument zur ideologischen Situation am Institut für Literatur ›Johannes R. Becher‹«, mit dem die SED-Grundorganisation des Instituts die Versäumnisse der Direktion und des Kollegiums einräumte. Den Spannungen, die bald zwischen aufbegehrenden Jungautoren und parteitreuen älteren Genossen aufgekommen waren, sei man nicht entschieden genug entgegengetreten, heißt es in der Selbstbezichtigung: »Wir duldeten, daß Mitglieder der Parteileitung aus dem zweiten Studienjahr als Zuträger und Denunzianten bezeichnet wurden, weil sie versuchten, parteiliche Gespräche zu führen und Information an die Parteileitung gaben«.[170] Und selbst einige Dozenten hätten die Ansicht vertreten, »die Kulturpolitik sollte in Richtung einer sogenannten ›toleranten Parteilichkeit‹ geändert werden«. Dies habe sich jedoch als eklatanter Fehler erwiesen, indem »formalistischen Experimenten [...] Tür und Tor geöffnet« worden sei. So nahm auch die Direktion des IfL, zumindest in ihrem offziellen Zugeständnis an die Partei, die Bereitschaft zu ästhetischen Neuerungen und inhaltlicher Öffnung in Lehre und Literatur des Instituts bereits im Jahr 1963 wieder zurück: »Es wurde klargestellt, daß jede ästhetische Frage eine ideologische, eine politische Frage ist«.[171] Für die Zukunft versprach man, den »Erziehungs- und Bildungsprozeß straffer, operativer und individueller [zu] leiten und für eine kollektive Arbeit der Dozenten [zu] sorgen«.[172] Den mangelnden Bezug der jungen Autoren zur sozialistischen Wirklichkeit wollte man außerdem ausgleichen, indem man die Studienpraktika endlich konsequent »auf die Großbaustellen und Brennpunkte des Sozialismus«[173] verlegte, wie es bereits seit der 1. Bitterfelder Konferenz geplant worden war.

4. Das Scheitern des Bitterfelder Weges und das Erstarken der Lyrik am Institut

Noch vor dem 11. Plenum fand im April 1964 in Bitterfeld eine zweite Konferenz statt, auf der vom früheren Enthusiasmus der 1959 ausgerufenen »Bewegung schreibender Arbeiter« kaum mehr etwas zu spüren war. Hatte man auf der ersten Konferenz noch hohe Erwartungen an das künstlerische Volksschaffen gehabt, dominierte angesichts der erzielten Ergebnisse nun bereits die Desillusionierung. Bereits im Vorfeld der Tagung hatte Franz Fühmann den Minister für Kultur, Hans Bentzien, vor einem »zur Kulturpolitik erhobenen Dilettantismus« gewarnt, dem mit der »Förderung der Qualität in der Literatur« und der Entwicklung längst überfälliger ästhetischer Wertmaßstäbe in der Literaturkritik begegnet werden müsse:

> Es muß aufhören, jede thematisch begrüßenswerte, doch künstlerisch amorphe Arbeit als »Meisterwerk« oder »erneuten Beweis für unsere noch nie dagewesene Literaturblüte« zu feiern. Es muß aufhören, daß einer für Pfusch und Murks noch honoriert wird.[174]

Selbst Walter Ulbricht kam nicht umhin, die eklatanten »Mängel und Hindernisse« der Bewegung einzuräumen, zu denen er auch den »Widerspruch zwischen Wollen und Können« auf Seiten »der jüngeren

Schriftsteller und Künstler« zählte.[175] Er forderte eine »Kurskorrektur« in der Nachwuchspolitik, die von der »Auswahl echter Talente aus den Reihen der Arbeiter, Bauern, Intellektuellen« ausgehen müsse. Die Herkunft der Autoren aus der Arbeiterklasse galt dabei bestenfalls noch als »günstig«,[176] womit die eigentliche Bitterfelder Idee in den Hintergrund getreten war, während dem individuellen Talent wieder größere Bedeutung beigemessen wurde.

Auch am Becher-Institut zog man mit dem Abschlussjahrgang von 1964 eine ernüchterte Bilanz der Bitterfelder Kulturpolitik. Die Einhaltung der vorgegebenen Aufnahmequoten für Arbeiter und Bauern hatten sich nur schwer mit dem literarischen und literaturtheoretischen Anspruch der Ausbildungen verbinden lassen: Hatte das Institut 1960 lediglich 13 Bewerber für ein Direktstudium am Becher-Institut zugelassen,[177] hatte man 1961 auf Druck des MfK niedrigere Talentvoraussetzungen angesetzt und immerhin 24 Teilnehmer immatrikuliert,[178] um die festgeschriebene Mindestteilnehmerzahl von 30 Studierenden wenigstens annähernd zu erreichen und den sozialen Quotenvorgaben des MfK gerecht zu werden. Die literarischen Schwächen des Jahrgangs zeigten sich im Laufe der dreijährigen Ausbildung jedoch umso deutlicher. Im Sommer 1964 gab Max Walter Schulz, damals noch Leiter im Prosa-Seminar, eine düstere Prognose zu den erwartbaren Ergebnissen ab:

> Wir werden wenig gute Arbeiten erhalten, was unsere Qualitätsforderung heute betrifft. In jedem Sektor unseres Lebens wird Qualität gefordert und wir erhalten nach einem 3-jährigen Studium ein Mittelmaß, das für die Nationalliteratur nicht einmal eine Vorstufe sein kann.[179]

Das vernichtende Urteil deckte sich auch mit der Selbsteinschätzung der Studierenden: Die schreibende Kulturfunktionärin Ursula Metz lieferte erst gar keine literarische Arbeit ab – mit der Begründung, dass sie auch nach dreijährigem Studium nicht in der Lage sei, »unsere Literatur« zu bereichern. Stattdessen habe sie im Studium gelernt, die Grenzen ihrer Fähigkeiten zu erkennen, und sei dem »innere[n] Auftrag«[180] gefolgt, über die Kulturarbeit in ihrem Leipziger Stadtviertel zu schreiben. Auch ihre Kommilitonen Peter Anders, Anita Baldauf und Klaus Walther – von den Lehrkräften als »die [Literatur-]Kritiker«[181]

bezeichnet – beendeten ihr Studium mit jeweils zwei theoretischen Arbeiten. Schreibende Arbeiter wie der ehemalige Werkzeugmacher und Zugführer Helmut Schade wirkten sowohl auf theoretischem wie literarischem Gebiet überfordert, was sowohl Schades Selbsteinschätzung *Mein Spiegel*[182] wie auch das Urteil des Seminarleiters Schulz nahelegen: »Schade schreibt Brigadegeschichten, deren Rahmenhandlung eine Stammtischrunde ist. Es fehlt bei ihm jede literarische Prägung des Sujets«,[183] so das vernichtende Urteil von Max Walter Schulz.

Zu den wenigen Absolventen des Jahrgangs, die sich nach ihrem Studium einen literarischen Namen machen sollten, zählte hingegen der 1936 in Damaskus geborene Adel Karasholi, der als Gaststudent an den Seminaren des Becher-Instituts teilnahm, in den Unterlagen des Instituts jedoch als Student der Leipziger Theaterhochschule geführt wurde. Sein Studium am Becher-Institut schloss er nichtsdestotrotz mit einer Lyriksammlung ab.[184] Neben einigen schlichteren, auf Deutsch verfassten Gedichten unter dem Titel »Tagebuch einer Liebe« umfasst das Konvolut den Zyklus »Der Vogel Sehnsucht«, der in den klassischen Bildwelten arabischer Lyrik vom Übergang aus der Heimat in die Fremde erzählt und ursprünglich auf Arabisch verfasst wurde. Heinz Czechowski schrieb zu diesen Gedichten des Freundes:

> Wir lauschten dem Poetismus der Klage, die uns Adel mit seinem ersten in deutscher Sprache erschienenen Gedichtband *Wie Seide aus Damaskus* schenkte. Diese Verse – noch in Arabisch verfaßt und von seinen deutschen Freunden übertragen – berührten uns, wie uns eben Verse eines Freundes berühren. Diese Gedichte sangen von Liebe, Heimatlosigkeit und Fremde. Adels Klage war authentisch, so wie die in den Gedichten Lorcas, Nerudas und Hikmets, denen sie verpflichtet war.[185]

Zu den deutschen Freunden, die Karasholis Gedichte übertrugen, zählten auch die Eheleute Sarah und Rainer Kirsch, die von 1963 bis 1965 am Becher-Institut studierten. Weitere Übersetzungen, die der Abschlussarbeit beiliegen, stammen von Klaus Steinhaußen, der 1963 sein Institutsstudium beendet hatte und seit 1964 als Oberassistent am IfL tätig war. Sowohl Rainer Kirsch als auch Klaus Steinhaußen hatten 1961 ausgewählte Gedichte in der von Gerhard Wolf herausgegebenen Anthologie *Bekanntschaft mit uns selbst* publiziert. Wolf, der zu den einflussreichsten Förderern der jüngeren Lyrik-Generation zählte, kündigte in seinem Nachwort eine »neue Generation von Lyrikern« an, welche die Errungenschaften des Sozialismus nicht mehr nur besinge, sondern bereits von ihnen ausgehe.[186]

Das Selbstbewusstsein und den Anspruch auf »Genauigkeit« dieser um 1935 geborenen jungen Lyriker, zu denen neben den Kirschs auch Lyriker wie Kurt Bartsch, Wolf Biermann, Volker Braun, Heinz Czechowski, Elke Erb, Bernd Jentzsch oder Karl Mickel gehörten, bringt kaum ein Text besser zum Ausdruck als Rainer Kirschs Gedicht »Meinen Freunden, den alten Genossen«, das Stephan Hermlin am 11. Dezember 1962 bei seiner berühmten Lyriklesung in der Ostberliner Akademie der Künste vortrug:

Meinen Freunden, den alten Genossen

Wenn ihr unsere Ungeduld bedauert
Und uns sagt, daß wirs heut leichter hätten,
Denn wir lägen in gemachten Betten,
Denn ihr hättet uns das Haus gemauert –
Schwerer ist es heut, genau zu hassen
Und im Freund die Fronten klar zu scheiden
Und die Unbequemen nicht zu meiden
Und die Kälte nicht ins Herz zu lassen.
Denn es träumt sich leicht von Glückssemestern;
Aber Glück ist schwer in diesem Land.
Anders lieben müssen wir als gestern
Und mit schärferem Verstand.
Und die Träume ganz beim Namen nennen;
Und die ganze Last der Wahrheit kennen.[187]

Zu den althergebrachten Dichterstimmen, von denen die Jungen sich abgrenzen wollten, zählten nicht zuletzt die Lyriker der ersten Jahrgänge des IfL: »[W]ir haben heute gesehen, daß es nicht nur Werner Lindemanns gibt«,[188] triumphierte Wolf Biermann in der hitzigen Diskussion, die im Anschluss an Hermlins Lesung aufkam. In Gedichten, wie sie bislang im Neuen Deutschland veröffentlicht worden seien, könne man hingegen schwerlich »Maßstäbe für gute Lyrik [...] finden«.[189] Die älteren Genossen schlugen prompt zurück.

Und auch Kurt Hager, Mitglied des Politbüros und Leiter der Ideologischen Kommission, lehnte die vorgetragenen Gedichte auf dem VI. Parteitag der SED im Januar 1963 ab – als »vom Geist des Pessimismus, der unwissenden Krittelei und der Feindschaft gegenüber der Partei durchdrungen«.[190] Gleichwohl genossen die jungen Lyriker beim Publikum bald große Popularität, von der auch das Becher-Institut zu profitieren versuchte. Hinzu kam der Versuch, die Protagonisten der *Lyrikwelle* an staatliche Institutionen zu binden. Sarah und Rainer Kirsch, die durch Lesungen und Publikationen bereits einige Bekanntheit erreicht hatten, wurden von der Institutsleitung unter Max Zimmering deshalb gezielt dazu ermutigt, sich um ein Studium am Becher-Institut zu bewerben, das sie 1963 schließlich antraten. Die Entscheidung, am Becher-Institut zu studieren, sei jedoch letztlich aus eigenem Antrieb gefallen, so Rainer Kirsch im Interview, und vor allem durch die Aussicht motiviert gewesen, bei Georg Maurer studieren zu können.[191] Maurer, der der jungen Lyrikergeneration mit großer Offenheit begegnete, sollte bald als ihr Mentor gelten. In seiner Rede »Was vermag Lyrik« zum zehnjährigen Bestehen des Instituts im September 1965 sprach er der jungen Generation sein Vertrauen aus und blickte zuversichtlich in ihre literarische Zukunft:

> Ich schreibe hier unserer jungen Lyrik einen Blankoschenk aus. Aber er ist zum Teil ja schon gedeckt durch etliche Gedichte, sogar Gedichtbücher der letzten Zeit und wird in einigen Jahren noch mehr gedeckt sein. Ich bin gern unvorsichtig nach lang gewahrter Vorsicht.[192]

Nur wenige Monate darauf sollten Maurers Hoffnungen jedoch jäh enttäuscht werden, als das ZK der SED im Dezember 1965 mit dem 11. Plenum zum kulturpolitischen Kahlschlag ausholte und jede Form der künstlerischen ›Unvorsicht‹ scharf sanktionierte.

5. Das 11. Plenum und seine Folgen: Exmatrikulationswelle und literarischer Rückzug ins Private

Im September 1964 beerbte der Romancier, Institutsabsolvent und bisherige Leiter des Prosaseminars Max Walter Schulz seinen Vorgänger Max Zimmering im Amt des Direktors.[193] Wohl kaum ein anderer Institutsleiter sollte das Institut so maßgeblich prägen wie Schulz in seiner insgesamt neunzehnjährigen Amtszeit. Unter seiner Leitung steuerte das Institut zur Mitte der 60er Jahre jedoch auch in seine größte Existenzkrise, auf die der eigentlich als liberal geltende Schulz mit paternalistischer Strenge reagierte, um die drohende Schließung abzuwenden.

Der Beginn von Schulz' Direktion stand jedoch zunächst unter den Vorzeichen des 1964 von Ulbricht in Bitterfeld geforderten Kurswechsels in der Nachwuchsförderung. Das Institut musste dem Vorwurf begegnen, inzwischen zwar Quoten zu erfüllen, jedoch Ergebnisse von mangelnder literarischer Qualität zu erzeugen. Zur »Hebung des künstlerischen und ideologischen Niveaus unseres schriftstellerischen Nachwuchses im Sinne der Weiterführung des Bitterfelder Weges« installierte das Institut daher ab November 1964 den besagten achtmonatigen »Vorstudienkurs«, in dem schreibende Arbeiter auf das Direktstudium vorbereitet werden sollten, in dem sie ab September 1965 »mit den entwicklungsfähigsten jungen Autoren« des Landes zusammengeführt wurden.[194] Selbst für den Vorbereitungskurs galten jedoch strenge Auswahlkriterien: Es wurde ein »sehr <u>entwicklungsfähiges poetisches</u> Talent« gefordert, da, so die Begründung von Seiten des IfL, auch unter den schreibenden Arbeitern »gewisse literarische Maßstäbe gesetzt werden müssen.«[195]

Zu den größten literarischen Hoffnungen, die im September 1965 ihr Direktstudium am Institut antraten, zählten indes Helga M. Novak und Andreas Reimann. Helga Maria Novak, die damals als verheiratete Vigfusson mit ihrem ersten Mann in Island lebte, hatte Maurer ihren Gedichtband *Ostdeutsch* vorgelegt, den sie auf eigene Kosten in einer isländischen Druckerei hergestellt hatte und der 1963 im westdeutschen Luchterhand Verlag unter dem Titel *Ballade von der reisenden Anna* veröffentlicht wurde. Nachdem Maurer ihre Gedichte gelesen hatte, sei alles entschieden gewesen, schrieb sie rückblickend in ihrer Biographie *Im Schwanenhals*: »Keine politischen Fragen groß, nur woher, wohin.« Auch ihre vorausgegangene Exmatrikulation von der Leipziger KMU im Jahr 1957 sei beim Vorstellungsgespräch nicht zur Sprache gekommen. »Sie waren schon darauf erpicht, dass ich zu ihnen komme. Keine halbe Stunde dauerte es, und ich hatte meine Immatrikulation in der Tasche.«[196] Im Frühjahr 1965 reiste Novak mit zwei deutschen Pässen – einem DDR-Reisepass und einem von der deutschen Botschaft in Island ausgestellten BRD-Reisepass – nach Leipzig. Die Lektüre von Robert Havemanns *Dialektik ohne Dogma?*[197] hatte sie an einen Wandel der politischen Verhältnisse in der DDR glauben lassen. Als sie im September 1965 gemeinsam mit Autoren wie dem halleschen Dieter Mucke oder dem jungen Leipziger Lyriker Andreas Reimann ihr Studium am IfL begann, hatte der politische Wind sich jedoch bereits gedreht. Reaktionäre Kräfte formierten sich um Erich Honecker und arbeiteten bereits an einer Rücknahme der Reformen. Am Becher-Institut feierte man im September 1965 jedoch zunächst das 10jährige Jubiläum des Instituts. Max Walter Schulz stimmte in seiner Festrede auch nachdenkliche Töne an und sprach eine linde Mahnung aus, die aus heutiger Perspektive jedoch wie ein Menetekel für den drohenden kulturellen Kahlschlag wirkt:

> Unsere Gesellschaft gestand dieser Schule eine lange Probezeit zu. [...] Der heutige Tag sollte uns aber bewußt machen, daß die Probezeit unseres Instituts beginnt abzulaufen. Eines Tages verliert auch in der sozialistischen Gesellschaft der Gedanke, der richtig erkannt und praktisch in Gang gesetzt wurde, die Unschuld der richtigen Erkenntnis und muß sich beweisen als effektive gesellschaftliche Produktivkraft, als sichtbarer Erfolg auf seinem gesellschaftlichen Gebiet.[198]

Dass der Kredit jedoch schon so bald aufgebraucht sein würde, musste auch Schulz überrascht haben. Denn noch vor Jahresende kam es auf dem 11. Plenum des ZK der SED im Dezember 1965 zum bekannnten kulturpolitischen Rundumschlag. Anstelle einer Diskussion um den Reformstau der NÖSPL-Politik, die ursprünglich auf der Tagesordnung des Plenums gestanden hatte,[199] wurde eine Dekadenz-Debatte auf dem Rücken der Kultur- und Kunstschaffenden des Landes ausgetragen. Zahlreiche Filme, Theaterstücke und Bücher wurden als jugendgefährdend und moralzersetzend stigmatisiert und von Erich

Honecker in seinem Bericht des Politbüros sogar für Produktionsrückstände und wirtschaftliche Mängel der Gesellschaft verantwortlich gemacht, da ihr »Skeptizismus« und »Nihilismus« zur Lähmung der Arbeiterklasse beitrage.[200]

Namentlich angegriffen wurde neben Gerd Bieker und seinem Jugendroman *Sternschnuppenwünsche* (s. o.) mit Werner Bräunig auch ein weiterer Absolvent, der mittlerweile als Dozent im Prosa-Seminar am IfL angestellt war. Sein in der Literaturzeitschrift NDL vorabgedrucktes *Rummelplatz*-Kapitel war von Walter Ulbricht bereits im Vorfeld des Plenums als jugendgefährdend eingestuft worden.[201] Erich Honecker schlug auf dem Plenum in die gleiche Kerbe und warf Bräunigs Roman, der in der Vergangenheit mit einigen Vorschusslorbeeren bedacht und mit Spannung erwartet worden war, »obszöne Details« und eine »falsche, verzerrte Darstellung des schweren Anfangs in der Wismut« vor.[202] Die Funktionäre Alexander Abusch, Paul Fröhlich und Heinrich Adamek griffen die Kritik auf, während einzig Christa Wolf, damals Kandidatin für das ZK der SED, »nicht einverstanden mit der kritischen Einschätzung« war und die Verdächtigung zurückwies, Bräunig habe sein Buch nur auf diese Weise geschrieben, »weil er im Westen verkauft werden will«. Wolf wollte den Text weniger als »Wismutroman«[203] denn als Entwicklungsroman verstanden wissen, womit sie den Charakteren eine moralische Fallhöhe zugestand. Außerdem weigerte sie sich, anzuerkennen, dass der Roman auf eine Diskreditierung der sowjetisch geführten Wismut abzielte, was einen untragbaren politischen Tabubruch dargestellt hätte. Bräunig selbst wies die Vorwürfe ebenfalls zurück – etwa in einem Brief an den ehemaligen IfL-Direktor Alfred Kurella, der inzwischen zum Mitglied der Ideologischen Kommission des Politbüros aufgestiegen war. Anhand nur eines Auszugs könne doch die insgesamt optimistische Tendenz des Gesamtwerks nicht beurteilt und das vielstimmige Zusammenwirken des Figurenensembles nur unzureichend abgebildet werden. Darüber hinaus sei es doch ein legitimes Gestaltungsmittel des literarischen Realismus, den auktorialen Kommentator hinter die Figurenperspektive zurücktreten zu lassen, wie es bereits Arnold Zweig oder Leo Tolstoi praktiziert hätten.[204]

Spätestens mit Bräunig geriet nun auch das Literaturinstitut unweigerlich in den Fokus: Seit der ersten Bitterfelder Konferenz hatte das IfL erfolgreich versucht, Bräunig zum Paradebeispiel des schreibenden

Arbeiters und einer fruchtbaren Literaturpädagogik aufzubauen. Doch so sehr man von der Aufmerksamkeit für Bräunigs Schaffen bislang profitiert hatte,[205] so untrennbar traf nun auch die Kritik seine Wirkungs- und Ausbildungsstätte. Paul Fröhlich, der erste Sekretär der Leipziger SED-Bezirksleitung und Mitglied des Politbüros, adressierte Bräunig auf dem Plenum denn auch dezidiert als »Dozent[en] am Literaturinstitut ›Johannes R. Becher‹«, um noch im selben Atemzug die vermeintlich zu liberale Immatrikulationspolitik des Hauses zu verurteilen:

> Unsere Untersuchungen haben ergeben, daß in letzter Zeit bei den Immatrikulationen einzig und allein davon ausgegangen wurde, ob die Bewerber Talent und Veranlagung besitzen. Ob sie auf den Positionen des Sozialismus, der Arbeiter-und-Bauern-Macht stehen, ist vollständig Nebensache geworden. Aber die gesellschaftliche Praxis hat längst bewiesen, daß Talent allein nicht reicht, um der gesellschaftlichen Rolle der Literatur und Kunst gerecht zu werden.[206]

Der staatliche Auftrag, Schriftsteller am Literaturinstitut zu »Volkspädagogen« und moralisch gereiften sozialistischen Persönlichkeiten auszubilden, galt mit Bräunigs Beispiel als gescheitert – zumal sich beinahe zeitgleich ausgerechnet in Bräunigs Prosa-Seminar ein Vorfall ereignete, der die »desolaten Zustände«[207] am Institut zu verdeutlichen schien: Am 24. November verlas Dieter Mucke, der aus der halleschen AJA nach Empfehlung von Rainer Kirsch und Erik Neutsch ans Literaturinstitut gekommen war, in Bräunigs Seminar eine literarische Fingerübung unter dem Titel *Ankunft und Abschied in einem Café*. Muckes autobiographisch angelegte Etüde ist eine zornige Abrechnung mit scheinheiligen Parteibürokraten und »Kuchen und Schlagsahne schlingende[n] Kleinbürger[n]«, die von einem jungen Mann in einem Café beobachtet werden. Die ganze Wut des Beobachters, der gerade mit dem Vorwurf der »Parteifeindlichkeit« von der Deutschen Hochschule für Filmkunst exmatrikuliert worden war, entlud sich in seiner Beschreibung der feist-satten Parteigänger und ihrer vermeintlich selbstgerechten Haltung. Seminarleiter Bräunig reagierte auf Muckes Vortrag lediglich mit handwerklicher Kritik: Die Etüde lasse Missverständnisse zu, da der Angriff gegen spießerhafte Verhaltensweisen nicht klar genug herausgearbeitet sei. Im größeren Rahmen eines Romans ließe sich die Überspitzung einordnen, in der Kürze der Form sei sie jedoch nicht vertretbar.[208] Nach ein paar allgemeine Anmerkungen zur Satire ging Bräunig zur Tagesordnung über. Die SED-Bezirksleitung erfuhr noch am selben Tag von dem Vorfall und leitete am darauffolgenden Tag eine Untersuchung am Literaturinstitut ein, die auch die Aufmerksamkeit des Staatssicherheitsdienstes weckte.[209] Das Institut reagierte prompt und warf Muckes Text »unzweideutig staatsfeindliche, ja sogar faschistische Argumente«[210] vor. Gegen Dieter Mucke wurde ein Disziplinarverfahren eröffnet, das mit seiner Zwangsentlassung zum 2.12.1965 endete und für Mucke im Juli 1966 gar eine zweiwöchige Verhaftung durch den Staatssicherheitsdienst nach sich zog.[211]

Verantwortlich für den Vorfall war nach Einschätzung der Behörden nicht nur Werner Bräunig, dem das MfS seinerseits hetzerische Absichten unterstellte, sondern auch der schlechte Einfluss von Muckes Kommilitonen Andreas Reimann und insbesondere der Mitstudentin Helga M. Novak. Beide hätten Mucke zum Abfassen der Etüde ermutigt.[212] Auch Novak hatte den Wandel des politischen Kurses längst erkannt. Am 21. November schrieb sie an ihren Mann nach Island: »Draußen werden die kulturpolitischen Schrauben gerade fest angezogen. Wie gesagt: Es geht wieder los.«[213] Nach Muckes Entlassung drohte sie, das Institut aus Protest zu verlassen, wurde von Sarah und Rainer Kirsch jedoch davon abgehalten. Die Institutsleitung kam ihren Plänen schließlich zuvor: Am 14.12. wurde auch Novak exmatrikuliert, was einerseits auf ihren Einsatz für Dieter Mucke und seine »antisozialistischen« Positionen zurückgeführt wurde und andererseits ihrer engen persönlichen Verbindung zum Dissidenten Robert Havemann geschuldet war, mit dessen Hilfe sie regimekritische Materialien unter den Kommilitonen verbreitet haben sollte.[214] Nach ihrer Relegation konnte Novak in der DDR nicht mehr veröffentlichen.[215] Die Staatsbehörden suchten nach einem Weg, sie auszubürgern, wobei auch Andreas Reimann ins Visier geriet, der sie mit Robert Havemann bekannt gemacht hatte und sich noch heute daran erinnert, »dass wir *Dialektik ohne Dogma* stapelweise am Institut verteilt haben.«[216] Wegen der Verbreitung staatsfeindlicher Texte wurde Novak zu Beginn des Jahres 1966 sogar die Staatsbürgerschaft der DDR aberkannt.

Novaks Exmatrikulation löste auf der Studentenvollversammlung heftige Diskussionen aus. Die Gruppe war gespalten: Der Lyriker und bekennende Kommunist Reinhard Bernhof, 1963 aus der BRD in die DDR übergesiedelt, wurde von den Kommilitonen »geschnitten« und als »Denunziant« bezeichnet, da er sich mit den Exmatrikulationen von Mucke und Novak einverstanden erklärt hatte.[217] Kurt Bartsch, Axel Schulze, Andreas Reimann und Gerd Eggers sprachen sich wiederum gegen die Exmatrikulation der Kommilitonen aus und gerieten ebenfalls in den Fokus der Staatssicherheit.[218] Ihren Plan, ein Protestschreiben an MfK und DSV zu senden,[219] gaben sie nach Aussprachen mit der Institutsleitung jedoch auf. Lediglich Kurt Bartsch verließ zum 1. Januar 1966 das IfL – laut Unterlagen auf eigenen Wunsch, während Schulze, Reimann und Eggers am Institut verblieben. Axel Schulze war bereits im Vorstudienkurs als Autor von Hausarbeiten wie der Schrift *Von der Freiheit des sozialistischen Künstlers* aufgefallen, die er im Juli 1965 im Fach Ästhetik verfasst hatte, um eine Lanze für die Freiheit des Experiments zu brechen und sich gegen eine »vulgärmarxistische Ästhetik« zu wenden, die sowohl den Dichter als auch das Volk bevormunde.[220] Doch auch nach dem 11. Plenum ließ ihm die Institutsleitung einiges durchgehen, galt Schulze doch als lyrisches Talent, das nach Bericht des IM »Jan Hus« nur deshalb noch immer nicht exmatrikuliert worden war, da er wieder einmal einen guten Artikel im *Forum* veröffentlicht hatte.[221] Gerd Eggers trat wiederum den entgegengesetzten Weg an und begann, »die FDJ-Fahne raushängen zu lassen«,[222] wie Andreas Reimann sich heute ausdrückt. Der damals zwanzigjährige Eggers beugte sich dem disziplinarischen Druck des Instituts und bekannte sich nunmehr offensiv zur Parteilichkeit des eigenen Schreibens – sowohl in seiner Poetischen Konfession[223] als auch in seinen literarischen Werken wie dem Langgedicht »Vaterland«,[224] mit dem er 1969 in einer repräsentativen Institutsschrift zum 20jährigen Bestehen der DDR einen glühenden Appell an die Parteitreue ablieferte.

> Sprecht das aus Not und Zuversicht gemachte Wort: Partei. Sprecht
> Das aus Menschlichkeit gemachte Wort:
> Solidarität. Sprecht: Klassenkampf,
> Das Wort das dem Wort Hoffnung gleichkommt, Sprecht
> Das Wort Partei, dann
> denkt an Deutschland.[225]

Erheblichen Anteil an dieser Entwicklung hatte Klaus Steinhaußen, der inzwischen Georg Maurer als Dozent im Lyrik-Seminar vertrat und sich für die sozialistische Erziehung der jungen Lyriker verantwortlich sah. In seinem Perspektivplan für die Studienjahre 1966 hob er das sozialistische Zeitgedicht hervor, das von Maurer noch weitgehend vernachlässigt und geringgeschätzt worden war.[226] Als Grundlage sozialistischer Lyrik müsse auch die politische Haltung der jungen Autoren stärker in den Fokus rücken und in ihren Gedichten deutlicher zur Sprache kommen:

> Z. B. stelle ich mir das Ziel, den Studenten Axel Schulze dahingegen aufzuregen [anzuregen? I. L.], daß er sein bisher hinter Naturvorgängen und -symbolen verstecktes weltanschauliches und politisches Anliegen lyrisch offen auszusprechen lernt. [...] Ähnliches gilt im Prinzip für Bernhof und Eggers.[227]

Bernhof und Eggers zählten für Steinhaußen zu den aussichtsreichsten Teilnehmern des Lyrik-Seminars, von denen bei Studienabschluss ein »druckfertiges Bändchen ausgewählter Gedichte« zu erwarten sei.[228] Andreas Reimann hatte das Institut zu diesem Zeitpunkt bereits verlassen. Nach der Exmatrikulation von Dieter Mucke und Helga Novak hielt Reiman sich zunächst bedeckt, wie die IM unter seinen Kommilitonen festhielten: Er trete in Diskussionen nur noch wenig in Erscheinung und äußere sich stets sehr vorsichtig.[229] Reimann, damals gerade einmal 19 Jahre alt, war auf Einladung von Georg Maurer ans Institut gekommen, nachdem sein Gedicht »Diskussion« im *Neuen Deutschland* erschienen war und Maurers Interesse geweckt hatte.[230]

Unter dem Einfluss von Helga M. Novak habe jedoch auch Reimann eine negative Haltung zur Kulturpolitik entwickelt,[231] hielt das MfS fest, insbesondere gegenüber dem Bitterfelder Weg,[232] was auch auf seinen Umgang mit Robert Havemann, Wolf Biermann und dem Ehepaar Kirsch zurückzuführen sei.[233] Reimann selbst erklärte seinen Bewusstseinswandel hingegen als Desillusionierungsprozess, wie zahlreiche Schriftsteller ihn im Zuge des Bitterfelder Weges erlebt hatten. Erst kurz vor Studienbeginn hatte Reimann eine Ausbildung zum Schriftsetzer abgeschlossen:

Meine Meinung, was das Funktionieren dieses Staates betrifft, war ziemlich ins Wanken geraten, als ich selber in die Produktion geriet, also als ich einen Beruf erlernte und plötzlich jene Klasse kennenlernte, für die ich ja vorgeblich schrieb [...].[234]

Zur offiziellen Kulturpolitik verhielt sich diese Haltung jedoch konträr, zumal Reimann aufgrund seiner Herkunft aus der »Intelligenz« bald unter Verdacht stand, eine »kleinbürgerlich-intellektualistische«[235] Weltsicht zu vertreten. Lyrikern wie Karl Mickel, aber auch dem Ehepaar Kirsch und Heinz Czechowski, mit denen Reimann verkehrte, wurde im Zuge der Forum-Lyrikdebatte im Frühjahr 1966 eine ebenfalls nicht zu gestattende intellektualistische Haltung vorgeworfen.[236] Bei einer Aussprache legte die Institutsleitung Reimann nahe, einen Antrag auf Exmatrikulation zu stellen. Als dieser sich weigerte, wurde er mit Wirkung zum 1.7.1966 zwangsentlassen.[237] Max Walter Schulz legte Reimann in einem Gutachten zur Last, er besäße Lieder des Dissidenten Wolf Biermann und sei »nicht willens und in der Lage [...], sich zu der kulturpolitischen Linie des Instituts zu bekennen, die Parteibeschlüsse, namentlich die des 11. Plenums des ZK, durchzusetzen«.[238] Reimanns Aufnahme am Institut sei trotz seiner Begabung ein Fehler gewesen und zeige, »daß ein Talent, das über den Zinnen der Partei zu stehen gedenkt, sich selbst zerstört.«[239] Reimanns Förderer Georg Maurer unterstützte hingegen den ins Visier geratenen Studenten auch über dessen Entlassung hinaus. Aus Protest gegen die Exmatrikulationen soll Maurer gar die Absicht geäußert haben, seine Professur niederzulegen.[240] Ab Juli 1966 nahm Maurer schließlich einen zweijährigen Arbeitsurlaub, der auch seiner angeschlagenen Gesundheit geschuldet war, und kehrte bis zu seinem Tod im Jahr 1971 nur noch sporadisch ans Institut zurück.[241]

Von den Exmatrikulationen betroffen waren schließlich auch die Studierenden Jochen Frühauf,[242] Theodor Rodrigo[243] und die mit Andreas Reimann befreundete, aus Litauen stammende Karin Raischies, die sich am Institut zunehmend isoliert fühlte. Laut MfS hatte Raischies bis 1966 keinerlei literarische Arbeiten am IfL abgeliefert. Womöglich lägen Gedichte vor, die sie aber nicht einreichen könne, da sie sich gegen den Stalinismus in der UdSSR richteten, hieß es. Als Raischies sich entschloss, ihr Studium abzubrechen, hielt die Institutsleitung sie nicht auf.[244]

Auch Werner Bräunig musste das Institut schließlich verlassen. Sein Verhalten im »Fall Mucke« brachte ihm ein Disziplinarverfahren und einen strengen Verweis ein.[245] Anfang 1967 gab er seine Stelle als Dozent schließlich auf, nachdem er in weitere Vorfälle verwickelt war, die dem Ruf des IfL schadeten.[246]

Die Verschärfung des kulturpolitischen Kurses nach dem 11. Plenum und die zahlreichen Entlassungen hinterließen schließlich auch in den literarischen Abschlussarbeiten der Studierenden ihre Spuren. So lässt sich in der Themenwahl der 1967 eingereichten Diplomarbeiten ein deutlicher Rückzug von der gesellschaftspolitischen Bühne ins Private beobachten, wie ihn zahlreiche DDR-Autoren auch außerhalb des Literaturinstituts nach dem Kahlschlagplenum antraten.[247] Dazu notierte Brigitte Reimann in ihrem Tagebuch: »Die meisten scheinen jetzt nach der Devise zu handeln (vielmehr nicht zu handeln): Wer gar nichts tut, kann auch keine Fehler machen.«[248] Die Liebesgeschichten und Alltagsgedichte der Institutsstudierenden gaben sich mitunter betont unverfänglich: Waltraud Ahrndt erzählte die Geschichte einer berufstätigen Mutter zwischen zwei Männern,[249] Reinhard Kettners Fernsehspiel verhandelte Eifersucht und Eheprobleme,[250] Wolfgang Schaller ließ einen Schriftsteller den Alltag seiner jungen Ehe rekapitulieren, Peter Löpelt schrieb Kurzgeschichten über die Liebe, Rosemarie Fret gestaltete feinsinnige Prosaszenen aus der Alltagswelt, während Günter Wünsche und Axel Schulze in ihren Gedichten von Alltagsbetrachtungen und lyrischen Momentaufnahmen ausgingen und die vermeintlich harmlose Beiläufigkeit mit einem trocken-lapidaren Tonfall (Wünsche) oder im kunstvollen Parlando (Schulze) auch auf formaler Ebene inszenierten.

Die Institutsleitung übte sich derweil in Selbstkritik. Für die Eskalation wurden einzelne Lehrkräfte, aber auch ein »ideologischer Liberalismus« der Direktion verantwortlich gemacht. So habe man infolge »einer falschen bzw. politisch sorglosen Immatrikulationspolitik« wiederholt Bewerber aufgenommen, »die entweder schon mehrmals gescheitert waren oder vor denen wir gewarnt worden sind.« Insbesondere in Novaks Fall sei ihr »bedeutendes Talent« ausschlaggebend gewesen, ohne dass man der Autorin im Studium die notwendige Beobachtung und Betreuung habe angedeihen lassen.[251] Aus den Fehlern der Vergangenheit wolle man lernen und »ernste Schlußfolgerungen für die künftige Arbeit bei der Aufnahme neuer Studenten«[252] ziehen:

Die Bewerber für den folgenden Studiengang sollten in mehrstündigen Klausuren Auskunft über ihr aktuelles »Lebensgefühl« geben.[253] Ausführliche Persönlichkeitsgutachten hatten das Verfahren zusätzlich abzusichern. Zudem lud das Institut im Herbst 1966 erstmalig Absolventen zu einem »Sonderkurs« ein, um die jüngeren Autoren vom Vorbild der ideologisch gefestigten Genossen profitieren zu lassen und das Institut besser auszulasten. Im Okober 1966 zeigte sich der stellvertretende Direktor und Literaturwissenschaftler Horst Nalewski optimistisch: »Das Institut bekommt allmählich wieder Boden unter die Füße.«[254] Nalewski lag mit seiner Einschätzung jedoch falsch. Noch war die Krise nicht ausgestanden, weshalb Direktor Schulz seinen Stellvertreter schließlich dazu aufforderte, sein Amt niederzulegen und in die zweite Reihe der Dozenten zurückzutreten. Nalewski, der am IfL bislang die Fächer Stilistik und Weltliteratur unterrichtet hatte,[255] fühlte sich als Bauernopfer, mit dem Schulz den eigenen Rücktritt abwenden wollte, wie Nalewski es im Interview schildert.[256] 1967 verließ Nalewski daraufhin das Institut, um als Lehrkraft ans Germanistische Seminar der KMU Leipzig zurückzukehren.

6. Curriculum und Lehrpläne der Jahre 1966/1967

Die Existenzkrise des Instituts schlug sich auch in den Lehrplänen nieder, die vor Beginn des Wintersemesters 1966/1967 an das Ministerium für Kultur weitergeleitet wurden. War es zu Beginn des Jahrzehnts noch möglich gewesen, lediglich grobe Seminarkonzepte vorzulegen und auf eine »elastische Durchführung« des Unterrichts zu verweisen, mit der flexibel auf das »individuelle Interesse« und das »Verhalten der jeweiligen Seminargruppe«[257] reagiert werden konnte, mussten nach dem 11. Plenum detaillierte Stoffpläne ausgearbeitet werden, die kaum mehr inhaltliche Spielräume zuließen. Das Curriculum umfasste neben handwerklichen Aspekten in den schöpferischen Seminaren Prosa, Lyrik und Dramatik vor allem Lektüreseminare zur sozialistischen Gegenwarts-Literatur, Deutscher Klassik, Sowjet-Literatur und Weltliteratur. Neben Grundlagen der Ästhetik und Stilistik standen auch das Pflichtfach Marxismus-Leninismus und das Fach Psychologie auf dem Lehrplan, während der Unterricht in den Fächern Kunst- und Musikgeschichte, der zu Beginn der 60er Jahre noch im Curriculum gestanden hatte, zugunsten eines geringenen Stoffpensums gestrichen worden war.

Aus den Lehrplänen der Studienjahre 1966/1967 geht ein deutlicher Einfluss des vorausgegangenen Kahlschlagplenums auf die Unterrichtsgestaltung am Becher-Institut hervor: So exerzierte man im Fach Ästhetik nach literarischen Neuerungen in der ersten Hälfte des Jahrzehnts nun verstärkt wieder die Prinzipien des sozialistischen Realismus – mit Unterrichtseinheiten zu »Wahrheit und Parteilichkeit als Voraussetzungen einer gesellschaftlich wirksamen Kunst«, zur Funktion der Kunst als »Abbild der Wirklichkeit« oder zur Kategorie des »Typische[n]« durch künstlerische Verallgemeinerung. Den Studierenden sollte die »bildende und unterhaltende Funktion« von Kunst vermittelt werden, die – gemäß den utilitaristischen Forderungen des 11. Plenums – an gesellschafts- und kulturpolitische Zwecke rückgebunden sein müsse.[258] Und schließlich widmete man sich der »Kritik der Ästhetik der Dekadenz« westlicher Prägung, wie sie von der SED aufs schärfste verurteilt worden war. Es gelte, den Studierenden die »Gefährlichkeit und Unvereinbarkeit dieser ›Theorien‹ mit der einzig wissenschaftlichen, marxistischen Ästhetik zu zeigen, sowie deren negativen Einfluß auf die westdeutsche Literaturentwicklung.«[259] Als aktuellen Stand der marxistischen Ästhetik und »Kernstück der Kulturpolitik der SED« verstand der Lehrplan auch im Jahr 1966 noch die Beschlüsse der Bitterfelder Konferenz[260] und verabschiedete sich damit von allen Innovationsgedanken. Allerdings ist zu berücksichtigen, dass die linientreu konservative Ausrichtung der Lehrpläne, die als offizielle Dokumente an das MfK adressiert waren, durchaus strategische Gründe hatte und darauf abzielte, das Institut nach dem bislang heftigsten kulturpolitischen Angriff aus der Schusslinie zu ziehen. Inwiefern sich die Umsetzung der Lehrpläne im Unterricht ebenso orthodox gestaltete, bleibt also dahingestellt.[261]

Darüber hinaus standen auch in den Krisenjahren auf den Lektürelisten der Fächer Gegenwarts- und Weltliteratur nicht nur sozialistische Hausheilige wie Brecht und Seghers, sondern auch umstrittene aktuelle Romane wie Strittmatters *Ole Bienkopp*, vermeintlich dekadente expressionistische Lyrik von Georg Heym, Trakl und Benn, Literatur aus der BRD von Heinrich Böll, Wolfgang Borchert, Günter Grass und Martin Walser, Stücke der Schweizer Dramatiker Dürrenmatt und Frisch sowie Klassiker der literarischen Moderne,[262] die außerhalb des

Instituts der Zensur unterlagen. Die Lektüre der »verfemten« Werke wurde allerdings erneut mit linientreuen Argumenten begründet: Man wolle den Studierenden »Dekadenz« und »Verfall« vor Augen führen, etwa mit Oscar Wildes *Das Bildnis des Dorian Gray*, das als Beispiel für l'art pour l'art und das »Auseinanderbrechen von Gut und Schön« angeführt wurde. James Joyce' *Ulysses* diente als Exempel für die »Zerstörung des Romans«, während Robert Musils *Der Mann ohne Eigenschaften* zum Ausdruck von »Relativismus« und der »Dekadenz«[263] erklärt wurde. Auch hier bleibt jedoch offen, wie kritisch die Auseinandersetzung in den Seminaren tatsächlich ausfiel. Immerhin unterrichtete mit Horst Nalewski im Fach »Weltliteratur« ein späterer Rilke-Forscher, der vor seiner Tätigkeit am IfL noch bei Hans Mayer in Leipzig promoviert hatte und den Studierenden einen womöglich differenzierteren Zugang zu Wilde, Joyce und Musil eröffnete.

Einen interessanten Einblick gibt auch der Lehrplan für das Fach Psychologie: So sollte der Unterricht nicht nur handwerkliche Grundlagen vermitteln, die durch Einblicke in die »Psychologie der Persönlichkeit« oder »Erscheinungen psychologischer Erkrankungen« etwa für die Figurengestaltung von Nutzen sein konnten. Er sollte auch die Fähigkeit der jungen Autoren zu psychologischer Selbstreflexion und Objektivierung schulen und einen Beitrag zur Förderung der literarischen Begabung leisten. Auf dem Lehrplan standen zu diesem Zweck etwa kritische Exkurse zum »Problem der Begabung« oder zum Themenkomplex »Genie und Wahnsinn« auf dem Lehrplan,[264] während eine Seminarkonzeption aus den frühen 60er Jahren noch konkreter darauf abzielte, Werkzeuge zur Steuerung und Reflexion des eigenen Schaffens- und Entwicklungsprozesses bereitzustellen:

> Versucht wird, einige wichtige Gesetze und Momente des künstlerischen Schaffens zu untersuchen: Wahrnehmung und Beobachtung, das Erlebnis, der Anteil des Unbewußten an der Speicherung des Stoffes und am Schaffensvorgang, die Inspiration, der fruchtbare Anlaß, die Korrekturen am Werk u. a.[265]

7. Prager Frühling und Existenzkampf des Instituts

Doch trotz aller Bemühungen, das Institut durch ideologiekonforme Lehrpläne und eine Verschärfung des Auswahlverfahrens[266] aus dem Fokus der Kritik zu nehmen, war die Krise des Instituts noch nicht überstanden: Der neue Jahrgang, der im Herbst 1967 zum Studium zugelassen wurde, sollte schließlich die höchsten Exmatrikulationszahlen der Institutsgeschichte aufweisen.[267] Nach wie vor sah sich das Institut in dem Dilemma, nicht nur ideologisch unzweifelhafte, sondern auch künstlerisch vielversprechende Bewerber aufnehmen zu müssen, um die Ansprüche an die literarische Qualität des Hauses zu erfüllen. So kam es dazu, dass erneut Autoren aufgenommen wurden, die zuvor aus anderen Studiengängen exmatrikuliert worden waren. Zu ihnen zählten Siegmar Faust und Odwin Quast, die im November 1966 gezwungen worden waren, ihr Studium an der KMU Leipzig abzubrechen, nachdem sie einen Lyrikabend unter dem Titel »Unzensierte Lyrik« veranstaltet und Gedichte mit vermeintlich hetzerischem Inhalt vorgetragen hatten.[268] Siegmar Faust führte es Jahre später auch auf den Leumund des IfL-Absolventen Helmut Preißler zurück, dass er dennoch zur Aufnahmeprüfung am IfL eingeladen worden war. Faust hatte Preißler im Vorfeld seiner Bewerbung im Wiepersdorfer Schriftstellerheim kennengelernt und beurteilte ihn rückblickend als »[d]ie größte Staatstrompete. Also richtig Propaganda. Furchtbar.«[269] Ähnlich kritisch erinnerte er sich an den parteitreuen Klaus Steinhaußen, den kommissarischen Leiter des Lyrik-Seminars. Auch Direktor Schulz versäumte es nicht, die neuen Teilnehmer an ihre gesellschaftliche Verpflichtung zu erinnern[270] – immerhin stand das Haus seit dem 11. Plenum als vermeintlicher Hort der »politisch-ideologischen Diversion«[271] unter verschärfter Beobachtung. Bereits mit der Zulassung zum Studium hatten die Verantwortlichen am Institut die Studierenden darauf hingewiesen, dass ihr erfolgreicher Studienabschluss nur dann möglich sei, sofern sie mit den Prinzipien der sozialistischen Kulturpolitik übereinstimmten.[272] Alle Versuche, den Nachwuchs zu disziplinieren und das IfL von den gesellschaftlichen Umbrüchen der Außenwelt abzuschotten, waren jedoch zum Scheitern verurteilt, wie sich Siegmar Faust und sein damaliger Kommilitone Gert Neumann erinnern werden:

Woodstock, überall auf der Welt ist irgendwas los, Widerstand und ästhetischer Widerstand vielleicht, und in Prag, da ziehen die Panzer ein. [...] überall ist irgendwas, die ganze Pop-Musik usw. [...], die Universitätskirche wurde gesprengt, hier in Leipzig [...].[273]

Im Westen Studentenunruhen, in Polen auch, und dann Prager Frühling. Die DDR war richtig umzingelt. Die Herrschenden zitterten, dass der Funke aus dem Westen oder aus dem Osten ins Musterländle des Sozialismus übergreift. Und da wollte Ulbricht das Becher-Institut schließen – der wusste ja von seinen Genossen, dass das in Prag unter Schriftstellern begann, Goldstücker, Kafka-Konferenz und so weiter. [...] Und da wurde dann, um das Institut zu retten, eine Entlassungs-, eine Säuberungswelle initiiert.[274]

Als Erste traf es Paul Gratzik und Martin Stade, die sich im Herbst 1967 unerlaubt von einem Ernteeinsatz des Instituts entfernt hatten, um ihre Nachtschicht in einer Kneipe zu verbringen. Stade behandelte den Vorfall in seiner Erzählung *Exmatrikulation 68*, die 1979 in der BRD veröffentlicht wurde.[275] Dafür erhielt er zunächst nur eine mündliche Verwarnung wegen undiszipliniertem Verhaltens und der Schädigung der Institutsreputation.[276] Seine Entlassung erfolgte dann ein knappes halbes Jahr später am 15.1.68: Bei einer Instituts-Exkursion nach Dresden schwänzte Stade den gemeinsamen Theaterbesuch von Horst Kleineidams Stück *Menschen und Riesen*, um seine Geringschätzung für Stück und Autor auszudrücken, was ihm erneut als Disziplinarvergehen ausgelegt wurde und endgültig zu seinem Rauswurf führte.[277]

Noch im selben Monat musste das Institut wegen dieser eigentlich unpolitischen Vorfälle eine »brigadenmäßige Überprüfung [...] durch das Ministerium für Kultur« über sich ergehen lassen, die über die weitere Zukunft der Hochschule entscheiden sollte. Das Ergebnis fiel vernichtend aus: Die Kommission attestierte dem Haus eine kaum überwundene »ideologische Krise« und zudem eine »schwelende pädagogische Krise«, die für den »nicht mehr zureichende[n] gesellschaftliche[n] Nutzwert des Instituts« verantwortlich sei und »nach energischen Veränderungen schreit«. Insbesondere das Schema der mehrjährigen Ausbildung sollte abgeschafft und durch ein System der kurzfristigen Weiterbildungen bereits gereifter Autorenpersönlichkeiten ersetzt werden, da es sich »nachweislich nicht mehr genügend rentiert«.[278] Seit dem 11. Plenum wurde der Wert eines Kunstwerks in erster Linie danach bemessen, ob die bewusstseinsbildende Leistung in einem adäquaten Verhältnis zu den aufgewandten Mitteln stand.[279] Nach dieser Rechnung konnten die mäßigen pädagogischen und literarischen Erfolge des Becher-Instituts die hohen Unterhaltskosten nicht länger rechtfertigen.[280] Noch auf dem 11. Plenum hatte Walter Ulbricht den Anspruch der Kunstfreiheit, der dieser Kosten-Nutzen-Rechnung hätte widersprechen können, in einem System staatlicher Förderung für unzulässig erklärt:

> Es gibt Leute, die eine »freie Marktwirtschaft« auf dem Gebiete der Literatur, des Films, der Kunst haben möchten. Sie stellen sich die Sache so vor, daß der Staat, das heißt, das Volk, zahlt, und jeder kann mit diesen Mitteln umgehen, wie er will.[281]

Neben dem MfK hatte zu Beginn des Jahres 1966 auch die SED-Kulturabteilung im Bezirk Leipzig einschneidende Veränderungen am Institut gefordert. Die Aufnahme umstrittener Autoren sollte durch gezielte Entlassungen revidiert werden,[282] von denen im Januar 1968 auch der aus Magdeburg stammende Dompredigersohn Odwin Quast betroffen war. Quast selbst wurde über die Gründe seiner Exmatrikulation erst gar nicht informiert. Allerdings sollte, wie sich Siegmar Faust erinnerte, im Seminar über die Entlassung des Kommilitonen abgestimmt werden: »Die Kirchen hätten in der DDR alle Freiheiten, die könnten ihre Talente selbst ausbilden«,[283] lautete die Begründung nach Fausts Erinnerung. Faust enthielt sich nach eigenen Angaben der Abstimmung, bevor er im Mai des Jahres selbst exmatrikuliert wurde. In seinem Fall gab ein Gedicht den Ausschlag – die während eines Praktikums im Braunkohlekombinat Böhlen geschriebene »Ballade vom alten Schwelofen«, die nach Einschätzung des MfS dazu geeignet war, die Belegschaft des Betriebs zu einem Aufstand ähnlich dem 17. Juni aufzuhetzen.[284]

Noch nach seiner Entlassung vom IfL blieb Faust weiterhin im Visier der Staatssicherheit. Im Juni 1968 veranstaltete er auf einem Leipziger Stausee die berühmt-berüchtigte nächtliche »Motorboot-Lesung«,[285] in deren Rahmen er einen Auszug aus Dubčeks KPČ-Programm verlas und sich mit den Ereignissen des Prager Frühlings solidarisch erklärte.[286] Zu den Teilnehmern der Lesung zählten nicht nur der damals noch unbekannte Heizer Wolfgang Hilbig, dessen Gedichte beim Publkium großen Eindruck hinterließen, sondern auch aktuelle und ehemalige Institutsstudenten wie Heide Härtl, Gert Neumann und Andreas Reimann, denen im Nachgang der Veranstaltung vorgeworfen wurde, die »konterrevolutionäre Entwicklung in der ČSSR« zu unterstützen und ein ähnliches Programm auch in der DDR umsetzen zu wollen.

Das MfS kam zu dem Schluss, dass sich eine Gruppe von Studenten und Ehemaligen in »prinzipieller Opposition« zum Lehrkörper und zu der »von diesem vertretenen kulturpolitischen Konzeption« befinde.[287] Das Institut ging explizit auf Distanz zu dieser Gruppe, indem es sich in einer offiziellen Erklärung bei den Soldaten und Offizieren der Roten Armee für die Niederschlagung des Prager Frühlings bedankte.[288] Zu den Wortführerinnen der »Opposition« wurde auch Gerti Tetzner gerechnet, die ebenfalls gegen die Exmatrikulationen der Kommilitonen protestiert hatte und einer Gruppe von Studierenden angehörte, die stärkeren Einfluss auf die Lehrplangestaltung forderten.[289] Nach zahlreichen Auseinandersetzungen mit Direktor Schulz und dem Ästhetik-Dozenten Günther K. Lehmann empfand Tetzner ihre Situation bald als unerträglich, wollte ihr Studium aber dennoch nicht abbrechen, um diesen Schritt nicht als Schuldeingeständnis verstanden zu wissen.[290] Dennoch verließ sie das Institut noch im selben Jahr.[291] Der Schriftsteller Gert Neumann, Sohn der parteitreuen Schriftstellerin Margarete Neumann und gleichfalls zu dieser Zeit Student am IfL, erinnerte sich später an eine große Sprachlosigkeit in diesem Zeitraum am IfL, eine Atmosphäre »wie eingefroren«,[292] in der niemand gewagt habe, sich offen über die Ereignisse auszutauschen. In der angespannten Situation verfasste Neumann einen Brief an Direktor Schulz, um ein klärendes Gespräch zwischen Lehrkräften und den Studierenden anzuregen. Statt des erhofften Dialogs eröffnete Schulz lediglich eine Fragerunde zum Thema »Was ist schön?«, die den Studierenden *coram publico* ein ästhetisches Bekenntnis als »eine vorbereitete Gebärde«[293] abverlangte. Neumann, der seinem Direktor rückblickend keine schlechten Absichten, wohl aber »grobe Pfoten«[294] unterstellte, hatte die Situation als Farce und »Verfall des Dialogs« empfunden.[295] Als er seine eigene Antwort zum Wesen des Schönen in diesem Gesprächsraum für »nicht formulierbar« erklärte, wurde auch gegen ihn ein Disziplinarverfahren eröffnet, das mit der Begründung, Neumann vertrete Auffassungen von

»revisionistischem Charakter«, am 19.5.1969 zu seiner Zwangsexmatrikulation führte.[296]

Die letzte Exmatrikulation des Jahrgangs traf kurz vor Studienende Heidemarie Härtl. Nachdem die Studierenden gefordert hatten, mehr Zeit zum Schreiben ihrer Abschlussarbeit gewährt zu bekommen, wurde dem Jahrgang im Mai 1970 die Freistellung vom Unterricht in Aussicht gestellt – allerdings um den Preis, bis zum Studienabschluss auf das monatliche Stipendium verzichten zu müssen. Heide Härtl, die mit diesem Geschäft nicht einverstanden gewesen war,[297] ließ sich im Streit mit Kurt Kanzog zu der Bemerkung »Die Künstler sind wir!« hinreißen, woraufhin ihr vorgeworfen wurde, eine »elitäre Rolle des Schriftstellers in der Gesellschaft« zu vertreten, und die Institutsleitung sie zum 31.5.1970 von der Hochschule verwies.[298]

Nicht alle Exmatrikulationen in der konfliktreichen zweiten Hälfte der 60er Jahre lassen sich demnach auf politische Auseinandersetzungen zwischen Studierenden und Lehrkräften zurückführen, wiewohl sie allesamt unter dem Einfluss einer unruhigen politischen Großwetterlage und einer angespannten Atmosphäre am Becher-Institut standen. Unbestreitbar sind zudem die großen literarischen Verluste, die aus den Entlassungen für das Institut resultierten, zählten doch einige der begabtesten Autoren ihrer Zeit zu den Relegierten. Die Lücken versuchte das Institut mit parteitreuen Autoren wie dem schreibenden Funktionär Wolfgang Kellner oder dem nachträglich immatrikulierten NVA-Schriftsteller Karl Artelt zu schließen, die ihr literarisches Schaffen vorrangig als »Klassenauftrag« verstanden. Jedoch musste man sich am Institut nach diesen Entscheidungen zum wiederholten Male eingestehen: »[...] nicht immer folgt auf die gute parteiliche Absicht das entsprechende [literarisch gute] Ergebnis.«[299] Horst Pickert, der von 1964 bis 1976 als Philosophie-Dozent am IfL lehrte, attestierte Artelts sozialistischen Heldengeschichten in seinem Abschlussgutachten einen zu hohen Ton und zahlreiche sprachliche Klischees. Zudem würde Artelt seine Inhalte eher historisch berichtend als literarisch gestaltet vermitteln.[300] Wolfgang Kellner stehe hingegen sein ideologisches Sendungsbewusstsein im Weg, befand Hans Pfeiffer, seinerzeit Dozent im schöpferischen Seminar Dramatik, in seinem Gutachten. Diese zentrale literarische Schwäche verleihe Kellners Figuren »etwas bläßlich Normatives und Konstruiertes«: »Das Poetische wird von der Abstraktion aufgesogen und ist nur noch Illustration von Theorien.«[301] Noch deutlicher äußerte sich Stilistik-Dozent Gehard Rothbauer zur mangelnden literarischen Qualität von Kellners Arbeiten: Der Autor beweise lediglich die Fähigkeit, »vorgegebene Aufgaben zu erfüllen, ohne daß dabei nach den Maßstäben gültiger Literatur gemessen werden sollte. Sämtliche Prosatexte kommen über eine gewisse Vorform des Literarischen nicht hinaus [...].«[302]

Auch in Zeiten der Existenzkrise wollten die Dozenten vom künstlerischen Anspruch der Ausbildung folglich nicht völlig ablassen. Und auch unter den Kommilitonen konnten Kellner und Artelt nach eigenem Bedauern schließlich kaum Gleichgesinnte finden: Artelt beschreibt in seiner *Entwicklungsanalyse* betitelten Abschlussarbeit, welche Schwierigkeiten es ihm bereitete, sich in die Seminargruppe einzugliedern. Er habe am IfL kein sozialistisches Kollektiv vorgefunden, zumal er völlig »andere Vorstellungen hatte von der politischen Einstellung der Studenten«, die seine Überzeugungen immer wieder in Frage stellten.[303] Auch Kellner berichtet in seiner Abschlussarbeit, dass seine »linksradikale[n] Tendenzen«[304] oftmals den Widerstand seiner Kommilitonen provoziert hätten. Mithin lässt sich Fausts pauschalisierende Einschätzung kaum aufrechterhalten, alle Studierenden, die damals nicht der Exmatrikulationswelle zum Opfer gefallen seien, hätten sich am Institut widerstandslos zu »Hofpoeten« erziehen lassen. Wohl aber trat die Mehrheit der jungen Autoren in ihren literarischen Arbeiten den Rückzuck in die Innerlichkeit und die Sphäre des Privaten an: Liebes- und Familiengeschichten wie Meike Schmieders Romanauszug *Sohn*[305] oder Brigitte Bodens Romankapitel *Weiterfahrt ohne Platzkarte*[306] hatten weiterhin Konjuktur, wobei sich Boden auch in stilistischer Hinsicht um Zurückhaltung bemühte und unter dem Motto »Schreiben ist weglassen«[307] eine Poetik der Leerstelle und des Ungesagten für sich reklamierte. Andere Autoren traten die Flucht zu fremden Schauplätzen und Konfliktlagen an und widmeten sich bspw. dem Vietnamkrieg. Egbert Lipowski, der Dorfgedichte, Naturimpressionen und Liebeslyrik einreichte, reflektierte in seiner Poetischen Konfession ganz offen über eine Tendenz zur »Verinnerlichung« und Verunsicherung, die er an sich selbst als Reaktion auf die zahlreichen Exmatrikulationen seiner Studienzeit beobachtet habe.[308] Lipowskis Gutachter Rothbauer bescheinigte dem jungen Autor indes auch Befangenheit und literarische Unfertigkeit, insofern er »immer noch auf dem Wege von Innen nach Außen« sei. Trotz seines lyrischen Talents, so Rothbauer weiter, sei Lipowskis »Mut zu Neuerungen und radikalen Änderungen überraschend klein« geblieben. Er schrecke davor zurück, literarische Auftragsarbeiten wie das geforderte Arbeiterporträt zu bearbeiten, und rette sich in den »reinen poetischen Ausdruck«.[309] Wie Rotbauers metaphorische Umschreibung als »Rettung« bereits nahelegt, kann auch die Poetisisierung als (Rückzugs-)Strategie verstanden werden, um der Kritik durch semantische Verschlüsselung, Mehrdeutigkeit oder Bedeutungsübertragungen eine geringe Angriffsfläche zu bieten.

Beispiele für die literarischen Auftragsarbeiten, auf die Rothbauer in seinem Lipowski-Gutachten Bezug nahm, finden sich auch in den meisten Manuskriptkonvoluten seiner Kommilitonen: Anders als in bisherigen Jahrgängen erhielten die Studierenden häufiger konkrete Aufgabenstellungen, nach denen sie bereits im Verlauf des Studiums literarische Texte verfassten, die sie als Teil der Abschlussarbeit einreichen konnten. Dazu zählten etwa Arbeiterporträts oder »Buchenwaldgeschichten« über das gleichnamige Konzentrationslager. Auch diese Schreibaufgaben zu eindeutig konnotierten Themen und Textgattungen der sozialistischen Literatur zählten schließlich zu den Bemühungen des Instituts, sich den kulturpolitischen Vorgaben noch stärker anzupassen und ideologisch abgesicherte literarische Ergebnisse abzuliefern. Unliebsame Überraschungen sollten bis zum Studienende fortan vermieden werden, indem auch solche Texte als »künstlerische Abschlussarbeiten« anerkannt wurden, die bereits im Vorfeld eine kollektive Seminarkritik und die Prüfung durch einen Dozenten durchlaufen hatten. Weder stilistisch noch inhaltlich hatten die Erträge aus dem Jahr 1970 daher Gewagtes oder auch nur Ungewöhnliches zu bieten. Von den literarischen Neuerungen, die in der Gestaltung von Selbstreflexion und Entfremdungserfahrungen in mitunter umstrittenen Romanen wie Christa Wolfs *Nachdenken über Christa T.* (1968) oder Günter de Bruyns *Buridans Esel* (1968) inzwischen außerhalb des Instituts zu Tage getreten waren, zeigten sich die Institutsergebnisse dieser Zeit weitgehend unbeeinflusst.

ANMERKUNGEN

1 Sarah Kirsch im Interview mit A. Marggraf: Bevor ich stürze, bin ich weiter – Ein Besuch bei Sarah Kirsch. Deutschlandradio Kultur, 26.5.2013.
2 Wolfgang Emmerich: Kleine Literaturgeschichte der DDR. Erweiterte Neuausgabe. 1. Aufl., Berlin 2000, S. 46.
3 Vgl. Gerrit-Jan Berendse: Die »Sächsische Dichterschule«. Lyrik in der DDR der sechziger und siebziger Jahre. Frankfurt a. M. 1990; Peter Geist: Die wandlose Werkstatt. Versuch, mit der »Sächsischen Dichterschule« literaturhistorisch umzugehen. In: Brigitte Krüger/Helmut Peitsch/Hans-Christian Stillmark (Hg.): Lesarten. Beiträge zur Kunst-, Literatur- und Sprachkritik. Berlin 2007, S. 55–76; Robert Straube: Veränderte Landschaften. Landschaftsbilder in Lyrik aus der DDR. Bielefeld 2016; Anthonya Visser: Blumen ins Eis. Lyrische und literaturkritische Innovationen in der DDR zum kommunikativen Spannungsfeld ab Mitte der 60er Jahre. Amsterdam 1994.
4 Siegfried Stadler: Der gewendete Becher. Leipziger Literaturinstitut – nun gesamtdeutsch. In: F. A. Z., 18.6.1990, S. 31.
5 Die Studiengänge endeten in den Jahren 1961, 1963, 1964, 1965, 1967 und 1970.
6 Elf Studierende waren von Zwangsentlassungen betroffen – Siegmar Faust, Jochen Frühauf, Paul Gratzik, Heidemarie Härtl, Dieter Mucke, Gert Neumann, Helga Maria Novak (Vigfusson), Odwin Quast, Andreas Reimann, Theodor Rodrigo, Martin Stade. Fünf weitere Teilnehmer verließen die Hochschule laut Aktenvermerk »auf eigenen Wunsch« (Kurt Bartsch, Klaus Bourquain, Karin Raischies, Siegfried Schumacher, Gertrud Tetzner), während der Westdeutsche Wilhelm König noch vor Studienabschluss in die BRD zurückkehrte. Vgl. Liste der Exmatrikulationen, Nachlass des IfL am DLL.
7 Student 1958–1961, 1961–1967 Dozent im schöpferischen Seminar Prosa.
8 Student 1961–1964, 1970–1973 Dozent des schöpferischen Seminars Lyrik, 1982–1990 Dozent des schöpferischen Seminars Prosa, 1990–1992 Direktor des Instituts.
9 Student 1960–1963, anschließend Oberassistent am Institut und Dozent im Fach Politische Ökonomie, ab 1966 Vertretung für Georg Maurer als Leiter des schöpferischen Seminars Lyrik.
10 Emmerich: Kleine Literaturgeschichte, S. 46.
11 Vgl. Max Zimmering: Und fürchte nicht den Tag. Balladen und andere Verse von gestern und heute. Dresden 1950. Vgl. auch: Ders.: Im herben Morgenwind. Ausgewählte Gedichte aus zwei Jahrzehnten. Berlin (Ost) 1953.
12 Vgl. Harry Riedel: Max Zimmering. In: Hans Jürgen Geerdts (Hg.): Literatur der DDR in Einzeldarstellungen. Stuttgart 1972, S. 113–129. In späteren Jahren schrieb Zimmering vor allem Kinder- und Jugendbücher zur Geschichte der deutschen Arbeiterbewegung, die noch über seinen Tod im Jahr 1973 hinaus hohe Auflagenzahlen erzielten und in der DDR Schullektüre waren.
13 Walter Ulbricht: Fragen der Entwicklung der sozialistischen Literatur und Kultur. Rede vor Schriftstellern, Brigaden der sozialistischen Arbeit und Kulturschaffenden in Bitterfeld, 24.4.1959. In: Elimar Schubbe (Hg.): Dokumente zur Kunst-, Literatur- und Kulturpolitik der SED (1946–1970). Stuttgart 1972, S. 552–562, hier S. 561.
14 Vgl. Protokoll der Institutssitzung am 2.5.1963, SStAL, IfL, Nr. 358, 73 ff. Vgl. auch David Clarke: Das Institut für Literatur »Johannes R. Becher« und die

Autorenausbildung in der DDR. In: Peter Barker u. a. (Hg.): Views from Abroad. Die DDR aus britischer Perspektive, Bielefeld 2007, S. 175–185, hier S. 181.
15 Einschätzung des Sonderlehrgangs, 1.7.1960, SStAL, IfL, Nr. 358, Bl. 145.
16 Ebd., Bl. 147.
17 Vgl. Einschätzung des Sonderlehrgangs, 1.7.1960, SStAL, IfL, Nr. 358, Bl. 146.
18 Vgl. Sonderlehrgang »Schreibende Arbeiter« (1959–1960), SStAL, IfL, Nr. 628, Bl. 262f.
19 Vgl. Einschätzung des Sonderlehrgangs, 1.7.1960, SStAL, IfL, Nr. 358, Bl. 146.
20 Vgl. Protokoll der Institutssitzung vom 18. Oktober 1962, SStAL, IfL, Nr. 358 Bl. 76. Auf der einen Seite war das IfL damit überfordert, eine hochwertige Betreuung seiner Studenten auch außerhalb des Hauses in deren Heimatbezirken zu gewährleisten, wie Bräunigs Konzept es vorgesehen hatte. Auf der anderen Seite hatte man sich von den literarischen sowie wissenschaftlichen Leistungen der schreibenden Arbeiter mehr erwartet, weshalb man ab 1963 von weiteren Immatrikulationen für den Fernstudiengang bis auf weiteres absah.
21 Vgl. Einsatzplan Praktikum (1957), SStAL, IfL, Nr. 630, Bl. 173. Noch im Gründungsstatut wurde das Praktikum daher auch als »Berufspraktikum« bezeichnet. Jeder Student war außerdem angehalten, sich bevorzugt in seinem Heimatbezirk einen Praktikumsort zu suchen, für den eine Aussicht auf Festanstellung nach Abschluss des Studiums bestand. Vgl. Statut des Instituts für Literatur von 1955, SStAL, IfL, Nr. 368, Bl. 4.
22 Vgl. Institut für Literatur (Hg.): Zwischenbericht. Notate und Bibliographie zum Institut für Literatur »Johannes R. Becher«, Leipzig. Leipzig 1980, S. 52.
23 Vgl. Manfred Jäger: Die Gegenwartsreportage in der DDR als literarisch-publizistische Gebrauchsform. In: Raoul Hübner/Eberhard Schütz (Hg.): Literatur als Praxis? Aktualität und Tradition operativen Schreibens. Opladen 1976, S. 96–122, hier S. 107.
24 Max Zimmering: Vorwort. In: Institut für Literatur »Johannes R. Becher« (Hg.): Jahrbuch des Instituts für Literatur »Johannes R. Becher«. Bd. I, Leipzig 1960, S. 9–16, hier S. 15.
25 Vgl. Stephen Brockmann: The Writers' State. Constructing East German Literature, 1945–1959. Rochester, New York 2015, S. 260ff.
26 Vgl. Hans-Jürgen Steinmanns von Fortschrittsoptimismus geprägten Auszug »Die größere Liebe« aus einem »Leuna-Roman« (Ruf in den Tag, Bd. I, S. 193–206).
27 Vgl. Erich Köhlers Gedichte (ebd., S. 158–160) und Helmut Baierls Lehrstück »Die Feststellung« (ebd., S. 249–286).
28 Vgl. die Beiträge von Martin Viertel (ebd., S. 310–364), Horst Salomon (ebd., S. 366–403) und Werner Bräunig (ebd., S. 304–308).
29 Vgl. die Arbeiten von Klaus Wolf (ebd., S. 148–156) und Karl-Heinz Tuschel (ebd., S. 208–214).
30 Darüber hinaus finden sich in der Werkschau Vorarbeiten für längere Texte, die erst in den 60er Jahren in Romanform publiziert werden sollten – so etwa das Romankapitel »Die Straße« von Max Walter Schulz, das in dem 1962 im Mitteldeutschen Verlag publizierten Roman *Wir sind nicht Staub im Wind* in überarbeiteter Form erneut erscheint.
31 Vgl. Zimmering, Ruf in den Tag, Bd. I, S. 15.

32 Vgl. ebd., S. 12.
33 Vgl. Heinz Kucharski: Inhaltsangaben und Lektoratsgutachten zu *Ruf und Widerhall*. Jahrbuch des Instituts für Literatur »Johannes R. Becher« vom 8.7.1959. In: Barch DR 1/5125, Bl. 250–256, hier Bl. 250.
34 Loest war zum Erscheinungstermin der Anthologie in Bautzen inhaftiert, während Giordano nach seinem studentischen Zwischenspiel am Institut bereits wieder in Westdeutschland lebte und dort zum lautstarken Kritiker der DDR avanciert war.
35 Vgl. Helmut Preißler, in: Ruf in den Tag, Bd. I, S. 70–84.
36 Ders.: Stimmen der Toten. Berlin (Ost) 1957.
37 Edgar Lee Masters: Spoon River Anthology. St. Louis 1915.
38 Vgl. auch Horst Haase (Hg.): Geschichte der deutschen Literatur, Bd. 11 (Sonderausgabe): Geschichte der Literatur der Deutschen Demokratischen Republik, Berlin (Ost) 1980, S. 487.
39 Kucharski: Lektoratsgutachten, Bl. 254.
40 Vgl. Haase: Geschichte, S. 487.
41 »Die Rolle der Literatur und Kunst bei der Lösung dieser Aufgaben wird außerordentlich hoch eingeschätzt: als Mittel zur geistigen ›Säuberung‹ einer von inhumanen Ideologien durchdrungenen Gesellschaft und zur Schaffung neuer moralischer Werte.« Klaus-Michael Bogdal: Alles nach Plan, alles im Griff. Der diskursive Raum der DDR-Literatur in den fünfziger Jahren. In: Georg Mein/ Markus Rieger-Ladich (Hg.): Soziale Räume und kulturelle Praktiken. Über den strategischen Gebrauch von Medien. Bielefeld 2004, S. 123–148, hier S. 127.
42 Ebd., S. 128.
43 Kucharski: Lektoratsgutachten, Bl. 255. Gegenstand dieser Behauptung ist ein Wiederaufflammen des Antisemitismus in der BRD, das zum Ende des Jahres 1959 unter dem Schlagwort der »antisemitischen Schmierwelle« für internationale Aufmerksamkeit sorgte und in den sozialistischen Staaten für antikapitalistische Propaganda instrumentalisiert wurde, während das BRD-Magazin *Der Spiegel* der Sowjetunion im Gegenzug vorwarf, die jüdische Religionsausübung durch die Schließung von Synagogen, die Auflösung jüdischer Gemeinden oder die Beschlagnahmung jüdischer Gemeindegelder aktiv zu behindern. Vgl. http://www.juedische-allgemeine.de/article/view/id/15018; vgl. auch http://www.spiegel.de/spiegel/print/d-42625943.html (beide zuletzt eingesehen am 29.8.2017).
44 Nicht nur die Stoffwahl, auch Reichwalds Biographie hebt sich vom Umfeld der gleichaltrigen Kommilitonen deutlich ab: 1921 als Sohn jüdischer und später in Auschwitz ermordeter Eltern in Berlin geboren, überlebte Reichwald den Zweiten Weltkrieg im britischen und australischen Exil, wo er in die KPD eintrat und einem Regiment von deutschen und österreichischen Antifaschisten in der australischen Armee angehörte, bevor er 1947 nach Berlin zurückkehrte. Vgl. »Biographische Notizen« in: Ruf in den Tag, Bd. I, S. 407.
45 Kucharski: Lektoratsgutachten, Bl. 253.
46 Werner Lindemann: Das unheilige Testament. Gedichtzyklus in achtzehn Kapiteln. In: Ruf in den Tag, Bd. I, S. 215–248.
47 Vgl. Klappentext zu Ruf in den Tag, Bd. I.
48 Kucharski: Lektoratsgutachten, Bl. 254.
49 Lindemann: Testament, in: Ruf in den Tag, Bd. I, S. 226.
50 »François bin ich, gram drum dem Geschicke / Geboren in Paris bei

Oisebrücke, / Und wissen wird, am ellenlangen Stricke / Wie schwer mein Hintern wiegt, bald mein Genicke.« François Villon: Sämtliche Dichtungen. Dt. von Walther Küchler. Heidelberg 1956, S. 233.

51 Lindemann: Testament, in: Ruf in den Tag, Bd. I, S. 235.

52 Max Zimmering: »Gutachten zu Werner Lindemanns lyrischen Arbeiten«, 2.10.1959. (SStAL, IfL, Nr. 11, Bl. 181).

53 Auf Stationen bei der Wehrmacht wird in den »Biographischen Notizen« zu Werner Lindemann, Herbert Friedrich, Max Walter Schulz, Martin Viertel und Walter Werner ausdrücklich verwiesen. Vgl. Ruf in den Tag, Bd. I, S. 405 ff. Vgl. auch Brockmann: The Writers' State.

54 Schulz studierte von 1957 bis 1958 im sogenannten »Lektorenlehrgang« am Institut und schloss ein weiteres Jahr in der sogenannten »Seniorenklasse« an, in der er gemeinsam mit Kurt Steiniger, Martin Viertel oder Walter Werner studierte, die 1956 im Regelstudium immatrikuliert worden waren.

55 Ruf in den Tag, Bd. I, S. 408.

56 Max Walter Schulz: Wir sind nicht Staub im Wind. Roman einer unverlorenen Generation. Halle (Saale) 1962.

57 Ruf in den Tag, Bd. I, S. 52.

58 Im Zentrum dieser Arbeiten, die auf ein altvertrautes Modell der bürgerlichen Literatur zurückgreifen, stehen häufig Helden, die sich – wie es Wolfgang Emmerich mit Bezug auf Dieter Schlenstedt formuliert, über »verschiedene Stationen bis an die Wende zu sozialistischem Bewusstsein« durcharbeiten. Vgl. Emmerich: Kleine Literaturgeschichte, S. 146.

59 Kucharski: Lektoratsgutachten, Bl. 251.

60 Gerhard Wolf (Hg.): Bekanntschaft mit uns selbst. Gedichte junger Menschen. Halle (Saale) 1961.

61 Heinz Czechowski: Gedichte. In: Ruf in den Tag, Bd. I, S. 190–192.

62 Demgegenüber sind die Landschafts- und Heimatgedichte von Martha Weber, der einzigen Frau in der Anthologie, vor allem dem Diktum einer volkstümlichen Literatur geschuldet. Den Beiträgen der 1904 geborenen Bäuerin aus dem Erzgebirge, die »besonders stark mit dem Volk des Erzgebirges verbunden« sei, gesteht Kucharski jedoch gerade einmal »originelle Note« zu, wobei er ihre Texte lapidar als eine »willkommene thematische Auflockerung« des Jahrbuchs einordnet (Kucharski: Lektoratsgutachten, Bl. 254).

63 Ebd.

64 Heinz Czechowski: Theresienstadt. In: Ruf in den Tag, Bd. I, S. 192.

65 Richter: Einschreiben, Bl. 243.

66 Laut Personaldatenarchiv war der damals 18-jährige Bräunig lediglich vom 20. Januar 1953 bis zum 9. Februar 1953 als »Radiometrist« bei der AG Wismut in Johanngeorgenstadt beschäftigt. Vgl. Gotthard Bretschneider: Verbotene Kunst. Zum Schicksal des Wismut-Romans »Rummelplatz« von Werner Bräunig u.a. Kunstwerken. Schlema 1998, S. 6.

67 Bräunigs Vortrag auf der I. Bitterfelder Konferenz trug den Titel »Greif zur Feder, Kumpel!«. Es gilt jedoch als sicher, dass der Titel »Greif zur Feder Kumpel! Die sozialistische Nationalliteratur braucht dich« vorgegeben wurde. Vgl. Karen Lohse: Schattenwelten. Romantische Montan-Diskurse als Medien der Reflexion über Arbeit in der (DDR-)Literatur. Marburg 2011, S. 225, FN 507. Vgl. auch Leonore Krenzlin: Soziale Umschulung und neuer Lebensstil. Der »Bitter-

felder Weg« und ein Blick auf Brigitte Reimann. In: Evamarie Badstübner (Hg.): Befremdlich anders. Leben in der DDR. Berlin 2000, S. 539–551, hier S. 542.

68 Bernhard Greiner: Die Literatur der Arbeitswelt in der DDR. Heidelberg 1974, S. 176.

69 Paul List Verlag an das MfK, Abt. Literatur und Buchwesen (31.8.1959). BArch DR 1/5125, Bl. 240.

70 Werner Bräunig: Uran. Gewidmet den Kumpeln der SDAG Wismut zum V. Parteitag der Sozialistischen Einheitspartei Deutschlands. In: Ruf in den Tag, Bd. I, S. 304–308, hier S. 308.

71 Horst Salomon: Sonne in Menschenhänden. In: Ruf in den Tag, Bd. I, S. 402–403, hier S. 403.

72 Zit. n. Karin Hirdina: Debatten um Politik und Kunst. In: Heinz Ludwig Arnold (Hg.): Literatur in der DDR. Rückblicke. text + kritik Sonderband. München 1991, S. 85–92, hier S. 88.

73 Dokumentiert werden diese Bemühungen um öffentliche Wahrnehmung und gesellschaftliche Wirksamkeit in einer ab 1963 angelegten hauseigenen Sammlung von Presseartikeln. Vgl. Pressearchiv: Nachlass IfL am DLL.

74 Vgl. Renate Drenkow: Kraft und Spannungsfeld Gegenwart. Zu Günter Görlich. In: Anneliese Löffler (Hg.): ... an seinem Platz geprüft. Gelebtes und Erzähltes bei DDR-Autoren. Halle (Saale) 1979, S. 70–83, hier S. 71.

75 Protokoll über die Sitzung zur Vorbereitung des V. Schriftstellerkongresses am 9.2.1961. SStAL, IfL, Nr. 358, Bl. 110.

76 Jahn, MfK, Fachgebiet Literaturwissenschaft: Schreiben an das Institut für Literatur vom 9.8.1960. SStAL, IfL, Nr. 11, Bl. 40.

77 Am 18.10.1960 forderte das MfK die Angehörigen des Instituts etwa zur Teilnahme an der Kundgebung »Kampf den Kriegstreibern – Für eine Welt ohne Waffen« auf, die der »Nationalrat der Nationalen Front« am 26.10.1960 durchführte. Vgl. SStAL, IfL, Nr. 11, Bl. 14.

78 Vgl. SStAL, IfL, Nr. 12, Bl. 154.

79 Eduard Klein, DSV, an IfL (7.4.1960). SStAL, IfL, Nr. 20, Bl. 234.

80 Ebd., Bl. 25.

81 Auf dem Programm der DSV-Nachwuchsabteilung stehen 1963 bspw. eine Arbeitskonferenz für Autoren, »die an Industrie-Themen arbeiten«, eine »Konferenz für Autoren, die an LPG-Themen arbeiten« und schließlich eine »Arbeitstagung zu dem Thema ›3 Jahre nach Bitterfeld‹«. Ebd., Bl. 4.

82 Ebd., Bl. 261.

83 Ebd., Bl. 303.

84 Vgl. SStAL, IfL, Nr. 12, Bl. 18ff., 52f.

85 Vgl. ebd., Bl. 13.

86 Vgl. ebd., Bl. 174; vgl. SStAL, IfL, Nr. 11, Bl. 24.

87 Vgl. SStAL, IfL, Nr. 20, Bl. 100.

88 Vgl. SStAL, IfL, Nr. 12, Bl. 39.

89 Vgl. ebd., Bl. 141.

90 SStAL, IfL, Nr. 11, Bl. 71.

91 Ebd., Bl. 33. Vgl. ebd., Bl. 39.

92 SStAL, IfL, Nr. 12, Bl. 4, Bl. 91.

93 Mitunter wurden Bücher, die in der DDR auf dem Index standen, für das IfL und dessen Mitarbeiter in aufwendiger Recherche besorgt. Vgl. ebd., Bl. 51ff.

94 Vgl. »Aus der Chronik des Instituts für Literatur »Johannes R. Becher«. In: Institut für Literatur »Johannes R. Becher« (Hg.): Ruf in den Tag. Jahrbuch des Instituts für Literatur »Johannes R. Becher«. Bd. II, Leipzig 1962, S. 503–506.

95 Erich Köhler trat im November 1959 eine sechswöchige Reise nach China an, während sein Kommilitone Karl-Heinz Tuschel zur selben Zeit als Delegationsleiter mit sieben jungen DSV-Autoren für drei Wochen nach Ungarn reiste. Vgl. SStAL, IfL, Nr. 20, Bl. 268. In den folgenden Jahren besuchten Studierende und Dozenten regelmäßig die ČSSR. Vgl. ebd., Bl. 22 f., Bl. 179 f.

96 Im April 1959 besuchten die Dozenten Dietrich Herrde und Fritz Schmenger eine Shakespearetagung in Bochum. Vgl. SStAL, IfL, Nr. 11, Bl. 266. Die Studenten Max Walter Schulz, Günter Görlich und Walter Werner reisten im Sommer 1959 auf Einladung des westdeutschen *Komma Klubs*, eines politisch-literarischen Zentrums, nach München (SStAL, IfL, Nr. 20, Bl. 289), während man sich in der Tauchnitzstraße im Herbst 1959 darum bemühte, junge Westautoren für ein Studium anzuwerben. Vgl. ebd., Bl. 270.

97 Zu den Teilnehmern des ersten Treffens zählten u. a. die Institutsstudenten Werner Bräunig, Günter Görlich und Max Walter Schulz, während aus der BRD etwa die spätere Luchterhand-Lektorin Elisabeth Borchers oder der in Westberlin lebende Autor Rolf Haufs anreisten. Vgl. ebd., Bl. 191. Haufs nahm nach dem Ferienkurs ein Direktstudium am Becher-Institut auf, was auch vom MfK ausdrücklich begrüßt wurde. Genosse Jahn vom MfK setzt sich in einem Brief vom 29. Juli 1960 persönlich für die Aufnahme von Rolf Haufs am Becher-Institut ein. Vgl. SStAL, IfL, Nr. 11, Bl. 43 f.

98 SStAL, IfL, Nr. 20, Bl. 73.

99 Im Mai 1962 bewarb sich der Westdeutsche Wilhelm König aus Dettingen (Erms) am Institut, wo er im September 1963 ein Studium aufnahm. 1964 begann der Westdeutsche Theodor Rodrigo ein Studium am IfL, das er wie König jedoch nicht abschließen sollte. Beide Autoren wurden erst nach Rücksprache mit MfK und DSV zum Bewerbungsverfahren des Becher-Instituts zugelassen. Vgl. SStAL, IfL, Nr. 20, Bl. 19; 34 f.; 194.

100 Auf Anregung der Studierenden und mit Genehmigung des MfK wurden 1965 Mitglieder der Dortmunder Gruppe 61 zu einer Arbeitstagung vom 25. bis 27. März eingeladen. Die Teilnahme der jungen West-Autoren, zu denen etwa Max von der Grün zählte, kam jedoch aufgrund eines Missverständnisses in der Terminabsprache nicht zustande. Vgl. SStAL, IfL, Nr. 52, Bl. 5 ff.

101 SStAL, IfL, Nr. 12, Bl. 22.

102 Die Zugangshürden für potentielle Bewerber aus Westberlin waren darüber hinaus besonders hoch: Sie sollten »einer besonders eingehenden Prüfung« unterzogen werden, da »das Studium an den Universitäten, Hochschulen und Fachschulen der Deutschen Demokratischen Republik eine Auszeichnung ist«, die lediglich solchen Studierenden uneingeschränkt zukommen sollte, die kurz vor dem Abschluss des Studiums stünden und sich durch außerordentliche künstlerische Befähigung auswiesen. Allen anderen Bewerbern verordnet das MfK vor der Wiederzulassung zum Studium eine mindestens einjährige Tätigkeit in der sozialistischen Produktion. Vgl. ebd., Bl. 74.

103 Der aus Thüringen stammende, 1922 geborene Naturlyriker Walter Werner hatte nach einer Malerausbildung und Stationen bei der NS-Wehrmacht und in amerikanischer Kriegsgefangenschaft als Kreissekretär des Deutschen

ANMERKUNGEN

Kulturbundes gearbeitet, bevor er von 1956 bis 1959 am Literaturinstitut studiert hatte.

104 BArch DR 1/ 5125, Bl. 221.
105 Vgl. BStU, MfS, BV Lpz., AIM Nr. 4007/92, A.-Akte, Bd. 1, Bl. 105.
106 Paul List Verlag an MfK (5.10.1961). BArch DR 1/ 5125, Bl. 233.
107 Vgl. BStU, MfS, BV Lpz., Abt. V/1 (1961), Bl. 14.
108 Vgl. Treffbericht GI »Frank« – GHI »Reichenbach« (17.4.1961). BStU, MfS, BV Lpz., AIM Nr. 4007/92, A.-Akte, Bd. 1, Bl. 99ff.
109 Herbert Friedrich: Strupp auf dem Damm. Abschlussarbeit am IfL; eingereicht 1961 (unveröff., o. O.). Unter demselben Titel 1962 im Kinderbuchverlag Berlin (Ost) publiziert.
110 Karl-Heinz Räppel: Purzel setzt sich durch. Abschlussarbeit am IfL; eingereicht 1961 (unveröff., o. O.). Unter demselben Titel 1962 im Kinderbuchverlag Berlin (Ost) publiziert.
111 Fritz Schmenger: Neue Freunde. Abschlussarbeit am IfL; eingereicht 1961 (unveröff., o. O.).
112 Erich Hahn: Die Grenze. Abschlussarbeit am IfL; eingereicht 1961 (unveröff., o. O.).
113 Brigitte Reimann: Die Geschwister. Berlin (Ost) 1963.
114 Vgl. Hahn: Grenze, S. 34.
115 Vgl. Erich Hahn: Exposé zum Romanentwurf »Die Grenze«. In: Ders.: Grenze, S. 1.
116 Vgl. Jörg Bernhard Bilke: Die Berliner Mauer und die Literatur. In: Der Stacheldraht. Für Freiheit, Recht und Demokratie. Hg. von der Union der Opferverbände Kommunistischer Gewaltherrschaft e. V. (UOKG) und dem BSV-Förderverein für Beratungen e. V. Nr. 5/2013. S. 9–10.
117 Hahn: Grenze, S. 12.
118 Das NÖSPL wurde auf dem VI. Parteitag der SED Anfang 1963 mit der Absicht verabschiedet, das Wirtschaftssystem der DDR zu reformieren und durch flexiblere planwirtschaftliche Vorgaben an die Bedingungen einer immer komplexer werdenden Industriegesellschaft anzupassen. Vgl. auch Ulrich Mählert: Kleine Geschichte der DDR. 4. Aufl., München 2004, S. 103.
119 Joachim Lehmann: Vom ›gesunden Volksempfinden‹ zur Utopie. Literaturkritik der DDR im Spannungsfeld von Zensur und Literatur. In: Arnold: Literatur in der DDR, S. 117–126, hier S. 121.
120 Vgl. Emmerich: Kleine Literaturgeschichte, S. 176.
121 Vgl. Otto F. Best: Gegenwartsliteratur in der BRD, Österreich, Schweiz und in der DDR (von 1945 bis zu den 80er Jahren). In: Ehrhard Bahr (Hg.): Geschichte der deutschen Literatur. Kontinuität und Veränderung. Bd. 3: Vom Realismus bis zur Gegenwartsliteratur. Tübingen 1988, S. 433–539, hier S. 519.
122 Tommek: Der lange Weg, S. 154.
123 Ebd., S. 161.
124 Günter Görlich: Das Liebste und das Sterben. Berlin (Ost) 1963.
125 Joachim Walther im Gespräch mit Sascha Macht am 14.4.2016.
126 Ernst Kreitlow: Ohne Titel. Abschlussarbeit am IfL; eingereicht 1963 (unveröff., o. O.).
127 Dagmar Zipprich: Ohne Titel. Abschlussarbeit am IfL; eingereicht 1963 (unveröff., o. O.).

128 Walter Flegel: Wie Klaus Hermann sein Dorf verteidigte. In: Ders.: Künstlerische Abschlussarbeit. Abschlussarbeit am IfL; eingereicht 1963 (unveröff., o. O.).
129 Alfons Linnhofer: Die Wasserscheide. In: Ders.: Künstlerische Abschlussarbeit. Abschlussarbeit am IfL; eingereicht 1963 (unveröff., o. O.).
130 Josef Müller: Eine kontrollierte Sommerliebe. In: Ders.: Künstlerische Abschlussarbeit. Abschlussarbeit am IfL; eingereicht 1963 (unveröff., o. O.).
131 Walter Flegel: Mein Kamerad sollst du sein. In: Ders.: Abschlussarbeit.
132 Glante hatte mit seinem »Tagebuch eines Brigadiers« 1960 im Berliner Verlag Tribüne ein als vorbildhaft gefeiertes Brigadetagebuch publiziert, das im selben Jahr mit dem Literaturpreis des FDGB ausgezeichnet wurde. Vgl. Der Spiegel 29/1960; http://www.spiegel.de/spiegel/print/d-43066294.html (zuletzt eingesehen am 29.8.2017).
133 Dagmar Zipprich: o. T.
134 Walter Ulbricht: Über die Entwicklung einer volksverbundenen sozialistischen Nationalkultur. Rede auf der II. Bitterfelder Konferenz, 24. und 25. April 1964. In: Elimar Schubbe (Hg.): Dokumente zur Kunst-, Literatur- und Kulturpolitik der SED. Stuttgart 1972, S. 956–991, hier S. 961.
135 Günter Glante: Keiner lebt für sich allein. Abschlussarbeit am Institut für Literatur (IfL); eingereicht 1963 (unveröff., o. O.).
136 Vgl. http://www.zeit.de/1960/22/ersetzt-die-partei-den-schriftsteller (zuletzt eingesehen am 29.8.2017).
137 Glante: Keiner lebt, S. 1.
138 Vgl. Wolfgang Eckert: Vorbemerkung zu Licht und Schatten. In: Ders.: Künstlerische Abschlussarbeit. Abschlussarbeit IfL; eingereicht 1963 (unveröff., o. O.), S. 1.
139 Tommek: Der lange Weg, S. 153.
140 Ebd., S. 31.
141 Walter Flegel: Notizen zur künstlerischen Abschlussarbeit. In: Ders.: Abschlussarbeit.
142 Ebd., S. 4f.
143 Ebd., S. 6.
144 Ebd., S. 3.
145 Ebd., S. 4.
146 Johannes R. Becher: Von der Größe unserer Literatur. In: Ders.: Werke. Bd. 18, Weimar 1981, S. 521.
147 Dagmar Zipprich: Vorrede zur Künstlerischen Abschlussarbeit. In: Dies.: Abschlussarbeit am IfL; eingereicht 1963 (unveröff., o. O.), S. 1.
148 Vgl. Almut Finck: Autobiographisches Schreiben nach dem Ende der Autobiographie. Berlin 1999, S. 197.
149 Zipprich: Vorrede, S. 3.
150 Ebd., S. 1.
151 Gerd Bieker: Hallo, wir sind nicht Halb! Oder: Die Sonne und der Wind. Eine Geschichte für junge Leute, Abschlussarbeit am IfL; eingereicht 1963 (unveröff., o. O.).
152 Bieker: Hallo, S. 3.
153 Ebd., S. 7.
154 Ebd., S. 3.

ANMERKUNGEN

155 Günter Agde: Ende des Aufbruchs. Ein übersehenes Opfer des Kahlschlag-Plenums 1965: Der Roman *Sternschnuppenwünsche* von Gerd Bieker. In: Neues Deutschland, 16.12.2015, S. 14.

156 Vgl. Der Jugend Verantwortung und Vertrauen. Kommuniquée des Politbüros des Zentralkomitees der Sozialistischen Einheitspartei Deutschlands zu Problemen der Jugend in der Deutschen Demokratischen Republik. In: Neues Deutschland, 21.9.1963, S. 1–3.

157 Ebd., S. 3. Vgl. auch Leonore Krenzlin: Vom Jugendkommuniquée zur Dichterschelte. In: Günter Agde (Hg.): Kahlschlag. Das 11. Plenum des ZK der SED 1965. Studien und Dokumente. Berlin 1991, S. 148–158, hier S. 150.

158 Vgl. Jugendkommuniquée des ZK der SED, S. 3.

159 Vgl. Krenzlin: Vom Jugendkommuniquée, S. 156.

160 Mählert: Kleine Geschichte, S. 106.

161 Vgl. Agde: Ende des Aufbruchs, S. 14.

162 Erich Honecker: Bericht des Politbüros an das 11. Plenum des ZK der SED, 16.–18.12.1965. In: Schubbe: Dokumente, S. 1076–1081, hier S. 1076.

163 Ebd., S. 1079.

164 Vgl. BStU, MfS, BV Karl-Marx-Stadt, AIM 1393/77, Teil I, Bd. 1, Bl. 26f.

165 Vgl. Agde: Ende des Aufbruchs, S. 14.

166 Vgl. IMV »Peter Valentin« vom 20.5.1969 zum Romanmanuskript *Sternschnuppenwünsche*; BStU, MfS, BV Karl-Marx-Stadt, AIM 1393/77, Teil II, Bd. 1, Bl. 254. Bereits unmittelbar nach dem 11. Plenum, im Dezember 1965, versuchte das MfS, Bieker als IM anzuwerben – zunächst mit dem Köder, eine Möglichkeit zur Publikation in Westdeutschland anzubahnen. Bieker schöpfte jedoch Verdacht und ging nicht auf das Angebot ein, das er stattdessen an seinen SED-Parteisekretär weiterleitete. Vgl. »Werbungsvorschlag« vom 25.10.1967. BStU, MfS, BV Karl-Marx-Stadt, AIM 1393/77, Teil I, Bd. 1, Bl. 52; 60; 148. Zwei Jahre später, zum 27.10.1967, gelang hingegen Biekers Anwerbung als GI des MfS unter dem Decknamen »Peter Valentin«. Vgl. Werbungsbericht vom 31.10.1967. BStU, MfS, BV Karl-Marx-Stadt, AIM 1393/77, Teil I, Bd. 1, Bl. 65.

167 Entwurf zum Dokument zur ideologischen Situation am Institut für Literatur »Johannes R. Becher, ohne Datum, SStAL, IfL, Nr. 538, Bl. 10. Eine überarbeitete Version des Dokuments ist auf den 20.3.1963 datiert. Vgl. SStAL, IfL, Nr. 538, Bl. 15–20. Vgl. auch Marina Micke: ›Wechselschritt zwischen Anpassung und aufrechtem Gang‹. Negotiating the Tensions between Literary Ambition and Political Constraints at the Institut für Literatur ›Johannes R. Becher‹ Leipzig (1950–1990). Manchester 2015, S. 128f. https://www.research.manchester.ac.uk/portal/files/54578774/FULL_TEXT.PDF (zuletzt eingesehen am 13.8.2017).

168 Entwurf zum Dokument zur ideologischen Situation, SStAL, IfL, Nr. 538, Bl. 11.

169 Bericht des GI »Bergmann« vom 9.11.1962, BStU, MfS, BV Lpz. AIM Nr. 3639/63, A-Akte GI »Bergmann« (Klaus Steinhaußen), Bl. 63.

170 Entwurf zum Dokument zur ideologischen Situation am Institut für Literatur, SStAL, IfL, Nr. 538, Bl. 10.

171 Ebd., Bl. 12.

172 Ebd., Bl. 13.

173 Ebd.

174 Franz Fühmann: Brief an Hans Bentzien, Minister für Kultur, 1. März

1964. In: Simone Barck, Stefanie Wahl (Hg.): Bitterfelder Nachlese. Ein Kulturpalast, seine Konferenzen und Wirkungen. Mit unveröffentlichten Briefen von Franz Fühmann. Berlin 2007, S. 178–185, hier S. 183.
175 Walter Ulbricht: Über die Entwicklung, S. 957, 960.
176 Ebd., S. 989.
177 Vgl. SStAL, IfL, Nr. 11, Bl. 47.
178 Vgl. ebd., Nr. 12, Bl. 71, Bl. 73.
179 Ebd., Nr. 358, Bl. 56.
180 Ursula Metz: Vorbemerkung. In: Dies.: Wer bietet mehr? Eine kulturpolitische Studie. Abschlussarbeit am IfL; eingereicht 1964 (unveröff., o. O.), S. 1.
181 SStAL, IfL, Nr. 358, Bl. 56.
182 Vgl. Helmut Schade: Mein Spiegel. Abschlussarbeit am IfL; eingereicht 1964 (unveröff., o. O.).
183 SStAL, IfL, Nr. 358, Bl. 55.
184 Adel Suleiman Karasholi: »Der Vogel Sehnsucht«, »Tagebuch einer Liebe«, »Die Flucht«. Abschlussarbeit am IfL; eingereicht 1964 (unveröff., o. O.).
185 Heinz Czechowski über Adel Karasholi. In: Dietmar Keller (Hg.): Nachdenken über Deutschland. Bd. 1, Berlin 1990, S. 117–119, hier S. 117 f.
186 Gerhard Wolf: Nachwort. In: Ders. (Hg.): Bekanntschaft mit uns Selbst. Gedichte junger Menschen. Halle (Saale) 1961, S. 148–149, hier S. 148. Der Titel der Anthologie ist einem Vers aus Karl Mickels Gedicht »Winterreise« entnommen: »Wir schließen endlich mit uns selbst Bekanntschaft.« (S. 105). Im Band vertreten waren neben Rainer Kirsch, Klaus Steinhaußen und Karl Mickel außerdem Bernd Jentzsch sowie die Institutsautoren Werner Bräunig und Heinz Czechowski.
187 Rainer Kirsch: Meinen Freunden, den alten Genossen. In: Ders. u. Sarah Kirsch: Gespräch mit dem Saurier. Berlin 1965, S. 67.
188 Wolf Biermann, zit. n. Bernd Jentzsch: Der Akademie-Abend. Bericht und Belichtung. 11. Dezember 1962. Euskirchen 2009, S. 105. Vgl. auch Maja-Maria Becker: »Was hat das mit sozialistischer Lyrik zu tun?« Die Bedeutung der Lyrik am Institut für Literatur »Johannes R. Becher« in der Ära Maurer. In: Zeitschrift für Germanistik, 2016, NF XXVI, Heft 3, S. 549–566, hier S. 560.
189 Ebd.
190 Zit. n. Holger Brohm: Die Koordinaten im Kopf. Gutachterwesen und Literaturkritik in der DDR in den 1960er Jahren. Fallbeispiel Lyrik. Berlin 2001, S. 48.
191 Vgl. Rainer Kirsch im Interview, 22. 8. 2013.
192 Georg Maurer: Was vermag Lyrik? In: Ders.: Was vermag Lyrik? Essays, Reden, Briefe. Hg. von Heinz Czechowski. Leipzig 1982, S. 136–145, hier S. 145.
193 Vgl. Institut für Literatur: Zwischenbericht. Notate und Bibliographie zum Institut für Literatur »Johannes R. Becher«, Leipzig. Leipzig 1980, S. 51.
194 SStAL, IfL, Nr. 628, Bl. 220. Die Teilnehmer des Vorbereitungskurses kamen aus den ersten Fernstudienkursen, durch Selbstbewerbung oder auf Empfehlung von MDV und DSV ans Institut (ebd.).
195 Ebd., Bl. 201. Herv. im Orig.
196 Helga M. Novak: Im Schwanenhals. Frankfurt a. M. 2013, S. 286 f.
197 Robert Havemann: Dialektik ohne Dogma. Reinbek 1964.
198 Max Walter Schulz: Nochmals über die Lehrbarkeit der literarischen Meisterschaft. In: Ders.: Stegreif und Sattel. Halle (Saale) 1967, S. 63–67, hier S. 63 f.

ANMERKUNGEN

199 Vgl. Matthias Judt: DDR-Geschichte in Dokumenten. Beschlüsse, Berichte, interne Materialien und Alltagszeugnisse, Berlin 2013, S. 33 ff.; Gunnar Decker: 1965. Der kurze Sommer der DDR, München 2015, S. 32 ff.
200 Vgl. Honecker: Bericht des Politbüros, S. 1077.
201 In Bräunigs Romanauszug würden »alle Schweinereien geschildert, die möglich sind und damals möglich waren: wie sie saufen, wie sie mit den Frauen umgehen, wie sie sich Krankheiten beschaffen usw. [...] Brauchen wir das für die Erziehung der Jugend von heute?« Vgl. Walter Ulbricht: Gespräch mit Schriftstellern und Künstlern im Staatsrat am 25.11.1965 (stenographisches Protokoll). BArch DY-30, IV A 2/906/142. Bl. 28.
202 Vgl. Honecker: Bericht des Politbüros, S. 1079.
203 Vgl. Diskussionsbeitrag von Christa Wolf, Kandidat des ZK, auf dem 11. Plenum des ZK der SED. In: Schubbe: Dokumente, S. 1098–1101, hier S. 1098.
204 Werner Bräunig an Alfred Kurella am 31.12.1965. In: Barck: Bitterfelder Nachlese, S. 162–164, hier S. 163.
205 Bereits seit 1963 hatte Bräunig erste Auszüge aus seinem seit 1959 unter dem Arbeitstitel *Der eiserne Vorhang* entstehenden Entwicklungsroman publiziert. Bräunig schrieb gewissermaßen »in aller Öffentlichkeit« und stand »im Mittelpunkt allgemeinen Interesses, sein Roman wurde mit Spannung erwartet.« (Martina Langermann: Öffentlichkeit als gesellschaftlicher ›Lektor‹ und die Steuerung von Lesarten. In: Simone Barck, Dies., Siegfried Lokatis: »Jedes Buch ein Abenteuer«. Zensur-System und literarische Öffentlichkeiten in der DDR bis Ende der sechziger Jahre. Berlin 1997, S. 316–345, hier S. 319 f.).
206 Paul Fröhlich: Fester Standpunkt – gute Ergebnisse. Diskussionsbeitrag auf dem 11. Plenum des ZK der SED, 16. bis 18. Dezember 1965. In: Schubbe: Dokumente, S. 1095–1098, hier S. 1095.
207 Vgl. Stephan Reinhardt: Kaderschmiede und Dichterschule. Das Literaturinstitut Leipzig. WDR-Hörfunkfeature vom 1.5.1997.
208 So fasst Dieter Mucke nach seiner Festnahme durch das MfS am 21.7.1966 Bräunigs Reaktion auf seine Etüde im Prosaseminar zusammen. Vgl. Vernehmungsprotokoll des Beschuldigten Mucke, Dieter (21.7.66), BStU, MfS, BV Lpz., AU, Nr. 1762/66, Bl. 79.
209 Vgl. Isabelle Lehn, Sascha Macht, Katja Stopka: Das Institut für Literatur »Johannes R. Becher«, Leipzig (1955–1993). In: Denkströme. Journal der Sächsischen Akademie der Wissenschaften. Heft 14/ 2015, S. 77–104, hier S. 94 ff.
210 SStAL, IfL, Nr. 41, Bl. 2.
211 Vgl. Vernehmungsprotokolle und Entlassungsbeschluss, BStU, MfS, BV Lpz., AU, Nr. 1762/66, Bl. 81 f.
212 BStU, MfS, BV Lpz., AU, Nr. 1762/66, Bl. 14.
213 Novak: Im Schwanenhals, S. 305.
214 Vgl. BStU, MfS, BV Lpz., AOP, Nr. 840/71, Bd. 1, Bl. 27 ff.; vgl. SStAL, IfL, Nr. 41, Bl. 2.
215 Novak: Im Schwanenhals, S. 308.
216 Andreas Reimann im Interview vom 9.2.2016.
217 Bernhofs Äußerung wird im Bericht des GHI »Reinhardt« vom 27.12.1965 wiedergegeben. Vgl. BStU, MfS, BV Lpz., Abt. XX/1, 6.1.1966, Bl. 78.
218 Vgl. Abschrift eines Berichts des GM »Anton« vom 22.3.1966. BStU, MfS, BV Lpz., AOP, Nr. 840/71, Bd. 1, Bl. 96.

219 Vgl. Abschrift eines Bericht des GI »Julia« vom 24.2.1966. BStU, MfS, BV Lpz., AOP, Nr. 840/71, Bd. 1, Bl. 96.
220 Axel Schulze: Von der Freiheit des sozialistischen Künstlers. 4.7.1965. SStaL, Nr. 628, Bl. 147.
221 Vgl. BStU, MfS, BV Hle., AOP Nr. 3486/84, Bd. 1, Bl. 187.
222 Reimann, Interview.
223 Gerd Eggers: Eine poetische Konzeption. Abschlussarbeit am IfL; eingereicht 1967 (unveröff., o. O.), S. 14.
224 Gerd Eggers: Vaterland. In: Rat des Bezirks Leipzig (Hg.): Wo das Glück sicher wohnt. Eine Festgabe Leipziger Schriftsteller und Künstler zum 20. Jahrestag der Deutschen Demokratischen Republik. Leipzig 1969, S. 155–158.
225 Ebd., S. 158.
226 Vgl. SStAL, IfL, Nr. 536, Bl. 70.
227 Ebd., Bl. 71. [Herv. im Orig.]
228 Vgl. ebd.
229 Vgl. BStU, MfS, BV Lpz., AOP, Nr. 840/71, Bd. 6, Bl. 24. Laut Haslinger verließ Andreas Reimann das Institut »freiwillig«. Haslinger (vgl. Ders.: Deutsches Literaturinstitut Leipzig, S. 1554) bezieht sich mit dieser Einschätzung auf Andräs Magisterarbeit (2001), die wiederum aus den Akten des Becher-Instituts zu Personalangelegenheiten und der Rehabilitierung exmatrikulierter Studierender zitiert. Vgl. SStAL, IfL, Nr. 905; 2016 war diese Akte zur Einsichtnahme gesperrt und mithin nicht überprüfbar. Die Unterlagen der BStU zeichnen jedoch ein anderes Bild, und auch Andreas Reimann widerspricht der Darstellung, er habe das Institut aus freien Stücken verlassen. Vgl. Reimann, Interview.
230 Vgl. Reimann, Interview.
231 BStU, MfS, BV Lpz., AOP, Nr. 840/71, Bd. 6, Bl. 16.
232 Vgl. ebd., Bl. 185.
233 Vgl. ebd., Bl. 187.
234 Reimann, Interview.
235 Max Walter Schulz, Horst Pickert: Beurteilung des exmatrikulierten Studenten Andreas Reimann. Zit. n. Konstantin Ames: Zwischen Talentförderung und Publikationspolitik. Die Zusammenarbeit des Mitteldeutschen Verlages Halle (Saale) mit dem Institut für Literatur »Johannes R. Becher« in den 60er und 70er Jahren. Magisterarbeit am Institut für Kommunikations- und Medienwissenschaft, Universität Leipzig 2010, S. 66–67, hier S. 66.
236 BA DY 30 IV A 2/906/146. Dossier von Dr. Hans Baumgart, Mitarbeiter in der Abteilung Kultur beim ZK der SED, (o. D., vor dem 8.7.1966), vgl. auch Simone Barck: Ein Genre wird öffentlich. In: Dies., Martina Langermann, Siegfried Lokatis: »Jedes Buch ein Abenteuer«, S. 285–316, hier S. 308.
237 BStU, MfS, BV Hle., AOP Nr. 3486/84, Bd. 1, Bl. 77.
238 Schulz: Beurteilung Reimann, S. 66.
239 Ebd., S. 67.
240 Vgl. Abschrift eines Berichts des GM »Anton« vom 22.3.1966. BStU, MfS, BV Lpz., AOP, Nr. 840/71, Bd. 1, Bl. 53.
241 BStU, MfS, BV Hle., AOP Nr. 3486/84, Bl. 33.
242 Zu den Gründen von Frühaufs Entlassung ist nichts bekannt, solange die Protokolle des Disziplinarausschusses (SStAL, IfL, Nr. 39) aus datenschutzrechtlichen Gründen nicht eingesehen werden können.

243 Der 45-jährige Theodor Rodrigo wurde aufgrund von Scheckbetrug exmatrikuliert. (Vgl. Andrä: Geschichte des Literaturinstituts, S. 72; vgl. auch SStAL, IfL, Nr. 39).
244 Vgl. Treffbericht des GI »Boris« (14.4.1966). BStU, MfS, BV Hle., AOP Nr. 3486/84, Bd. 1, Bl. 33.
245 Vgl. Maßnahmenplan, BStU, MfS, BV Lpz., AOP, Nr. 840/71, Bd. 1, Bl. 65.
246 Vgl. Gemeinsame Stellungnahme der Parteileitung und der Institutsleitung zu einigen Punkten, die die Arbeit des Instituts betreffen, vom 15.5.1967. In: SStAL, IfL, Nr. 41, Bl. 29.
247 Vgl. Peter Zimmermann: Industrieliteratur der DDR. Vom Helden der Arbeit zum Planer und Leiter. Stuttgart 1984, S. 4.
248 Brigitte Reimann: Alles schmeckt nach Abschied. Tagebücher 1964–1970. Hg. von Angela Drescher. Berlin 2001, S. 178.
249 Waltraud Ahrndt: Es war einmal ein Mädchen. Abschlussarbeit am IfL; eingereicht 1967 (unveröff., o. O.).
250 Reinhard Kettner: Der Fluch der guten Tat. Abschlussarbeit am IfL; eingereicht 1967 (unveröff., o. O.).
251 Horst Nalewski: Bericht über den ideologisch-erzieherischen Zustand am Institut für Literatur »J. R. Becher« und die eingeleiteten bzw. geplanten Maßnahmen. (16.12.1965) SStAL, IfL, Nr. 41, Bl. 1.
252 BStU, MfS, BV Lpz., AOP, Nr. 840/71, Bd. 1, Bl. 30.
253 Vgl. Prüfungsarbeiten der Studienbewerber zu den Themen »Mein Lebensgefühl 1966« und »Was heißt modern schreiben?«. SStAL, IfL, Nr. 628, Bl. 31ff. Der Begriff des »Lebensgefühls« ist angelehnt an Stephan Hermlins Aufruf an die jungen Lyriker für den Lyrikabend in der Akademie der Künste am 11.12.1962. Vgl. Decker: 1965, S. 82.
254 Horst Nalewski im Brief an Max Zimmering (11.10.1966). SStAL, IfL, Nr. 51, Bl. 20.
255 Vgl. ebd., Nr. 536, Bl. 1.
256 Vgl. Horst Nalewski im Interview vom 29.7.2014.
257 SStAL, IfL, Nr. 536, Bl. 27.
258 Ebd., Bl. 36.
259 Ebd., Bl. 37.
260 Ebd., Bl. 35.
261 Auf diese strategische Diskrepanz zwischen dem ideologiekonformen Außenauftritt des Instituts und seiner mitunter liberalen internen Paxis hat bereits Clarke 2006 in einem Artikel der Zeitschrift *German Study Review* hingewiesen. Vgl. Clarke: Parteischule oder Dichterschmiede? The Institut für Literatur »Johannes R. Becher« from Its Founding to Its Abwicklung, in: German Studies Review, Vol. 29, No. 1, 2006, S. 87–106.
262 Vgl. SStAL, IfL, Nr. 535 u. 536.
263 SStAL, IfL, Nr. 536, Bl. 36.
264 Ebd., Bl. 82.
265 Ebd., Bl. 60.
266 Vorschläge kamen etwa vom DSV-Nachwuchsreferat, dessen Mitarbeiterin Ursula Steinhaußen in einem Schreiben an das IfL vom 15.11.1966 vorschlug, ein Kolloquium mit Studienbewerbern am Institut zu veranstalten, um ein »Kennenlernen vor der Immatrikulation« zu ermöglichen, »damit ein guter Kursus zu-

stande kommt und wir von vornherein ›sieben‹, eine klare politische Atmosphäre am Institut schaffen.« Ebd., Nr. 628, Bl. 27.
267 Von 21 Studierenden, die im September 1967 begannen, erhielten drei Jahre später nur 13 Teilnehmer ihr Diplom. Zuvor entlassen wurden Paul Gratzik, Odwin Quast, Martin Stade, Siegmar Faust, Gerti Tetzner, Klaus Bourquian, Gert Neumann und Heidemarie Härtl.
268 Vgl. BStU, MfS, BV Lpz. AIM Nr. 419/71, P.-Akte (Odwin Quast), Bl. 32f.
269 Siegmar Faust im Gespräch mit Michael Ostheimer. Podiumsdiskussion in der Runden Ecke vom 12.11.2015.
270 In Fausts autobiographischem Kurzfilm *Wenn man Charly Marx heißt*, der u. a. am Leipziger Literaturinstitut spielt, legt der Autor der Figur des Direktors die folgenden Worte in den Mund: »Denn in unserer Literaturgesellschaft wird, im Gegensatz zum Kapitalismus, dem Schriftsteller, der die Interessen unseres sozialistischen Vaterlandes vertritt, größte Bedeutung beigemessen. Und die Gesellschaft hat natürlich auch das Recht, dass der so großzügig in jeder Weise geförderte und beachtete Künstler für diese Gesellschaft schreibt und jederzeit für sie eintritt, und zwar in jedem parteilichen Sinn […], der erst in unserer Gesellschaftsordnung seinen rechten Sinn bekommt.« *Wenn man Charly Marx heißt*. Fernsehspiel von Siegmar Faust, gesendet in der Reihe *Freiheit die ich meine* am 10.6.1979 im ZDF (Regie: Alexander Ziebell). Vergleichbar begrüßte Schulz die Studierenden, die im Jahr 1970 ihr Studium antraten: »Der Schriftsteller ist Träger und Produzent von Ideologie.« Vgl. Günter Striegeler: Selbstrezension. In: Ders.: Theoretische Abschlussarbeit. Abschlussarbeit am IfL; eingereicht 1973 (unveröff., o. O.), S. 1.
271 Hausinterne Mitteilung der MfS-Bezirksverwaltung Leipzig, Abteilung XX/1 an Abteilung II vom 31.1.1966, BStU, MfS, BV Lpz., AIM Nr. 1149/67, P.-Akte, Bd. 1, Bl. 53.
272 Vgl. Mitteilung des IfL an Martin Stade zur Annahme zum Studium 67–69. BStU, MfS, BV Ffo. AOP 1182/82, Bd. 5, Bl. 71.
273 Gert Neumann im Interview, 25.2.2014.
274 Faust im Gespräch vom 12.11.2015.
275 Martin Stade: Exmatrikulation 68. In: Hans-Jürgen Schmitt (Hg.): Geschichten aus der DDR. Hamburg 1979, S. 87–105.
276 BStU, MfS, BV Ffo. AOP 1182/82, Bd. 5, Bl. 82.
277 Vgl. ebd. Bl. 55. Vgl. auch Neumann, Interview.
278 Begründung und Vorschläge zur Funktionsveränderung des Instituts für Literatur vom 27.5.1968. SStAL, IfL, Nr. 851, B. 94.
279 Vgl. Emmerich: Kleine Literaturgeschichte, S. 187.
280 In den Unterlagen des MfS findet sich im Januar 1968 die folgende Rechnung: Durch das Institut ist bis jetzt kaum ein nennenswertes Buch inspiriert [sic] worden. Sämtliche bemerkenswerten Titel, (Noll, Kant, E. Neutsch) sind ohne das Institut entstanden. Bei einer Durchschnittsbelegung von etwa 30 Studenten je Lehrgang, kostet das Institut dem Staat etwa 500 000 Mark. BStU, MfS, BV Lpz., AIM Nr. 4007/92, A.-Akte, Bd. 3, Bl. 278f.
281 Walter Ulbricht: Probleme des Perspektivplans bis 1970. Referat auf dem 11. Plenum des ZK der SED, 16. bis 18. Dezember 1965. In: Schubbe: Dokumente, S. 1081–1088, hier S. 1087.

282 BStU, MfS, BV Lpz., AIM Nr. 4007/92, A.-Akte, Bd. 3, Bl. 288f.
283 Vgl. Faust im Gespräch vom 12.11.2015.
284 BVfS Lpz., Abt. XX/1: Absprachekonzeption vom 2.8.1968. BStU, MfS, BV Lpz., AOP, Nr. 809/72, Bd. 1, Bl. 13–16, hier Bl. 13.
285 Vgl. Gegen den Strom. Ein Stück originäre Leipziger Literaturgeschichte aus dem Jahr 1968. Ausstellungskatalog. Mit Beiträgen von Siegmar Faust, Ralph Grüneberger, Bernd-Lutz Lange, Andreas Reimann u. a. Leipzig 2004.
286 Vgl. Sachstandsbericht zum Operativ-Vorgang »Autor« vom 10.9.1968, BStU, MfS, BV Lpz., AOP, Nr. 840/71, Bd. 8, Bl. 92.
287 Vgl. Sachstandsbericht zum Vorlauf-Operativ »Anthologie« vom 20.11. 1975, BStU, MfS, BV Lpz. AOP Nr. 1231/76, Bd. 1, Bl. 47.
288 Vgl. »Stellungnahme« des Instituts zum Prager Frühling vom 27.8.1968, SStAL, IfL, Nr. 358, Bl. 4.
289 Vgl. Treffbericht vom 15.4.69, BStU, MfS, BV Lpz., AIM Nr. 4007/92, A.-Akte, Bd. 4, Bl. 66f.
290 Ebd., Bl. 68f.
291 In den Unterlagen des Instituts ist zu Tetzners Exmatrikulation vermerkt: »auf eigenen Wunsch abgebrochen«. Vgl. Exmatrikulationen, Nachlass IfL am DLL. Selbiges gilt für Klaus Bourquain, der nach Aktenlage bereits 1968 sein Studium freiwillig abbrach. Der 1938 in Magdeburg geborene Bourquain war 1955 mit seiner Familie in die BRD geflohen, bevor er sich 1959 der Fremdenlegion in Algerien angeschlossen hatte, um schließlich zu den Rebellen überzulaufen und gegen die französische Kolonialmacht zu kämpfen. Als Rebell tötete er den Soldaten Erich Deisler, weshalb er 1961 von einem französischen Militärgericht in Abwesenheit zum Tode verurteilt wurde und 1963 um eine Wiederaufnahme in der DDR bat. Dort arbeitete er zunächst als Tierpfleger, Bühnenarbeiter und in seinem erlernten Beruf als Brauer, bevor er über den Schriftstellerverband Halle 1967 ans Becher-Institut kam. 1968, zur Zeit seines Studienabbruchs, erließ die französische Regierung eine Generalamnestie. Bourquain blieb dennoch in der DDR, wo er ab 1979 vorwiegend als Kinderbuchautor in Erscheinung trat. Vgl. auch Georg Bönisch, Conny Neumann: »Bist du verrückt?«. In: Der Spiegel 32/2002, S. 64–66.
292 Neumann, Interview mit Bezug auf Worte von Wolfgang Hilbig.
293 Vgl. Gert Neumann: Elf Uhr. Frankfurt a. M. 1981, S. 28. In seinem Roman greift Neumann die Vorfälle als Gegenstand einer literarischen Auseinandersetzung auf.
294 Neumann, Interview.
295 Neumann: Elf Uhr, S. 28.
296 Vgl. Exmatrikulationsbescheid an Gert Neumann mit Wirkung zum 19.5. 1969, BStU, MfS, BV Lpz. AOP Nr. 2254/88, Bd. 1, Bl. 32.
297 Vgl. Neumann, Interview.
298 BStU, MfS, BV Lpz. AOP Nr. 2254/88, Anthologie II, Bd. 5, Bl. 51.
299 SStAL, IfL, Nr. 360, Bl. 3.
300 Ebd., Bl. 2f.
301 Ebd., Bl. 58.
302 Ebd., Bl. 51.
303 Karl Artelt: Entwicklungsanalyse. Abschlussarbeit am IfL; eingereicht 1970 (unveröff., o. O.), S. 1f.

304 Wolfgang Kellner: Zur eigenen Entwicklung. Abschlussarbeit am IfL; eingereicht 1970 (unveröff., o. O.), S. 1.
305 Meike Schmieder: Sohn. In: Abschlussarbeit am IfL; eingereicht 1970 (unveröff., o. O.).
306 Brigitte Boden: Weiterfahrt ohne Platzkarte. In: Abschlussarbeit am IfL; eingereicht 1970 (unveröff., o. O.).
307 Brigitte Boden, zit. n. Ursula Sczeponik: Gutachten zu Brigitte Bodens künst. Abschlussarbeit (8.7.1970), SStAL, IfL, Nr. 360, Bl. 32.
308 Vgl. Egbert Lipowski: Über mich. Abschlussarbeit am IfL; eingereicht 1970 (unveröff., o. O.).
309 SStAL, IfL, Nr. 360, Bl. 64.

VII. Der Lyrik-Professor Georg Maurer und seine Schüler Heinz Czechowski, Sarah Kirsch und Rainer Kirsch

1. Der Professor und seine Studenten

Wütend und enttäuscht formulierte der ehemalige Maurer-Schüler Heinz Czechowski am Tag der deutschen Wiedervereinigung seine bitteren »Abschiedsgedanken« auf die »Dreimal verfluchte DDR«. Dabei ging es auch um sein Studium am IfL. Mit dem Institut hatte Czechowski eine langjährige Hassliebe verbunden, und so fiel seine erste Bilanz zur Wirkung des Instituts, das bald ebenfalls Geschichte sein sollte, im Oktober 1990 vernichtend aus: »[...] das Institut war – und wie hätte es anders sein sollen – ein Instrument zur Kanalisierung von Talenten und Halbtalenten.« Nur den Unterricht des 1971 verstorbenen Dichters Georg Maurer ließ Czechowski in seiner Abrechnung noch gelten:

> Die Sternstunde, die das Institut mit der Ernennung des Essayisten und Lyrikers Georg Maurer zum Professor erlebte, hat sich nicht wiederholt.[1]

Damit schloss er sich einer Beurteilung an, die im Sommer 1990 bereits im bundesdeutschen Feuilleton aufgekommen war: Während Maurers zwischen 1955 und 1970 abgehaltene Seminare auch hier zu »Sternstunden der Institutsgeschichte«[2] erhoben wurden, diskutierte man äußerst kontrovers über den künstlerischen Nutzen und die Existenzberechtigung des SED-gegründeten Literaturinstituts, an dem nach Maurers Tod im Jahr 1971 keine vergleichbare pädagogische Lichtgestalt mehr in Erscheinung getreten sei.[3] Auch in der Literaturgeschichtsschreibung wird die Bedeutung des nunmehr historischen Instituts weithin mit dem Wirken seines bekanntesten Dozenten gleichgesetzt, wenn etwa Emmerichs *Kleine Literaturgeschichte der DDR* die literarische Geltung des Instituts »auf die frühen 60er Jahre beschränkt, als hier der Lyriker Georg Maurer als großer Lehrer und eine Gruppe hochbegabter junger Gedichtemacher aufeinandertrafen.«[4]

Maurers Ruf, der einzig hervorragende Dozent am Institut gewesen zu sein, bezieht sich bei genauem Hinsehen also auf einen recht kurzen Zeitraum und nicht etwa auf seine gesamte Lehrzeit, die offiziell immerhin fünfzehn Jahre betrug.[5] Dass hier eine Mythenbildung in Gang gekommen ist, zu der vor allem einige von Maurers Studierenden beitragen konnten, weil sie späterhin zu den bekanntesten Dichtern der DDR zählten, liegt indes sehr nahe. Zu diesen Lyrikern, die sich am IfL um Maurer scharten und an ebendieser Mythenbildung um ihren Lehrer mitgewirkt hatten, zählte etwa Adolf Endler, der zwar schon zwischen 1955 und 1957 am Institut studiert hatte, aber vor allem in den frühen 60er Jahren künstlerisch eng mit Georg Maurer und dessen Studierenden verbunden war, sowie der junge Heinz Czechowski, der von 1958 bis 1961 Maurers Seminare besuchte. Weiterhin gehörten das 1963 immatrikulierte Ehepaar Sarah und Rainer Kirsch zu Maurers Schülern sowie die Talente Helga M. Novak und Andreas Reimann, die von Maurer 1965 selbst ans Institut geholt wurden, allerdings beide nach kurzer Zeit wieder exmatrikuliert wurden. In zahlreichen lyrischen Hommagen und Erinnerungsberichten zollten diese Studierenden Georg Maurer vor und nach seinem Tod ihr Tribut, ebenso weitere Lyriker wie Volker Braun, Bernd Jentzsch oder Karl Mickel, die zwar nicht am IfL studierten, aber Maurers Lehrveranstaltungen während der ersten Hälfte der 60er Jahre häufig als Gäste besuchten oder mit ihm in persönlichem Kontakt standen.[6] Mit Adolf Endlers augenzwinkernder Kolportage, Maurer sei ›primus inter pares‹ einer sogenannten ›Sächsischen Dichterschule‹ gewesen,[7] kam es schließlich zu einem sich schnell verbreitenden Sammelbegriff für jene lose Gruppe miteinander befreundeter Lyrikerinnen und Lyriker, die sich Maurer zum Mentor erkoren hatte und deren Mitglieder größtenteils zu Beginn der 60er Jahre erstmals mit ihren Gedichten an die DDR-Öffentlichkeit traten. Aber mitnichten zählten alle von ihnen zu Maurers Schülern, wie immer wieder fälschlich angenommen wird. Außerdem trat Maurer in diesem Kreis tatsächlich nicht als Lehrer auf. Vielmehr war es so, dass gleichgesinnte Lyriker sich miteinander austauschten und sich in ihrer lyrischen Zusammenarbeit auch als goethesche »Wahlverwandtschaften« begriffen,[8] dabei feierten und tranken – und das nicht selten bei dem Ehepaar Maurer zu Hause.[9]

In der ersten Hälfte der 60er Jahre wurde die DDR bekanntermaßen von der sogenannten Lyrikwelle erfasst, die sich auch am Literaturinstitut bemerkbar machte, insofern Lyrik nun häufiger als zuvor von Studierenden in den Mittelpunkt ihres literarischen Arbeitens gestellt wurde: Hatte sich 1961 unter den 15 überlieferten Abschlussarbeiten mit Heinz Czechowskis Gedichtsammlung *Anspruch auf Schönheit* nur ein einziges Lyrikmanuskript gefunden, reichten in der Abschlussklasse von 1963 immerhin 5 von 13 Teilnehmern Gedichte ein. 1964 enthielten ebenfalls 5 von 17 überlieferten künstlerischen Abschlussarbeiten auch Gedichte, während 1965 sogar sechs von zehn Autoren des Jahrgangs Lyrik vorlegten. Dabei sollte sich das Talent bei einigen von ihnen als außergewöhnlich erweisen. Der dichterische Erfolg etwa von Sarah und Rainer Kirsch schon zu Studienzeiten stärkte indes auch den Ruf des Instituts. Georg Maurer und seine talentierten Studierenden avancierten nachgerade zu Aushängeschildern.[10] Gleichwohl lässt sich dem Mythos Maurer nicht einfach aufsitzen. Insofern lohnt sich ein differenzierter Blick auf das Wirken und die Rolle des Dichters und Lyrik-Dozenten Maurer am Institut, der über dessen ›Hagiographie‹ durch seine ›Schüler‹ hinausreicht.

So sah Maurer sich selbst gar nicht so sehr in der Rolle des verehrungswürdigen Lehrers, sondern musste mitunter feststellen, wie unpopulär sein Fach und seine Lehre für die Studierenden waren. Zu Beginn der 60er Jahre klagte er über das Desinteresse seiner Studenten und deren unregelmäßige Teilnahme an seinen ohnehin schlecht besuchten Seminaren.[11] Bei einer etwa zur selben Zeit stattfindenden internen Evaluierung der Lehre am Institut wurde Maurers Unterrichtsstil insgesamt zwar als gut bewertet, aber auch bemängelt, dass eine systematische Themenwahl nicht erkennbar sei,[12] es also möglicherweise auch an Maurers Unterrichtsstil lag, dass sich nur wenige Studierende für seine Lyrik-Seminare begeisterten. Ein genaueres Bild von Georg Maurer als Lehrer wie auch von seinen ›Dichterschülern‹ erhält man also erst, wenn man neben Belobigungen noch weitere Dokumente hinzuzieht, die Aufschluss über die poetischen und ästhetischen Ambitionen des Dozenten wie auch seiner Lyrikstudenten geben. Ein genauerer Einblick in die Arbeitsatmosphäre und Methodik der schöpferischen Seminare zur Lyrik in der ersten Hälfte der 60er Jahre wie in das Beziehungsverhältnis der Studierenden zu ihrem Lehrer eröffnet sich dadurch ebenso. Neben Georg Maurer wird im Folgenden mit Heinz Czechowski, der von 1958 bis 1961 am IfL eingeschrieben war, sowie mit Rainer und Sarah Kirsch, deren Studium von 1963 bis 1965 währte, exemplarisch auf drei seiner Studierenden Bezug genommen.

1.1 Georg Maurer und sein Werdegang zur pädagogischen Leitfigur des Instituts

Als Lyriker, Essayist und Übersetzer war Georg Maurer eine der wenigen als Literaten ausgewiesenen Lehrkräfte neben zahlreichen Literatur- und Kulturwissenschaftlern, die am IfL unterrichteten. Das Werk des zwar dem Sozialismus verbundenen, aber dennoch zeit seines Lebens parteilos gebliebenen Maurer umfasst 17 Gedichtbände, dazu zwei Sammlungen mit Essays und Kritiken, übersetzte Romane, Erzählungen, Dramen und Dichtungen aus dem Rumänischen. Hinzu kommen zahlreiche Aufsätzen sowie Interviews vornehmlich zur zeitgenössischen Lyrik.[13] Sein populärster Gedichtband trägt den Titel *Dreistrophenkalender*, eine 1961 erschienene Sammlung heiterer Gelegenheitsdichtungen über das Verhältnis zwischen Mensch und Natur, die in mehreren Auflagen nachgedruckt[14] und von Paul Dessau vertont wurde.[15] Die DDR-Literaturgeschichtsschreibung resümierte noch lange nach Maurers Tod im Jahr 1971, mit ihm habe »die DDR nicht nur einen ihrer bedeutendsten Dichter [verloren], sondern auch einen Theoretiker, der Gesetzmäßigkeiten sozialistischer Poesie in ihrem historischen Wandel und in ihrer Wirkungspotenz aufgespürt und dargelegt« habe.[16]

Maurers literarische Geltung erfährt heute jedoch eine andere Bewertung: Wurde sein Werk in der DDR noch mit großer Anerkennung und zahlreichen Literaturpreisen bedacht,[17] wirkt Maurers an Klassik und Romantik orientierte Dichtung heute mitunter pathetisch und lehrhaft.[18] Seiner traditionsbezogenen, engagiert für den Sozialismus eintretenden Lyrik wird eine gewisse »Sprödigkeit, Überreflektiertheit, Theorie- und Begriffslastigkeit«[19] attestiert, weshalb sich seine Bedeutung, so zu lesen im 2009 erschienenen *Metzler Lexikon DDR-Literatur*, für das lyrische Terrain der DDR »weniger aus seiner Lyrik als vielmehr aus seiner Rolle des Literaturvermittlers« ergebe.[20]

Zu seiner Lebensrolle, so kann man vor dem Hintergrund dieser Einschätzung konstatieren, kam Maurer also erst 1955, im Gründungsjahr des Leipziger Literaturinstituts, als er auf Honorarbasis die Leitung des schöpferischen Seminars zur Lyrik übernahm.[21] Zwei Jahre später wurde er als Oberassistent fest angestellt.[22] Aufgrund seiner »bedeutenden künstlerisch-pädagogischen und wissenschaftlichen Leistungen«[23] – wohl aber auch, um den seinerzeit am Sinn seiner Tätigkeit zweifelnden Dozenten am Institut zu halten – ernannte der Minister für Kultur der DDR, Hans Bentzien, Georg Maurer im April 1961 zum Professor. Dass einem »Parteilosen und Studienabbrecher«[24] eine derart außergewöhnliche akademische Karriere beschieden war, verdeutlicht einmal mehr, wie sehr das Institut auf Maurer angewiesen war und von der Reputation profitierte, die der Dichter unter Zeitgenossen im literarischen Betrieb sowie unter seinen Studierenden genoss.

Bereits in jungen Jahren plante Georg Maurer, als freischaffender Schriftsteller tätig zu sein, blieb jedoch als Künstler bis nach dem Ende des Zweiten Weltkrieges weitgehend unbeachtet. 1907 im siebenbürgischen Sächsisch-Regen geboren,[25] besuchte der Nachkomme protestantischer Siebenbürger Sachsen in Bukarest das deutsche Realgymnasium der evangelischen Gemeinde,[26] wo er erstmals mit dem Hochdeutschen als Literatursprache in Berührung kam.[27] 1926 ging er nach Deutschland, um in Leipzig und Berlin Germanistik, Philosophie und Kunstgeschichte zu studieren. Sein Studium brach er 1933 jedoch mit der Absicht ab, fortan als freier Schriftsteller zu leben.[28] Maurer blieb in Leipzig, musste seinen Lebensunterhalt allerdings zunächst als Kunstkritiker und Lokalreporter bei der *Neuen Leipziger Zeitung* sichern.[29] Nach eigener Aussage folgte er während der NS-Zeit, nach anfänglichem »Widerwillen gegen das Grölen, die Barbarisierung der Sprache, das Ausrufen sogenannter kriegerischer und rassischer Ideale«, leichtgläubig den vermeintlichen »Friedensschalmeien, die Hitler plötzlich anstimmte.«[30] Zudem empfand er als Siebenbürger Sachse einen »fanatische[n] Glaube[n] an alles Deutsche, den jeder Auslandsdeutsche als seinen tiefsten Schatz« hege, wie er in einer nachgelassenen autobiografischen Skizze von 1934/35 bekannte.[31] Der Germanist Walfried Hartinger, der Maurers Schriften nach dessen Tod herausgab, attestierte ihm daher eine »zeitweise intensivere Aufmerksamkeit [...] für Phänomene der faschistischen Entwicklung«, die er auf Maurers Wunsch nach »Aufhebung sozialer Hierarchien in ›nationaler Identität‹, in der ›Volksgemeinschaft‹« zurückführte.[32] Gerhard Wolf, Maurers Biograf und sein langjähriger Lektor im Mitteldeutschen Verlag, vermerkte, dass Maurer zwar nie in einer NS-Organisation Mitglied war, sich 1940 aber dennoch »freiwillig« zum Dienst bei der Wehrmacht gemeldet hatte.[33] Trotz solcher nationalistischen Tendenzen drehten sich seine Dichtungen aus dieser Zeit – 1936 veröffentlicht als erste eigenständige, wenig beachtete Publikation unter dem Titel *Ewige*

Stimmen[34] – ausschließlich um das Verhältnis zwischen Gott, Natur und Mensch, was etwa in dem Gedicht »Himmlische Landschaft« anklingt: »Gott trat aus den Wolkenhöhen, / teilte sie mit seiner Hand, / und in seinem Auge sehen / wir erblühen das Gartenland.«[35] Die Verse des gläubigen Christen Maurer, der sich laut eigener Aussage nach »Harmonie mit Menschen und Dingen« sehnte,[36] waren zu jener Zeit, so Gerhard Wolf, jedoch weniger »kirchlich gebunden«, sondern stellten vielmehr einen von Rilke beeinflussten »Ausdruck einer metaphysischen Haltung [dar], Gegensätze auf einer geistigen Ebene zu vereinen«.[37] Diese erste Veröffentlichung, die vom Leipziger Haessel Verlag publiziert worden war, wollte Maurer im Nachhinein jedoch eher als einen Rückzug von den politischen Entwicklungen interpretiert sehen.[38] »Der Konflikt zur Gesellschaft, in der Faschismus regiert«, wurde von ihm zwar »wahrgenommen, gleichzeitig aber verdrängt«, resümierte Gerhard Wolf recht wohlwollend über Maurers Position im NS-Regime.[39]

Für die Wehrmacht arbeitete Maurer als Dolmetscher in Bukarest und geriet 1944 zunächst in rumänische und später in sowjetische Kriegsgefangenschaft, in der er für mehrere Monate in einem Bergwerk im Donezbecken zur Zwangsarbeit verpflichtet wurde.[40] Bereits im Herbst 1945 durfte er aufgrund seines schlechten Gesundheitszustandes[41] und möglicherweise auch, weil man ihm als Übersetzer keine Teilnahme an Kampfhandlungen nachweisen konnte, zunächst nach Berlin, dann nach Leipzig zurückkehren, wo er 1946 Eva Dehnert heiratete, die er bereits vor dem Krieg kennengelernt hatte.[42]

Seine Kriegserfahrungen trugen dazu bei, dass er sich vom Christentum ab und nun verstärkt dem Marxismus zuwandte, dessen Gesellschaftstheoreme er während seiner Kriegsgefangenschaft im Rahmen einer Antifa-Schulung kennengelernt hatte.[43] Der Sozialismus bzw. Kommunismus eröffnete Maurer nun eine neue Sicht auf den Humanismus, den er zuvor in der Ideologie der NS-Volksgemeinschaft und im Christentum gesucht hatte: »die Einheit der Welt«.[44] Die Beschäftigung mit der marxistischen Gesellschaftstheorie und der Einblick in die praktische Umsetzung eines sozialistischen Gesellschaftssystems in der Sowjetischen Besatzungszone führten dazu, dass er nach 1945 wieder intensiv zu schreiben begann; zunächst, um seine eigenen Erfahrungen dichterisch zu verarbeiten.[45] 1948 veröffentlichte er im Leipziger Rupert Verlag seinen zweiten Gedichtband, *Gesänge der*

Zeit, der erstmals von einem größeren Publikum wahrgenommen und mit dem Literaturpreis der Stadt Weimar ausgezeichnet wurde.⁴⁶ Diesen Gedichten ist die klassisch-romantische Lyriktradition zwar noch abzulesen, aber die Konzentration liegt nun vor allem auf der Postulierung einer »geglückten Zeitenwende«, in der vor allem die lyrische Verarbeitung von »Liebe und Arbeit eine neue Qualität« erhalten habe, wie Wolfgang Emmerich konstatierte.⁴⁷ So wird in seinem 1947 verfassten Sonett »Die Schaffenden« schon im ersten Vers die Gestalt Gottes durch den schöpferischen Menschen der marxistischen Philosophie abgelöst: »Arbeiter, wie die Bibel einst den Herrn / als Schöpfer an den Anfang hat gestellt – / steh du am Anfang einer neuen Welt!«⁴⁸ Ein weiteres Beispiel für diese Verbindung aus sozialistischem Überbau und klassischem Erbe, an der er zeitlebens festhalten sollte, ist Maurers Gedichtzyklus »Das Unsere« von 1962, in dem er anlässlich des Raumflugs des sowjetischen Kosmonauten Titow den sozialistischen Fortschrittsoptimismus und die antike Sagenwelt miteinander dichterisch verknüpft:

Dem Kosmonauten ist wieder hyazinthen das Meer der Griechen
und eine schimmernde Muschel die Welt, aus der Venus stieg.
Denn von den Eltern kommen wir immer. Und ein Strom der Schönheit
stürzt sich das Menschengeschlecht in das regenbogenfarbene All.
[...]⁴⁹

Für Maurer gibt das »Gefüge des Gedichts«, wie er in seinem kurzen Essay *Kleines ästhetisches Bekenntnis* von 1962 ausführt, »auf seine Weise das Gefüge der Menschheit oder gar der Welt als inneres Widerspiel des Weltzusammenhangs« wieder.⁵⁰ Indem er also in der »Epoche der Kosmonauten« und dem Zeitalter der Antike jenen von Friedrich Hölderlin hergestellten »›unendlicheren Zusammenhang‹« zu erkennen glaubt,⁵¹ feiert Maurer lyrisch den Sieg des sozialistischen Menschen über den Kosmos als Folge einer idealisierten Entwicklung vom Altertum bis in die Neuzeit. Maurer verknüpfte damit die Philosophie der Antike mit dem Marxismus.⁵² So begreift er seinen Zyklus »Das Unsere« doch als »Hoffnung auf eine friedliche Kommunikation unter den Menschen, [...] eine immer eindringlichere Kommunikation des Menschen mit der Natur, [...] die Kommunikation mit dem Kosmos«, der »nicht nur die jeweilige Gegenwart, sondern auch die Vergangenheit [...] und die Entwürfe für eine zukünftige Menschheit, eine bessere Menschheit« eingeschrieben seien.[53] Diese Rückgriffe auf historische Verbindungslinien und immer wieder aus dem Christentum entlehnte Wertvorstellungen kennzeichneten schließlich Maurers Werk und, wie noch zu zeigen sein wird, seine Arbeit als Hochschullehrer.

Nach seiner Rückkehr nach Leipzig arbeitete Maurer zunächst erneut für die dortige Presse, veröffentliche aber auch kontinuierlich weitere Gedichtbände bei verschiedenen Verlagen. Seine Einkünfte konnten die inzwischen fünfköpfige Familie aber mehr schlecht als recht ernähren.[54] Dies änderte sich erst, nachdem Maurer den Germanisten Kurt Kanzog kennenlernte, der bei Hans Mayer promoviert hatte. Als Dozent sollte Kanzog das Fach Literaturgeschichte am frisch gegründeten IfL übernehmen, des Weiteren hatte er das Amt des stellvertretenden Direktors inne. Der Germanist schätze Maurers schriftstellerische Arbeit und bot ihm nach Absprache mit dem leitenden Direktor Alfred Kurella die Leitung des schöpferischen Seminars Lyrik an.[55] Maurer nahm das Angebot an, bestand jedoch darauf, die in dem standardisierten Arbeitsvertrag festgeschriebene wissenschaftliche Tätigkeit, die neben der Lehre zu leisten war, nicht ausführen zu müssen und stattdessen weiterhin literarisch tätig zu sein.[56] Die Institutsleitung ließ sich darauf ein und räumte Maurer zudem völlige Freiheit bei der Gestaltung seines Seminarplanes ein.[57]

1.2 Georg Maurers Unterrichtsmethode

Die Anstellung eines Dichters als Lyrikdozent, der weder über eine wissenschaftliche Qualifikation noch über Lehrerfahrung verfügte, fiel in die Gründungsphase des Instituts, das nur sehr begrenzt auf die Erfahrung vergleichbarer Schriftstellerschulen zurückgreifen konnte und die Organisation seines Lehrbetriebs immer wieder überarbeiten und an die praktischen Erfordernisse der Ausbildung anpassen musste. Zwar konnte sich Maurer als Dozent an das bei der Eröffnungsveranstaltung des IfL vom Ministerium für Kultur verkündete Postulat orientieren, die Studierenden zur Schaffung von »meisterhaften, künstlerisch vollendeten und wahrhaft humanistischen Werken«[58] zu befähigen, um zur »führenden Literatur in ganz Deutschland«[59] aufzusteigen und mit beitzutragen, den Führungsanspruch des sozialistischen Gesellschaftssystems zu zementieren. Die Seminarinhalte und Methoden der Vermittlung für das erste Semester, das im Herbst 1955 begann, musste Maurer sich jedoch selbst erarbeiten.[60] So stellte er seinen kurz zuvor veröffentlichten Aufsatz »Majakowskis bildliche Argumentation« in der ersten Seminarsitzung seinen Studierenden vor.[61] Das in diesem Aufsatz zitierte Postulat des russischen Dichters – »›Ich gebe keinerlei Regeln, wie man Dichter, wie man Verse schreiben soll.‹«[62] – erklärte Maurer indes zum Leitfaden seiner Unterrichtsmethode, die er an den studentischen »Versuchskaninchen«[63] des ersten Jahrgangs 1955/56 erst erproben musste. Ein ausgearbeiteter Lehrplan im Lyrik-Seminar hat sich für das erste Matrikel zwar nicht erhalten, doch dem Bericht des damaligen Studenten Erich Loest zufolge hatte Maurer statt »Versmaß und Theorie des Klassenkampfs«[64] seinen Studierenden die Geschichte der Weltlyrik nahegebracht und dabei immer auch auf die individuellen lyrischen Ausdrucksweisen seiner Seminarteilnehmer Bezug genommen.[65] Für die nachfolgenden Studienjahrgänge existierten hingegen Lehrpläne, die Auskunft über die Aufteilung seines Seminars in einen theoretischen und einen praktischen Teil geben. In diesem Rahmen besprach und diskutierte er auch die Gedichte seiner Studierenden.[66] Das Lyrik-Seminar des zweiten Studienjahrgangs, der von 1956 bis 1958 währte und an dem u. a. die Lyriker Joachim Knappe, Kurt Steiniger und Walter Werner teilnahmen, eröffnete Maurer mit Paul Éluards Essay *Die Gelegenheitsdichtung*. In den anschließenden Sitzungen widmete er sich zwei »zeitlichen Extremen«: Hesiod mit seinem »bäuerlichen Lehrgedicht« *Werke und Tage* wurde Bertolt Brechts Poem *Die Erziehung der Hirse* gegenübergestellt, um »mit den Schülern vergleichende Analysen früherer und heutiger Gedichte (sowie ihrer eigenen Arbeiten) durchzuführen«.[67] Weiterhin erfolgte in dem Seminar eine Annäherung an und Auseinandersetzung mit der Literatur der Moderne. Dafür bezog sich Maurer beispielsweise auf die Gedichte des antifaschistischen chilenischen Dichters Pablo Neruda und des tschechischen Surrealisten Vítězslav Nezval oder behandelte den Einfluss der Poesie der französischen Symbolisten Charles Baudelaire und Arthur Rimbaud auf den deutschen Expressionismus. Des Weiteren war die Entwicklung der deutschsprachigen Großstadtlyrik vom Impressionismus über den Naturalismus bis zum Expressionismus Gegenstand dieses Seminars.[68] Darüber hinaus konfrontierte der Lyrikdozent seine Studierenden mit dem seines Erachtens »wichtigen

Problem der Geschmacksfragen« auf der Grundlage von Nerudas Essay *Das Dunkle und das Klare in der Dichtung*. In diesem Kontext wurden neben Pindars Oden und Hölderlins Hymnen auch Teile aus Nerudas *Großem Gesang* herangezogen.[69] Dabei sollten diese »vergleichende[n] Analysen« den Studierenden verdeutlichen, »daß Qualität von Dichtungen nachweisbar ist, daß Geschmacksfragen durchaus Wahrheitsfragen, damit Lebensfragen sind«.[70] Dazu nahm Maurer auch auf aktuelle, in Tageszeitungen und Zeitschriften veröffentlichte DDR-Lyrik Bezug.[71]

Im zweiten Studienjahr standen dann Beispiele »bedeutender zeitgenössischer Lyriker« im Vordergrund, an denen Maurer schließlich die »Überwindung der ›Moderne‹« veranschaulichen wollte,[72] von der er als sozialistischer Dichter, so unpolitisch er sich auch präsentieren mochte, letztlich doch überzeugt war. Der Lehrplan sah außerdem eine Analyse der »gesamtdeutschen Lyrik der Gegenwart« anhand von Gedichtanthologien aus Ost und West vor sowie eine »Untersuchung der ästhetischen Prinzipien der Lyrik im Westen und Osten Deutschlands.«[73] Zumindest in diesem Seminar folgte Maurer laut Lehrplan der offiziellen politischen Linie des Instituts für Literatur, die ästhetische und politische Vormachtstellung der sozialistischen ›Nationalliteratur‹ zu vermitteln. Jedoch unterwanderte er diese Leitlinie, indem er aus einem großen Fundus an Referenzliteratur schöpfte, die ihm Gelegenheit bot, sowohl differente als auch differenzierte »ästhetische Standpunkte in einem liberalen Geist« zu diskutieren.[74]

Der praktische Teil seines Seminars schließlich bestand aus unterschiedlichen Schreibübungen, die gewissen Prinzipien folgten:

1. Bei gegebenem Inhalt soll der Schüler die Form selber wählen
2. Bei gegebener Form soll er den Inhalt selber wählen
3. Form und Inhalt werden ihm aufgegeben[75]

Die spezifische Art der Übungen in diesem Studienjahr korrespondierte vermutlich mit Maurers eigener künstlerischer Beschäftigung mit Form-Inhalt-Problemen in der Lyrik: »[…] daß das *Was* das *Wie* fordert, daß also das genaue Studium der Wirklichkeit einem allmählich verrät, in welcher Form sie zu fassen« sei, scheint indes ein Ergebnis dieser Beschäftigung gewesen zu sein, wie in seinem Ende 1956 veröffentlichten Essay *Die Form und die Wirklichkeit* zu lesen ist.[76]

Ein weiteres zentrales Element seines Unterrichts waren von Anfang an die sogenannten »Konsultationen«, neben theoretischer und praktischer Vermittlung des Lehrstoffes also jener dritte Bestandteil des Seminars, in dem die »Analyse der Gedichte jeweils eines Seminarteilnehmers unter Beteiligung seiner Lyriker-Kollegen« im Vordergrund stand.[77] Dafür setzte Maurer die Gedichte seiner Studierenden, ohne diese explizit zu bewerten, in ein Verhältnis zu historischen Referenzwerken. Er umstellte, wie sich der Schriftsteller Helmut Richter erinnerte, der von 1961 bis 1964 bei Georg Maurer studiert hatte, »die Gedichte seiner Kursanten mit Beispielen [aus der Weltliteratur] wie mit großen Spiegeln.«[78] Wie im Spiegel, so suggeriert die Metapher, eröffnet der Blick auf das literarische Vorbild zugleich den Blick auf das eigene Schaffen und dessen Stärken und Schwächen. Sarah Kirsch, die von 1963 bis 1965 an Maurers Seminar teilnahm, gab später in einem Interview Auskunft darüber, wie genau Maurer die Auswahl seiner Beispiele auf die spezifischen Inhalte und Ausdrucksmittel der Texte seiner Studierenden abgestimmt hatte:

> Wenn wir Regengedichte hatten [...] da hatte er dazu alles. Von der Droste bis zu William Carlos Williams. Dann hörten wir die wunderbaren Texte und hatten alles gelernt, indem wir unsere nämlich wegschmeißen konnten.[79]

Nicht nur Maurer, der seine Seminare nächtelang akribisch vorbereitete, um anhand der passenden Gedichte historische Verbindungslinien ziehen zu können, habe dieses Verfahren an den »Rand der Erschöpfung« getrieben, erinnerte sich später Heinz Czechowski – auch für seine Studierenden sei dieses Verfahren mitunter mühsam gewesen. Jedoch habe Maurer ihnen auf diese Weise nicht nur das »Bleibende in der Dichtung« vermitteln können, sondern auch begreiflich gemacht, »daß es nicht auf Meinungen, sondern auf Untersuchungen«[80] ankomme. Seine Wertschätzung dafür drückt Czechowski in seinem wenn auch nicht sonderlich gelungenen, Gedicht »Der Lehrer« aus, das in seinem ersten Lyrikband, *Nachmittag eines Liebespaares*, erschien und Georg Maurer gewidmet ist:

Der Lehrer / Für Georg Maurer

Die guten Lehrer rühmen nicht:
Sie rühmen nur, indem sie uns beweisen.

Der Bauer preist den Sommer nicht vor seiner Ernte.
Dem Schüler zeigt die Möglichkeit nur das Gelernte.

Die tags nicht träumen, sitzen nachts und preisen,
indem sie unsrer Welt den Vers entreißen:
Die Wirklichkeit ist spröd. Sie gibt sich nicht
dem ersten besten – Landschaft und Gedicht
gehören denen nur, die vor dem Ernten pflügen.

Drum, Pflüger, prüf die Verse, ob sie auch genügen![81]

Auch wenn die Analogie zum Bauern, der seinen Acker bestellt, etwas hinken mag, wird Czechowskis Anerkennung von Maurers Verdiensten doch klar: Als Lehrer arbeitete Maurer analytisch, anstatt bloße Behauptungen aufzustellen. Er zeigte seinen Schülern ihre lyrischen Möglichkeiten auf und machte ihnen bewusst, dass Dichtung auf Arbeit, Wissen und handwerklichem Können beruht. Das Prinzip der Genauigkeit in Argumentation und Spracharbeit prägte nicht nur Maurers Didaktik, es war auch das Kernstück seiner Poetologie: Er habe seinen Schülern dazu geraten, erinnerte sich Sarah Kirsch, mittels poetischer Genauigkeit den »kleinen Gegenstand« ins Zentrum ihrer Gedichte zu stellen.[82] Maurer selbst formulierte sein »Kleines ästhetisches Bekenntnis«, das darauf abzielte, das »Hinreißende der Sache zur Sprache [zu] bringen«, folgendermaßen:

> Nicht Gefühle über Dinge sagen, sondern die Dinge so sagen, daß sie gefühlt werden können. Nicht eine Sache interessant machen wollen, sondern das Interessante der Sache entdecken.[83]

Geschätzt wurde Maurer von seinen Studierenden auch für den weitgehend undogmatischen Stil seines Unterrichts: Obwohl der Dichter sich in seinem Werk durchaus für den Dienst am Aufbau des Sozialismus vereinnahmen ließ,[84] schien zumindest sein Seminar größtenteils frei von »dogmatische[r] Einengung« zu sein,[85] erinnerte sich zumindest Czechowski, zumal Maurer für seine Vergleichsmethode nicht nur klassische oder genuin sozialistische Lyrik verwendet hatte, sondern sich auch des Œuvre von in der DDR verfemten Dichtern der Moderne wie T. S. Eliot, Georg Heym, Ezra Pound oder Georg Trakl bediente.[86] Und letztlich zeigte er sich als ›primus inter pares‹ offen für Widersprüche und konträre Haltungen seiner Studierenden: Maurer sei bereit gewesen, seine Position zu überdenken, sich zu korrigieren und von seinen Schülern zu lernen, in einen wechselseitigen Austausch zu treten, der »wiederum auf seine Produktion Einfluß hatte«, wie einer seiner letzten Studenten, Andreas Reimann, es formulierte. Maurer selbst sei »ein Schüler« gewesen, »weil er ein guter Lehrer war.«[87]

1.3 Kritische Stimmen aus dem Kollegium

Während die Studierenden zu Beginn der 60er Jahre am schöpferischen Seminar Lyrik zunehmend Gefallen fanden, wurde aus den Reihen der akademisch ausgebildeten Kolleginnen und Kollegen schon früh Kritik an Maurers Unterrichtsmethoden laut: Im April 1958 hob etwa Günther K. Lehmann, der am IfL für das Fach Ästhetik zuständig war und 1955 sein Staatsexamen in Philosophie an der Karl-Marx-Universität Leipzig erworben hatte,[88] in einem Rundschreiben an die Kollegen die Bedeutung der marxistisch-leninistischen Ästhetik hervor, die er als leitführend für die gesamte Lehrtätigkeit am Haus erachtete.[89] Dabei hielt er, mit einem Seitenhieb auf Maurers Unterrichtsmethode, die bloße Diskussion »über Form und Inhalt in der Kunst« nicht für ergiebig.[90] Entschieden sprach er sich gegen die Übernahme von Stil- sowie Ausdrucksmitteln »dekadenter Kunst« aus, womit er auf die Klassische Moderne anspielte, die zur »Desorientierung unserer Künstler«[91] führen würde und damit auch der am Haus offiziell am sozialistischen Realismus orientierten Lehre nicht dienlich sei. Auffällig ist, dass Maurer daraufhin in seinem Perspektivplan für das Lyrik-Seminar, der die Jahre 1958 bis 1961 abdeckte, den Fokus auf sozialistische Literatur verstärkte, mit dem Argument, die Studierenden müssten sich nun zu Beginn jedes Semesters mit den Werken »fortschrittlicher und sozialistischer Lyriker unseres Jahrhunderts« beschäftigen, wie etwa mit dem sich als sozialistischen Futuristen verstehenden Wladimir Majakowski, dem antifaschistischen chilenischen Dichter Pablo Neruda – die er freilich in seinem Seminar zuvor, aber unter anderen Aspekten, verhandelt hatte – sowie mit Johannes R. Becher.[92] Die zu analysierende zeitgenössische Lyrik stammte nun ausschließlich aus den DDR-Zeitschriften *Junge Kunst* und *Neuere Deutsche Literatur* sowie aus den Literaturbeilagen der sozialistischen Tages- und Wochenzeitungen *Neues Deutschland*, *Sonntag* und *Forum*.[93] Zusätzlich führte Maurer die praktischen Schreibübungen für seine Studierenden jetzt unter ideologischen Vorgaben fort, etwa die lyrische Gestaltung eines Themas aus dem »sozialistischen Aufbau« in »freigewählter oder auch vorgegebener Form«.[94] Die Untersuchung »einzelner Gedichte aus der deutschen Renaissance, dem Barock, der Klassik, Romantik bis zum Expressionismus auf Form und gesellschaftlichen Gehalt« erfolgte indes erst im dritten und letzten Studienjahr 1960/61.[95] Im Frühjahr 1960 kam es innerhalb einer internen Evaluierung der Lehrveranstaltungen am Haus erneut zu einer Kritik am Lyrik-Seminar, wie Hospitationsberichte aus dieser Zeit zeigen: So bezeichnete etwa Trude Richter, wie schon oben erwähnt, Maurers Themenwahl als »nicht systematisch«,[96] und auf den Stilistik-Dozenten Horst Nalewski machte Maurers Unterrichtsgestaltung sogar einen »zerflatterten« Eindruck.[97] Diese Einwände waren aber anscheinend so unerheblich, dass eine stärkere Kontrolle des Lyrik-Seminars oder eine Aufforderung an Maurer, seinen Unterrichtsstil grundlegend zu ändern, durch die Institutsleitung oder das Ministerium für Kultur nicht erfolgten. Die wachsende Anerkennung von Maurers Lehrstil auch über die Grenzen des Instituts hinaus überwog anscheinend gegenüber den vermeintlich lehrmethodischen Defiziten. Auch Studierende wie Rainer Kirsch oder Andreas Reimann berichteten, dass Politik so gut wie nie im Zentrum von Maurers Unterrichtsgestaltung gestanden habe.[98] Seine Exkurse zur sozialistischen Literatur schienen ein Kompromiss an die Vorgaben gewesen zu sein, dominierten aber offensichtlich nicht die ansonsten ideologieferne Auseinandersetzung mit Lyrik und Lyrikgeschichte im Seminar.

1.4 Maurers Beitrag zur Reputation des Instituts

Bereit zu Beginn der 60er Jahre hatte sich die besondere Qualität von Maurers Lyrik-Seminar auch außerhalb des Instituts herumgesprochen, sodass nun auch junge Dichter, die nicht am Institut eingeschrieben waren, wie etwa Volker Braun, Bernd Jentzsch und Karl Mickel, Maurers Lehrveranstaltungen in den Jahren 1961 (Jentzsch), ca. 1963–65 (Mickel) und 1968 (Braun) als Gasthörer besuchten.[99] Zudem erschienen in den Zeitungen, Zeitschriften und im Rundfunk der DDR im Laufe der Jahre eine Vielzahl von Gesprächen mit ihm über traditionelle und zeitgenössische Lyrik sowie über seine Lehrtätigkeit am IfL.[100] Das mediale Interesse an Maurer, an seinen Seminaren sowie an den studierenden Nachwuchsdichtern und -dichterinnen wie Heinz Czechowski oder Sarah Kirsch und Rainer Kirsch nutzte die Institutsleitung als Aushängeschild für die herausragende Qualität der Lehrveranstaltungen am Haus.[101] Indes führte diese übergewichtige öffentliche Würdigung von Maurers Verdiensten bei einigen Kollegen zu einer gewissen Unzufriedenheit – wie sich etwa Horst Nalewski heute erinnert, der Maurers Rolle als »Zentralgestirn« für die Studierenden auch im Rückblick durchaus anerkennt, die Position der anderen Kolleginnen und Kollegen allerdings dadurch als etwas unterbelichtet beurteilt: »Was natürlich unsereins ein bisschen verdrängt, und man sagt, es ist nicht ganz gerecht von den Studenten, dass wenn vom Institut die Rede ist, ist nur noch von Georg Maurer die Rede.«[102]

Maurer selbst sah sich hingegen gar nicht als die ›Lichtgestalt‹, zu der ihn das Institut und seine Studierenden gern stilisierten. Vielmehr haderte er über die gesamte Zeit seiner Lehrtätigkeit hinweg mit sich und seiner vermeintlichen pädagogischen Unerfahrenheit, so etwa im Juli 1960, als er sich in einer Institutssitzung darüber beklagte, noch von keinem seiner Studierenden Gedichte zur Beurteilung bekommen zu haben.[103] Maurer stellte sich im Kollegium die Frage, ob er »hier noch Lehrer sein« könne.[104] Sein Kollege Jürgen Bonk, Dozent für sozialistische Literatur, beruhigte ihn daraufhin, dass sehr wohl Studierende wie Horst Salomon und Karl-Heinz Tuschel auf seiner Seite stünden und erklärt hätten, viel von ihm gelernt zu haben,[105] gleichwohl sich Maurer von den poetischen Leistungen seiner Studierenden und damit auch von seiner eigenen Qualifikation als Pädagoge nicht besonders überzeugt zeigte.[106] Selbst noch im Februar 1965 in der

Hochzeit seines Ruhms konnte Maurer schwer verkraften, dass sich infolge eines Nachwuchsproblems immer weniger Studierende in seinem Seminar einfanden: Ganze vier Teilnehmende, unter ihnen die Lyriker Kurt Bartsch und Axel Schulze, hätten seinen Unterricht im Vorstudienkurs für schreibende Arbeiter besucht, und es würde dort auch nur wenig miteinander gesprochen werden.[107] Maurer forderte daraufhin von der Institutsleitung, die eingereichten Arbeiten jener Lyriker einsehen und bewerten zu dürfen, die sich im Sommer 1965 für einen Studienplatz am IfL bewarben,[108] da ihm die mangelnde literarische Begabung einiger seiner Kursanten augenscheinlich erneut missfallen hatte. Die Leitungsebene gewährte ihrem Professor diesen Wunsch, war doch dessen Strahlkraft mittlerweile ausschlaggebend für die Reputation des gesamten Instituts geworden. Das offizielle Bewerbungsverfahren umgehend, begann der Lyrik-Dozent schließlich aus eigener Initiative damit, junge Talente an das Institut zu holen. Für Maurer zählte dabei einzig die schriftstellerische Begabung, ungeachtet der ›politischen Zuverlässigkeit‹ der zukünftigen Studierenden. So kamen etwa im Herbst 1965 mit Helga M. Novak, einer im Jahr 1957 aus politischen Gründen von der Leipziger Karl-Marx-Universität exmatrikulierten und mit einem Isländer verheirateten Dichterin, und dem erst 19-jährigen Andreas Reimann, der als lyrisches ›Wunderkind‹ galt, zwei Studierende an das Institut, die aufgrund der Qualität ihrer Dichtungen und auf Maurers ausdrücklichen Vorschlag zum Studium zugelassen wurden.[109] Im Zuge der kulturpolitischen Verschärfung rund um das 11. Plenum des ZK der SED im Dezember 1965 exmatrikulierte die Leitungsebene 1966 zunächst Novak, dann Reimann: Ihnen wurden ihr angeblich aufsässiges Verhalten, ihre Beziehungen zu dem Dissidenten Robert Havemann und schließlich auch ihre eigenen Gedichte zum Verhängnis, die sie im Jahr zuvor zwar an das Institut gebracht hatten, nun aber alles andere als ›systemkonform‹ bewertet wurden.[110] Auf dem 11. Plenum legten kulturpolitische Doktrinäre im Staatsapparat wie Paul Fröhlich, Politbüromitglied und erster Sekretär der SED-Bezirksleitung Leipzig, Maurers Entscheidungen über die Aufnahme vermeintlich renitenter Studierender dem Institut zur Last und kritisierten eine zu liberale Immatrikulationspolitik, was auch das MfS auf den Lyrik-Dozenten aufmerksam werden ließ.[111] Maurer jedoch stand zu seinen Entschlüssen und protestierte mehrmals gegen die harschen Disziplinarmaßnahmen der Institutsleitung, so auch im Falle von Rainer Kirsch, dem aufgrund seiner kritischen und in der Schweiz veröffentlichten Abschlussarbeit die Erteilung des Diploms verweigert wurde.[112] Trotz seiner herausragenden Stellung in der Öffentlichkeit gelang es Maurer jedoch nicht, die Entscheidungen der Institutsleitung zu beeinflussen – obwohl er laut der Mitteilung eines inoffiziellen Mitarbeiters des MfS, der sich im Umfeld des Instituts bewegte, gar damit drohte, sein Amt niederzulegen.[113] Sein Einfluss sollte auch deshalb schon eingeschränkt bleiben, weil er als parteiloser Dozent von den internen Versammlungen der Parteigruppe am Institut ausgeschlossen war. In diesen Sitzungen aber verhandelten die Genossen unter den Lehrkräften den Ausschluss der vermeintlich renitenten Studierenden vom Studium.[114] Maurer konnte die gefällten Beschlüsse nur noch zur Kenntnis nehmen. Dass er seine Drohung, das Institut zu verlassen, schließlich nicht wahr machte und auch weiterhin im Amt blieb, war nicht zuletzt seinen finanziellen Verpflichtungen und dem Schutz seiner Familie geschuldet gewesen, wie seine Witwe Eva Maurer berichtete.[115] Von 1966 bis 1968 zog Maurer sich jedoch für einen »Arbeitsurlaub« zeitweilig von seiner Lehrverpflichtung zurück, nachdem infolge einer Herzerkrankung seine Gesundheit zunehmend angegriffen war. Das schöpferische Seminar Lyrik wurde währenddessen von Klaus Steinhaußen, Institutsabsolvent und Oberassistent für politische Ökonomie, geleitet.[116] Doch auch nach seiner Rückkehr 1968 lehrte Maurer nur noch sporadisch. Als er 1970 ein Seminar im Sonderkurs übernahm, an dem u. a. sein früherer Schüler Heinz Czechowski teilnahm, mussten die Sitzungen bereits in seiner Privatwohnung in der Leipziger Menckestraße stattfinden. Am 1. Juli 1970 wurde Maurer schließlich invalidisiert.[117] Die Leitung des schöpferischen Seminars Lyrik wurde fortan von seinem früheren Studenten Helmut Richter übernommen. Ein Jahr später, am 4. August 1971, verstarb Georg Maurer 64-jährig in Potsdam.

2. Eine junge Lyrikergeneration um Georg Maurer

Von seinen Studierenden wurde Maurer nicht zuletzt seiner Loyalität wegen geschätzt. Zwar hatte er sich während der Exmatrikulationswelle den harten Urteilssprüchen der Institutsleitung letztlich fügen müssen. Jedoch blieb er seinen ehemaligen Studierenden auch weiterhin als Freund und Förderer erhalten; dem jungen Andreas Reimann ließ er nach dessen Exmatrikulation nicht nur ideelle, sondern auch finanzielle Unterstützung zukommen.[118] Mit anderen seiner Schüler arbeitete Maurer auch über deren Studienende hinaus noch zusammen, etwa mit Heinz Czechowski, der nach 1961 als Lektor beim MDV gemeinsam mit Gerhard Wolf Maurers Lyrikpublikationen betreute. Darüber hinaus fanden in der Maurer'schen Wohnung in der Menckestraße zahlreiche formlose Zusammenkünfte jener jungen Lyriker statt, die unter dem Namen der »Sächsischen Dichterschule« in die Literaturgeschichte eingingen. Laut einem MfS-Bericht hatte Elisabeth Borchers, Lektorin des westdeutschen Luchterhand Verlages, der DDR-Literatur in Lizenz veröffentlichte, die Wohnung der Familie Maurer als einen »Fleck in diesem Lande« charakterisiert, »wo man sich unbeobachtet und ohne Furcht unterhalten kann«.[119]

Czechowksi bezeichnete diesen in der literarischen Öffentlichkeit als eine zusammengehörige Gruppe wahrgenommenen Dichterkreis, dem auch er zugerechnet wurde, als »[l]egendär, aber nicht wirklich existent«[120] – trotz des gegenseitig befruchtenden und befeuernden literarischen Austauschs und der zahlreichen intertextuellen Referenzen, die sich auch in seinen Gedichten finden.[121] In seinem 1987 verfassten Gedicht »Fachwerk, instandgesetzt« dankt er seinen alten Freunden, denen er sich ebenso verbunden fühlte wie seiner Schreibmaschine:

Ach, meine Generation:
Sechs oder sieben
Leute, die ich kennen meine
Und die ich nicht kenne,
Bleiben wie meine alte
›Erika‹ schließlich bei mir.[122]

Wichtiger als das Verständnis, einer festen »Gruppe« anzugehören, erscheint dabei das Zugehörigkeitsgefühl zu einer gemeinsamen »Generation« mit biographisch geteilter Erfahrung. Dies wurde wiederholt etwa von Sarah Kirsch und Rainer Kirsch sowie von Heinz Czechowski oder den als Mentoren in diesem Umfeld agierenden Schriftstellern Adolf Endler und Gerhard Wolf betont.[123] Zwar hatten die um 1935 geborenen Altersgenossen, zu denen neben Volker Braun, Karl Mickel und Elke Erb auch die Kirschs und Czechowski gehörten, noch die

»Schreckensjahre[] des Krieges und des Nachkriegs, Hunger und Kälte« erlebt und diese Erlebnisse »waren noch nicht vergessen«.[124] Ihre Gegenwart jedoch wurde geprägt von den Erfahrungen in der sozialistischen DDR, die sie selbstbewusst den Kriegserinnerungen, antifaschistischen Kämpfen und hymnischen Gesellschaftsentwürfen der auch als »alte Genossen«[125] bezeichneten DDR-Literaten entgegensetzten, die den Nationalsozialismus als Erwachsene miterlebt hatten und der SED aufs engste verbunden waren. Nicht mehr die Phase des Widerstands gegen den Faschismus und der Aufbau des Sozialismus sollten der Gegenstand der Gedichte der neuen Generation sein, sondern die Realität der neuen Gesellschaft und ihr »täglich gelebtes Leben«, ihre »Irrtümer und Träume«.[126] Als »Aufbruchstimmung« und gar als »Weggabelung der deutschen Lyrik« wurde der Geist dieser Zeit von Czechowski beschrieben.[127] Und Sarah Kirsch erinnerte sich an einen »gewissen Hochmut«, den sie und ihre Altersgenossen zu dieser Zeit besaßen: »Der blühte, und den brauchten wir auch, um uns gegen die Parteidichter behaupten zu können.«[128] Neu war auch das poetische Programm dieser Dichtergeneration, »das auf Individualstil und Subjektivität setzte«,[129] ebenso wie auf Genauigkeit und Konkretion in der lyrischen Darstellung. Dennoch war es kaum möglich, »die unterschiedlichen Sprachen und Handschriften einer Sarah Kirsch, einer Elke Erb, eines Wulf Kirsten, Karl Mickel, eines Volker Braun oder eines Kito Lorenc auf einen annähernd gemeinsamen Nenner zu bringen«,[130] was die identitätsstiftende Funktion des Generationenbegriffs, wenn auch durch einen Widerspruch, erneut unterstreicht.

An die Öffentlichkeit traten einige Vertreter der neuen Lyriker-Generation erstmals 1961 in der von Gerhard Wolf im MDV veröffentlichten Anthologie *Bekanntschaft mit uns selbst. Gedichte junger Menschen*. Auch Wolf, der sich als unermüdlicher Förderer von Nachwuchsautoren engagierte, forcierte die Abgrenzung der neuen Stimmen vom lyrischen Establishment und stellte die sechs im Band vertretenen Dichter – Werner Bräunig, Heinz Czechowski, Bernd Jentzsch, Rainer Kirsch, Karl Mickel und Klaus Steinhaußen – als eine »neue Generation von Lyrikern« vor, die »die Errungenschaften [des Sozialismus] nicht mehr nur besingt, sondern von ihnen ausgeht.«[131] Alle sechs strebten danach, »[s]ich diese Welt anzueignen, ihre Schönheit und Eigenart«, versuchten dies jedoch »auf ihre Art, anders als die Lyriker vor ihnen.«[132]

Große Popularität erhielten die jungen Dichterinnen und Dichter schließlich durch die Veranstaltung *Junge Lyrik – unbekannt und unveröffentlicht*, die Stephan Hermlin am 11. Dezember 1962 in der Akademie der Künste (AdK) organisiert hatte. Bei dieser Lesung, die die allseits bekannte *Lyrikwelle* mit zahlreichen Nachfolgeveranstaltungen auslöste, stellte Hermlin, damals Sekretär der Sektion Sprache und Dichtkunst der AdK, 27 Nachwuchsautorinnen mit ausgewählten Gedichten vor. Im Anschluss an die Lesung entbrannte eine kontroverse Diskussion über die Qualität zeitgenössischer Lyrik, in der u. a. scharfe Kritik an der Publikationspraxis von Literaturzeitschriften und der dort bislang präsentierten Lyrik vor allem der älteren Parteidichter aufkam. Für große Differenzen sorgten aber auch die Werke der Jungen – vor allem auch Rainer Kirschs Gedicht »Meinen Freunden, den alten Genossen«, das von Vertretern des sozialistischen Establishments als Angriff auf die Verdienste etablierter Lyriker und Parteidichter gewertet wurde und Kirsch bereits vor seinem Studium am Becher-Institut große Bekanntheit verschafft hattee. In diesem Gedicht weist Kirsch den Vorbehalt der »Alten Genossen« zurück, »daß wirs heute leichter hätten«. Es sei falsch, dass die Jungen einer Generation von »Glückssemestern« angehörten. Für sie stellten sich neue Herausforderungen, denn »Glück ist schwer in diesem Land. / Anders lieben müssen wir als gestern / Und mit schärferem Verstand. / Und die Träume ganz beim Namen nennen; / Und die ganze Last der Wahrheit kennen.«[133]

In die Diskussion um Kirschs Gedicht, die in der Wochenzeitschrift *Sonntag* geführt wurde, mischten sich auch einige ehemalige Studenten des Becher-Instituts ein, die sich als ebenjene »alten Genossen« angegriffen fühlten, wie etwa der Absolvent des ersten Jahrgangs Helmut Preißler. Er warf den Jüngeren mangelnde sozialistische Orientierung vor.[134] Während Hermlin als Verantwortlicher für den Lyrikabend sein Amt im Zuge der Kontroverse schließlich niederlegen musste, um die erhitzten Gemüter der »alten Genossen« zu beruhigen, bemächtigte sich die FDJ der Organisation von Lyrikveranstaltungen nach dem Vorbild Hermlins, um die Popularisierung der Lyrik unter den überwiegend jungen Menschen in der DDR im Sinne der Jugendpolitik der Partei zu nutzen. Einige bereits auf Hermlins Lyrikabend vertretenen jungen Lyriker wurden in dem Zuge schlagartig berühmt, etwa der Absolvent des Becher-Instituts Heinz Czechowski sowie Rainer und Sarah Kirsch, deren »Berühmtheit« ihnen zu einem Studium am Becher-Institut erst noch verhelfen sollte.

Da der Studienverlauf dieser drei berühmten Maurer-Schüler durch Studienunterlagen, persönliche Erinnerungen und Interviews, aber auch durch ihre literarischen und poetologischen Arbeiten aus dieser Zeit gut dokumentiert ist, wird dem Einfluss insbesondere von Maurers Seminaren auf ihre literarische Entwicklung in den folgenden Kapiteln nachgegangen.

2.1 Der Dichter Heinz Czechowski als Student (1958–1961)

Von Dresden nach Leipzig

Der am 7.2.1935 in Dresden geborene Heinz Czechowski hatte die Bombennacht vom 13. Februar 1945 noch als Kind erlebt.[135] Der Luftangriff auf Dresden sollte für den damals Zehnjährigen zu seiner prägenden »Grunderfahrung«[136] werden: »Von dort aus laufen alle Fäden, öffnen sich alle Perspektiven, in welche Richtung ich immer blicke«, konstatierte der Lyriker noch 1982 in einem Gespräch mit den Leipziger Literaturwissenschaftlern Christel und Walfried Hartinger.[137] Die zerstörte Heimatstadt, »umgeben von einer noch heilen Natur«, stand zeitlebens im Zentrum seiner literarischen Arbeiten, genau wie die persönliche »Betroffenheit der lyrischen Gestalt«.[138] Czechowski, dessen Gedichte alltägliche Szenen, Augenblicke oder Begegnungen gestalten, ging dabei von der Prämisse aus, sich »vom Gelegenheitsmoment ergreifen zu lassen«.[139] Hatte Georg Maurer seinen Schülern noch geraten, »immer das Interessante an einer Sache zu entdecken«,[140] so interessierte Czechowski sich vor allem für das subjektive Empfinden, das diese Sache auszulösen vermochte. Mit ihrem oft schlichten Ausdruck und einer sanften, mitunter auch lakonischen Melancholie unterschieden sich Czechowskis Gedichte fundamental von den kraftstrotzenden, unduldsamen Arbeiten des jungen Volker Braun, Karl Mickels virtuosem Formenbewusstsein oder Sarah Kirschs kunstvoll-naivem Tonfall.[141] Czechowski war weder Vertreter aufsehenerregender Ästhetik noch Avantgardist, sondern verstand sich im Sinne eines Gelegenheitsdichters, weshalb ihm die intellektuelle Lyrik von Karl Mickel, Volker Braun und Rainer Kirsch, die er auch als »schreibtischgemachte Perfektionen« kritisierte, mitunter »nicht sehr sympathisch«[142] war.

Die Unterscheidung von mehr oder weniger intellektuellen Zugängen dieser Dichter, die alle im Jahr 1935 geboren sind, wurde u. a. von dem Kulturjournalisten Jürgen Serke in seiner 1998 erschienenen Sammlung *Zu Hause im Exil. Dichter, die eigenmächtig blieben in der DDR* unterstützt:

> In der DDR hat man gesagt, Mickel dichte aus dem Hirn heraus, Czechowski aus dem Bauch. Wenn dieses Wort eine Bedeutung hat, dann die: Mickel denkt sich existentielle Not aus, Czechowski lebt in ihr.[143]

Dabei werde das Moment der persönlichen Ergriffenheit nicht selten durch ein leichtfüßiges Parlando kontrastiert, so Serke weiter, eine »Täuschung, mit der sich Czechowski leicht macht«,[144] während er gleichwohl schwergewichtige Inhalte präsentiert.

Spuren dieser Entwicklung zeigen sich bereits in Czechowskis frühen Gedichten, die zwischen 1958 und 1961 während seiner Studienzeit am Leipziger Literaturinstitut entstanden waren. Zudem zeigen diese Arbeiten, wie mühevoll der Autor sich zum Eigenen erst durcharbeiten musste, verstellten ihm doch zunächst nicht nur sein epigonales Schreiben und sein sprachliches Pathos den Zugang zu der emotionalen Intensität und lakonischen Beiläufigkeit, die den eigensinnigen Ton seiner späteren Lyrik auszeichnen sollte, sondern auch seine lyrische Feier des sozialistischen Fortschrittsgedankens. Diese Zeit am Literaturinstitut zählte der Lyriker, Prosaautor und Essayist Czechowski, der unter seinen Zeitgenossen auch als äußerst streitbar galt, rückblickend indes zu den Umwegen, die er einschlagen musste,[145] bevor er zu jenem »unpath[etischen] Lyriker«[146] werden konnte, als der er später bekannt wurde. Folgenlos sollte Czechowskis Studium am Literaturinstitut für seine weitere literarische und biographische Entwicklung jedenfalls nicht bleiben, zumal er seine Gedichte immer auch als »Reaktionen auf bestimmte Erlebnisse« verstand, »auf Dinge, die in meinem Leben, in meiner Biographie eine Rolle gespielt haben.«[147] Czechowskis Texte erlauben damit nicht nur einen unmittelbaren persönlichen Zugang, sie verlangen auch eine enge Rückbindung an ihren biographischen Entstehungskontext, in dem das Becher-Institut für den Autor über dreißig Jahre hinweg einen höchst ambivalenten Platz einnehmen sollte.

So präsent Dresdens Topographie in Czechowskis Gedichten ist – ob als zerstörter und von Industrialisierung geprägter urbaner Lebensraum oder als »sommerlich gezeichnetes Fluß-, Wiesen- und Hügelpanorama«,[148] so nachhaltig vollzog sich auch die »ästhetische Erziehung« des in einem Beamtenhaushalt geborenen Czechowski im kulturellen Klima des Dresdner Bürgertums. Trotz der Kriegsnarben und der ungeheuren Verluste in den ersten Nachkriegsjahren habe Dresden sich vor allen anderen Städten der DDR eine starke kulturelle Aura bewahrt, schrieb Czechowski in seiner 2006 erschienenen Autobiographie *Die Pole der Erinnerung*:

> [...] vor allem in Hinsicht auf Malerei und Musik, die an Otto Dix und Kokoschka, an Richard Strauss und Karl Böhm erinnerte. Es waren dies allerdings Relikte einer ›bürgerlichen‹ Kultur, aber sie fanden sich aufgehoben im Wesen der Maler und Musiker, die Krieg, Bomben, Gefängnisse und KZs überlebt hatten. Auch in einzelnen Stadtvierteln wie Blasewitz, dem Weißen Hirsch oder in Radebeul-Oberlößnitz gab es noch etwas von der schon sehr abgeschabten und von Verarmung bedrohten Aura eines Bürgertums, das einmal die Kultur dieser Stadt getragen hatte.[149]

In der Zeit um Stalins Tod, als er eine Ausbildung zum graphischen Zeichner und Reklamemaler absolvierte, sei ihm die Flucht in die Kunst als »Ausweg aus der platten Misere des Alltags«[150] erschienen, die er als angstbesetzt, kalt und düster wahrgenommen habe, so erinnert er sich in seiner Autobiographie. Erste Gedichte schrieb er Mitte der 50er Jahre, um sie als Arbeitsproben an der Filmhochschule Babelsberg einzureichen, an der er sich um einen Dramaturgie-Studienplatz bewarb.[151] Obwohl diese Bewerbung abgelehnt wurde, setzte Czechowski seine Schreibversuche fort und schickte sie 1956 zur Begutachtung an die Literaturzeitschriften *Sinn und Form* und *ndl*. Der Lyriker Peter Huchel, Czechowskis erklärtes literarisches Vorbild und damaliger Chefredakteur von *Sinn und Form*, bewertete zwei der eingereichten Gedichte immerhin als »starke Talentproben«, wenn auch noch nicht reif zur Veröffentlichung.[152] Paul Wiens, gleichfalls Lyriker und Übersetzer, attestierte Czechowski ebenfalls eine sichtbare Begabung, aber eine zu »einseitige Brecht-Nachfolge«[153] und empfahl ihm die Teilnahme an der Dresdner AJA. Dort traf Czechowski auf seine spätere Mentorin, die 1887 in Wien geborene und in Germanistik promovierte jüdische Schriftstellerin Auguste Lazar, die junge Autoren engagiert unterstützte und ihn u. a. mit Helene Weigel bekannt machte.[154] Seine Hoffnung auf eine Position am Berliner Ensemble erfüllte sich dennoch nicht, und so sei ihm die Bewerbung am Literaturinstitut in Leipzig schließlich als letzte Option auf eine künstlerische Ausbildung erschienen – zumal der Schriftstellerverband verzweifelt Nachwuchs suchte. Diese Bewerbung sollte indes auch erfolgreich sein.

Czechowskis Studienzeit am IfL

Als Czechowski im September 1958 sein Studium im ersten Dreijahreskurs des Literaturinstituts begann, war er mit 23 Jahren der jüngste Teilnehmer seines Jahrgangs. Das rein männlich besetzte Matrikel mit Studenten wie Werner Bräunig, Günter Görlich, Gerhard Holtz-Baumert, Erich Köhler und Horst Salomon bestand größtenteils noch aus Angehörigen der Flakhelfer-Generation – ein laut Czechowski »verzweifelter rebellischer Haufen«,[155] bei dem Krieg und Gefangenschaft große Bildungslücken hinterlassen hatten. Seine Kommilitonen hatten allerdings bereits eigene Bücher publiziert, während er selbst zu Studienbeginn nur eine »Handvoll Gedichte«[156] vorweisen konnte, welche er Georg Maurer zur Bewerbung vorgelegt hatte. Der für Lyrik zuständige Dozent am Institut hatte sich – obwohl die Gedichte noch unveröffentlicht waren und eine wesentliche Immatrikulationsvoraussetzung damit nicht erfüllten – in der Zulassungskommission für Czechowskis Aufnahme ausgesprochen. Unter den Gedichten befanden sich u. a. eine Kantate für das Hydrierwerk Zeitz und eine Hymne zur Eröffnung des 1. Deutschen Turn- und Sportfestes. Im Rückblick auf diese tendenziell ideologielastigen Gedichte rechtfertigte sich Czechowski später, sie seien »mitunter dem Zeitgeist verpflichtet«[157] gewesen, gewissermaßen »Pflichtübungen«, die, wie er hinzufügte, am Institut jedoch »nicht unerwünscht« gewesen wären. Dass sie Maurers Ansprüchen dennoch nicht genügten, sollte sich erst später zeigen: Als Czechowski diese Gedichte in seine Abschlussarbeit aufnehmen wollte, hatte Maurer protestiert und sie »allesamt gestrichen«.[158]

Trotz dieser ersten Pflichtübungen zählte Czechowski zu seinen literarischen »Wahlverwandtschaften« indes nicht die sozialistischen Großschriftsteller wie Erich Weinert oder Kuba, sondern Bertolt Brecht und vor allem eben Peter Huchel. Die parodistische *Hauspos-*

tille des als Lyriker übermächtigen Brecht und dessen »naturromantische, abenteuernde Vagantenlyrik« hinterließen einen starken Eindruck auf ihn.[159] Durch Peter Huchels Gedichte habe er wiederum die Landschaft seiner Kindheit »sehen und fassen« gelernt.[160] Das wird auch in seinen frühen Landschaftsgedichten wie »Cleviner Herbst« deutlich, die unbestreitbar epigonale Züge aufweisen. Den Einfluss von Georg Maurer, dessen Autorität als Dichter zur damaligen Zeit gleichfalls groß war, beschränkte er hingegen auf dessen pädagogisches Verdienst als Lehrer am Literaturinstitut:

> [E]igentlich existierte für uns, die wir damals seine Schüler waren, Maurer als Lehrer und Maurer als Dichter getrennt. Zum Dichter hatten wir ein reserviertes Verhältnis, wenn auch unterschiedlich temperiert: Salomon anders als Bräunig, ich anders als Bräunig und Salomon; aber es war uns gewissermaßen Bildungslyrik, was Maurer schrieb, wir haben sie damals nicht verstanden.

So stand Czechowski Maurers dichterischer Tätigkeit eher skeptisch gegenüber und zeichnete auch im Rückblick ein durchaus ambivalentes Bild seines Lehrers. Der häufig als unideologisch charakterisierte Maurer hatte in seiner Lyrik auch dogmatische Richtlinien eingehalten und dem weltanschaulichen Zeitgeist Tribut gezollt, weshalb einige seiner Verse »lediglich als Dokumente ihren Wert behalten« werden, prophezeite Czechowski später. Beispielhaft dafür sei Maurers »Hymne auf einen sowjetischen Schreitbagger« und »die verschämt Deutschlands Einheit« ansprechende *Poetische Reise*.[161] Im Maurers Seminar allerdings, so Czechowski weiter, hätten dessen eigene Werke nie eine Rolle gespielt.[162] Vielmehr habe er seinen Studierenden »Fenster geöffnet«, indem er auch die unbekannte und in der DDR »verfemte« Literatur der Moderne von Rilke über Trakl bis zu Kurt Schwitters ins Blickfeld gerückte habe. Doch trotz aller Offenheit – oder vielleicht auch gerade deswegen – sei Maurers Einfluss »sicher keine unmittelbare Hilfe auf der Suche nach einem eigenen Standpunkt« gewesen.[163] Dennoch resümierte Czechowski rückblickend, Maurer habe eine große Liberalität besessen – er habe seine Studenten »nicht mit Erklärungsversuchen aus der Kiste des ›Sozialistischen Realismus‹« abgespeist und sich gegen die zeitgenössische Massenproduktion von Gedichten ausgesprochen, die der Bitterfelder Weg sich zum Ziel gesetzt hatte. Mit dieser ablehnenden Haltung habe Maurer, so Czechowski, allerdings nicht allein gestanden, sondern habe sie mit anderen aus seinem Kollegium geteilt.

Dr. Kanzog (Wer trägt den schönsten Anzog? Dr. Kanzog!) und Dr. Nalewski, beide Schüler Hans Mayers, betrachteten die politische Gebrauchslyrik eher mißbilligend und verwiesen uns auf Eluard, Hikmet, Brecht und, natürlich, auf Hölderlin.[164]

Mit Anerkennung berichtete Czechowski in seiner Autobiographie auch von der vom Kommunismus durch und durch überzeugten Literaturwissenschaftlerin Trude Richter. Czechowski blieben ihr »eifernde[s] Wesen« und ihre »merkwürdige Erscheinung« zwar fremd.[165] Gleichwohl hatte sie ihm so eindringlich wie unnachgiebig »die wichtigsten russischen Autoren von Lermontow bis Tschechow und von Dobrojulbow bis Belinski« nahegebracht wie niemand sonst. Dass ihr aber jede Spielart der Moderne »aus ideologischen Gründen und tiefstem Herzen suspekt« blieb, behielt Czechowski allerdings auch im Gedächtnis:

So erfuhren wir nichts von Jessenin, Blok oder der Achmatowa, geschweige denn von Mandelstam. Trotz ihrer Leidenserfahrung in der Verbannung Kasachstans und dem Schrecklichen, das ihr in der Stalinzeit widerfahren war, war ihr Glaube an eine lichte Zukunft des Sozialismus und der DDR unerschüttert. Von Ingeborg Bachmann beispielsweise, die sie bei einer Lesung im berühmten Hörsaal 40 bei Hans Mayer erlebt hatte, sprach sie nur mit Verachtung. Die *Anrufung des großen Bären* sei nichts anderes als eine Verunglimpfung der Sowjetunion. Und überhaupt, dieses Mädchen ...[166]

Im Vergleich zu einer Persönlichkeit wie Trude Richter erschien Czechowski sein damaliger Direktor Max Zimmering geradezu eigenschaftslos, zumal der sich nicht an der Lehre beteiligt hatte und sich auch sonst kaum in die Angelegenheiten des Instituts einzumischen schien.[167] Ganz anders sei der noch von Alfred Kurella aus der UdSSR ans Institut beorderte Philosophieprofessor Nikolai Janzen aufgetreten, der für eine »Periode poststalinistischer Indoktrination« am IfL gestanden und unter den älteren, noch militärisch ausgebildeten Studenten zahlreiche Anhänger gefunden hatte.[168] Bei Czechowski, der damals noch regelmäßig nach Westberlin fuhr, um sich »mit Büchern und Zeitschriften zu versorgen«, lösten Janzens Agitationsversuche hingegen einiges Befremden aus. Trotz der Vorbehalte gegenüber solchen Agitatoren trat er 1961, kurz vor dem Mauerbau,[169] wohl eher aus Neugier in die SED ein: »Fast alle Studenten waren in der Partei, die Parteigruppe tagte hinter geschlossenen Türen. An diesem Geheimwissen wollte ich teilhaben.«[170] Denn auch wenn Janzens scharfer Kurs am Institut seinesgleichen suchte, sei es nicht undogmatisch zugegangen. Die Parteilinie habe sich auch hier Geltung verschafft:

> Zuerst kommt die Partei, dann die Kunst. Bis man riskiert hat, etwas Durchdachtes gegen diese Linie zu sagen, das dauerte. Meldete man sich dann: ›Ja, aber die Erfahrungen der Kunstgeschichte, die besagen, daß die Kunst doch etwas anderes ist …‹ Wumm. Da wurde sofort dazwischengefahren, da wurde belehrt, wie man zu denken habe. Immer zuerst die Partei.«[171]

Ein eindeutiges Urteil zum politischen Klima am Institut zu fällen fiel Czechowski dennoch schwer, schließlich habe es dort auch »ein mehr oder minder verstecktes Rebellentum« gegeben.[172] Zu den Kommilitonen, die Tabus hinterfragten, zählte er auch Werner Bräunig, »der trotz seiner bis zum bitteren Ende durchgehaltenen Parteitreue seine Zweifel laut äußerte.«[173] Neben der Gelegenheit zum Austausch mit Gleichgesinnten[174] bot auch der unzensierte Lektürezugang allen Angehörigen des Instituts Möglichkeiten, intern Kritik zu üben: »Bräunig war ein besessener Leser. So war es nicht verwunderlich, daß er auf ›bürgerliche‹ Autoren stieß, die seinen Glauben an den sozialistischen Realismus ins Wanken brachten«,[175] erinnerte sich Czechowski, der sich selbst mit Kritik am Institut allerdings eher zurückhielt.[176] Außerhalb der Institutsmauern fiel jedoch selbst verhaltene Kritik sofort der Zensur zum Opfer. Diese ernüchternde Erfahrung blieb Czechowski – wie übrigens auch zahlreichen anderen Autoren, die im Zuge des Bitterfelder Weges mit den Beispielen sozialistischer Misswirtschaft konfrontiert wurden – nach einem Studienpraktikum in einer LPG nahe Oschatz nicht erspart:

> Damals waren die Rinderoffenställe aktuell. Die Tiere sollten auch bei strengsten Frösten quasi im Freien überwintern. Am grünen

Tisch hatte man sich dabei eine Abhärtung der Tiere und mehr Fleisch versprochen. Das gleiche galt für die Schweinehütten. Die Idee kam aus der Sowjetunion. Viele Tiere froren in der eigenen Jauche fest und mußten getötet werden.[177]

Wie Czechowski später berichtete, hätte er das »Debakel der Offenställe und Schweinehütten« in seiner vom IfL als Schreibaufgabe geforderten Reportage über die LPG nur beiläufig erwähnt und sich im Glauben an den sozialistischen Fortschritt letztlich darum bemüht, »[a]uch diesen Unsinn [...] noch zu verteidigen« und die Notschlachtung der Tiere zu rechtfertigen. Doch war es Czechowski offenbar nicht gelungen, seine Kritik an den Fehlentscheidungen in der LPG voll und ganz zu verhehlen, weshalb seine Reportage, so mutmaßte er, von der *Leipziger Volkszeitung* (LVZ) schließlich abgelehnt wurde: »[E]inen Bericht, in dem Mißstände, wenn auch nur am Rande, erwähnt wurden, wollte man nicht«, schlussfolgerte der Autor indes später in seiner Autobiographie.[178] Von etwaigen weiteren Sanktionen findet man allerdings nichts in seinen Erinnerungen, so dass nicht restlos aufgeklärt werden kann, ob es tatsächlich allein an seiner leisen Kritik gelegen hatte, dass die Reportage in der LVZ nicht erschienen war.

Abschlussarbeit »Anspruch auf Schönheit«

Im Sommer 1961 schloss Heinz Czechowskis sein Studium am Becher-Institut mit einem Lyrikmanuskript unter dem Titel *Anspruch auf Schönheit* ab.[179] Die Sammlung umfasst 42 Gedichte, die zu Teilen bereits in der Institutsanthologie *Ruf in den Tag*[180] (1960) oder in der 1961 von Gerhard Wolf herausgegebe Lyrik-Anthologie *Bekanntschaft mit uns selbst*[181] erschienen waren. Mit Erscheinen dieser Anthologie, so lautete Czechowskis Einschätzung, war letztlich »ein [...] generative[r] Trennstrich in der Entwicklung der Lyrik«[182] der DDR nach 1945 gezogen worden. Auch sein erster eigenständiger Gedichtband, den Czechowski ein Jahr später unter dem Titel *Nachmittag eines Liebespaares*[183] im MDV veröffentlicht hatte, enthielt neben weiteren Gedichten nahezu alle aus seiner Abschlussarbeit. Davon ausgenommen waren nur wenige, die ihm inzwischen zu epigonal erschienen.[184]

Das Manuskript der Abschlussarbeit gliedert sich in sieben Kapitel mit metrisch regelmäßig gebundenen Versen. Kapitel 1 umfasst Gedichte, die in elegisch-odischem Tonfall den Aufbau des Landes und die »neue Wirklichkeit«[185] der sozialistischen Gegenwart besingen. Im Genre des Landschaftsgedichts beschreibt Czechowski die Industrie-, Tagebau- und Ackerlandschaften der DDR, in die sich die sozialistischen Errungenschaften eingegraben haben, und erhebt sie zu Metaphern des technischen und gesellschaftlichen Fortschritts. Das Gedicht »Lied« preist etwa die Größe und Kraft der volkseigenen und genossenschaftlichen Produktion: »Wo nicht mehr Handtuchfelder / begrenzen den Verstand, – / die grenzenlosen Felder / verschönern unser Land. // Wo Ginster einsam dürrte, bauscht sich der kühle Wind / in Fahnen über Werken, / die unsere Werke sind.« In der letzten Strophe entwickelt das Gedicht eine »Vision der Erneuerung des Daseins«,[186] wie Czechowski-Kenner Serke zu erkennen glaubte, die gleich dreifach mit dem Topos des Neuen beschworen wird: »O neue, große Schönheit! / Mit neuer Leidenschaft / verändern wir die Erde / mit neuer, größrer Kraft.«[187]

Die idealistische Perspektive dieser im ersten Kapitel versammelten *Weltanschauungsgedichte* entsprach durchaus Czechowskis damaliger politischer Überzeugung, die noch weitgehend ungebrochen von Unsicherheiten, Zweifeln und Ambivalenzen war:

… ich habe in diesem Land gelebt und zumindest bis in die Mitte der 60er Jahre – das kann man ja auch nachlesen – habe ich geglaubt, dies sei das bessere deutsche Land. Das ist keine Heuchelei gewesen.[188]

Damit einher ging für den Autor ein gesellschaftspolitischer Wirkungsanspruch seiner Lyrik, ein literarisches »Bemühen / diese Welt zu ändern, daß sie wohnlich wird«, wie es im Gedicht »Vorspruch« heißt, das er seiner Abschlussarbeit programmatisch voranstellte: »Dennoch, hoff ich, lässt mein Lied nicht kühl.«[189] Diesem Anspruch auf gesellschaftliche Wirksamkeit ordnete Czechowski auch die Schönheit seiner lyrischen Naturbilder und Landschaftsimpressionen unter, die in seinen frühen Gedichten fast immer einen metaphorisch aufgeladenen Bedeutungshof erhalten und als Sinnbilder des gesellschaftlichen und technischen Fortschritts dienen. Der *Anspruch auf Schönheit*, den Czechowski im Titel seiner Arbeit proklamiert, erschöpft sich mithin nicht in der Ästhetik seiner Gedichte – er ist untrennbar verbunden mit der Schönheit der gesellschaftlichen Utopie und den Visionen des Neuanfangs, deren »neue Wirklichkeit« in der betrachteten Landschaft bereits erkennbar ist.

Beispielgebend dafür ist das weder in *Bekanntschaft mit uns selbst* noch im *Nachmittags*-Band veröffentlichte Gedicht »Vorfrühling bei Profen«, das laut der titelgebenden Ortsangabe in einer Tagebaulandschaft im Leipziger Umland angesiedelt ist und sich auf das sinnliche Erleben des lyrischen Ich während einer Bahnfahrt konzentriert. In detaillierten und eindrücklichen Bildern gestaltet Czechowskis die Beobachtung des Augenblicks, die später charakteristisch für seine Gelegenheitsgedichte werden soll: Der klamme Frühwind und der Geruch der Birken ziehen durch das geöffnete Fenster ins Abteil, vor dem eine konkret fassbare Landschaft vorbeizieht. Mit nur wenigen Federstrichen offenbart der Autor in diesen Zeilen sein Können:

[d]ie Teppiche der Felder sind schon weit
und grün ins Land gewirkt. Wie von Vergänglichkeit
träumen die grauen Halden. Pappeln stehn
wie Kommas an der Straße aufgereiht,
auf der wir Tag um Tag zur Arbeit gehen.

In der letzten Strophe erfährt die ästhetische Unschuld der Landschaftsbilder jedoch eine ideologische Engführung: Mit dem Pathos des sozialistischen Aufbruchsgedankens wird sie zum Zeichen einer sich bereits ankündigenden gesellschaftlichen Schönheit und zum Topos der historischen Schuld erklärt, der mit den Erdschichten in der Tagebaulandschaft abgetragen wird:

Nun Land, noch arm an Schönheit, hab Geduld:
frag deine Menschen, die dich gut verwalten
und mit Geduld und Fleiß dein Antlitz umgestalten, –
wir tilgen, dich verändernd, alte Schuld ...[190]

Im letzten Text des Kapitels, den Czechowski als »Kleines Gedicht für Anni H.« bereits durch das Adjektiv »klein« im Titel zu Bescheidenheit verpflichtet, gelingt dem Autor hingegen eine Augenblicksaufnahme von großer lakonischer Nüchternheit, die ganz im Moment verharrt und nicht mit ideologischen Sentenzen über sich hinausweisen muss. In aller Schlichtheit hält Czechowski in dieser Szene eine stumme Begegnung nach Schichtende fest:

Am Morgen nach der Schicht der Himmel:
Blau überm Werk und schon verraucht,
Spuren der Nacht zwischen den Rohren
und Stahlgerüsten – grau, verbraucht.

Nur über deinen Brauen eine Strähne,
zufällig, hingewischt vom Teer.
Hoch überm Werk die Filterbrücke
an diesem Morgen, still und leer.

Du sahst mich an aus deiner Wattejacke,
in deinen Augen aber war ein Meer
von Frühlingswolken, die vorüber zogen
inmitten grauen Rauches um uns her.[191]

Nichts entfernt den Leser aus der beschriebenen Situation, die vor dem rauen Hintergrund der Industrielandschaft[192] ebenso ernst wie zärtlich erscheint. Dieser Eindruck erwächst aus der genauen Beobachtung eines Menschen in einer korrespondierenden Umgebung, wobei Arbeit und Liebe, Härte und Sanftheit harmonisch vermittelt werden. Die Perspektive ist ungebrochen: Das eine bedingt das andere; und so liest sich auch dieses Gedicht – trotz aller Zurückgenommenheit – schließlich als Liebeserklärung an die sozialistische Wirklichkeit, die diese Widersprüche zu überwinden scheint. Zur Harmonisierung des Dargestellten trägt auch die gebundene Form bei: Auch das Nüchterne, Prosaische der Arbeitswelt ergibt hier einen Reim, wobei sich Czechowski der einfachen Form des Volksliedes bedient, eines halben Kreuzreimschemas, das wiederum mit der Bescheidenheit des sprachlichen Ausdrucks korrespondiert. Es entsteht eine organische Komposition, die ihre Kunstfertigkeit gekonnt zu verbergen weiß und – frei von Pathosformeln und metaphorischer Überhöhung – auch die sozialistische Ordnung auf selbstverständliche Weise harmonisch erscheinen lässt.

Das zweite Kapitel der Abschlussarbeit ist weniger auf den DDR-Alltag fokussiert, sondern stärker von einer historischen Perspektive geprägt. Die Gedichte richten den Blick zurück auf die Geschichte des Klassenkampfes – etwa im Gedicht »Deutschland um 1789«,[193] das die verpasste Chance zu einer deutschen Revolution verhandelt – oder sie widmen sich den künstlerisch-literarischen Arbeiten von Czechowskis

Vorbildern Hölderlin, Villon, Goya und Picasso die sich mit den Widerständen ihrer Zeit konfrontiert sahen. Im Pathos des Klassenkampfs agitiert auch das Gedicht »Auf Villon«, in dem Czechowski, beeinflusst von Villons Hauptwerk »Le Testament«, der Opfer des Feudalsystems gedenkt, »die im Sarge verfaulen, gestorben an der Krankheit / der zu früh Geborenen: / Am Elend des Unverstandenseins.«[194] Während ihm im Gedicht »Picasso: L'etreinte«[195] ein Liebesgedicht voller Farben und sinnlicher Eindrücke gelingt, dominiert in anderen Texten der demonstrative Gestus von Sinnsprüchen und aphoristischen Handlungsanweisungen: »In Zeiten der Unvernunft muss die Vernunft wachen: / Wenn die Vernunft schläft, erwachen die Ungeheuer«, heißt es etwa im Gedicht »Zu einer Radierung Goyas«.[196]

In Kapitel 3 wendet sich der Fokus wieder der sozialistischen Gegenwart zu, wobei er sich von den Verheißungen der sozialistischen Wirklichkeit löst und auf die internationalen Konflikte und Bedrohungen der Zeit richtet. Das Agitationsgedicht »Es liegt an dir!«[197] entwirft das düstere Szenario eines drohenden Krieges, während das darauffolgende, fortschrittsoptimistische Gedicht »Unsere Kinder werden die Berge sehn«[198] in geradezu antithetischer Funktion eine bessere Zukunft verspricht. Mit »Frühjahr 58« erinnert der Lyriker wiederum an die Notwendigkeit parteilicher Dichtung: Solange man den Himmel über dem Schrebergartenidyll noch nach »Bombern« absuchen müsse, »darf das Liebesgedicht nicht geschrieben werden, / vor dem Pamphlet auf die Kriegstreiber.«[199]

Ebendiese Liebesgedichte versammelt Czechowski in Kapitel 4 – konsequenterweise der politischen Lyrik *nachfolgend*. Die unbeschwerten Momentaufnahmen und Gelegenheitsskizzen sind in eine blühende Elblandschaft oder in sommerliche Stadtimpressionen eingebettet, die von kultureller Blüte zeugen, aber auch noch die Narben des Krieges tragen.[200] Nach der parteilichen Pflichtübung der Weltanschauungsgedichte erlaubt sich Czechowski, so scheint es, nun die Kür: In seinen Liebes- und Landschaftsgedichten tritt der demonstrative Wirkungsauftrag stärker als in den vorangegangenen Kapiteln in den Hintergrund, was dieser Lyrik eine andere Leichtigkeit und in Anklängen bereits jene lakonisch-melancholische Beiläufigkeit verleiht, die später zur Erkennungsmelodie von Czechowskis Gedichten werden sollte. Ein Beispiel ist das »Bahnsteig-Sonett«, das einen einsamen Wartenden vergeblich die Ankunft seiner Liebsten herbeisehnen lässt.

Dann ist der Bahnsteig wieder kalt und leer.
Ich spreche in die Stille deinen Namen.
Ein roter Bahnhofsmond schaut tief und leer
durchs Glasdach wie durch einen Bilderrahmen ...[201]

Während sich Czechowski in späteren Arbeiten »größeren Spielraum und mehr Bewegungsfreiheit beim Zugriff auf die spröden, prosaischen Fakten des Alltags«[202] verschaffte, sind seine frühen Gedichte oft noch formstreng nach tradierten Mustern gestaltet. Auch das wohl bekannteste Landschaftsgedicht aus Czechowskis Frühwerk findet sich in diesem Kapitel: das bereits 1957 verfasste Sonett »An der Elbe« mit der klangvollen Eingangsmelodie »Sanft wie Tiere gehen die Berge neben dem Fluß«.[203] Czechowski ließ von diesem Sonett, in dem er das Liebesglück eines jungen Paares untrennbar mit den Eindrücken der Elblandschaft verbindet, später nur noch die Eingangszeile gelten, weil ihm das Gedicht »in seiner linearen Schreib- und Denkweise zu stark auf Illusion und Idyll aus war.«[204]

In Kapitel 5 präsentiert er, an sein Vorbild anknüpfend, schließlich Balladen in Brecht'scher Tradition, die er unter der Überschrift »Das verstimmte Klavier oder Die anachronistischen Gesänge« oder auch als »Variationen zu Themen der Hauspostille Bertolt Brechts« zusammenfasst und trotz aller Kritik an seinen epigonalen Schreibanfängen in die Abschlussarbeit aufnimmt. Neben dem Gedicht »Vom ertrunkenen Mann«[205] in Anlehnung an Brechts Ballade »Vom ertrunkenen Mädchen« findet sich auch der Gesang »Von der zerbrochenen Freundschaft«[206] als Gegenstück zu Brechts »Ballade von der Freundschaft«. Auch das für seinen ersten Lyrikband titelgebende[207] Gedicht »Der Nachmittag eines deutschen Liebespaares« findet sich in Kapitel 5 – ein selbstreferentielles Landschaftspoem, das sich an der Literatur der Romantik abarbeitet, wenn Czechowski mit Brecht'scher Ironie sein Liebespaar Wälder betrachten lässt, »die wie deutsche alte Meister standen: / schön und etwas düster, voller Wehmut / in Erwartung roter Sonnenuntergänge«, bevor die Liebenden gemeinsam »in die Weite / in das Tal romantischer Versunkenheit« schreiten.[208]

Das sechste und vorletzte Kapitel umfasst die am wenigsten komplexen Texte der Abschlussarbeit – formelhafte Sinnsprüche (»Spruch«),[209] Lehrgedichte in Brecht'scher Manier (»Ich weiss nicht, warum ich den Wind liebe«)[210] und kleine atmosphärische Studien (»Mittagsruhe«),[211] die Czechowski für seinen *Nachmittags*-Band wieder verwerfen sollte. Anders das Landschaftsgedicht »Cleviner Herbst«,[212] das der Autor auch 1982 noch schätzte und in seine Retrospektive *Ich, beispielsweise* aufnahm. Dabei sind es Landschaftsgedichte wie dieses, die Czechowskis Frühwerk auch das Attribut der spannungslosen, »idyllisch blaß«[213] gestalteten Lyrik einbrachten, die auf »zitathafte Reminiszenzen an Naturgedichtstraditionen«[214] zurückgreife. Tatsächlich werden in »Cleviner Herbst« Gemeinplätze der Landschaftslyrik wie »bunte Wälder«, »weinschwere Berge« und »zartblaue Blumen« herbeizitiert. Auch lässt sich der Einfluss des sozialistischen Realismus, der wenn nicht von Maurer, aber dann doch von anderen Dozenten am Becher-Institut gelehrt wurde, auf Czechowskis Abschlussarbeit kaum verhehlen. Sein handwerkliches Ringen mit den Prinzipien einer didaktischen Ästhetik thematisiert Czechowski in seinem Gedicht »Vers ohne Lösung«: Das dichtende Alter Ego, das am Ufer eines Weihers sitzt, stellt sich sinngemäß und bar jeder Ironie die Frage, wie man in der kleinen Form des Gedichts vom Konkreten zum Allgemeinen kommen könne, um mit den Bildern einer Wolke und eines Weihers vom »großen Aufbruch vieler Völker« zu berichten.[215] Wie zentral diese Frage für Czechowski zu Beginn der 60er Jahre noch war, zeigt sich abermals in Kapitel 7, das als Schlusskapitel nun doch einiges Pathos aufbietet, hymnische Lieder auf die Arbeitermacht und den Klassenkampf anstimmt und das Manuskript mit einigen Versen abschließt, die voller Fortschrittsoptimismus die technische Erschließung der Landschaft besingen: »Damit die Welt auch die unsere werde, / fahren die Züge ins grüne / Antlitz der Erde.«[216]

Aus der Rückschau falle es leicht, diese »harmonisierenden Tendenzen [...] als naiv zu apostrophieren«,[217] hält der befreundete Schriftsteller Wulf Kirsten mit Bezug auf Czechowskis Frühwerk fest. Bei genauerer Betrachtung finden sich denn auch andere Gedichte wie »Theresienstadt«,[218] das dem später formulierten Anspruch des Autors entspricht, »jene innere Spannung [zu gestalten], die ein gelungener poetischer Text in sich austrägt«.[219] Hier wird das Landschaftsidyll nur inszeniert, um das Grauen des Massenmords umso vehementer ins Bewusstsein zu rufen, wie der Literaturwissenschaftler und Czechowski-Übersetzer Ian Hilton treffend zusammenfasst: »All notion of an idyll becomes totally misplaced in the context of the poem [...] and Czechowski rightly brings the reader down to earth with a bump [...].«²²⁰ Dennoch haben Czechowskis während seiner Zeit am Literaturinstitut entstandene Gedichte ihre spätere Form noch nicht gefunden. In seiner Abschlussarbeit erweist sich der Dichter noch als ein Autor, der seinen Tonfall sucht – und sich dessen auch durchaus bewusst ist. So bilanziert das lyrische Ich – ebenfalls ein Alter Ego des Dichters – im Gedicht »Ende des Jahres« den literarischen Ertrag eines zurückliegenden Studienjahres am Literaturinstitut folgendermaßen: »Ein Stück begonnen, erste Frucht des Jahres: / Landschaft um Zeitz, Hydrierwerksluft, Genossen. / Die Dialoge roh, der Stoff / noch nicht in seine Form gegossen.«²²¹

Erst in späteren Publikationen löste Czechowski sich schließlich von Versmaß und Reimschemata und nahm freirhythmisch und freistrophisch jenen »wohltemperierten, karg-nüchternen, oft prosaisch anmutenden Gestus«²²² an, den sein Freund und Kollege Bernd Jentzsch einmal als »trockene[n] Lyrismus« bezeichnete.²²³ In den nachfolgenden Gedichtbänden *Wasserfahrt* (1967), *Schafe und Sterne* (1974) und *Was mich betrifft* (1981), jeweils im MDV erschienen, setzte sich Czechowskis lakonische Nüchternheit durch. Ihm sei die »Nachdenklichkeit zur Grundhaltung geworden. Ernüchterung, Desillusionierung sind an die Stelle der zuversichtlichen Begeisterung getreten«, fasste Wulf Kirsten, ein anderer Freund, die literarische Entwicklung Czechowskis zusammen. »Die Sprache ist selbstbewußt und selbständig geworden, sie greift nun kühner und härter aus. [...] Dies schafft größeren Spielraum und mehr Bewegungsfreiheit beim Zugriff auf die spröden, prosaischen Fakten des Alltags«.²²⁴ Czechowski selbst beschrieb diesen Prozess auch einmal als »Abstreifen von Illusionen, von Wunschdenken, von ideologisch flächig überlagerter Vorstellung, ein Annehmen der Existenz, wie sie eben nicht anders ist.«²²⁵

Nach dem Studium: Verschiedentliche Rückkehr an das Institut

1961, im Jahr seines Studienabschlusses und Parteieintritts, begann Czechowskis Überwachung durch den Staatssicherheitsdienst. Der Autor wurde in den Akten als »Konterrevolutionär« geführt, wobei die gegen ihn gerichteten Vorwürfe heute lapidar erscheinen: Er halte »Hölderlin für den ›revolutionärsten Dichter Deutschlands‹ und nicht Otto Gotsche oder Willi Bredel«,²²⁶ hieß es etwa. Tatsächlich aber hatte die Studienzeit am Becher-Institut Czechowskis Parteilichkeit nachhaltig ins Wanken gebracht. Sowohl die obligatorischen Wehr-

und Ernteeinsätze während des Studiums als auch die Praktikumserfahrungen in der LPG und die Vorlesungen des Scharfmachers Janzen hatten seine Zweifel und eine tiefe Abneigung gegenüber militärischem »Mummenschanz«[227] und »engherzige[m] Dogmatismus« genährt. Die eigene Rolle empfand er kurz vor dem Mauerbau als zunehmend schizophren:

> Noch am Sonntag in Westberlin [wo er sich mit einer Freundin traf und die Freuden des Kapitalismus genoss], verkündete ich am Dienstag auf einer Lesung vor LPG-Bauern ›die neue, große Schönheit‹ der zusammengelegten Felder – keine Rede davon, daß auch ich wußte, daß die Kühe in Offenställen festgefroren waren und notgeschlachtet werden mußten.[228]

Nach dem Abschluss seines Studiums zog er von Leipzig nach Halle, um eine Stelle als Lektor im Mitteldeutschen Verlag anzutreten, die Werner Bräunig ihm vermittelt hatte.[229] Dort arbeitete er unter anderem mit der Lyrikerin und Lektorin Elke Erb zusammen, die wie Czechowski und das befreundete, zu Beginn der 60er Jahre ebenfalls in Halle lebende Ehepaar Kirsch zu den Protagonistinnen der *Lyrikwelle* und der »Sächsischen Dichterschule« gehörte. Berühmt-berüchtigt wurde auch das 1966 von Erb und Czechowski betreute Anthologie-Projekt *In diesem besseren Land*, das von Karl Mickel und Adolf Endler herausgegeben wurde. Der Titel war der Schlusszeile von Czechowskis Gedicht »Brief«[230] entnommen und habe, so Czechowski, sowohl »ein Bekenntnis zur DDR und zugleich ein Manifest gegen die in diesem Land herrschende Kulturpolitik« dargestellt.[231] Letzteres setzte die Publikation zahlreichen Angriffen und Zensurmaßnahmen aus, in deren Folge Erb und Czechowski ihre Tätigkeit beim MDV kündigten. Mit seinen Schriftstellerkollegen arbeitete Czechowski dennoch weiter zusammen, u. a. während seiner Tätigkeit als Dramaturg der Städtischen Bühnen Magdeburg. In dieser Funktion verfasste er 1973 ein positives Gutachten zu Rainer Kirschs Stück *Heinrich Schlaghands Höllenfahrt*, das Kirsch ein Parteiverfahren eingebracht hatte. Czechowski erhielt für sein Gutachten eine Rüge und trat schließlich von seinem Posten zurück, als auch Heiner Müllers Stück *Mauser* in Magdeburg nicht aufgeführt werden durfte.[232] Mit Georg Maurer hielt Czechowski gleichfalls bis zu dessen Tod im Jahr 1971 Kontakt. Beim MDV hatte er unter der Federführung von Gerhard Wolf einige Publikationen seines früheren Mentors betreut, der ihn im September 1965 erneut ans Literaturinstitut einlud: Czechowski sollte mit anderen Absolventen zur zehnjährigen Jubiläumsfeier des Hauses bei einer Lyrikmatinee lesen. Da er zum betreffenden Termin schon eine Reise nach Bulgarien geplant hatte, sagte Czechowski ab, schickt aber eine Gedichtauswahl, zu der er die Institutsleitung selbstbewusst instruierte:

> Nun nehmt nicht gerade das harmloseste, sondern wagt was, auch wenn es dem persönlichen Geschmack nicht immer entspricht. Ich weiß jedenfalls, was meine Gedichte in der Flut von Gebrauchs- und Verbrauchslyrik wert sind, und das lasse ich mir auch nicht nehmen.[233]

1969 kehrte Czechowski schließlich doch noch einmal ans Institut zurück, als er gemeinsam mit Wulf Kirsten und anderen Autoren an einem der einjährigen Sonderkurse teilnahm. Auch Maurer, damals schon gezeichnet von seiner Krankheit, hatte daran noch mitgewirkt, wobei die Lyrik-Seminare in seine Privatwohnung in der Leipziger Menckestraße verlegt wurden. Jenseits von Maurers Seminaren empfand Czechowski den Sonderkurs jedoch als bar jeder Methodenlehre. Als er den inzwischen amtierenden Direktor Max Walter Schulz in einem Brief darauf aufmerksam machte, habe dieser ihm »böswillige Untergrabung« des Instituts unterstellt.[234] Denkbar, dass Czechowski in seiner Kritik einen bitteren oder gar kränkenden Tonfall angestimmt hatte – schließlich charakterisierte Richard Pietraß den Autor in einem lyrischen Porträt nicht zufällig auch als »gallig und gesellig«.[235] Jedoch hatte Czechowskis Kritik am Institut mit diesem Brief noch nicht ihren Höhepunkt erreicht: Im Januar 1979 leitete die Grundorganisation des halleschen Schriftstellerverbandes ein Parteiverfahren gegen Czechowski ein, nachdem seine Haltung zum VIII. Schriftstellerkongress, sein Auftreten im Internationalen Germanistenseminar und seine mangelnde Parteidisziplin kritisiert worden waren. Auf Drängen trat Czechowski aus der Partei aus und zog zu Beginn der 8oer Jahre, nachdem er noch einmal Vater geworden war, als freier Schriftsteller wieder nach Leipzig. Doch auch hier fühlte er sich im Bezirksverband des DSV isoliert und von Mitarbeitern des IfL wie Helmut Richter und Peter Gosse misstrauisch beäugt – so zumindest Czechowskis Darstellung in seiner Autobiographie.²³⁶ Belegen lässt sich dieser Eindruck nicht, zumal er von einigen persönlichen Kränkungen Czechowskis beeinflusst worden sein mag. Dazu zählte zunächst seine Enttäuschung, am IfL nach seiner Rückkehr nach Leipzig nicht wie erhofft als Mitarbeiter Fuß gefasst zu haben.²³⁷ Eine regelmäßige, wenn auch nur auf ein Jahr befristete Einnahmequelle fand er am IfL allein aus seiner Teilnahme an dem 1984 stipendierten Sonderkurs. Aus den literarischen Zusammenhängen der Stadt sah er sich jedoch nach wie vor ausgeschlossen, wie er noch 1988 in der anschließenden Diskussion nach einer Lesung im Haus der Volkskunst erklärte: »Diskussionen, Meinungsstreit um ein Buch gibt es kaum in der DDR. Mir scheint Literatur eine Angelegenheit von Einverständigen zu sein, von einem Kreis, der ziemlich in sich geschlossen ist.«²³⁸

Dieser Eindruck schien sich für Czechowski zu bestätigen, als Helmut Richter im Februar 1990 von Kulturminister Dietmar Keller ins Amt des Direktors am Literaturinstitut berufen wurde, ohne dass eine öffentliche Ausschreibung der Stelle vorausgegangen wäre. Erneut sah sich Czechowski, der womöglich selbst eine Bewerbung um das Amt in Betracht gezogen hätte, als Opfer alter SED-Seilschaften, die er in einem offenen Brief an Helmut Richter voller Zorn anprangerte: »Ein Genosse, der einen Genossen beruft. […] Ich kann das nur als eine Art SED-Verschwörung bezeichnen.«²³⁹ Auch störte er sich an der Selbstdarstellung des Instituts, das sich nach einer Wendung Helmut Richters u. a. als »Insel der Toleranz«²⁴⁰ bezeichnet hatte, um seinen Fortbestand zu sichern. »Es sind genügend andere Erfahrungen an diesem Haus gemacht worden«,²⁴¹ hielt Czechowski unnachgiebig dagegen und verwies auf 25 Jahre zurückliegende Ereignisse wie etwa Janzens doktrinäre Erziehung und die Exmatrikulationswelle nach dem 11. Plenum. Auf seine harsch vorgetragene Anklage folgten eine öffentliche Stellungnahme Richters und schließlich weitere Vorwürfe Czechowskis,²⁴² in denen er das Haus wiederholt als »ein SED-Nest« bezeichnete und Richter, den er bereits telefonisch zum Verzicht auf den Posten aufgefordert hatte, als »Postenjäger von seltenen Gnaden« und diesen darüber hinaus auch noch als »schlechte[n] Schriftsteller« diffamierte.²⁴³ Erst allmählich stimmte Czechowski, der im Wendejahr nach eigener Auskunft unter einer schweren Depression und jahrelang angestautem Frust litt,²⁴⁴ einen gemäßigteren Ton an:

Ich hätte eine fairere Variante als eine Berufung erwartet, eine Ausschreibung der Stelle. Die Glaubwürdigkeit des Instituts wäre gewachsen, wenn die Leitung bzw. das Kollegium sich verändert hätten. Das ist nicht geschehen.[245]

Sein Verhältnis zum Institut blieb schließlich so gebrochen wie seine lebenslange Bindung an seine Heimatstadt Dresden und die DDR, die er einmal als »diese[s] besser[e] Land« verstanden hatte. Und so ist es auch als das Ringen einer von Verletzungen und Enttäuschungen geprägten Geschichts- und Identitätsschreibung zu verstehen, wenn er unter dem Titel *Ambivalenzen* an einem autarken Verständnis der eigenen Autorschaft festhielt und den Einfluss des hassgeliebten Literaturinstituts auf den Kern seiner literarischen Identität letztlich negierte:

Ich mußte meine Identität nicht finden; ich hatte sie. Sie hieß nicht nur Dresden, sie hieß auch Sachsen schlechthin. Daß man mich während der Jahre am Literaturinstitut vorübergehend davon abbrachte, um sie durch eine sozialistische Pseudo-Internationalität zu ersetzen, kostete mich kostbare Zeit, während derer ich jedoch meinen Vorbildern Huchel, Brecht und Eich – trotz einer massiven Joannes-R.-Becher-Invasion – nicht untreu zu werden versuchte.[246]

Die literarischen und historischen Quellen zeichnen allerdings ein anderes, ebenfalls von Ambivalenzen geprägtes Bild des Lyrikers, der sich – nicht zuletzt unter dem Einfluss des Becher-Instituts – vom euphorischen Idealisten zum lakonisch-melancholischen Zweifler entwickelt hatte. Czechowski starb am 21. Oktober 2009 in Frankfurt am Main.

2.2 Sarah Kirsch und Rainer Kirsch am Johannes-R.-Becher-Institut (1963–1965)

Das Studium
Zwei Jahre nachdem Czechowski als Absolvent das Institut verlassen hatte, nahmen im Herbst 1963 Sarah und Rainer Kirsch als Dichter-Ehepaar ihr zweijähriges Studium im Direktstudiengang auf. Die Biologiestudentin, deren Geburtsname Ingrid Hella Bernstein lautete, und der wegen unbotmäßiger Gedichte im Zusammenhang des Un-

garnaufstandes 1956 von seinem Philosophiestudium relegierte Rainer Kirsch hatten sich 1958 in Halle in der Arbeitsgemeinschaft junger Autoren kennengelernt. Noch im selben Jahr heirateten sie und lebten gemeinsam in Halle, von wo sie ab 1963 während ihrer Studienzeit nach Leipzig pendelten. Politisch sahen sich damals beide der DDR eng verbunden. Rainer Kirsch verstand sich zeitlebens als überzeugter Sozialist und gehörte mit zu den Schriftstellern des Landes, die die Grenzschließung im August 1961 ausdrücklich begrüßt hatten. Aber er war auch ein äußerst kritischer Sozialist, weshalb er wiederholt mit der SED in Konflikt geriet und gleich zweimal aus der Partei ausgeschlossen wurde.

Die Idee, am Becher-Institut zu studieren, stammte von den Kirschs selbst, hatte sich doch herumgesprochen, dass ein üppiges Stipendium mit dem Studium verbunden war – in ihrem Fall erhielten sie monatlich je um die 500 Mark und viel Zeit zum Schreiben.[247] Nach dem Abschluss ihres Biologiestudiums, das prägend für ihre Lyrik werden sollte, wie ihr Dichterkollege Heinz Czechowski später konstatierte,[248] hatte sich Sarah Kirsch verstärkt der Schriftstellerei zugewandt und zum Zeitpunkt der Aufnahme des Studiums am IfL schon einige dichterische Erfolge als Nachwuchslyrikerin verbuchen können.[249] Sie wurde auf Empfehlung des Schriftstellerverbands an das Literaturinstitut delegiert. Rainer Kirsch hatte sich ebenfalls als Lyriker bereits einen Namen gemacht und erhielt gleichfalls seine Delegierung vom Schriftstellerverband.[250] Da beide darüber hinaus zu diesem Zeitpunkt Parteimitglieder der SED waren, stand ihrer Aufnahme zum Studium indes auch nichts im Wege. Dass Rainer Kirsch durchaus als Querulant galt und bereits 1958 sein erster Parteiausschluss erfolgt war, schien die Entscheidung des Instituts nicht weiter zu beeinträchtigen. So heißt es in einem Brief des während des Auswahlverfahrens und des ersten Studienjahrs der Kirschs amtierenden Direktors Max Zimmering an die »Kollegen Sarah und Rainer Kirsch« vom 6. Februar 1963:

> Die Nachwuchsabteilung des DSV, die ihre besondere Aufmerksamkeit der weiteren Entwicklung unserer jungen Autoren widmet, hat Sie vorgeschlagen, an unserem Institut zu studieren. Die künstlerische und weltanschauliche Entwicklung unserer jungen Schriftsteller zu fördern, ist eine wichtige Aufgabe, die unserem Literaturinstitut mit besonderem Nachdruck übertragen worden ist.

In diesem Jahr beginnt im Herbst ein neues 3-Jahresstudium, das eine Studiengemeinschaft von 10 jungen Autoren zusammenführen wird, Voraussetzung ist ein relativ hohes künstlerisches Niveau. Aus der genauen Kenntnis Ihrer literarischen Veröffentlichungen glauben wir, daß Sie diese Voraussetzungen erfüllen würden. Wir meinen, daß ein Studium an unserem Institut für Sie von hohem Nutzen sein könnte. Wir bitten Sie daher, sich zu diesem Vorschlag zu äußern und uns gegebenenfalls schon beiliegenden Fragebogen mit einem kurzgefassten Lebenslauf, einer formlosen Bewerbung und einigen Ihrer letzten literarischen Arbeiten zuzusenden.[251]

Zur Studienaufnahme empfangen wurden Rainer und Sarah Kirsch mit weiteren acht Studierenden am 16. September 1963 in der Karl-Tauchnitz-Straße 8, wobei das Studium allerdings nicht, wie vorgesehen, drei Jahre dauern sollte, sondern ausnahmsweise auf zwei Jahre reduziert wurde.[252] Dass für beide Lyriker die Fokussierung auf dem damals bereits prominenten Georg Maurer und seinem Seminar lag, war von Beginn an klar. Der Stundenplan des ersten Studienjahrs zählte insgesamt 22 Wochenstunden, wovon lediglich zwei für das schöpferische Seminar Lyrik reserviert waren. Nichtsdestotrotz blieben diese Seminare bei Maurer nachhaltig im Gedächtnis beider Kirschs. So schwärmte Sarah Kirsch noch Jahre später von dessen Unterrichtsstil und seinem Einfluss auf ihre eigene Lyrik, deren Alltags-, Natur- und Politikbetrachtungen präzise Beobachtungen mit dem Gefühlsleben des lyrischen Ich verbinden:

Vor allem gab es das Lyrik-Seminar von Georg Maurer: ein im Ausland leider unterschätzter Dichter, der uns sehr viel bedeutet hat. Er brachte es fertig, in uns über die Auseinandersetzung mit der Lyrikproduktion dieses oder früherer Jahrhunderte ein rechtes Gefühl für die eigenen Arbeiten zu entwickeln – etwa an der Sprachkunst eines Brockes oder der Droste-Hülshoff die eigenen Naturgedichte, die wir gerade fertig hatten, zu überprüfen.[253]

Und auch Rainer Kirsch, den »ein herzlich inniges Verhältnis«[254] mit Maurer verband, erinnerte sich in einem Interview, das wir im August 2013 mit dem 2015 verstorbenen Schriftsteller führen konnten, an dessen spezielle (sehr persönliche) Art des Unterrichts:

Manchmal brachte er auch einfach was mit, was er gerne besprechen wollte. Also das hat mir jemand aus der Familie erzählt, also der saß dann die ganze Nacht und blätterte in Gedicht-Bänden und dann nahm er früh eine Wachmach-Tablette.«[255]

An anderer Stelle erläuterte Kirsch, was er konkret von Maurer gelernt hat:

Was gelernt? Zunächst, glaube ich, nach Zeiten der Abstraktion, Wirkliches als Wirkliches ins Gedicht zu nehmen. So daß beispielsweise eine Eiche eine Eiche ist, eine besondere natürlich, die mehr bedeutet und ist als sie selbst, was sollte sie sonst im Gedicht – aber weder Symbol für dunkel Erahnbares noch verschleierte Metapher für Banales, das damit literaturfähig gemacht werden soll.[256]

Mit seinem Plädoyer für eine lyrische Darstellung des ›Wirklichen als Wirklichem‹ wandte sich Rainer Kirsch gegen die Form des hymnischen Dichtens im Namen des Sozialismus bzw. nach der ›neuen Mundart des Kaderwelsch‹, wie Brecht bereits zuvor die zur Abstraktion und Verdunkelung neigende Sprache der DDR-Nomenklatura spöttisch bedichtet hatte. Dass diese in den 50er Jahren Einzug in die staatstreue Lyrik hielt, zeigen bspw. die Weltanschauungsgedichte des Institutsnamensgebers Johannes R. Becher oder auch die Lyrik des im ersten Jahrgang am Becher-Institut studierenden Helmut Preißler, der als »akklamierende[r] Sänger des ›realen Sozialismus‹« auftrat.[257] Selbst Maurer, der doch für eine ›Weltschau‹ im Kleinen plädierte (»Streckt euch, Zweige, erwacht! / Ich habe ein Ei gegessen und weißes Brot. / Mein ganzer Leib lacht. / Die Nachtsorgen sind tot.«) schlug mitunter einen solchen gravitätischen Ton des sozialistischen Fortschritts an, wie etwa in dem Gedicht »Der Schreitbagger«.[258] Rainer Kirsch schien mit Maurers Lyrik indes auch nicht immer und unbedingt einverstanden.[259] Umso mehr schätzte er dessen ungeheures literaturgeschichtliches Wissen, sein Gespür für Sprache und den genauen Blick eben auf die kleinen alltäglichen Dinge.[260] Und auch Sarah Kirsch erinnerte sich später dankbar daran, wovor Georg Maurer sie dichterisch bewahrt hat:

Daß man nicht die großen »philosophischen Gedichte machen soll, wie das im Sozialismus üblich war, so etwas wie es der späte Becher machte [...]. Davon hat uns Maurer wenigstens abgehalten, das nachzumachen. Er sagte, wir sollten lieber den kleinen Gegenstand nehmen.[261]

Aber nicht nur in Maurers Seminaren, sondern auch in den literatur- und kulturwissenschaftlichen sowie in den gesellschaftspolitischen Fächern konzentrierte sich der Lehrplan des Literaturinstituts nicht mehr allein auf weltanschauliche Fragen im Großen. An ästhetische Leitlinien im Studium könne er sich nicht erinnern, konstatierte Rainer Kirsch im Interview, und das Prinzip des sozialistischen Realismus habe keine nennenswerte Rolle gespielt:

Trude Richter, wenn man sie gefragt hätte, sie wäre sicher für den sozialistischen Realismus eingetreten. Aber das war auch kein Gesprächsgegenstand. [...] Sozialistischer Realismus – man regte sich nicht mal drüber auf. Das war eine Worthülse.[262]

Obwohl in den Lehrplänen des Instituts die Vermittlung des sozialistische Realismus durchaus verzeichnet war,[263] schien er während der ersten Hälfte der 60er Jahre in der Praxis der Seminare tatsächlich keine zwingende Rolle gespielt zu haben. Darauf zumindest weisen auch Abschlussarbeiten etlicher Absolventen dieses Zeitraums hin, in denen nur vereinzelt Orientierung an den normativen Vorgaben des sozialistischen Realismus genommen wurde, wozu indes auch einige Gedichte von Heinz Czechowski zählten, dafür aber keines von Rainer und Sarah Kirsch. Insgesamt herrschte während der kulturpolitischen Tauwetterphase vor dem 11. Plenum eine aufgeschlossene Atmosphäre am Institut; zwischen Studierenden und den meisten Lehrenden war das Verhältnis entspannt, wie sich beide Kirschs später erinnern werden.[264] Besonders die Fächer Stilistik bei dem Literaturwissenschaftler Horst Nalewski und Ästhetik bei dem Philosophen Günther K. Lehmann seien instruktiv gewesen.[265] Eine engere Verbindung zu Kommilitonen ihres Jahrgangs pflegten die Kirschs dagegen nicht. Zu ihnen gehörten u. a. der spätere Kulturfunktionär Horst Deichfuß, der Dramatiker Horst Kleineidam, der Autor und Dramaturg Ulrich Völkel, der Armeeschriftsteller Joachim Warnatzsch sowie der spätere

Nationalpreisträger für Kunst und Literatur Hans Weber. Keiner der Kommilitonen habe sie recht interessiert, erinnerte sich Rainer Kirsch im Interview, was angesichts von deren zumeist linientreuen Lebensläufen kaum verwundert. Umgekehrt begegneten die Studienkollegen dem Ehepaar mit einer gewissen Reserviertheit, wie eine Aussage von Horst Deichfuß bestätigt, der spitzfindig auf einen Unterschied im Umgang des Lehrpersonals mit den »Starstudenten« und dem »Rest« hinwies.[266] Dass in dieser Studentengruppe durchaus Spannungen auftraten, bekunden zudem die Anmerkungen des Studenten Heinz Fiedler, der in seiner theoretischen Abschlussarbeit eine im Seminar von Rainer Kirsch geäußerte Kritik an den eigenen Texten aufgriff und seinen Unmut darüber gleichfalls schriftlich festhielt.[267] Aber die »Starstudenten« wurden für ihr lyrisches Talent von ihren Kommilitonen auch bewundert, wie dies wiederum aus einer anderen Poetischen Konfession hervorgeht. Ulrich Völkel zeigte sich mit Blick auf seine eigene, mittelmäßige literarische Begabung von der messerscharfen Logik Rainer Kirschs ebenso beeindruckt wie von Sarah Kirschs »akausale[m] Denken«.[268]

Dass die Eheleute an einem engeren Kontakt zu den anderen Autoren ihres Jahrgangs kaum interessiert waren, lag sicherlich auch daran, dass sie sich selbst als weitgehend unverbrüchliche Einheit genügten und als solche auch wahrgenommen wurden. Selbst in der Einschätzung während des ersten Studienjahrs, in der das Dozenten-Kollegium standardmäßig die künstlerische und soziale Entwicklung, die Integrationsfähigkeit und das Engagement der einzelnen Studenten resümierte, wurden Sarah und Rainer Kirsch als Paar beurteilt. In der Beurteilung heißt es: »Beide sind im Unterricht rege und bringen durch ihre Bemühungen, den Unterricht gegenwartsbezogen zu gestalten, Farbe in die Seminare.«[269] Diese Beziehungssymbiose wurde nicht zuletzt durch einige gemeinsam publizierte literarische Arbeiten bestätigt, die als Teil der Abschlussprüfung von ihnen auch am Becher-Institut eingereicht wurden, wie die Reportage *Berlin-Sonnenseite*, ihre Nachdichtungen sowjetischer Lyrik in der Anthologie *mitternachtstrolleybus* sowie der Gedichtband *Gespräch mit dem Saurier*, für den sie 1965 die Erich-Weinert-Medaille, den Kunstpreis der FDJ, erhielten.[270] Auch das zum Studium obligatorisch dazugehörende Praktikum im Sommer 1964 absolvierten Sarah und Rainer Kirsch zusammen bei der FDJ-Bezirksleitung Halle und der halleschen Tageszeitung *Freiheit*, einem Organ der SED. Für Letztere verfassten sie gemeinsam eine Reportage, die unter dem Titel *Höhenunterschiede* im Herbst desselben Jahres erschien und Arbeit und Leben in einem Bergbaugebiet tausend Meter unter der Erde sowie einer Wetterstation und einem Fernsehsender tausend Meter über der Erde dokumentiert.[271] Im Zuge dieses Praktikums wurden die als erfolgreiche Lyriker gehandelten Kirschs dann auch für eine von der Bezirksleitung der FDJ Halle organisierte einwöchige Lese-Tournee im September 1964 vom Unterricht freigestellt – eine Ausnahme, die nicht jeder Studierende erwarten konnte und die den privilegierten Status, den die Kirschs ohnehin am Literaturinstitut besaßen, vermutlich noch verfestigte. Bereits im Frühsommer hatte die Direktion dem Paar für seine Teilnahme am Deutschlandtreffen der Jugend in Ostberlin, aus der die 1964 veröffentlichte Reportage *Berlin-Sonnenseite* hervorging, eine Freistellung bewilligt.[272]

In dem für die Zeitung *Freiheit* verfassten Artikel *Höhenunterschiede*[273] sind als Urheber Sarah Kirsch und Rainer Kirsch angegeben, und zwar genau in dieser Reihenfolge. Allerdings klingen aus dem Erlebnisbericht der sich selbst als »Flachländer« bezeichnenden Autoren über die Unterwelt des Kupferschiefer-Bergwerks und die himmlischen Höhen der Wetter- und Funkstation weniger zwei Stimmen als vielmehr eine heraus, die offensichtlich Rainer Kirsch zuzuschreiben ist. Bereits zu Beginn des Erfahrungsberichts werden von ihm Hauptrolle und Nebenrollen klar benannt: »wir, Sarah Kirsch und ich, der Fotograph und Fahrer«. Und auch wenn immer wieder das »Wir« auf die Gemeinsamkeit der Erlebnisse in den ungewöhnlichen Höhen und Tiefen verweist (»Der Wecker hat geklingelt, früh für uns«; »Es wird wärmer, über 30 Grad Celsius, wir ziehen die Jacken aus.«; »Wir drücken die Klingel zur Wetterwarte.«), hebt sich mitunter und ausschließlich die Stimme Rainer Kirschs aus dem »Wir« hervor: »Ich mach mich so niedrig, wie's geht, krieche unserem Sicherheitsinspektor nach […]; links von mir läuft eine Schiene, auf der tanzt das Licht aus meiner Lampe […]. Und hätte ich den Helm nicht, wären mir mehrere Beulen sicher.« Wer die dominantere Rolle beim Künstlerehepaar innehatte, wird nicht nur hier deutlich, sondern auch andernorts. So konzentrierte sich das Lehrerkollegium in der bereits erwähnten Einschätzung des ersten Studienjahres vor allem auf Rainer Kirsch. Sarah Kirschs individuelle Entwicklung fand dagegen keine Erwähnung.[274] Darin heißt es über Rainer Kirsch, es fehle ihm trotz aller Praxiserfahrung eine »enge Beziehung zur Wirklichkeit«, es sei darauf zu achten, wie er von Maurer geführt« werde; und dass ihm sein Intellekt im Wege stehe, sei nicht förderlich für sein literarisches Vorankommen.[275] Trotz dieser Kritik, die im Übrigen äußerst wohlwollend formuliert ist, zeigt sich, wie viel größer die Aufmerksamkeit auf dem sich in seiner Rolle als Dichter und Intellektueller selbstgewiss gebenden männlichen Part des Paares lag. Rainer Kirsch war sich seiner dominanten Rolle in der Paarbeziehung gleichfalls bewusst und hob sie, den Habitus der Eitelkeit nicht verbergen könnend, hervor. Selbstverständlich habe er die literarischen Arbeiten von seiner Frau korrigiert, umgekehrt sei das allerdings nicht nötig gewesen.[276]

Der Eindruck, dass sich Sarah und Rainer Kirsch, trotz ihres engen Verhältnisses zueinander, während ihres Studiums am Literaturinstitut in sehr unterschiedlichen dichterischen und ästhetischen Entwicklungsstufen befunden haben müssen, bestätigt sich überdies in jenen Teilen ihrer Arbeiten, für die sie singulär mit Namen zeichneten. Zum einen handelt es sich dabei um die als Teil der Abschlussprüfungen eingereichten Gedichte, die 1965 zwar unter dem Titel *Gespräch mit dem Saurier* als gemeinsamer Lyrik-Band im Verlag Neues Leben erschienen, wobei die Urheberschaft der jeweiligen Gedichte dort aber kenntlich gemacht worden war. Zum anderen reichten die Kirschs als zweite Abschlussarbeit am Becher-Institut je eine Poetische Konfession ein. Das aus diesen ›Bekenntnissen‹ hervorgehende ästhetische Selbstverständnis konnte indes kaum unterschiedlicher ausfallen – dazu später mehr. Zunächst aber erst einmal zu den Gedichten der Kirschs.

Die Lyrik
Das dialogische Prinzip: Die Saurier-Gedichte
Den Dichtern, die der »Sächsischen Dichterschule« zugerechnet werden, wurde wiederholt nachgesagt, dass das Prinzip der literarischen Dialogizität bzw. der lyrischen Korrespondenz eine wesentliche Rolle spielte.[277] Kaum deutlicher als bei dem Schriftstellerpaar Kirsch sticht dieses korrespondierende Prinzip hervor. Auf ihm gründete sich nicht nur ihr poetologisches Selbstverständnis (so unterschiedlich dies im Einzelnen auch ausfallen mochte), sondern an ihm orientierte sich auch ihre Lyrik.

Sarah Kirsch hatte nach ihrem Weggang aus der DDR aufschlussreich die Gründe für die Neigung zum Teamwork erläutert, das aus der engen Zusammenarbeit nicht nur mit Rainer Kirsch entstanden war, sondern auch mit anderen Lyrikern ihrer Generation, die ähnliche lebensweltliche und ästhetische Ansichten vertraten.

> Man arbeitete auch an derselben Sache, es war wie Kollektivarbeit. Das hängt mit der Abgeschlossenheit zusammen, damit, daß die Weltliteratur erst sehr langsam in die DDR gelangte. Erich Arendt hat Raffael Alberti übersetzt, das haben alle gelesen, und danach lasen wir Erich Arendt. [...] Nachher waren es Enzensberger, Celan, die Bachmann, Rühmkorf.[278]

Das Verfahren der gemeinsamen bzw. parallelen Lektüre, bei dem Sarah Kirsch die erste Person Plural betonte, setzte sich in den intertextuellen wie dialogischen Bezugnahmen der eigenen Dichtung fort, weshalb Adolf Endler, allerdings mit Blick auf die größere Gruppe der »Sächsischen Dichterschule«, huldigend von einem »aufregende[n] Kollektiv-Werk«[279] sprach. Und auch aus literaturwissenschaftlicher Perspektive lässt sich diese lyrische Vernetzungsdichte bestätigen. »Nirgends in der neueren deutschsprachigen Literatur gibt es so viele Gedichte, in denen Kollegen an Kollegen sich wenden, sich gegenseitig zitieren, erinnern, ermahnen oder ein Porträt zeichnen«, resümiert der Literaturwissenschaftler Wolfgang Emmerich über die neue Lyriker-Generation der 1960er Jahre.[280]

In der Lyrik der Kirschs, die während des Studiums entstand und im Gedichtband *Gespräch mit dem Saurier* publiziert wurde, kann man die Spuren der von Sarah Kirsch als Kollektivarbeit gekennzeichneten korrespondierenden Verfahren gut erkennen. Besonders an jenen zwei Gedichten, in denen beide lyrisch das titelgebende Gespräch mit dem Saurier aufnehmen, wird dies deutlich. Es handelt sich um das Gedicht »Der Saurier« von Sarah Kirsch sowie um Rainer Kirschs Gedicht »Gespräch mit dem Saurier«. Beide Lyriker verweisen auf ein weiteres Gedicht, nämlich auf jenes mit dem Titel »Veränderte Landschaft« ihres Lehrers Georg Maurer, vor dem sie sich wiederum mit ihren Gedichten lyrisch verneigen. Das zu Maurers autobiographischem Zyklus *Selbstbildnis* (1956) gehörende Gedicht erzählt aus der Perspektive eines Kriegsheimkehrers von den Veränderungen in der sozialistischen SBZ/DDR:[281] »Verändert ist der Gesellschaft Landschaft. Aus der Äcker / weit hinlaufenden Furchen sind die Arme der Kraken gezogen« (Vers 21, 22). Mit einer Bezugnahme auf die Figur des Sauriers schließt das Gedicht. Der letzte Vers lautet »Erinnerung bleibt der Kampf der Saurier in der tropischen Fülle« (Vers 28), womit Maurer auf nichts anderes als auf das Ende des Kapitalismus respektive auf den Sieg des Sozialismus anspielt. Den Saurier als Allegorie für den niedergeschlagenen Kapitalismus verwendet auch Sarah Kirsch in ihrem Gedicht, welches aus simplen Paarreimen besteht und an moraldidaktische Kinderlyrik anknüpft. Das Aussterben der Saurier wird auf deren Gier und Wahn zurückgeführt:

Der Saurier

Der Saurier das böse Tier
war im Norden
so groß geworden
und so mächtig
und so prächtig
daß ihn befiel ein Wahn
Er fraß die Sonne aus ihrer Bahn.
In der Eiszeit
da war es soweit
vorbei alle Freud
da starb er aus.
Lerne daraus![282]

Rainer Kirsch bemüht in seinem Gedicht »Gespräch mit dem Saurier« den Saurier ebenfalls als Figuration für den Niedergang des Kapitalismus bzw. dessen Verfechter. Anders als Georg Maurer und Sarah Kirsch spricht sein reimloses Gedicht aber nicht *über* den Saurier, sondern in einem beschwörenden Dialog wendet sich das lyrische Ich direkt an die ausgestorbene Amphibie: »Und ich sage dir, du bist tot« (Vers 1) [...] Vergangen bist du, paläozoischer Fleischberg« (Vers 10). Dennoch scheint das lyrische Ich an dessen Tod zu zweifeln, glaubt es doch, noch unverwüstlich Lebendiges an ihm zu entdecken: »Ah, deine Hornhaut – zuckst du damit?« (Vers 2). Was das lyrische Ich zu erkennen vermeint, ist die Häme des Sauriers, auch der Mensch sei vom Aussterben bedroht, so wie er versuche, sich die Welt untertan zu machen. »Grinst du, vergleichst? Sackgassen wärn wir wie du / Fehlkalkulation der Natur, / Ast überm Nichts hängend, / Zum Brechen bestimmt von der eigenen Frucht: / Erfindungen, Technik, Verbrauch, / Atomstrahlung, Mutation ...« (Vers 14–19). Wenn der rhetorische Frageduktus in den ersten drei Strophen bereits an den legendären beinah zweihundertjährigen Anti-Hymnus erinnert, so wird der Bezug auf Goethes »Prometheus« in der letzten und längsten Strophe von Rainer Kirschs lyrischer Attacke offenkundig, wenn es heißt: »Geirrt. / Unser Säbelzahntiger / Sitzt in uns selbst. Wir / Brechen den Panzer auf (Vers 20–23) [...] Und verstehn (ja, Großhirnzellen mein Lieber!) / Entfesseln die Hände einander, baun / Städte für uns, lebendige Kinder! / Zuck nur! Was heißt überleben? Wir / Bevölkern das All, / Machen uns selbst, / Werden Menschen, / Wir sind!« (Vers 27–34).

Wie Goethes Titan die Götter verhöhnt und entthront, so verspottet und besiegt Rainer Kirschs sozialistischer Mensch das siechende Kapitalismus-Ungeheuer, wobei sich Goethes schaffendes Ich (»Hier sitze ich, forme Menschen«) in ein schaffendes Kollektiv verwandelt hat: »Machen uns selbst, / Werden Menschen, / Wir sind!«

Die »Veränderte Landschaft« ist mithin das gemeinsame Thema aller drei Gedichte. In Maurers und Rainer Kirschs Lyrik bezieht sie sich auf die gesellschaftlichen und politischen Veränderungen, die mit der Gründung der DDR begonnen haben und dort zu verorten sind, sei es auf den Feldern nach der Bodenreform (Maurer) oder in dem Bau neuer Städte (Rainer Kirsch). Sarah Kirschs in Art des Mahngedichts geschriebene Verse zeigen dagegen keine neu aufgebaute »Landschaft«, sondern eine vom Kapitalismus in Gestalt des Sauriers zerstörte eisige Landschaft ohne Sonne, in der es sich schlussendlich nicht leben lässt. Ihr Imperativ des »Lerne daraus!« fordert implizit dazu auf, nach den Idealen des Sozialismus zu leben, um eine erneute Zerstörung nicht zuzulassen.

Sosehr sich die Gedichte thematisch ähneln, so sehr unterscheiden sie sich doch in ihrem Gestus. Das Erinnerungsgedicht von Georg Maurer schaut aus der Perspektive eines bereits lang gelebten Lebens hoffnungsvoll auf die ›veränderte Landschaft‹ der DDR, Sarah Kirschs an Tierverse von James Krüss erinnerndes Gedicht dagegen mutet im Ton und Ausdruck kindlich bzw. pädagogisch an. Das durch den Prometheus-Bezug wohl elaborierteste Gedicht von Rainer Kirsch klingt im Gestus des Sturm und Drang dagegen typisch jugendlich, aufrührerisch und vermessen. Nicht zuletzt spiegelt sich in diesen Gedichten der jeweilige künstlerische Reifegrad ihrer Urheber wider: da ist zum einen der an Leben und Kunst erfahrene Lehrer und zum anderen seine beiden Schüler – der eine, sich seiner Verantwortung im »Amt des Dichters«[283] gewiss, künstlerisch höchst selbstsicher auftretend; die andere, noch im dichterischen Larvenstadium befindlich, wobei vor allem der lyrische Gestus der Naivität auf eine Haltung des Erprobens hinweist, in dem künstlerische Variationsmöglichkeiten noch auszutarieren sind.

Die lyrischen Abschlussarbeiten im Vergleich und ihre Begutachtung
Insofern sind die Saurier-Gedichte der Kirschs auch prototypisch für ihre Art des Dichtens in dieser Periode. In Sarah Kirschs erster Lyrik-Sammlung überwiegen einfache Tierverse, Natur-, Ding- und Liebesgedichte. Deren Pointiert- und Gewitztheit allerdings erweist sich häufig als äußerst bestechend, und einige der Gedichte enthalten schon das, was später als der ganz besondere »Sound« der Lyrikerin in die Literaturgeschichte eingehen wird[284] – bspw. in dem mindestens zweideutigen Bewegungsgedicht »Umschwung«, welches nicht nur auf die schwingenden Bäuche der Katzen bezogen ist, sondern ebenso auf den kommenden zeitlichen Umschwung verweist, wovon die Trächtigkeit der Katzen zeugt. Zudem ist das Gedicht schon mit jenen eigensinnigen Komposita (Nochnichtkatzen; Himmelsmäuse) gespickt, die für Sarah Kirschs Lyrik typisch werden sollten:

Die Katzen gehen wie Kühe auf den Wegen.
Es schlenkern ihre Kugelbäuche,
wie schaukeln ihre Nochnichtkatzen,
wenn sie in schmale Sonnenstreifen treten

Sie blinzeln weiße Wolken an –
fahrt hin, fahrt weg, ihr Himmelsmäuse,
auf Dächer steigen wir nicht mehr!

Die Katzen gehen wie Kühe auf den Wegen.[285]

Rainer Kirschs Lyrik erscheint im Vergleich zu Sarah Kirschs überwiegend unkompliziert gestalteten Gedichten in ihrer Sprach- und Formgestaltung weit virtuoser, traditionsbewusster und komplexer – so etwa sein Langgedicht, das im Ton eines ironischen Klagegesangs von einem alltäglichen Vorgang berichtet mit dem aberwitzigen Titel »Elegie über das Essen des Brötchens«.[286] Was die Thematik betrifft, sind Rainer Kirschs Gedichte häufig weniger verspielt als die Gedichte seiner Frau, dafür aber umso sarkastischer. Sein vermeintliches Naturgedicht »Ausflug machen«[287] spielt gallig auf das Konzentrationslager Buchenwald an. Selbst, wenn sich Rainer Kirsch dann doch ähnlich verspielt wie Sarah Kirsch auf gefällige Tierreime einlässt, sind die Bezüge vielschichtig und elaboriert. Sein Katzengedicht »Benjamin«[288] in Gestalt eines englischen Sonetts lässt zwar an James Krüss' Gedicht »Kleine Katzen« denken.[289] So heißt es bei Kirsch: »Benjamin, der Sprößling unserer Katze, / Sieben Wochen alt und noch sehr klein, / Klettert schon an meinem Hosenbein, / Krallt sich in die Haut mit jeder Tatze.« (Vers 1–4).[290] – Darüber hinaus rekurriert das Gedicht aber auch auf Brechts berühmte Verse »Auf einen chinesischen Theewurzellöwen« (»Die Schlechten fürchten deine Klaue. / Die Guten freuen sich deiner Grazie. / Derlei / Hörte ich gern / Von meinem Vers.)[291] So prägnant wie elegant stellt Kirsch im abschließenden Couplet seines Sonetts ähnlich wie Brecht den ›höheren‹ Zusammenhang von Katzentier und Gedicht her: »Möcht ich, daß sie länger in ihm [dem Leser, K. St.] leben / Allen Versen kleine Krallen geben.« (Vers 13–14) Damit nimmt er im Sinne der beziehungsreichen dichterischen Korrespondenz gleichermaßen Kontakt über den James-Krüss-Verweis zu der Lyrik seiner Gattin wie zu der Lyrik eines großen sozialistischen Vorbild-Lyrikers auf.

Entsprechend hymnisch fiel das Gutachten von Georg Maurer über die als lyrische Abschlussarbeit eingereichten Gedichte Rainer Kirschs aus. Die Bezugnahme auf Brechts »Theewurzellöwen« in dem Gedicht »Benjamin«, so konstatierte Maurer, sei unverkennbar. Wie andere Dichter seiner Generation sehe Kirsch sich dessen »unnachsichtig-klarem Ton« verpflichtet. Er verfüge über einen ausgesprochenen Kunstverstand, heißt es weiter. »Er setzt nicht nur die lyrischen Sprachmittel präzis ein. Er verwendet auch die verschiedenen poetischen Formen sinnvoll: wie das Sonett […], den Song und Volkliedhaftes, die freien Rhythmen und die klassischen Distichen.«[292] Maurer war sichtlich beeindruckt von der lyrischen Qualität und dem handwerklichen Können Kirschs. Als besonders herausragend bewertete er die Langgedichte »Martkgang 1964«[293] und die »Elegie über das Essens des Brötchens«. Beide thematisieren den Alltag und wechseln variationsreich zwischen freien Rhythmen und klassischen Formen. Diese Form sei eine

»besondere Möglichkeit«, so resümiert der von seinen Studenten als weitgehend unpolitisch gepriesene Maurer hier durchaus in der vertraut verbrämten Rhetorik der SED, »aus den Alltagswidersprüchen den tätigen, unsere Wirklichkeit fördernden sozialistischen Menschen zu entwickeln.«[294] Kirschs Lyrik beurteilte Maurer mit Blick auf die Fortentwicklung einer sozialistischen Ästhetik indes auch als äußerst innovativ, insofern sie »mit an einem neuartigen realistischem Hymnus« arbeite, »der sich in unserer Lyrik deutlich abzeichnet«.[295]

Im Vergleich fällt das Gutachten Maurers zu Sarah Kirschs Lyrik weniger enthusiastisch aus. In einem väterlich nachsichtigen Ton wird vor allem das Weibliche an Sarah Kirschs Dichtung gelobt. Dabei geht Maurer anders als im Gutachten über Rainer Kirschs Lyrik erst gar nicht auf die lyrischen und thematischen Besonderheiten der einzelnen Gedichte ein. Seine Einschätzungen verbleiben im Allgemeinen. Sarah Kirschs Gedichte seien »geputzt«, »liebenswürdig«, »leise«, »frisch«, »subjektiv«, »ironisch-freundlich«, dafür »weder aggressiv noch hymnisch«. »Soll man sie deshalb wohltemperiert in einem abwertenden Sinne nennen?«, lautet Maurers rhetorische Frage, woraufhin aus der Antwort eine gewisse Herablassung klingt: »Man würde ihnen Unrecht tun. Sie lindern, machen nachdenklich und erfreuen in einer Zeit, die bewegt ist und von der die Dichterin bewegt ist«. Ihre »frischen poetischen Bilder« zeugten von »der Dringlichkeit ihrer subjektiven Gefühle«. Dabei seien »die aus der intimen Sphäre in unsere allgemeinen Angelegenheiten übergreifenden Gedichte« durch die besondere »Sprechweise Sarah Kirschs charakterisiert«.[296] Und so kommt Georg Maurer zu dem Resultat, aus dem ein wohlwollender patriarchischer Konservatismus klingt. »Wir brauchen auch diese ausgesprochen frauliche, der Welt der Lyrik aufgetane Lyrik wie sie Sarah Kirsch schreibt. Ich halte sie für gut.«[297]

Mit dem Vorwurf, ihre Gedichte seien harmlos und ›nur‹ verspielt, hatte Sarah Kirsch immer wieder zu kämpfen[298] Dass sie sich damit unterschätzt sah, allerdings ohne großen Wirbel zu machen, spricht aus einer ihrer, von Peter Hacks überlieferten Aussagen:

Ich möchte die Welt lieben; sie ist nicht liebenswürdig, weder zu mir, noch als solche. Aber ich werde meinen emsigen, vernünftigen, hoffenden Anspruch ans Leben nie aufgeben. Kann ich nicht gewinnen wie ein Mann, bin ich auch nicht zerstörbar wie ein Mann; laß

sie nur machen. Sie werden mich ein wenig flennen oder ein wenig
aufmotzen oder ein wenig kichern hören, aber kleinkriegen, das werden sie mich nicht. So, sie finden mich schnurrig? Sie glauben, nur
Katzen schnurrten, die Guten; sie vergessen die Tiger.[299]

Ein Tigergedicht ist es auch, welches Georg Maurer gleichfalls zur
Begutachtung vorlag, aber wie noch drei weitere Gedichte keinen Eingang in den Lyrikband *Gespräch mit dem Saurier* gefunden hat[300] –
vielleicht ein Hinweis darauf, dass auch die Verlagslektoren damals vor
allem das ›Weiblich-Harmlose‹ an Sarah Kirschs Lyrik bevorzugten.
Das Tigergedicht mit dem Titel »Trauriger Tag«, auf welches Maurer
in seinem Gutachten nicht eingeht, widerspricht eben genau diesem
Bild. So heißt es dort in den letzten Versen über einen vom Regen bis
auf die Knochen durchnässten wütenden Tiger:

Ich fauche mir die Straße leer
und setz mich unter ehrliche Möwen

Die sehn alle nach links in die Spree

Und wenn ich gewaltiger Tiger heule
verstehn sie: ich meine es müßte hier
noch andere Tiger geben[301]

Die poetischen Konfessionen
Sarah Kirsch: Im Spiegel
Sarah Kirsch war mit ihren ersten Gedichten allerdings selbst nicht
sehr zufrieden. Das geht aus ihrem gleichfalls als Abschlussarbeit eingereichten Essay hervor, den sie in Form der am Institut geläufigen
Gattung der Poetischen Konfession eingereicht hatte. Insofern es sich
dabei um eine poetologische Selbstbetrachtung handelt, nimmt die
Autorin die Textgattung des Bekenntnisses indes sehr ernst. Entsprechend lautet der Titel des Essays *Im Spiegel* und handelt von einem
solchen. Die Ich-Erzählerin rückt ihren Schreibtisch vor einen Spiegel,
um sich selbst in ihrer Funktion als Lyrikerin kritisch in Augenschein
zu nehmen und sich mit dem Motiv des Spiegels auseinanderzusetzen:
Er erzeugt einerseits einen Widerschein, andererseits eine Brechung der
Wirklichkeit – nicht zufällig hat der in ihrem Text vorkommende Spie-

gel einen Sprung. Damit erhalten ihre Reflexionen den Charakter eines Metadiskurses über die Frage, was Lyrik vermag, was sie sein kann und möglicherweise nicht sein darf. Die sich kritisch betrachtende Ich-Erzählerin bleibt allerdings nicht lange allein in ihrem Spiegel. Auch in der Auseinandersetzung mit den eigenen Positionen bevorzugt Sarah Kirsch das Prinzip des Dialogischen.

> Ist es gestattet, sagt einer und kommt den Sprung im Spiegel entlang, legt einen altmodischen Helm ab, setzt sich mit seinen blue jeans auf den Tisch, stützt beide Arme auf ein rostiges Schwert. […] Ich bin Lanzelot, sagt er, hab vor kurzem noch Drachenköpfe abgeschlagen, Sie haben davon gehört. Das war nicht einfach, Menschen und Arbeit kaum organisiert. Jetzt bin ich in einem Forschungsinstitut angestellt. […] Was wollen Sie, sage ich, der Spiegel ist wirklich schön und übersichtlich, ich brauch ihn zum Nachdenken.
> Deshalb bin ich hier, da kann ich helfen.[302]

Wie in ihrer Lyrik nutzt Sarah Kirsch auch hier märchenhafte Motive zur ironischen Brechung der Wirklichkeit, womit nicht zuletzt auch ihre unkonventionelle Haltung dem sozialistischen Realismus gegenüber zum Ausdruck kommt. Zwischen dem Ritter Lanzelot und der Ich-Erzählerin entspinnt sich im Folgenden ein so geistreiches wie streitbares Gespräch über poetologische Positionen, das Verhältnis von Lyrik und Prosa und die Tauglichkeit des Sozialismus. Die Ernsthaftigkeit des Gesprächs wird dabei unterbrochen von ironischen Wendungen und Pointen unter Einbeziehung von sozialistischen Schlüsselbegriffen wie Grunderlebnis oder Selbstkritik.[303]

So wird etwa das *Grunderlebnis*, welches nach Anna Seghers jeder Künstler benötige, um sein Talent an eine Aufgabe zu binden, von der sich im Spiegel betrachtenden Ich-Erzählerin Sarah Kirschs mit dem Blick in ein Whiskyglas in Verbindung gebracht. Die »doppelte Brechung«, die die Ich-Erzählerin durch den Glasboden im Spiegel erblickt, entpuppt sich als eine gewitzte Selbstbehauptung, ein Beharren auf der eigenen Wahrnehmung: Nur gebrochen sei die Wirklichkeit darstellbar.[304]

Und was die *Selbstkritik* betrifft: Auf die Frage Lanzelots, was sie von ihren eigenen Gedichten halte, antwortet die Ich-Erzählerin kurz und bündig:

Von 37 Gedichten gibt es 8, die ich noch mag, weil wenigstens 1 Zeile, 1 Bild, 1 Wort, 1 Brechung, 1 Reim, 1 Komma gut ist. Unter diesen 8 Gedichten finde ich 2 im Ganzen gut, nämlich »Umschwung« und »Kleine Adresse.[305]

Der Ritter wiederum reagiert mit einigem Spott auf diese Selbsteinschätzung: »Du bist ganz schön radikal zu dir selbst. Eitelkeit?« Und auf die Frage der Ich-Erzählerin, was ihre Gedichte schon gegen den Vietnamkrieg ausrichten könnten und wie anspruchsvoll und schwer es sei, politische Gedichte zu schreiben, empfiehlt Lanzelot ihr trocken, ein paar »größere Geschütze« aufzufahren. Auf seinen Rat hin, sich von den kleinen Dingen und den Tieren lyrisch abzuwenden – »[e]in bißchen Distance von Lämmerwolken, Sonnenkringeln, Nachtigallen, Tauben, Schwalbenflügeln« –, regt sich allerdings der Widerstand der Ich-Erzählerin, und sie gelangt ein erstes Mal zu einer eindeutigen poetologischen Position: »Lanzelot, sag mir nichts gegen Vögel. Man muß sie nur richtig einsetzen.«[306]

Die Ich-Erzählerin als das eine Alter Ego der Autorin verteidigt damit gegenüber Lanzelot, ihrem zweiten Alter Ego, rigoros das von Georg Maurer empfohlene literarische Prinzip der Verkleinerung und der Hinwendung zu den nebensächlichen Dingen: »die trippelnden Vögel, Menschen, struppige Hunde, ein sanfter Garten, der vornehme Verkäufer, ein Fisch.«[307] Denn sie sind es, die die Kontraste zu den hehren und heroischen Ansprüchen einer sozialistischen Kunst setzen und damit auch deren Fallhöhe sichtbar werden lassen. Darin, das wusste Sarah Kirsch – und hob es, bei allen Selbstzweifeln an ihrer literarischen Befähigung selbstbewusst hervor –, liegt der Gewinn ihres naiven Tonfalls, der zwar einfach klingt, aber ihrer Lyrik eine Doppelbödigkeit eröffnet, die unterschwellig das Große und Ganze immer mit im Blick behält, ohne dies allerdings mit großem Pathos stilisieren zu müssen.

Das Gedicht »Kleine Adresse«,[308] welches Sarah Kirsch als eines von zwei gelungenen gelten lässt, liest sich hinsichtlich einer solchen Doppelbödigkeit als besonders eindrucksvoll, insofern es, mit den Märchenmotiven der Verwandlung spielend, ein Bekenntnis zum Sozialismus und zur DDR enthält, auch wenn oder vielleicht gerade weil es »sich antithetisch oder auch spiegelbildlich zu den Grenzen der politischen Welt verhält und ›eine ungeheure Sehnsucht nach außen‹ zum Ausdruck bringt«.[309]

»Aufstehn, möcht ich, fortgehen und sehn, / ach wär ich Vogel, Fluß oder Eisbahn / besichtigen möcht ich den Umbruch der Welt« (Vers 1–3) heißt es in den ersten Versen des Gedichts, das von Reiselust und Erfahrungshunger spricht. Das lyrische Ich wünscht sich »hinter die Grenze«, nach New York, will überall dorthin »gehn, alles sehn, was ich / früh aus spreutrockenen Zeitungen klaube« (Vers 10–11), möchte nach Sibirien reisen, um zu inspizieren, wie der sozialistische Aufbau vorankommt: »Hah, wie schrein die elektrischen Sägen, wie steigt / Sägemehl pyramidenhoch, wie wuchert Wald, wie / brechen Städte herein! Und die Flüsse!« (Vers 20–22) Den Ingenieuren will das lyrische Ich zusehen, wie sie ihren Teil zum Kollektivwohl beitragen: »Söhne der Fischer baun Wasserkanonen, zersägen / mittlere Berge damit, setzen Staudämme ein / und verteilen das Wasser gerecht.« (Vers 25–27) All das möchte das lyrische Ich erleben, um schlussendlich wieder heimreisen zu können, wie im letzten Vers bekundet: »fortgehn, möchte ich, sehn und / wiederkommen.« (Vers 33–34)

Dass »Kleine Adresse« von Wünschen und nicht von der Wirklichkeit handelt, wird durch den stetigen Gebrauch des Optativs, eines Modus des Irrealen, gekennzeichnet. Bevor aber die Sehnsucht, die aus all diesem »Wollen« und »Möchten« herausklingt, in ein allzu großes Pathos abzugleiten droht, setzt die Lyrikerin in gekonnt ironischer Brechung als Gegengewicht das »Sein« im Modus des Indikativs ein. »Ach warum bin ich Dichter, ackre den Wagen / der Schreibmaschine übers Papierfeld, fahr Taxi / und koche mit Wasser?« (Vers 29–31) Der Zweifel, der aus dieser Frage klingt, gibt sich allerdings nur auf den ersten Blick als ein solcher aus. Bei näherer Betrachtung verkehrt er sich als Gewissheit, das Richtige zu tun, in sein Gegenteil. Geschuldet ist diese Umkehrung einer List, die die Dichterin äußerst gewitzt einzusetzen weiß, was ihr Plädoyer für eine Ästhetik des Kleinen und Alltäglichen einmal mehr unterstreicht. Denn nicht als Schlussverse werden diese Zweifel laut, mithin nicht als Resümee des Gedichts. Vielmehr sind diese Zeilen in einem Dazwischen von Versen über das Wünschen angesiedelt. Und was, wenn nicht die Kunst der Dichtung, wäre besonders geeignet, Wunsch und Vorstellung sprachlich Ausdruck zu verleihen.

Sarah Kirsch folgt in ihrem Gedicht konsequenterweise ebendiesem dichterischen Prinzip, wenn sie es mit einer imaginativen Quintessenz beschließt, wiederum im Modus des Optativs: »Wär ich Ardenne, Gewichtheber, Fluß oder Eisenbahn – / fortgehn möchte ich, sehn und / wiederkommen.« (Vers 34–34)

Die Dichtung, deren genuine Aufgabe in der Eröffnung von Möglichkeitswelten liegt, bestimmt letztlich ganz realiter die Arbeitswelt der Dichterin. Wie diesem hehren Auftrag sein Feierliches zu nehmen ist, darauf hat sich die Nachwuchslyrikerin Kirsch spezialisiert. Kokett reagiert sie stilistisch erneut mit einer Figur der Diminuierung, in diesem Fall der eigenen Arbeit: »ackre den Wagen [...] übers Papierfeld / [...] koche mit Wasser [...]«.

Die Beurteilung von Sarah Kirschs Poetischer Konfession erfolgte abermals durch Georg Maurer. Die künstlerische und reflektorische Qualität des Essays vermochte der viel gepriesene Lyriker und Lehrer allerdings nicht recht zu erfassen. Zwar beurteilte Maurer Sarah Kirschs *Im Spiegel* mit »gut«. In seinem Duktus ähnelt dieses Gutachten allerdings jenem, das Maurer über ihre Gedichte verfasst hatte. Auch hier heißt es im väterlichen Ton des Wohlwollens, dass der Dialog »formal ein reizend gemachtes Spiegelgefecht« sei, »doch nicht eine Spiegelfechterei«.[310] Das Fazit ist in gebräuchliche Formulierungen eines Gutachtens gekleidet und klingt wenig inspiriert und aussagekräftig.

Sarah Kirsch hat auf ihre Art, also mit Witz, Ernst und poetischen Einfällen, sich an die ihr vom Institut gestellte Aufgabe, ein Grunderlebnis, eine Konfession zu schreiben, herangegangen [sic]. Auf ihre Frage, ›Was soll ich tun?‹ antwortet Lanzelot: ›Ach Menschenfrau, trink von deinem Grunderlebnis 1965 und denke weiter‹. Ich halte die Arbeit für gut. Georg Maurer.[311]

Maurers Beurteilung, so lässt sich nüchtern konstatieren, bekundet weder näheres Interesse an Sarah Kirschs poetischer Selbstbefragung, noch gibt sich der von Sarah Kirsch hochverehrte Dozent sonderlich Mühe, die Vielschichtigkeit und Ausdifferenziertheit des reflektorisch wie ästhetisch anspruchsvollen Textes zu erfassen. Wie überzeugend Sarah Kirsch die Register einer Schülerin bedient, die die Schwierigkeiten künstlerischen Schaffens äußerst klug registriert und reflektiert, scheint Maurer vollständig entgangen zu sein.

Rainer Kirsch: Kunst und Verantwortung

Hingegen voll des Lobes klingt Maurers Einschätzung der theoretischen Arbeit von Rainer Kirsch, die den Titel *Kunst und Verantwortung. Probleme des Schriftstellers in der DDR* trägt. In diesem Fall erfolgte eine präzise und aussagekräftige Beurteilung. Gleich zu Beginn des Gutachtens wird die Qualität der Arbeit hervorgehoben.

> Ich halte die Arbeit von Rainer Kirsch für sehr gut. Sie ist durchdacht, gut lesbar und trotz einer umfassenden Aufgabenstellung so kurz gehalten, dass sich jeder schnell informieren kann. [...] Ich stimme mit Kirsch überein, daß Schriftsteller und Künstler eine gesellschaftliche Kraft sind im Sozialismus.[312]

Der Essay, wegen dessen unerlaubter Veröffentlichung in einer Schweizer Zeitschrift dem Studenten Rainer Kirsch letztlich das Diplom am Literaturinstitut verweigert wurde, ist indes auch weniger Ausdruck eines poetologischen als vielmehr eines politischen Bekenntnisses zum Sozialismus und zum sozialistischen Realismus.

> Ich bin Kommunist, bin mit 17 Jahren in die Partei eingetreten, war 8 Jahre lang wegen ideologischer Differenzen ausgeschlossen und gehöre ihr jetzt wieder an. Wir, die wir uns dem Kommunismus verpflichtet fühlen, weil wir uns der Kunst verpflichtet fühlen, haben auch die Pflicht, uns Autorität zu erwerben. (Das setzt voraus, daß wir gute Kunst machen).[313]
>
> Der kommunistische Künstler ist nicht weniger Teil der Partei als der Berufsfunktionär; unterscheiden können sie sich nur nach dem Grad ihrer Fähigkeiten, ihres Könnens, ihrer Einsicht. Wirklich marxistische Kulturpolitik muss kollektiv erarbeitet werden, das heißt: unter maßgeblicher Hinzuziehung der Künstler.[314]
>
> Wer Kunst macht, setzt Welt aus sich heraus. Er schafft damit eine neue Realität, die mit der realen Welt in gewissen (wesentlichen) Punkten korrespondiert, sie bedeutet, deutet, indem sie nach einer Formulierung Ernst Blochs, bis zur Kenntlichkeit verändert. [...] Der Kern des Kunstwerks aber resultiert aus Erleben und Erfahrung. Kunst will intensive Totalität, sie interpretiert – als sozialistische Kunst – Welt mit der Intention auf Weltveränderung. Dazu reichen

weder guter Wille noch Talent. Wir brauchen Kenntnisse, die immer wieder neu an der Realität zu prüfen sind.[315]

Rainer Kirsch stimmte im Großen und Ganzen mit den Anforderungen überein, die die DDR an ihre Schriftsteller stellte. So verstand er gute Kunst »als eine Weise der Aneignung, Bewältigung der Welt«.[316] Wenn für ihn dazu auch die »Auflehnung gegen Vergeblichkeit« gehört, wie etwa Kafka sie unternommen hatte, so zweifelte Rainer Kirsch dagegen an, dass Kunst aus einer Haltung von »Resignation, Selbstaufgabe und zynische[m] Konformismus« entstehen könne.[317] Folgt man Kirschs mit den Vorstellungen der Staatskultur übereinstimmender Kunstauffassung, wären Spielarten existentialistischer Literatur, wie sie etwa von Albert Camus und Samuel Beckett geschaffen wurden, als Kunst konsequent abzulehnen. Allein in dieser Rigorosität äußert sich ein unumstößlicher normativ ästhetischer Standpunkt, den man in Sarah Kirschs selbstkritischem Text vergeblich sucht.

Darüber hinaus erweist sich Rainer Kirschs Essay als eine emphatische Apologie der DDR und ihrer Literaturpolitik gegenüber der westlichen Welt, wobei er mit Kritik jedoch keineswegs spart.

Gewiß: wir stecken mit einem Bein noch tief im Dogmatismus. Noch erscheinen die gesammelten Werke von Paul Wiens nicht, weil der Autor sich mit Recht weigert, ein aus undurchsichtigen Gründen abgelehntes Gedicht herauszunehmen. Noch fassen Gremien verschiedener Organisationen Beschlüsse, den Liedersänger und -dichter Wolf Biermann nicht auftreten zu lassen […]. Aber: seit der Errichtung der Mauer ist Entscheidendes in Bewegung geraten. In Christa Wolfs ›Der geteilte Himmel‹, Erwin Strittmatters ›Ole Bienkopp‹, Hermann Kants ›Die Aula‹, Erik Neutschs ›Spur der Steine‹ gingen Schriftsteller dem Leben wirklich auf den Grund, zeigen die Schwierigkeiten, die bis zum Absurden reichen, scheuen sich nicht, darzustellen, wie Menschen an diesen Schwierigkeiten zugrunde gehen. Dabei bleibt nichts resignativ; die Verfasser sind, als Marxisten, überzeugt von der Veränderbarkeit der Welt; die Praxis der DDR scheint darin zu beweisen, daß sie darin recht haben.[318]

Kaum deutlicher als aus den als Abschlussarbeiten eingereichten Texten lässt sich ersehen, wie unterschiedlich doch die jeweilige Geisteshaltung und das ästhetische Selbstverständnis der Eheleute waren. Wo Sarah Kirsch sich künstlerisch noch auf der Suche befand und an ihrer literarischen Befähigung und gesellschaftlichen Verantwortung bei aller Affirmation des Sozialismus zweifelte, da war sich Rainer Kirsch seiner politischen Aufgabe als Dichter schon längst sicher. Beeindruckt von dieser gefestigten Kunstauffassung zeigte sich nicht zuletzt auch Georg Maurer, der Entsprechendes in seinem Gutachten resümiert:

> Diese hier in ganz wenigen Worten skizzierte Haltung Rainer Kirschs, ablesbar aus seiner theoretischen Arbeit, äußert sich auch in seiner lyrischen Praxis, ist also bruchlos. [...] Seine theoretische Arbeit sinniert nicht, sondern ist praktikabel.[319]

Nur einige Monate nach der Einreichung seines Essays als theoretische Abschlussarbeit hatte Rainer Kirsch allerdings der bitteren Erkenntnis gewahr werden müssen, dass die ›Praxis der DDR‹ alles andere als aufgeschlossen war. Das 11. Plenum des ZK der SED im Dezember 1965 wurde zum Schafott jedweder noch so loyal gemeinten Kritik am Staatsapparat und an dessen Kulturpolitik. Am Exempel von Literatur und Film machte der Führungskader der SED deutlich, dass man mit Kritik an der Partei keine Parteilichkeit übe, sondern sie untergrabe. Der hier in Frage gestellten konstruktiven Funktion von Kritik war sich Rainer Kirsch in seinem Essay freilich noch gewiss gewesen: »Wir nennen unser Engagement: Parteilichkeit«, heißt es dort noch emphatisch über das Wirken des Künstler in der DDR.[320]

Nach dem Studium

Solche Enttäuschungen allerdings änderten nichts an Rainer Kirschs gefestigter sozialistischer Einstellung. Er verließ die DDR nicht und intervenierte zeit ihres Bestehens gleichermaßen als kritischer Geist und ästhetisch unbestechlicher wie anspruchsvoller Künstler. Damit blieb er ihr und sich selbst treu. Seine schriftstellerischen Ambitionen wandelten sich im Laufe seines Lebens und erwiesen sich als äußerst vielfältig. Als Lyriker trat er kaum noch hervor, dafür als herausragender Übersetzer und blitzgescheiter Essayist, aber auch als Hörspiel- und Kinderbuchautor, als Dramatiker und Porträtist. Aufgrund von Streitigkeiten um seine Komödie *Heinrich Schlaghands Höllenfahrt* wurde er 1973 erneut aus der SED ausgeschlossen, was seinem Erfolg als Schriftsteller allerdings kaum etwas anhaben konnte. 1983 erhielt er den renommierten F.-C.-Weiskopf-Preis, mit dem Autoren der DDR ausgezeichnet wurden, deren Werk in besonderer Weise sprachkritisch und sprachreflektierend akzentuiert war. 1990 wurde er Präsident des Schriftstellerverbandes der DDR, und im selben Jahr erhielt er die Mitgliedschaft der Akademie der Künste. Als Autor lebte und arbeitete er bis zu seinem Tod im Jahr 2015 in Berlin-Marzahn.

Sarah Kirsch hingegen schlug einen anderen literarischen wie politischen Weg ein. 1967 veröffentlichte sie mit *Landaufenthalt* ihren ersten eigenen Lyrikband, für den sie große Anerkennung erhielt. Nach ihrer Trennung von Rainer Kirsch zog sie 1968 nach Ostberlin, arbeitete als Journalistin und Übersetzerin und schrieb weiterhin erfolgreich Lyrik, die nicht nur in der DDR, sondern auch in der Bundesrepublik veröffentlicht wurde und dort großen Anklang fand. Aber auch ihre Prosa, beispielsweise der dokumentarische Band *Die Pantherfrau. Fünf unfrisierte Erzählungen aus dem Kassettenrecorder* (1973), wurde viel beachtet und sehr geschätzt. Als Erstunterzeichnerin der Protesterklärung gegen die Ausbürgerung Wolf Biermanns schloss man sie 1976 aus der SED und dem Schriftstellerverband aus. Im Jahr darauf übersiedelte sie mit ihrem Sohn nach Westberlin. Von dort zog sie zu Beginn der 1980er Jahre aufs Land, zunächst ins Niedersächsische und im Anschluss daran nach Tielenhemme in Schleswig-Holstein, wo sie ihr weiteres Leben bis zu ihrem Tod 2013 verbrachte. Sarah Kirsch gehört auch heute noch zu den bedeutendsten deutschsprachigen Lyrikerinnen der Gegenwart.

3. Begrenzte Strahlkraft

Die vielzitierten ›Sternstunden‹, die die Lyrik am Becher-Institut unter Georg Maurer erlebte, beschränken sich im Wesentlichen auf die erste Hälfte 60er Jahre, als die Hochschule von Maurers Ansehen unter jungen Lyrikern profitierte und die Vertreter einer neuen Autorengeneration anzog. Allerdings haben letztlich nur wenige renommierte Lyrikerinnen und Lyriker tatsächlich ein Studium bei Maurer absolviert, während zahlreiche Mitglieder der »Sächsischen Dichterschule« nur privat mit Georg Maurer befreundet waren und Maurers »Entdeckungen« wie Helga M. Novak und Andreas Reimann das Institut bald nach Studienantritt schon wieder unfreiwillig verließen, weshalb Maurers Einfluss auf ihre literarische Entwicklung schließlich bezweifelt werden muss.

Dass die Lyrik zu Beginn der 60er Jahre am Institut an Bedeutung gewann, ist zudem auch auf eine allgemeine Lyrikwelle in der DDR zurückzuführen, von der das Institut und Maurers Seminare zwar durchaus profitierten, wiewohl sie nicht selbst für diese Hochkonjunktur der jungen Lyrik verantwortlich waren. Von den Vertretern der neuen Lyrikergeneration, die das Institut zu dieser Zeit offensiv umwarb, erfuhr Maurers komparatistische, auf Beispiele aus der Weltliteratur und Literaturgeschichte verweisende Methode gleichwohl große Anerkennung. Insofern kann man sich auch literaturwissenschaftlichen Einschätzungen anschließen, nach denen es Maurers Person und seinem Engagement als Literaturdozent und Mentor zu verdanken ist, dass in seinem Umfeld erste Ansätze einer Ausdifferenzierung bzw. Autonomisierung des literarischen Feldes in der DDR – wenn auch nur vorübergehend und im Kleinen – ausgebildet werden konnten.[321] Maurers Geltung als Lyriker spielte bei seinen Schülern hingegen eine geringere Rolle. Sie zeigten sich von Maurers Lyrik indes auch wenig beeinflusst, dafür aber umso stärker von seiner Poetologie der Genauigkeit und des Alltäglichen, wie sie sich in ihren Arbeiten widerspiegelt. Insofern sind die Würdigungen der Kirschs und Heinz Czechowskis auf ihren Lehrer und Mentor durchaus nicht als übertrieben einzuschätzen.

Dennoch lässt sich Maurers literarischer Einfluss auf die Studierenden nicht verallgemeinern: Der zu Studienzeiten erst Anfang zwanzigjährige Czechowski zeigte sich deutlich zugänglicher für die Einflüsse ästhetischer (und ideologischer) Erziehung als seine zu Studienzeiten bereits älteren Kollegen Sarah und Rainer Kirsch. Während Sarah Kirsch am Institut oftmals auf die Rolle der Ehefrau Rainer Kirschs reduziert und auch von Georg Maurer als Vertreterin einer »weiblichen« Perspektive unterschätzt wurde, besaß Rainer Kirsch während seines Studiums ein relativ gefestigtes Verständnis der eigenen Autorschaft. Gegenüber einem so selbstbewussten Studenten wie Rainer Kirsch mag die Georg Maurer angeheftete Rolle des Ersten unter Gleichen indes auch zugestanden werden. Immerhin spricht aus Maurers Gutachten für Kirschs Arbeiten einige Hochachtung für den jungen Autor. Der nicht minder begabten Sarah Kirsch begegnete Maurer allerdings mit einer gewissen Überheblichkeit. Eine seiner talentiertesten Studentinnen scheint er indes auch ästhetisch gehörig unterschätzt zu haben.

Dies wirft die Frage auf, wie viel aufrichtiges Interesse Maurer generell den Arbeiten seiner Studierenden entgegengebracht hatte, die nicht von vorneherein über eine so ausgeprägte künstlerische Qualität verfügten, wie etwa die Gedichte und Essays Rainer Kirschs.

Die allgemeine Tendenz, Erfolge des Becher-Instituts in den 60er Jahren mit Maurers Wirken gleichzusetzen, überhöht den Einfluss Maurers und verweist vor allem auf die Ermangelung positiver Identifikationsfiguren im Umfeld der Kunsthochschule und unter Leipziger Literaturfunktionären. In der Praxis war der Einfluss des parteilosen Maurer unter den Genossen im Kollegium eher gering. So erhielt er erst 1965 Mitspracherecht bei Immatrikulationsentscheidungen, die Exmatrikulationen seiner Schützlinge konnte er hingegen nicht verhindern. Sein vorläufiger Weggang vom Institut im Sommer 1966 ist letztlich auch als Zeichen seiner Ohnmacht und Ausdruck einer Desillusionierung seines pädagogischen Wirkens zu verstehen, das immer stärker von rigiden institutspolitischen Entscheidungen überlagert wurde. Mit einem Herzleiden, von dem er sich bis zu seiner offiziellen Verabschiedung im Jahre 1970 nicht mehr vollständig erholen sollte, reagierte er letztlich darauf. Seine Professorentätigkeit übte er bis zur Invalidisierung im Jahr 1970 nur noch sporadisch aus und musste durch diese mangelnde Präsenz schließlich auch an pädagogischer Strahlkraft einbüßen.

1 Heinz Czechowski: Dreimal verfluchte DDR. Abschiedsgedanken des Leipziger Schriftstellers Heinz Czechowski. In: Tageblatt, 3.10.1990, S. 12–13, hier S. 12.
2 Siegfried Stadler: Der gewendete Becher. Leipziger Literaturinstitut – nun gesamtdeutsch. In: F.A.Z., 18.6.1990, S. 31.
3 Vgl. ebd.; vgl. auch Thomas Rietzschel: Kulturschande? In: F.A.Z., 7.12.1990, Nr. 285, S. 33.
4 Wolfgang Emmerich: Kleine Literaturgeschichte der DDR. Erweiterte Neuausgabe, Köln 1996, S. 46.
5 Ab 1966 fiel Maurer aus Krankheitsgründen allerdings häufiger aus und wurde vertreten.
6 Zudem setzten sich insbesondere Germanisten und Literaturwissenschaftler aus der DDR wie Peter Geist, Walfried Hartinger, Klaus Werner oder Gerhard Wolf auch noch nach der politischen Zeitenwende von 1989/90 intensiv mit Maurers Lyrik und dessen Essays auseinander. Zuletzt etwa anlässlich des 90. Geburtstags von Georg Maurer. Gerhard Wolf (Hg.): Bleib ich, was ich bin? Teufelswort Gotteswort. Zum Werk des Dichters Georg Maurer. Berlin 1998.

7 Vgl. Gerrit-Jan Berendse: Die »Sächsische Dichterschule«. Lyrik in der DDR der sechziger und siebziger Jahre. Frankfurt 1990, S. IX.

8 Vgl. Eva Maurer im Interview, 27.10.2015.

9 Vgl. Leon Hempel: Die agonale Dynamik des lyrischen Terrains. Herausbildung und Grenzen des literarischen Feldes in der DDR. In: Ute Wölfel (Hg.): Literarisches Feld DDR. Bedingungen und Formen literarischer Produktion in der DDR. Würzburg 2005, S. 13–29, hier S. 20f.

10 Vgl. weiter unten: Sarah und Rainer Kirsch wurden etwa für Lesereisen und andere Repräsentationszwecke vom Unterricht freigestellt. Das zehnjährige Jubiläum des IfL wurde 1965 u. a. mit einer Lyrikmatinee in der alten Handelsbörse in Leipzig gefeiert, zu der Maurer die inzwischen bekannt gewordenen Absolventen seiner Seminare einlud.

11 Vgl. Protokoll über die Institutssitzung am 17.2.1965. SStaL, IfL, Nr. 358, Bl. 36–39, hier Bl. 37.

12 Vgl.: Hospitationsberichte, o. D. ebd., Bl. 158, 159.

13 Vgl. Gerhard Wolf/Eva Maurer: Bibliographie zum Werk Georg Maurers. In: Gerhard Wolf (Hg.): Dichtung ist deine Welt. Selbstaussagen und Versuche zum Werk Georg Maurers. Halle (Saale) 1973, S. 343–363.

14 Vgl. Stadt Leipzig (Hg.): Georg Maurer (1907–1971): »Ach, das einfachste Wort gib mir ein ...« Georg Maurer im Dialog. Leipzig 1997, S. 60.

15 Vgl. Paul Dessau: 27 Lieder aus dem *Dreistrophenkalender* von Georg Maurer. In 3 Heften. Leipzig 1975.

16 Vgl. Autorenkollektiv: Geschichte der Literatur der Deutschen Demokratischen Republik. Berlin 1980, S. 722.

17 1948 erhielt er den Literaturpreis der Stadt Weimar, 1961 den Johannes-R.-Becher-Preis, 1964 den Kunstpreis der Stadt Leipzig, 1965 den Nationalpreis II. Klasse und 1972 postum den F.-C.-Weiskopf-Preis. Vgl. Günter Albrecht u. a.: Art. Maurer, Georg. In: Dies.: Schriftsteller der DDR. Leipzig 1974, S. 369–371, hier S. 370. Zudem wurde Maurer 1965 als Mitglied in die Deutsche Akademie der Künste in Berlin (Ost) aufgenommen. Vgl. Franka Köpp u. a.: Lebenslauf. In: Dies.: Georg Maurer 1907–1971, Berlin-Brandenburg 2002, S. 13–15, hier S. 15.

18 Vgl. Werner Brettschneider: Zwischen literarischer Autonomie und Staatsdienst. Die Literatur in der DDR. Berlin 1972, S. 203; Hempel: Die agonale Dynamik, S. 21.

19 Robert Straube: Veränderte Landschaften. Landschaftsbilder in Lyrik aus der DDR. Bielefeld 2016, S. 114.

20 Vgl. Leon Hempel: Art. Maurer, Georg. In: Michael Opitz/Manfred Hofmann (Hg.): Metzler Lexikon DDR-Literatur. Stuttgart/Weimar 2009, S. 217–218, hier S. 218.

21 Vgl. Gerhard Wolf: Umrisse einer Biographie. In: Ders. (Hg.): Dichtung ist deine Welt, S. 315–338, hier S. 334; Hempel: Die agonale Dynamik, S. 21.

22 Vgl. Brief von Alfred Kurella an Georg Maurer vom 7.1.1957, SStAL, IfL, Nr. 926, Bl. 442.

23 Brief von Hans Bentzien an Georg Maurer vom 1.4.1961. Ebd., Bl. 444.

24 Straube: Veränderte Landschaften, S. 114.

25 Hierbei handelt es sich um das heutige Reghin im rumänischen Landesteil Siebenbürgen. Vgl. Wolf: Umrisse einer Biographie, S. 316.

26 Vgl. Köpp u. a.: Lebenslauf, S. 13.
27 Vgl. Wolf: Umrisse einer Biographie, S. 318.
28 Vgl. Georg Maurer: Über mich. Einleitende Worte anläßlich einer Lesung vor Studenten der Karl-Marx-Universität Leipzig 1956. In: Wolf (Hg.): Dichtung ist deine Welt, S. 9–19, hier S. 13.
29 Vgl. ebd.
30 Ebd., S. 11.
31 Vgl. Georg Maurer: Über mich. In: Walfried Hartinger u. a. (Hg.): Georg Maurer. Werke in zwei Bänden. Bd. 1, Halle (Saale) 1987, S. 53–56, hier S. 55.
32 Vgl. Walfried Hartinger: Nachwort. In: Ders. u. a. (Hg.): Georg Maurer. Werke in zwei Bänden. Bd. 2. Halle (Saale)1987, S. 493–507, hier S. 497.
33 Vgl. Wolf: Umrisse einer Biographie, S. 327.
34 Vgl. ebd., S. 325.
35 Georg Maurer: Himmlische Landschaft. In: Ders.: Ewige Stimmen. Leipzig 1936, S. 26.
36 Vgl. Maurer: Über mich. Einleitende Worte, S. 11.
37 Vgl. Wolf: Umrisse einer Biographie, S. 322.
38 Vgl. Maurer: Über mich. Einleitende Worte, S. 15. Vgl. auch Straube: Veränderte Landschaften, S. 88.
39 Wolf: Umrisse einer Biographie, S. 326.
40 Vgl. ebd., S. 327.
41 Vgl. ebd., S. 328.
42 Vgl. ebd., S. 331.
43 Vgl. Maurer: Über mich. Einleitende Worte, S. 15, 17.
44 Hartinger: Nachwort, S. 498f.
45 »»Der Aufbau und die Propagierung des Sozialismus seit 1945 auf dem Territorium der DDR, also schon vor der Staatsgründung, hat meine Weltanschauung bestimmt. Die Erkenntnisse des Marxismus haben mir gezeigt, wie die Bewegung der Menschheit zu begreifen ist und damit auch das Leben des einzelnen innerhalb der Gesellschaft.«« (Vgl. Wolf: Umrisse einer Biographie, S. 331). Vgl. auch Hartinger: Nachwort, S. 499.
46 Vgl. Wolf: Umrisse einer Biographie, S. 330.
47 Vgl. Wolfgang Emmerich: »Maurer, Georg«. In: Neue Deutsche Biographie. Herausgegeben von der Historischen Kommission bei der Bayerischen Akademie der Wissenschaften. 16. Bd.: Maly-Melanchthon. Berlin 1990, S. 440–441, hier S. 441f.
48 Georg Maurer: Die Schaffenden. In: Hartinger u. a. (Hg.): Werke I, S. 107–108, hier S. 107.
49 Georg Maurer: Das Unsere. In: Ebd., S. 460–471, hier S. 462.
50 Georg Maurer: Kleines ästhetisches Bekenntnis. In: Ebd., S. 547–549, hier S. 548.
51 Vgl. ebd., S. 549.
52 Vgl. Straube: Veränderte Landschaften, S. 88f.
53 Vgl. Georg Maurer: Einleitende Worte zu dem Zyklus *Das Unsere*. In: Wolf (Hg.): Dichtung ist deine Welt, S. 20–21, hier S. 20f.
54 Vgl. Wolf: Umrisse einer Biographie, S. 332f.
55 Vgl. Helmut Richter: Institut für Literatur »Johannes R. Becher«. Zum 50. Jahrestag der Gründung am 30. September 2005. In: Rektor der Universität

Leipzig (Hg.): Jubiläen 2005. Personen / Ereignisse. Leipzig 2005, S. 69–74, hier S. 73.
56 Vgl. Maurer, Interview.
57 Vgl. ebd.
58 Alexander Abusch: Sinn und Zweck eines Instituts für Literatur. Rede zur Eröffnung des Instituts für Literatur am 30.9.1955 in Leipzig. In: Institut für Literatur (Hg.): Ruf in den Tag. Jahrbuch des Instituts für Literatur »Johannes R. Becher« 1962. Leipzig 1962, S. 11–16, hier S. 16.
59 Ebd., S. 15.
60 Zur eigenständigen Erarbeitung der Seminare vgl. Max-Walter-Schulz-Archiv, Archiv der AdK, Nr. 13, Bl. 2, in der Unterlagen von Kurella aus der Gründungszeit enthalten sind.
61 Maurer schrieb im September 1956 an das Institut, er habe »im Vorjahr das Lyrik-Seminar mit einem Aufsatz über Majakowski« eröffnet. Vgl. Georg Maurer: Kurze Notiz zum Lyrik-Seminar 1956/57. Brief an das Institut für Literatur vom 1.9.1956. Akte »Georg Maurers Wirken am Institut für Literatur ›Johannes R. Becher‹ Leipzig (1956–1962)«. Georg-Maurer-Archiv, Leipziger Städtische Bibliotheken, Bibliothek Plagwitz »Georg Maurer« (im Folgenden: GMA Plagwitz), Bl. 7.
62 Georg Maurer: Majakowskis bildliche Argumentation. In: Ders.: Essay 2. Halle (Saale) 1973, S. 40–62, hier S. 60. Vgl. auch Maja-Maria Becker: »Was hat das mit sozialistischer Lyrik zu tun?« Die Bedeutung der Lyrik am Institut für Literatur »Johannes R. Becher« in der Ära Maurer. In: Zeitschrift für Germanistik, 2016, NF XXVI, Heft 3, S. 549–566, hier S. 549.
63 Max Zimmering: Vorwort. In: Institut für Literatur (Hg.): Ruf in den Tag. Jahrbuch des Instituts für Literatur »Johannes R. Becher« 1960. Leipzig 1960, S. 9–16, hier S. 12.
64 Vgl. Erich Loest: Durch die Erde ein Riß. Ein Lebenslauf. Leipzig 1990, S. 259.
65 Vgl. Becker: »Was hat das mit sozialistischer Lyrik zu tun?«, S. 554.
66 Vgl. Maurer: Kurze Notiz, Bl. 7.
67 Ebd.
68 Vgl. Georg Maurer: I. Lyrik-Seminar 1956/57 / II. Perspektiv-Plan 1957/58, o. D. GMA Plagwitz, Bl. 6.
69 Vgl. Maurer: Kurze Notiz, S. 7.
70 Ebd.
71 Vgl. Maurer: I. Lyrik-Seminar / II. Perspektiv-Plan, Bl. 6.
72 Vgl. ebd.
73 Ebd.
74 Vgl. Hempel: Die agonale Dynamik, S. 22.
75 Maurer: Kurze Notiz, Bl. 7.
76 Vgl. Georg Maurer: Die Form und die Wirklichkeit. In: Hartinger u. a. (Hg.): Werke 1, S. 472–478, hier S. 477.
77 Vgl. Georg Maurer: Perspektiv-Plan Schöpferisches Seminar Lyrik, o. D. GMA Plagwitz, Bl. 46–47, hier Bl. 46.
78 Vgl. Helmut Richter: Der Lehrer Georg Maurer. In: Wolf (Hg.): Dichtung ist deine Welt, S. 202–205, hier S. 204. Wie seine Witwe Eva Maurer berichtete, musste ihr Mann von seinem Zuhause in der Leipziger Menckestraße vom insti-

tutseigenen Chauffeur mit dem Wagen abgeholt werden, weil Maurer eine Vielzahl an Büchern mit in sein Seminar zu nehmen pflegte. Vgl. Eva Maurer, Interview. Auch ehemalige Studierende erinnerten sich an eine vor Büchern geradezu überquellende Ledertasche, neben der brennenden Zigarre Maurers Markenzeichen. Vgl. Richter: Der Lehrer Georg Maurer, S. 203.

79 Sarah Kirsch: Selbstauskunft. Sarah Kirsch im Gespräch (August 1993). In: Wolfgang Heidenreich/Bernhard Rübenach (Hg.): Sarah Kirsch. Texte, Dokumente, Materialien. Peter-Huchel-Preis. Ein Jahrbuch. Baden-Baden 1993, S. 47.

80 Vgl. Heinz Czechowski: »Was bleibt?«. In: Wolf (Hg.): Bleib ich, was ich bin?, S. 23–28, hier S. 25.

81 Heinz Czechowski: Der Lehrer. In: Ders.: Nachmittag eines Liebespaares. Halle (Saale) 1962, S. 62.

82 Kirsch: Selbstauskunft, S. 49.

83 Maurer: Kleines ästhetisches Bekenntnis, S. 336.

84 So avancierte etwa sein Gedicht »Der Schreitbagger« aus dem Zyklus *Hochzeit der Meere* von 1953/54 zur Schullektüre in der DDR, »weil die darin zur Schau gestellte Faszination an moderner Technik sich für den Neubeginn im Osten Deutschlands politisch ausschlachten ließ«. Tom Pohlmann: License to kill. *Der Schreitbagger*. Notizen zu einem Gedicht von Georg Maurer. In: Wolf (Hg.): Bleib ich, was ich bin?, S. 77–78, hier S. 77.

85 Vgl. Czechowski: »Was bleibt?«, S. 25.

86 Vgl. ebd. Vgl. auch Andreas Reimann im Interview, 9.2.2016.

87 Andreas Reimann: Georg Maurer. In: Neue Deutsche Literatur, 1975, 23. Jg., H. 9, S. 105–107, hier S. 106.

88 Vgl. http://research.uni-leipzig.de/agintern/CPL/PDF/Lehmann_Guenther K.pdf (zuletzt eingesehen am 28.8.2017).

89 Vgl. Günther K. Lehmann: Thesen der marxistisch-leninistischen Ästhetik. GMA Plagwitz, Bl. 37–41. Vgl. auch Becker: »Was hat das mit sozialistischer Lyrik zu tun?«, S. 556f.

90 Vgl. Lehmann: Thesen der marxistisch-leninistischen Ästhetik, Bl. 41.

91 Vgl. ebd., Bl. 38.

92 Vgl. Maurer: Perspektiv-Plan, Bl. 46.

93 Vgl. ebd.

94 Vgl. ebd.

95 Vgl. ebd., Bl. 47.

96 Vgl. Hospitationsbericht, Bl. 158.

97 Vgl. ebd., Bl. 159.

98 Vgl. Rainer Kirsch im Interview, 22.8.2013. Vgl. auch Andreas Reimann, Interview.

99 »Sie waren ›[j]ung, nicht von Kriegen entstellt. Herrn ihres meßbaren Tags‹ (R. Kirsch), die meisten von ihnen studierten, u. a. Ökonomie (Mickel), Biologie (S. Kirsch), Geschichte und Philosophie (R. Kirsch), Germanistik und Kunstgeschichte (B. Jentzsch), Philosophie (V. Braun) und landeten früher oder später im Lyrikkurs des Literaturinstituts bei Georg Maurer.« Peter Geist: Die wandlose Werkstatt – Versuch, mit der »Sächsischen Dichterschule« literaturhistorisch umzugehen. In: Brigitte Krüger u. a. (Hg.): Lesarten. Beiträge zur Kunst-, Literatur- und Sprachkritik. Berlin 2007, S. 55–76, hier S. 61.

100 Die Gespräche mit Maurer führte etwa der Germanist Walter Nowojski für eine Rundfunksendung. Vgl. Georg Maurer: Wo beginnt Welt, wo ich? – Gedicht im Zyklus. Ein Gespräch mit Walter Nowojski (1964). In: Wolf (Hg.): Dichtung ist deine Welt, S. 22–30, oder der österreichische Schriftsteller und Kritiker Eduard Zak für die Wochenzeitung *Sonntag*. Vgl. Ein quadratmetergroßes Stück Erde. Interview mit Eduard Zak. In: *Sonntag* vom 17.10.1965, Nr. 42, 20. Jg., S. 8.

101 Im Übrigen war Maurer, der ja keinen Studienabschluss besaß, der einzige ›einfache‹ Dozent, dem während der 1960er Jahre die Ehre des Professorentitels zuteilwurde, was somit seine außergewöhnliche Stellung am IfL noch unterstreicht.

102 Vgl. Horst Nalewski im Interview vom 29.7.2014.

103 Vgl. Institut für Literatur: Protokoll der Institutssitzung vom 21.7.1960, SStAL, IfL, Nr. 358, Bl. 140–144, hier Bl. 144.

104 Vgl. ebd.

105 Vgl. ebd.

106 Karl-Heinz Tuschels lyrische Versuche misslängen aufgrund ihres agitatorisch-propagandistischen Stils, Horst Salomon gebe nur das Nötigste von sich und Werner Bräunig entwickle sich zum oberflächlichen Routinier, der sich auf seiner Begabung auszuruhen drohe. Heino Leist habe immerhin analytische Fähigkeiten und Erich Köhler einen poetischen Klang, während Heinz Czechowski »völlig aus der Bahn geworfen« sei. Vgl. ebd.

107 Vgl. Institut für Literatur: Protokoll über die Institutssitzung am 17.2.1965, Bl. 37.

108 Vgl. ebd., Bl. 38.

109 »Georg Maurer hatte gesagt, die nehmen wir, die kann was, aus der wird was.« (Helga M. Novak: Im Schwanenhals. Frankfurt a. M. 2013, S. 287). Vgl. auch Reimann, Interview.

110 Vgl. ebd.

111 »Der Leiter des Lyrikseminars, Prof. Georg MAURER, wird als einseitig ästhetisch orientiert und politisch weltfremd eingeschätzt. Er unterstützte in der Vergangenheit solche negative Personen wie Wolf BIERMANN, Rainer und Sarah KIRSCH sowie Andreas REIMANN, der am 1.10.1968 wegen Hetze inhaftiert wurde.« Vgl. HA XX: Zusammenfassender Bericht über die politisch-operative Lage in den Bereichen Kultur und Massenmedien in den Bezirken der Deutschen Demokratischen Republik vom 21.1.1969, BStU, MfS, HA XX/AKG Nr. 804, Bd. 1, Bl. 149–203, hier Bl. 188.

112 Zum Fall Rainer Kirsch siehe unten.

113 Vgl. BVfS Leipzig: Tonbandabschrift eines Berichts des Gesellschaftlichen Mitarbeiters ›Anton‹, o. D., BStU, MfS, BV Lpz., AOP, Nr. 840/71, Bd. 6, Bl. 53–54, hier Bl. 53.

114 Vgl. Eva Maurer, Interview.

115 Vgl. ebd.

116 Vgl. Vereinbarung über eine zeitweilige Änderung des Arbeitsvertrages zwischen Prof. Georg Maurer und dem Institut für Literatur ›J. R. Becher‹, o. D., SStAL, IfL, Nr. 926, Bl. 457.

117 Vgl. Marianne Schmidt: Aktennotiz: »Telefonische Mitteilung von Frau Maurer, daß Herr Professor Georg Maurer ab 1. Juli 1970 invalidisiert wird«, o. D. Ebd., Bl. 460.

ANMERKUNGEN

118 Vgl. Andreas Reimann, Interview.

119 Vgl. BVfS Leipzig: »Einschätzung über das Verhalten und Auftreten von Vertretern des westdeutschen Verlages [...] Luchterhand« vom 10.3.1968, BStU, MfS, BV Lpz., AOP, Nr. 840/71, Bd. 6, Bl. 128–134, hier Bl. 134.

120 Heinz Czechowski: Die Pole der Erinnerung. Autobiographie. Düsseldorf 2006, S. 122. An anderer Stelle fasste Czechowski unter diesem Begriff jedoch Karl Mickel, Klaus B. Tragelehn, Volker Braun, Bernd Jentzsch, Richard Leising, Sarah Kirsch, Adolf Endler und Elke Erb zusammen – all jene, die »aus dem ›Mantel‹ Georg Maurers« gekommen seien (Czechowski: Pole, S. 125).

121 Zu einer Auflistung der intertextuellen Bezüge und Kontakte vgl. Berendse: Dichterschule, S. 51 ff. u. 63 f.

122 Die Strophe findet sich in der frühen Langfassung des Gedichts »Fachwerk, instandgesetzt«, abgedruckt in: Heinz Czechowski: ›Die Zeit der Wunder ist vorbei ...‹ Zur Lyrik der zwischen 1935 und 1940 Geborenen. In: John L. Flood (Hg.): Ein Moment des erfahrenen Lebens zur Lyrik der DDR. Amsterdam 1987, S. 22–35, hier S. 34. In *Ich und die Folgen* ist das Gedicht ohne die zitierte Strophe enthalten. Vgl. Czechowski: Ich und die Folgen. Gedichte. Reinbek bei Hamburg, 1987, S. 62 f.

123 Vgl. auch Czechowski: Zeit der Wunder, S. 22; Gerhard Wolf: Nachwort. In: Bekanntschaft mit uns selbst. Gedichte junger Menschen. Halle (Saale) 1962, S. 148–149, hier S. 148; Adolf Endler: DDR-Lyrik Mitte der Siebziger. Fragment einer Rezension. In: Amsterdamer Beiträge zur neueren Germanistik 7/1978, S. 72.

124 Czechowski: Zeit der Wunder, S. 23.

125 Nach dem gleichnamigen Gedicht von Rainer Kirsch, s. u.

126 Czechowski: Zeit der Wunder, S. 23.

127 Czechowski: Das Wiedererscheinen Sarah Kirschs in der Menge. In: Börsenblatt für den Deutschen Buchhandel. Frankfurt a. M., Nr. 97, 6.12.1991, S. 4220–4221, hier S. 4221. Mit dem Verständnis als »Weggabelung« der Lyrik bedient Czechowski sich einer Wendung Georg Maurers, der sie wiederum in Bezug auf den deutschen Expressionismus gebraucht hatte.

128 S. Kirsch: Selbstauskunft, S. 47.

129 Wulf Kirsten: Die Stadt als Text. In: Heinz Czechowski: Auf eine im Feuer versunkene Stadt. Halle (Saale) 1990, S. 143–148, hier S. 143.

130 Czechowski: Zeit der Wunder, S. 22.

131 Gerhard Wolf: Nachwort, S. 148.

132 Ders.: Bekanntschaft.

133 Rainer Kirsch: Meinen Freunden, den alten Genossen. In: Ders./Sarah Kirsch: Gespräch mit dem Saurier. Berlin 1965, S. 67.

134 Helmut Preißler: Gedanken und Gedichte. In: Sonntag, 1/1963. Vgl. auch Becker: »Was hat das mit sozialistischer Lyrik zu tun?«, S. 560 f.

135 Diese Erlebnisse teilte Czechowski im Übrigen mit seinen gleichaltrigen Lyrikerkollegen Karl Mickel, Bernhard Klaus Tragelehn und Volker Braun, die ebenfalls aus Dresden stammen.

136 Heinz Czechowski: Im Gespräch mit Christel und Walfried Hartinger. In: Heinz Czechowski: Ich, beispielsweise, 2. Aufl., Leipzig 1986 (erstmals 1982), S. 117–133, hier S. 118.

137 Ebd.

138 Christel und Walfried Hartinger: Heinz Czechowski. In: Hans Jürgen Geerdts (Hg.): Literatur der Deutschen Demokratischen Republik in Einzeldarstellungen. Bd. 3, Berlin (Ost) 1987, S. 15–38, hier S. 19.
139 Czechowski: Im Gespräch mit C. und W. Hartinger, S. 128.
140 Vgl. Maurer: Kleines ästhetisches Bekenntnis, S. 336.
141 Vgl. Wolfgang Emmerich: Heinz Czechowski (Stand 1.8.2004). In: Heinz Ludwig Arnold (Hg.): Kritisches Lexikon zur deutschsprachigen Gegenwartsliteratur. Bd. 3, München 1978 ff., S. 1–10, hier S. 2.
142 Czechowski: Im Gespräch mit C. und W. Hartinger, S. 128.
143 Jürgen Serke: Heinz Czechowski – Gefangen in den Ruinen des Anfangs. In: Ders.: Zu Hause im Exil. Dichter, die eigenmächtig blieben in der DDR. München 1998, S. 187–215, hier S. 209.
144 Ebd., S. 201.
145 Heinz Czechowski: Ambivalenzen. Lyrik hinter der Mauer. In: Franz Huberth (Hg.): Die DDR im Spiegel ihrer Literatur. Beiträge einer historischen Betrachtung der DDR-Literatur. Berlin 2005, S. 143–153, hier S. 143.
146 https://www.bundesstiftung-aufarbeitung.de/wer-war-wer-in-der-ddr-%2363%3B-1424.html?ID=512 (zuletzt eingesehen am 12.4.2017).
147 Czechowski: Im Gespräch mit C. und W. Hartinger, S. 117.
148 C. u. W. Hartinger: Czechowski, S. 25.
149 Czechowski: Pole, S. 81.
150 Heinz Czechowski im Interview mit Gerd Labroisse. In: Gerd Labroisse; Ian Wallace (Hg.): DDR-Schriftsteller sprechen in der Zeit. Eine Dokumentation. German Monitor No. 27, Amsterdam 1991, S. 173–189, hier S. 174.
151 Vgl. Czechowski: Pole, S. 72.
152 Vgl. ebd., S. 141.
153 Vgl. ebd., S. 74.
154 Ebd., S. 76 ff.
155 Ebd., S. 78.
156 Ebd., S. 85.
157 Ebd.
158 Ebd.
159 Vgl. Czechowski: Im Gespräch mit C. und W. Hartinger, S. 122.
160 Vgl. ebd., S. 123.
161 Ebd., S. 124.
162 Das änderte sich erst ab dem Wintersemester 1966/1967, als Maurer aus gesundheitlichen Gründen von Klaus Steinhaußen vertreten wurde, der auch die Gedichte seines Vorgängers für den Unterricht heranzog. Vgl. SStAL, IfL, Nr. 535, Bl. 25.
163 Czechowski: Ambivalenzen, S. 143.
164 Vgl. Ders.: Pole, S. 85.
165 Vgl. ebd., S. 89. Zu ihren körperlichen Gebrechen kursierten am Institut Gerüchte: Sie habe zur Zeit der Leningrader Hungerblockade an der Glasknochenkrankheit gelitten und sich mehrfach die Arme gebrochen, heißt es bei Czechowski (Czechowski: Pole, S. 88).
166 Ebd., S. 89.
167 Vgl. ebd., S. 90.
168 Vgl. Czechowski: Ambivalenzen, S. 146.

169 Der Parteieintritt erfolgte noch während Czechowskis Studienzeit, die im Frühsommer 1961 endete.
170 Czechowski: Pole, S. 93.
171 Ders. nach Serke: Ruinen, S. 205.
172 Vgl. Czechowski: Pole, S. 90f.
173 Ebd., S. 94.
174 »Nichts war den Behörden der DDR suspekter als das Vorhandensein ›informeller‹ Gruppierungen. Schon die Gründung eines Klopstock-Klubs während meiner Studienzeit war am Veto Georg Maurers gescheitert, der uns zurief: ›Wollt ihr denn wie der Petöfi-Club enden?‹« (Ebd., S. 124).
175 Vgl. ebd., S. 94.
176 Czechowski geriet zu Studienzeiten nicht in den Fokus des Staatssicherheitsdienstes – anders als sein Freund Werner Bräunig.
177 Czechowski: Pole, S. 92.
178 Ebd.
179 Heinz Czechowski: Anspruch auf Schönheit. Abschlussarbeit am IfL; eingereicht 1961 (unveröff., o. O.). Czechowskis theoretische Abschlussarbeit liegt unter den am DLL archivierten Arbeiten nicht mehr vor.
180 Institut für Literatur »Johannes R. Becher« (Hg.): Ruf in den Tag. Jahrbuch des Instituts für Literatur »Johannes R. Becher«. Bd. I, Leipzig 1960.
181 Gerhard Wolf (Hg.): Bekanntschaft mit uns selbst. Gedichte junger Menschen. Halle (Saale) 1961.
182 Kirsten: Stadt als Text, S. 143.
183 Heinz Czechowski: Nachmittag eines Liebespaares. Halle (Saale) 1962.
184 Dazu zählen etwa die Verse »Auf Villon« und »Vom ertrunkenen Mann« (in Anspielung auf Brechts »Vom ertrunkenen Mädchen«), die ihre große Nähe zu den literarischen Vorbildern bereits im Titel erkennen ließen. An der Mehrzahl seiner lyrischen »Variationen zu Themen der Hauspostille Bertolt Brechts« hielt Czechowski in seinem Lyrik-Debüt jedoch fest, ebenso wie an dem Vers »Hölderlin« als Hommage an den verehrten Dichter, von dem er gelernt habe, den lyrischen Ausdruck zu individualisieren. Vgl. Czechowski: Im Gespräch mit C. und W. Hartinger, S. 123 u. 127.
185 Ende des Jahres. In: Czechowski: Anspruch, S. 4.
186 Serke: Ruinen, S. 207.
187 Lied. In: Czechowski: Anspruch, S. 2.
188 Wo ist unsere Zeugenschaft geblieben? Heinz Czechowski im Gespräch mit Ute Ackermann. In: Börsenblatt Nr. 29/1990, S. 535–537, hier S. 537.
189 Vorspruch: In: Czechowski: Anspruch.
190 Vorfrühling bei Profen. In: Ebd., S. 3. Profen ist eine Ortschaft an der Weißen Elster, südlich von Leipzig.
191 Kleines Gedicht für Anni H. In: Czechowski: Anspruch, S. 5.
192 Vermutlich aufgrund dieser Kontextualisierung als »Werksgedicht« platzierte Czechowski den Text in Kapitel 1 seiner Abschlussarbeit und nicht unter den Liebesgedichten in Kapitel 4.
193 Vgl. Deutschland um 1789. In: Ebd., S. 7.
194 Auf Villon. In: Ebd., S. 10.
195 Picasso: L'etreinte. In: Ebd., S. 9.
196 Zu einer Radierung Goyas. In: Ebd., S. 8.

197 Es liegt an dir! In: Ebd., S. 12.
198 Unsere Kinder werden die Berge sehn. In: Ebd., S. 13.
199 Frühjahr 1958. In: Ebd., S. 14.
200 Vgl. Sommer in der Stadt. In: Ebd., S. 19.
201 Bahnsteig-Sonett. In: Ebd., S. 20.
202 Kirsten: Stadt als Text, S. 147.
203 An der Elbe. In: Czechowski: Anspruch, S. 18.
204 Kirsten: Stadt als Text, S. 144. Vgl. auch Czechowski: Ich, beispielsweise, S. 5. In seiner Werkschau »Ich, beispielsweise« druckte Czechowski nur die erste Zeile des Gedichts »An der Elbe« wieder ab.
205 Vom ertrunkenen Mann. In: Czechowski: Anspruch, S. 29.
206 Von der zerbrochenen Freundschaft. In: Ebd., S. 30. Czechowskis übernimmt unter anderem hervorstechende Stilelemente von Brechts Gedicht, das jede Strophe mit der *repetitio* »Und auch: wenn die Sonne schien« abschließt. Czechowskis Strophen enden jeweils mit der Zeile »Die Sonne schien freundlich ins Zimmer«.
207 Der Titel des Gedichtbandes lautet leicht verkürzt *Nachmittag eines Liebespaares*.
208 Der Nachmittag eines deutschen Liebespaares. In: Czechowski: Anspruch, S. 26.
209 Spruch. In: Ebd., S. 31.
210 Ich weiss nicht, warum ich den Wind liebe. In: Ebd., S. 32.
211 Mittagsruhe. In: Ebd., S. 33.
212 Cleviner Herbst. In: Ebd., S. 35.
213 Emmerich: Heinz Czechowski, S. 3.
214 Robert Straube: Veränderte Landschaften, S. 285.
215 Vers ohne Lösung. In: Czechowski: Anspruch, S. 34. Vgl. auch Straube: Veränderte Landschaften, S. 282.
216 Damit die Welt. In: Czechowski: Anspruch, S. 42.
217 Kirsten: Stadt als Text, S. 147.
218 Theresienstadt. In: Czechowski: Anspruch, S. 40.
219 Czechowski: Zeit der Wunder, S. 22.
220 Ian Hilton: Heinz Czechowski. The Darkened Face of Nature. In: Arthur Williams u. a. (Hg.): German Literature at a Time of Change 1989–1990. German Unity and German Identity in Literary Perspective. Bern 1991, S. 401–412, hier S. 402.
221 Ende des Jahres. In: Czechowski: Anspruch, S. 4.
222 Emmerich: Heinz Czechowski, S. 3.
223 Zit. n. ebd.
224 Kirsten, Stadt als Text, S. 147.
225 Czechowski: Gespräch mit C. und W. Hartinger, S. 133.
226 Serke: Ruinen, S. 205.
227 Czechowski: Pole, S. 102.
228 Ebd., S. 103.
229 Vgl. ebd., S. 106.
230 Brief. In: Heinz Czechowski: Wasserfahrt. Gedichte. Halle (Saale) 1967, S. 97 ff.
231 Czechowski: Dreimal verfluchte DDR, S. 12.

ANMERKUNGEN 355

232 Vgl. Heinz Czechowski im Gespräch mit Siegfried Stadler: Geht die deutsche Revolution in die Hose? In: Sächsisches Tageblatt, 24./25.2.1990, S. 3.
233 Georg-Maurer-Archiv, Archiv der Adk, Nr. 1186.
234 Vgl. Czechowski: Pole, S. 100.
235 Richard Pietraß: Heinz Czechowski (1998). In: Dichterleben. Steckbriefe und Kusshände. Warmbronn 2016, S. 88.
236 Vgl. Czechowski: Pole, S. 191.
237 Angeblich seien ihm Hoffnungen auf eine Mitarbeit am IfL gemacht worden. Vgl. ebd.
238 Zit. n. Regine Möbius: Erinnern, trauern, Vergangenheit bewältigen. In: Börsenblatt für den Deutschen Buchhandel, Nr. 12/1992, S. 24–29, hier S. 27.
239 Vgl. Czechowski: Geht die deutsche Revolution in die Hose?
240 Stadler: Bilder ohne Rahmen.
241 Czechowski: Zeugenschaft, S. 537.
242 Vom Umgang mit der Wahrheit. Offene Antwort Helmut Richters an Heinz Czechowski. In: Union, 16.2.1990, S. 8.
243 Steht die Uhr schon wieder still? Heinz Czechowski – Offener Brief an Helmut Richter. In: Union, 15.2.1990, S. 6.
244 Vgl. Czechowski: Geht die deutsche Revolution in die Hose?
245 Ebd.
246 Czechowski: Ambivalenzen, S. 143.
247 Kirsch, Interview.
248 Vgl. Heinz Czechowski: Das Wiedererscheinen.
249 Vgl. Hans Wagener: Sarah Kirsch, Berlin 1989. (Köpfe des 20. Jahrhunderts; Bd. 113), S. 10.
250 Rainer Kirsch, Interview.
251 Rainer-Kirsch-Archiv, Archiv der AdK, Nr. 930, Korrespondenzen, Brief von Max Zimmering, 6.2.1963.
252 Zur Verkürzung des Studiums auf zwei Jahre vgl. Korrespondenzen, Brief von Kurt Kanzog, 15.8.1963, Rainer-Kirsch-Archiv, Archiv der AdK, Nr. 930, sowie SStAL, IfL, Nr. 538, Bl. 2.
253 Zitiert nach Hans Wagener: Sarah Kirsch« Berlin 1989, S. 8f.
254 Rainer Kirsch, Interview.
255 Ebd.
256 Rainer Kirsch: Georg Maurer zum 60. Geburtstag. In: Ders.: Ordnung im Spiegel. Leipzig 1991, S. 319–321, hier S. 320.
257 Emmerich: Kleine Literaturgeschichte, S. 162.
258 Georg Maurer: Der Schreitbagger (1953/54). In: Ders. Werke in zwei Bänden, Bd. 1, Leipzig 2007, S. 327.
259 Vgl. Rainer Kirsch, Interview.
260 Vgl. ebd.
261 Sarah. Kirsch: Selbstauskunft, S. 49. Das Gleiche behauptet sie, auch von ihrem anderen Mentor Gerhard Wolf gelernt zu haben. Vgl. Hans Ester und Dick von Stekelenburg: Gespräch mit Sarah Kirsch. In: Het Duitse Boek, Bd. 9, 2(1979), S. 100–113, hier S. 103.
262 Rainer Kirsch, Interview. Dass es aber durchaus kritische Auseinandersetzung mit den Darstellungsweisen des Realismus in diesem Jahrgang gab, darauf verweisen nicht nur die Poetischen Konfessionen von den Kommilito-

nen Kirschs, Horst Kleineidam und Ulrich Völkel, sondern auch die von Sarah Kirsch.
263 Vgl. die Lehrpläne von 1960 bis 1967, SStAL, Institut für Literatur, Nr. 563, bspw. Bl. 20, 59–61.
264 Vgl. Rainer. Kirsch, Interview: »Ja, also eigentlich ging alles kollegial zu.«
265 Ebd.
266 Vgl. Horst Deichfuß in SStAL, IfL, Nr. 41, zitiert nach Helge Andrä: Die Geschichte des Literaturinstituts »Johannes R. Becher« von der Gründung bis 1970, Magisterarbeit eingereicht am Institut für Germanistik der Universität Leipzig (unveröff.).
267 Vgl. Heinz Fiedler: Poetische Konfession? Abschlussarbeit am IfL; eingereicht 1965 (unveröff., o. O.), S. 17.
268 Ulrich Völkel: Etwas Wahres als Tatsachen. Abschlussarbeit am IfL, (1965, unveröff., o. O.), S. 13.
269 Einschätzung des 1. Studienjahrs vom 20.1.1964, SStAL, IfL, Nr. 358, Bl. 60.
270 Sarah und Rainer Kirsch: Berlin Sonnenseite. Deutschlandtreffen der Jugend in der Hauptstadt der DDR. Berlin (Ost) 1964; Franz Mierau (Hg.): Mitternachtstrolleybus. Berlin (Ost) 1965, Sarah und Rainer Kirsch: Gespräche mit dem Saurier. Gedichte. Berlin (Ost) 1965.
271 Sarah und Rainer Kirsch: Höhenunterschiede. In: Freiheit vom 7.10.1964.
272 Vgl. SStAL, IfL, Nr. 630, Bl. 94.
273 Sarah. u. Rainer. Kirsch: Höhenunterschiede.
274 In den Berichten des Kommilitonen »Eckart Pontow« alias Ulrich Völkel an das MfS ist sogar von einer von »ihm (Rainer) gelenkten Sarah Kirsch« die Rede. Vgl. BStU, MfS, BV Erf. Abt. XX TA Nr. 6029, Teil II (»Heinz Malchow«), Bl. 10.
275 Vgl. die Einschätzung des 1. Studienjahrs vom 20.1.1964, SStAL, IfL, Nr. 358, Bl. 60.
276 Rainer Kirsch, Interview.
277 Vgl. Berendse: Sächsische Dichterschule, S. XIIIff.
278 Klaus Wagenbach: Von der volkseigenen Idylle ins freie Land der Wölfe. Ein Gespräch mit Sarah Kirsch. In: Freibeuter 2 (1979), S. 85–93, hier S. 91.
279 Adolf Endler zitiert nach Berendse: Sächsische Dichterschule, S. IX.
280 Emmerich: Kleine Literaturgeschichte 1996, S. 225.
281 Georg Maurer: Veränderte Landschaft. In: Ders.: Werke in zwei Bänden. Leipzig 2007, hier Bd. 1, S. 423f.
282 Sarah Kirsch: Der Saurier. In: Rainer Kirsch/Dies.: Gespräch mit dem Saurier. Vgl. dazu auch Barbara Mabee: Die Poetik von Sarah Kirsch. Erinnerungsarbeit und Geschichtsbewusstsein. Amsterdam u. a. 1989, S. 43.
283 So betitelte Rainer Kirsch später einen Band mit programmatischen Texten: Rainer Kirsch: Amt des Dichters. Aufsätze, Rezensionen, Notizen 1964–1978, mit einem Frontispiz von Roger Melis. Rostock 1979.
284 Vgl. Peter Hacks: Der Sarah-Sound. In: Neue deutsche Literatur (24) 1976, H. 9, S. 104–118.
285 Sarah Kirsch: Umschwung. In: Rainer Kirsch/Dies.: Gespräche mit dem Saurier., S. 32.
286 Rainer Kirsch: Elegie über das Essen des Brötchens. In: Ders./Sarah Kirsch: Gespräche mit dem Saurier, S. 63–66.

ANMERKUNGEN

287 Rainer Kirsch: Ausflug machen. In: Ders./Sarah Kirsch: Gespräche mit dem Saurier. 1, S. 54.
288 Rainer Kirsch: Benjamin. In: Ders./Sarah Kirsch: Gespräche mit dem Saurier. Gedichte., S. 40.
289 Bei James Krüss heißt es in dem Gedicht »Kleine Katzen«: »Kleine Katzen sind so drollig / und so wollig und so mollig.« In: Ders.: Die kleinen Pferde heißen Fohlen. Hamburg 1962, S. 12.
290 Bei James Krüss folgt dann auf die Eingangsverse: »Aber auch die kleinen Katzen / Haben Tatzen, welche kratzen. / Also Vorsicht! Dass ihr's wisst!« Vgl. ebd.
291 Bertolt Brecht: Gedicht auf einen chinesischen Teewurzellöwen. In: Ders.: Werke in 30 Bänden (GBA), Bd. 15, Berlin (Ost)/Frankfurt a. M. 1998, S. 255.
292 Georg Maurer: Gutachten zu Rainer Kirschs Gedichten. In: Georg-Maurer-Archiv, Archiv der AdK, Nr. 1202.
293 Rainer Kirsch: Marktgang 64. In: Ders./Sarah Kirsch: Gespräche mit dem Saurier, S. 71–88.
294 Maurer: Gutachten zu Rainer Kirschs Gedichten.
295 Ebd.
296 Georg Maurer: Gutachten zu Sarah Kirschs Gedichten. In: Georg-Maurer-Archiv, Archiv der AdK, Nr. 1202.
297 Ebd.
298 So hatte ihr Lyrik-Kollege Adolf Endler Sarah Kirschs frühe lyrische Sprache auch als Baby-Talk charakterisiert. Vgl. Sarah Kirsch im Interview vom 3. Mai 1979. In: Gerd Labroisse/Ian Wallace (Hg.): DDR-Schriftsteller sprechen in der Zeit. Eine Dokumentation (German Monitor No. 27) Amsterdam, Atlanta 1991, S. 69–79, hier S. 73.
299 Peter Hacks: Der Sarah-Sound, S. 112.
300 Diese Gedichte mit den Titeln »Von meinem Haus«, »Der Himmel schuppt sich«, »Meermädchen«, »Trauriger Tag«, die in der AdK-Akte Maurers seinen Gutachten beiliegen, fanden überwiegend Eingang in den 1967 folgenden Lyrikband *Landaufenthalt*, der endgültig Sarah Kirsch den Ruf beschied, eine ernstzunehmende und herausragende Lyrikerin zu sein.
301 Manuskript des Gedichts. In: Georg-Maurer-Archiv, Archiv der AdK, Nr. 1202.
302 Sarah Kirsch: Im Spiegel. Poetische Konfession. Abschlussarbeit am IfL, hier zitiert nach der Publikation der Arbeit mit einer Vorbemerkung von Isabelle Lehn, Sascha Macht und Katja Stopka. In: Sinn und Form, 2013, Heft 6, S. 852–855.
303 Zu einer ausführlichen Analyse der Poetischen Konfession Sarah Kirschs vgl. ebd., S. 848–851.
304 Vgl. ebd., S. 852.
305 Ebd., S. 854.
306 Ebd., S. 855.
307 Ebd., S. 852.
308 Sarah Kirsch: Kleine Adresse. In: Rainer Kirsch/Dies.: Gespräch mit dem Saurier., S. 37–38.
309 Vgl. Sarah Kirsch: Im Spiegel, S. 851.
310 Maurer: Gutachten zu Sarah Kirschs Poetischer Konfession. Georg-Maurer-Archiv, Archiv der AdK, Nr. 1202.

311 Ebd.

312 Maurer: Gutachten zu Rainer Kirschs Poetischer Konfession. Georg-Maurer-Archiv, Archiv der AdK, Nr. 1202.

313 Rainer Kirsch: Kunst und Verantwortung. Probleme des Schriftstellers in der DDR (1965), hier zitiert aus Rainer Kirsch: Ordnung im Spiegel Essays, Notizen, Gepräche. Leipzig 1991, S. 120–128, hier S. 122.

314 Ebd., S. 125 f.

315 Ebd., S. 127.

316 Ebd., S. 121.

317 Ebd.

318 Ebd., S. 123.

319 Maurer: Gutachten zu Rainer Kirschs Poetischer Konfession.

320 Rainer Kirsch: Kunst und Verantwortung, S. 129.

321 Vgl. Hempel: Die agonale Dynamik, S. 20 ff.; Heribert Tommek: Der lange Weg in die Gegenwartsliteratur. Studien zur Geschichte des literarischen Feldes in Deutschland von 1960 bis 2000. Berlin u. a. 2015, S. 162 ff., 444.

VIII. Lern- und Schreibprozesse im Studium: »Poetische Konfessionen« der Absolventen

Um seine Gedanken ständig präzisieren zu lernen, rate man dem jungen Autor zu einem Notiz- oder Tagebuch, in das er nicht nur Beobachtungen, sondern vor allem auch seine eigenen Gedanken über schöpferische Probleme niederschreibt, die ihn in Zusammenhang mit seiner eigenen Arbeit bewegen.[1]

Die Fähigkeit, das eigene schriftstellerische Handeln bewusst zu reflektieren, die mit dieser Übung aus dem *Handbuch für schreibende Arbeiter* gefördert werden sollte, war auch am Becher-Institut erklärtes Ausbildungsziel – ganz im Sinne des Namenspatrons Johannes R. Becher, der die Bereitschaft junger Autoren zur »kritischen Selbstdistanzierung und [...] Objektivierung«[2] zur Voraussetzung ihrer Arbeit erklärt hatte: »Wehe denen, die es nicht mehr nötig haben, sich auseinanderzusetzen, weder mit sich selbst, noch mit anderen [...].«[3] Spätestens im zweiten Jahr des dreijährigen Direktstudiums wurden die Studierenden daher dazu angehalten, ihre literarische Tätigkeit auch poetologisch zu reflektieren und »Kurs auf die wissenschaftlichen und künstlerischen Abschlußarbeiten«[4] zu nehmen: Um ihr Diplom zu erhalten, mussten sie neben einer künstlerischen Abschlussarbeit in den Gattungen Prosa, Lyrik oder Dramatik, die dem Beurteilungsmaßstab der »Veröffentlichungsreife«[5] standhielt, außerdem eine literaturwissenschaftliche Studie zu sozialistischen Autoren und Kategorien des sozialistischen Realismus vorlegen oder – alternativ – eine »künstlerisch-theoretische Arbeit«[6] in Form eines poetologischen Essays verfassen, die, erneut in Anlehnung an Johannes R. Becher, auch als Poetische Konfession[7] bezeichnet wurde.

Die relativ freie Form des Essays, traditionell zwischen literarischer Darstellung und theoretischer Abhandlung changierend und von individuellen Erfahrungen und Überlegungen ausgehend,[8] brachte im Laufe der Institutsgeschichte eine Vielzahl von Aufsätzen mit stark differierenden Schreibweisen und Themenschwerpunkten hervor.[9] Die Beispiele reichen vom doppelbödig-selbstironischen Zwiegespräch über die Aufgabe von Literatur und die Anforderung an den literarischen Autor bzw. die Autorin etwa bei Sarah Kirsch[10] über Wolfgang

Buschmanns[11] klug konstruierten metafiktionalen Dialog mit dem eigenen Romanpersonal über die Forderung nach avancierten und pluralistischen Formensprachen[12] bis hin zu literarisch eindringlichen autobiographischen Spurensuchen,[13] gewitzten anekdotischen Milieustudien,[14] Reflexionen zu literarischen Vorbildern und Entwicklungsprozessen[15] oder selbstkritischen Auseinandersetzungen mit Schreibkrisen, Zweifeln und Erfolgsdruck.[16] Andere Beispiele ergehen sich wiederum in geschwätzig eitler Selbstbespiegelung[17] oder formelhaften Bekenntnissen zu den Aufgaben des Arbeiterschriftstellers, einer didaktischen, von der Ästhetik des sozialistischen Realismus geprägten Literatur, und üben sich in ›Parteilichkeit‹, wie etwa Reinhard Bernhofs[18] wütende Abrechnung mit dem BRD-System, die zwar harsche Kritik am kapitalistischen Westen und dessen vermeintlich »formalistischen« Schreibweisen übt. Allerdings erinnert sein eigener Essay in der Form eines rhythmisierten, raunend prophetischen Klageliedes an die vom Jazz beeinflusste Ästhetik der Beatliteratur bzw. an den Stil des expressionistischen Verkündigungspathos oder gar an die vermeintliche »Dekadenzdichtung« eines Stefan George,[19] anstatt dem selbstbekundeten Anspruch einer »unmittelbare[n], natürliche[n]«[20] Poesie gerecht zu werden:

> Quer durch die Städte des Hohngelächters schießt unser Strom, der Osterstrom, geschultert die Gedanken zur Einheit Frieden, Vortrupp zum Überleben im Hochspannungsfeld Politik, wie klares Wildwasser durch die ausgedörrte Steppe ungetrübt sprudelnd, kühlen die Haßglut der Väter von den Fatalitäten des Größenwahns.[21]

Während manche Autoren sich in ihren Essays also durchaus linientreu und systemkonform zeigen, schrecken andere nicht davor zurück, poetologisch und politisch eigenständige Positionen zu vertreten und sich von der herrschenden Lehrmeinung mehr oder weniger offen zu distanzieren – und das in allen vier Dekaden der Institutsgeschichte und unabhängig von der politischen Stimmung im Land. Allen Arbeiten gemeinsam ist dabei der Versuch, über die ästhetischen, biographischen und ›weltanschaulichen‹ Grundlagen des eigenen Schreibens Auskunft zu geben, ausgewählte Arbeitsproben und das eingesetzte Handwerkszeug einer Bewertung zu unterziehen und eine selbstkritische Einschätzung der eigenen Fähigkeiten und Entwicklungsprozesse vorzunehmen. Anders als im ›Notiz- oder Tagebuch‹ mussten die Studierenden jedoch davon ausgehen, dass ihre Überlegungen nicht nur der Selbstvergegenwärtigung dienten, sondern als Prüfungsleistungen auch von Vertretern der Hochschule gelesen und begutachtet wurden, womit zur Selbstbeobachtung das Bewusstsein der institutionellen (und mitunter auch staatssicherheitsdienstlichen) Kontrolle kam, das in den Aufsätzen ebenfalls seinen Niederschlag fand. Ob in den Essays authentische Überzeugungen oder pragmatisch motivierte Zugeständnisse an die herrschenden Kontrollinstanzen zum Ausdruck kommen, kann daher nur mit Blick auf den jeweiligen biographischen, institutionellen und zeitgeschichtlichen Entstehungskontext beurteilt werden.

1. Über das Schreiben schreiben – Ringen um ein poetologisches Selbstverständnis

Den Studierenden schien zunächst jedoch vor allem die große formale Offenheit der Aufgabenstellung ein Problem zu bereiten, zumal sie sich am Ende ihres Studiums in der Mehrzahl nicht reif genug für poetische Bekenntnisse fühlten. So etwa der fünfundzwanzigjährige Ulrich Völkel, der in seiner Abschlussarbeit von 1965 das Fehlen eines poetologischen Selbstverständnisses kommentiert:

> Ich soll Auskunft geben über meine poetische Konfession. Aber ich habe keine. Weder meine vorliegenden Ergebnisse noch meine Erfahrungen würden mich berechtigen, von einer poetischen Konfession zu reden. Noch befindet sich zuviel im Zustand der Dämmerung. Ich weiß noch zu wenig über mich. Mich beherrschen meine Stoffe viel eher, als daß ich sie beherrsche. […] Ich kann vielleicht meine politische Haltung fixieren. Ich kann allgemeine ästhetische Formulierungen konstatieren. Aber ich kann nicht sagen: Das ist meine poetische Konfession.[22]

Trotz dieser Einschränkung lässt sich Völkel, der sich als Armeeschriftsteller bereits erste Meriten verdient hatte, auf die Aufgabe ein, indem er zunächst prägende biographische Erfahrungen wie den Tod des Vaters 1942 bei Stalingrad erwähnt oder die eigene NVA-Laufbahn ähnlich knapp zusammenfasst: »1959 wurde ich Soldat. Ich leitete Kulturgruppen an und verfasste Artikel für die Armeezeitung.«[23] Nach seiner anschließenden Tätigkeit als Kulturreferent nahm Völkel 1963 im selben Jahrgang wie Sarah Kirsch und Rainer Kirsch ein Studium am Becher-Institut auf. Zum einschneidenden »Bildungserlebnis« wurde für ihn der Unterricht bei Georg Maurer.[24] Seine bei Maurer geschriebenen Gedichte über den Tod japanischer Fischer nach amerikanischen Atombombenversuchen unterzieht er in seinem Essay einer kritischen Sichtung, um davon ausgehend ein poetologisches Programm zu formulieren, das von seiner »weltanschaulichen Position« nicht zu trennen sei: »[D]iesen Versen lag neben dem Willen, mir etwas zu erklären, schon die Absicht zugrunde, Einfluß auf andere Menschen zu nehmen. Aus meinem Gefühl, mitverantwortlich zu sein, leitete ich die Notwendigkeit ab, tätig zu sein.« So möchte er seiner poetischen Konfession schließlich ein Bekenntnis voranstellen: »Wer sich der ›Macht des Wortes‹ bedient, muß sich bewußt sein der Verantwortung, die er übernimmt.«[25] In Ermangelung einer Poetischen Konfession kann Völkel letztlich nur eine ›Politische Konfession‹ formulieren, indem er das Politische zur Voraussetzung des Poetischen erklärt und damit dem ursprünglichen Erziehungsziel des Instituts weitgehend entspricht.[26]

Ganz anders als Völkels Arbeit, die das Bild eines noch suchenden, beeinflussbaren Autors zeichnet, liest sich hingegen das *Selbstporträt* der bereits 44-jährigen Studentin Meike Schmieder, die den Bemühungen des Instituts ein deutlich größeres künstlerisches Selbstbewusstsein und eigene poetologische Überzeugungen entgegenstellt. Auch Schmieder formuliert in ihrem Essay von 1970 zunächst Bedenken, ein literarisches Selbstporträt zu verfassen, und erklärt – ermutigt durch eine »kleine Flasche Wodka«,[27] die Aufgabe letztlich zur »Zeitvergeudung«, solange »wir uns mit dem, was wir schreiben, ob gewollt oder ungewollt, zu erkennen geben (und daran glaube ich)«.[28] Schmieder, eine ausgebildete Solotänzerin, die zum Ende ihres Studiums bereits zwei Romane veröffentlicht hatte,[29] schreibt in einem elliptischen, geradezu flapsigen Tonfall, wenn sie sich über die Phrasendrescherei am Institut, etwa zur Vokabel des »sozialistischen Menschenbild[es]«, mokiert:

> Wie viele Worte sind darüber bei uns gefallen – im Unterricht und beim Pausenkaffee. Im Unterricht, ich glaube ohne es zu oft und direkt zu benennen, am einprägsamsten bei Dr. Opitz anhand der

sowjetischen Literatur. Ansonsten eben zu oft: Worte – Worte – Worte.[30]

Auch Schmieders Resümee zur Ausbildung fällt entsprechend kritisch aus: Es sei nicht viel, was sie am Institut gelernt habe. Allerdings habe sie aus Krankheitsgründen viele Stunden versäumt. Das Wenige, was sie dennoch in den zurückliegenden Studienjahren geschrieben habe, »taugt nicht viel oder gar nichts, sonst wäre es noch da«. Die meisten Texte habe sie in »einem Anfall von Verzweiflung« verbrannt,[31] insbesondere jene, die sie zu vorgegebenen Aufgabenstellungen geschrieben habe. Diese Arbeiten taugten nichts, was sie jedoch nicht weiter bekümmert, sondern in ihrem künstlerischen Selbstverständnis bestärkt, sich als Schriftstellerin und nicht als Auftragsschreiberin zu fühlen:

Habe auch, wenn in Literaturfächern Übungen aufgegeben wurden, selten Produkte vollbracht, derer ich mich hinterher nicht schämte. Das betrübt nicht. Werde nie Brauchbares schreiben können, wenn ich mich dem erwählten oder vorgegebenen Stoff nicht ganz engagieren kann. Ich will, daß das so bleibt.[32]

Ihren Unmut über gewisse Strukturen und Methoden der Ausbildung äußerte Schmieder bereits zu Beginn ihres zweiten Studiensemesters, als sie im April 1968 neben Gert Neumann, Heide Härtl, Gerti Tetzner, Egbert Lipowski und anderen Kommilitonen zu den 14 Unterzeichnern einer Resolution zählte,[33] die größeren Raum für ihre schriftstellerische Arbeit und eine Kürzung des theoretischen Studienpensums einforderten.[34] Dennoch räumt Schmieder in ihrem *Selbstporträt* ein, handwerklich inzwischen bewusster vorzugehen und gezielt anzuwenden, »was ich glaube in den Fachfächern gelernt zu haben. Zum Beispiel Kompositionstechnik, einschließlich Kompositionsklammer, Leitgedanke, Symbol, Wortsymbolik.« Sie könne nun mit »kaltschnäuzig angewandter Technik«[35] schreiben, ohne auf die emotionale Wirkung verzichten zu müssen, und habe mehr Sicherheit entwickelt, Urteile zu fällen und Entscheidungen zu treffen.[36]

Während Schmieder und Völkel ihre Arbeiten als Raum für eine (selbst)kritische Bilanzierung des Studiums nutzen, verweigert Völkels Kommilitone Rainer Kirsch, der später als Lyriker und Essayist große Bekanntheit erreicht und bereits zu Studienzeiten als Protagonist der

Lyrikwelle einen gewissen literarischen Ruf genoss, in seinem Aufsatz *Kunst und Verantwortung* von 1965 die Erfüllung der Aufgabenstellung konsequent:

> Eine »poetische Konfession« verfassen zu sollen, stimmt mich unbehaglich. Praktischen Gemüts, schreibe ich nicht gern für mich selbst: auch ein Aufsatz möchte seinen Adressaten. Zudem halte ich wenig von programmatischen Ankündigungen, und für wertende Rückschau fehlt mir, einunddreißigjährig, die Weisheit. Daß mich mitunter tiefes Mißtrauen gegenüber der eigenen Arbeit befällt, scheint mir genug: ich könnte nicht mehr ankündigen, als das Bemühen, es produktiv zu halten.[37]

Mit der ihm eigenen, kompromisslosen Argumentationsgabe entledigt Kirsch sich kurzerhand der Aufgabenstellung, um sich stattdessen mit der Rolle des Künstlers in der sozialistischen Gesellschaft und den engen bürokratischen Grenzen der DDR-Kulturpolitik auseinanderzusetzen. Damit setzt er sein poetisches Programm einer aufmerksamkritischen und gesellschaftlich verantwortlichen Literatur vielmehr in die Praxis um, anstatt es in seinem Essay einer als falsch empfundenen Selbstreflexion zu unterziehen. Dieser eigenmächtige Akt sollte zunächst keine negativen Konsequenz haben: In den vorläufigen Gutachten von Georg Maurer und Werner Bräunig erhält Kirsch für seinen Essay die Bestnote,[38] was die Einschätzung seines Kommilitonen Horst Deichfuß, eines »Schreibenden Arbeiters« und Schriftstellerfunktionärs, zu bestätigen scheint: Es habe in der Seminargruppe einerseits privilegierte »Starstudenten« gegeben, und andererseits den »Rest«, der nicht nach denselben Maßstäben beurteilt wurde.[39] Erst nach der Veröffentlichung des Essays in der Schweizer Kulturzeitschrift *Neutralität* wird Kirschs Arbeit auf Druck der Institutsleitung schließlich mit »mangelhaft« bewertet, woraufhin das Institut ihm das Diplom vorenthält – eine Entscheidung, die im Zuge des 11. Plenums jedoch weniger literaturpädagogische als politische Ursachen hat.

2. Die Ausbildung als Krisenerfahrung – Umgang mit Kritik und Vergleichsdruck

Zu den weniger bekannten Absolventen des Jahrgangs 1965 zählt hingegen Heinz Fiedler, der im Anschluss an sein Studium als Lehrer tätig wurde,[40] literarisch jedoch nicht mehr in Erscheinung trat. In seinem Abschlussessay stellt sich Fiedler der Aufgabe, eine Poetische Konfession zu verfassen, mit engem Bezug auf das programmatische Vorbild Johannes R. Bechers:

> Soeben bin ich durch Bechers ›Poetische Konfession‹ hindurchgeschritten und soll nun, sie hinter mir lassend, etwas Ähnliches vollbringen und das belustigt mich irgendwie. Dort die Aufzeichnungen und Erfahrungen eines langen Dichter-und-Ministerlebens und hier die theoretischen Übungen eines kleinen überforderten Schriftstellerstudenten.

Trotz des empfundenen Gefälles will Fiedler sich ein Beispiel an Bechers »Art und Form« nehmen, »durch den Garten der Literatur zu streifen, hier eine Blume zu bewundern, dort ein Unkräutchen zupfend, viele Pflanzen und auch die eigene betrachtend.«[41] Den Wildwuchs, um im Bilde zu bleiben, erkennt Fiedler jedoch vor allem bei anderen Autoren: In kurzen, wie in Bechers Original durchnummerierten Passagen verteilt er Seitenhiebe auf BRD-Schriftsteller und gefeierte DDR-Autoren wie Erik Neutsch oder seine (damals bereits erfolgreicheren) Kommilitonen Rainer Kirsch und Horst Kleineidam, während er selbst sich erstaunlich kritikresistent zeigt: »Der Lyriker Rainer Kirsch« habe im Seminar einmal die »lyrische Schreibweise« seiner Prosa kritisiert. »Ich will ihm ja nicht in sein Genre pfuschen«, gibt sich Fiedler davon ziemlich unbeeindruckt, »aber diesen Satz würde ich wieder schreiben.« Die Kritik des Dramatikers Horst Kleineidam an Fiedlers angeblich »erotisierender« Darstellung eines siebenjährigen Mädchens erklärt Fiedler wiederum zum Charakterproblem seines Kritikers: »Ich würde dieselben Wörter wieder wählen, auch auf die Gefahr hin, auf bestimmte Kräfte verführerisch zu wirken.«[42] Trotz des gallig überheblichen Tonfalls kann Fiedler seine Enttäuschung über die Kritik der Seminargruppe jedoch kaum verhehlen:

Wie das wohl zu erklären ist, daß wir unter Kritik, Kritisieren, Kritischsein oft nur das Negative, Ungelungene im Auge haben, darauf lauern und spähen, es notieren und dabei die Schönheit manches Satzes, Abschnittes, einer Stimmung übersehen und dann natürlich auch im Gesagten übergehen.[43]

Ähnlich enttäuscht vom wechselseitigen Austausch im Seminar äußert sich Doris Luhnburg in ihren 1988 eingereichten »Bemühungen um einen Essay« unter dem Titel »Albena«.[44] Auch Luhnburg, die nach ihrem Studium ein Kinderbuch veröffentlichte, danach aber nicht mehr publizierte, beanstandet den fehlenden »Dialog über und um Literatur und ihr Entstehen« in der Studiengruppe und die mangelnde Bereitschaft ihrer Kommilitonen, miteinander ein Gespräch über Literatur zu führen:

Schade, daß so viele Schreiber selbst die Fähigkeit des Zuhörens und Verstehens vielleicht besitzen, ihren Gesprächspartner aber davon in Unkenntnis lassen, unfähig sind, auf ihn zuzugehen, sich im Gespräch zu öffnen. Das Resultat sind tiefgekühlte Dialoge. Technologie des Schreibens als einziges Thema, das Schreibende mit- und untereinander beschäftigt? Künftigen Generationen von Literaturstudenten wünsche ich ein produktiveres Miteinander.[45]

Steffen Mohr, der vor seiner Ausbildung am Becher-Institut ein Studium der Theaterwissenschaft absolviert und unter anderem als Dramaturg beim Fernsehen der DDR gearbeitet hatte, mahnt in seinem Essay auch die Seminarleiter zum verantwortungsbewussten Umgang mit kritischen Worten – gelte es doch, die Schreibimpulse junger Autoren nicht bereits im Keim zu ersticken:

[W]enn ich Pädagoge wäre an einer Ausbildungsstätte für junge Schriftsteller, ich würde bei aller Kritik, bei allen Depressionen, die ich vorwärtsdrängenden jungen Talenten bereiten muß, doch immer darauf achten, diesen nicht ihre Kraft zu lähmen, sie nicht, wie der Volksmund sagt, ›zur Sau‹ zu machen (das heißt: keine Menschen mehr in ihnen zu sehen!). Ich hatte noch ein wenig Kraft, beispielsweise Rothbauers Kritik (berechtigte Kritik!) zu ertragen. Ich weiß aber nicht, ob die Rückentwicklung mancher meiner Studiengenossen ihre Ursache in zu harter Kritik mancher Dozenten hat.[46]

Während die Kritik einiger Lehrkräfte ungehört an ihm abprallte, da er sie »als Dozentenpersönlichkeit nicht akzeptiere«,[47] nahmen sich Mohr vor allem die Einwände des Dozenten für Stilistik und Weltliteratur, Gerhard Rothbauer, zu Herzen. An Rothbauers weitsichtige Entwicklungsprognose erinnert sich Mohr noch einundvierzig Jahre nach seinem Studienabschluss:

»Was rennen sie denn immer so, Mohr? Was rennen sie denn in ihren Geschichten? Wollen sie mal Kriminalschriftsteller werden?« Ich wollte nie Kriminalschriftsteller werden. Um Gottes Willen [sic], das war für mich ekelig. Ich bin es geworden. Er hat es auf den Punkt getroffen. »Sie müssen doch auch mal stillstehen. Die Literatur muss auch mal stillstehen!« Das war schön. Solche Dinger zog der ab. Mit seiner tiefen berührenden Menschlichkeit, und den liebten wir eigentlich alle.

Auch den Vergleich mit seinen Kommilitonen, insbesondere mit dem zwei Jahre älteren Gunter Preuß, mit dem er eine Art »Wettrennen« austrug, erlebte Mohr als Ansporn: »Ich kriegte die Krise, als der im zweiten Studienjahr einen Erzählband draußen hatte, und ich hatte mein Buch noch nicht draußen.«[48] In seinem Essay reflektiert Mohr jedoch, dass der permanente Abgleich mit den Schreibweisen und Ansprüchen der Mitstudenten bereits Einfluss auf seine entstehenden Texte nahm: Mögliche Einwände der Gruppe antizipiere er bereits im Schreibprozess, genauso, wie er die Themenwahl seines Abschlussessays auf den Leserkreis seiner Dozenten abstimme und beginne »spielerisch-verlogen traumsicher nur das zu schreiben, was das begrenzte Lesepublikum dieses Aufsatzes, die Damen und Herren im Literaturinstitut, interessieren könnte.«[49] An dieser Stelle thematisiert Mohrs Arbeit schließlich auch die Entstehungsbedingungen seines Essays, ganz im Sinne einer Gattungstheorie, die den Essay auch als »Denken zweiter Ordnung«[50] versteht, da er »ein (Nach-)Denken über das Denken des Denkens«[51] erlaube, oder, unter poetologischen Vorzeichen, zum Schreiben über das Schreiben des Schreibens anregt.

Von jedweden Einflüssen des Institutspublikums versuchte sich Heinz Fiedler wiederum abzugrenzen, indem er fragt, inwiefern die Seminargruppe mit seiner späteren Leserschaft überhaupt zu vergleichen sei. Schließlich tauschten sich am Institut ausnahmslos Autoren aus, deren Perspektive sich – nicht zuletzt als Konsequenz ihrer Ausbildung – von einer gewöhnlichen Leserperspektive unterscheiden müsse:

> Es kann schon ein Schlimmes sein, wenn Autoren vor Autoren lesen und keine Volksohren mit im Raum sitzen, und es kann dann zu einer Meinung kommen, die gar nicht die Meinung der späteren Lesergemeinde ist, aber die Meinung des Autors, wenn er nicht fest ist, recht erschüttern kann und zu Fehlfolgen führen. Es ist dies vielleicht nicht häufig der Fall, aber doch schon dagewesen und wieder sein werdend, ach, wie könnten wir das nur machen, daß wir bei einer solchen Lesung zumindest mit einem Leserohr zuhörten und, von dorther ausgehend, mit dem anderem, dem Autorenohr, recht kritisch wackelten.[52]

Der Einwand, »[d]ass sich in den Instituten Ecken und Kanten abschleifen«[53] und die Schreibweisen jungen Autoren einander anglichen, da sie sich an den Stimmen der Kommilitonen orientierten, sich dem Gruppendruck der Kritik beugten oder versuchten, den poetologischen Standpunkten der Professoren entgegenzukommen, ist nach wie vor aktuell.[54] Auch Katja Lange-Müller, die von 1979 bis 1982 am Becher-Institut studierte und heute selbst junge Autoren ausbildet, setzt sich mit diesem Vorbehalt auseinander, wobei sie dennoch das Fazit zieht, dass die Seminargruppe als wertvolles Korrektiv wirken könne, etwa um dem Autor zu verdeutlichen, wo sich die Aussparungen seines Textes im Kryptischen verlieren und seiner Erzählung nicht mehr gefolgt werden könne. Dennoch, resümiert Lange-Müller im Rückblick auf ihr Studium, dürfe man die Dynamik der persönlichen Beziehungen nicht außer Acht lassen, die auch in ihrer Zeit am Becher-Institut »sehr viel bewirkt haben, auch im Schreiben. Man kann sich ja dagegen nicht abschirmen.« Die aufkommende Reibung müsse jedoch nicht zwangsläufig zur Vereinheitlichung der Schreibweisen führen. Sie könne im Gegenteil auch dazu verhelfen, die literarische Eigenständigkeit stärker zu konturieren:

> Man schreibt dann auch mal *gegen* jemand anders. Das war sowieso ein Merkmal der DDR, dass man ganz oft mit Texten auf andere Texte geantwortet hat. Weil man natürlich noch kannte, was die Zeitgenossen geschrieben haben, weil man natürlich noch damit

umging – es entwickelte sich so eine Art Literaturfeld, was dann innerhalb einer bestimmten Gruppe, die sogar sehr groß sein konnte, eine Art billardkugelhafte Korrespondenz auslöste. Das war schon ein Spiel mit vielen Beteiligten. Viele Texte waren Reaktionen auf andere Texte, so auch in dieser Gruppe.⁵⁵

Die Essays der Studierenden bestätigen diese Einschätzung, wenn etwa Fiedler wörtliche Zitate seiner Kommilitonen wiedergibt, um sich in seiner Argumentation davon abzugrenzen.⁵⁶ Ulrich Völkel wiederum verfasst seinen Essay geradezu als Hommage an den Lyrikdozenten Georg Maurer oder die Kommilitonen Sarah und Rainer Kirsch, während er die eigenen Fähigkeiten in Frage stellt: »Wenn ich in den letzen beiden Jahren viel weniger Gedichte geschrieben habe als in den Jahren zuvor, [...] so liegt das eben nicht zuletzt an dem Erlebnis dieses Dichters, daß ich mir sagte: Warum schreiben, wenn Maurer schreibt?«⁵⁷ Gemessen an seinen Kommilitonen nage an ihm der Satz: »Was uns auffrißt, sind die Mittelmäßigkeiten. Bin ich nicht eigentlich mittelmäßig?« »Zum Trost« sage er sich: »Du bist nötig. Es wäre schlimm, wenn es nur ganz Große gäbe. Die Aufgaben sind in einem Maße umfangreich, daß auch die Mittelmäßigen noch reichlich zu tun haben.« Immerhin aber würde er »den Mut nicht aufbringen, das Schreiben zu lassen«,⁵⁸ zumal ihm das Beispiel der Kommilitonen erst dazu verhilft, sich auch der eigenen Arbeitsweise bewusst zu werden. So bestehe Sarah Kirschs Methode vor allem im »akausalen Denken«, worin er Parallelen zum eigenen poetischen Schaffen entdeckt:

Wenn dieses akausale Denken so etwas ist wie assoziatives, denke ich akausal (schreibe aber doch nicht so gute Gedichte wie die Sarah). Zu einem Vorgang ähnliche zu assoziieren, verwandte Bilder oder Synonyma zu finden, so schreibe ich meine Gedichte. Das Hingeschriebene ordne ich. Einmal gefundene Bilder korrigiere ich selten. Eine Eigenschaft, die ich mir noch abgewöhnen muß). [...] Die Logik eines solchen Verfahrens liegt im Bilden eines Assoziationszentrums, einer Idee, die zugrunde liegt und von der aus fabuliert wird. [...] Die eigentliche Arbeit ist das Streichen oder Neuordnen. Man kann natürlich auch ein messerscharfer Logiker sein wie Rainer Kirsch. Ich glaube, er hat seinen Gedanken genau konzipiert und entwickelt die Bilder aus der Logik des Planes. Weil aber auch er bessere Gedichte macht als ich, kann ich nicht sagen, daß seine Methode weniger richtig wäre.[59]

Obwohl Völkel die Kirschs geradezu verehrte, berichtete er über sie unter dem Decknamen »Eckart Pontow« auch für den Staatssicherheitsdienst. Seine Aussagen vom 22. April 1964 decken sich jedoch weitgehend mit den Reverenzen seiner Poetischen Konfession: Obwohl er mehrfach vor den beiden gewarnt worden sei, halte er sie nicht für »Widerstandslyriker«. Den Fehler sehe er vielmehr bei »einige[n] Genossen«, da er Rainer Kirsch für einen begabten Lyriker halte, der »weniger bezichtigt als verstanden werden« sollte. Sarah Kirsch hingegen betrachtete er unter der Lenkung ihres Ehemanns. Ihre Lyrik aber hielt er für eigenständig, weshalb er auch in seiner Poetischen Konfession schließlich einräumt, »daß mir Sarahs Gedichte besser gefallen, weil sie mir mehr Platz für meine Phantasie lassen. Aber das ist wohl recht subjektiv gewertet«.[60]

Der Vergleich mit den talentierten Kommilitonen wird im selben Jahrgang auch für den Armeeautor Joachim Warnatzsch zur einschneidenden Erfahrung, der er sich anders als Völkel jedoch kaum gewachsen fühlt. Warnatzsch schildert, wie sehr ihn die Gewahrwerdung anderer Arbeitsweisen verunsichert:

> Oft stand ich vor einem Rätsel, das die K[ommilitonen] bereits gelöst hatten. Ich büffelte und schrieb, schrieb und schrieb, weil das, was ich bisher verfaßt, mir stümperhaft vorkam. Große gehaltvolle Literatur wollte ich machen – doch was kam heraus: unter viel Pfusch mal zwei, drei Zeilen, die inmitten des Abfalls glänzten und die mich traurig machten, weil sie so allein standen. Ich schrieb zu schnell, weil viele von uns schnell schrieben. Da wollte ich mitziehen. Ja, aber wohin mitziehen? Alle waren wir, mehr oder weniger vorbelastet, Anfänger. Wohin wollte ich denn mitziehen? Die K[ommilitonen] gaben mir ein Beispiel ernsthaften Schreibens. Obwohl ich ihren Stil, ihre Art, Probleme anzupacken, beneidete, fand ich trotzdem nicht die Tiefe, die ich suchte. Immer gut gemachte Oberfläche oder knapp darunter.«[61]

Warnatzschs Selbstzweifel lassen kaum vermuten, dass der Autor im Rückblick als einer der erfolgreichsten Soldaten-Liedermacher seiner

Zeit gelten sollte[62] und bereits vor Studienantritt im Rahmen einer Tournee des Erich-Weinert-Ensembles durch China gereist war.[63] Zwar schrieb er auch Gedichte, Fabeln, Parabeln und Märchen, jedoch erklärt er in seiner Poetischen Konfession unmissverständlich, er habe »ein Thema – das Thema ›Armee und Soldat‹«.[64]

3. Exkurs: Armeeschriftsteller am Becher-Institut

Damit gehörte Warnatzsch zu den »ca. 20 bis 25 Schriftsteller[n]« in der DDR, die »zumeist langjährige Armeeangehörige« waren und »sich mehr oder weniger kontinuierlich militärischen Stoffen und Themen widmeten.«[65] Der Impuls zur Förderung ›Schreibender Soldaten‹ war wie die Bewegung ›Schreibender Arbeiter‹ von der ersten Bitterfelder Konferenz im Jahr 1959 ausgegangen, deren Anregungen von der Parteigruppe der SED in der NVA umgehend aufgriffen wurden.[66] Unter der Losung »Meistert die Waffen, stürmt die Höhen der Kultur«[67] sollten auch in den Reihen der Streitkräfte literarische Talente aufgespürt und gefördert werden, um die Probleme der »sozialistischen Landesverteidigung« stärker als bislang zu literarischer Geltung zu bringen und das »Neue« der sozialistischen Soldatenpersönlichkeit herauszustellen.[68] Innerhalb der Truppen sollten durch das Vorbild literarischer Helden die »klassenmäßige Erziehung« und die »Erhöhung der Gefechtsbereitschaft«[69] gefördert werden, während man außerdem praktische Ziele wie die Anwerbung von Freiwilligen verfolgte.[70] So war es bereits 1957 im Rahmen der NVA-Kulturarbeit zur Gründung der »Zentralen Arbeitsgemeinschaft junger Armeeautoren« gekommen,[71] deren Teilnehmer mitunter auch außerhalb der Zirkel Bekanntheit erzielten und häufig zum Studium ans Becher-Institut delegiert wurden. Zu den NVA-Schriftstellern, die in den 50er und 60er Jahren am Institut studierten, zählten Oberleutnant Rudi Strahl, der 1957/58 im Rahmen seiner achtjährigen Militärdienstzeit immatrikuliert wurde und später als Lustspielautor große Erfolge feiern sollte, Oberleutnant Wilfried Göldner, der gemeinsam mit dem späteren Kinder- und Jugendbuchautor Karl-Heinz Räppel aus der Arbeitsgemeinschaft junger Armeeautoren und dem Armeeautor Heino Leist im Jahrgang 1958 bis 1961 am Institut studierte, Hauptmann Heinz Senkbeil, der sein Direktstudium 1963 abschloss, bevor er ein Studium der Geschichtswissenschaft an der Humboldt-Universität aufnahm, Major Walter Flegel, der im Jahr seines Studienbeginns 1960 den Roman *Wenn die Haubitzen schießen* im Militärverlag veröffentlichte, Offizier der Grenztruppen Karl Wurzberger, der 1965 bis 1967 am Institut immatrikuliert war, Major Horst Matthies, Grenzsoldat und späterer Kommandeur der Luftstreitkräften der von 1967 bis 1970 ein Direktstudium absolvierte, und Egbert Freyer, der 1965 den Roman *Havarie in den Wolken* vorlegte,[72] bevor er 1969 am Sonderkurs des Instituts teilnahm.[73] Mit militärischen Themen befasste sich außerdem Ulrich Komm, der zwar kein NVA-Angehöriger war, 1943 aber mit anderen zwangsrekrutierten Soldaten als Kompaniechef der berüchtigten »Strafdivision 999« der Wehrmacht angehört hatte, die sogenannte »Wehrunwürdige« versammelte, wozu im NS neben Kriminellen auch Oppositionelle und »politisch Unzuverlässige« wie Kommunisten, Sozialdemokraten, Geistliche oder »abtrünnige Nationalsozialisten« gezählt wurden.[74] Seine Erfahrungen schilderte Komm im autobiographisch geprägten Roman *Im Frühlicht*, den er 1958, im Jahr seines Studienabschlusses am Literaturinstitut, veröffentlichte.

Neben den ›Schreibenden Arbeitern‹ stellten die NVA-Autoren damit eine feste Größe unter den Studierenden dar, womit das Insitut sich erneut als ›Dienstleister‹ des ›Bitterfelder Programms‹ erweist.[75] Anders als die Erträge aus den Reihen der ›Schreibenden Arbeiter‹ finden die Werke der Armeeschriftsteller jedoch bislang kaum literaturwissenschaftliche Beachtung und lediglich in militärhistorischen Kontexten Erwähnung.[76]

Joachim Warnatzsch beschäftigte sich als Autor von NVA-Liedern schließlich mit einer Gattung, die von der Parteiführung ausdrücklich gefördert wurde. Sozialistische Autoren, wie der als ›Kuba‹ bekannt gewordene Schriftstellerfunktionär Kurt Barthel, wurden von Staatsseite eigens dazu aufgefordert, »frische, optimistische Texte mit revolutionärer Romantik«[77] für NVA-Soldatenlieder zu verfassen, um dem »Liedgut der faschistischen Wehrmacht«[78] etwas entgegenzusetzen. Ab 1963 erfuhren die Armee-Lieder zudem auf »Paraden des Soldatenliedes« im Rahmen der Arbeiterfestspiele eine besondere Würdigung,[79] wo auch zwei NVA-Lieder des bis 1970 am Becher-Institut studierenden Karl Artelt erste Plätze belegten.[80]

Aus Warnatzschs Feder stammten wiederum das »Lied der Kanoniere« und das »Kampfflieger-Lied«. Er habe sich beim Schreiben an

Rhythmus, Metrik und Klang des Volkslieds orientiert und »Bücher über die Tradition des Kriegsliedes« sowie »Soldatenliedsammlungen« zu Rate gezogen, erklärt er in seiner Poetischen Konfession. »So gelangen mir ein paar Texte ganz gut«,[81] hält er im nüchternen Stil seiner Abschlussarbeit fest, in der er sein bekanntestes Lied schließlich wiedergibt und einer kritischen Betrachtung unterzieht:

Lied der Kanoniere

Kanoniere ran! Alarm!
Ran an die Geschütze!
Der gedungne Söldnerschwarm
Kriegt eins auf die Mütze!

Auf die Ladung kommt es an:
Liebe, Haß und Eisen!
Daß der Feind nicht räubern kann,
heißt es: Mut beweisen!

Pfeif, Granate, schrill dein Lied
Flieg durch Feuerschwaden,
reiße nieder, schaffe Platz
für uns Volkssoldaten!

Diese dritte Strophe habe er ändern müssen, da sie »zu aggressiv« gewesen sei, auch wenn er sie nach wie vor für die bessere halte. Die Überarbeitung lautet wie folgt:

Die Granate pfeift ihr Lied
Schrill durch Feuerschwaden
Sie erreicht genau das Ziel.
Gut gemacht, Soldaten!

Ja, der Sozialismus siegt,
wenn wir an Geschützen
Unsere gute Republik
allzeit treu beschützen.

Zur letzten Strophe bemerkt er ironisch, sie sei »ein Zeitprodukt mit dem sogenannten ›roten Sicherheitsschwänzchen‹«,[82] also als affirmativ gefärbtes Bekenntnis zur Partei zu verstehen. So schien Warnatzsch, der seine Lieder auch als Gebrauchstexte oder »Zweck-Lyrik«[83] verstand, sich ganz pragmatisch mit den Erwartungen an das Genre auseinandergesetzt zu haben – eine Haltung, die sich auch in seinem Urteil über das »Lied der Kanoniere« niederschlägt:

> Dieser Text ist in der Tradition deutscher Soldatenlieder geschrieben, das Lied ist kurz, einprägsam. Ich halte es für brauchbar. In den Einheiten wird es gesungen. Es wurde in das Liederbuch ›Soldaten singen‹ aufgenommen.[84]

Den eigenen Ansprüchen genüge das Lied jedoch nicht, da es ihm »furchtbar schwer [falle], dieses Thema wirklich in all seinen widersprüchlichen Tendenzen zu gestalten.«[85] Zum einen wolle er die Aufgabe der NVA zum Ausdruck bringen, »den Frieden in unserer Republik und den Aufbau aller sozialistischen Staaten [zu] schützen«, zum anderen ändere diese Aufgabe nichts daran, dass ein Soldat »an Kriegsgeräten und Kampfmitteln ausgebildet wird, die für einen Kriegszustand da sind […].« Das Wort »Frieden« sei in diesem Zusammenhang »erst einmal Fehl am Platze, denn das Geschütz ist eine Kriegsmaschine.«[86]

Auch an anderer Stelle reflektiert Warnatzsch, anders als sein durchweg zur Affirmation neigender Kollege Karl Artelt, die inhaltlichen Widersprüche seiner Lieder, die er gestalterisch nicht auflösen konnte. Dieses Unvermögen ließ ihn zunächst an den eigenen Fähigkeiten zweifeln und sich in ›Selbstkritik‹ üben, bevor er schließlich doch nicht umhinkommt, auch die Missstände des Systems wahrzunehmen:

> Zwei meiner Brüder sind […] nach Westdeutschland gegangen, ich sage bewusst gegangen und nicht »geflüchtet«. In Gedichten versuchte ich ihr Tun zu verurteilen. Mir gelang es nicht. Vielen anderen ist es ›gelungen‹. Mir gelang es nicht, weil man in der Literatur der Wahrheit des Lebens Rechnung tragen muß, weil die Ursachen, die bei meinen Brüdern zum Verlassen der Republik geführt haben, nicht nur in ihrer kleinbürgerlichen Erziehung zu suchen sind, sondern auch in Praktiken unserer damaligen Staatsorgane, Parteibürokraten und Dogmatiker.[87]

Mit den kulturpolitischen Ansprüchen an ›Schreibende Soldaten‹ ließen sich derartige Äußerungen jedoch schwerlich vereinbaren, was der literarischen Qualität der Armee-Literatur, bei der es sich zumeist um »nicht viel mehr als Agitation«[88] handelte, nicht eben zugutekam: »Fast alle Vorträge und Stücke, die während zahlreicher Kulturwettstreite in der Armee zur Aufführung kamen, waren weit von einem ansprechenden künstlerischen Niveau entfernt.«[89]

4. Von epigonalen Ursprüngen zu literarischer Eigenständigkeit

Diese Ernüchterung empfand schließlich auch Warnatzsch, der sich Bezugsgrößen außerhalb der Armee-Zirkel und sogar im kapitalistischen Ausland suchte, indem er sich während des Studiums in »die Auseinandersetzung mit der spätbürgerlichen und bürgerlich-kritischen Literatur«[90] vertieft hatte, wie er in seiner Poetischen Konfession schreibt. So interessiere er sich etwa für die Arbeit der ›Gruppe 47‹ und die Gedichte von Hans Magnus Enzensberger, über die er sich mit Wertschätzung äußert. Regelrecht »verschrieben«[91] habe er sich allerdings Ernest Hemingway, dessen kalte und harte Fügung von Details er bewunderte, eine nüchterne, scheinbar primitive Literatur, die durch den hohen Informationsgrad Erregung erzeuge, ohne auf psychologische Reflexionen oder soziologische Exkurse angewiesen zu sein.[92] Das »hemingwaysche« Prinzip erkannte er auch in der deutschsprachigen Literatur bei Heinrich Böll, Hermann Kant oder Franz Fühmann wieder,[93] wobei die starke Orientierung an literarischen Vorbildern und der Respekt vor deren literarischer Qualität Warnatzsch letztlich ebenso stark verunsicherte wie der alltägliche Vergleich mit den Kommilitonen: »Ich las, wie andere es machten: Hesse, Benn, Trakl, Enzensberger. Und ich war verraten! Das heißt, ich fing an zu rutschen. Ja, zu rutschen!«[94] Ein beiläufiger Kommentar seines Prosa-Dozenten Werner Bräunig gab ihm schließlich den Rest:

Während einer gemütlichen Skatrunde warf Werner Bräunig ein paar Worte unter den Tisch, kalt, brummelnd leis, aber metallisch: »Nicht für jeden jungen Autoren ist Hemingway die richtige Kost«. Ob Werner Bräunig diese Worte bewußt oder unbewußt unter den Tisch sprach – ich weiß es nicht. Jedenfalls trafen sie mich, denn ich hatte mich zu sehr dem Hemingway verschrieben, als daß ich ihn noch recht ausnutzen konnte. Ob gewollt oder ungewollt die Worte – gemünzt waren sie auf mich. Ich überlegte: Werner hat recht.[95]

Warnatzschs Kommilitone Ulrich Völkel hatte in seiner Poetischen Konfession gegen vorübergehendes Epigonentum hingegen nichts einzuwenden. Er glaubte an die ästhetische Eigenständigkeit des Talents, die sich letztendlich durchsetzen würde:

> Was nur Nachahmungstrieb war, erledigt sich von selbst, indem es sich bald als Nachahmungstrieb darstellt. Was aber Talent ist, das sich nicht im Schatten, sondern im Licht eines größeren entwickelt, wird sich selbständig machen.[96]

Das Lernen durch literarische Beispiele, die ihm Georg Maurer vorstellte, zählte Völkel zu den wertvollsten Erfahrungen seines Studiums, etwa den Zugang zu Joyce, Musil oder Kafka, den ihm erst das Institut eröffnet habe.[97] Zwar beteuert Völkel in seiner Poetischen Konfession, dass er sich diese in der DDR als »verfemt«[98] geltenden Klassiker der Moderne nicht zum ästhetischen Vorbild nehmen wolle; nichtsdestotrotz hält er ihre Kenntnis zur Ausbildung eines literarischen Traditionsbewusstseins für unerlässlich: »Man muß sie kennen. Nicht, um zu schreiben wie sie, aber um zu wissen, wie im XX. Jahrhundert Prosa aufgefaßt wurde.«[99] Dass Maurers undogmatischer Kanon seiner Zeit weit voraus war und den Studierenden einen privilegierten Zugriff erlaubte, verdeutlicht auch ein Blick in die Publikationsgeschichte der genannten Autoren: Zwar sollte ein erster Band mit Kafka-Werken, die bislang als »Inbegriff des Modernismus«[100] gegolten hatten, noch im Jahr von Völkels Studienabschluss, 1965, als Lizenzausgabe des S. Fischer Verlags in der DDR erscheinen.[101] Jedoch vollzog sich erst mit dem Machtwechsel von Ulbricht zu Honecker und der VIII. Kulturkonferenz der SED von 1971, die eine kulturpolitische Öffnung einleitete, eine zögerliche Rehabilitierung der ›literarischen Moderne‹ in der DDR. Als deren »endgültigen Durchbruch«[102] versteht der Buchwissenschaftler Siegfried Lokatis erst das Jahr 1975, als Robert Musils *Der Mann ohne Eigenschaften* im Verlag Volk und Welt erschien. Eine DDR-Publikation von James Joyce' *Ulysses* ließ hingegen noch bis 1980 auf sich warten[103] und wurde damit erst fünfzehn

Jahre nach Völkels Studienabschluss für ein breites Leserpublikum zugänglich.

Auch in Peter Löpelts Abschlussessay aus dem Jahr 1967 ist die lesende und schreibende Auseinandersetzung mit literarischen Vorbildern ein zentrales Thema, wobei er neben Klassikern ausschließlich Autoren aus dem ›kapitalistischen Ausland‹ nennt:

> Die meisten, die irgendwann zu schreiben begannen, hatten vordem schon viel gelesen, wahllos zumeist. Doch nun beginnen sie auszuwählen, bewußter zu lesen, auf das Wie-gemacht achtend. Und eigenartig dabei: Man schaut als Anfänger selten auf das Was, immer auf das Wie, und die Schriftsteller, die eine brillante Form pflegen, zählen zu den beliebtesten: Hemingway, Böll, Dürrenmatt, Th. Wolfe, Babel ... Anspruchsvollere greifen auf Goethe zurück, gar auch auf Grimmelshausen, auf Thomas Mann, Kafka und Musil.[104]

Am Anfang schreibe man epigonal, erklärt der damals dreißigjährige Löpelt, der nach seinem Studium unter anderem als Drehbuchautor arbeitete: »Das Wissen darum, daß jede Geschichte i h r e r Form bedarf, ist zwar da, allein das Vermögen ... Vorgebildetes, Erprobtes zu verwenden ist einfacher. Unangenehm nur, wenn der Leser es merkt.«[105] Inspiriert von seinen Erfahrungen und Beobachtungen in der Seminargruppe, unternimmt Löpelt schließlich den Versuch, die folgenden Entwicklungsschritte des Schreibprozesses zu unterscheiden:

a) das naive Schreiben, das häufig sehr zeitig beginnt
b) Das naiv-nachahmende Schreiben
c) das ›gebildete‹ Schreiben
d) das naiv-bewusste Schreiben
e) das Schreiben[106]

Der 27-jährige Egbert Liposwki beschreibt 1970 eine ganz ähnliche Abfolge: Vor seinem Studium habe er vor allem lyrisierte, verklausulierte und epigonale Gedichte »mit intellektueller Gebärde« verfasst. Darauf folgte »die Phase des Einfachen« nach der Erkenntnis, dass es am besten sei, »wenn Großes einfach gesagt wird« – eine Einsicht, die er auf Georg Maurers Einfluss zurückführt. »Aber die Erkenntnis im Kopf ging nicht in die Hand.« Seine Gedichte seien zwar einfacher geworden, jedoch »gewollt einfach«: »Ihnen haftete noch der Ehrgeiz an, wie ich es gern hätte. Sie waren manieriert und banal.« Erst zum Ende seines Studiums sei seine Lyrik »selbstverständlicher«[107] geworden, wobei er die folgende Beobachtung macht:

> Auffällig ist bei ansteigender Substanz, bei größerer Tiefe des Stoffes ein Nachlassen der sprachlichen Qualität. [...] Es liegt die Annahme nahe, daß ich bei der Eroberung eines neuen Stoffes erst einmal mit Sprache bezahlen muß.[108]

5. Über die Sprachlosigkeit – (Selbst-)Zensur, Erfolgsdruck und Schreibkrisen

Doch nicht nur ästhetische Fragen beschäftigen Lipowski – er erwähnt in seinem Essay auch den Druck politischer Ereignisse auf den Institutsalltag der späten 60er Jahre, der für ihn zur kritischen Erfahrung geworden sei und ihn an den Rand einer Schreibkrise geführt habe:

> Am Anfang des Studiums bin ich in den Exmatrikulationszyklus geraten, was psychologische Folgen hatte, nämlich, daß ich befangen und unsicher wurde und teils verinnerlicht. Jene Verkettung, von der ich sprach, nahm mir manchmal die schöpferische Freude.[109]

Lipwoski, der später als Dramaturg, Dokumentarfilmautor und künstlerischer Mitarbeiter an der Potsdamer Hochschule für Film und Fernsehen arbeitete, war mit einer mündlichen Verwarnung davongekommen, nachdem er sich im Oktober 1967, unmittelbar nach Studienbeginn, gemeinsam mit Dieter Beier und Martin Stade vom Ernteeinsatz in Schadnitz entfernt hatte und damit »undiszipliniertes Verhalten« an den Tag gelegt und zur »Schädigung des Ansehens des Institutes« beigetragen habe.[110] Das Bewusstsein, fortan gewissermaßen auf »Bewährung« zu studieren und unter besonderer Beobachtung zu stehen, musste sich auch auf seine literarische Arbeit auswirken. Lipowskis Konfession deutet somit das Thema ›Selbstzensur‹ als prägende Studienerfahrung an – jene Vorwegnahme möglicher Einwände, die er als Hemmnis des literarischen Schreibprozesses und seiner Ausdrucksfreude empfand.

Während Lipowski sich unter ideologischem Druck wie gelähmt fühlte und den Rückzug ins Schweigen antrat, resignierte Karlheinz Oplustil auf fast paradox entgegengesetzte Weise am Topos des »Unsagbaren«, dem in der Ästhetik der sozialistischen Literatur kein Platz eingeräumt wurde. In seinem Essay beschäftigten Oplustil die Grenzen des sprachlichen Ausdrucks und die eigene Sprachlosigkeit, über die er seiner Geliebten »Renise« in Form eines (fiktiven) Briefwechsels berichtet. In der Seminargruppe, schildert er im Brief vom 25. Februar 1963, sei er damit jedoch auf wenig Verständnis getroffen:

> Merkwürdigerweise hatten wir heute eine Vorlesung in Philosophie über Kierkegaard, den Stammvater des Existentialismus. [...] Ich sah mich bemüht, eine Lanze für das Nicht-Sagbare zu brechen, über die Grenzen der Mittelbarkeit (Rilke: »Glücklich, die wissen, daß hinter allen Worten das Nicht-Sagbare steht«), und es war interessant, die Reaktionen der anderen zu beobachten. Wir haben doch 70 % Dickhäuter, ›ungebrochene‹ Menschen. Und sie sind die Stärkeren, obgleich ihre Stärke eben in ihrer Stumpfheit besteht. Dennoch – mit ihnen ist es leichter, die zukünftige Gesellschaft zu errichten, mit Rilke, Th. Mann, Kafka, Musil geht es nicht.[111]

Oplustils dickhäutige Kommilitonen stehen *pars pro toto* für die sozialistische Gesellschaft, in der das ›Stumpfe‹ und Geradlinige regiert, während das Gebrochene, Widersprüchliche zum Tabu erklärt wird. Oplustil, der damit ein generelles Unbehagen an der lautstark optimistischen Kultur des Machbaren und ihrer Ästhetik des Sagbaren zum Ausdruck brachte, fand das Nicht-Sagbare hingegen in den Werken der Moderne, wobei er nicht zufällig Rilke zum Gewährsmann wählte, dessen *Aufzeichnungen des Malte Laurids Brigge* von der Sprach- und Schreibkrise eines jungen Autors berichten, mit dem sich Oplustil offenbar identifizierte. Mit der geschichtsoptimistischen Ästhetik des sozialistischen Realismus und dem Ideal eines leidenschaftlich aktiven Schriftstellerkämpfers ließen sich derartige Zweifel an der Darstellbarkeit der Utopie jedoch nur schwerlich vereinbaren. So sah sich Oplustil im Seminar isoliert, bis er durch eine Schreibaufgabe neue Hoffnung schöpfte: »Ich arbeite an dieser Studie für das Prosa-Seminar, ›Heimkehr von der Arbeit‹«, schreibt er im März 1963. »Ich bin vergnügt und aufgeregt, weil allerhand in mir in Bewegung gekommen ist. Der Motor läuft noch nicht, er spuckt und stottert, er war zu lange unbenutzt, aber ich werde ihn schon in Gang bringen, ich lasse nicht locker.«[112] Darüber hinaus zeige sein Lektor vom Mitteldeutschen Verlag Interesse an einer geplanten Erzählung. 1961 hatte Oplustil beim MDV sein Debüt *Der Umweg* veröffentlicht, der allerdings auch sein letzter Roman bleiben sollte: Nachdem er die ersten Seiten der Erzählung *Das Gewissen* im Oktober seinem Lektor gezeigt hatte, lehnte dieser das Manuskript ab. Oplustil stürzte erneut in eine Krise, und selbst die Aussicht, auf Empfehlung von Max Walter Schulz gemeinsam mit Rainer Kirsch und Helmut Richter zu den drei Auserwählten des Instituts zu zählen, die ihre Arbeiten vor Germanistikstudenten der Karl-Marx-Universität vorstellen sollten, konnte ihn nicht aufheitern, wie seinem Essay zu entnehmen ist: Ihm graue davor, seine »miserablen 13 Seiten« für diesen Anlass noch einmal überarbeiten zu müssen.[113] Ein halbes Jahr später, am 16. April 1964, beendet er seinen Brief-Essay jedoch hoffnungsfroh und beflügelt durch eine positive Textkritik von Max Walter Schulz im Prosa-Seminar, der nicht nur auf den Inhalt der Erzählung eingegangen sei, sondern auch sein Ringen um die sprachliche Form zu würdigen gewusst habe:

> Es ist wie immer bei S. – er braucht eine Stunde zur Einleitung, zur psychologisch-emotionellen Vorbereitung, hielt einen seiner großen Monologe über das Thema ›Stil‹, und daß man nicht anders als unter Opfern und Erfahrungen zum eigenen Stil findet (Th. Mann, Anna Seghers), und keiner – auch ich nicht – wußte, worauf er eigentlich hinauswollte. In der zweiten Stunde dann war ich dran [...]. [E]r hat alles kapiert, mit Anerkennung kapiert. Auch mein (wirklich) ungeheures Arbeiten an jedem Satz. Er meinte, der Sprechrhythmus entspräche nach seinem Gefühl dem Herzschlag, dem Ein- und Ausatmen, ich weiß, was er meint, und es gibt nichts Schöneres, als ein Bemühen anerkannt zu finden.[114]

Unter ganz anderem Druck sieht sich wiederum Günter Striegler in seiner *Selbstrezension* von 1971: Ihn plage die »Sorge um das Wissen, für 50000 Mark Investträger zu sein. Wie werden sie sich amortisieren?«[115] Strieglers Bedenken kommen nicht von ungefähr – wurden die Studierenden doch gezielt daran erinnert, wieviel die Arbeiterklasse sich ihr Studium kosten ließ, um sie zur Loyalität gegenüber dem Staat und der Gesellschaft zu verpflichten.[116] In einem Fernsehspiel, das auf der Grundlage seiner Studienerfahrungen am Becher-Institut entstanden ist und 1979 im bundesrepublikanischen ZDF ausgestrahlt wurde, lässt Siegmar Faust einen charismatischen Institutsdirektor auftreten – offenbar Max Walter Schulz nachempfunden, der die Studienanfänger bereits in seiner Begrüßungsansprache an das verpflichtende »Investment« der Gesellschaft erinnert:

> Denn in unserer Literaturgesellschaft wird, im Gegensatz zum Kapitalismus, dem Schriftsteller, der die Interessen unseres sozialistischen Vaterlandes vertritt, größte Bedeutung beigemessen. Und die Gesellschaft hat natürlich auch das Recht, dass der so großzügig in jeder Weise geförderte und beachtete Künstler für diese Gesellschaft schreibt und jederzeit für sie eintritt, und zwar in jedem parteilichen Sinn [...], der erst in unserer Gesellschaftsordnung seinen rechten Sinn bekommt.[117]

Dass Worte wie diese nicht nur ideologische Zweifler erreichten, sondern auch bei parteitreuen Genossen eine nachhaltige Wirkung erzielten, zeigt das Beispiel des 42-jährigen Volkspolizisten aus Köpenick: Günter Striegler, der zur Freude seiner Kommilitonen während der Studienzeit den Dienstgrad des Hauptmanns erlangt hatte,[118] plagt in seiner Poetischen Konfession die Befürchtung, in literarischer Hinsicht »zu wenig begriffen zu haben« und trotz seines Studiums noch Wissenslücken zugeben zu müssen. Wie gern würde er das Erlernte mit derselben Sicherheit handhaben wie eine Handfeuerwaffe, die er auch im Dunkeln noch auseinander- und wieder zusammenbauen könne. Würde er hingegen dasselbe »mit Stilistik, Ästhetik und Philosophie versuchen, ginge das schief. Manches Teil bliebe übrig und manches Modell wäre falsch zusammengesetzt.«[119] Die zweiundzwanzig vergangenen Jahre bei der Volkspolizei seien allerdings auch für seine literarische Arbeit prägend gewesen – hätten sie ihm doch zur genauen Beobachtungsgabe verholfen, die lange Zeit Ausgangspunkt seiner Prosa und dabei zugleich Segen und Fluch gewesen sei: »Ich pfropfte auf eine Beobachtung, eine Handlung, einen Tatvorgang eine Geschichte auf. Die Figuren, die ich zu der Beobachtung erfand, waren dazu verurteilt die Handlung zu tragen.«[120] Anders als in der Berufspraxis fehle es ihm am Institut jedoch an Gelegenheit zur Beobachtung,[121] schreibt Striegler, womit sich das Vorurteil des lebensfernen, um Stoff ringenden Institutsschriftstellers, der im Elfenbeinturm den Bezug zur gesellschaftlichen Realität verliert, für ihn zu bestätigen schien. Am Institut traf sein Problem jedoch auf wenig Verständnis und brachte ihm stattdessen die »kalte Dusche« eines Dozenten ein:

> Wenn der Striegler nicht in der Bewegung der kleinen Finger eines Liebespaares in der Straßenbahn eine Geschichte findet, dann können wir nicht ihm zuliebe jeden Tag im Wappensaal des Instituts einen Verkehrsunfall stattfinden lassen, nur damit er das hat, was er mit »was los« meint.[122]

Auch Striegler suchte den Fehler daraufhin bei sich selbst und hielt selbstkritisch fest, dass ihm die »Sucht« im Weg stehe, in seine Texte »etwas ›Bedeutendes‹, ›Unsterbliches‹, ›ewig Wahres‹ hineinzulegen«,[123] was seinen Möglichkeiten und Ansprüchen jedoch widerspreche: Er wolle »kleine Geschichten schreiben. Über gewöhnliche Leute mit gewöhnlichen Sorgen«[124] und sich zu diesem Zweck »eine ›qualifizierte Naivität‹ erwerbe[n]«.[125] Sein Studienfazit klingt dennoch reichlich desillusioniert und von Selbstzweifeln geprägt:

> Was hat dieses Haus erreicht? Es wies mir nach, daß ich ein mehr als lückenhaftes Allgemeinwissen habe. [...] Das Studium hat mich völlig verunsichert. Aus einem Mann, der selbstsicher war, dessen Leben in festgefügten Bahnen verlief, ist ein Nachdenker bis Grübler, Fragender bis Zweifler geworden. Und völlig unnötig. Was habe ich dabei gewonnen? Was hat davon zu meiner Menschwerdung beigetragen? Ein empfindungsloser Klotz war ich, bis ich hierher kam, nun gerade nicht.[126]

Diese Selbsteinschätzung bestätigen auch die episodenhaften Skizzen, die in Strieglers Poetischer Konfession unter dem Titel *Auf der Suche nach dem Nachhaltigen in meinem Leben* enthalten sind: Strieglers kurze, anschauliche Prosaszenen, die im Berliner Alltagsleben angesiedelt sind oder auf den Spuren einer Kindheit in Dresden spielen, zeichnen sich durch genaue Beobachtungen und gewitzte Dialoge aus, die mit »unfrisierter Schnauze«[127] geschrieben sind. In der Miniatur »Striche zum Feindbild« skizziert Striegler pointiert den heiklen Versuch, in der Staatsbibliothek »einige Jahrgänge der amerikanischen Illustrierten *Life*« auszuleihen:

> Für mich waren die Jahrgänge 43 bis 46 und nach 1950 von Interesse. Eine kleine Frau mit welker Portierzwiebel brachte mir die 40er Jahrgänge. Für die späteren Ausgaben bräuchte ich eine Sondergenehmigung. Da wäre mit »bloß-mal-reingucken-wollen« nichts zu machen. Wegen ideologischer Diversion und so. Ihre Augen hinter der Brille schienen zu prüfen, inwieweit ich der standhalten könnte.
> Als ich in den alten Zeitschriften blätterte, fiel aus einer ein Zettel: »Achtung! Feindpropaganda! Nur für gesonderten Personenkreis!«
> Das hakenkreuzbestempelte Papier war brüchig.[128]

Die Pointe, ein doppelbödiger Kurzschluss zwischen den Zensursystemen in Real- und Nationalsozialismus, deutet Striegler im letzten Satz lediglich an, indem er auf eine vermeintlich neutrale Beschreibung und die gedankliche Mitarbeit seiner Leser vertraut, anstatt die Parallele durch einen Erzählerkommentar direkt auszuführen. Damit liefert Striegler ein handwerklich gekonntes Beispiel indirekten Schreibens, das mit Leerstellen operiert und die Schlussfolgerung einem Publikum überlässt, das es gewohnt ist, auch »zwischen den Zeilen« zu lesen.[129] Dennoch zweifelt Striegler nach wie vor an seinem Können. So spiegelt auch die äußere Form seiner Abschlussarbeit, die zahlreiche handschriftliche Korrekturen enthält, letztlich die große Verunsicherung eines Autors, der nicht nur um sprachliche Prägnanz ringt, sondern bis zum letzten Moment seines Studiums die eigenen literarischen Fähigkeiten in Frage stellt. Den langersehnten »Status eines jungen Autors«[130] sollte Striegler mit über fünfzig Jahren schließlich doch noch erhalten: 1980 veröffentlichte er seinen Band *Siebzehn Pfund Pfifferlinge* mit »heitere[n] Erzählungen«, 1984 die Erzählung *Augustäpfel*, die wie sein erstes Buch in mehreren Auflagen erschien.

Strieglers Selbstzweifel erscheinen dennoch paradigmatisch: Vor allem für ältere Studierende und literarische »Quereinsteiger« bedeutete das Studium am Becher-Institut oftmals eine große Verunsicherung – stellten die neuen Eindrücke und der Vergleich mit jüngeren Kollegen die bisherige Werte und das zuvor Erreichte doch häufig in Frage. In fast allen Essays der älteren Teilnehmer, die ihr Studium als vermeintlich gestandene Persönlichkeiten antraten, kamen daher Schwierigkeiten zum Ausdruck, sich in die Seminargruppe einzugliedern, den eigenen Ansprüchen und dem Vergleichsdruck gerecht zu werden oder den fachlichen Voraussetzungen zu genügen. Eine »Verzagtheit« und »Unterlegenheit«, die ihm vor jüngeren Kollegen ein »Anfängergefühl« verschaffe, beschreibt auch der ausgebildete Theaterschauspieler Peter Biele, der zum Zeitpunkt seines Studienabschlusses 42 Jahre alt ist. Den Vergleich mit jüngeren Autoren empfand er jedoch als Ansporn: »Seltsam: ich möchte auf dieses Gefühl nicht mehr verzichten, denn je älter ich werde, desto mehr empfinde ich es als Quelle meiner Energie.«[131]

Biele mag dabei zugute gekommen sein, dass sein Ruf als Schauspieler ihm einige Achtung eingebracht hatte: »[D]er war ja als Schauspieler gut, wussten wir«,[132] erinnerte sich später sein jüngerer Kommilitone Steffen Mohr. Der 45-jährige Kulturfunktionär und ehemalige Wismutarbeiter Friedrich Plate, der wie Biele sein Studium im Jahr 1973 abschloss, skizziert in seinem Essay hingegen, dass ihm der Vergleich mit den Jüngeren vor Augen halte, wie wenig er bisher vorzuweisen habe, obwohl er seit 30 Jahren schreibe.[133] Sein immer stärker werdendes Streben nach Anerkennung beschreibt Plate dabei als große Belastung:

[I]ch hatte mich in die Vorstellung gesteigert: Du musst Erfolg haben. – Dabei habe ich die notwendige Gelassenheit mir selbst gegenüber verloren. Ich stellte mir Themen, von denen ich meinte, daß sie zur Lösung aktueller Fragen notwendig gestaltet werden müßten. Das machte mich befangen. Wer schreibt, muß auch etwas zu sagen haben. – Habe ich etwas zu sagen, und was habe ich zu sagen?[134]

Während es Biele nach seinem Studium gelang, sich neben seiner schauspielerischen Laufbahn als freier Schriftsteller von Gedichten, Essays, Reportagen und Romanen zu etablieren,[135] stellte sich für Friedrich Plate der erhoffte Erfolg nicht mehr ein: Seine *Geschichten aus dem Lande Buri*, die er 1973 als Teil seiner literarischen Abschlussarbeit eingereicht hatte, konnten erst 1990 als vervielfältigtes Manuskript erscheinen,[136] worin sich erneut Plates dringender Wunsch erkennen lässt, als Autor Anerkennung zu finden. Dem Ratschlag »wohlmeinende[r] Leute«, das Schreiben doch endlich aufzugeben, könne er nicht nachkommen, hatte er bereits in seiner Poetischen Konfession erklärt.[137]

Die meisten Autoren waren sich dennoch einig, dass es starker persönlicher Motive bedurfte, um überzeugend und mitreißend schreiben zu können, selbst wenn der unbedingte Drang zu schreiben noch keine hinreichende Bedingung für literarische Erfolge darstellte. »Jeder Stoff braucht seine Form, jede Geschichte sollte ›heiß‹ geschrieben sein, gleich ob Roman, Theaterstück, Film, Gedicht oder Kurzgeschichte«,[138] forderte auch Peter Löpelt, während der Lyriker Reinhard Bernhof konstatierte: »Ich glaube, nur eine große, reine und echte Leidenschaft vermag hierbei etwas zu leisten.«[139] Und Horst Deichfuß, ein ehemaliger Briefzusteller, der nach seinem Studium als Leiter des halleschen Zirkels Schreibender Arbeiter tätig war, erklärte im Einklang mit dem Bitterfelder Programm:

Ich schreibe nicht, weil ich Kunst machen will. Ich schreibe, weil mich etwas erregt im Leben, etwas, von dem ich annehme, daß es andere auch erregt, und in das ich auf diese, eben diese Weise des Schreibens eingreifen will.[140]

6. Autobiographische Inhalte und Motive des Schreibens

Die Bekenntnisse der Absolventen zur persönlichen Dringlichkeit literarischer Motive entsprechen ganz der zeitgenössischen Lehrmeinung: Das »Neue und Besondere«, das die Wirkung der sozialistischen Literatur ausmache, könne nur aus den »Veränderungen der Gesellschaft und de[m] Leben[] jedes einzelnen«[141] erwachsen. Die literarische Themenwahl, die gegenüber der formalen Gestaltung im Vordergrund stand, müsse daher von den prägenden individuellen und gesellschaftlichen Erfahrungen des Autors ausgehen – einer spezifischen Konstellation, die auch unter dem Begriff des Grunderlebnisses zusammengefasst wurde.

Entsprechend groß war der Raum, der den autobiographischen Schilderungen der Studierenden in ihren Essays eingeräumt wurde. Der Absolventenjahrgang von 1973 erhielt für die Abschlussarbeit sogar explizit die Aufgabe, unter der Überschrift »Skizzen über das Nachhaltige in meinem Leben« den Einfluss prägender Erfahrungen auf den eigenen literarischen Werdegang nachzuvollziehen. Friedrich Plate übte in diesem Zusammenhang jedoch zunächst einmal Kritik an der Konzentration auf das vermeintliche Grunderlebnis, das er für ein pauschalisierendes Konstrukt hält:

> Eine solche Generalisierung der Persönlichkeitsentwicklung auf ein oder einige Grunderlebnisse bedeutet in meinen Augen eine erhebliche Einschränkung der Vielseitigkeit der Entwicklung der Persönlichkeit und birgt die Gefahr des Schematisierens in sich.[142]

Entsprechend schematisch oder auch planlos führten manche Autoren ihre Aufgabe aus, die etwa Karl Sewart zur eitlen Selbstbespiegelung oder Jürgen Köditz zum ziellosen Herumrühren im »Familienbrei«[143] verleitete.

Karl Sewart, ein ehemaliger Lehrer und Kunsterzieher, der seine Konfession in die Kapitel »Zum Lernen« und »Zum Schreiben« gegliedert hatte, schildert im ersten Teil seinen bisherigen Bildungsgang, der sich in seiner formelhaften Terminologie allerdings eher wie das Anschreiben einer Stellenbewerbung und nicht wie ein literarischer Essay liest:

> Von Kindheit an habe ich gern und viel gelernt. Besonders durch meine langjährige Tätigkeit als Lehrer, durch langjährige Erfahrungen im Fern- und Selbststudium, durch theoretische und praktische Beschäftigung mit dem modernen Lernen und Selbstlernen, durch meine Bemühung, meinen Schülern in immer höherem Maße und immer höherem Grade das Lernen selbst zu lehren, wie es in der Entwicklungstendenz unserer sozialistischen Pädagogik und unseres sozialistischen Lebens überhaupt entspricht, bin ich in der Lage, mir in hohem Grade kraft- und zeitökonomisch Wissen vor allem auf gesellschaftswissenschaftlichem Gebiet selbständig anzueignen. In Besonderem Maße trifft das zu für das Gebiet der Kunsterziehung [...] und Literatur, da ich mich von Kindheit an damit beschäftigt habe.[144]

Vor diesem Hintergrund beurteilt Sewart literarischen Erfolg vor allem als das Ergebnis von Lern- und Bildungsprozessen, die den Autor dazu befähigen, sich theoretisches Wissen und stoffliche Kenntnisse selbständig anzueignen. Auch ihm gehe es vor allem darum, sich Einblick in »das Leben unserer Gesellschaft als Ganzes [zu] verschaffen«[145] und »Mittel und Methoden zu finden, wie ich als Schreiber so gut und schnell wie möglich zu dem Wissen komme, das ich für ein bestimmtes Vorhaben brauche.«¹⁴⁶ Das Ringen um gestalterische Fragen beschäftigt ihn gegenüber der »schöpferischen Wissensaneignung« hingegen weniger.¹⁴⁷ Im zweiten Teil unter dem Titel »Zum Schreiben« muss Sewart sein rationalistisches Verständnis künstlerischer Produktion allerdings relativieren, wenn er einräumt, dass theoretische Kenntnisse sich in der Praxis oftmals nicht wie geplant umsetzen lassen und der Druck des gesammelten Wissens ihn beim Schreiben mitunter blockiere:

> Wenn ich mich an eine Geschichte setze, indem ich an all das denke, was ich so übers Geschichtenschreiben weiß, indem ich die Verantwortung denke, die ich gegenüber dem Leser, gegenüber der Gesellschaft habe – da brauche ich gar nicht erst anzufangen [...]. Wenn ich wirklich schreiben will, muß ich allen guten Willen und alles gute Wissen im besten, im dialektischen Sinne ›vergessen‹, das heißt, Wille und Wissen dürfen nicht mehr vordergründig interessant sein, müssen mir in Fleisch und Blut übergegangen sein.¹⁴⁸

So muss auch Sewart, trotz seines Vertrauens in die Theorie und Methodik der sozialistischen Pädagogik und seiner bisher gesammelten Erfahrung mit deren Lehr- und Lernverfahren, schließlich ein wenig überraschendes Fazit zur Vermittelbarkeit des literarischen Schreibens ziehen: »Schreibenlernen kann man nur, indem man schreibt. Und Schreibenlehren nur, wenn man dem Schreibenden über die Schulter sieht, und nicht über seinen Kopf hinwegredet.«¹⁴⁹

Im selben Maße, wie Sewarts Darstellung theoretisch etwas übermotiviert erscheint, bleibt Jürgen Köditz' Essay *Über das Nachhaltige* von 1973 episodisch mäandernd und unstrukturiert. Der Arbeiterschriftsteller Köditz, der 1939 in Jena geboren wurde, vor seinem Studium eine Ausbildung zum Bauschlosser absolviert hatte und heute nach eigenen Angaben als Rentner in Thüringen und Brasilien lebt,¹⁵⁰ erfindet sich in seiner Abschlussarbeit eine literarische Identität unter dem Pseudonym Eckbert Büschleb, um in der dritten Person von sich selbst zu erzählen. Im naiven Plauderton und mitunter recht zusammenhanglos schildert Köditz seine Kindheitserinnerungen und den literarischen Werdegang des »Schreibenden Arbeiters«, zu dem es heißt, dass er mit kritischen, nie veröffentlichten Zeitungsartikeln über die Abfallentsorgung in die Saale zu schreiben begonnen habe: »Ich machte mich [...] verdächtig als einer, der Missstände aufdecken und die Welt verbessern wolle«,[151] wechselt Köditz wieder in die erste Person Singular. Es bleibt der Eindruck, dass ihm das Erzählen vielfach entgleitet, als dass es von ihm beherrscht würde. Obwohl Köditz sich seiner unpointierten Darstellung bewusst zu sein scheint, kommt er gegen diese Schwäche nicht an: »Ich bin gar nicht so einer, der sich mit großer Wortquasselei wichtig machen will. Jetzt habe ich wieder so ein blödes Gefühl und will mir darüber klar werden. So halte ich mir selber eine Rede.«[152]

Anderen Autoren gelingt es hingegen, in ihren Poetischen Konfessionen aus autobiographischen Motiven die Einflüsse und Ziele ihres Schreibens abzuleiten. Dazu zählt der 1943 im Erzgebirge geborene Wolfgang Buschmann, der sich mit literarischen Erinnerungsprozessen auseinandersetzt und seine Prägung in einer »Umwelt des Glaubens und des Aberglaubens« sieht, die seine Kindheit nachhaltig bestimmte: »Die Grusel- und Spukgeschichten, die Teufel und Hexen verfolgen mich heute noch, und was noch schlimmer ist, sie wurden von mir als Realität aufgenommen.«

> Ich war mein Leben lang krank, einmal schwerer, einmal weniger schwer. Schuld, wurde gesagt, sind die Hexen. Diese Hexen wurden benannt. Diese und jene Rittersberger Frau. Wer kann nachfühlen, wie einem zumute ist, wenn man durch das Dorf geht und begegnet einer von diesen Hexen. Salz streuen gegen sie, durch das Sieb gucken, ich kenne das alles aus lebendiger Erfahrung. Ich kenne das Kartenlegen, die grausigen Darstellungen des Tischrückens, wo Stimmen Verstorbener ertönen. Dieses Stück Wirklichkeit war selber krank. Ich war ihm als Kind auf Gedeih und Verderb ausgeliefert. So eindrücklich meine Urgroßmutter vorlesen, Tafellieder verfassen, Geschichten erzählen konnte, so eindringlich führte sie mir aber auch diese Welt vor Augen.[153]

Buschmann, der eine poetologische Bilanz als verfrüht empfindet und behauptet, er komme »so ziemlich mit leeren Händen«,[154] beweist in seinem Essay das Gegenteil. In einem ersten Schritt, noch vor der Herleitung seiner Poetologie aus den Kindheitserfahrungen, entwirft er eine kluge metafiktionale Reflexion zu seinem aktuellen Romanprojekt: Er schildert, wie sich seine Arbeit an einem Kriminalfall noch nachts im Bett fortsetzt, wenn seine Gedanken weiterhin um das Manuskript kreisen. Im Halbschlaf wird er von seinem Romanpersonal heimgesucht: Der Inspektor steht plötzlich an seinem Bett und beharrt darauf, dass der »Prozeß im Mordfall Schimmereon« wiederaufgenommen wird. Begleitet wird er vom Richter, dem Verteidiger und dem Prozessschreiber, dem jedoch »das Protokollbuch fehlt«.[155] Das Manuskript wird aus der Schublade geholt, von den Vieren einer Prüfung unterzogen und dabei mit dem »Protokollbuch« in eins gesetzt. Die Begriffe »Prozess« und »Protokoll« erhalten damit eine doppelte Konnotation und beziehen sich einerseits auf die Wiedergabe eines fiktionalen Gerichtsverfahrens, während sie auf metafiktionaler Ebene den im Manuskript protokollierten Schreibprozess nachvollziehen, der diesen Mordprozess darzustellen versucht. Die »Prüfung« des Manuskripts lässt sich somit auf zwei semantischen Ebenen nachvollziehen und sowohl als kriminalistische als auch als textgenetische Spurensuche lesen: »… es gibt Fälle«, wirft der Inspektor dem Autor mit Blick auf die verworfenen Passagen des »Protokollbuchs« vor, »da sind die Blätter bewußt versteckt worden, um sie einer Öffentlichkeit vorzuenthalten, oder […] man hat sie beiseite gebracht, um die Spuren zu verwischen, ja auch die Spuren aller mißglückten Anfänge«.[156]

Die Spuren des Faktischen, wie auch der Mordfall Schimmereon, führen den Autor zurück in die Mythenwelt des Erzgebirges und zur Erfahrung einer gewalttätigen, noch unter dem Schock des Krieges stehenden Umwelt, die Buschmann in seinem Essay ausführt:

> Im Jahr siebenundvierzig muß es gewesen sein, da hieß es, unsere Nachbarin wäre vom Teufel besessen, das heißt, sie war durch die Auswirkungen des Krieges und des Faschismus langsam debil geworden. Ich habe gesehen, wie sie Dinge tat, die für mein damaliges Weltverständnis oder, ganz im Sinne des Wortes gedacht, für meine Weltanschauung, nur teuflisch sein konnten. Sie stülpte auf Zaunlatten Kaffeetassen, beschlug sie mit einem Stöckchen, sang dazu unverständliche Verse usw.
>
> Ihr Tod war für mich ein Schockerlebnis. […]
>
> Es war am Vormittag gegen zehn, und der sogenannte Zehnuhrzug kam. Meine Großmutter und ich, wir kamen mit Wassergefäßen. Plötzlich stieß der heraufdampfende Zug einen Pfiff aus, eine Art Schrei, bremste scharf und hielt etwas oberhalb des Bahnüberganges. Um zu sehen, was los war, rannten wir hin.

In zwei Teile geschnitten lag unsere Nachbarin auf den Schienen. Bevor mich meine Großmutter wegziehen konnte, sah ich noch mehr. Vom Druck der Räder waren die zwei Menschenhälften wie zugenäht, kein Tropfen Blut. Doch auf einmal platzte die eine Naht auf, und alles, was in einem menschlichen Unterleib ist, schwappte heraus auf die Schienen. Die Nachhaltigkeit des Erlebnisses will ich nicht weiter kommentieren.[157]

Die drastischen Details der Szene sprechen für sich. Sie illustrieren Buschmanns Überzeugung, im autobiographischen Stoff eine sinnlich-naturalistische Kraft vorzufinden,[158] deren historischer und poetischer, von Erinnerung und Phantasie bestimmter Wahrheit er sich verpflichtet fühlt: »Ein Wort, ein Gegenstand, ein Geruch, und, hat man auch noch so viel Distanz, es wird doch wieder lebendig.«[159] Der Rückgriff auf konkrete Erinnerungen, Landschaften und Begebenheiten schütze ihn zudem vor einem Abstraktionismus, »der jeden Begriff zur Phrase machen kann wie Heimat, Heimatliebe usw.« Sprachlichen Hohlformeln, die der politischen Propaganda entstammen und in der Agitation des sozialistischen Realismus ihren literarischen Nachhall finden, erklärt Buschmann hingegen eine Absage:

> Man kann mir vorwerfen, ich bliebe hier zu klein, zu winzig, denn ein denkender Mensch müsste doch ohne Zweifel bereit sein, die Errungenschaften unseres Arbeiter- und Bauernstaates zu verteidigen, denn die Arbeiterklasse hat doch die Macht, sie ist Besitzer an Produktionsmitteln. Ich glaube, ich hab eben demonstriert, wie literaturuntüchtig, wie wenig überzeugend so eine Sprache ist, obwohl sie freilich von der Sache her stimmt.[160]

Als ebenso unbrauchbar erscheint ihm der zum Klischee verkommenen Topos der Erzgebirgslandschaft, der durch Lieder und Heimatdichtung bereits »literarisch so vorbelastet« sei, dass er nur noch in der Brechung dargestellt werden könne: »Die Erzgebirgsidylle ist nur noch zu gebrauchen, indem man sie aufbaut und, noch gar nicht ganz fertig, wieder zerstört. Ähnlich ist ja Heine verfahren. Er hat mit romantischen Mitteln die Romantik bekämpft.«[161] Auch Buschmann, der sich nach seinem Studium als Kinderbuchautor einen Namen machen sollte, ordnete seine Arbeiten in der Tradition der Romantik und des

Kunstmärchens bei Hauff, Chamisso oder Hoffmann ein, deren Erbe in der Gegenwartsliteratur der DDR, wie er bedauerte, jedoch nicht mehr gepflegt wurde.[162]

Mit ihrer Konzentration auf volkstümliche Inhalte und eine konkrete, detailgetreue Darstellung entspricht Buschmanns Prosa zwar durchaus zentralen Ansprüchen des sozialistischen Realismus, jedoch verwehren sich seine poetologischen Skizzen konsequent der Verbreitung eines gesellschaftlichen Optimismus, indem sie eine »soziale Landschaft«[163] zeichnen, die nicht von positiven, progressiven Helden, sondern von abergläubischen, kriegsversehrten Menschen bevölkert ist. Darüber hinaus bekennt er sich zur phantastischen »Flucht vor der Wirklichkeit«[164] in seinen Geschichten, die er jedoch als historische und poetische »Wahrheit«[165] seiner Kindheit in den subjektiven Wirklichkeitsbegriff integriert und – anders als eine ideologische Überhöhung seines Stoffes – damit für zulässig hält.

Ein anderes Beispiel für eine gelungene autobiographisch motivierte Poetologie liefert der Schauspieler Peter Biele. In einfühlsamen Szenen schildert der 1931 in Dresden geborene Biele seine Kindheitserinnerungen an das ungeteilte Deutschland der Vorkriegsjahre – eine für ihn prägende Zeit der offenen Grenzen, in der er sich Reisen in fremde Länder ausmalte und jenen »Zug in die Fremde«[166] entwickelte, den er schließlich als sein biographisches und literarisches Grundthema versteht. In seinem 1973 als Abschlussarbeit eingereichten Essay arbeitet sich Biele an einem Fernweh ab, das sich vom Wunsch nach politischer Öffnung nicht trennen lässt, wenn etwa eine Szene aus dem Prager Frühling für ihn zum ›Sehnsuchtsort‹ wird:

Manchmal, wenn ich am Tisch sitze, in einem moskauer Klub, einer Weinlaube des Balkans oder zu Hause, wenn ich Grüße empfange, sehe, wie sorglos meine Kinder korrespondieren, glaube ich, es wäre schon alles geschafft. Aber dann sehe ich mich auf der Karlsbrücke stehen, damals im Sommer Achtundsechzig, am letzten Wochenende vor dem 21. August, sehe bärtige junge Leute auf dem Asphalt herumrutschen und die ganze Brücke in ein Spruchband verwandeln.
Was wollen sie?
›Freiheit!‹
Freiheit will ich auch.
›Zurück auf die Bäume!‹

> Wäre das Freiheit?
> Die Brückenheiligen lächeln mit unbewegten Gesichtern. Meinem Zug in die Fremde zu folgen, das wäre Freiheit für mich. Es genügt nicht, darüber zu lächeln.[167]

Mit demselben Grundmotiv, seinem »Zug in die Fremde«, erklärt sich Biele auch seine Faszination für das Theater und die Schauspielerei, da ihm das Spiel die seltene Möglichkeit gebe, sich »zu befreien, physisch und psychisch«:

> Die heile Welt, nach der ich mich sehnte, lag jenseits der Grenzen. Das Theater gab mir die Illusion eines Ausbruchs. Die Welt, die dort vorgespielt wurde, war zwar auch voller Konflikte, aber sie war in sich geschlossen, weil alle Konflikte in ihr ausgetragen wurden, bis zum guten oder schlimmen Ende.[168]

Bieles Offenheit legt nahe, dass er eine ähnliche Illusion von Freiheit und die Möglichkeit eines zumindest gedanklichen Ausbruchs auch am Literaturinstitut vorfand, wo er Gedanken wie diese zu äußern wagte.

Andere Autoren seiner Generation setzen sich insbesondere mit ihren Kriegserlebnissen auseinander, unter denen die szenischen Erinnerungen des 1930 geborenen Magdeburger Autors Rudolf Prinz literarisch hervorstechen. Unter der Überschrift »Warum wir Staub im Winde waren« – eine Negation der Negation des optimistischem Romantitels *Wir sind nicht Staub im Wind* von Max Walter Schulz – legt der 43-jährige Prinz 1973 in seinem Essay *Skizzen* mit lakonisch knappen Sätzen einen ebenso eindringlichen wie bitteren Bericht über seinen Fronteinsatz kurz vor Kriegsende vor:

> In den folgenden Stunden hatten wir viel gelernt. Manch einer hätte dazu Jahre gebraucht. Sogar die Nickautomatik beherrschten wir. Das ist so: Du wirfst dich hin, sobald sich ein Geschoß nähert. Es ist dir ganz gleich, wo du stehst oder gehst. Bald aber wird dir das Hinwerfen mühselig, und du machst nur noch eine tiefe Verbeugung. Aber letztendes ist dir auch das noch zu viel, und du nickst nur noch mit dem Kopf. Oder: Du liegst hinter dem Maschinengewehr, und beim Nahen des Feindes nimmst du Druckpunkt. Kommt der Befehl zum Schießen, nickst du, und drückst durch. Heißt es Feuer

einstellen, nickst du wieder und läßt den Finger fahren. Während die Verwundeten schreien, nimmst du aus der Feldflasche einen Schluck und machst einen Plausch mit dem Schützen zwei.[169]

Sein Schulmeister, ein »ausgedienter Feldwebel« mit Vorliebe für »das Kurze und Zackige«,[170] habe ihm diesen Stil mit Stockhieben eingeimpft, schreibt Prinz mit beißender Ironie. Damals sei er fünfzehn Jahre alt und »ein vortrefflicher Nicker« gewesen, fügt er hinzu. Als »sein nachhaltigstes Erlebnis«[171] schildert er eine Szene auf freiem Feld, als er gemeinsam mit zwei Kameraden unter Kampffliegerbeschuss geriet, nachdem sie den Wachposten verlassen hatten. In dieser Szene wechseln die Erinnerungen vom Imperfekt ins Präsens, was ihnen eine dramatische Unmittelbarkeit verleiht. In kurzen, atemlosen Sätzen folgt die Darstellung der auf die Instinkte verengten Wahrnehmung des Jungen, der über das Feld zum Waldrand flieht und um sein Überleben kämpft. Das Stakkato der Sätze wird von plötzlich aufkommenden Erinnerungsfetzen unterbrochen, die sich mit dem aktuellen Geschehen zu einem surrealen Schreckensszenario verbinden. Der Junge überlebt den Angriff nur knapp. Er wird zum Kompanieführer geschickt, um über den Vorfall Bericht zu erstatten, und erlangt erst in dieser Szene, wie auch die Leser, Bewusstsein darüber, was mit den beiden Kameraden geschehen ist:

Unwillkürlich rücke ich das Koppel zurecht, strafft sich mein Körper, denn ich sehe den Einarmigen im Führerhaus eines unserer Schlepper. Er isst. Ich schlage die Hacken zusammen und melde mich zurück. Er fragt kauend:
»Und die anderen?«
Alles ist wieder da. Alles, alles. Neu ist nur der Haß.
»Volltreffer!« brülle ich ihn an. Da nimmt er die Mütze ab. Ich mache kehrt und will gehen, aber er geht schon zur Tagesordnung über: »Wachvergehen, alles andere heute bei der Befehlsausgabe, verstanden?« Ich habe verstanden und ich habe keine Angst. Ich fasse meine Gefühle zusammen, kurz und zackig. Scheiße, denke ich, und der Duft frischen Kaffees lockt mich zur Feldküche, Hunger habe ich.[172]

Während Prinz seine eindrücklichen Kriegserfahrungen unkommentiert wiedergibt, leitet Horst Deichfuß, der von 1945 bis 1946 in US-amerikanischer und britischer Kriegsgefangenschaft war, seinen ersten Schreibimpuls aus den Erlebnissen jener Zeit ab: »Ich muß das aufschreiben, später einmal; alle sollen wissen, was wir litten und was wir aufgaben«,[173] habe er damals gedacht, während es ihm mit einigem zeitlichen Abstand, während seiner Tätigkeit als junger Lehrer, vor allem darum gegangen sei, »durch das Heraufbeschwören eine Wiederkehr verhinderbar zu machen [...]«.[174] Geblieben sei ihm ein Verständnis von Literatur mit didaktischem Auftrag:

> Bücher sollen in das Leben eingreifen. DIE BÜCHER VON HEUTE SIND DIE TATEN VON MORGEN. Der Schriftsteller ist ein Weichensteller der Gesellschaft – welcher Autor das nicht anstrebt (und leiste er auch nur an einer Nebenstrecke Dienst), verdient nicht, Schriftsteller geheißen zu werden. Er ist ein Schreiber und hat's nicht weit zum Schreiberling.[175]

7. ›Weltanschauliche Haltung‹ der Autoren und ›Parteilichkeit‹ literarischer Inhalte

Neben biographischen Motiven behandeln die Studierenden des Becher-Instituts damit auch die ›weltanschauliche‹ Haltung als Grundlage ihrer Poetologie, die sich nach den Maßgaben des sozialistischen Realismus durch Prinzipien wie »Parteilichkeit« und »Volksverbundenheit« auszeichnen sollte.[176] Ein deutliches Bekenntnis zur Parteilichkeit wurde nach der ›Krise‹ des Instituts zum Ende der 60er Jahre ausdrücklich gefordert und etwa von Gerd Eggers pflichtschuldig abgelegt: »So hat der Grad meiner Parteilichkeit doch entscheiden Anteil an Erfolg und Misserfolg meines Gedichts«, schließlich müsse er sich »auswirken in der Sprachhaltung, in der Behandlung meiner Bilder, eben in der Praxis des Gedichteschreibens.«[177] Es bleibt jedoch fraglich, ob Eggers' Bekenntnis eine innere Überzeugung zum Ausdruck brachte oder nicht vielmehr seinem Bewusstsein geschuldet war, unter besonderer Beobachtung durch die Institutsleitung und die Staatssicherheit zu stehen: Als literarisches Talent wurde der 19-jährige Maschinist Eggers im Jahr 1964 aus dem Kombinat »Schwarze Pumpe« ans Becher-

Institut delegiert, wo er zunächst einen »Vorstudienkurs«[178] belegte, der schreibende Arbeiter auf ein Vollstudium vorbereiten sollte. Von den insgesamt 23 Teilnehmern des achtmonatigen Vorstudienkurses wurden 1965 dreizehn Absolventen für ein weiterführendes zweijähriges Direktstudium immatrikuliert, darunter neben Eggers auch Kurt Bartsch, Harry Kampling und Peter Löpelt,[179] die in der neu zusammengesetzten Studiengruppe auf Kommilitonen wie Dieter Mucke, Andreas Reimann und Helga M. Novak, verheiratete Vigfusson, trafen. Nachdem Novak und Mucke im Dezember 1965 exmatrikuliert wurden, fassten Kurt Bartsch, Axel Schulze, Andreas Reimann und Gerd Eggers auf einer Vollversammlung der Studierenden den Plan, ein Protestschreiben an MfK und DSV zu verfassen, was ihnen den Verdacht der »Gruppenbildung« eintrug und zur Aufnahme des OV »Autor« durch die Staatssicherheit führte. Nach Aussprachen mit der Institutsleitung wurde auch Bartsch zum 1. Januar 1966 exmatrikuliert, während die anderen Studierenden – unter anderem auch Eggers – ihre Protestpläne aufgaben.[180] Von einem plötzlichen »Gesinnungswandel« Eggers' ist trotzdem nicht auszugehen: Sein Bekenntnis zur »Parteilichkeit« seiner Gedichte erscheint vor diesem Hintergrund als pragmatische Konzession an die offizielle Linie des Instituts, während sich etwa sein Kommilitone Reinhard Bernhof über den Jahrgang beklagte, dass er von den Mitstudenten »geschnitten« und als »Denunziant« bezeichnet werde, seitdem er sich als »Kommunist« zu erkennen gegeben und mit den Exmatrikulationen von Mucke und Novak einverstanden erklärt habe.[181]

Selbst als der ideologische Druck auf die Studierenden in den siebziger Jahren nachließ, reflektierte Steffen Mohr in seiner Poetischen Konfession noch über die Versuchung, seine Aussagen auf die Erwartungen der Dozenten abzustimmen, während sich Günter Striegler, als ehemaliger Volkspolizist und Parteisekretär über jeden Zweifel an seiner »Parteilichkeit« erhaben, an der Erwartungshaltung der Institutsleitung abarbeitete, die »uns ›MWS‹ [Max Walter Schulz] am Anfang unserer Tage mit auf den Weg gab: ›Der Schriftsteller ist Träger und Produzent von Ideologie.‹ Ich schlage mich immer noch damit herum, wie sie sich in meinen Geschichten finden muß.«[182]

In der Unterrichtspraxis schien der Ruf nach »Parteilichkeit« dennoch eine untergeordnete Rolle gespielt zu haben, wie die Anmerkungen jener Autoren veranschaulichen, die mit einer besonders parteitreuen Haltung und großem ideologischen Sendungsbewusstsein ans Institut kamen und damit in der Seminargruppe kaum Gleichgesinnte fanden. Zu ihnen zählte Karl Artelt, der sich in seinen Erzählungen und (Soldaten-)Liedern dem Typus des sozialistischen Helden widmete und in seiner Poetischen Konfession offenbarte, für ihn sei »das literarische Schaffen stets Klassenauftrag gewesen.«[183] Karl Artelt war Enkel des gleichnamigen »roten Admirals« und Parteifunktionärs, der als Anführer des Kieler Matrosenaufstands von 1918 in die Geschichte der Arbeiterbewegung eingegangen war. Damit kam ihm am Becher-Institut eine Sonderrolle zu, die bereits durch seinen verzögerten Studienbeginn im April 1968 deutlich wird: Nachdem einige vermeintlich renitente Teilnehmer des Jahrgangs, unter ihnen Martin Stade und Paul Gratzik, exmatrikuliert worden waren, stieß Artelt, der vom Magdeburger Schwermaschinenbaukombinat »Ernst Thälmann« ans Institut delegiert worden war, zur Seminargruppe. In seiner Poetischen Konfession beschreibt er seine Schwierigkeiten, »sofort Kontakt zum Kollektiv zu finden, da ich keines vorfand und überhaupt andere Vorstellungen hatte von der politischen Einstellung der Studenten. Manches, was für mich unbestritten gültig und erhaben war, sah ich angezweifelt und spitzfindig verkehrt.«[184] Zu den literarischen Arbeiten, die Artelt während seines Studiums schrieb, zählen eine »Geschichte über den Kieler Matrosenaufstand, die sich noch stark an der Wirklichkeit orientierte«,[185] indem sie die Rolle des Großvaters als Anführer des Aufstands aufgreift, sowie rund vierzig Gedichte, die der ehemalige NVA-Schriftsteller in der Zeitung *Die Volksarmee* und der Zeitschrift *Armeerundschau* veröffentlicht hatte.[186]

Ganz ähnliche Probleme, sich in die Seminargruppe einzugliedern, schilderte im selben Jahrgang Wolfgang Kellner, der vor seinem Studium als »Kurzfilmregisseur im Filmstudio der Deutschen Post«[187] gearbeitet hatte und nach seinem Abschluss als Dramaturg an der Filmhochschule Babelsberg sowie als Texter, Cutter und Regisseur für Dokumentarfilme tätig war. Kellner, der sich noch in seinem Abschlussessay zu »linksradikale[n] Tendenzen«[188] und »prolet-kultistischer Einseitigkeit«[189] bekennt und damit über das Ziel der parteilichen Vorgaben hinausschießt, traf mit seiner Haltung auch in der Parteigruppe der Studierenden auf Widerstand. Am Ende seines Studiums bescheinigten ihm die Kommilitonen jedoch, dass er »duldsamer geworden sei.«[190]

Kellners Kommilitone, der Neustrelitzer Dramatiker Franz Freitag, stand wiederum aus entgegengesetzten Gründen unter Rechtfertigungsdruck. Freitag, der sich selbst als »Lustspielautor« und »Kabarettist« verstand, wurde mangelnde Parteilichkeit vorgeworfen, da seine Kritiker nicht der Meinung waren, dass man alle Gegenstände dem Gelächter preisgeben und mit Humor und Satire ungehemmte Kritik üben dürfe.[191] In seinem Essay hält Freitag ihnen entgegen:

> Aus falsch verstandener Parteilichkeit wächst ihnen eine kleinbürgerliche Haltung, die ängstlich bemüht ist, negative Erscheinungsformen zuzudecken, statt sie dem vernichtenden Gelächter preiszugeben.[192]

8. Ästhetisches Dogma oder literarische Formenvielfalt?

Auch die ästhetischen Verlautbarungen der Studierenden standen sich teilweise direkt entgegen: Noch vor der zweiten, im April 1964 stattfindenden Bitterfelder Konferenz kritisierte der Armeeautor und Institutsstudent Heinz Senkbeil in seinem 1962 verfassten Abschlussessay unter dem Titel *Der Schriftsteller und die schöpferische Phantasie* einen missverstandenen Wirklichkeitsanspruch des sozialistischen Realismus, der zu einer hölzernen und »gefühlsarm[en]« sozialistischen Gegenwartsliteratur führe und »die Rolle der Phantasie beim künstlerischen Schaffensprozess« vernachlässige. Als Beispiel schildert Senkbeil, der nach seinem Institutsstudium an der Berliner Humboldt-Universität Geschichtswissenschaft studieren und eine Karriere als Militärhistoriker einschlagen sollte, eine Begebenheit »auf einer Zirkeltagung Schreibender Arbeiter«, wo ein Autor auf den Verriss seiner Brigade-Erzählung mit den folgenden Worten reagiert habe: »So, wie ich es hier in meiner Erzählung beschrieben habe, so hat es sich in der Wirklichkeit tatsächlich zugetragen!«[193] Dieser Aussage liege jedoch eine »fehlerhafte Grundhaltung« zugrunde, nämlich,

> um Kunst und Literatur zu schaffen, habe der Künstler die Wirklichkeit lediglich zu betrachten und nachzubilden – zu reflektieren. Hier muss ich mit einem klaren Nein antworten! Denn wenn einfaches Betrachten und Nachbilden, einfaches Reflektieren der gegebenen

Wirklichkeit bereits die Poesie des Lebens, das ästhetische Wesen aller Erscheinungen unseres Lebens zum Ausdruck bringen würde – Kunst und Literatur als besondere, selbständige Form der Erkenntnis der Wirklichkeit wären dann überflüssig. Es bestände überhaupt kein gesellschaftliches Bedürfnis nach Literatur.[194]

Die Überzeugung, dass Literatur kein bloßes Abbild der Wirklichkeit sein dürfe, wurde von den meisten Autoren geteilt, die sich anhand der »Spiegelmetapher« in Johannes R. Bechers *Poetischer Konfession*[195] mit dem Realismusbegriff und seinem Verhältnis zur Wirklichkeit auseinandergesetzt hatten. Sarah Kirsch etwa griff Bechers Motiv des gebrochenen Spiegels als Metapher für die literarische Brechung und die Arbeit mit sprachlichen und motivischen Kontrasten auf, um daraus ein zentrales poetisches Verfahren ihrer Lyrik abzuleiten.[196] Kirschs Kommilitone Horst Kleineidam ging wiederum mit dem vorherrschenden Realismusbegriff im zeitgenössischen Theater ins Gericht: »Bloßes Abbild oder bloße Reproduktion sind nicht schöpferisch, und vieles, was Abend für Abend über die Bretter unserer Theater geht, ist es auch nicht.«[197] Auch ein vorrangig didaktisches Interesse der Kunst hielt er für unangemessen: »für die Belehrung haben wir die Betriebsakademien und die Volkshochschulen, für die Tagespolitik Zeitungen, Rundfunk, Fernsehen. Wir sollten uns auch auf kulturellem Gebiet endlich zur Arbeitsteilung entschließen.«[198] Ulrich Völkel verlangte diese Arbeitsteilung unter dem Titel *Etwas Wahreres als Tatsachen* schließlich auch für die Prosa: »Prosa ist nicht einfach die Widerspiegelung irgendwelchen Geschehens. […] Das Leben schreibt keine Geschichten. Das Leben ist das Leben, die Kunst ist Kunst. In ihr entsteht eine neue Wirklichkeit.« Umgekehrt galt für ihn: »Was ich in meiner Arbeit ausdrücken will, läßt sich nicht linear übersetzen in ›das Leben‹. Die Wirklichkeit ist reicher als die Kunst. Aber die Kunst ist poetisch.«[199]

Damit distanzierten sich einige Studierende deutlich vom offiziellen Literaturverständnis der Kulturkader, das unter dem Schlagwort des sozialistischen Realismus eine »getreue Widergabe« der Wirklichkeit und ihrer »typischen« Umstände und Charaktere einforderte. So führte auch Senkbeil die wahrgenommene Fehlentwicklung der Gegenwartsliteratur schließlich auf einen kulturpolitischen Dogmatismus zurück, der eine schematisierte literarische Praxis hervorbringe:

Mitunter habe ich den Eindruck, daß Autoren, besonders jüngere, durch moralische Leitsätze und Normen, durch abstrakte Theorien und Ideen derart beeinflußt sind, daß es ihnen schwerfällt, in ein Kunstwerk ihr eigenes Ich hineinzulegen, alle Gefühlskräfte anzuspannen.[200]

Zu diesen im Sozialismus vorherrschenden ästhetischen Normen zählte seit den 50er Jahren auch die Kritik am »Formalismus«, einer vermeintlich »sinnentleerte[n] Spielerei mit Formelementen und Gestaltungsmitteln«, die zu einer »Überbewertung« der künstlerischen Form führe.[201] Eine »formalistische« Ästhetik als Ausdruck der »spätbürgerlichen Gesellschaft« lehnte auch der bekennende Kommunist Reinhard Bernhof vehement ab, der im Jahr 1963 aus Westdeutschland in die DDR übergesiedelt war und seinen Abschlussessay als wütende Suada gegen eine kapitalistische »Welt voll Maßlosigkeit, voll Hybris« verfasste.[202]

Neun Jahre verbrachte ich in Stahlwerken des Ruhrgebiets, dessen Hektik und egoistisches Gewinnstreben von Seiten der Unternehmer zur Rohheit erzog, ja zu einem unmenschlichen Verhalten bewog. Auch der Nihilismus, der weite Bezirke der Seele des Volkes beherrschte, übertrug sich und machte mich zum geistigen Embryo.[203]

Erst in der sozialistischen Gesellschaftsordnung habe er wieder gelernt, »an den Menschen zu glauben.«[204] Er verstehe sich seither als »Arbeiterschriftsteller«, als Schriftstellerarbeiter im wahrsten Wortsinn, der sein technisches Handwerkszeug erlernt habe, um es in den Dienst der Kulturrevolution zu stellen. Eine zweckfreie *l'art pour l'art* lehnte er hingegen ab und kritisierte jede elitäre »Lyrik für Lyriker«, die »in der *Retorte* gezüchtet wird. Kurzum: Meistersängerei«.[205] Als solche verstand er jedoch weniger die Institutsliteratur als vielmehr die Gedichte Karl Mickels, »die äußerst durchdrechselt sind, doch arm an Aussage«,[206] von »selbstgefälliger Ornamentik und ertüftelter Rätselhaftigkeit«.[207] Damit greift Bernhof nicht zuletzt die Vorwürfe der von April bis August 1966 im FDJ-Zentralorgan *Forum* ausgetragenen Lyrikdebatte auf, in der Mickels Lyrik u. a. als »unverständlich« abgelehnt worden war, nachdem der Autor es zurückgewiesen hatte, »einfacher zu schreiben«[208] und seine intellektuell und ästhetisch anspruchsvollen

Gedichte an die Widerspiegelungsästhetik des sozialistischen Realismus und die Rezeptionsgewohnheiten des Publikums anzupassen.[209] Mickel, aber auch das Ehepaar Kirsch und Heinz Czechowski sahen sich daraufhin mit dem Vorwurf einer intellektualistischen Darstellungsweise und snobistischen Haltung konfrontiert, die »dem Bitterfelder Weg und unseren ästhetischen Auffassungen« widerspreche.[210] Die Klassik-Forscherin Edith Braemer sah Mickels Gedichte gar in der Nähe zu »Dekadenzliteratur« und »Modernismus«,[211] während sich Bernhof zur Ästhetik des Bitterfelder Weges bekannte und formale Experimente auch vehement ablehnte, wie er in seinem Essay schreibt:

> Sondersprachen, die aus Wortverschränkungen und weithergeholten Metaphern, mit konversations-lexikonvokabularen Spiralnebeln zusammengeschustert [sind] und sich dionysisch gebärdet aus dünkelhaften [sic] Andersseinwollen und gesuchter Schwerverständlichkeit, die eher verklingt am Schellenbaum seltener Worte und grotesk wirkt, diese Sondersprache löst aber gerade die Bewunderung einiger Gelehrter aus. Nichts gegen neue Gewänder, aber existentialistischen Maskenball und Sackkleider wollen wir nicht; eine Artistik ohne nationalen Sinn und Hintergrund.[212]

Zu den Gegenstimmen, die für ästhetischen Pluralismus plädierten, zählt hingegen Wolfgang Buschmanns 1973 geschriebene Verteidigung der literarischen Formenvielfalt, die einen experimentellen Spielraum nicht aufgeben wollte. Indem Buschmann ebenfalls mit der Metapher der falschen literarischen »Kleider« operierte, liest sich sein Einwand wie eine direkte Erwiderung auf Bernhofs Formalismuskritik:

> Wir verweisen oft auf Modeerscheinungen, die wir nicht gerne mitmachen. Allzu kurze Röcke stehen der Literatur wirklich nicht. In all dieser Beflissenheit merken wir nicht, daß wir auch einer Mode aufsitzen, nämlich immer derselben, die wir schon einige Jahrhunderte tragen, und das Loch in dem durchgescheuerten Ärmel wird gleichsam zugestopft mit einer Unsumme von Büchern, die aus dem gleichen Stoff sind wie der Ärmel. Und wehe, einer taucht in Weste und Zylinder auf? Wo kommt er her? Aus Frankreich, aus der Sowjetunion oder gar aus Amerika? Nein, er kommt aus Deutschland,

allerdings aus einem Kleiderschrank, den wir mit Mänteln zugeschüttet hatten.[213]

Buschmann vertritt in seiner Poetischen Konfession ein avanciertes Literaturverständnis, das sich nicht nur realistische Schreibweisen, sondern auch die Traditionen der Romantik und der Phantastik erschließen will. Zwar versichert er, dass auch für ihn »die Frage des Inhalts« im Vordergrund stehe, während jene »nach den Formen« sich anschließen müsse.[214] Dennoch hält er den herrschenden Dogmatismus für kunstfeindlich und tritt für eine Differenzierung literarischer Formen ein:

> Ich sage ausdrücklich Formen; es gibt eine Reihe. Dabei ist es häufig nicht möglich, das Wort Form in den Mund zu nehmen, auch wenn man lauthals, wie ich es tue, beteuert, daß das Was das Primäre ist. Die Federn oder die Lippen gespitzt, stürzt sich da meist eine hübsche Anzahl von Leuten über einen her, und ehe man es sich recht versieht, haben sie einem die entsprechende Nachsilbe verpaßt, man ist Formalist. Das Argument dagegen ist handgreiflich und augenscheinlich: in jedem Buchladen kann man sich über dieses Verhängnis in unserer Literatur überzeugen.[215]

Mit seiner Kritik an einer kulturpolitisch verordneten, künstlerisch aber belanglosen Einheitsliteratur bezog Buschmann 1974 eine riskante Position, die im direkten Widerspruch zum erklärten Erziehungsziel des Becher-Instituts stand, das sich selbst als »eine Schule der Literatur des sozialistischen Realismus«[216] bezeichnete. Dass Buschmann es dennoch wagte, sich in seiner Abschlussarbeit gegen die herrschende ästhetische Norm auszusprechen, legt den Schluss nahe, dass bereits in den frühen 70er Jahren – bis zum erneuten Anziehen der politischen Kontrolle im Zuge der 1976 vorgenommenen Biermann-Ausbürgerung – kritische Töne innerhalb der Institutsmauern geduldet wurden, solange man sie nicht nach außen trug. Wer gegen diese ungeschriebene Regel verstieß, musste wie Rainer Kirsch, dem 1965 nach der Veröffentlichung seines kritischen Essays – und das im kapitalistischen Ausland – das Diplom vorenthalten wurde, mit Sanktionen rechnen. Wer sich jedoch an die Abmachung hielt und wie Wolfgang Buschmann sogar auf dem Titelblatt seiner Abschlussarbeit beteuerte: »Nicht für eine Veröffentlichung bestimmt!«,[217] konnte auf die Toleranz seiner

Dozenten hoffen, die sich ihrerseits an eine defensive Politik des Hauses gebunden fühlten und kein Interesse daran hatten, dass unliebsame Äußerungen nach außen drangen und die Parteilichkeit der Lehranstalt in Frage gestellt wurde.

Um den Preis eines »weitgehende[n] Verzicht[s] auf Öffentlichkeit«[218] erfuhren junge Autoren ihr Studium am Becher-Institut in den frühen 70er Jahren und dann wieder in den späten 70er und 80er Jahren daher als weitgehend geschützten Raum,[219] der räumlich und zeitlich jedoch klar begrenzt war, wie Angela Krauß' Begriff der »Utopie« bereits andeutet:

> Das Haus war eine Art Exterritorium auf dem Gebiet der DDR. Von 1977 bis 1979 habe ich es als Ort erlebt, an dem man frei reden und schreiben konnte. […] Es war ein kleines Stück Utopie, mit dem man in der Realität fertig werden mußte.[220]

Dass diese Aussage nur im historischen Kontext aufrechterhalten werden kann und sich nicht für alle Jahrgänge generalisieren lässt, zeigt die Exmatrikulationswelle der 60er Jahre, als Studierende wie Dieter Mucke, Helga M. Novak oder Gert Neumann Erfahrungen mit politischem Druck, Zensurmaßnahmen und staatlicher Überwachung machten, die auch in den Abschlussarbeiten von Gerd Eggers oder Egbert Lipowski ihre Spuren hinterließen. Indem sich in Zeiten kulturpolitischer Entspannung am Institut jedoch auch Freiräume für ästhetische und inhaltliche Gegendiskurse eröffneten, folgte die Geschichte des Instituts letztlich dem kulturpolitischen Zickzackkurs, wie die Poetischen Konfessionen auf anschauliche Weise belegen.

9. Die Poetischen Konfessionen als historische Quellen und literarische Zeugnisse

Mit diesem Einblick in die Studienerfahrung der jungen Autoren am Becher-Institut, die in den Poetischen Konfessionen mehr oder weniger unzensiert zum Ausdruck kommen und mitunter ein erstaunliches Vertrauensverhältnis zwischen Studierenden und Lehrkräften bezeugen, erweisen sich diese Abschlussessays als wertvolle historische Quellen – geben sie doch nicht nur über individuelle poetologische

Positionen und literarische Werdegänge Aufschluss, sondern auch über das Alltagsgeschehen am Becher-Institut, das sich anhand dieser Dokumente rekonstruieren lässt. So erlauben die Konfessionen einen Perspektivenwechsel von den offiziellen Verlautbarungen des Instituts hin zur Innensicht der beteiligten Akteure, die das Geschehen aus unmittelbarer Nähe protokolliert, anstatt sich – wie in Zeitzeugeninterviews – aus größerem zeitlichen Abstand und unter den Vorzeichen einer Lebensgeschichte zu erinnern, in deren narratives Konstrukt es das Erlebte einzuordnen gilt.

Die Aufsätze der Studierenden dokumentieren dabei nicht nur den kulturpolitischen Schlingerkurs von wechselnden Phasen der Kontrolle und Öffnung, der am Becher-Institut seinen unmittelbaren Niederschlag fand, sie verdeutlichen auch die heterogene Zusammensetzung der Studiengruppen, in denen sich parteitreue Funktionäre und schreibende Arbeiter zu Parteilichkeit und einem didaktischen Auftrag der Literatur des sozialistischen Realismus bekannten, während ihre Kommilitonen eine Liberalisierung der Kulturpolitik, literarische Formenvielfalt oder die Rehabilitierung vergessener ästhetischer Traditionen forderten. Eine vergleichbare Bandbreite findet sich auch auf Seiten der Lehrkräfte, womit anschaulich belegt wird, dass sich die staatlich verordnete Konformität in der Unterrichtspraxis nicht aufrechterhalten ließ.

Darüber hinaus wird sichtbar, wie sehr sich die biographischen Erfahrungen, künstlerischen Voraussetzungen und Erwartungen der Autoren unterschieden, weshalb sie während ihres Studiums auf jeweils eigene Weise mit den Ansprüchen der Institution und den Erwartungen der Seminargruppe zu kämpfen hatten. Die Auseinandersetzung mit Selbstzweifeln, der Umgang mit Kritik oder dem permanenten Vergleichsdruck wurden dabei als ebenso problematisch empfunden wie die Suche nach eigenen literarischen Themen und ästhetischen Ausdrucksformen oder das Ringen um Distanz zu literarischen Normen und Vorbildern. Diese Herausforderungen, die manche Studierende als produktive Widerstände erlebten, andere hingegen in eine Krise katapultierten, stellen als Universalien der institutionellen Schriftstellerausbildung auch für heutige Generationen junger Autoren, die sich in den Hochschulseminaren der Schreibschulen ausbilden lassen, prägende Erfahrungen dar. Dem strategischen Umgang mit dem Status der Semi-Öffentlichkeit mag am Becher-Institut hingegen eine besondere Rolle zugekommen sein. Dennoch schreckten die wenigsten Studierenden in ihren Abschlussarbeiten vor einer offen kritischen Bewertung des Studiums zurück: So sind die Aufsätze nicht nur als Dokumente der Selbstkritik, sondern auch als institutionenkritische Quellen zu lesen, indem sie literarische Entwicklungsprozesse in ein direktes Verhältnis zu den Strukturen, Inhalten und Methoden der Ausbildung setzen, über die sie detailliert Auskunft geben.

Nicht immer wurde der Einfluss des Studiums von den Studierenden dabei als hilfreich bewertet. Der Erwerb von theoretischem Wissen und der Vergleich mit den jüngeren, gebildeten und oftmals erfolgreicheren Kommilitonen löste insbesondere bei älteren Studierenden und ›Schreibenden Arbeitern‹ am Institut eine starke Verunsicherung aus. Hinzu kam der Druck, das attestierte Talent unter Beweis zu stellen und der Gesellschaft von Nutzen zu sein, um sich der finanziellen Investition des Staates würdig zu erweisen. Die Grenzen des Bitterfelder Programms und seiner ambitionierten Ziele werden dabei auch aus der Binnenperspektive der betroffenen Studierenden sichtbar.

Betrachtet man die Konfessionen schließlich als literarische Dokumente, variiert auch die künstlerische Qualität der Essays stark. Auffällig ist, dass vor allem jenen Autoren, die sich abwägend und voller Selbstzweifel gegenüber der eigenen Arbeit zeigten, oftmals kompositorisch anspruchsvolle und eindringlich gestaltete Texte gelangen. Dazu zählen vor allem die autobiographischen Miniaturen von Buschmann, Biele, Prinz und Striegler, die formale und inhaltliche Gestaltungsfreiräume ausloten und mit der Brechung des Erwarteten und Erwartbaren spielen. Ausschlaggebend erscheinen dabei weniger das Alter, die soziale Herkunft oder Vorbildung der Autoren als ihre poetologische Haltung, die sich der individuellen Erinnerung und einer genauen Beobachtung verpflichtet fühlte und dadurch eine gewisse ›Unbestechlichkeit‹ für die Agitation politischer Inhalte zeigte. Anderen Autoren, die in ihren formelhaften Bekenntnissen keinen Versuch unternahmen, sich von der »literaturuntüchtig[en] Sprache« der politischen Terminologie zu distanzieren, sollte diese Eigenständigkeit weniger gelingen, allerdings auch hier mit Ausnahmen: Ausgerechnet Reinhard Bernhofs glühende Kapitalismus- und Formalismuskritik, die mit großer sprachlicher Verve eine biographisch motivierte Wut und Dringlichkeit laut werden lässt, ist von ganz eigenem ästhetischen Reiz. So zeigen sich die literarischen Ergebnisse der »Nomenklatur-Immatrikulierungen«[221]

nicht zwangsläufig von minderer sprachlicher Qualität als die Aufsätze solcher Autoren, die vermeintlich allein aufgrund ihres großen Talents und ihrer kritischen Haltung zum Trotz immatrikuliert worden waren. Vor allem aber wird deutlich, dass »das dirigistische Konzept, das manchen Funktionären vorschwebte«,[222] die Studierenden nicht von individuellen Suchbewegungen abbringen konnte: »Literatur folgt anderen Gesetzen als denen der Devotheit und Loyalität«,[223] bilanzierte dies auch der ehemalige Dozent für Weltliteratur, Hubert Witt. Dass dies selbst für das Becher-Institut galt, wo Studierende im politischen Kontext eines autoritären Regimes und unter ungleich höherem Konformitätsdruck den Raum für eigenständige literarische Versuche und Poetologien zu verteidigen wussten, stellt die normierende Wirkung, die der institutionellen Schriftstellerausbildung bis heute unterstellt wird, grundsätzlich infrage.

1 Jürgen Bonk/Dieter Faulseit/Ursula Steinhaußen (Hg.): Handbuch für schreibende Arbeiter. Berlin 1969, S. 122.
2 Johannes R. Becher: Das poetische Prinzip. Berlin 1975, S. 149.
3 Ders.: Verteidigung der Poesie. Vom Neuen in der Literatur. Berlin 1960, S. 71.
4 Über das Verhältnis zwischen Lernen und schöpferischer Arbeit, SStAL, IfL, Nr. 538, Bl. 8.
5 Vgl. Helmut Richter: Die kleinste Hochschule der Welt. In: Christian Ide Hintze/Dagmar Travner (Hg.): Über die Lehr- und Lernbarkeit von Literatur. Wien 1993, S. 95–110, hier S. 103.
6 Die Bezeichnung »Künstlerisch-theoretische Abschlussarbeit« verwenden auch die Studierenden für ihre poetologischen Essays, so etwa Peter Biele (1973) oder Wolfgang Buschmann (1974).
7 Vgl. Johannes R. Becher: Poetische Konfession. In: Ders.: Gesammelte Werke. Bd. 13, hg. von der Deutschen Akademie der Künste der DDR. Berlin 1978, S. 409–583.
8 Der Essay gilt auch als forciert ästhetische, (selbst-)reflexive »philosophisch-literarisch[e] Mischgattung, die den Weg ihrer Erkenntnis, ihre Bewegung selbst umschreibt« und »das Allgemeine im ganz Speziellen sucht«. Vgl. Wolfgang Müller-Funk: Erfahrung und Experiment. Studien zu Theorie und Geschichte des Essayismus. Berlin 1995, S. 9 u. 11.
9 Da nur ein Bruchteil der am Becher-Institut verfassten Abschlussarbeiten archiviert wurde, lässt der lückenhafte Bestand keine Aussage über die Gesamtzahl der verfassten Poetischen Konfessionen zu. Das vorliegende Kapitel geht von 36 erhalten gebliebenen Aufsätzen aus, die sich der Gattung der Poetischen Konfessionen zuordnen lassen.

10 Sarah Kirsch: Im Spiegel. Poetische Konfession. Abschlussarbeit am IfL. Leipzig 1965. Veröffentlicht, mit einer Vorbemerkung von Isabelle Lehn, Sascha Macht und Katja Stopka. In: Sinn und Form, 2013, Heft 6, S. 848–855.

11 Wolfgang Buschmann: Skizzen über das Nachhaltige in meinem Leben. Abschlussarbeit am IfL; eingereicht 1974 (unveröff., o. O.).

12 Heinz Senkbeil: Der Schriftsteller und die schöpferische Phantasie. Abschlussarbeit am IfL; eingereicht 1962 (unveröff., o. O.); Buschmann: Skizzen.

13 Rudolf Prinz: Skizzen über das Nachhaltige. Abschlussarbeit am IfL; eingereicht 1973 (unveröff., o. O.); Peter Biele: Sieben Fragen an mich selbst. Ein Versuch über das Nachhaltige in meinem Leben. Abschlussarbeit am IfL; eingereicht 1973 (unveröff., o. O.); Buschmann (1974).

14 Günter Striegler: Selbstrezension. ›Das poetische Prinzip‹ (1971). In: Abschlussarbeit am IfL; eingereicht 1973 (unveröff., o. O.); Ders.: Auf der Suche nach dem Nachhaltigen in meinem Leben. Teil 1–3 (1972 u. 1973). In: Ebd.

15 Ulrich Völkel: Etwas Wahreres als Tatsachen. Abschlussarbeit am IfL; eingereicht 1965 (unveröff., o. O.). Egbert Lipowski: Über Mich. Abschlussarbeit am IfL; eingereicht 1970 (unveröff., o. O.); Peter Löpelt: Mein Gestern, Heut und Morgen. Abschlussarbeit am IfL; eingereicht 1967 (unveröff., o. O.).

16 Karlheinz Oplustil: Briefe an R. Abschlussarbeit am IfL; eingereicht 1964 (unveröff., o. O.); Siegfried Weinhold: Selbstanalyse. Abschlussarbeit am IfL; eingereicht 1970 (unveröff., o. O.), Günter Striegler: Selbstrezension, Friedrich Plate: Gedanken über das Nachhaltige. Abschlussarbeit am IfL; eingereicht 1973 (unveröff., o. O.), Làszlò Csiba: Der literarische Satz. Ein Essay. Abschlussarbeit am IfL; eingereicht 1991 (unveröff., o. O.).

17 Gottfried Jürgas: Das Interview. Abschlussarbeit am IfL; eingereicht 1965 (unveröff., o. O.), Karl Sewart: Konfessionelles und Konzeptionelles zu meinem Leben und meinem Schreiben. Abschlussarbeit am IfL; eingereicht 1972 (unveröff., o. O.), Jürgen Köditz: Über das Nachhaltige. Abschlussarbeit am IfL; eingereicht 1973 (unveröff., o. O.).

18 Reinhard Bernhof: Über die Verantwortung der Kunst. Abschlussarbeit am IfL; eingereicht 1967 (unveröff., o. O.).

19 Die DDR-Rezeption der 60er Jahre behandelt Stefan George als »bürgerliche[n] Dichter […] von esoterisch-reaktionärer Haltung, repräsentativ für wesentliche Tendenzen der Dekadenz der Jahrhundertwende, vertrat einen volksfeindlichen Heroenkult.« Des Weiteren attestierte man George »stilisierte[n] Formästhetizismus und priesterliche[n] Prohetismus« im Widerspruch »zu den Bedürfnissen und Problemen der Massen«. Vgl. Deutsches Schriftstellerlexikon. Von den Anfängen bis zur Gegenwart. Hg. von Gunter Albrecht u. a. Weimar 1961, S. 161–162.

20 Ebd., S. 37.
21 Ebd., S. 13.
22 Völkel: Etwas Wahreres, S. 5.
23 Ebd., S. 4.
24 Vgl. ebd., S. 6.
25 Ebd., S. 9. Nach seinem Studium arbeitete Völkel als Kulturfunktionär in Schwerin, wo er später als Dramaturg und Regieassistent tätig war. Seit 1975 ist er als freier Schriftsteller, Lektor und Herausgeber tätig und lebt seit 2001 in Weimar.

ANMERKUNGEN 407

26 Auf der Voraussetzung der politischen Bewusstseinsbildung und der Entwicklung der »sozialistischen Persönlichkeit« als Grundlage einer Literatur des sozialistischen Realismus beharrte bereits Gründungsdirektor Alfred Kurella in seiner Eröffnungsrede am Institut für Literatur vom 30.9.1955: »Denn von der Einstellung des Künstlers zum Leben, von seiner Stellung in der Wirklichkeit hängt es ab, *welcher* Einfall ihm kommt, in welcher Gestalt sich ihm seine Mitmenschen darstellen, zu welchen Bildern seine äußeren und inneren Erlebnisse sich konzentrieren.« Alfred Kurella: Von der Lehrbarkeit der literarischen Meisterschaft. Vortrag zur Eröffnung des Instituts für Literatur in Leipzig. In: Institut für Literatur »Johannes R. Becher« (Hg.): Ruf in den Tag. Jahrbuch des Instituts für Literatur »Johannes R. Becher«. Bd. 1, Leipzig 1960, S. 17–36, hier S. 25. Nach dieser Überzeugung ist künstlerische Meisterschaft »nicht etwas Besonderes, das unabhängig von der Weltanschauung, dem Wissen und dem Wollen des Künstlers entsteht«, (ebd., S. 34) weshalb es in der Ausbildung auch auf die politische Haltung des Autors Einfluss zu nehmen gelte: »Hier ist nun der zweite Ansatzpunkt unserer Arbeit; von hier aus betrachten wir zum zweiten Mal die Lehrbarkeit der literarischen Meisterschaft.« (Ebd., S. 29) Eine ähnliche Überzeugung zu den Zielen der Ausbildung vertritt zum 25-jährigen Bestehen des Hauses im *Zwischenbericht* von 1980 auch die stellvertretende Direktorin Marianne Schmidt: »Aber die Ausbildung des individuellen künstlerischen Talents ist nur eine Seite. Dazu gehört auch die Festigung des literarischen Verantwortungsgefühls für die Wirklichkeit und die Ideale des realen Sozialismus.« Vgl. Marianne Schmidt: Einleitung. In: Zwischenbericht. Notate und Bibliographie zum Institut für Literatur »Johannes R. Becher«, Leipzig. Leipzig 1980, S. 7–9, hier S. 8.
27 Meike Schmieder: Ohne Titel (Selbstporträt). Abschlussarbeit am IfL; eingereicht 1970 (unveröff., o. O.), S. 1.
28 Ebd., S. 2.
29 Vor ihrem Institutsstudium hatte Schmieder 1962 den Roman *Dunkler Traum im Rampenlicht* im Verlag Das Neue Berlin veröffentlicht, 1967, im Jahr ihres Studienbeginns, erschien im selben Verlag ihr zweiter Roman, *Nur drei Takte Glück*. Nach ihrem Studium erschienen in *DIE-Reihe* (»Delikte, Indizien, Ermittlungen«) ihres Hausverlages der Band *Nachtfrost* (1975) und der Titel *Ich habe einen Mord gesehen* (1981), der 1982 auch im westdeutschen Rowohlt Verlag publiziert wurde.
30 Schmieder: Selbstporträt, S. 1.
31 Ebd., S. 2.
32 Ebd., S. 2f.
33 Vgl. Beitrag der Studenten zur Studien-Konzeption am Literaturinstitut, 25.4.1968. Georg-Maurer-Archiv, Archiv der Adk, Nr. 1186.
34 Ebd.
35 Schmieder: Selbstporträt, S. 4.
36 Vgl. ebd.
37 Rainer Kirsch: Kunst und Verantwortung. Probleme des Schriftstellers in der DDR. Abschlussarbeit am IfL, 1965, S. 1. Veröffentlicht in: Ders.: Ordnung im Spiegel. Essays, Notizen, Gespräche. Leipzig 1991, S. 120–129.
38 Vgl. Prüfungsarbeiten (theoretische) Studienjahr 1964/65 (Poetische Konfessionen), SStAL, IfL, Nr. 916, Bl. 4.
39 Vgl. Horst Deichfuß in SStAL, IfL, Nr. 41. Da die Akte nicht einsehbar

war, wurde zitiert n. Helge Andrä: *Die Geschichte des Literaturinstituts »Johannes R. Becher« von der Gründung bis 1970*. Magisterarbeit an der Universität Leipzig, eingereicht 2001 (unveröff., o. O.), S. 73).

40 Vgl. Übersicht zur Absolventenvermittlung des Jahrgangs 1965, SStAL, IfL, Nr. 916, Bl. 3.

41 Heinz Fiedler: Poetische Konfession? Abschlussarbeit am IfL; eingereicht 1965 (unveröff., o. O.), S. 1.

42 Ebd., S. 17.

43 Ebd., S. 14.

44 Doris Luhnburg: Albena. Bemühungen um einen Essay. Abschlussarbeit IfL; eingereicht 1988 (unveröff., o. O.).

45 Ebd., S. 3.

46 Steffen Mohr: Skizzen über das Nachhaltige, oder: Wo bin ich? Abschlussarbeit am IfL; eingereicht 1973 (unveröff., o. O.), S. 23f.

47 Ebd., S. 23.

48 Steffen Mohr im Interview, 5.11.2014.

49 Ebd., S. 8.

50 Müller-Funk: Erfahrung und Experiment, S. 269. Vgl. auch Yehuda Elkana: Die Entstehung des Denkens zweiter Ordnung im antiken Griechenland. In: Shmuel N. Eisenstadt (Hg.): Kultur in der Achsenzeit. Frankfurt a. M. 1987, S. 52–88.

51 Müller-Funk: Erfahrung und Experiment, S. 271.

52 Fiedler: Poetische Konfession?, S. 14.

53 Verleger Jochen Jung im Interview, Salzburg, 9.7.2010. Zit. nach Marlen Schachinger: Werdegang. Varianten der Aus- und Weiterbildung von Autor/innen. Frankfurt a. M. 2014, S. 236.

54 Vgl. ebd.

55 Katja Lange-Müller in der Podiumsdiskussion, 16.7.2014.

56 Vgl. Fiedler: Poetische Konfession?, S. 14, 17.

57 Völkel: Etwas Wahreres, S. 7.

58 Ebd., S. 10.

59 Ebd., S. 13.

60 BStU, MfS, BV Erf. Abt. XX TA Nr. 6029, Teil II (»Heinz Malchow«), S. 10.

61 Joachim Warnatzsch: Versuch einer Basis meiner poetischen Konfession. Abschlussarbeit am IfL; eingereicht 1965 (unveröff., o. O.), S. 8f.

62 Vgl. Rüdiger Wenzke: Ulbrichts Soldaten. Die Nationale Volksarmee 1956 bis 1971. Hg. von Militärgeschichtlichen Forschungsamt. Berlin 2013, S. 63.

63 Vgl. Warnatzsch: Versuch einer Basis, I, S. 2.

64 Ebd., S. 3.

65 Rüdiger Wenzke: Zwischen Bestenabzeichen und Armeeknast. Wahrnehmungen und Forschung zum Innenleben der DDR-Volksarmee. In: Hans Ehlert/Matthias Rogg (Hg.): Militär, Staat und Gesellschaft in der DDR. Berlin 2004, S. 497–530, hier S. 500.

66 Vgl. BArch, VA-Po1/039, Bl. 286, Vorlage der Politischen Verwaltung der NVA zur 1. Kulturkonferenz vom 10.6.1959. Vgl. auch Wenzke: Ulbrichts Soldaten, S. 250.

67 Ebd.

68 Ebd., S. 593.
69 Karl Artelt: Das neue Lied der Nationalen Volksarmee. Abschlussarbeit am IfL; eingereicht 1970 (unveröff., o. O.), S. 4.
70 Vgl. Wenzke: Ulbrichts Soldaten, S. 250.
71 Vgl. ebd., S. 251.
72 Vgl. ebd., S. 598.
73 Vgl. ebd., S. 251, 593 ff.
74 Vgl. Wikipedia-Eintrag »Strafdivision 999«. https://de.wikipedia.org/wiki/Strafdivision_999 (zuletzt eingesehen am 28.8.2017).
75 Dass die Identifizierung mit den kulturpolitischen Zielen des Bitterfelder Programms in den frühen 60er Jahren dazu beitrug, »das weitere Bestehen des Instituts« zu sichern, beschreibt auch David Clarke in seinem Aufsatz. Vgl. Clarke: Das Institut für Literatur ›Johannes R. Becher‹ und die Autorenausbildung in der DDR. In: Peter Barker u. a. (Hg.): Views from Abroad. Die DDR aus britischer Perspektive. Bielefeld 2007, S. 175–185, hier S. 181.
76 Vgl. Wenzke: Ulbrichts Soldaten.
77 BArch, VA-P-01/209, Bl. 23 f., Schreiben der Politischen Hauptverwaltung an Toni Kohlsdorf vom 5.10.1964. Vgl. auch Wenzke: Ulbrichts Soldaten, S. 631.
78 Ebd.
79 Ebd., S. 632.
80 Karl Artelt: Das neue Lied der NVA, S. 1.
81 Warnatzsch: Versuch einer Basis, I, S. 2.
82 Ebd., S. 3.
83 Ebd., S. 4.
84 Ebd., S. 3.
85 Ebd., S. 5.
86 Ebd., S. 3.
87 Ebd., S. 5.
88 Vgl. Wenzke: Ulbrichts Soldaten, S. 600.
89 Vgl. ebd., S. 251 f.
90 Warnatzsch: Einleitung. In: Versuch einer Basis, S. 1.
91 Ebd., Fragmentarischer Schluss, S. 2.
92 Vgl. ebd.
93 Ebd.
94 Ebd., S. 9.
95 Ebd., S. 2.
96 Völkel: Etwas Wahreres, S. 14.
97 Vgl. ebd., S. 29.
98 Vgl. Günter Erbe: Die verfemte Moderne. Die Auseinandersetzung mit dem »Modernismus« in Kulturpolitik, Literaturwissenschaft und Literatur der DDR. Opladen 1993.
99 Völkel: Etwas Wahreres, S. 29.
100 Vgl. Erbe: Verfemte Moderne, S. 88.
101 Vgl. ebd., S. 117.
102 Siegfried Lokatis: »DDR-Literatur« aus der Schweiz, aus Österreich und der Bundesrepublik. Das Germanistik-Lektorat von Volk und Welt. In: Monika Estermann/Edgar Lersch (Hg.): Deutsch-Deutscher Literaturaustausch in den 70er Jahren. Wiesbaden 2006, S. 42–70, hier S. 58.

103 Vgl. Erbe: Verfemte Modere, S. 117.
104 Löpelt: Mein Gestern, S. 5 f.
105 Ebd., S. 6.
106 Ebd., S. 19.
107 Lipowski: Über mich, S. 2.
108 Ebd., S. 4.
109 Ebd., S. 5.
110 BStU, MfS, BV Ffo. AOP 1182/82, Bd. 5, Bl. 82.
111 Oplustil: Briefe, S. 7 f.
112 Ebd., S. 13.
113 Ebd., S. 17.
114 Ebd., S. 18.
115 Striegler: Selbstrezension, S. 5.
116 Vgl. auch David Clarke: Parteischule oder Dichterschmiede? The Institut für Literatur »Johannes R. Becher« from Its Founding to Its Abwicklung, in: German Studies Review, Vol. 29, No. 1, 2006, S. 87–106, hier S. 89.
117 Aus der Rede des Institutsdirektors. In: *Wenn man Charly Marx heißt*. Fernsehspiel von Siegmar Faust, Gesendet in der Reihe *Freiheit die ich meine* am 10.6.1979 im ZDF.
118 »Er war Volkspolizist in Köpenick, und in der Zeit wurde er Hauptmann, da hatten wir also einen Hauptmann von Köpenick im Studienjahr. Das hat uns gefallen.« Steffen Mohr im Interview, 5.11.2014.
119 Striegler: Selbstrezension, S. 5.
120 Ebd., S. 1.
121 Vgl. ebd.
122 Ebd., S. 3.
123 Ebd., S. 7.
124 Ebd., S. 6.
125 Ebd., S. 7.
126 Ders.: Auf der Suche, S. 3.
127 Zu Beginn seines Studiums hatte Strieglers Mentorin den Autor noch kritisiert, er schreibe mit »frisierter Schnauze«, was seinen gewollt bedeutungsschwangeren Geschichten eine unfreiwillige Komik verleihe, wie der Autor sich in seiner *Selbstrenzension* erinnert. Vgl. Ders.: Selbstrezension, S. 7.
128 Ders.: Auf der Suche, S. 2b.
129 »Der besondere Zusammenhang von Öffentlichkeit und Zensur brachte vielfältige Formen von double speech, kryptische Sprachregelungen und Camouflagen hervor.« Simone Barck/Martina Langermann/Siegfried Lokatis: Jedes Buch ein Abenteuer. Zensur-System und literarische Öffentlichkeit in der DDR bis Ende der sechziger Jahre. Berlin 1997, S. 14.
130 Vgl. »Günter Striegler über sich«, Klappentext zu Günter Striegler: Siebzehn Pfund Pfifferlinge. Heitere Erzählungen. 4. Aufl., Berlin 1987.
131 Biele: Sieben Fragen, S. 33.
132 Mohr, Interview.
133 Vgl. Plate: Gedanken, S. 21.
134 Ebd., S. 22.
135 Vgl. Grit Warnart: Peter Biele und seine Inventur des Lebens. In: Volksstimme. Zeitung für Sachsen-Anhalt, 11.11.2011. https://www.volksstimme.de/

kultur/kultur_regional/661362_Peter-Biele-und-seine-Inventur-des-Lebens.html (zuletzt eingesehen am 12.8.2017).
136 Vgl. Katalogeintrag der Deutschen Nationalbibliothek, www.dnb.de (zuletzt eigesehen am 12.8.2017).
137 Vgl. Plate: Gedanken, S. 25.
138 Löpelt: Mein Gestern, S. 6.
139 Bernhof: Verantwortung der Kunst, S. 35.
140 Horst Deichfuß: Poetische Konfession. Werden und wollen. Eine Zwischenbilanz. Abschlussarbeit am IfL; eingereicht 1965 (unveröff., o. O.), S. 26.
141 Horst Haase u. a. (Hg.): Geschichte der Literatur der Deutschen Demokratischen Republik. Berlin 1980, S. 21.
142 Plate: Gedanken, S. 6.
143 Köditz: Das Interview, S. 6.
144 Karl Sewart: Konfessionelles und Konzeptionelles, S. 1.
145 Ebd., S. 3.
146 Ebd., S. 2.
147 Vgl. ebd.
148 Ebd., S. 7.
149 Ebd., S. 8.
150 Jürgen Köditz schreibt heute regelmäßig Texte in verschiedenen Internet-Foren und Blogs, wo sich auch die Selbstbeschreibung findet: »Als Rentner beheimatete ich mich neu auf der brasilianische Insel Itaparica. Dort schuf ich mir mit viel Fleiss und Schweiss ein buntes Blütenparadies. Ich bin Orchideenfan, aber auch ein Gerechtigkeitsnarr, da ecke ich überall an, schon als Arbeiterdichter im Arbeiterstaate, besonders bei der Stasi, von der ich insgeheim, aktenkundig, als Schriftsteller verboten wurde. Ich schreibe Gedichte, Aphorismen, Kurzgeschichten und ›vielseitige‹ Artikel. Ich veröffentlichte zwei Aphorismenbücher und ein[en] Gedichtband.« Vgl. https://plus.google.com/108260461931686636662/posts (zuletzt eingesehen am 12.8.2017).
151 Köditz: Das Interview, S. 3. Auch Steffen Mohr erinnert sich an seinen Kommilitonen Köditz: »Der hatte ziemlich naiv-offen manchmal Staatskritik gemacht. Also richtig plebejisch, ohne zu wissen was er sagte. Hätte ich das gesagt, hätten sie mich wahrscheinlich abgeführt, aber der wurde geschützt, als Naiver.« (Mohr, Interview).
152 Vgl. Köditz: Das Interview, S. 6.
153 Buschmann: Skizzen, S. 19.
154 Ebd., S. 2.
155 Ebd., S. 7.
156 Ebd., S. 8.
157 Ebd., S. 20f.
158 Vgl. ebd., S. 16.
159 Ebd., S. 24.
160 Ebd., S. 37.
161 Ebd., S. 39.
162 Vgl. ebd., S. 32f. Einen ähnlichen Platz räumt seinen Arbeiten auch das *Handbuch zur Kinder- und Jugendliteratur in der SBZ/DDR* ein, etwa mit Blick auf das Märchen *Die große Erfindung* von 1976, das »mit deutlich romantischen Motiven versehen (und nicht nur hier dem Kunstmärchen nahe)« sei, indem es

»die Welt in eine gläserne ›nature morte‹« verwandele. Vgl. Rüdiger Steinlein/ Heidi Strobel/Thomas Kramer (Hg.): Handbuch zur Kinder- und Jugendliteratur. SBZ/DDR von 1945 bis 1990. S. 727.
163 Buschmann: Skizzen, S. 39.
164 Ebd., S. 33.
165 Vgl. ebd., S. 16.
166 Biele: Sieben Fragen, S. 26.
167 Ebd.
168 Ebd., S. 27.
169 Prinz: Skizzen, S. 8f.
170 Ebd., S. 1.
171 Ebd., S. 9.
172 Ebd., S. 18.
173 Deichfuß: Poetische Konfession, S. 5.
174 Ebd., S. 7.
175 Ebd., S. 10.
176 Vgl. Willi Beitz: Sozialistischer Realismus. In: Claus Träger (Hg.): Wörterbuch der Literaturwissenschaft. VEB Bibliographisches Institut Leipzig, 1. Aufl., Leipzig 1986, S. 481–483, hier S. 481.
177 Gerd Eggers: Eine poetische Konzeption. Abschlussarbeit am Institut für Literatur. Leipzig 1967, S. 14.
178 Das Modell eines achtmonatigen Vorstudienkurses mit anschließendem Direktstudium wurde 1964/1965 einmalig erprobt, bevor es durch die Einrichtung eines Fernstudienganges für Schreibende Arbeiter, als Alternative zum Direktstudium, abgelöst wurde. Vgl. Teilnehmerliste 8-Monate-Lehrgang, 1964, SStAL, IfL, Nr. 628, Bl. 185 ff.
179 Vgl. ebd.
180 Vgl. BStU, MfS, BV Lpz., AOP, Nr. 840/71, Bd. 1, Bl. 96.
181 Bernhofs Äußerung wird im Bericht von GHI »Reinhardt« vom 27.12.1965 wiedergegeben. Vgl. BV Lpz., Abt. XX/1, 6.1.1966, Bl. 78.
182 Striegler: Selbstrezension, S. 1.
183 Karl Artelt: Entwicklungsanalyse. Abschlussarbeit am Institut für Literatur (IfL); eingereicht 1970 (unveröff., o. O.), S. 2.
184 Ebd., S. 1f.
185 Ebd., S. 2.
186 Vgl. ebd.
187 Wolfgang Kellner: Zur Eigenen Entwicklung. Abschlussarbeit am Institut für Literatur (IfL); eingereicht 1970 (unveröff., o. O.), S. 2.
188 Ebd., S. 1.
189 Ebd., S. 2.
190 Ebd., S. 1.
191 Vgl. Franz Freitag: Lachen und lachen lassen. Versuch einer poetischen Konfession. Abschlussarbeit am Institut für Literatur (IfL); eingereicht 1967 (unveröff., o. O.), S. 14ff.
192 Ebd., S. 16.
193 Senkbeil: Der Schriftsteller, S. 1.
194 Ebd., S. 2.
195 Vgl. Becher: Poetische Konfession, S. 418.

ANMERKUNGEN

196 Vgl. Lehn; Macht; Stopka: Anmerkungen zu Sarah Kirschs *Im Spiegel*.
197 Horst Kleineidam: Einige unmaßgebliche Bemerkungen über Dramatik und Theater. Poetische Konfession eines harmlosen Provokateurs. Abschlussarbeit am IfL; eingereicht 1965 (unveröff., o. O.), S. 5.
198 Ebd., S. 4f.
199 Völkel: Etwas Wahreres, S. 30.
200 Senkbeil: Der Schriftsteller, S. 23.
201 N. N.: Formalismus. In: Manfred Berger (Hg.): Kulturpolitisches Wörterbuch. 2. Aufl., Berlin 1978, S. 207–208, hier S. 207.
202 Bernhof: Verantwortung der Kunst, S. 5.
203 Ebd., S. 14.
204 Ebd., S. 16.
205 Ebd., S. 38 [Herv. I. L.].
206 Ebd., S. 36.
207 Ebd., S. 37.
208 Karl Mickel: O. T. In: Forum, 8, 1966, S. 20.
209 Vgl. Simone Barck: Ein Genre wird öffentlich. In: Dies./Martina Langermann/Siegfried Lokatis: Jedes Buch ein Abenteuer. Zensur-System und literarische Öffentlichkeiten in der DDR bis Ende der sechziger Jahre, Berlin 1997, S. 285–316, hier S. 308.
210 BArch DY 30 IV A 2/906/146. Dossier von Dr. Hans Baumgart, Mitarbeiter in der Abteilung Kultur beim ZK der SED (o. D.: vor dem 8.7.1966), vgl. auch Barck: Ein Genre wird öffentlich, S. 308.
211 Vgl. Edith Braemer: Volksverbundenheit und Parteilichkeit. In: Forum, 15/16, S. 17.
212 Bernhof: Verantwortung der Kunst, S. 38.
213 Buschmann: Skizzen, S. 32.
214 Ebd., S. 28.
215 Ebd., S. 28f.
216 Vgl. Skizzierung einer Erziehungskonzeption des Instituts für Literatur »Johannes R. Becher« (o. D.). SStAL, IfL, Nr. 857, Bl. 33.
217 Buschmann: Skizzen.
218 Holger Jackisch: »Einsames Literaturinstitut« in: Die Leipziger Andere Zeitung, 9.1.1991, S. 4.
219 Zu einem ähnlichen Schluss kommt Clarke, der das Becher-Institut mit einem Begriff von Walter Süß als »Nischenöffentlichkeit« versteht, »in which a limited group of individuals is allowed or is able to create the space for free discussion, but where the ideas that emerge from that discussion cannot reach the general populace.« (Clarke: Parteischule oder Dichterschmiede? S. 91f.).
220 Angela Krauß: Eine Art Exterritorium auf dem Gebiet der DDR. Im Gespräch mit Angela Krauß über das Leipziger Literaturinstitut »J. R. Becher«. In: Sächsische Zeitung, 14/46, 17.1.1991, S. 7.
221 Vgl. Mohr, Interview.
222 Hubert Witt: Leipziger Dichterschule. In: Sprache im technischen Zeitalter. 116/1990, S. 321–329, hier S. 324.
223 Ebd.

IX. Zwischen vorsichtigen Liberalisierungstendenzen und erneuter Bevormundung – Das Institut für Literatur in den 70er Jahren

Der Beginn der 70er Jahre in der DDR wird allgemein mit deutlichen Liberalisierungstendenzen innerhalb der Gesellschaft verbunden, wovon auch die Künstler, Schriftsteller und Intellektuellen im Land profitieren sollten, denen in den Jahren nach dem berüchtigten 11. Plenum des ZK der SED 1965 mit großem Misstrauen seitens des Staates begegnet worden war. Das politisch einschneidende Ereignis zu Beginn der 70er Jahre war zweifelsohne der Machtwechsel an der Führungsspitze des Staates: Erich Honecker folgte am 3. Mai 1971 Walter Ulbricht im Amt des Ersten Sekretärs des ZK der SED. Ulbricht, dessen erzwungener Rücktritt von der sowjetischen Führung unter Leonid Breschnew maßgeblich unterstützt worden war, starb zwei Jahre später. Nach seinem Amtsantritt begann Honecker sogleich damit, das Wirtschaftssystem der DDR zu reformieren, indem er die Neueinführung der auf die Erhöhung von Produktivität, Wohlstand und Lebensqualität ausgerichteten ›Einheit von Wirtschafts- und Sozialpolitik‹ forcierte.[1] Darüber hinaus kündigte die Regierung eine liberalere Kulturpolitik an, die Honecker auf der 4. Tagung des ZK der SED im Dezember 1971 mit folgenden, berühmt gewordenen Worten noch einmal zu bekräftigen schien:

> Wenn man von der festen Position des Sozialismus ausgeht, kann es meines Erachtens auf dem Gebiet von Kunst und Literatur keine Tabus geben. Das betrifft sowohl die Fragen der inhaltlichen Gestaltung als auch des Stils – kurz gesagt: die Frage dessen, was man die künstlerische Meisterschaft nennt.[2]

Viele Schriftsteller des Landes interpretierten diese Aussage als ein Angebot, nun endlich politisch unabhängiger, freier und eigenständiger in der Wahl ihrer literarischen Themen und Schreibweisen sein zu können.[3]

1. Studienjahrgänge und Lehrkollegium in den 70er Jahren

Am Becher-Institut war man zu Beginn der 70er Jahre nach der Institutskrise und der Entlassungswelle in der zweiten Hälfte der 60er Jahre wieder zur Tagungsordnung übergegangen. Zwar wurden für den ersten Direktstudienjahrgang 1970 bis 1973 nur 12 statt der sonst üblichen 20 Bewerberinnen und Bewerber immatrikuliert, worin sich nicht nur ein Resultat der verschärften Immatrikulationsbedingungen zeigte, sondern auch das nach wie vor bestehende Nachwuchsproblem bzw. die mangelnde Studieneignung zahlreicher Bewerber.[4] Als Reaktion darauf forderte der Direktor Max Walter Schulz die Arbeitsgemeinschaften Junger Autoren des DDR-Schriftstellerverbands und die Nachwuchsabteilungen der Verlage nachdrücklich dazu auf, der Immatrikulationskommission geeignete Talente für den nachfolgenden Direktstudienjahrgang vorzuschlagen.[5] Diese Bemühungen schienen Früchte zu tragen, denn für das Direktstudium 1973 bis 1976 konnten wieder 19 Personen immatrikuliert werden.[6] Im letzten Jahrgang dieser Dekade (1976–1979) wurden im Direktstudium 18 Studierende zugelassen.[7] Die Anzahl von Frauen war wie in den beiden Dekaden zuvor gering: Im Direktstudienjahrgang 1970 bis 1973 studierten ausschließlich Männer, im nachfolgenden Jahrgang wurden lediglich drei Frauen zugelassen. Im letzten Jahrgang der 70er Jahre schlossen immerhin sechs Studentinnen ihr Studium ab, unter ihnen Angela Krauß, die im Anschluss als anerkannte Schriftstellerin reüssieren sollte. Beinahe ein Jahrzehnt nach Beendigung ihres Studiums am IfL wurde sie bei den renommierten *Tagen der deutschsprachigen Literatur* im österreichischen Klagenfurt als DDR-Autorin mit dem Ingeborg-Bachmann-Preis ausgezeichnet, und auch heute noch hat sie eine bedeutende Stimme im Feld der deutschsprachigen Gegenwartsliteratur. Im Übrigen gehörte Krauß zu den wenigen Studierenden, die sowohl im Fernstudium (1975–1977), im Direktstudium (1977–1979) eingeschrieben war wie späterhin noch einen Sonderkurs (1984) am Literaturinstitut belegt hatte und somit von allen drei Studienangeboten des IfL profitieren sollte. Mit dem Lyriker und Essayisten Thomas Rosenlöcher und dem Kinderbuchautor Gunter Preuß erreichten lediglich zwei der männlichen Mitstudenten in der gesamten Dekade einen ähnlichen überregionalen Bekanntheitsgrad wie Angela Krauß. Gunter Preuß studierte von 1970 bis 1973, Thomas Rosenlöcher zusammen mit Krauß von 1977 bis

1979 am Becher-Institut. Andere Absolventen dieses Jahrzehnts, wie etwa Wolfgang Kienast (Studienjahrgang 1973–1976) und Steffen Mohr (Studienjahrgang 1970–1973) erorberten sich immerhin einen Platz als Genreautoren für Kriminalliteratur, während etwa Norbert Eisold und Rainer Hohberg, die beide im Jahrgang 1976 bis 1979 eingeschrieben waren, sich in ihren Werken mit der Kulturgeschichte und Mythologie ihrer Heimatregion Mitteldeutschland beschäftigten und damit vornehmlich regional als Schriftsteller erfolgreich waren. Ihre Kommilitoninnen Christine Lindner und Christiane Tappert traten – trotz offenkundiger literarischer Begabung – indes nach ihrem Studium nicht weiter als Autorinnen in Erscheinung: Lindner, die ihren Kommilitonen Stephan Ernst geheiratet hatte, wandte sich später der Politik zu und saß von 1994 bis 1999 als Abgeordnete der SPD im Sächsischen Landtag,[8] Tappert arbeitete nach ihrem Studium als Diplom-Sozialpädagogin. Die Absolventen Bernd Rump, Reinhard Kuhnert und Stephan Ernst schrieben zwar auch nach ihrem Studium weiter, aber sie schufen sich ein zweites Standbein neben ihrer Tätigkeit als Schriftsteller. Rump, der von 1973 bis 1976 am Literaturinstitut studiert hatte, war auch als Liedermacher erfolgreich und gehörte zu den Mitbegründern der *Gruppe Schicht*, einer politischen Song- und Theatergruppe aus Dresden, die ab 1983 sogar in einem eigenen Theater residierte, dessen Leiter und Chefdramaturg Rump bis 1989 war.[9] Rumps Kommilitone Kuhnert betätigte sich nach seinem Studium als Bühnenautor, Regisseur und Schauspieler und ist noch heute ein gefragter Synchronsprecher für Filme und TV-Serien.[10] Stephan Ernst, Student im Jahrgang 1976 bis 1979, führte neben seiner schriftstellerischen Tätigkeit lange Jahre eine Buchhandlung im vogtländischen Klingenthal und verfasste als Autodidakt Beiträge zur ornithologischen Forschung in Sachsen, Tschechien und Sibirien.[11]

Während mit Werner Bräunig, Helmut Richter, Elisabeth Schulz-Semrau, Max Walter Schulz oder Klaus Steinhaußen eine nicht geringe Zahl von ehemaligen Studierenden der 60er Jahre nach ihrem Abschluss als Lehrende am Literaturinstitut beschäftigt waren, sollte Gunter Preuß der einzige Absolvent der 70er Jahre bleiben, der noch einmal im Rahmen einer Lehrtätigkeit an das Haus zurückkehrte: Von 1986 bis 1988 leitete er als Oberassistent das schöpferische Seminar Prosa des Fernstudiengangs.[12]

Betrug die Gesamtzahl der Absolventinnen und Absolventen in den Direktstudiengängen der 1960er Jahren noch 85, waren es in den 70er

Jahren nun 48 Studierende, neun Frauen und 39 Männer, die ihr Direktstudium am IfL erfolgreich beendeten. Die geringere Zahl an Abschlüssen rührt vor allem daher, dass ab dem Direktstudienjahrgang, der von 1967 bis 1970 währte, keine parallelen Direktstudiengänge mehr existierten wie noch in den Jahrzehnten zuvor. So wurden insgesamt weniger Studienbewerber im Direktstudium immatrikuliert. Hinzu kam, dass 1969 der dreijährige Fernstudiengang eingerichtet wurde, in dem eine große Zahl an Studierenden nun parallel zu ihrem Beruf studieren konnten.

Die Einführung des Fernstudiengangs führte vor allem auch zu einer stärkeren Konzentration literarisch talentierter Studierender im Direktstudium, die Aussichten auf einen Werdegang als Berufsschrifsteller hatten. Im Fernstudium, in dem pro Jahrgang etwa 60 Studierende zugelassen wurden, konnte nun auch weniger talentierten Nachwuchsautoren bzw. Personen, die ihren Beruf nicht aufgeben wollten, ein auf ihre Kenntnisse und Interessen zugeschnittenes Teilzeit-Weiterbildungsprogramm angeboten werden. Als Abschluss erwarben die Absolventen des Fernstudiums entsprechend auch »nur« ein Teildiplom. In der Regel nahmen Studierende aus dem Fernstudium im Anschluss keine Tätigkeit als Berufsschriftsteller auf, sondern arbeiteten in ihren vormaligen Ausbildungen weiter oder übernahmen nun Positionen in kulturellen Bereichen. Durch diese Ausdifferenzierung der Studiengänge in den 70er Jahren konnte sich die Ausbildung im Direktstudium mit seinen umfangreichen Seminaren zur Literaturtheorie und Schreibpraxis sowie den mit literarischer Produktion verknüpften Praktika in Großbetrieben nunmehr auf eine intensive schriftstellerische Förderung der rund zwanzig als besonders begabt beurteilten Studierenden pro Jahrgang konzentrieren.

Nicht nur in der Organisation der Lehre, sondern auch im Lehrkollegium kam es im Laufe der 70er Jahre zu einschneidenden Veränderungen: Aus gesundheitlichen Gründen trat der Leiter des schöpferischen Seminars Lyrik Georg Maurer als eine der prägenden Pädagogenpersönlichkeiten der 60er Jahre 1970 von seiner Lehrtätigkeit zurück. Mit dem Schriftsteller Helmut Richter übernahm ein Absolvent des Becher-Instituts Maurers Position. Richter sollte das Seminar bis 1973 leiten. Er wiederum wurde von dem Schriftsteller Peter Gosse abgelöst, der seit 1971 als künstlerischer Aspirant[13] am IfL tätig war. Für das Fach Ästhetik war als Nachfolger des Philosophen Günther K. Lehmann der Germanist Robert Zoppeck seit 1970 zuständig. 1972 wurde mit der Autorin Elisabeth Schulz-Semrau und Ehefrau des Institutsdirektors Max Walter Schulz eine weitere Absolventin eingestellt, die sich fortan im Fernstudiengang um die Leitung des schöpferischen Seminars Prosa kümmerte. Der Philosoph Horst Pickert wurde 1976 von seiner Kollegin Rosemarie Wend abgelöst, die von ihm das Fach Philosophie übernahm. Von 1977 an unterrichtete mit Friedrich Albrecht ein Germanist und Experte für das Werk von Anna Seghers das Fach Deutsche Literatur (mit Schwerpunkt von 1848 bis zur Gegenwart). Der promovierte Gesellschaftswissenschaftler und SED-Parteisekretär Lothar Zschuckelt nahm seine Lehrtätigkeit 1978 auf und war für die Fächer Einführung in die sozialistische Kulturpolitik und Marxistisch-leninistische Kulturtheorie verantwortlich.[14]

Weiterhin unterrichtete der bereits 1967 eingestellte Joachim Nowotny, der als Kinder- und Jugendbuchautor bekannt war und 1978 Vizepräsident des DDR-Schriftstellerverbandes wurde,[15] das schöpferische Seminar Prosa als Nachfolger von Werner Bräunig. Der Dramatiker und Kriminalschriftsteller Hans Pfeiffer zeichnete für das schöpferische Seminar Dramatik verantwortlich, und der langjährige Kollege Kurt Kanzog lehrte Literaturgeschichte. Der Literaturwissenschaftler Gerhard Rothbauer war für die Fächer Stilistik und Weltliteratur zuständig und fungierte zudem als Leiter des Sonderkursprogramms. Die Institutsleitung oblag weiterhin Max Walter Schulz, unterstützt von seinen stellvertretenden Direktoren Marianne Schmidt und Kurt Kanzog.[16]

2. Zwischen Gehorsam und Eigensinn – Studienalltag Anfang der 70er Jahre

2.1 Die Selbstdarstellung des IfL in den offiziellen Dokumenten an das MfK

Die Immatrikulation für das Direktstudium 1970–1973 galt nach den Vorfällen im vorherigen Studienjahrgang 1967–1970, in deren Folge acht von 21 Studierenden exmatrikuliert worden waren, als besonders heikle Angelegenheit für die Institutsleitung. Schließlich wollte man sich keinesfalls erneut vom MfK vorwerfen lassen, die Studierenden nicht unter Kontrolle zu halten, und damit eine neuerliche Schließungsdebatte riskieren. Entsprechend offen gestand Direktor Max Walter Schulz gegenüber dem MfK in einer Analyse des Studienjahres 1969/70 Irrtümer ein. Man habe in den Jahren 1965 bis 1967 Studierende mit »parteifremd[em]«, gar »parteifeindlich[em]« Verhalten »fehlerhaft immatrikuliert«, was zukünftig in Form einer strengeren »Durchsetzung der Prinzipien der sozialistischen Immatrikulationspolitik« unbedingt zu verhindern sei.[17] So wurden etwa in Zusammenarbeit mit dem DDR-Schriftstellerverband »Kurzlehrgänge« für in Frage kommende Studienbewerberinnen und -bewerber organisiert, durch die die Immatrikulationskommission »Einblicke sowohl in das weltanschaulich-ästhetische Vermögen der Bewerber als auch in deren kollektives Verhalten« erhalten konnte.[18] Und um das Risiko einer voreiligen Immatrikulation literarisch talentierter, aber politisch unzuverlässiger Studierender noch weiter zu minimieren, wurden für das Direktstudium Studierende aus dem 1969 erstmalig gestarteten Fernstudiengang vorgeschlagen, »die durch überdurchschnittliche Leistung im 1. Studienjahr hervorgetreten waren«.[19] Auf diesem Weg konnten die Fernstudenten Peter Biele, Jürgen Köditz, Friedrich Plate und Rudolf Prinz 1970 in das Direktstudium wechseln.[20] Außerdem informierte die Direktion das MfK ungefragt darüber, dass unter den zwölf immatrikulierten, allesamt männlichen Studenten immerhin sechs SED-Genossen[21] seien, deren Zulassung zum Studium man, anders als in den vorausgegangenen Jahren, besonders hervorhob.

Im März 1972 legte die Institutsleitung dem MfK Rechenschaft über die Entwicklungen im Studienalltag Anfang der 70er Jahre ab: Im Rahmen der Konzeption des damaligen Perspektivplans, der eine Veränderung der Ausbildungsbedingungen für die Jahre von 1970 bis 1975 umfassen sollte, sei man zu der Einsicht gelangt, »daß die bis dahin gebrauchte Form der Ausbildung junger Autoren durch die gesellschaftliche Entwicklung überholt war und grundlegender Veränderungen bedurfte.«[22] Die am Becher-Institut erfolgte »Entwicklung mehrerer differenzierter Formen der Aus- und Weiterbildung von Schriftstellern«, die »produktives Lernen und produktives Schreiben sinnvoll miteinander verbinden [sollten]«,[23] sah die Institutsleitung dabei durchaus im Einklang mit den auf dem VIII. Parteitag der SED im Juni 1971 gefällten kulturpolitischen Beschlüsse, die sich eine »Erhöhung des kulturellen Lebensniveaus des Volkes«[24] nach sozialistischen Maßstäben zum Ziel gesetzt hatten. Die in den späten 60er Jahren etablierte

Dreiteilung des Studienangebotes in ein Direktstudium, ein Fernstudium und einen ›Weiterbildungskurs für arrivierte Schriftsteller‹ (auch ›Sonderkurs‹ genannt) entspreche genau diesem Ziel, weshalb man sie beibehalten wolle. Damit unterstütze man den gegenüber dem MfK hervorgehobenen Aspekt, die »Erziehung aller Institutsangehörigen zu klassenbewußten Sozialisten« zu forcieren.[25] Hierfür bot sich insbesondere das engmaschige System der im Zuge der Institutskrise 1967 eingeführten »Mentorschaft« an, das die künstlerische wie auch erzieherische Betreuung jedes einzelnen Studierenden im Direkt- und Fernstudium durch einen Mitarbeiter des IfL sicherstellte und das man auch in den 70er Jahren weiterführen wollte. Dabei kamen dem jeweiligen Mentor, der drei Studierende aus dem Direkt- sowie bis zu vier Studierende aus dem Fernstudium zu betreuen hatte, die Aufgaben »eines Literaturkritikers und eines Pädagogen« zu: Neben der begleitenden Arbeit am studentischen Manuskript, verbunden mit der Erteilung von »Literaturhinweise[n] und Ratschläge[n]«, war er dazu angehalten, »die Entwicklung der jungen Schriftstellerpersönlichkeit während der ganzen Zeit des Studiums« zu beobachten und zu beeinflussen.[26]

Auch die »künstlerische und kulturpolitische Qualität« des Fernstudiengangs wurde dem MfK gegenüber noch einmal besonders betont: Die Zahl der an einem Fernstudium interessierten und dafür geeigneten Werktätigen wachse stetig; für den Jahrgang 1972–1975 seien bereits 106 Bewerbungen auf 60 Studienplätze eingegangen.[27]

Im Juli 1973 versicherte die Institutsleitung dem MfK, dass auch im Seminar auf die ideologische Erziehung der Studierenden weiterhin großer Wert gelegt werde, was der Dozent Horst Pickert in seiner Analyse des Studienjahres 1972/73 für den Bereich ›marxistisch-leninistisches Grundlagenstudium‹ wortreich bekräftigte.[28] Als Beispiel führte er die Lösung einer politischen Debatte über die Wirtschaftsbeziehungen zwischen der Sowjetunion und der BRD im Lehrfach Wissenschaftlicher Kommunismus an, zu der es zwischen zwei parteilosen Studierenden, deren Namen Pickert nicht nannte, und dem linientreuen Dozenten Werner Lemme gekommen war.[29] So fragten die Studierenden im Seminar, »ob denn nicht durch die wirtschaftliche Kooperation der SU das imperialistische System in der BRD gestärkt würde« und die Lieferungen sowjetischen Erdöls nach Westdeutschland nicht sogar ein »Zeichen unserer ideologischen Schwäche« seien.[30] Die studentischen Argumente entkräftete Lemme, so zumindest die offizielle Darstellung, mit einem Hinweis darauf, dass die wirtschaftliche Entwicklung des sozialistischen Gesellschaftssystems im ›Klassenkampf‹ oberste Priorität besitze.[31] Horst Pickert unterließ es indes auch nicht, in seinem Schreiben nachdrücklich zu unterstreichen, dass es sich bei den entstandenen »Unklarheiten« um »Einzelmeinungen« gehandelt habe, die auf Initiative des Dozenten »beseitigt« werden konnten.[32] Dass derart lapidare Vorfälle dem MfK gemeldet wurden – verbunden mit dem Hinweis auf ein entschiedenes Entgegentreten durch den Dozenten und der Versicherung, dass es nur einzelne parteilose Studierende seien, die die Haltung der Partei in Frage stellen würden –, macht deutlich, wie groß die Furcht des IfL-Kollegiums vor Kritik an seiner Erziehungspraxis war, obwohl bereits etliche Jahre seit der Schließungsdrohung verstrichen waren.

2.2 »vorausgesetzt, daß der Text etwas wert ist« –
Das IfL und seine interne Autonomie

Intern schien man sich am Becher-Institut jedoch aufgrund »noch nicht genügende[r] literarische[r] Leistung« von abgelehnten Bewerberinnen und Bewerbern[33] sowie der »allgemeinen Stagnation auf dem Gebiet der Talentfindung in den letzten Jahren«[34] zu einer vorsichtigen Modifizierung der eigenen, während der zweiten Hälfte der 60er Jahre in die Kritik geratenen Immatrikulationspolitik entschieden zu haben: Potentiellen Studierenden mit vielversprechendem literarischen Talent, die in der Vergangenheit durch politische Unzuverlässigkeit aufgefallen waren, würde bei entsprechendem Nachweis einer »Bewährung«[35] der Zugang zum Studium nicht verweigert werden, hieß es nun von Seiten der Institutsleitung. So kam es, dass mit dem späteren Kriminalschriftsteller Steffen Mohr ein Student 1970 im Direktstudium zugelassen werden konnte, der trotz dreier gegen ihn geführter, aber jedes Mal gescheiterter Exmatrikulationsverfahren sein Diplom an der Theaterhochschule Leipzig abgeschlossen und danach für kurze Zeit als Dramaturg beim Fernsehen der DDR in Berlin gearbeitet hatte.[36] Außerdem wurden mit Martin Stade, Dieter Mucke und Andreas Reimann drei ehemalige Studenten aufgefordert, die ihr Direktstudium in den 60er Jahren aus verschiedenen Gründen hatten abbrechen müssen, im Rahmen des einjährigen Sonderkurses an das IfL zurückzukehren.

Im März 1972 einigte man sich in einer Institutsleitungssitzung, bei der es um die Auswahl der Studierenden für den Fernstudiengang 1972–1975 ging, auf ein entsprechendes Verfahren. So heißt es im Protokoll der Sitzung, dass »in solchen Fällen, in denen Bewährung nachgewiesen wird, keine Ablehnung [der Bewerbung zum Studium] auszusprechen [ist], vorausgesetzt, daß der Text etwas wert ist«.[37] Diesem Entschluss war eine Diskussion vorausgegangen, in der sich der Leiter des schöpferischen Seminars Prosa Joachim Nowotny über die mangelnde literarische Qualität der eingereichten Bewerbungsmanuskripte beschwert hatte. Unter den Bewerbern seien »eine ganze Reihe von Leuten«, so Nowotny, »die versuchen, dadurch ihre Probleme loszuwerden, daß sie schreiben, aber nicht weil sie die Absicht haben, Literatur zu machen, sondern weil sie ihre Lebensprobleme loswerden wollen.«[38] Die anwesenden Lehrkräfte, unter ihnen auch der Leiter des schöpferischen Seminars Lyrik Helmut Richter, die Leiterin des Fernstudiengangs Ursula Sczeponik, der Dozent für Ästhetik Robert Zoppeck sowie der stellvertretende Direktor Kurt Kanzog, debattierten daraufhin, inwiefern neben der literarischen Qualität der eingereichten Arbeiten auch die Biografie der Bewerber bei der Auswahl zum Studium eine Rolle zu spielen habe, etwa wenn es um schwebende Strafverfahren oder allgemein das Verhalten der Bewerber in der DDR gehe.[39] Einigkeit schien im Kollegium darüber zu herrschen, dass man den Studierenden kein undiszipliniertes Verhalten durchgehen lassen würde, um keine erneute Exmatrikulationswelle wie in der zweiten Hälfte der 60er Jahre zu riskieren, als man sich noch »mit Talenten belastet [habe], aber nicht mit dem Erziehungsprozeß«,[40] wie es der Dozent Zoppeck ausdrückte.

Allerdings wurde auch in den 70er Jahren vielversprechenden Studierenden einiges an ›Narrenfreiheit‹ zugestanden, wie sich der Absolvent Steffen Mohr an seine Studienzeit erinnerte. Laut eigener Aussage hätten etwa sein Kommilitone Gunter Preuß und er die Freiheit gehabt, »Vorlesungen unwahrscheinlich [häufig] zu schwänzen«,[41] was gemäß § 1, Abs. 2 der Disziplinarverordnung zu mit Stipendienabzügen verbundenen Verwarnungen sowie Verweisen und sogar zur Exmatrikulation führen konnte.[42] Dieses Verhalten aber wurde anscheinend von den Dozierenden gebilligt, sofern sich eigensinnige Studierende wie Mohr und Preuß ansonsten rege am Unterricht beteiligten, literarische Produktivität nachweisen konnten und politisch unauffällig blieben.

Ähnliches berichteten auch Thomas Rosenlöcher und sein ehemaliger Kommilitone Stephan Ernst aus ihrer Studienzeit während der zweiten Hälfte der 70er Jahre: Der Lyriker Rosenlöcher blieb nach eigener Aussage den »langweiligen und linientreu ausgerichteten« Prosa-Seminaren von Joachim Nowotny fern, »um bei sich zu Hause an Gedichten zu feilen«,[43] die er anschließend in dem von Peter Gosse geleiteten schöpferischen Seminar Lyrik zur kritischen Diskussion stellte. Und Ernst rekapitulierte: »Wir mussten auch nicht unbedingt in jedem Seminar sein. Freilich, wenn jemand oft gefehlt hat, dann fiel das auf, wir konnten aber auch mal wegbleiben.«[44]

Dass der Entscheidungsprozess der Immatrikulationskommission, in der über die Aufnahme der neuen Studierenden für das Direktstudium verhandelt wurde, in den 70er Jahren eine akribische Angelegenheit blieb, zeigt ein Sitzungsprotokoll vom April 1973.[45] Die Immatrikulationskommission hatte über die Zusammensetzng eines Jahrgangs zu entscheiden, für deren nähere Auswahl zum einen künstlerisch vielversprechende, wenn auch unkonventionell arbeitende und parteifern eingestellte Studierende in Betracht kamen, zum anderen aber auch parteitreue Bewerber, die allerdings mit weniger literarischem Talent ausgestattet schienen. Für die Immatrikulation zum damaligen Direktstudium 1973–1976 waren insgesamt 82 Bewerbungen eingegangen.[46] 20 Bewerberinnen und Bewerber waren von der Immatrikulationskommission, der neben dem Lehrkörper des IfL auch Vertreter des Mitteldeutschen Verlages, des Zentralrates der FDJ, des DDR-Schriftstellerverbandes und des MfK angehörten, für eine Zulassung vorgeschlagen worden. Vierzehn von ihnen lud man zu einem persönlichen Eignungsgespräch ein.[47] Den übrigen sechs Bewerbern war die positive Immatrikulationsentscheidung bereits ohne weitere Bewerbungsgespräche erteilt worden, damit diese bereits im Vorfeld als vielversprechend geltenden Studienanwärter ihr jeweiliges Arbeitsverhältnis fristgemäß kündigen konnten.[48] Als Zugeständnis an die Partei wurde die Immatrikulation des zum Eignungsgespräch geladenen Fregattenkapitäns und sogenannten ›Schreibenden Soldaten‹ Hans-Joachim Könau, der von der Volksmarine der NVA zum Studium nach Leipzig delegiert worden war, hingenommen, obwohl Könaus literarisches Talent nach Meinung der Immatrikulationskommission nicht auszureichen schien: »Ihm ist bekannt, daß er – gemessen an den Talentproben der anderen – nicht infrage käme.«[49] Regelrecht begeistert zeigte man sich hingegen über die Bewerbung der 1946 geborenen Lyrikerin Juliane Bambula Díaz, deren eingereichte Arbeiten von den Gutachtern Elisabeth Schulz-Semrau und Peter Gosse als »Suchen nach Formen und Spielen mit Formen« positiv eingeschätzt worden waren. Zudem besaß sie eine vorbildhafte sozialistische Biografie, weil sie mit einem Kubaner verheiratet war, einen Teil ihrer Kindheit in der Volksrepublik China verbracht hatte und lateinamerikanische Dichter wie den antifaschistischen Literaturnobelpreisträger Pablo Neruda zu ihren literarischen Vorbildern zählte. Daher würde sie, so Direktor Max Walter Schulz erfreut, »›Welt‹ in das Kollektiv«[50] der Studierenden hineintragen. Auch der Buchhersteller Florian Kokot, Jahrgang 1945, erhielt für sein aus Lyrik und Prosa bestehendes Bewerbungsmanuskript zwei positive Gutachten von den Dozenten Helmut Richter und Gerhard Rothbauer,[51] die eine Aufnahme in das Direktstudium empfahlen. Dass sich Kokot nach eigener Aussage vor der Immatrikulationskommission literarisch zu den »Dichter[n] der expressionistischen Richtung« bekannte,[52] war offenbar kein Grund, die Empfehlung zum Studium in Zweifel zu ziehen, ebenso wenig wie sein Bekenntnis zum katholischen Glauben. Allerdings prognostizierte man ihm die eine oder andere mögliche Auseinandersetzung mit seinen literarischen Ansichten: »Nach Meinung der Kommissionsmitglieder hat F. Kokot noch ideale Vorstellungen von Literatur, er wird in Konflikte kommen, wird das aber durchstehen müssen.«[53] Der einzige Bewerber, der zum Eignungsgespräch geladen worden war und keine Zusage für das Direktstudium erhielt, war der 1948 geborene Dichter Gerulf Pannach, der zu dieser Zeit für die Leipziger Rockband *Klaus Renft Combo* Liedtexte wie *Als ich wie ein Vogel war* und *Der Apfeltraum* schrieb, die *Renft* in den folgenden zwei Jahren zu einer der populärsten, aber auch politisch umstrittenen Musikgruppen der DDR werden ließen.[54] Pannachs Bewerbungsmanuskript bestand aus seinen Lieddichtungen, die von Peter Gosse und Helmut Richter mit negativem Ergebnis begutachtet worden waren: »Die [...] Manuskripte sind schlecht zu charakterisieren und wenn sie als Lyrik betrachtet werden sollen, bieten sie wenig.«[55] Max Walter Schulz erklärte Pannach gegenüber, dass »am Institut für ein solches Genre keine richtigen Ausbildungsmöglichkeiten« bestehen würden, und fällte ein durchaus elitär anmutendes Urteil über dessen Dichtungen: »[D]ie Texte des Bewerbers leben nur zusammen mit der Musik, sonst haben sie nicht das hier verlangte Niveau.«[56] Vorrangig jedoch schien der Grund für die Ablehnung des Bewerbers darin zu bestehen, dass Pannach keine Berufsausbildung vorweisen konnte[57] und man sich am Institut offensichtlich davor scheute, jemanden zu immatrikulieren, der aus gesellschaftlicher Perspektive als ›asozial‹ galt, weil er im Falle seines Scheiterns im Studium nicht zu einer festen Arbeitsstelle würde zurückkehren können. Der zweite Liedtexter unter den zum Gespräch eingeladenen Bewerbern, der 1947 geborene Bernd Rump, erhielt nämlich »aufgrund seiner Liedtexte« und ungeachtet der fehlenden Ausbildungsmöglichkeiten für Textdichtung eine Zulassung zum Studium, wobei man nicht umhin kam, zu betonen, dass er sich als ausgebildeter »Diplomingenieurökonom« bereits zwei Jahre lang im »Kraftwerksbau« betätigt habe.[58] So achtete man auch in den 70er Jahren am Literaturinstitut nach wie vor darauf, dass die Studienanwärter eine vorhergehende Berufsausbildung und Arbeitserfahrungen nachweisen konnten.

19 Personen traten schließlich 1973 ihr dreijähriges Direktstudium an, unter ihnen auch drei ehemalige Studenten des Fernstudienganges 1972–1975, Peter Löw, Günter Saalmann und Walter Schnatz.[59] Das erste Resümee des neuen Jahrgangs fiel positiv aus, wie während einer Institutssitzung im Oktober 1973 festgehalten wurde: »Bei unterschiedlicher Aktivität in der Unterrichtsbeteiligung wurde doch eine durchgehende Aufgeschlossenheit, eine gute Lernbereitschaft und ein befriedigendes Niveau der Unterrichtsgespräche festgestellt.«[60]

Drei exmatrikulierte Studenten kehren an das IfL zurück

Anfang und Mitte der 70er Jahre kamen mit Martin Stade, Dieter Mucke und Andreas Reimann drei ehemalige Studenten zurück, die ihr Direktstudium in den 60er Jahren aus unterschiedlichen Gründen abbrechen mussten. Mucke und Reimann waren 1965 bzw. 1966 aus politischen Gründen, Stade 1968 aus disziplinarischen Gründen exmatrikuliert worden. In der Zeit nach ihrer Exmatrikulation konnten sie gleichwohl als Schriftsteller debütieren: Muckes Gedichte waren 1969 in der renommierten Lyrikreihe *Poesiealbum* beim Verlag Neues Leben sowie 1973 im Aufbau-Verlag unter dem Titel *Wetterhahn und Nachtigall* veröffentlicht worden, der Mitteldeutsche Verlag hatte Stades Erzählungen aus dem Alltag der DDR und dem bäuerlichen Milieu unter dem Titel *Der himmelblaue Zeppelin* 1970 herausgebracht, und auch Reimann, der für seine Lyrik zunächst noch keine Veröffentlichungsmöglichkeit fand, konnte mit seinem 1974 im Kinderbuchverlag Berlin erschienenen Bilderbuch *Kleine Tiere essen gern* seine erste Publikation vorweisen. Dies eröffnete ihnen die Möglichkeit, am Sonderkurs des IfL teilzunehmen. Diese 1966 am Haus konstituierte einjährige Weiterbildungsmaßnahme, die mit monatlich 500 Mark respektabel alimentiert wurde, stand schon etablierten Autorinnen und Autoren sowie Institutsabsolventen offen, die bereits einmal ein größeres eigenständiges Werk publiziert haben mussten und in der Regel durch ihre Verlage oder die Bezirksverbände des DDR-Schriftstellerverbandes an das Becher-Institut delegiert wurden.[61] So konnten oftmals bereits bekannte Autoren wie Volker Braun, Hanns Cibulka, Gotthold Gloger, Wulf Kirsten, Heinz Knobloch, Joochen Laabs oder Joachim Walther als Lehrgangsteilnehmer gewonnen werden, was nicht zuletzt auch das Renommee des Instituts im Literaturbetrieb der DDR steigern helfen sollte.[62] Einmal im Monat kamen die Kursanten der Sonderkurse für eine Woche am Institut zusammen. Der Dozent Gerhard Rothbauer hatte als Leiter das Sonderkursprogramm zu verantworten und stellte ein straffes Curriculum zusammen, das auch die aus den Direktstudiengängen bekannten schöpferischen Seminare zu Prosa, Lyrik und Dramatik enthielt, in erster Linie aber aus Vorträgen über Biowissenschaften, Kunstgeschichte, Rechtswissenschaft, Physik, Psychiatrie, Stilistik oder Außenpolitik bestand, die zu großen Teilen von Professoren und Dozenten aus dem Umfeld der KMU Leipzig bestritten wurden[63] und deren inhaltliche Ausrichtung z. T. von den Studierenden mitgestaltet werden konnte.[64]

1971 wurde Martin Stade angefragt, ob er am Sonderkurs teilnehmen wolle, weil er sich mit seinen »letzten Erscheinungen aufs beste dafür empfohlen« habe.[65] Er sagte zu und begann den Kurs im Herbst desselben Jahres als einer von sechzehn Teilnehmenden, unter ihnen die vormalige Bäuerin und Verfasserin von Erzählungen aus dem dörflichen Alltag Irma Harder, die Institutsabsolventen Rolf Floß und Axel Schulze, der Reiseschriftsteller Konrad Schmidt, die Drehbuchautoren Günter Mehnert und Ulrich Plenzdorf sowie der Schriftsteller und Journalist Klaus Schlesinger.[66] Stade schloss schnell Freundschaft mit Plenzdorf und Schlesinger, und bald galten sie in ihrem Bekanntenkreis als die »»Unzertrennlichen«« am Becher-Institut.[67] So besuchten sie etwa in Begleitung ihres Sonderkursjahrgangs am 18. Mai 1972 die Uraufführung der Bühneninszenierung *Die neuen Leiden des jungen W.*,[68] die auf einer im Soziolekt einer nonkonformistischen DDR-Jugend und auf der Folie von Goethes *Werther* verfassten Erzählung Plenzdorfs über das Leben und Sterben des eigensinnigen Anstreichers Edgar Wibeau basierte, deren im Frühjahr 1972 erfolgte Veröffentlichung in der Literaturzeitschrift *Sinn und Form* durch die liberalere Kulturpolitik nach dem VIII. Parteitag der SED ermöglicht worden war.[69] Wie der Leiter des Sonderkursprogramms Gerhard Rothbauer resümierte, brachten die Kursteilnehmenden vor allem den Vorlesungen in Psychiatrie, Biowissenschaften und Biophysik großes Interesse entgegen, während jedoch insbesondere das schöpferische Seminar Dramatik aufgrund des anscheinend fehlenden Engagements des Dozenten Hans Pfeiffer von den Kursanten kritisiert wurde: So beurteilten sie beispielsweise das »kommentarlose Abspielen eines alten Hörspiels« durch Pfeiffer als »ergebnislos«.[70] Rothbauer bemängelte allerdings auch die Disziplinlosigkeit mancher Kursteilnehmer, zu denen er auch Stade zählte, dem er »eindeutige[s] Desinteresse«[71] an etlichen Lehrveranstaltungen bescheinigte. Ein solches Desinteresse ließ sich aber nicht zuletzt auch auf die schlechte Seminarvorbereitung einiger Dozenten zurückführen, was Rothbauer gleichfalls kritisierte.[72]

Im Jahr 1974 kehrten schließlich Dieter Mucke und Andreas Reimann für eine Sonderkurs-Teilnahme ans Institut zurück. Neben ihnen nahmen noch neun weitere Autoren teil, darunter Regina Hastedt, Christine Wolter und Joochen Laabs, die erstmals ans IfL kamen, sowie die Institutsabsolventen Manfred Boden und Horst-Ulrich Semmler.[73] Reimann war zwei Jahre nach seiner im Jahr 1966 erfolgten Exmatrikulation aufgrund ›staatsgefährdender Hetze und Gruppenbildung‹ vom MfS verhaftet worden, weil er »seinen Freundes- und Bekanntenkreis immer wieder zu Lesungen, zum Vorspielen neuer Biermann-Tonbänder oder ab Januar 1968 zu Diskussionen über die Prager Reformentwicklungen« eingeladen hätte, so die Anklage.[74] Nach seiner zweijährigen Haft wandte er sich 1970 an Max Walter Schulz, der ihn in der Folge bei der Veröffentlichung seiner Gedichte unterstützte. Als Vorbestrafter hatte selbst ein literarisches Talent wie Reimann Schwierigkeiten, einen Verlag zu finden.[75] Schulz bot ihm in diesem Zuge auch einen Platz im Sonderkursjahrgang 1974/75 mit dem dazugehörigen Stipendium an, worin Reimann im Nachhinein eine Art von Wiedergutmachung[76] zu erkennen glaubte: Schulz' denunziatorisches Gutachten von 1966, das Reimanns Exmatrikulation besiegelt hatte, wurde bei der Verlesung von Reimanns Anklageschrift 1968 zitiert[77] und diente damit der Beweisführung für dessen Verurteilung zu zwei Jahren Haft. Reimann nahm Schulz' Angebot an, besuchte den Sonderkurs jedoch nur eine Woche lang, weil er kein Interesse an den Lehrveranstaltungen und dem Austausch mit anderen Schreibenden hatte, und ließ sich dann, mit Schulz' Billigung, für den Rest des Jahres krankschreiben, was ihm den weiteren Bezug des monatlichen Stipendiums ermöglichte.[78] Dieter Mucke hingegen, der mittlerweile Mitglied im Bezirksverband Halle (Saale) des DDR-Schriftstellerverbandes geworden war und von diesem zum Sonderkurs delegiert wurde,[79] erinnerte sich positiv an die »grundlegend andere Struktur und Methode«[80] des Kurses im Vergleich zum Direktstudium mit dessen arbeitsintensiven Theorieseminaren, Klausuren und Zwischenprüfungen. So hätten die Sonderkurs-Teilnehmer doch »mehr Zeit zum schreiben« sowie die Möglichkeit gehabt, »die Thematik der Lehrveranstaltungen auf gleicher Augenhöhe mitbestimmen zu können«.[81] Mucke war es beispielsweise erlaubt, den Kontakt zum Zentralinstitut für Jugendforschung in Leipzig herzustellen, um dessen Direktor, den Jugendpsychologen Walter Friedrich, den er während seines Psychologiestudiums kennen und schätzen gelernt hatte, für eine Vorlesung im Rahmen des Sonderkurses zu gewinnen.[82] Auch die »leidenschaftlichen und stundenlangen Vorträge« des Slawisten und Lektors des Verlags Volk und Welt Ralf Schröder über sowjetische Gegenwartsliteratur waren Mucke in lebhafter Erinnerung geblieben, erachtete er die darin empfohlenen Autoren und Texte doch als maßgeblich für sein eigenes Qualitätsurteil über Prosa.[83] Gerhard Rothbauer lobte in seinem Abschlussbericht des Sonderkurses 1974/75 diesmal die »Aufgeschlossenheit, Offenheit und Hilfsbereitschaft« der Teilnehmenden, deren »Lernwille deutlich« zu erkennen und die »Stundendisziplin kaum zu beanstanden« gewesen seien.[84]

3. Einblicke in Schreibpraxis, Seminarinhalte und Literaturdiskussion

3.1 Die Essay-Anthologie *Tauchnitzstraße – Twerskoi Boulevard*

Einblicke in die Lehre und den Studienalltag dieser Zeit liefert der 1975 vom Mitteldeutschen Verlag publizierte Essayband *Tauchnitzstraße – Twerskoi Boulevard*.[85] Bei der Anthologie handelt es sich um die erste gemeinsame Veröffentlichung des Becher-Instituts und des Moskauer Literaturinstituts ›Maxim Gorki‹, deren Kooperation sich vor allem durch einen seit 1969 stattfindenden alljährlichen Delegationsaustausch intensiviert hatte.[86] Darin berichten Dozierende beider Institute über ihre jeweilige Lehrtätigkeit. Insbesondere der Dozent für Literaturgeschichte und stellvertretende Direktor Kurt Kanzog, der Leiter des schöpferischen Seminars Dramatik Hans Pfeiffer und der Dozent für die Fächer Stilistik und Weltliteratur Gerhard Rothbauer beschreiben in ihren Beiträgen die literaturpraktische Arbeit mit ihren Studierenden am IfL. So stellt etwa der Germanist Kanzog in seinem Aufsatz *Respektlose Übung zu produktiven Zwecken* folgende Schreibaufgabe für jene Studierenden vor, die Ende 1973 sein literaturgeschichtliches Seminar besuchten: »Schreiben Sie eine Szene in den ›Faust. Erster Teil‹, und zwar einen Dialog zwischen Margarete und Frau Marthe«, eingebettet in die Szenen ›Am Brunnen‹ und ›Zwinger‹,[87] in denen Gretchen mit den gesellschaftlichen Folgen ihres unehelichen Verhältnisses zu Faust konfrontiert wird. Laut Kanzog bestand der Sinn der Aufgabenstellung »in der produktiven gedanklichen Auseinandersetzung, im tieferen Eindringen in das Kunstwerk, im Begreifen der in der Dichtung vorgefundenen Thematik und Problematik«, und dies nicht zum »Selbstzweck«, sondern in Verpflichtung gegenüber dem »Humanum unserer Tage«,[88] also dem idealisierten Menschenbild innerhalb des sozialistischen Gesellschaftssystems. Der Dozent zeigte sich, laut seiner Ausführungen in seinem Aufsatz, allerdings etwas enttäuscht von den Ausarbeitungen seiner anonymisierten Studierenden, die in ihren Texten »das tragische Schicksal des verführten Mädchens ganz im Sinne der Sturm- und Drang-Dramatik [...] als eine bürgerliche Moraltragödie« reproduzierten und mehrheitlich den Stil Goethes zu imitieren versuchten: »Zu wünschen wäre ein freieres, selbstbewußteres Umgehen mit der literarischen Vorgabe«, das »Sentimentalitäten«

und »Kitsch« außen vor lassen und in »ein produktives Verhältnis zur Tradition« treten sollte[89] – eine Forderung Kanzogs, die sich im Zuge der kulturpolitischen Liberalisierung Anfang der 70er Jahre bezüglich des Umgangs mit dem klassischen Erbe in der DDR-Literatur durchzusetzen begann.[90] Einzig der Student ›E. R.‹ löste sich weitgehend von der Vorlage Goethes und versuchte sich an einem fiktiven Zwiegespräch, das er nicht etwa zu Goethes Zeiten, sondern in der Gegenwart, nämlich im Oktober 1973, stattfinden ließ und in dessen Verlauf Gretchen, von einer namenlosen Autorfigur zu ihrem Verhalten befragt, emanzipatorisch auf ihrer eigenen Entscheidung beharrt, eine Liaison mit Faust eingegangen zu sein: »Aber ich war auch glücklich tief im Innern.«[91]

Das schöpferische Seminar Dramatik eines Fernstudiengangs rekapitulierte der Dozent Hans Pfeiffer in seinem Aufsatz *Dialogübungen*. In diesem Seminar hatte er die Studierenden ebenfalls aufgefordert, eine dramatische Szene zu entwickeln. Form und Inhalt waren hier jedoch frei zu wählen, lediglich die Situation stand fest: »Jemand erwartet jemanden.«[92] Am Beispiel der Seminararbeit des Studenten Harry Falkenhayn, der von 1972 bis 1975 das Fernstudium besucht hatte, veranschaulicht Pfeiffer die Wirkungsweisen dialogischen Erzählens im dramatischen Text. Des Weiteren gibt er einen Einblick in die kritische Diskussion der Studierenden im Seminar über Falkenhayns Text sowie dessen sich daraus ergebenden Umarbeitungen der Szene. Die dramatische Szene verhandelt einen Konflikt zwischen einem gealterten Schaustellerehepaar und dessen Adoptivsohn Ben, der das Karussellgeschäft der Pflegeltern übernehmen soll, seine Arbeit in einem Volkseigenen Betrieb (VEB) jedoch der »›Freiheit‹ des ›Selbständigen‹«[93] vorzieht. Nach der Kritik der Kommilitonen an Falkenhayns erster Fassung, in der der Vater Max in einem Monolog das drohende Ende seines Karussellgeschäfts betrauert, arbeitete der Autor die Szene zu einem Dialog zwischen den Eltern um. In diesem Gespräch wirft Max' Frau Frieda ihrem Mann vor, Ben als Kind mit einer Hundepeitsche geschlagen zu haben. In der Seminardiskussion glaubten Falkenhayns Kommilitonen darin den Grund für Bens Abwendung von seinem Vater und den Entfremdungsprozess innerhalb der Familie erkannt zu haben.[94] Hier jedoch griff der Seminarleiter und Parteigenosse Pfeiffer ein und forderte eine weitere Überarbeitung der Szene nach sozialistischer Maßgabe. Der Fokus auf die »zu große Strenge des Pflegevaters« würde als psychologisches Motiv »die gesellschaftlichen Motive« in den Hintergrund drängen. Denn immerhin, so Pfeiffer, stelle die Arbeit in einem sozialistischen Großbetrieb für den Adoptivsohn Ben doch eine »echte Perspektive« im Vergleich zu seiner selbständigen Tätigkeit als Schausteller dar.⁹⁵ In seiner dritten Version hatte Falkenhayn anscheinend alle Hinweise seiner Mitstudierenden und seines Dozenten berücksichtigt. Das »kleinbürgerlich-berechnende Denken« des Vaters wie auch die »psychologischen Beziehungen« der Eltern untereinander würden nun stärker konturiert, urteilten seine Kommilitonen.⁹⁶ Pfeiffer beschließt seinen Aufsatz indes mit der Quintessenz, dass »schon etwas gewonnen [sei], wenn die Studierenden bei ihrer Übung die enge Beziehung des Dialogs mit der poetischen Idee, den Figuren, dem Konflikt und dem Aufbau der Handlung« erkennen würden.⁹⁷

Die dritte Schreibaufgabe stammt aus dem Stilistik-Seminar des Literaturwissenschaftlers Gerhard Rothbauer, dessen Aufsatz *Der Zwölfte im Peloton* auf eine fast schon unerbittliche Weise das Scheitern der Studierenden an ihrem literarischen Gegenstand, einer Auseinandersetzung mit der NS-Zeit, ausstellt. Vorgegeben wurde die Inschrift eines Grabsteins, zu der die Seminarteilnehmenden einen Text in frei gewählter Form verfassen sollten: »›Otto Grzimek, geboren 5.5.1925, erschossen von der Wehrmacht 1944, weil er sich weigerte, auf polnische Zivilisten zu schießen.‹«⁹⁸ Den lyrischen Schreibversuch eines Studenten, dessen Name Rothbauer wohlweislich nicht nannte, bezeichnete der Dozent als »peinliche Paraphrase auf den nackten Text der Inschrift [des Grabsteins], ein leeres Bekenntnis, das ins Leere gehen muß«.⁹⁹ Der Student schrieb:

Als sie dann aber verlangten von ihm –
der gezogen war in den Krieg ohne Bedenken –
zu morden und nicht zu kämpfen
an offener Front, da
trat er neben die, die das Ziel waren
derer, die schuldig waren, So
stießen sie ihn in den Schatten,
daß nicht sichtbar würde ihr Makel durch ihn.
Und doch
ist er jederzeit bereit wieder hervorzutreten,
auch heute noch!¹⁰⁰

Rothbauer seziert das Gedicht mit deutlichen Worten: Er kritisiert die ungelenke Syntax und die hölzerne Rhetorik, bemängelt die Fremdheit und Verlorenheit der Metapher vom antiken »Schattenreich« im Kontext des NS, bezeichnet die Formulierung »Makel« als euphemistisch und »empfindungslos« und wirft dem Text vor, mit einer leeren Formel zu enden, »die sich als Prophezeiung gibt«.[101] Der von Dozierenden wie Studierenden für seine Genauigkeit geschätzte Stilistik-Dozent argumentiert hierbei jedoch auf eine derart moralische und extrem tendenziöse Weise, dass sich die Frage stellt, ob ein Lehrender sein rhetorisches Geschick und seinen eigenen hohen Anspruch an Literatur ausgerechnet zu Lasten eines Studenten unter Beweis stellen muss.

Auch an seinem zweiten Beispiel lässt der Stilistik-Dozent indes kein gutes Haar. Die Prosa-Miniatur des ebenfalls anonym zitierten Studenten beschreibt in mehreren Sequenzen den Aufmarsch eines deutschen Erschießungskommandos in einem Dorf, beginnend mit der Imagination der eigenen Anwesenheit in dieser Gruppe durch den Ich-Erzähler:

> ich versuche mir vorzustellen – ich trüge eine feldgraue plane und einen stahlhelm auf dem kopf, einen karabiner an einem ledernen riemen über der schulter und auf der linken brustseite meiner uniformjacke einen adler aus stoff genäht.[102]

Es folgt die weitere Aufstellung des Kommandos, jeweils eingeleitet durch die subjektive Kommentierung des Erzählers, der mittels der eigenen Vorstellungskraft das Nachfolgende schafft:

> ich glaube mir vorstellen zu können – ich befände mich unter mehreren anderen deutschen soldaten [...]
> ich könnte mir vorstellen – ich stünde in einer gruppe deutscher soldaten mit geschulterten karabinern [...]
> ich kann mir vorstellen – ich wäre mit elf weiteren soldaten zu einem feld befohlen worden [...]
> ich stelle mir vor – ein kleines dorf aus strohgedeckten häusern und einer kurzen kirche mitten drin [...]. während wir rauchend warten, einige vor kälte auf der stelle treten, werden aus dem dorf drei frauen und vier männer geführt; zwanzig schritte müssen sie vor uns stehenbleiben.

ich sehe – den weg vom dorf einen offizier mit festen, weitausholenden schritten auf uns zukommen und uns aufstellung nehmen.
ich höre – eine klare, harte stimme, den befehl.
ich …[103]

Rothbauer sieht in diesen »Variationen der Vorstellungsmöglichkeiten« lediglich ein aus Verlegenheit und Unkenntnis auf Effekthascherei setzendes »Spiel, nicht die innere Not des Autors, die nach Ausdruck drängt«.[104] Und er resümiert polternd, dass sich beim Thema NS »alle ›literarische Formkunst‹ als peinliche Dekoration [enthülle], die Not, Qual, Empörung, Schuld, das ganze Grauen der Zeit privatisiert, verharmlost, eben zur ›Kunst‹ macht.«[105] Seine hohen Ansprüche an seine Studenten auf die Spitze treibend, verlangte Rothbauer, so dokumentiert es zumindest sein Aufsatz, von ihnen, qualitativ hochwertige Literatur zu schreiben. Der jungen Generation der in den 40er Jahren Geborenen, die den Krieg nicht mehr aktiv miterlebt hatten, schrieb er gewissermaßen vor, wie sie zu schreiben hätten; sie sollten sich an faschistischen Erscheinungen in ihrem Alltag abarbeiten, statt einfach nur die historischen Fakten plump abzubilden.[106] Dies verknüpfte der Dozent, dessen Hochmut gegenüber seinen Studenten geradezu vermessen erscheint, mit der Aufforderung, »der Schrecken der Vergangenheit« solle in der »sozialistischen Völkergemeinschaft« nicht vergessen, sondern überwunden werden.[107] Am Ende seines Beitrages präsentiert der Stilistik-Dozent schließlich ein seines Erachtens gelungenes Beispiel für die Lösung der Schreibaufgabe: Das Gedicht »Auf eine Grabinschrift« des damals 27 Jahre alten Studenten Wolfgang Knape aus dem Direktstudium 1973–1976. Knape nähert sich darin den Kriegserfahrungen der Eltern an, die ihm, dem Jungen, in ihren Nacherzählungen lediglich eingeschränkt vermittelt werden konnten. Diesem Mangel an nicht möglicher Nacherlebbarkeit versucht Knape vor dem Hintergrund von Fragen nach Schuld und Erbe dichterisch näherzukommen und darüber hinaus die Lyrik (die Lieder) selbst zum Vermittler dieses Dilemmas zu machen

[…]
und in das fragen der kinder
und in das schweigen der alten
mischen die jungen ihre lieder
[…].[108]

Für Rothbauer bestand die Qualität dieses Gedichts darin, dass hier eine »Lauterkeit, Bescheidenheit« zum Ausdruck komme und »kein[] schnelle[r] Absprung des Ich in welthistorischen Dimensionen« erfolgen würde.[109]

Der Einblick in die Lehrtätigkeit am IfL, den die Dozierenden mit ihren Beiträgen zur Anthologie *Tauchnitzstraße – Twerskoi Boulevard* gewähren, verweist nicht nur auf die Spannbreite von Inhalten und Formen, mit denen die Studierenden in den schreibpraktischen Seminaren ihr eigenes literarisches Können erprobten. Die Aufsätze spiegeln auch die mitunter hohen ästhetischen Ansprüche der Lehrenden wider, denen viele Studierende gar nicht oder erst nach intensiver Überarbeitung ihrer Texte genügen konnten. Keiner der drei Dozenten der hier behandelten Aufsätze hat darüber hinaus vergessen, die ideologische Verpflichtung der Literatur auf das sozialistische Gesellschaftssystem hervorzuheben. Demnach war das literarische Bekenntnis zum Sozialismus verbunden mit dem Anspruch auf eine ›literarische Meisterschaft‹ während der 70er Jahre – zumindest mit Blick auf die Öffentlichkeit – nach wie vor wichtiger Bestandteil der Lehre am Becher-Institut.

3.2 Fortschreitende ›Öffnung zur Literatur der Moderne‹

Wenn man die Lehrpläne betrachtet, die für die drei Jahrgänge des Direktstudiums in den 70er Jahren erstellt wurden, lässt sich allerdings ab Mitte der 70er Jahre eine zunehmende ›Öffnung zur Literatur der Moderne‹ feststellen. Diese Institutsentwicklung scheint der »allmähliche[n] Freigabe der Techniken klassisch-moderner Literatur durch die offizielle Theorie des sozialistischen Realismus«[110] geschuldet gewesen zu sein wie auch der »kontinuierliche[n] Zunahme des Verlagsangebots an moderner Literatur«.[111] Auch begann die Kulturpolitik der SED von ihren Zensurpraktiken Abstand zu nehmen, eine bis dahin als ›elitär‹ und schwer verständlich gebrandmarkte DDR-Literatur verhindern zu wollen, die sich auf Autoren der Moderne wie Franz Kafka, Ezra Pound oder Paul Valéry berief. Denn die Gefahr lauerte, wie die Kulturpolitik einsehen musste, mittlerweile mit der auf »Massenwirksamkeit zielende[n], in deutlicher Sprache abgefaßte[n] Texte« eines Wolf Biermann, Stefan Heym oder Reiner Kunze an anderer Stelle.[112]

Die Behandlung fremdsprachiger westlicher Literatur am IfL war Anfang der 70er Jahre vornehmlich dem Seminar Weltliteratur des Literaturwissenschaftlers Gerhard Rothbauer vorbehalten. Der Schwerpunkt lag dabei zunächst noch auf realistischer Prosa. Entsprechend behandelte man im ersten Studienjahr 1973/74 des Direktstudiums 1973–1976 den Vergleich von epischen Gattungen wie der Erzählung und dem Roman, um aufzuzeigen, auf »welchen gesellschaftlichen und persönlichen Voraussetzungen große Literatur« fuße und »welche Voraussetzungen zur Erfüllung der ›großen Form‹ nötig« seien.[113] Als Beispiele dienten zum Ersten eine der Erzählungen des US-amerikanischen Realisten Thomas Wolfe, deren Titel bei Erstellung des Lehrplanes noch nicht feststand, sowie dessen Roman *Schau heimwärts, Engel*. Zum Zweiten stand der Vergleich der Erzählung *Ein schlichtes Herz* des französischen Realisten Gustave Flaubert mit dessen Roman *Madame Bovary* an.[114] Während anhand von Wolfes Texten der ›autobiografische Stoff‹ und dessen Bearbeitung durch den Autor im Zentrum des Seminargesprächs stehen sollten, war geplant, am Beispiel von Flauberts Prosa den ›gesellschaftlichen Stoff‹ und die »Darstellung alltäglicher Szenen« zu untersuchen.[115] Im 1975 beginnenden dritten Jahr ihres Direktstudiums stand im Fach Weltliteratur ausschließlich englische und US-amerikanische Literatur auf dem Lehrplan, etwa die Lyrik von Edgar Allan Poe, William Shakespeare, Walt Whitman oder William Butler Yeats sowie die Prosa von Charles Dickens und Ernest Hemingway.[116] Für das erste Studienjahr des Direktstudiengangs 1976–1979 öffnete Rothbauer mit Nikolai Gogols *Der Mantel*, Kafkas *Die Verwandlung*, Herman Melvilles *Bartleby der Schreiber* und Poes *Der Mann in der Menge*[117] sein Seminar schließlich für kanonische Werke einer existentialistischen Literatur, die das Unheimliche, die Rätselhaftigkeit und die Absurdität der modernen Welt thematisiert. Allerdings subsumierte der Dozent diese Werke unter dem Stichwort »Die Entfremdung in der bürgerlichen Gesellschaft«,[118] womit er wiederum auf das ideologisch bedingte ›Dekadenz‹-Verdikt aus der zweiten Hälfte der 40er Jahre verwies, das offensichtlich noch Mitte der 70er Jahre in den offiziellen Lehrplänen des IfL Bestand hatte. In Rothbauers zweitem Lehrfach, dem Stilistik-Seminar, beschäftigten sich die Studierenden mit »Formen direkter Wirklichkeitsdarstellung« am Beispiel der Reportage *Wiederaufnahme einer Verfolgung* aus dem 1969 erschienenen Band *13 unerwünschte Reportagen* des westdeutschen Enthüllungsjournalisten Günter Wallraff,[119] der darin Erscheinungsformen eines ›latenten Antisemitismus‹ in der bundesrepublikanischen Gesellschaft Ende der 60er Jahre aufgedeckt hatte. Dies lässt ebenfalls auf einen ideologischen Systemvergleich innerhalb des Seminars schließen, in dem die Entlarvung der Bundesrepublik als ›antisemitisch‹ durch ihre eigenen Leute Thema der Lehrveranstaltungen war. Erst im darauffolgenden Jahr fehlten solche Maßgaben in den Lehrkonzeptionen: So hieß es im Studienjahr 1977/78 nun etwa im Fach Weltliteratur einzig und völlig undogmatisch, dass anhand von kurzer Prosa »verschiedene Erzählweisen beschrieben werden«[120] sollten; die Beispiele hierfür reichten von Giovanni Boccaccios *Das Dekameron* über Fjodor Dostojewskis *Die Sanfte*, Thomas Manns *Der Tod in Venedig* und Anton Tschechows *Die Dame mit dem Hündchen* bis hin zu Jorge Luis Borges' *Die Bibliothek von Babel* und James Joyce' *Dubliners*.[121]

Auch im schöpferischen Seminar Prosa, geleitet vom Schriftsteller Joachim Nowotny, taucht im ersten Studienjahr des Direktstudiums 1976–1979 fremdsprachige westliche Referenzliteratur im Lehrplan auf: Anhand der Kurzgeschichten der beiden US-amerikanischen Erzähler Hemingway und O. Henry sollten von den Studierenden Besonderheiten und Wirkungen von literarischen »Anfänge[n]« untersucht werden.[122] Obwohl die kritische Besprechung der literarischen Arbeiten der Studierenden im Zentrum des schöpferischen Seminars standen, wurden einige Unterrichtsstunden im Jahr darauf verwendet, deutschsprachige DDR-Gegenwartsliteratur von Hermann Kant, Franz Fühmann, Erik Neutsch, Brigitte Reimann, Max Walter Schulz, Anna Seghers, Erwin Strittmatter oder Christa Wolf unter erzählerischen Aspekten zu untersuchen. Dabei sollten regionalsprachliche Besonderheiten in erzählenden Texten,[123] »Raum und Zeit in der Prosa«,[124] die literarische Verwendung mythischer Elemente[125] oder »Dialog und erlebte Rede«[126] herausgearbeitet werden. Im zweiten Studienjahr behandelte Nowotny gemeinsam mit seinen Seminarteilnehmenden den 1974 im S. Fischer Verlag veröffentlichten Aufsatz *Die Exekution des Erzählers* des DDR-Germanisten, Kritikers und Lektors Kurt Batt,[127] der sich aus einer sozialistisch-realistischen Kunstposition heraus mit der »Infragestellung klassischer Erzählkonzepte durch die westdeutsche Gegenwartsliteratur«[128] beschäftigte, beispielsweise anhand des Romans *Malina* von Ingeborg Bachmann. Daran anknüpfend sollte im dritten Studienjahr 1975/76 die »Auseinandersetzung mit Erscheinungen westdeutscher oder österreichischer oder schweizer [sic] Literatur« im Seminar geführt werden.[129] Ein Jahr später schon schien man aber auch hier von der streng politischen Betrachtungsweise westlicher Literatur abgerückt zu sein: So wurde etwa Hemingway im Lehrplan von Nowotny beinahe hochachtungsvoll als »schulemachender Vertreter« der englischsprachigen Literatur aufgeführt.[130]

Eine ähnliche Bewegung schien sich auch im schöpferischen Seminar Dramatik unter der Leitung des Dramatikers und Kriminalschriftstellers Hans Pfeiffer vollzogen zu haben: Im Studienjahr 1975/76 behandelte er mit seinen Studierenden unter dem Thema »Struktur- und Formprobleme« aristotelischer sowie nicht aristotelischer Dramatik neben den Stücken Bertolt Brechts auch das dramatische Werk von Max Frisch, das absurde Theater Eugène Ionescos sowie die Märchenstücke des in der Sowjetunion in Ungnade gefallenen Dramatikers Jewgeni Schwarz.[131] Im Studienjahr 1977/78 setzte sich Pfeiffer mit seinen Seminarteilnehmenden mit der »Kritik der aristotelischen Struktur« durch Brecht, Frisch, Friedrich Dürrenmatt und »die Absurden« auseinander und untersuchte unter dem Aspekt der »Strukturgesetze des Dokumentarstücks« die dramatischen Arbeiten westdeutscher Autoren wie Hans Magnus Enzensberger und Peter Weiss.[132]

Der Dichter Peter Gosse berief sich für die Konzeption seiner Lehrpläne im schöpferischen Seminar Lyrik auf die Lehrmethode seines Vorgängers, des 1971 verstorbenen Lyrik-Professors Georg Maurer, zu dessen Schülern Gosse zählte: Stets ausgehend von den lyrischen Arbeiten der Studierenden, solle, so Gosse in seiner Seminarkonzeption für das Studienjahr 1976/77, der »Bogen zur Weltlyrik [...] pädagogisch günstig«[133] geschlagen und damit Traditionen in der Dichtung offengelegt sowie nachvollzogen werden. Im Rahmen der Behandlung von Lyrikgeschichte im Studienjahr 1973/74 hatte noch die »sozialistische, darunter die sowjetische Poesie selbstredend den entsprechenden Stellenwert«[134] erhalten, wovon ab 1976 im schöpferischen Seminar Lyrik nicht mehr die Rede war.

Somit wirkte sich die Anfang der 70er Jahre in der DDR einsetzende »Rehabilitierung der Moderne«[135] mit einiger Verzögerung auch auf die Lehre am IfL aus. Damit näherte man sich im von Gerhard Rothbauer geleiteten Lehrfach Weltliteratur wie auch in den schöpferischen Seminaren für Prosa, Dramatik und Lyrik vorsichtig dem »Ende der strikten Abgrenzung vom Westen«[136] an, ein Vorgang, der sich in der gesamten DDR auf politischer sowie kultureller Ebene seit Anfang der 70er Jahre vollzog.[137] Vor allem im Seminar Weltliteratur kamen die Teilnehmer dabei mit Texten der literarischen Avantgarde und Moderne westlicher Prägung in Berührung. Die Rezeption derselben führte bei Studierenden, die Mitte der 70er Jahre am IfL eingeschrieben waren, etwa bei Thomas Rosenlöcher, durchaus zu einer »Zivilisationsskepsis und -kritik, die mit dem Verlust eines sicheren, einheitlichen Weltbildes, Sinnkrisen und einem wachsenden Geschichtspessimismus einhergingen«.[138]

4. Rückfall in den Dogmatismus? –
Die Biermann-Ausbürgerung am Institut für Literatur

Auf der kulturpolitischen Makroebene fand die Liberalisierungsphase mit der Ausbürgerung des regimekritischen Liedermachers Wolf Biermann am 16. November 1976 ihr jähes Ende, als die SED ihre Autorität erneut strikt durchsetzte. Die Ausweisung Biermanns trug dabei Signalcharakter und führte schließlich zu einer landesweiten Auseinandersetzung zwischen doktrinären Funktionären der Staatspartei und regierungskritischen Teilen der Bevölkerung, die auch am Becher-Institut ihre Spuren hinterließ.[139]

Ihre Folgen sollten den Unterrichtsalltag am Haus nachhaltig erschüttern, insofern auch auf der Mikroebene des Instituts sich ein politisch herbeigeführtes Misstrauen von Kollegen untereinander, aber auch zwischen Dozenten und Studenten verbreitete.

Seit Anfang der 70er Jahre hatten Parteiführung und Staatssicherheit daran gearbeitet, den Fall des Liedermachers Biermann, der in seinen Songs und Gedichten die Auswirkungen der sozialistischen Parteibürokratie auf das Leben der Menschen in der DDR scharf kritisierte und dafür auf dem 11. Plenum des ZK der SED 1965 mit einem kompletten Auftritts- und Publikationsverbot belegt worden war, endgültig zu lösen. Am 13. November 1976 schließlich sang Biermann auf Einladung der IG Metall in der Kölner Sporthalle vor einem begeisterten Publikum. Daraufhin verkündete das *Neue Deutschland* vier Tage später in einer kurzen Mitteilung den vom Politbüro unter Erich Honecker gefassten Beschluss, Biermann »das Recht auf weiteren Aufenthalt in der Deutschen Demokratischen Republik«[140] zu entziehen. Die Reaktionen der durch die Entspannungspolitik der Regierung und deren vorsichtige Liberalisierungstendenzen emanzipierten Kulturschaffenden führten zu einer ernsthaften innenpolitischen Krise, in deren Verlauf nicht nur bekannte Kunstschaffende, sondern auch nichtprominente Staatsbürger von der Staatssicherheit verhaftet wurden oder sich dazu entschlossen, das Land zu verlassen. Während sich dreizehn bedeutende Künstler aus der DDR in einer von Stephan Hermlin initiierten Protestnote gegen die Ausbürgerung aussprachen,[141] meldeten sich im *Neuen Deutschland* namhafte Verteidiger der Regierungsmaßnahme zu Wort,[142] begleitet von den Stellungnahmen kultureller Institutionen, Bildungseinrichtungen und Werktätiger aus unterschiedlichen Betrieben im ganzen Land.

4.1 Widerstand auf Seiten der Studierenden

Am Becher-Institut reagierte die Direktion unter Max Walter Schulz ebenfalls mit einer Zustimmungserklärung auf die Ausbürgerung Biermanns, die jedoch nicht Teil der großangelegten »Medienkampagne«[143] der SED und ihres Zentralorgans war. Gemeinsam mit den Kollegen der Abteilung Geschichte der sozialistischen Literatur, die an der Akademie der Künste der DDR angesiedelt war, distanzierten sich am 22. November Lehrkräfte, Studierende sowie weitere Mitarbeiter des Instituts von Biermann, der gemäß ihrer Stellungnahme gegen den Grundsatz der »künstlerische[n] Verantwortung für den Sozialismus« verstoßen und »dem Klassenfeind in die Hände gearbeitet« hätte.[144] Daher erachte man die »Entscheidung unserer Regierung, ihm das Recht auf den weiteren Aufenthalt in der DDR zu entziehen«, als »nur folgerichtig«.[145] Trotzdem sei man untereinander weiterhin zum »Meinungsstreit zu Grundfragen der Entwicklung unserer Gesellschaft und Literatur« bereit, der, so die ideologische Einschränkung, »auf gemeinsamer sozialistischer Position« stattfinden müsse, aber durchaus die »Achtung unterschiedlicher Meinungen und Auffassungen« anerkenne.[146] Die Reaktion der Leitungsebene des IfL auf die Ereignisse am Institut in den folgenden Wochen zeigte allerdings, dass diese behauptete Aufgeschlossenheit nur ein Lippenbekenntnis war. Denn die Bereitschaft zum Dialog fehlte letztlich doch, was wiederum einen internen Konflikt provozierte, an dem Studenten wie Dozenten gleichermaßen beteiligt waren. Den Ausschlag gab die Aufforderung der Direktion an ihre Studenten und Mitarbeiter, die Zustimmungserklärung des Instituts zu unterzeichnen. Als einige Personen die Unterschrift jedoch verweigerten bzw. eigene Erklärungen abgeben wollten, trat umgehend die u. a. für die Überwachung des kulturellen Bereiches zuständige Abteilung XX der Leipziger Bezirksverwaltung für Staatssicherheit (BVfS) auf den Plan. Bei solcherart politisch bedingten Konflikten suchte sie oft das Gespräch mit der Leitungsebene des Instituts und ließ gleichzeitig ihr am Institut installiertes Geheimnetzwerk aus inoffiziellen Mitarbeitern intensive Nachforschungen betreiben.[147] Die geheimpolizeilichen Untersuchungen dazu wurden größtenteils umfassend im Aktenbestand des MfS dokumentiert, der in der BStU archiviert ist. In den für den Zugang freigegebenen offiziellen Verwaltungsakten des Instituts, etwa in den Sitzungsprotokollen der Leitungsebene im fraglichen Zeitraum, lassen sich hingegen nur wenige Hinweise auf Maßnahmen der Direktion im Nachgang der Biermann-Ausbürgerung finden. Informationen über die Reaktion der Studierenden dagegen finden sich gar nicht. Letzteres ist allerdings erstaunlich, weiß man doch aus anderen Quellen, dass ein nicht geringfügiger Teil der Studentenschaft sich gegen die Zustimmungserklärung des IfL ausgesprochen hatte.[148] Möglicherweise wurden bestimmte Aussagen nicht dokumentiert. Was die Dokumente der Staatssicherheit belegen, ist die Tatsache, dass immerhin neun von den 18 Studierenden, die im Herbst 1976 gerade ihr dreijähriges Direktstudium aufgenommen hatten, ihre Unterschrift zunächst verweigerten,[149] da sie mit der Ausbürgerung nicht einverstanden waren. Zu ihnen zählten die Kommilitonen Stephan Ernst, Christine Lindner und Thomas Rosenlöcher.[150] Rosenlöcher, der laut eigenen Angaben zum Zeitpunkt der Unterzeichnung krankgeschrieben gewesen war, wurde nach seiner Rückkehr durch ›sanften‹ Druck der Institutsleitung zur Unterschrift ›überredet‹, die er eigentlich nicht zu geben vorhatte: Man stellte ihn vor die moralische Entscheidung, ob er dem Direktor Max Walter Schulz ›in den Rücken fallen‹ oder sich lieber zu ihm und damit zum Sozialismus bekennen wolle, woraufhin Rosenlöcher unterschrieb.[151] Im Nachhinein betrachtete er sein damaliges Einknicken als »absolute[n] Tiefpunkt« in seiner Biographie,[152] empfand er doch seinen Kommilitonen gegenüber tiefe Schuldgefühle, sah sich selbst sogar als Verräter:

Denn nicht einmal besonders zugesetzt hatten sie mir [die Mitarbeiter der Leitungsebene des IfL], [...] und schon war ich umgekippt. Hatte die renitentere Hälfte meiner Mitstudenten verraten, die nach wie vor nicht unterschrieb, mir aber – das wundert mich noch heute – meinen Verrat nicht allzusehr übelnahm.[153]

Zu einer Spaltung zwischen den Studierenden des Jahrgangs war es also nicht gekommen, das berichtet auch Rosenlöchers Kommilitone Stephan Ernst, der sich dem Druck der Institutsleitung, die Erklärung zu unterschreiben, erfolgreich entziehen konnte. Allerdings erinnerte Ernst sich später, dass der Konflikt um die Zustimmungserklärung das Misstrauen zwischen linientreuen und kritisch eingestellten Studierenden durchaus befeuert hatte:

[D]enn jetzt wusste man wirklich, mit wem man es zu tun hat, wer doch einen Rückzieher gemacht hat, wer gleich von vornherein unterschrieben hat natürlich, das wusste man eigentlich schon vorher, wie das abläuft. Nicht, dass wir uns dann direkt zerstritten hätten, das ging ja dann auch noch ein Jahr weiter, aber trotzdem: Biermann hat die Geister schon geschieden [...].[154]

In ihrer offiziellen Analyse für das Studienjahr 1976/77, die dem MfK vorgelegt werden musste, stellte die Institutsleitung die Auseinandersetzung mit ihren ›renitenten‹ Studierenden schließlich als »sachliche[n] und produktive[n] Meinungsstreit« dar, der zur Auslotung der ideologischen Situation innerhalb der Studentenschaft beigetragen habe, denn »schon nach wenigen Studienwochen« habe man »eine differenzierte Einschätzung der Positionen jedes Studenten« erhalten.[155] Sehr wahrscheinlich diente dieser Winkelzug auch zum Selbstschutz des Hauses, das nach außen hin nicht erneut in den Verdacht geraten wollte, seine Studierenden nicht kontrollieren zu können. Zu einem offen ausgetragenen Meinungsstreit über die Biermann-Ausbürgerung war es auch aus diesem Grund am IfL nie gekommen.

4.2 Widerstand auf Seiten der Dozenten

Doch auch im Kollegium regte sich Widerstand gegen die Entscheidung der Direktion, die Ausbürgerung Biermanns mittels einer Zustimmungserklärung zu befürworten. Zentrale Figur war hierbei der Dichter Peter Gosse, ab 1973 Dozent für das schöpferische Seminar Lyrik, dessen Leitung er von Helmut Richter übernommen hatte. Gosse hatte sich nicht nur geweigert, die Erklärung des Instituts zu unterzeichnen. Darüber hinaus war er gemeinsam mit den Mitgliedern des Leipziger Bezirksverband des DDR-Schriftstellerverbandes Gerti Tetzner, Manfred Jendryschick und Gunter Preuß für eine Protestresolution *gegen* die Ausbürgerung Biermanns verantwortlich, die sich an Erich Honecker richtete.[156] Die Resolution machte unmissverständlich klar, dass nicht Wolf Biermann, dessen »Haltung« die Unterzeichner »in vielem nicht teilen« wollten, im Zentrum ihres Schreibens stand, sondern der Umgang der DDR-Regierung mit ihm: Die harsche Reaktion, Biermann sofort auszubürgern, sei, so argumentierten die vier Petitionisten, als »Schwächeeingeständnis« zu werten und verletze »unser Selbstbewußtsein als Sozialisten«.[157] Daraufhin gerieten Gosse und seine drei Mitunterzeichner ins Visier des MfS. Unter der desavouierenden Bezeichnung ›Gully‹ wurde eine umfangreiche geheimpolizeiliche Ermittlung aufgrund des Verdachts der »Bildung einer parteifeindlichen Plattform und Gruppierung sowie der Organisierung einer politischen Untergrundbewegung« in die Wege geleitet.[158] Insbesondere Gosses Funktion als Lehrender am IfL war dabei für das MfS relevant: Es bestand der Verdacht, dass der Dozent die neun Studierenden dazu angestiftet hatte, ihre Unterschrift zur offiziellen Zustimmungserklärung der Direktion zu verweigern.[159] Gosse wäre vor allem unter den jungen Lyrikerinnen und Lyrikern des Direktstudienjahrgangs 1976–79 am Institut beliebt;[160] so lautete auf Grundlage der Berichterstattung durch die inoffiziellen Mitarbeiter am IfL der mehr als fadenscheinige Beleg für dieses Verdachtsmoment. Hinter einer dieser informellen Quellen verbirgt sich der Schriftsteller und Prosa-Dozent Joachim Nowotny. Von 1970 bis 1981 berichtete Nowotny mit Unterbrechungen unter dem Decknamen ›Dozent‹ dem MfS über Vorkommnisse am IfL oder im Schriftstellerverband. ›Dozent‹ war als Gesellschaftlicher Mitarbeiter für Sicherheit (GMS) registriert, eine Kategorie inoffizieller Informanten, die »eine in der Öffentlichkeit bekannte ›staatsbewußte Einstellung und Haltung‹ aufwiesen und entsprechend auftraten«.[161] Gemeinsam mit ›Johannes‹, einem weiteren GMS unter den Dozenten, der zu dieser Zeit auch das Amt des institutseigenen SED-Parteisekretärs bekleidete,[162] wurde ›Dozent‹ im Ermittlungsvorgang ›Gully‹ gegen Peter Gosse eingesetzt.[163] Dabei war Gosse nicht der einzige Institutsangestellte, der sich damals geweigert hatte, die offizielle Zustimmungserklärung des IfL zu unterschreiben, auch wenn er mit der Formulierung einer eigenen Protestresolution an Erich Honecker zweifellos ein größeres Risiko eingegangen und daher in das geheimpolizeiliche Untersuchungssystem des MfS geraten war: Wie der GMS ›Johannes‹ dem MfS zu berichten wusste, hätten auch der als Dozent für Stilistik und Weltliteratur lehrende Literaturwissenschaftler Gerhard Rothbauer sowie die Schriftstellerin und Leiterin des schöpferischen Seminars Prosa für den Fernstudiengang Elisabeth Schulz-Semrau und zwei weitere Mitarbeiterinnen, die nicht zum Lehrerkollegium gehörten, die Unterzeichnung der institutseigenen Zustimmungserklärung abgelehnt.[164]

Gosse, der Mitglied in der SED war, musste sich in den Wochen nach der Biermann-Ausbürgerung mehreren Aussprachen und Parteiversammlungen im Leipziger Bezirksschriftstellerverband und im eigenen Haus stellen, in deren Verlauf ihm mit Parteiausschluss und seiner Entlassung gedroht wurde.[165] Auch stand er nun unter dem Druck, seine schriftstellerische Tätigkeit verteidigen zu müssen, weil einige kulturpolitische Vertreter des SV und des Instituts ihm vorwarfen, in seinen Gedichten, allen voran im Band *Ortungen* von 1975, »keinen klaren marxistischen Standpunkt zu vertreten«.[166] Am 4. Januar 1977 beschloss daher die Leitung der institutseigenen SED-Grundorganisation (GO), ein mit umfangreichen Kontrollrechten ausgestatteter Zusammenschluss aller Parteimitglieder am Becher-Institut ein Parteiverfahren gegen Gosse zu eröffnen,[167] als dessen Ergebnis ein Ausschluss des Dozenten aus der SED durchaus denkbar sein könnte. Einen Tag später machte jedoch eine verblüffende Mitteilung von Ursula Ragwitz, Leiterin der Abteilung Kultur beim ZK der SED, der Affäre schlagartig ein Ende: Wie aus den BStU-Unterlagen hervorgeht, hätten Erich Honecker und der ZK-Sekretär Kurt Hager persönlich beschlossen, dass die Auseinandersetzungen mit Mitgliedern der Bezirksschriftstellerverbände in Erfurt, Dresden, Magdeburg und Leipzig im Fall Biermann »nicht überspitzt« geführt werden sollten.[168] Gosse, der von dieser Mitteilung an die Bezirksverbände des SV möglicherweise noch nicht unterrichtet worden war, erklärte sich an ebendiesem Tag nun doch bereit, die institutseigene Zustimmungserklärung ›endlich‹ zu unterschreiben,[169] um seinen Parteiausschluss, eventuelle Sanktionen für das Literaturinstitut und weitere Diskussionen abzuwenden. Allerdings teilte er im gleichen Atemzug mit, dass dieses vermeintliche Zugeständnis an die Partei und seinen Arbeitgeber »nicht seine wahre Meinung zum Ausdruck bringen würde«, woraufhin die Parteileitung des IfL kurioserweise nun wiederum seine Unterschrift ablehnte.[170] Diesmal musste sich die Parteispitze der SED direkt an das Institut wenden, um die Situation zu entschärfen: Ursula Ragwitz informierte umgehend die GO, dass ein »Ausschluß des Gosse aus der Partei und seine Abberufung als Lehrkraft am Institut [...] nicht vorgesehen« seien.[171] Damit schien der Konflikt um Gosse schlagartig beendet.

Auch das MfS musste schließlich einräumen, dass eine ›staatsfeindliche Gruppenbildung‹ in seinem Fall nicht nachzuweisen sei. Dennoch behielt sich die Staatssicherheit vor, die Überwachung des Dozenten im Rahmen einer Operativen Personenkontrolle (OPK), die ebenfalls unter dem Namen ›Gully‹ eingeleitet wurde, weiterzuführen.[172] Infolgedessen waren die am Institut tätigen GMS ›Dozent‹ und ›Johannes‹ dahingehend instruiert worden, Gosse weiterhin zu kontrollieren, im Übrigen unter Mithilfe eines weiteren GMS mit dem Decknamen ›Riecke‹, dessen Identität bislang unbekannt ist, sowie des Direktors Max Walter Schulz,[173] der als offizielle Kontaktperson »das MfS wiederholt bei der Bekämpfung staatsfeindlicher Aktivitäten unterstützt« habe,[174] wie bereits Ende 1976 im Operativplan Nr. 1 zum OV ›Gully‹ vermerkt worden war.[175]

Im Laufe dieses recht absurden Vorgangs zeigte sich, dass die SED-Grundorganisation des Literaturinstituts als unterste Ebene der Partei unbedingt ein Exempel an Gosse statuieren wollte, da man glaubte, mit diesem Vorgehen die allgemeine harte Linie der Partei zu vertreten. Die Parteivertreter des noch während der 60er Jahre von staatlichen Stellen wie dem MfK und der Leipziger SED-Bezirksleitung als unzuverlässig gebrandmarkten Instituts setzten hier wohl in vorauseilendem Gehorsam darauf, widerspenstige Institutsangehörige schnell aus dem Verkehr zu ziehen, um das Institut selbst nicht erneut in das Fadenkreuz der Kulturpolitik geraten zu lassen. Zudem wollte man der oberen Parteiebene beweisen, dass man aus den in der Vergangenheit begangenen ›Fehlern‹ wie dem vermeintlichen Kontrollverlust über Studierende wie Mitarbeiter gelernt hatte. Die SED-Führung in Berlin allerdings präferierte eine Deeskalation der Lage in den Monaten nach der Ausbürgerung Biermanns und gebot der GO des IfL Einhalt, was nicht zuletzt die Uneinheitlichkeiten von politischen Absichten und Maßnahmen auf den verschiedenen Ebenen der Partei zu dieser Zeit sichtbar werden lässt.

Der von der Institutsleitung auf die Studierenden ausgeübte Druck, die offizielle Zustimmungserklärung zur Ausbürgerung Wolf Biermanns zu unterschreiben, sowie die Maßnahmen im Fall Peter Gosse sind ein Hinweis darauf, wie nervös die Institutsleitung im Zuge einer kulturpolitischen Verschärfung wie der Biermann-Ausbürgerung werden konnte, wenn am Haus uneinsichtiges Verhalten gezeigt oder sich gar in offener Opposition zur offiziellen Parteilinie bekannt wurde. Nur dem Einlenken der SED-Spitze hatten die Beteiligten in diesem Fall zu verdanken, dass es nicht erneut zu Suspendierungen von Lehrkräften oder Disziplinarverfahren gegen Studierende kommen sollte, die zu Zwangsexmatrikulationen, Verweigerung des Diploms oder Stipendienabzügen führten. Das Institut überstand die Auseinandersetzung im Zuge der Biermann-Ausbürgerung so auch wider Erwarten weitgehend unbeschadet, trotz des gewaltigen Konfliktpotentials zwischen der Direktion bzw. der Partei und den kritisch eingestellten Angehörigen des Instituts.

5. Literarisch Diverses – Ein Blick in die künstlerischen Abschlussarbeiten

Von den insgesamt 48 Absolventen, die während der 70er Jahre ihr Direktstudium erfolgreich beendeten, liegen in 44 Fällen die künstlerischen bzw. theoretischen Abschlussarbeiten vor. Dabei ist das Themenspektrum der Abschlussarbeiten in diesem Jahrzehnt äußerst breit gefächert. So findet sich in den Abschlussarbeiten von Ludwig Bitter, Annerose Kirchner und Rudolf Prinz auf je eigene Art eine Auseinandersetzung mit der Zeit des Nationalsozialismus. Diese waren möglicherweise von den Schreibübungen in Gerhard Rothbauers Seminar inspiriert, über die der Dozent für Stilistik und Weltliteratur im Essayband *Tauchnitzstraße – Twerskoi Boulevard* berichtet hatte.

Bitter beschäftigt sich in zwei literarischen Porträts mit den Schicksalen des Leipziger Malers Max Schwimmer, dessen expressionistische Werke während der NS-Zeit als ›entartete Kunst‹ gebrandmarkt worden waren, und mit einer ehemaligen Zwangsarbeiterin, die ihren Sohn, von dem sie 1944 getrennt worden war, zu Beginn der 70er Jahre zu suchen begann.[176] Annerose Kirchners Dichtungen, die 1979 unter dem Titel *Mittagsstein* auch veröffentlicht wurden, verhandeln u. a. Themen wie Terror und Vertreibung während der NS-Zeit.[177] Zudem nähert sie sich in ihrer theoretischen Abschlussarbeit, dem Essay *Verwandlungen – Bekenntnis zu Gertrud Kolmar*, der Persönlichkeit und den Gedichten der 1943 in Auschwitz ermordeten jüdischen Lyrikerin.[178] Rudolf Prinz' eindringliche Erinnerung »Warum wir Staub im Winde waren« aus seiner mit *Skizzen über das Nachhaltige* betitelten Abschlussarbeit über den Fronteinsatz eines 15-jährigen Jungen kurz vor Kriegsende stellt eine desillusionierte Antithese zu Max Walter Schulz' Erfolgsroman *Wir sind nicht Staub im Wind* dar.[179]

Die Erfahrungen mit dem Arbeitsalltag im Bereich des Bergbaus, die die Studierenden während ihres alljährlichen Betriebspraktikums im VEB Braunkohlenwerk Regis machten, finden sich in Form von Arbeiterporträts, Reportagen, Kurzgeschichten und Gedichten wieder, etwa in den künstlerischen Abschlussarbeiten von Angela Krauß und Christiane Tappert, in denen jeweils das Schicksal eines gealterten Tagebauarbeiters im Mittelpunkt der Handlung steht: Angela Krauß behandelt in ihrer Erzählung *Frühschicht* anhand eines Arbeitstages des Lokomotivführers Jargosch das Thema Umweltzerstörung infolge der industriellen Arbeit in einem Tagebau.[180] In Christiane Tapperts Kurzgeschichte *Alter Hase* wird ein betagter Arbeiter im Kohlebergbau beim Anblick eines sterbenden Fuchses mit seiner eigenen Vergänglichkeit konfrontiert.[181]

Des Weiteren spielen die Verhältnisse zwischen den Geschlechtern und insbesondere die Rolle der Frau in der sozialistischen Gesellschaft in den künstlerischen Abschlussarbeiten von Roswitha Anisimo, Christine Lindner und Lonny Neumann eine wichtige Rolle. Roswitha Anisimo erzählt in ihren Prosaminiaturen aus der Sicht von weiblichen Figuren, etwa einer jungen Schwangeren, einer verliebten Melkerin oder einer alleinstehenden Städterin, lakonisch-derbe Geschichten aus dem urbanen und dörflichen Alltag in der DDR.[182] Die emotionalen Facetten einer Trennung schildert Christine Linder in ihren Gedichten,[183] während sie sich in ihrer theoretischen Abschlussarbeit mit Frauenfiguren in den Werken Brigitte Reimanns beschäftigt, insbesondere mit Bezug auf deren Fragment gebliebenen Roman *Franziska Linkerhand* über eine junge Architektin und deren Konflikte im sozialistischen Gesellschaftssystem.[184] Lonny Neumanns Auszug aus ihrem 1976 veröffentlichten Erzählungsband *Vier Stationen hinter der Stadt* beschreibt die von bäuerlicher Arbeit und patriarchaler Gewalt geprägte Kindheit einer jungen Frau und deren Erwachsenwerden auf einem norddeutschen Dorf.[185]

Weiterhin bedient sich ein nicht geringer Teil der Studierenden in ihren künstlerischen Abschlussarbeiten märchenhaft-phantastischer Motive in der Tradition romantischen Erzählens, eine Tendenz, die in der DDR-Literatur der 70er Jahre im Ganzen zu beobachten ist. So etwa in der Prosa von Günter Striegler, Friedrich Plate, Christos Polichronidis oder Wolfgang Berger. Günther Strieglers Erzählung *Die Nacht mit Iwan Iwanowitsch* handelt von einem sprechenden Panzer der Sowjetarmee, der bei einschneidenden Ereignissen der Aufbauzeit der DDR wie etwa dem Volksaufstand am 17. Juni 1953 zugegen war.[186] In einer von Zauberern bedrohten und von Helden beschützten Märchenwelt spielen hingegen die *Geschichten aus dem Lande Buri* von Friedrich Plate.[187] Christos Polichronidis folgt in seinem Jugendbuch *Der wundertätige Talisman* der Geschichte eines Jungen, der während der griechischen Militärherrschaft in einem Dorf aufwächst und sich in die antike Sagenwelt, etwa den Ikarus- und Odysseus-Mythos, imaginiert.[188] Die »Darstellungsweise des historischen Romans« hinterfragt Wolfgang Berger mit seiner Erzählung *Zweiter literarischer Text zum Versuch einer extensiven Erzählweise* auf eigenwillige Weise,[189] indem er ein Segelschiff der Hanse und dessen bunt zusammengewürfelte Crew auf ihrer abenteuerlichen Irrfahrt in Richtung Neuer Welt begleitet, auf der das Schiff jedoch in einen Sturm gerät und zurück in eine Ulme vor der erzgebirgischen Stadt Annaberg geweht wird.[190]

Freilich lassen sich auch einige wenige Texte finden, die, im Duktus eines doktrinären sozialistischen Realismus verfasst, ein ungebrochenes Bekenntnis zur Staatspartei SED, zu deren kulturpolitischen Weichenstellungen und zur herrschenden Ideologie des Sozialismus beinhalten: So setzt sich etwa die Diplomarbeit von Armin Cronauge aus Arbeiterporträts und Erlebnisberichten aus landwirtschaftlichen Betrieben zusammen, in denen auf naive Weise die technischen Errungenschaften der DDR und die vorgebliche Einheit von Arbeit und Kultur zur Freude der Werktätigen ungebrochen gefeiert werden.[191] Der Fregattenkapitän und ›Schreibende Soldat‹ Hans-Joachim Könau, dem schon im Aufnahmeverfahren nur begrenztes literarisches Talent bescheinigt worden war, dichtete in seiner künstlerischen Abschlussarbeit unter dem Titel *Bekennergedichte* gleich einen ganzen hymnischen Zyklus auf Staat und Partei, in dem es unter anderem heißt:

> Tausendfach Salut,
> Dir Partei!
> Mein Herz, meine Hand,
> meine Liebe, mein Mut
> – und mein Verstand –
> Dir als Waffe geboten
> zum Nutzen meiner Klasse sei!
> [...][192]

Auf holzschnittartige Weise zeichnet außerdem der Absolvent Herbert Brümmer den Aufstieg eines Elektrikers zum angesehenen Arbeiterschriftsteller in seiner sozialistisch-realistischen Erzählung *Brückenschläge* nach[193] und erhebt jene kulturpolitisch intendierte Leitlinie des Bitterfelder Weges zum literarischen Gegenstand, die auf eine Aufhebung der ›Trennung von Kunst und Leben‹ abzielte.

Im Folgenden wird ausführlicher auf vier bemerkenswerte literarische Abschlussarbeiten des Direktstudiums eingegangen, die im Verlauf der 70er Jahre entstanden sind und die Alltagswelt im Sozialismus kritisch in den Blick nehmen.

5.1 Die Darstellung industrieller Arbeitswelt

So ist auch die Alltagswelt, die der Student Rudolf Prinz[194] in seiner aus mehreren kurzen Erzählungen bestehenden literarischen Abschlussarbeit aus dem Jahr 1973 skizziert, von einer vordergründigen Gefühllosigkeit zwischen den Menschen, einem entbehrungsreichen Alltag aufgrund von Mangelwirtschaft sowie von tristen Stadt- und Industrielandschaften geprägt. Dem von staatlicher Seite propagierten Fortschrittsoptimismus können einige von ihnen auf Grundlage ihrer eigenen Erfahrungen mit Engpässen in der alltäglichen Versorgung oder der Nichterfüllbarkeit wirtschaftlicher Normen im Betrieb nichts mehr abgewinnen. Die Figuren erinnern in ihren Charaktermerkmalen und der von ihnen verwendeten drastischen Sprache bisweilen an die Wismut-Bergleute aus Werner Bräunigs unvollendetem Gesellschaftsroman *Rummelplatz*, die mitsamt ihrer ungezügelten Lebensfreude und ihrer unkonventionellen Sinnsuche nicht dem von staatlicher Seite propagierten Idealbild des fleißigen, moralisch einwandfreien und fest mit der Sache des Sozialismus verbundenen Arbeiters entsprechen. So wie Bräunigs Kumpel in *Rummelplatz* ihr kleines Glück in der alkoholschweren Gemeinschaft Gleichgesinnter oder in kurzen, heftigen Liebschaften finden, so bleibt auch Prinz' Figuren oft nur der Rückzug in das von aller politischen Ideologie befreite Private als einzige Möglichkeit, selbstbestimmte Entscheidungen zu treffen.

Die rabiate Ausdrucksweise der Protagonisten und die ungeschönte Darstellung einer von massiver Industrialisierung geprägten Arbeitswelt findet sich insbesondere in Prinz' Erzählung *Warum Ete Bomsdorf auf der Treppe steht* wieder, einem der wenigen veröffentlichten Texte des Autors.[195] Dabei handelt es sich um das Porträt des pensionierten Lokführers Bomsdorf, der unweit seines ehemaligen Arbeitsplatzes, eines Kraftwerks, in einem Dorf lebt. Die Landschaft, die Bomsdorfs Häuschen umgibt, erscheint unwirtlich, unter den Arbeitern herrscht der Sittenverfall, und zu den öffentlich vorgetragenen politischen Parolen klatschen nur noch die »Blöden« Beifall:

> Merkwürdig, wie einem der letzte Arbeitstag ankam. Eigentlich war es ein Tag wie jeder andere, ein Hoch lag über der Ebene. [...] Marzahn hatte einen dran. Wie immer. Nicht einmal an dem Tag zog er einen reinen Anzug an. Dreckig wie ein Moll. Seine Alte müßte ihn mal so sehen, ihren Lodderbatz. Wer den nur zum Aktivisten gemacht hat. Zugegeben, arbeiten kann er, organisieren für die Brigade und ähnliches Zeugs. Aber auf dem Betriebsfest knutscht er die jungen Weiber auf offener Szene. Schämen sollte er sich, wo er vier große Söhne hat. Wo bleibt denn da die Moral? Zum Schluß hat Hanke eine Rede gehalten, von Ehre der Arbeit hat er gesprochen und von anderem Zeugs. Danach haben sie geklatscht wie die Blöden.[196]

Für den raubeinigen Ete Bomsdorf, der nach einem Jahrzehnte dauernden Berufsleben als Lokführer nun die körperlichen Anstrengungen in den gealterten Knochen zu spüren beginnt, sind sozialistische Tugenden wie die Einsatzbereitschaft für die eigene Brigade und ideologische Phrasen wie »Ehre der Arbeit« nicht mehr als »Zeugs«, das die Menschen nur von ihrer eigenen materiellen und emotionalen Bedürftigkeit ablenken soll. So ist die Rückschau des Alten auf seine lebenslange Arbeit, die er dem ›Aufbau des Sozialismus‹ gewidmet hat, von einer tiefen Resignation getrübt: »Setze ich mich doch lieber in den Flieder, rauche meine Pfeife, gucke nach den Tauben, als in dem Dreck hier ...«[197]

Die Erzählung *Frühschicht*, in der die industrielle Arbeit und die damit einhergehende Zerstörung der Umwelt ins Zentrum gerückt wird, ist eines der zwei von Angela Krauß als Abschlussarbeit eingereichten Prosastücke. Krauß hatte von 1977 bis 1979 im Direktstudium studiert. Neben dieser literarischen Arbeit wurde von Krauß zudem noch ein Essay über die zu Beginn des 20. Jahrhunderts mit ihren Kurzgeschichten berühmt gewordene neuseeländisch-britische Schriftstellerin Katherine Mansfield als Abschlussarbeit eingereicht. Der Text *Frühschicht* von 1978, der zehn Jahre später unter dem Titel *Dinosaurus* in überarbeiteter Form in ihrem Erzählungsband *Glashaus* (1988) vom Aufbau-Verlag veröffentlicht werden sollte, erzählt von dem Arbeitsalltag des seit 25 Jahren im Tagebau als Lokführer angestellten Jargosch. Jargosch beobachtet tagein, tagaus mit großer Faszination die gewaltigen Umschichtungen von Erde innerhalb des Tagebaugebiets: An der einen Stelle werden durch die Bagger und deren zerstörerische Kraft riesige Löcher gerissen, an der anderen Stelle von ihnen wiederum ganze Berge aufgetürmt:

> Dann lehnte er sich aus dem Fenster und konnte unter den Tiefstrahlern sehen, wie oben die Erde vom Förderband fiel und der aufgeschüttete Abraum mit dem Horizont eine Ebene bildete.
> Und wie jedesmal dachte Jargosch, die Erde wächst wieder zu, und er hatte ein gutes Gefühl. Er nahm einen Schluck warmer Milch und dachte, daß die Erde ja wieder zuwachsen muß, weil es sonst keiner aushalten könnte. Er nicht und die Frau schon gar nicht.[198]

Die zwischen Arbeitsvorgängen, Erinnerungen und Naturbetrachtungen des Lokführers pendelnde Erzählweise deckt zudem Jargoschs große Faszination für das Element Erde auf, die sich an manchen Stellen gar in Form einer mythisch-symbolischen Ergriffenheit äußert, etwa, wenn er sich nichts sehnlicher wünscht als »einmal ganz hinunterzugelangen ins Erdinnere, oder auch ganz hinauf – das wußte er nicht so genau. Alles, was Jargosch dann denken konnte, war: Wenn du jetzt einen Dinosaurier fändest ...«[199] Verständlich wird Jargoschs Überwältigung, wenn der Text schließlich seine große tragische Komponente offenbart: Durch die langjährige Arbeit im Tagebau konnte sich der Lokführer für sich und seine Familie ein Häuschen unweit der Grube leisten, das sie jedoch später wieder aufgeben mussten, weil ihr Heim nun in den Abbaubereich des Schaufelradbaggers gelangt war. Am Ende der Erzählung stellt sich heraus, dass es genau diese Frühschicht von Jargosch ist, in der das Haus, das mittlerweile wie ein Mahnmal rußgeschwärzt und leer am Rande des Tagebaus steht, gesprengt wird: »Nach einer weiteren halben Stunde hörte er die Detonation. Nur die Küchenuhr sah er von der blauen Ölwand sacken.«[200] Als sei nichts gewesen, muss die Arbeit im Tagebau voranschreiten: »Wenig später leuchtete sein Signal grün und Jargosch fuhr seine zwölf Wagen unter den Bagger. Seine Armbanduhr zeigte erst viertel nach neun.«[201] Was bleibt, ist die bittere Erkenntnis, dass der durch den Raubbau der Bodenschätze erlangte Wohlstand durch die eigenen Arbeitsanstrengungen wieder zunichtegemacht wird.

5.2 Weibliche Selbstbestimmung

Die kurzen als Abschlussarbeit eingereichten Prosa-Texte von Roswitha Anisimo, die von 1976 bis 1979 am IfL immatrikuliert war und im Anschluss literarisch nicht mehr in Erscheinung trat, berichten konsequent aus einer weiblichen Perspektive über den Alltag von Frauen in der DDR. Damit zählt die Prosa Anisimos zu einer »Literatur von Frauen über Frauen«, die während der 70er Jahre auffällig zunahm. Autorinnen wie Irmtraud Morgner, Brigitte Reimann und Gerti Tetzner verliehen mit ihren Romanen einer emanzipativen Positionsbestimmung von Frauen in der sozialistischen Gesellschaft Ausdruck.[202]

In einer Erzählung Anisimos mit dem in einem provokanten Imperativ gehaltenen Titel *Mach Platz*[203] berichtet eine alleinstehende Ich-Erzählerin, die mit einem Kind im achten Monat schwanger ist, vom Tod ihrer Großmutter. Die Großmutter lebte mit ihren Enkelkindern, der Ich-Erzählerin und deren älterem Bruder, gemeinsam in einer Wohnung und wurde, da sie bettlägerig war, von der Enkelin gepflegt, eine Tätigkeit, die die Ich-Erzählerin stoisch erträgt. Der Bruder, der von seiner Schwester aufgrund seiner mangelnden Körperhygiene als »Schwein«[204] bezeichnet wird und die einzige männliche Figur in der Erzählung ist, nahm der hochschwangeren Ich-Erzählerin die schweren Arbeiten nicht ab, sodass die Protagonistin die kranke Großmutter zur Außentoilette auf den Hof tragen musste. Als die Greisin stirbt, betrachtet die Enkelin fasziniert und angewidert zugleich den toten Körper. Kurz darauf kommen die Frauen der Familie zusammen, die Ich-Erzählerin, ihre Mutter und eine Tante, um gemeinsam die Leiche zu waschen, sie einzukleiden und sie dem Bestatter zu übergeben. Als die Enkelin ihre Großmutter im Sarg liegen sieht, überkommt sie ein irreales Glücksgefühl, das sich einerseits aus Erleichterung und andererseits aus Liebe in ihr ausbreitet:

> Wirklich, Großmutter sah wunderbar aus im Sarg. Mit dem weißen Totenhemd, mit dem gelben Gesicht, in diesem braunen Sarg. Großmutter sah wundervoll aus, und ich freute mich tatsächlich. Natürlich war das eine irre Freude, aber sie war nun mal da, und ich war stolz auf Großmutter. Ich sags noch mal. Ich war tatsächlich stolz auf meine schöne, schöne, tote Großmutter.[205]

Die Erzählung endet einen Monat nach der Beerdigung, als die Ich-Erzählerin ihr Kind zur Welt bringt, dessen Ähnlichkeit mit der Großmutter ihr sofort ins Auge fällt: »Es sah genauso aus wie Großmutter; runzlig, klein, zahnlos, mit spärlichem Haar. Aber es fing an zu leben. Es fing gerade erst an.«[206]

Roswitha Anisimo erzählt in einem klaren, zuweilen derb-saloppen Ton vom natürlichen Wechselspiel zwischen Tod und Leben, einem zerbrochenen Familienverhältnis und der Selbstbestimmung einer jungen Frau. Während die weibliche Körperlichkeit besonders präsent in der Geschichte ist, etwa als Körper einer Schwangeren, einer Greisin und einer nackten Verstorbenen, sind die Männer völlig abwesend: Kein Vater des Kindes, kein Vater der Schwester und ihres Bruders, kein Großvater. Bei Anisimo sind es die Frauen, die sich um einander und eben am Ende auch dafür sorgen, dass ein Kind wie jenes von der

Ich-Erzählerin Geborene angesichts der Willensstärke und Liebe seiner Mutter wohlbehütet aufwachsen wird.

5.3 Kritik an der sozialistischen Alltagswirklichkeit

Die in seiner künstlerischen Abschlussarbeit enthaltenen Gedichte von Thomas Rosenlöcher, der nach seinem von 1976 bis 1979 erfolgten Studium zu einem der bekanntesten Absolventen des Instituts wurde, bieten eine breite Palette an Themen und Motiven: Natur, Politik, Initialerlebnisse wie Geburt, Alterungsprozess und Liebe, städtischer Alltag, Aufbruch oder Industrialisierung. Die Wirklichkeit wird in seinen Versen oft mit einem leisen, hintergründigen Witz gespiegelt, gepaart mit einem kritischem Blick auf die zuweilen absurd anmutenden Ausformungen des sozialistischen Alltags, so etwa in dem kurzen Gedicht »Turn & Sportfest«:

Turn & Sportfest

Gleich einer Rose wirbeln tausend Leiber
und stehen starr: Ein prangendes Emblem.
Beethoven fällt vom Himmel. Die Genossen
auf der Tribüne freun sich wie die Kinder
und schwenken bunte Fähnchen aus Papier.[207]

Das hochkomische, von Rosenlöcher in klarer Sprache gezeichnete Bild einer sozialistischen Massenveranstaltung steht dem Rezipienten sofort vor Augen. Der Dichter entlarvt hierin spöttisch die grotesk anmutenden Auswüchse einer Propagandamaschinerie, die sich in der bloßen Repräsentation einer Staatsideologie ergeht und dabei doch nur in hohlen Gesten erschöpfen kann. Rosenlöcher beschränkt sich jedoch nicht allein auf das Lächerlichmachen quasi-religiöser Leerformeln sozialistischer Prägung, sondern lässt in einem weiteren Gedicht mit dem Titel »Entfaltung« jenen Pessimismus anklingen, dem ein Individuum in einem autoritären Herrschaftssystem wie der DDR unterworfen sein konnte, wenn es realisierte, dass eine bestimmte Sehnsucht, sei es nach der ›Flucht aus der Enge‹ oder der Wiedervereinigung Deutschlands, einfach nicht erfüllt werden würde:

Entfaltung

Ich lieg in meinem Bett. Die Füße
und Arme hängen raus, der Kopf
ist einsichtsvoll und stößt sich doch
am Pfosten, ja ich schlafe gut,
träum sacht von Deutschland in der Nacht
und häng am Morgen mein Kopfkissen
zum Trocknen aus dem Fenster, küß
die Frau, les das ND und geh
in meine Stadt, sieh da, sie hat
all ihre Fahnen aufgesteckt,
ein Lächeln quert Gesichter, hier
ist wohl die Klinik, ein Chirurg
wird sich schon finden, der unmerklich
was überfällig ist entfernt.[208]

Hier wird ein im Vergleich zum Gedicht »Turn & Sportfest« bitterer Ton angeschlagen, der seine schmerzvolle Wirkung erst am Ende durchklingen lässt: Wie ferngesteuert bewegt sich das lyrische Ich, getrieben von stakkatohaft rhythmisierten Versen, vom Bett aus der Wohnung durch die Stadt auf eine Klinik zu, in dem ihm, so selbstgewiss ist es bereits, ohne viel Aufhebens etwas herausgeschnitten werden wird (oder muss), dessen Entfernung schon lange »überfällig« ist. Das Gefühl der eigenen Unbehaustheit, die schon in der Reminiszenz an Heinrich Heines »Nachtgedanken« durchscheint (»Denk ich an Deutschland in der Nacht / Dann bin ich um den Schlaf gebracht [...]«),[209] ist so unerträglich geworden, dass zu rabiaten Methoden gegriffen werden muss. Was bleibt, ist die titelgebende ›Entfaltung‹ einer Resignation im Angesicht enttäuschter Hoffnung, etwa auf positive politische Veränderungen, die nicht eintreten werden.

In einem dritten Gedicht, »Angedunkelte Romanze«, lässt Rosenlöcher schließlich in einem von romantischen und expressionistischen Motiven durchdrungenen Bildersturm eine ganze Stadt untergehen: Darin wird eine scheinbare, unfassliche Bedrohung von den politisch Verantwortlichen des »Rats der Stadt, / der für alle denkt«, herbeigeredet und, in Zusammenarbeit mit einem offensichtlich an die DDR-Staatssicherheit angelehnten Denunziationssystem, gnadenlos verfolgt:

[...]
Redner schwingen die Membranen
gegen dunkle Existenzen,
die nicht existent und strengstens
untersagt sind. – Informanten
melden sprachlos ein Gelächter,
das sich plötzlich auf ein Fahrrad
schwang und klingelnd in des Himmels
unerhörte Bläue floh.
[...][210]

Was folgt, ist eine selbsterfüllende Prophezeiung in Form einer allumfassenden Dunkelheit, die sich auf die Stadt herabsenkt:

[...]
Und die Schatten breiten sich
aus und lösen alles Licht
unnachgiebig in sich auf,
[...]
Schatten fülln die Baggermäuler,
gründlich, hülln den Rat der Stadt
unerbittlich gütig ein,
daß er tief wie die Fontänen
in den Rohren schlafen, schläft.
[...][211]

Die letzte Strophe des Gedichts bricht mit den vorherigen und führt durch eine seltsam entrückt wirkende erotische Szenerie, in der »[,] deine / Brüste eingerechnet, sieben / weiße Monde durch die Nacht« tanzen und »Schatten / schwanken wie die Wälder schwankten, / wenn das Reich der Freiheit donnernd / durch die Luft gefahren käme.«[212] Hier kann lediglich noch der private Raum von lyrischem Ich und lyrischem Du zum ›Reich der Freiheit‹ werden, womit insbesondere auch jener utopische Gesellschaftszustand des Kommunismus bezeichnet wird, der laut Karl Marx einst aus dem ›Reich der Notwendigkeit‹ als »Sphäre der eigentlichen materiellen Produktion« hervorgehen würde.[213] Die Wirklichkeit, bei Rosenlöcher längst in Düsternis gehüllt, scheint weiter noch denn je davon entfernt. Zu sehr hat sich die Gesellschaft mit ihren von Paranoia und Kontrollwahn getriebenen staatlichen Autoritäten bereits von ihren eigentlichen Idealen entfernt.

6. Tendenzen literarischer Emanzipation

Die vier ausführlicher vorgestellten Arbeiten entsprechen in ihrer Anlage durchaus der für die DDR-Literatur der 70er Jahre sich weitgehend neu herauskristallisierenden Zivilisationsskepsis, deren inhaltliche und formale Einflüsse sich auf die literarische Moderne zurückführen lassen und deren Besonderheit sich durch einen Trend zum Alltag auszeichnete.[214] Der Versuch, das »›echte[]‹ Milieu, authentische Redeweisen, anschauliche Details über Lebensvorgänge unter den Bedingungen des ›realen Sozialismus«[215] zu erfassen, entbarg auch in den Absolventenarbeiten des IfL, wie hier exemplarisch veranschaulicht, in mitunter schonungsloser Art die Desillusionen und Widersprüche der sozialistischen Wirklichkeit. Im Verlauf der 70er Jahren lässt sich indes parallel zur DDR-Literatur ingesamt auch in der am Becher-Institut entstehenden literarischen Arbeiten eine auffallende ›Öffnung zur Moderne‹ feststellen. Mit den kulturpolitischen und künstlerischen Liberalisierungstendenzen seit dem Machtwechsel im Zentralkomitee der SED breitete sich auch unter den Studierenden am Becher-Institut eine zunehmende Zivilisationsskepsis aus, wie man auch vielen Abschlussarbeiten noch nach der Biermann-Ausbürgerung ablesen kann. In der Kulturzeitschrift *Weimarer Beiträge* äußerten Studierende des IfL ihr kritisches Selbstverständnis als Künstler im Sommer 1979 auch erstmals öffentlich, was zwar wiederum zu einer »Staatsaffaire« in Sachen Becher-Institut führte, dennoch aber mitnichten solche Auswirkungen zeitigen sollte wie vergleichbare Institutskrisen in den Dekaden zuvor – die künstlerische Emanzipation im Zuge der Liberalisierung war trotz vieler Versuche von staatlicher Seite, sie in Schach zu halten, auch am Becher-Institut in Gang geraten.

1 Wolfgang Emmerich: Kleine Literaturgeschichte der DDR. Erweiterte Neuausgabe. Leipzig 1996, S. 240.
2 Erich Honecker: Die Hauptaufgabe umfasst auch die weitere Erhöhung des kulturellen Niveaus. In: Ders.: Reden und Aufsätze. Bd. 1, Berlin 1975, S. 426–429, hier S. 427.
3 Vgl. Günter Erbe: Die verfemte Moderne. Die Auseinandersetzung mit dem »Modernismus« in Kulturpolitik, Literaturwissenschaft und Literatur der DDR. Opladen 1993, S. 113 f.
4 Vgl. Max Walter Schulz: Jahresanalyse 1969–1970 vom 11.9.1970, SStAL, IfL, Nr. 660, Bl. 394–413, hier Bl. 405 ff.
5 Auch alle Dozenten wurden infolgedessen instruiert, selbständig nach literarischen Talenten Ausschau zu halten, die für eine Selbstbewerbung zum Studium in Frage kommen könnten. Vgl. Max Walter Schulz: Kurze Einschätzung und Dokumentation zur Entwicklung und Weiterbildung des Instituts für Literatur »Johannes R. Becher« seit Beginn des Schuljahres 1969/70 vom 21.10.1972, SStAL, IfL, Nr. 853, Bl. 1–6, hier Bl. 5 f.
6 Die Studierenden Lonny Neumann und Jürgen Bernt-Bärtel begannen ihr Direktstudium erst 1974 und belegten damit die Studienplätze von Juliane Bambula Díaz und Matthias Jastram, die »auf eigenen Wunsch« exmatrikuliert worden waren. Vgl. Teilnehmerliste der Studierenden, Nachlass IfL am DLL.
7 Angela Krauß und Lothar Günther rückten nach zwei Jahren Besuch des Fernstudiengangs im Jahr 1977 auf die Studienplätze von Jörg-Michael Neumann und Albert Wendt nach, die das Institut »auf eigenen Wunsch« verlassen hatten. Vgl. ebd. Der spätere Hörspielautor Elifius Paffrath begann sein Direktstudium am IfL 1976 und verließ das Institut 1978 für eine Anstellung am Brecht-Zentrum der DDR in Berlin. Vgl. Marianne Schmidt: Beschlußprotokol der Institutsleitung am 10.7.1978, SStAL, IfL, Nr. 3, Bl. 222–223, hier Bl. 223.
8 Vgl. Klaus-Jürgen Holzapfel (Hg.): Sächsischer Landtag. 2. Wahlperiode, 1994–1999. Volkshandbuch. Rheinbreitbach 1995, S. 24.
9 Vgl. Lutz Kirchenwitz: Folk, Chanson und Liedermacher in der DDR. Chronisten, Kritiker, Kaisergeburtstagssänger. Berlin 1993, S. 183.
10 Zudem ist Kuhnert Sprecher für die deutschsprachigen Hörbücher der Weltbestseller-Reihe *Das Lied von Eis und Feuer* des US-amerikanischen Fantasy-Autors George R. R. Martin.
11 Vgl. Christine und Stephan Ernst im Interview, 5.9.2015.
12 Vgl. Gunter Preuß: Kurzinformation zu einem merkwürdigen Haus (1988). In: Ders.: Ruf in die Wüste. Aufsätze und Interviews von gestern und heute. Göttingen 2016, S. 153–155, hier S. 153.
13 Die künstlerische Aspirantur war als zwei- bis dreijährige, stipendierte Auszeichnung für junge Schreibende gedacht, die bereits publiziert haben mussten, am IfL ein neues literarisches Werk fertigstellen sollten und mit den Studierenden in jedem Studienjahr zwei dreistündige schöpferische Seminare zu einem Thema ihrer Wahl durchzuführen hatten. Vgl. Entwurf über die Einführung einer Künstlerischen Aspirantur am Institut für Literatur »Johannes R. Becher«, o. D., SStAL, IfL, Nr. 851, Bl. 86–89. Gosses Nachfolger als künstlerischer Aspirant war der aus Indonesien stammende sozialistische Dichter Agam Wispi (Vgl. Marianne Schmidt: Beschlußprotokoll der 8. Institutsleitungssitzung am 30.4.1974. SStAL, IfL, Nr. 3, Bl. 96–99, hier Bl. 99), der sich infolge des indonesi-

ANMERKUNGEN 459

schen Militärputsches 1965 im nordvietnamesischen, später chinesischen Exil aufhalten musste. Am IfL arbeitete er an Gedichten und Kurzprosa sowie an einem Roman, »der den Eisenbahnarbeitern Indonesiens gewidmet« (ebd.) sein sollte. Ab 1977 war Wispi in der Deutschen Bücherei in Leipzig, der heutigen Deutschen Nationalbibliothek, beschäftigt. Vgl. Marianne Schmidt: Beschlußprotokoll der Institutssitzung am 20.5.1977. SStAL, IfL, Nr. 3, Bl. 470–474, hier Bl. 470.
14 Vgl. Institut für Literatur (Hg.): Zwischenbericht. Notate und Bibliographie zum Institut für Literatur »Johannes R. Becher«, Leipzig. Leipzig 1980, S. 65 ff.
15 Vgl. Christian Krause: Nowotny, Joachim. In: Helmut Müller-Enbergs u. a. (Hg.): Wer war wer in der DDR? Ein Lexikon ostdeutscher Biographien, Bd. 2, M–Z. Berlin 2010, S. 961.
16 Vgl. Institut für Literatur (Hg.): Zwischenbericht, S. 65 ff.
17 Vgl. Schulz: Jahresanalyse 1969–1970, Bl. 399.
18 Ebd., Bl. 405.
19 Ebd., Bl. 406.
20 Vgl. Teilnehmerliste der Studierenden, Nachlass IfL am DLL.
21 Vgl. Schulz: Jahresanalyse 1969–1970, Bl. 407.
22 Information an das Ministerium für Kultur zur Entwicklungsanalyse vom März 1972, SStAL, IfL, Nr. 851, Bl. 65–75, hier Bl. 66.
23 Ebd.
24 Vgl. Vereinbarung gegenseitiger Verpflichtungen des Instituts für Literatur »Johannes R. Becher« für das Kalenderjahr 1972 vom 8.3.1972, SStAL, IfL, Nr. 1, Bl. 69–75, hier Bl. 69.
25 Vgl. ebd.
26 Vgl. Führungskonzeption des Instituts für Literatur »Johannes R. Becher« Schuljahr 1973/74, o. D., SStAL, IfL, Nr. 557, Bl. 433–442, hier Bl. 440f.
27 Vgl. Information an das MfK vom März 1972, SStAL, IfL, Nr. 851, Bl. 69.
28 Vgl. Horst Pickert: Studienjahres-Analyse 1972/73 im marxistisch-leninistischen Grundlagenstudium vom 12.7.1973, SStAL, IfL, Nr. 660, Bl. 338–351, hier Bl. 348 ff.
29 Vgl. ebd., Bl. 349.
30 Ebd.
31 Vgl. ebd.
32 Vgl. ebd.
33 Vgl. Schulz: Jahresanalyse 1969–1970, Bl. 406.
34 Ebd., Bl. 407.
35 Protokoll zur Institutssitzung am 1.3.1972, SStAL, IfL, Nr. 1, Bl. 92.
36 Vgl. Steffen Mohr im Interview, 5.11.2014.
37 Vgl. Protokoll zur Institutssitzung am 1.3.1972, SStAL, IfL, Nr. 1, Bl. 92.
38 Ebd., Bl. 90f.
39 Vgl. ebd., Bl. 91f.
40 Ebd., Bl. 92.
41 Mohr, Interview.
42 Vgl. Disziplinarordnung für die Studierenden des Instituts für Literatur in Leipzig vom 15.4.1957, SStAL, IfL, Nr. 43, Bl. 212–213, hier Bl. 212.
43 Vgl. Konstantin Ames: Zwischen Talentförderung und Publikationspolitik. Die Zusammenarbeit des Mitteldeutschen Verlages Halle (Saale) mit dem Institut

für Literatur »Johannes R. Becher« in den 60er und 70er Jahren. Magisterarbeit am Institut für Kommunikations- und Medienwissenschaft, Universität Leipzig 2010, S. 20. (unveröff.).
44 Christine und Stephan Ernst, Interview.
45 Vgl. Protokoll über die Sitzung der Immatrikulationskommission am 25.4. 1973, SStAL, IfL, Nr. 2, Bl. 202–209.
46 Vgl. ebd., Bl. 202.
47 Vgl. ebd.
48 Vgl. ebd.
49 Ebd. Könaus literarische Abschlussarbeit von 1976 umfasst u. a. Loblieder auf die SED, naiv-humorige Alltagsdichtungen und »[h]eitere Geschichten aus der Volksmarine«. Vgl. Hans-Joachim Könau: Künstlerische Abschlußarbeit. Abschlussarbeit am IfL; eingereicht 1976 (unveröff., o. O.).
50 Protokoll über die Sitzung der Immatrikulationskommission SStAL, IfL, Nr. 2, Bl. 204. Bl. 204f. Bambula Díaz verließ jedoch das IfL nach ihrem ersten Studienjahr auf eigenen Wunsch und übersetzte 1976 für Reclam Leipzig unter dem Titel *Ketschua-Lyrik* Dichtungen der in Lateinamerika beheimateten indigenen Quechua.
51 Vgl. ebd., Bl. 204.
52 Vgl. ebd.
53 Ebd.
54 1975 erfolgten aufgrund des regimekritischen Liedes *Rockballade vom kleinen Otto*, in dessen bitterem Text Pannach den Selbstmord eines gescheiterten Republikflüchtlings thematisiert (»[…] Nach dem Tütenkleben / Wollt er nicht mehr leben / Er fuhr nach Wittenberge rauf / Und ging in die Elbe / Die Stelle war die selbe / Vielleicht taucht er in Hamburg wieder auf […]«), ein komplettes Verbot und die Auflösung der Gruppe. Als die SED-Regierung Ende November 1976 gegen jene Protestbewegung vorging, die sich infolge der Ausbürgerung des Liedermachers Wolf Biermann formiert hatte, wurden Pannach, der ehemalige *Renft*-Keyboarder Christian Kuhnert und der Schriftsteller Jürgen Fuchs vom MfS festgenommen und nach achtmonatiger Haftzeit in die BRD abgeschoben. Vgl. Rainer Bratfisch: Art. Pannach, Gerulf. In: Müller-Enbergs (Hg.): Wer war wer in der DDR?, S. 981.
55 Protokoll über die Sitzung der Immatrikulationskommission SStAL, IfL, Nr. 2, Bl. 205.
56 Ebd.
57 Vgl. ebd.
58 Vgl. ebd., Bl. 208f.
59 Vgl. Teilnehmerliste der Studierenden, Nachlass IfL am DLL.
60 Beschlußprotokoll der Institutskonferenz am 23.10.1973, SStAL, IfL, Nr. 2, Bl. 134–135, hier Bl. 134.
61 Vgl. Entwurf zur Absolventenförderung und Weiterbildung für Schriftsteller (Sonderkurse), o. D., SStAl, IfL, Nr. 583, Bl. 88f.
62 Auch Sarah Kirsch, Irmtraud Morgner und Helga Schütz waren 1971 vom Aufbau-Verlag für einen Besuch des Sonderkurses angefragt worden, mussten ihre Teilnahme jedoch aufgrund »häuslicher Belange« absagen. Vgl. Brief des Aufbau-Verlags an das Institut für Literatur vom 28.9.1971. Ebd., Bl. 94.
63 Zu den langjährigen Dozenten der KMU im Sonderkurs zählten beispiels-

ANMERKUNGEN 461

weise der renommierte Neurowissenschaftler Armin Ermisch (Biowissenschaften), der Germanist Gerhard Helbig (Sprachwissenschaft) oder der Slawist Roland Opitz (Sowjetliteratur). Des Weiteren hielten Annelies Hübscher (Kunstgeschichte) von der Leipziger Hochschule für Grafik und Buchkunst, Ralf Schröder (Sowjetliteratur) vom Verlag Volk und Welt oder Lothar Bisky (Jugendforschung) und Kurt Starke (Psychiatrie) vom Zentralinstitut für Jugendforschung Vorlesungen im Rahmen des Sonderkurses am Institut. Vgl. Institut für Literatur (Hg.): Zwischenbericht, S. 71.

64 Vgl. Dieter Mucke im schriftlichen Interview, 15.6.2014.
65 Vgl. Brief von Gerhard Rothbauer an Martin Stade vom 13.5.1971, SStAl, IfL, Nr. 583, Bl. 197.
66 Vgl. Teilnehmerliste der Studierenden, Nachlass IfL am DLL.
67 Vgl. Astrid Köhler: Klaus Schlesinger, Die Biographie. Berlin 2011, S. 168.
68 Vgl. Jan Kostka: Das journalistische und literarische Werk von Klaus Schlesinger 1960 bis 1980. Kontext, Entstehung und Rezeption. Berlin-Brandenburg 2015, S. 335.
69 Vgl. Jürgen Scharfschwerdt: Werther in der DDR. Bürgerliches Erbe zwischen Sozialistischer Kulturpolitik und gesellschaftlicher Realität. In: Fritz Martini u. a. (Hg.): Jahrbuch der Deutschen Schillergesellschaft 22. Stuttgart 1978, S. 235-276, hier S. 235. Insgesamt 14 Theater nahmen das Stück in ihr Repertoire auf und machten es damit zu einem riesigen Erfolg der DDR-Dramatik. Vgl. Emmerich: Kleine Literaturgeschichte, S. 249.
70 Vgl. Gerhard Rothbauer: Sonderlehrgang 1971/1972 – Ergebnisse der Abschlußbesprechung vom 23.6.1972. SStAL, IfL, Nr. 583, Bl. 4-7, hier Bl. 4ff.
71 Ebd., Bl. 7.
72 1975 formulierte Rothbauer in seinem Abschlussbericht für den Sonderkurs 1974/75 eine deutliche Kritik in Richtung der Leitungsebene des IfL, in der er auf die Gleichgültigkeit anspielte, mit der seine Kollegen ihre Sonderkurs-Seminare durchführten: Rothbauer prangerte die scheinbar »geringere Bedeutung des Lehrgangs am Institut [an], der selbstverständlich, aber weitgehend unbemerkt neben dem weiteren Institutsleben« ablaufe, obwohl die Weiterbildungslehrgänge in der öffentlichen Resonanz, etwa von ehemaligen Teilnehmenden oder deren Verlagen, »immer wieder lobend hervorgehoben« würden. Vgl. Gerhard Rothbauer: Abschlußbericht über den 9. Sonderkurs von Oktober 1974 bis Juni 1975 vom 9.6.1975, SStAL, IfL, Nr. 586, Bl. 3-4, hier Bl. 4.
73 Vgl. Teilnehmerliste der Studierenden, Nachlass IfL am DLL.
74 Vgl. Uta Grundmann u. a.: Revolution im geschlossenen Raum. Die andere Kultur in Leipzig 1970-1990. Leipzig 2002, S. 112.
75 Vgl. Andreas Reimann im Interview, 9.2.2016.
76 Vgl. ebd.
77 Vgl. Ames: Zwischen Talentförderung und Publikationspolitik, S. 38.
78 Vgl. Reimann, Interview.
79 Vgl. Brief des Bezirksverbandes Halle (Saale) des Schriftstellerverbandes an das IfL vom 11.2.1974, SStAL, IfL, Nr. 586, Bl. 62.
80 Mucke, Interview.
81 Vgl. ebd.
82 Vgl. ebd.
83 Vgl. ebd.

84 Vgl. Rothbauer: Abschlußbericht vom 9.6.1975, SStAL, IfL, Nr. 586, Bl. 3.
85 Max Walter Schulz/Wladimir Pimenow (Hg.): Tauchnitzstraße – Twerskoi Boulevard. Beiträge aus zwei Literaturinstituten. Halle (Saale) 1975. Der Titel geht zurück auf die beiden Straßen, an denen sich das Leipziger Institut für Literatur einst befand (Tauchnitzstraße) und das Moskauer Literaturinstitut heute noch befindet (Twerskoi Boulevard).
86 Vgl. Bericht über den Delegationsaustausch 1972 zwischen dem Gorki-Literaturinstitut in Moskau und dem Institut für Literatur ›Johannes R. Becher‹ in Leipzig vom 3.11.1972, SStAL, IfL, Nr. 2, Bl. 239–245, hier Bl. 239.
87 Kurt Kanzog: Respektlose Übung zu produktiven Zwecken. In: Schulz/Pimenow (Hg.): Tauchnitzstraße, S. 67–76, hier S. 67.
88 Ebd., S. 72.
89 Vgl. ebd., S. 74f.
90 Ausgangspunkt hierfür war die Debatte um Heiner Müllers radikal-freie *Macbeth*-Bearbeitung, die 1972 in der DDR uraufgeführt werden konnte und nicht verboten wurde. Vgl. Emmerich: Kleine Literaturgeschichte, S. 248.
91 Kanzog: Respektlose Übung, S. 74.
92 Hans Pfeiffer: Dialogübungen. In: Schulz/Pimenow (Hg.): Tauchnitzstraße, S. 162–181, hier S. 173.
93 Ebd., S. 174. Harry Falkenhayns Projekt, aus dem die Szene stammt, wurde 1977 in Form einer Erzählung unter dem Titel *Einer vom Rummel* im Verlag Neues Leben veröffentlicht und 1983 von der DEFA verfilmt.
94 Vgl. ebd., S. 177ff.
95 Vgl. ebd., S. 179.
96 Vgl. ebd., S. 179f.
97 Ebd., S. 181.
98 Gerhard Rothbauer: Der Zwölfte im Peloton. In: Schulz/Pimenow (Hg.): Tauchnitzstraße, S. 187–207, hier S. 194.
99 Ebd., S. 195.
100 Ebd., S. 194f.
101 Ebd., S. 195.
102 Ebd.
103 Ebd., S. 195f.
104 Ebd., S. 196f.
105 Ebd., S. 197.
106 Vgl. ebd., S. 204. Dabei handelt es sich im Übrigen um eine Tendenz in der DDR-Literatur der 70er Jahre, die aus der NS-Zeit herrührende soziale Ausprägungen im Alltag des ›real existierenden‹ Sozialismus zu ergründen suchte, so etwa in dem 1977 erschienenen Roman *Es geht seinen Gang oder Mühen in unserer Ebene* von Erich Loest, Absolvent des ersten IfL-Matrikels 1956. Vgl. Wolfgang Emmerich: Der ganz persönliche Faschismus. Die Auseinandersetzungen mit der nationalsozialistischen Vergangenheit. In: Ders.: Die andere deutsche Literatur. Aufsätze zur Literatur aus der DDR. Opladen 1994, S. 38–45, hier S. 44.
107 Vgl. ebd., S. 205.
108 Ebd., S. 207.
109 Ebd.
110 Vgl. Helmut Peitsch: Nachkriegsliteratur 1945–1989. Göttingen 2009, S. 233.

ANMERKUNGEN

111 Erbe: Die verfemte Moderne, S. 117.
So konnten etwa in den Jahren 1974 bis 1976 Marcel Prousts Romanzyklus *Auf der Suche nach der verlorenen Zeit* und Robert Musils Romanfragment *Der Mann ohne Eigenschaften* erstmalig in der DDR erscheinen. Vgl. ebd.
112 Vgl. ebd., S. 118.
113 Vgl. Gerhard Rothbauer: Lehrpläne Direktstudium, SStAL, IfL, Nr. 557, Bl. 446-447, hier Bl. 447.
114 Vgl. ebd.
115 Vgl. ebd.
116 Vgl. ebd., Bl. 425.
117 Vgl. ebd., Bl. 392.
118 Ebd.
119 Vgl. ebd., Bl. 394-395, hier Bl. 395.
120 Ebd., Bl. 368.
121 Vgl. ebd.
122 Joachim Nowotny: Lehrplan für das Prosa-Seminar, SStAL, IfL, Nr. 557, Bl. 396-397, hier Bl. 397.
123 Vgl. ebd., S. 396.
124 Joachim Nowotny: Konzeption für das Prosa-Seminar im 3-jährigen Direktstudium vom 3.7.1976, SStAL, IfL, Nr. 557, Bl. 398.
125 Vgl. ebd.
126 Joachim Nowotny: Schöpferisches Seminar Prosa, o.D., SStAL, IfL, Nr. 557, Bl. 370.
127 Vgl. ebd., Bl. 426.
128 Jens Brachmann: Enteignetes Material. Zitathaftigkeit und narrative Umsetzung in Ingeborg Bachmanns »Malina«. Wiesbaden 1999, S. 149.
129 Vgl. Nowotny: Schöpferisches Seminar Prosa vom 20.6.1975, SStAL, IfL, Nr. 557, Bl. 426.
130 Vgl. ebd. Bl. 370.
131 Vgl. Hans Pfeiffer: Dramatikseminar Lehrplan für das 3. Studienjahr, o.D., SStAL, IfL, Nr. 557, Bl. 427-428, hier Bl. 427.
132 Vgl. Hans Pfeiffer: Dramatik 2. Studienjahr, o.D., SStAL, IfL, Nr. 557, Bl. 371.
133 Peter Gosse: Lyrik – 1. Studienjahr, o.D., SStAL, IfL, Nr. 557, Bl. 401.
134 Ebd. Bl. 460.
135 Erbe: Die verfemte Moderne, S. 113.
136 Heribert Tommek: Der lange Weg in die Gegenwartsliteratur. Studien zur Geschichte des literarischen Feldes in Deutschland von 1960 bis 2000. Berlin u.a. 2015, S. 158f.
137 Vgl. Erbe: Die verfemte Moderne, S. 112f.
138 Tommek: Gegenwartsliteratur, S. 157. Vgl. auch Juliane Zöllner: Zur Schriftkultur am Institut für Literatur »Johannes R. Becher«. Eine Lektüre ausgewählter Absolventenarbeiten aus dem Direktstudienjahrgang 1976-1979. In: Zeitschrift für Germanistik, 2016, NF XXVI. Jg., Heft 3, S. 567-582, hier S. 569.
139 Im Übrigen befand sich mit der späteren Georg-Büchner-Preisträgerin Sarah Kirsch eine der berühmtesten Absolventinnen, die von 1963 bis 1965 im Direktstudium am IfL studiert hatte, unter jenen prominenten Kulturschaffenden,

die ab 1977 der DDR und ihrem autoritativen Gesellschaftssystem den Rücken kehrten.
140 N. N.: Biermann das Recht auf weiteren Aufenthalt in der DDR entzogen. In: Neues Deutschland, 17.11.1976, S. 2. Zit. n. Peter Lübbe (Hg.): Dokumente zur Kunst-, Literatur- und Kulturpolitik der SED 1975–1980. Stuttgart 1984, S. 310.
141 Zu ihnen gehörten u. a. Jurek Becker, Volker Braun, Stefan Heym, Heiner Müller sowie Christa und Gerhard Wolf. Vgl. N. N.: Über hundert Unterschriften: Der offene Brief in Sachen Biermann. In: Die Zeit vom 3.12.1976, S. 34. Zit. n. Lübbe: Dokumente zur Kunst-, Literatur- und Kulturpolitik, S. 311.
142 Zu ihnen gehörten u. a. Ernst Busch, Paul Dessau, Otto Gotsche, Hermann Kant sowie Willi Sitte. (Vgl. N. N.: Wir sind es gewohnt, mitzudenken. Stellungnahmen und Erklärungen von Künstlern und Kulturschaffenden unserer Republik zur Aberkennung der DDR-Staatsbürgerschaft Biermanns. In: Neues Deutschland, 22.11.1976, S. 3–5. Zit. n. ebd., S. 311–331.).
143 Robert Grünbaum: Wolf Biermann 1976: Die Ausbürgerung und ihre Folgen. Erfurt 2006, S. 31.
144 Vgl. Erklärung des Instituts für Literatur vom 22.11.1976, BStU, MfS, BV Lpz., AOPK Nr. 1811/81, Bd. 1, Bl. 38–39, hier Bl. 38.
145 Vgl. ebd.
146 Vgl. ebd.
147 Vgl. BVfS Leipzig, Abt. XX/7: Eröffnungsbericht zum OV ›Gully‹ vom 26.11.1976. Ebd., Bl. 43–46, hier Bl. 45.
148 Die nachfolgenden Äußerungen der beteiligten Personen beruhen auf publizierten Erinnerungen bzw. im Rahmen des Forschungsprojekts geführten Zeitzeugeninterviews.
149 Vgl. BVfS Leipzig, Abt. XX/7: Sachstandsbericht zum OV ›Gully‹ vom 11.1.1977, BStU, MfS, BV Lpz., AOPK Nr. 1811/81, Bd. 1, Bl. 68–75, hier Bl. 74.
150 Die Namen der restlichen sechs Studierenden, die sich in den BStU-Akten finden lassen, dürfen aus datenschutzrechtlichen Gründen nicht genannt werden. So ist die Veröffentlichung von personenbezogenem Aktenmaterial gemäß § 32, Abs. 3 des Stasi-Unterlagen-Gesetzes nur in Bezug auf Mitarbeiter bzw. Begünstigte des MfS und Personen der Zeitgeschichte sowie bei vorliegender Einverständniserklärung von geschädigten Personen gestattet.
151 Zit. n. Jürgen Serke: Thomas Rosenlöcher: Im Schutzbereich der Engel. In: Ders.: Zu Hause im Exil. Dichter, die eigenmächtig blieben in der DDR. München 1998, S. 353–377, hier S. 363.
152 Vgl. ebd.
153 Thomas Rosenlöcher: Der Nickmechanismus. Ein Selbstbefragungsversuch. In: Ders.: Ostgezeter. Beiträge zur Schimpfkultur. Frankfurt a. M. 1997, S. 99–145, hier S. 140.
154 Christine und Stephan Ernst, Interview.
155 Vgl. Studienjahresanalyse 1976/77, SStAL, IfL, Nr. 660, Bl. 248 ff.
156 Vgl. Joachim Walther: Sicherungsbereich Literatur. Schriftsteller und Staatssicherheit in der Deutschen Demokratischen Republik. Berlin 1996, S. 431.
157 Vgl. N. N: Abschrift des Protestbriefes gegen die Biermann-Ausbürgerung an Erich Honecker vom 24.11.1976, BStU, MfS, BV Lpz., AOPK Nr. 1811/81, Bd. 1, Bl. 37.

ANMERKUNGEN 465

158 Vgl. BVfS Leipzig, Abt. XX: Operativplan Nr. 1 zum Operativen Vorgang (OV) ›Gully‹ vom 26.11.1976, BStU, MfS, BV Lpz., AOP Nr. 1222/77, Bd. 1, Bl. 10–16.
159 Vgl. BVfS Leipzig, Abt. XX/7: Eröffnungsbericht zum OV ›Gully‹ vom 26.11.1976, BStU, MfS, BV Lpz., AOPK Nr. 1811/81, Bd. 1, Bl. 43–45, hier Bl. 45.
160 Vgl. BVfS Leipzig, Abt. XX/7: Information zur gegenwärtigen Situation am Literaturinstitut vom 8.12.1976. Ebd., Bl. 57.
161 Helmut Müller-Enbergs: Art.: Gesellschaftlicher Mitarbeiter für Sicherheit (GMS). In: Roger Engelmann u. a. (Hg.): MfS-Lexikon. Begriffe, Personen und Strukturen der Staatssicherheit der DDR. Berlin 2011, S. 101.
162 Zu dem GMS ›Johannes‹ existiert in den Archiven der BStU kein Aktenmaterial. Parteisekretär des IfL zu dieser Zeit war Robert Zoppeck, der dort von 1970 bis 1982 das Fach Ästhetik lehrte.
163 Vgl. BVfS Leipzig, Abt. XX/7: Operativplan Nr. 2 zum OV ›Gully‹ vom 30.1.1977, BStU, MfS, BV Lpz., AOPK Nr. 1811/81, Bd. 1, Bl. 80–84, hier Bl. 83.
164 Vgl. BVfS Leipzig, Abt. XX/7: Information zum Stand der Auseinandersetzungen im Fall Biermann Wolf am Literaturinstitut Leipzig vom 6.12.1976, ebd., Bl. 55–56, hier Bl. 55.
165 Vgl. BVfS Leipzig, Abt. XX: Zum gegenwärtigen Stand der Auseinandersetzungen mit Schriftstellern des Schriftstellerverbandes der DDR / Bezirk Leipzig vom 12.1.1977. Ebd., Bl. 76–79, hier Bl. 78.
166 So fasste es der in den Aussprachen anwesende GMS ›Johannes‹ im November 1976 in seinem Bericht an das MfS zusammen. Vgl. BVfS Leipzig, Abt. XX/7: Information vom 6.12.1976, Bl. 55.
167 Vgl. BVfS Leipzig, Abt. XX: Zum gegenwärtigen Stand der Auseinandersetzungen vom 12.1.1977, Bl. 78.
168 Vgl. BVfS Leipzig, Abt. XX/7: Information zum Stand der Auseinandersetzungen im Fall Biermann innerhalb des SV/DDR in Leipzig vom 10.1.1977, BStU, MfS, BV Lpz., AOP Nr. 1222/77, Bd. 1, Bl. 105–106, hier Bl. 106; Walther: Sicherungsbereich Literatur, S. 432f.
169 Vgl. BVfS Leipzig, Abt. XX: Zum gegenwärtigen Stand der Auseinandersetzungen vom 12.1.1977, Bl. 78.
170 Vgl. ebd.
171 Vgl. ebd., Bl. 76.
172 Vgl. BVfS Leipzig, Abt. XX/7: Beschluß über die Archivierung des OV ›Gully‹ vom 6.7.1977, BStU, MfS, BV Lpz., AOP Nr. 1222/77, Bd. 1, Bl. 171.
173 Vgl. BV Leipzig, Abt. XX/7: Bearbeitungsmaßnahmen zur OPK ›Gully‹ vom 2.6.1978, BStU, MfS, BV Lpz., AOPK Nr. 1811/81, Bd. 1, Bl. 102–103, hier Bl. 102. Vgl. hierzu auch Walther: Sicherungsbereich Literatur, S. 752.
174 Vgl. BVfS Leipzig, Abt. XX: Operativplan vom 26.11.1976, Bl. 13.
175 Als ergebnislos eingestellt wurde die OPK erst im November 1981 mit der Begründung, »daß sich in der politisch-ideologischen Grundhaltung des Gosse eine politische Veränderung ergeben hat. Seit einem längeren Zeitraum gibt es bei ihm keinerlei feindlich-negative Verhaltensweisen.« BVfS Leipzig, Abt. XX/7: Abverfügung zur Archivierung vom 26.11.1981, BStU, MfS, BV Lpz., AOPK Nr. 1811/81, Bd. 2, Bl. 159.
176 Vgl. Ludwig Bitter: Künstlerische Arbeiten. Abschlussarbeit am IfL; eingereicht 1973 (unveröff., o. O.). Ludwig Bitter studierte von 1970 bis 1973 am IfL.

177 Vgl. Annerose Kirchner: Mittagsstein. Abschlussarbeit am IfL; 1979 (unveröff., o. O.). Annerose Kirchner studierte von 1976 bis 1979 am IfL.
178 Vgl. Annerose Kirchner: Verwandlungen – Bekenntnisse zu Gertrud Kolmar. Abschlussarbeit am IfL; 1979 (unveröff., o. O.).
179 Vgl. Rudolf Prinz: Skizzen über das Nachhaltige. Abschlussarbeit am IfL; 1973 (unveröff., o. O.). Rudolf Prinz studierte von 1970 bis 1973 am IfL.
180 Vgl. Angela Krauß: Frühschicht. Abschlussarbeit am IfL, eingereicht 1979 (unveröff., o. O.). Angela Krauß studierte von 1977 bis 1979 am IfL.
181 Vgl. Christiane Tappert: Alter Hase. In: Künstlerische Abschlussarbeit. Abschlussarbeit am IfL; eingereicht 1979 (unveröff., o. O.). Christiane Tappert studierte von 1976 bis 1979 am IfL.
182 Vgl. Roswitha Anisimo: Künstlerische Abschlussarbeit. Abschlussarbeit am IfL; eingereicht 1979 (unveröff., o. O.). Roswitha Anisimo studierte von 1976 bis 1979 am IfL.
183 Vgl. Christine Lindner: Literarischer Abschluß. Abschlussarbeit am IfL; eingereicht 1979 (unveröff., o. O.). Christine Lindner studierte von 1976 bis 1979 am IfL.
184 Vgl. Christine Lindner: Frauengestalten bei Brigitte Reimann. Abschlussarbeit am IL; eingereicht 1979 (unveröff., o. O.).
185 Vgl. Lonny Neumann: Vier Stationen hinter der Stadt (Teilmanuskript). Abschlussarbeit am IfL; eingereicht 1976 (unveröff., o. O.). Lonny Neumann studierte von 1974 bis 1976 am IfL.
186 Vgl. Günter Striegler: Die Nacht mit Iwan Iwanowitsch. In: Künstlerische Abschlußarbeit. Abschlussarbeit am IfL; eingereicht 1973 (unveröff., o. O.). Günter Striegler studierte von 1970 bis 1973 im Direktstudium am IfL.
187 Vgl. Friedrich Plate: Geschichten aus Lande Buri. In: Künstlerischer Abschluß. Abschlussarbeit am IfL; eingereicht 1973 (unveröff., o. O.). Friedrich Plate studierte von 1970 bis 1973 am IfL.
188 Vgl. Christos Polichronidis: Der wundertätige Talisman. Abschlussarbeit am IfL; eingereicht 1973 (unveröff., o. O.). Christos Polichronidis studierte von 1970 bis 1973 am IfL.
189 Vgl. Zöllner: Schriftkultur am Institut für Literatur, S. 570.
190 Vgl. Wolfgang Berger: Zweiter literarischer Text zum Versuch einer extensiven Erzählweise. In: Künstlerische Abschlußarbeit. Abschlussarbeit am IfL; eingereicht 1979 (unveröff., o. O.). Wolfgang Berger studierte von 1976 bis 1979 am IfL.
191 Vgl. Armin Cronauge: Künstlerische Abschlußarbeit. Abschlussarbeit am IfL; eingereicht 1973 (unveröff., o. O.). Armin Cronauge studierte von 1970 bis 1973 im Direktstudium am IfL.
192 Vgl. Hans-Joachim Könau: Salut 30. In: Künstlerische Abschlußarbeit. Abschlussarbeit am IfL; eingereicht 1976 (unveröff., o. O.). Hans-Joachim Könau studierte von 1973 bis 1976 am IfL.
193 Vgl. Herbert Brümmer: Brückenschläge. Abschlussarbeit am IfL; eingereicht 1975 (unveröff., o. O.). Herbert Brümmer studierte von 1973 bis 1976 im Direktstudium am IfL.
194 Rudolf (Rudi) Prinz, Jahrgang 1929, ist laut dem Deutschen Literaturarchiv Marbach nur während der 1970er Jahre literarisch in Erscheinung getreten. So wurden seine Texte vom Tribüne Verlag Berlin in den Anthologien *Verflixte*

ANMERKUNGEN 467

Gedanken (1970) und *Gedanken in meiner Glashütte* (1976) veröffentlicht, die eine Auswahl von Prosa schreibender Arbeiterinnen und Arbeiter präsentieren.
195 Vgl. Rudi Prinz: Warum Ete Bomsdorf auf der Treppe steht. In: Schmidt, Hans/Viertel, Martin (Hg.): Gedanken in meiner Glashütte. Geschichten und Gedichte. Berlin 1976, S. 20–27. Der veröffentlichte Text folgt dabei im Wesentlichen der Version in Prinz' Abschlussarbeit, selbst zensorische Eingriffe in Form von Streichungen drastischer Aussagen sind nicht zu verzeichnen.
196 Rudolf Prinz: Warum Ete Bomsdorf auf der Treppe steht. In: Diplomarbeit. Abschlussarbeit am IfL; eingereicht 1973 (unveröff., o. O.), Bl. 1–8, hier Bl. 4f.
197 Ebd., Bl. 5.
198 Angela Krauß: Frühschicht, Bl. 4.
199 Ebd., Bl. 6.
200 Ebd., Bl. 9.
201 Ebd.
202 Gemeint sind die Romane *Leben und Abenteuer der Trobadora Beatriz nach Zeugnissen ihrer Spielfrau Laura* (Morgner) *Franziksa Linkerhand* (Reimann) und *Karen W* (Tetzner), vgl. Wolfgang Emmerich: Der verlorene Faden. Probleme des Erzählens in den siebziger Jahren. In: Ders.: Die andere deutsche Literatur, S. 46–78, hier S. 61f.
203 Roswitha Anisimo: Mach Platz. In: Künstlerische Abschlußarbeit, Bl. 1–6.
204 Ebd., Bl. 2.
205 Ebd., Bl. 5.
206 Ebd., Bl. 6.
207 Thomas Rosenlöcher: Turn & Sportfest. In: Abschlussarbeit. Gedichte. Abschlussarbeit am IfL; eingereicht 1979 (unveröff., o. O.), o. P.
208 Thomas Rosenlöcher: Entfaltung. In: Abschlussarbeit, o. P.
209 Heinrich Heine: Nachtgedanken. In: Ders.: Neue Gedichte. Hamburg 1844, S. 274–276, hier S. 274.
210 Thomas Rosenlöcher: Abgedunkelte Romanze. In: Abschlussarbeit, o. P.
211 Ebd.
212 Ebd.
213 Vgl. Karl Marx: Das Kapital. Kritik der politischen Ökonomie. 3. Bd., Berlin 1988, S. 828.
214 Vgl. Erbe: Die verfemte Moderne, S. 210; Tommek: Gegenwartsliteratur, S. 157
215 Emmerich: Der verlorene Faden, S. 65.

X. Ästhetischer Eigensinn ohne Staatsauftrag.
Die undogmatischen 80er Jahre am Literaturinstitut

1. Die langen 80er Jahre

Folgt man der Zeiteinteilung von Historikern, dauerte das 19. Jahrhundert länger als es, rechnerisch gesehen, war – von der Französischen Revolution bis zum Beginn des Ersten Weltkrieges.[1] Deutlich vor Augen geführt wird mit dieser Markierung des *langen 19. Jahrhunderts*, wie problematisch die Einteilung von Epochen nach kalendarischer Zeitrechnung ist, wenn es darum geht, gesellschaftliche und kulturelle Zusammenhänge historisch einzuordnen. So verwunderlich es auch erscheinen mag, belässt es die Geschichtswissenschaft dennoch bei der Unterteilung historischer Zeiträume nach kalendarischer Ordnung, wenn auch mit ebensolchen Zusätzen wie lang bzw. kurz. In Anlehnung an diese Gepflogenheit kann innerhalb der DDR-Literaturgeschichtsschreibung ohne Weiteres von den *langen 1980er Jahren* gesprochen werden, insofern sich ähnlich wie im langen 19. Jahrhundert auch hier eine spezifische Entwicklung über einen längeren als den rein kalendarischen Zeitraum beobachten lässt. Denn die letzte Dekade der Literaturgeschichte der DDR beginnt nicht erst 1980, sondern bereits 1976 – mit der Ausbürgerung Wolf Biermanns und daraus folgend mit den ersten großen literarischen und künstlerischen Autonomisierungsbestrebungen. Deren Auswirkungen wiederum sollten die Literaturlandschaft der DDR maßgeblich und grundlegend verändern.[2]

Dieser Zeitraum gilt der Literaturwissenschaft indes auch als die Phase, in der sich in der DDR erstmals ein autonomes literarisches Feld etablieren konnte, das im Sinne von Bourdieus Feldtheorie entsteht, wenn sich die Akteure in der Produktion wie Distribution ihrer Kunst unabhängig machen von politischen Vorgaben und staatlichen Institutionen.[3] Vor allem die jüngere Schriftstellergeneration war nach der Biermann-Ausbürgerung nicht mehr gewillt, sich als Teil des offiziellen Literaturbetriebs zu begreifen.[4] Denn die in das System der DDR *Hineingeborenen* konnten die Überzeugungen einer sich sprachlich überdies noch höchst altbacken gerierenden Parteiführung längst nicht mehr teilen. Der Staatsräson kam es »auf eine Kunst und Literatur« an, die ihre Aufgabe darin haben sollte, »über das tiefe Erfassen der Gegenwart noch aktiver zur Zukunft hinzuleiten, noch stärker an der Ausbildung kommunistischer Ideale mitzuwirken und zu erkunden«[5]. Stattdessen entwickelten die zwanzig- bis dreißigjährigen Autoren ein neues künstlerisches Selbstverständnis, welches weder auf einem Konsens mit der Kulturpolitik bzw. auf der Billigung des Staates gründete, noch sich der Kritik und dem politischen Engagement der dem Sozialismus nach wie vor verpflichteten Vorgängergeneration anschloss, zu der Volker Braun, Christa Wolf, die Kirschs und Wolf Biermann gehörten.

Die neue Literatur spiegelt ein neues gesellschaftliches Bewußtsein als Bewußtsein einer Jugend, die nicht mehr Objekt der ererbten Zivilisation sein will und kann. [...] Dieses neue Selbstbewußtsein läßt sich nicht bestimmen und begrenzen von dem System, dessen Erbe es antritt. Seine soziale Reife ist die Konsequenz des Austritts aus dem autoritären System, der Entlassung aus der Vormundschaft eines übergeordneten Sinns.[6]

Entsprechend nutzte ein Großteil der nachwachsenden Generation von DDR-Literaten ungebräuchliche Formen und eigenständige Foren der Resistenz, in denen es um Distanzierungen von allem Offiziellen und um Abwendungen vom politischen Diskurs ging, um eine »Antihaltung [...] gegen die etablierte Literatur«,[7] wie es der Lyriker Thomas Böhme, der von 1981 bis 1984 einen Fernstudiumgang am IfL belegt hatte, einmal auf den Punkt brachte. So behaupteten die jungen Autoren für sich »ein Konstrukt von Autonomie«, um »sich nicht ›der Verpflichtung zu einer Biographie durch die Diktatur‹ (Gert Neumann) zu unterwerfen«[8]. Da Politik als Gegen-Politik nicht mehr in Frage kam, bot sich eine Abgrenzung am ehesten durch das Unterlaufen ästhetischer Konventionen und des literarischen Kanons an. Häufig war es die Sprache selbst, die nun in den Vordergrund des literarischen Schaffens rückte und mit ihr die ästhetischen Dimensionen von Sprache als Material und Struktur sowie das Ausmaß ihrer Manipulierbarkeit als Instrument der Ideologie. Wolfgang Emmerich unterscheidet drei Spielarten dieser damals neuartigen, sich an Dekonstruktion und Poststrukturalismus orientierenden DDR-Literatur:

(1) die geläufige, die herrschende Sprache wird kritisiert, weitergehend: dekonstruiert. (2) Die Sprache wird als Spiel-Zeug entdeckt,

aus dem heraus ein anderes, ein befreites Sprechen ›generiert‹ werden kann. (3) Die poetische Sprache wird, über ihre destruktiven und nur spielerischen Anteile hinaus, zu einer Gegen-Sprache in Opposition zur Herrschaftssprache.[9]

Vor allem in der Lyrik und in den theoretischen Reflexionen von Lyrikern wie Sascha Anderson, Thomas Böhme, Stefan Döring, Uwe Kolbe und Bert Papenfuß finden sich diese Tendenzen der Unterminierung von Sprachregeln verbunden mit der Einsicht in die Sprachmächtigkeit herrschender Sprachregularien. Aber auch das Wissen um die Sinnlichkeit der Sprache in ihrer Materialität und der Umgang mit ihrer Vieldeutigkeit spielten eine wichtige Rolle. Es ging um das Entstehen »textueller formen«, wie Rainer Schedlinski es proklamierte,

> die den blick von der sache auf das Zeichen wenden, die nicht ermitteln, sondern vermitteln, die keine Wahrheit nahelegen, sondern mit Wahrheitsgefügen brechen, die den blick verstellen, die nicht die dinge besprechen, sondern mit den dingen sprechen, und wo die kombination der eigentliche stil wird.[10]

Oder wie es der Lyriker Rüdiger Rosenthal kurz und bündig zusammenfasste: »[I]ch wollte aus den Sprachgrenzen der DDR.«[11]

Neben dieser experimentell und avantgardistisch orientierten Literatur der Sprachzersetzung und Spracherneuerung lassen sich vor allem in der Prosa aber nach wie vor konventionelle Erzählweisen entdecken. Diese unterscheiden sich allerdings maßgeblich von dem Herkömmlichen eines staatstragenden realsozialistischen Erzählens ebenso wie von den literarisch eigensinnigen Stimmen einer Christa Wolf und eines Volker Braun. Beharrte Christa Wolf noch auf der »subjektive[n] Authentizität«[12] als Maßstab ihres Schreibens, so sah sich die »neue Literatur« nicht mehr unbedingt als Bewahrerin eines im Zentrum angeordneten Ich, das sich so zuverlässig wie ernst und glaubhaft gegen die Zerfallserscheinungen eines maroden Systems zur Wehr zu setzen hatte, das es gleichsam zu retten galt.[13] Vielmehr waren es nun die Seelen- und Sprachzustände von Ernüchterung, Erstarrung und Illusionslosigkeit, die zum Gegenstand eines verstärkt polyperspektivischen und vielstimmigen, aber auch dissoziativen Erzählens und Dichtens wurden, das aber mitnichten nur resignativ oder hoffnungslos ausfiel.

Es wurde auch provokativ, radikal und lustvoll gedichtet und erzählt, wobei man das nur noch vermeintlich Zusammengehaltene mit Stilmitteln der Ironie, der Verzerrung, der Unterbrechung, der Übertreibung, der Banalisierung, der Komik und Parodie auseinanderpflückte.[14] Eine solche sich offensiv antiideologisch gebende Literatur hatte indes auch kaum eine Chance, in den offiziellen Publikationsorganen der DDR-Literatur zu erscheinen. Publikationsmedien für Lyrik und Prosa dieser ›geschichtslosen Kuckucke‹, wie Uwe Kolbe sich und seine Autorengeneration einmal bezeichnete,[15] blieben vor allem bis in die Mitte der 1980er Jahre die nichtoffiziellen Zeitschriften der künstlerischen Alternativszene. Abseits vom offiziellen Literaturbetrieb und seinen Genehmigungsprozeduren hatten sich die ›Jungen‹ in verschiedenen Städten vielfältige urbane Subkulturen erschlossen.[16] Daneben organisierten Literaten in Zusammenarbeit mit bildenden Künstlern, Theaterleuten und Musikern in Städten wie Berlin, Chemnitz, Dresden, Gera, Halle oder Leipzig unangemeldete Happenings und Konzerte. Sie fanden an so ausgefallenen wie verfallenen Veranstaltungsorten statt, die, verbreitet durch die Mundpropaganda innerhalb der Szenen der Subkultur, immensen Zulauf erhielten.[17] Diese lokalen und regionalen Entwicklungen erwiesen sich erst einmal als literarische und kulturelle Abkapselungen bzw. Verinselungen im DDR-Kultursystem. Durch eine im Laufe der Jahre zunehmende Vernetzung zwischen ihnen nahmen diese isolierten Szenen dann aber die Struktur eines wachsenden Archipels an, das sich nicht mehr einfach ignorieren ließ. Diese parallel zum offiziellen System entstehenden Initiativen und sicherlich auch die von Sascha Anderson und Elke Erb herausgegebene umstrittene Anthologie *Berührung ist nur eine Randerscheinung*, die schließlich beim ›Klassenfeind‹ 1985 im Verlag Kiepenheuer & Witsch erschien, trugen schließlich dazu bei, den Druck auf die DDR-Kulturpolitik zu erhöhen, auch der jüngeren Autorengeneration innerhalb der DDR Gehör zu schenken. Das Brisante an der Anthologie *Berührung ist nur eine Randerscheinung* hatte darin bestanden, dass einer nun großen deutschsprachigen Öffentlichkeit die Literatur von begabten DDR-Autoren präsentiert worden war, die im eigenen Land kaum oder gar keine Veröffentlichungsmöglichkeiten bekamen. Unter diesen brandneuen Literaten waren mit Katja Lange-Müller, Peter Brasch und Uwe Kolbe übrigens auch drei ehemalige Studierende des Becher-Instituts vertreten.[18] Diesen Eindruck wollte die DDR-Kulturpolitik nicht auf sich sitzen lassen. In der zweiten Hälfte der 1980er Jahre konnten nun vermehrt auch unorthodoxe Publikationen der ›Jungen‹ auf offiziellem Wege, das heißt in traditionellen Verlagen der DDR, erscheinen.[19] In jeder Hinsicht aussagekräftig ist diesbezüglich die ab 1988 im Aufbau-Verlag publizierte Reihe mit dem Titel *Außer der Reihe*. In der Doppeldeutigkeit dieses Titels, der gleichermaßen auf Exklusion wie Subversion verweist, wird indes die bis zuletzt bestehende Randstellung dieser Autorengeneration im offiziellen Literaturbetrieb der DDR deutlich.[20]

Trotz ihrer Marginalisierung durch die Kulturpolitik ließen sich die Umbrüche in der Literaturlandschaft der DDR nicht leugnen, die von der alternativen Literatur- und Kunstszene ausgingen. Entsprechend war auch am Institut für Literatur »Johannes R. Becher« die von ihr ausgehende Energie zu spüren. Wie machte sich das bemerkbar? Wie wandelte sich die Institutspolitik der Leipziger Schreibschule? Hatten die Prozesse, die den literarischen Raum der DDR veränderten, auch Auswirkungen auf der administrativen Ebene des Instituts? Wie agierten und reagierten die Angehörigen des Instituts, Lehrende wie Studierende, auf die Autonomisierungsbewegungen im literarischen Raum? Und schließlich stellt sich die Frage, ob und in welcher Form die Schreibweisen und die Themenwahl der Studierenden von den literarischen Einflüssen der alternativen Kunstszene tangiert wurden und wenn ja, welche Inspirationen für und Auswirkungen auf das eigene Schreiben und die eigenen Texte sich daraus ergaben.

2. Situation am Becher-Institut

Grundlegend kann man festhalten, dass sich in politischer, sozialer und künstlerischer Hinsicht die Situation in den 1980er Jahren am Institut für Literatur »Johannes R. Becher« kaum weniger als in den Dekaden zuvor durch Ambivalenzen und Widersprüche auszeichnete. Die Institutspolitik konnte auch in diesem Jahrzehnt weder allein als stromlinienförmig noch ausschließlich als eigenständig gelten, sondern wies immer beide Anteile auf. Einerseits waren Studierende wie Lehrende nach wie vor der politischen Kontrolle ausgesetzt, und die Versuche der Einflussnahme durch die Staatssicherheit ließen nicht nach. Andererseits schien das Institut bei der Auswahl seiner Studierenden weitgehende Freiheiten gehabt zu haben. Literarisches Talent vor aller politischen Einstellung und Zugehörigkeit muss wohl der wesentliche Maßstab in diesem Jahrzehnt bei den Zulassungsverfahren zum Studium gewesen sein. Das zeigen zumindest die Listen der Nachwuchs-Autoren, die in den dreijährigen Direktstudiengängen bzw. in den Fernstudiengängen immatrikuliert oder für Sonderkurse ausgewählt worden waren.[21] Unter ihnen befanden sich später weithin bekannte Schriftstellerinnen und Schriftsteller wie Kathrin Aehnlich, Thomas Böhme, Peter Brasch, Kurt Drawert, Kerstin Hensel, Henry-Martin Klemt, Rainer Klis, Barbara Köhler, Uwe Kolbe, Katja Lange-Müller, Ronald M. Schernikau und Kathrin Schmidt, aber auch eher unbekannt Gebliebene, deren literarische Befähigungen aber deshalb nicht immer unbedingt geringer zu schätzen sind, wie etwa Werner Bernreuther, Holger Jackisch, Gundula Sell, André Sokolowski und Gudula Ziemer. Einige standen in enger Verbindung zu der nichtoffiziellen Literaturszene und teilten deren künstlerische Unabhängigkeitserklärungen von Staat und Doktrin. Andere wiederum beschritten abseits von diesen Netzwerken höchst unkonventionelle und eigensinnige literarische Wege. Was bei aller Vielfalt und Unterschiedlichkeit der literarischen Zugänge viele dieser studierenden Schreibenden gemein hatten, war die grundsätzlich antiideologische und staatsabgewandte Haltung, die literarisch zum Ausdruck gebracht wurde und mithin typische Merkmale jener als »neue Literatur« gekennzeichneten künstlerischen Texte der 80er Jahre enthielt.[22]

Insofern scheint es zunächst, dass sich am Becher-Institut im Kleinen widerspiegelte, was auch im Großen kennzeichnend für die Entwicklung von DDR-Literatur und DDR-Literaturpolitik in den 1980er Jahren war. Vor allem ein Ereignis am Ausgang der 70er Jahre, das in diesem Spannungsfeld von staatlicher Kontrolle und künstlerischem Autonomieanspruch stand, sollte in administrativer wie in didaktischer und literaturästhetischer Hinsicht spürbare Auswirkungen auf den Ruf des Instituts samt seinen Lehrenden und Studierenden in den 80er Jahren nehmen.

So hatte Mitte des Jahres 1979 der vermeintlich leichtfertige Ausbildungsstil, für den das Becher-Institut seit seiner Gründungszeit wiederholt in der Kritik des Staatsapparates stand, die Grenzen des Tolerablen mit der Veröffentlichung von studentischen Statements über die Bedeutung und den Stellenwert der Literatur im Sozialismus wieder einmal überschritten. Das im Sommer 1979 in den *Weimarer Beiträgen* abgedruckte Gespräch unter dem Titel *Vorbild – Leitbild*, das der Schriftsteller und Dozent des Becher-Instituts Joachim Nowotny mit den Studierenden seines Prosa-Seminars führte, fiel indes auch alles andere als staatskonform aus. Die kurz vor ihrem Abschluss stehenden Studierenden des Direktstudienganges Wolfgang Berger, Stephan Ernst, Ingrid Hildebrandt, Rainer Hohberg, Annerose Kirchner, Christine Lindner und Thomas Rosenlöcher hatten sich in diesem Gespräch offen und kritisch über die gesellschaftlichen Verhältnisse in der DDR ausgetauscht und mehrfach betont, dass die Funktion von Literatur in Subversion und Opposition bestehen müsse. Der Dozent Nowotny unterband diese Kritik nicht, vielmehr beförderte er sie durch weitere Nachfragen.[23] Kümmerte sich die Doktrin eigentlich kaum um unkonventionelle Meinungsäußerungen, sofern diese die engen Grenzen des Instituts nicht überschritten, reagierte sie umso empfindlicher, wenn dies eben doch geschah. Das abgedruckte Gespräch geriet zum kulturpolitischen Fall. Den amtierenden Direktor Max Walter Schulz sowie den als Parteisekretär des Instituts fungierenden Dozenten für marxistisch-leninistische Kultur Lothar Zschuckelt[24] zitierte man kurze Zeit später nach Berlin zum Zentralkomitee der SED zur Rechenschaftsablegung: Wie könne es sein, dass man den Studierenden am Becher-Institut solche Standpunkte durchgehen lasse? Doch so schlimm, wie es zunächst schien, ging die Sache dann doch nicht aus. Direktor und Parteisekretär erhielten zwar eine scharfe, sogar von oberster Stelle diktierte Abmahnung, die Ursula Ragwitz, zuständige Leiterin der Abteilung Kultur, zu vermitteln hatte, aber die zunächst angedrohten personellen Konsequenzen für Schulz und Zschuckelt blieben aus.[25] Die am Interview beteiligten Studierenden hatten bereits im Sommer 1979 ihr Studium abgeschlossen, so dass es für sie gleichfalls kein Nachspiel gab. Auch Joachim Nowotny, der das Interview zu verantworten hatte, wurde von Sanktionen verschont. Es gab lediglich die Forderung, einen vom Institut selbst zusammengestellten Beirat einzusetzen, der in den 1980er Jahren das Geschehen am Institut unter Kontrolle halten sollte,[26] sowie die Auflage, einen Maßnahmenkatalog auszuarbeiten, um solche Vorfälle in Zukunft zu verhindern. Außerdem wurde das Institut mit seinen Dozenten und dem nächsten Studienjahrgang auf einen Lehrgang ins Brandenburgische geschickt. Im renommierten Schriftstellererholungsheim »Friedrich Wolf« in Petzow[27] sollten die

Institutsangehörigen eine Auffrischung in sozialistischer Ideologie erhalten, wie sich der damalige Parteisekretär Lothar Zschuckelt später erinnerte.[28] Auch wenn Parteibüro und Kulturadministration in Berlin letztlich recht glimpflich auf diesen Vorfall reagiert hatten – wurden die Beteiligten immerhin nicht negativ sanktioniert und die Eigenständigkeit des Instituts nicht grundsätzlich in Frage gestellt –,[29] ist es dennoch auch nicht überraschend, dass die offiziellen Leitlinien und Aufgaben der Hochschule ausgerechnet zu Beginn der 1980er Jahre und zum ersten Mal seit ihrer Gründung neu ausgearbeitet wurden.

3. Die Sache mit dem Statut

Im Jahr 1981 brachte man das Statut, welches die Funktion und Intention des Instituts, seine Studien- und Lehrbedingungen sowie seine Aufnahme- und Prüfungsverfahren formulierte, auf einen vermeintlich politisch notwendig erscheinenden neuen Stand. Das erste Statut war 1955 bei der Gründung erlassen worden, eine lediglich formaljuristische Änderung war 1958 erfolgt, nachdem das Institut Hochschulstatus erlangt hatte.[30] Ein Blick auf diese Dokumente zeigt, wie ungleich größer der Druck acht Jahre vor dem Ende der DDR auf der Administration des Becher-Instituts und der Kulturpolitik gelastet haben muss, ihre Künstler auf eine realsozialistische Verpflichtung einzuschwören, als sechs Jahre nach der Staatsgründung. So heißt es in dem Statut aus dem Jahr 1955 unter der Präambel weitgehend unideologisch:

> Das Institut für Literatur hat die Aufgabe, durch seine Forschungs- und Lehrtätigkeit die Entwicklung der zeitgenössischen deutschen Literatur im Geiste der fortschrittlichen Traditionen und Errungenschaften der deutschen und der Weltliteratur zu fördern und die Schriftsteller ideell und künstlerisch weiterzubilden.[31]

In Paragraph 2 werden die Aufgaben des Instituts dann genauer bestimmt:

> Das Institut für Literatur hat als Lehr- und Forschungsinstitut die Aufgabe

a) Schriftsteller und Literaturkritiker fortzubilden, und zwar vor allem aus der Arbeiterklasse und der werktätigen Bauernschaft,

b) wissenschaftliche Hilfe für theoretische Arbeiten über Probleme und Werke der zeitgenössischen Literatur zu leisten und wissenschaftliche Grundlagen für entsprechende Konferenzen zu schaffen,

c) der Forschungsarbeit auf dem Gebiet der deutschen Literatur zu dienen, insbesondere der Gegenwartsliteratur als Beitrag für eine deutsche Literaturgeschichte, sowie die Ausarbeitung und Herausgabe entsprechender Publikationen vorzubereiten,

d) einen ständigen Erfahrungsaustausch – auch im internationalen Rahmen – in Fragen der literarisch-schöpferischen Fortbildung durchzuführen.[32]

Und in Paragraph 8 unter dem Titel »Die Studierenden« sind die Zulassungsbedingungen wie folgt umrissen:

Jeder Deutsche, der das 18. Lebensjahr vollendet hat, kann zum Studium am Institut für Literatur entsprechend den bestehenden Zulassungsbedingungen zugelassen werden. Bewerber aus der Arbeiter- und Bauernschaft erhalten bei gleicher Eignung den Vorrang vor anderen Bewerbern.[33]

Gut 25 Jahre später ist der Ton der Neufassung des Statuts ein völlig anderer. Die Version von 1981 spart nicht an doktrinärer Worthuberei bei den Formulierungen. Die Aufgaben und Zulassungsbedingungen sind nun weitaus stringenter definiert. Unter Aufgaben (§ 2) heißt es nun:

1) Das Institut hat die Aufgabe, Schriftsteller mit festem sozialistischen Klassenbewußtsein zu erziehen, aus- und weiterzubilden, die auf der Grundlage des Marxismus-Leninismus in fester Verbundenheit mit der Arbeiterklasse und ihrer marxistisch-leninistischen Partei bereit und fähig sind, vermittels ihres literarischen Schaffens im Sinne des sozialistischen Realismus an der weiteren Gestaltung der entwickelten sozialistischen Gesellschaft aktiv mitzuwirken.[34]

Die Zulassungsbestimmungen sind nun unter § 3 Absatz 3 geregelt und gleichfalls neu ausformuliert:

Zur Zulassung ist ein Eignungsnachweis zu erbringen. Dieser wird erbracht durch Vorlage eigener literarischer Arbeiten und eine Befürwortung durch den Schriftstellerverband der DDR, den Bundesvorstand des FDGB, den Zentralrat der FDJ, Betriebe bzw. Institutionen.[35]

Und weiterhin heißt es unter Punkt 5 desselben Paragraphen:

> Nach Entscheidung des Instituts über die Zulassung des Bewerbers zum Studium ist die Delegierung durch örtliche Organe, Betriebe und Institutionen, durch den Bundesvorstand und den Zentralrat der FDJ anzustreben. Die Delegierung erfolgt nach Abstimmung mit dem Schriftstellerverband.[36]

Über die Gründe der Neuformulierung des Statuts lässt sich weithin spekulieren, in den Akten des Instituts findet man jedenfalls nichts Genaueres dazu.[37] Aber es steht zu vermuten, dass die Affäre um das Interview in den *Weimarer Beiträgen* einer der Anlässe war.[38] In dem Beschlussprotokoll eines weiteren Treffens der Institutsverantwortlichen mit der Funktionärin Ragwitz wurde notiert, dass es angezeigt sei,

> weltanschaulich-philosophische und politisch-ideologische Fragen stärker als bislang in der Ausbildung zu behandeln und darüber hinaus eine tiefere und wirksamere Verbindung der Studenten mit der Arbeiterklasse und der entwickelten sozialistischen Gesellschaft herzustellen.[39]

Diese Forderungen sind schließlich in das neue Statut eingegangen. An dessen Bearbeitung waren neben der Direktion des Becher-Instituts Vertreter des Ministeriums für Kultur und des Schriftstellerverbandes beteiligt.[40] Dass die kulturpolitischen Vorgaben in Inhalt und Stil derart gestrig formuliert sind, sagt viel über die Überforderung der Kader der DDR im Hinblick auf den Umgang mit einer jungen Generation von Künstlern aus, die andere Lebens- und Kunstvorstellungen mit dem Sozialismus verband, als es der SED-Staat vorsah. Gleichzeitig offenbart sich im Duktus des Unzeitgemäßen durchaus ein Gespür für den Ernst der gesellschaftspolitischen Lage. Hatte man es hier vielleicht mit anderen als den bis dahin bekannten Formen von Widerstand und Systemkritik zu tun? Dann war es an der Zeit, Einhalt zu gebieten, indem man den Anzeichen einer den Sozialismus womöglich bedrohenden neuen Zeit mit nachdrücklicher Beharrung auf die ›zukunftweisende‹ Zeit des sozialistischen Fortschritts entgegentrat, wie sie die offizielle Staatsdoktrin bereits zur Geburtsstunde der DDR vorgesehen hatte.

Ein Papier zur »Entwicklung des Instituts in den 80er und 90er Jahren«, das 1984 von Rudolf Gehrke, dem kommissarischen Nachfolger Max Walter Schulz' im Direktorenamt, verfasst wurde, enthält darüber hinaus weitere Hinweise auf den politischen Druck, dem das Institut ab 1979 ausgesetzt gewesen sein muss. Der diplomatische wie euphemistische Ton dieses fünf Jahre später verfassten Dokuments freilich versuchte ebendiesen Druck zu kaschieren und interpretierte die Folgen, die die Affäre um die *Weimarer Beiträge* nach sich gezogen hatten, als eine Chance für das Institut und seine Studierenden, wieder in das Fahrwasser der Parteipolitik gelenkt worden zu sein.

Ein seit dem Jahre 1979 intensiv geführter ideologischer Klärungsprozeß, bei dem die Abteilung Kultur beim ZK der SED, das Ministerium für Kultur, der Schriftstellerverband u. a. wertvolle Hilfe gaben, setzte letztlich höhere Maßstäbe für die Arbeit des Instituts. Sie bezogen sich vor allem auf die Forderung, in allen Studien- und Ausbildungsfächern eine dem Erfordernis der politischen und künstlerischen Erziehung und Ausbildung der Künstlerpersönlichkeit und spezifisch dem künstlerischen Wort verpflichtenden kulturpolitischen Kadern einheitlich [Hervorhebung im Original] zu gewährleisten, mithin die bis dahin noch anzutreffende Trennung in politisch und künstlerisch orientierte Auffassungen zu überwinden. Es wurden in Auseinandersetzung Standpunkte gefestigt, die von Qualitätsansprüchen der Methode des sozialistischen Realismus [Hervorhebung im Original] bestimmt sind. Die Mitverantwortung aller im Lehrkörper tätigen Wissenschaftler und Schriftsteller für das Ergebnis an Absolventen, die es als selbstverständliche Haltung und Pflicht erachten, ihr Talent und ihr Können in den Dienst des Sozialismus zu stellen und um hohe künstlerische Meisterschaft zu ringen, hat sich seitdem wesentlich verstärkt. Die kommunistische Erziehung und Ausbildung der Studenten wurde verbessert; die Studenten sind bestrebt, ein eigenes reges geistig-kulturelles Leben zu gestalten; erstmalig konnte mit vielen Vorteilen eine FDJ-Gruppe im Direktstudium gegründet werden; die Immatrikulationspolitik wurde politisch verantwortungsbewußter gestaltet u. a. m. Als Ausdruck der sich entfaltenden sozialistischen Demokratie ist die Gründung eines Beirats am Institut für Literatur seit dem Jahre 1980 zu werten.[41]

Dass dieses Resümee Gehrkes ein Kotau vor der Staatsadministration gewesen sein muss und wenig mit der Praxis am Literaturinstitut zu tun hatte, zeigen vor allem die Abschnitte über die Ausbildung der vom Sozialismus überzeugten bzw. zu überzeugenden Studierenden. In keinem anderen Jahrzehnt waren die Studierenden des Instituts weniger vom Sozialismus überzeugt oder zu überzeugen als in den 80er Jahren.

Vielleicht aber musste mit der Statut-Erneuerung ›lediglich‹ den Forderungen von SED und Staatssicherheit Folge geleistet werden, deren Ziel seit Ende der 1970er Jahre darin bestand, größere Kontrolle über den Nachwuchs in allen Hochschulen des Landes zu erhalten, weil dieser anscheinend nicht mehr so sozialismusfest und staatskonform eingeschätzt wurde, wie gewünscht. In einem Dokument der Staatssicherheit heißt es dazu: »Durch geeignete politisch-operative Mittel und Möglichkeiten wird dieser Prozess der Auswahl und Förderung des Nachwuchses von sicherheitspolitischen Aspekten [sic] in allen kulturellen Bereichen als ein gesamtgesellschaftliches Anliegen unterstützt.«[42] Besonders in »Ausbildungsstätten für künstlerischen und literarischen Nachwuchs« habe das Prinzip »der Auswahl und Förderung von Talenten vordringlich nach sicherheitspolitischen Aspekten perspektivisch zu erfolgen [...] und politisch unzuverlässige Kräfte (müssen) aus diesen Bereichen entfernt werden«. Darüber hinaus seien auch in den »Nachwuchs- und Ausbildungseinrichtungen« vorrangig weitere IM in Schlüsselpositionen einzusetzen, um die vorgenannten sicherheitspolitischen Aufgaben zu realisieren.[43]

Eine im Sommer 2014 am Deutschen Literaturinstitut Leipzig (DLL) veranstaltete Podiumsdiskussion unter dem Titel *Zwei Leipziger Dichterschulen – eine Geschichte?*, zu der Angehörige des IfL aus den 80er Jahren geladen waren,[44] sollte weiteren Aufschluss über die Hintergründe des neuen Statuts geben.[45] Die Antworten der ehemaligen Dozenten klingen ähnlich verblüffend wie das Statut selbst. Keiner der Lehrenden und für die Administration Mitverantwortlichen – sowohl auf dem Podium wie aus dem Plenum – wollte sich an die Neufassung des Statuts erinnern.⁴⁶ Stattdessen wies man auf die grundsätzliche Bedeutungslosigkeit solcher Papiere – ob geschrieben oder ungeschrieben – für den Lehrbetrieb hin. Die offiziellen Verlautbarungen hätten in keiner Weise etwas mit der Unterrichtspraxis am Hause zu tun gehabt, konstatierte der Schriftsteller Peter Gosse, der ab 1973 am Haus vor allem Lyrik gelehrt hatte und zu Zeiten der Abwicklung des Becher-Instituts ab 1992 das Amt des kommissarischen Direktors übernehmen sollte. Um kulturpolitische Richtlinien habe man sich in den 1980er nicht mehr geschert, man sei unabhängig, autonom und liberal gewesen. Der Lehrkörper habe gemeinschaftlich am selben Strang gezogen und im Mittelpunkt habe die Förderung des literarischen Talents und nicht der sozialistischen Einstellung gestanden.⁴⁷ Bestätigt wurden diese Eindrücke nicht nur von seinen Kollegen,⁴⁸ sondern auch von Studierenden, die in den 80er Jahren am Institut eingeschrieben waren. Diese zeichneten sich indes weder durch besondere Linientreue noch durch ein Parteibuch aus. Stattdessen pflegten sie Kontakte zu der unabhängigen Literaturszene, wie etwa Holger Jackisch, Katja Lange-Müller, Norbert Marohn und Gundula Sell.⁴⁹ Man habe machen und schreiben können, was man wollte, habe Lehrplanänderungen eingefordert und zum Teil bewilligt bekommen und ein entspanntes und bisweilen auch freundschaftliches Verhältnis zu den Dozenten und Direktoren gepflegt. Und mitnichten habe man sich politisch gegängelt gefühlt.⁵⁰ Ein weiteres Indiz, das für diese von allen Seiten behauptete Toleranz am Becher-Institut in den 1980er Jahren spricht, ist, dass es in dieser Dekade erstmals keine Zwangsexmatrikulationen gegeben hat im Unterschied zu allen Dekaden davor.⁵¹

Behält man den ideologischen Duktus des neuen Statuts im Blick, erscheinen auch die wiederholt von Studierenden wie Lehrenden des Instituts getätigten Verweise auf den außerordentlichen Status des Insularen, den das Literaturinstitut in den 1980er Jahren gehabt haben soll, so bemerkenswert wie widersprüchlich: Als eine »Insel der Seligen«,⁵² »Insel der Liberalität«⁵³ oder auch als »Insel der Toleranz«⁵⁴ sei das IfL ein Fluchtpunkt im Literatursystem der DDR gewesen. Im Sinne eines ideologiefreien Raums habe man an der Hochschule für ›sozialistisches‹ Schreiben im letzten Jahrzehnt ihres Bestehens großen Wert auf künstlerische Freiheit und politische Unabhängigkeit gelegt. Wie ist diese unverkennbare Widersprüchlichkeit von offiziellen Akten und Zeitzeugenaussagen zu interpretieren? Was sagen diese Befunde aus über die Rolle, die das Becher-Institut in den 8oer Jahren in der kulturpolitischen Landschaft wie im literarischen Raum der DDR besaß? Im Vergleich zu der unabhängigen Literaturszene der DDR lässt sich die Einordnung des Becher-Instituts besonders gut erschließen. Denn in Sachen Autonomiestatus und ästhetischer Eigensinn war das IfL keine singuläre respektive insulare Erscheinung, sondern lediglich Teil einer Entwicklung, die sich seit den späten 1970er Jahren aus den leisen Protestformen kultivieren konnte. Nicht zuletzt spielte die alternative Literaturszene, mit der sich nicht wenige der IfL-Studierenden in den 1980er solidarisch sahen, während einige von ihnen sogar aktiv darin mitwirkten, eine entscheidende Rolle. Obwohl es weder direkte Verflechtungen zwischen dieser Szene und der Institution Becher-Institut gab noch offizielle Begegnungen veranlasst wurden, so konnte sich, wer wollte, engagieren, ohne Sanktionen befürchten zu müssen.[55] Auch dies entsprach ebenjenem Muster der leisen Protestformen, durch die im Kollektivsystem DDR nun Teilöffentlichkeiten entstanden, die nichts mehr von der Qualität eines zurückgezogenen und möglichst unauffälligen Nischendaseins hatten.[56] Zu demonstrativ wurden die entsprechenden künstlerischen Aktionen von den Vertretern der alternativen Kunstszene durchgeführt. Deren Vielfältigkeit und teilweise starke Ausdifferenzierung in unterschiedliche Gruppierungen signalisierte darüber hinaus, dass man an größeren Widerstandsbewegungen als Einmischung in das System kein Interesse hatte. Vielmehr ging es um die Verteidigung und Umsetzung individualistischer Lebensentwürfe, deren Anspruch auf Eigensinn und Autonomie bewusst gegen die kollektiven Absichten des Staats ins Feld geführt werden sollte. In diesem Kontext lässt sich das Becher-Institut als eine der vielen Inseln im Archipel dieser sich als unabhängig wie eigenständig begreifenden, aber auch miteinander vernetzten Initiativen beschreiben,[57] in dem es galt, eigene Experimentierfelder und Spielregeln zu entwickeln. Allerdings, und darin besteht letztlich ein gravierender Unterschied, kann das Literaturinstitut im Vergleich mit den unabhängigen Literaturszenen nur als ein bedingt eigenständiger Raum verstanden werden. Denn musste sich Letztere in ihrer institutionellen Loslösung allenthalben neu konstituieren,[58] standen die Studierenden des Becher-Instituts, schließlich wie in den Jahrzehnten zuvor bestens alimentiert, unter dem Schutz wie der Kontrolle der offiziellen Kulturpolitik.

So verrät das neuformulierte Statut des Instituts – zu einer Zeit, als andernorts der kulturelle Umbruch spürbar und eine offensive Abwendung von der offiziellen Kulturpolitik zu beobachten war –, wie man bei aller beanspruchten Autonomie in der Praxis nach wie vor am Potential einer marxistisch-leninistischen Sozialismusutopie festhalten musste, um die Kulturpolitik möglichst nicht zu reizen. Diese Verflochtenheit von staatlicher Abhängigkeit und autonomem Selbstverständnis ist es mithin, die das Literaturinstitut in der Dekade der 1980er Jahre prägte. Insofern es also keineswegs eine unabhängige Organisationsstruktur besaß, kann und konnte das Institut als ein subversiver Gegenort nur sehr bedingt Geltung beanspruchen.[59] Viel eher scheint es ein von den herrschenden Kulturverwaltern organisierter Raum gewesen zu sein, in dem abgeschirmt, aber geduldet im Abseits von Norm und sozialistischem Anspruch agiert werden konnte. Zugespitzt formuliert ließe sich sagen: am Institut für Literatur »Johannes R. Becher« war eine nachwachsende Autorengeneration untergebracht, der – von Staatsdoktrin und Kulturpolitik toleriert – ermöglicht wurde, sich künstlerisch frei und autonom zu entfalten, sofern – darin sind sich immerhin auch die befragten Absolventen und Absolventinnen in ihren Beurteilungen einig – nichts davon nach außen drang: eine von den ›Göttern der Doktrin‹ geschützte Insel der Seligen, die vom Unbill ihrer Umgebung abgeschottet und verschont blieb.[60] Etliche der weder durch besondere Parteitreue noch durch kulturpolitische Einsatzbereitschaft hervortretenden Studienanwärter wurden in den 1980er Jahrgängen[61] von den entsprechenden Entscheidungsinstanzen, zu denen neben dem Literaturinstitut immerhin der Schriftstellerverband und das MfK gehörten, zum Studium delegiert. Dies sagt einerseits sicherlich viel über eine zunehmend legerer werdende Handhabung in den jeweiligen Gremien aus, andererseits aber auch über das Geschick der Studierenden, ihr Desinteresse am und ihren Dissens gegen das Regime im Vorfeld des Studiums nicht allzu laut werden zu lassen. Dass einige der Studierenden an Publikationen und Aktionen der alternativen Szene beteiligt waren, dürfte den Gremien dennoch kaum entgangen sein, was ein weiteres Beispiel für das »Doppeldenken«[62] der Politik der späten DDR darstellt. Der Absolvent Holger Jackisch, der in den Jahren 1985 bis 1988 am IfL studiert hatte, verglich die transparente Intransparenz des Instituts späterhin mit einer Käseglocke.[63] So konnten die Studierenden der 1980er Jahre am Becher-Institut im Unterschied zu ihren

Vorgängern in den Jahrzehnten zuvor ästhetisch wie thematisch Unkonventionelles, Nicht-Konformes, Kritisches und Experimentelles erproben, ohne ein größeres Risiko einzugehen, negativ sanktioniert zu werden.

4. Realistisches Schreiben jenseits des sozialistischen Realismus

Den am Becher-Institut immatrikulierten Studierenden waren die für die 1980er Jahre typischen Formen der Abwendung vom Selbstverständnis des sozialistischen Kollektivgedankens und der stillen Resistenz gegen das Regime also alles andere als fremd. Nicht zuletzt spiegeln sich diese Auffassungen in vielen ihrer literarischen Beiträge wider. Ihnen ist das Desinteresse am Sozialismus als Lebensentwurf und Utopie eingeschrieben.

In den vier Jahrgängen des Direktstudiums, die in den 80er Jahren eine Institutsausbildung durchliefen,[64] wurden insgesamt 78 Studierende immatrikuliert, davon 51 Männer und 26 Frauen. Ihr Alter lag in der Regel zwischen Ende 20 und Anfang 30, und alle hatten bereits Studien- und Berufserfahrung vorzuweisen. Wie viele von ihnen Mitglieder der SED waren, lässt sich nur vermuten, da ein Zugriff auf die jeweiligen Personalakten nicht möglich ist. Nach Aussagen von Zeitzeugen dürften aber nur wenige der Studierenden parteizugehörig und in noch geringerer Zahl aktiv in der Parteipolitik tätig gewesen sein – unter Letzteren befanden sich allerdings auch Stasi-Spitzel.[65] Lediglich von 55 der 78 Studierenden sind die literarischen Abschlussarbeiten überliefert.[66] 27 Absolventen haben für ihre Abschlussarbeiten die Gattung der Prosa gewählt, wobei hier die kürzeren Formen der Erzählung überwiegen. Des Weiteren schrieben 28 Studierende zusätzlich oder ausschließlich in den Gattungen Lyrik (14) und Dramatik (14).[67]

Thematisch handeln die literarischen Arbeiten, gleichgültig welcher Gattung sie angehören, überwiegend vom Alltäglichen, wobei auf Liebe, Einsamkeit, Fernweh, Freundschaften und Kindheit, private Lebensräume im Städtischen und Ländlichen, auf Naturerfahrung, aber auch auf Gewalterfahrung im privaten Umfeld Bezug genommen wird.[68] So rückte der Stellenwert des individuellen Lebensstils in den Vordergrund – häufig als Krisenerfahrung gestaltet, insofern von unerfüllten Sehnsüchten und Identitätsmiseren sowie von Beziehungsdesastern im Freundschafts-, Familien- bzw. Ehegeflecht erzählt und gedichtet wurde.[69] Dabei fällt auf, dass einige Studierende ihre Texte in abgeschotteten Räumen verorteten oder sich isolierter Erzählpositionen bedienten und somit auf jene Topoi und Metaphern des Insularen Bezug nahmen, die in dieser Phase eben auch jenem Raum zugeschrieben wurden, an dem sie entstanden waren: dem Literaturinstitut in den 80er Jahren.[70] Gesellschaftliche und politische Themen wurden in den literarischen Texten dieser Zeit hingegen weit seltener und weniger plakativ behandelt. In eher unaufdringlichen und leiseren Tönen widmete man sich Politischem und Sozialem als subkutanen Erscheinungen unter der Oberfläche des privaten Lebens, statt es in den großen Kontext der Ideologie zu stellen.[71] Kapitalismuskritische Texte oder solche, die den Sozialismus positiv behandelten, kamen erst gar nicht vor. Wenn die Arbeitswelt überhaupt noch dargestellt wurde, dann überwiegend als Sphäre der Entfremdung, der Ödnis und der Mangelwirtschaft.[72] Etliche der Prosatexte sind stilistisch der realistischen Erzählweise verpflichtet, insofern sie sich an Geschehnissen der Wirklichkeit orientieren. Aber es ist eben die ›kleine‹ Wirklichkeit des in der Gegenwart oder Vergangenheit angesiedelten Profanen und Privaten, die zur literarischen Darstellung kommt und nicht selten auf minutiösen Beobachtungen der abgründigen Zustände und Entwicklungen des individuellen Lebens beruht.[73] Die aus dem sozialistischen Realismus bekannten Verhandlungen weltanschaulicher Fragen sowie die optimistischen Widerspiegelungen der sozialistischen Lebenswelt, in der es häufig zu einer Amalgamierung der Sphären von Arbeit und Privatem kam und in der weithin um eine zukunftsorientierte Perspektivierung des Sozialismus gerungen wurde, findet man in den Abschlussarbeiten der 1980er Jahre am Becher-Institut nur noch ausnahmsweise.[74] Und auch die Orientierung an den Prinzipien des sozialistischen Realismus (Parteilichkeit, Volksverbundenheit und Zukunftsoptimismus) bzw. an dessen Gestaltungsmustern des Typischen und Positiven fehlt völlig. Stattdessen wurden lange verfemte Stilmittel, welche dem sozialistischen Realismus in seiner missionarischen Ernsthaftigkeit weitgehend fernlagen, wiederbelebt, wie etwa die Distanzierungsformen der Ironie und Satire. Wiederum andere Prosatexte überschritten die Grenzen der realistischen Erzählweise, insofern sie Stilelemente des Surrealen und Grotesken verwendeten, mittels deren die Figuren und das Handlungsgeschehen auf der Erzählebene paradox, aberwitzig oder absurd erschienen.⁷⁵ Die Akteure dieser literarischen Welten taugen indes auch nicht mehr zu Großem und Heroischem. Sie sind Antihelden, die sich in Sphären der Desillusion und der Niederlagen, des Schäbigen und Dunklen bewegen und die Nacht dem Tage vorziehen. Auch in den dramatischen und lyrischen Abschlussarbeiten spiegeln sich diese Themen und Charaktere, wobei besonders die dramatischen Stücke Überzeichnungen ins Groteske und Absurde nutzten,⁷⁶ während die Lyrik sich vermehrt den stillen und subjektiven Befindlichkeiten verschrieb, deren Tonlagen von Illusionslosigkeit über Resignation und Hoffnungslosigkeit reichten, mitunter aber auch von Ironie und Trotz gekennzeichnet waren. Was zudem nicht wenige der Abschlussarbeiten auszeichnet und für die Qualität der Autorenausbildung gerade in dem Fach Weltliteratur spricht, sind intertextuelle Bezugnahmen, die weit über den Kanon einer sozialistisch-realistischen Literatur hinausreichten und auch Literaturverfilmungen nicht außen vorließen. So finden sich etwa Anleihen bei Franz Kafka, Ingeborg Bachmann und Paul Celan, bei Antonin Artaud, William Faulkner, Herman Melville und den Beatniks.⁷⁷

Allenthalben zeichnet die meisten literarischen Arbeiten dieser Dekade aus, dass sie den doktrinären Ansprüchen, wie sie in den offiziellen Institutsrichtlinien formuliert waren, keine Rechnung trugen und somit die These, am Becher-Institut habe man unter liberalen Bedingungen (Insel der Toleranz) studieren und schreiben können, zu bestätigen scheinen. Anhand einer genaueren Analyse dreier literarischer Texte, die sich thematisch mit dem raumzeitlichen Narrativ des Insularen⁷⁸ befasst haben, soll im Folgenden zunächst einmal gezeigt werden, wie der behauptete Anspruch künstlerischer Autonomie und ästhetischen Eigensinns in den literarischen Arbeiten der Studierenden zur Geltung kam.

5. Aus den Studienarbeiten: Von Türmen, Narren und Göttern

Die Aussage von Peter Gosse, Direktiven habe man in der Praxis weitgehend ignoriert, scheint sich mit Blick auf die drei ausgewählten Texte nachgerade zu bestätigen. In ihnen spiegeln sich kaum die Anforderungen des Statuts von 1981 wider, nach denen Schriftsteller »mit festem sozialistischen Klassenbewußtsein« so aus- und weiterzubilden waren, dass sie in »fester Verbundenheit mit ihrer marxistisch-leninistischen Partei« bereit und fähig sein sollten, vermittels ihres literarischen Schaffens im Sinne des sozialistischen Realismus »an der weiteren Gestaltung der entwickelten sozialistischen Gesellschaft aktiv mitzuwirken.«[79] Dass sie zu DDR-Zeiten nicht im offiziellen Literaturbetrieb veröffentlicht werden konnten,[80] zeigt andererseits, wie mächtig der konsensdiktatorische Einfluss letztlich dann doch war.[81]

5.1 Turmgesellschaft

Die dreiseitige Erzählung mit dem Titel *Turmgesellschaft*[82] des Studenten Holger Jackisch konnte immerhin 1989 noch vor dem Mauerfall in der Samisdat-Zeitschrift *Sno'boy* veröffentlicht werden. Zwei Jahre zuvor, im Entstehungsjahr 1987, wurde der durchaus als heikel geltende Text bereits in dem schöpferischen Seminar Prosa unter der Leitung von Helmut Richter vorgelesen und diskutiert.[83] In *Turmgesellschaft* berichtet ein Ich-Erzähler, wie er sich am späten Nachmittag vor das Tor der Zentrale des Ministeriums für Staatssicherheit in Leipzig postiert hat, um Mitarbeiter zu beobachten, die ihren Arbeitsplatz zum Feierabend verlassen. Das abgeschirmte und von einem bewaffneten Soldaten bewachte Hochhaus, aus dem die Angehörigen des MfS am Ende ihres Arbeitstages strömen, hat acht Stockwerke. Ebenso viele sollen in die Tiefe gehen. Durch seine separierte Lage erweist sich der Turm mithin als ein abgeschotteter Raum. Was beobachtet nun der Beobachter, der sich gleichfalls auf seinem Beobachterposten in einer isolierten Lage befindet? Er beobachtet Angehörige des DDR-Überwachungsapparates und Geheimdienstes im Moment eines Übergangs; er verfolgt, wie am Feierabend die Überwacher von DDR-Bürgern sich ihrerseits als DDR-Bürger am Ende eines Arbeitstages zu erkennen geben. Er schaut dabei zu, wie die personifizierte Bedrohung sich unverhohlen zeigt, und er ist erstaunt darüber, wie durchschnittlich diese Personen wirken und sich in nichts von anderen Werktätigen unterscheiden. »Ich sah, was ich vor jedem anderen Werkstor auch hätte sehen können.«[84] Das Wiedererkennen eines Bekannten unter den Angehörigen der ›Turmgesellschaft‹ ruft im Ich-Erzähler plötzlich eine Erinnerung wach. Sechs Jahre zuvor wurde er gemeinsam mit diesem Bekannten in einer Wohnung wegen politisch verdächtiger Zusammenkunft von vier Männern des MfS verhört. Der mittlerweile zum Kollegen dieser vier Männer Gewordene war damals derart wütend und beschimpfte die Ermittler aufs deutlichste, woraufhin er vor der Tür der Wohnung schließlich von ihnen zusammengeschlagen wurde. »Und ich sah sein Gesicht, als er wieder hereinkam – blaß vor Stolz. Ja, er war befriedigt, stolz auf sich«,[85] erinnert sich der Ich-Erzähler, während er zusieht, wie der Bekannte nun auf seine Frau und das gemeinsame Kind zusteuert, die vor dem Tor auf ihn warten. In dem vierseitigen Text wird die Bezeichnung Staatssicherheit nicht verwendet. Der Hinweis auf das MfS liegt in seiner Verortung bzw. Benennung.

[E]ine kleine langweilige Straße [...], ohne besondere Kennzeichen und wie dazu geschaffen, übersehen zu werden. [...] Und doch soll sich gerade hier das eigentliche Zentrum der großen Stadt befinden, die ›Zentrale‹? [...] Mich hat ein Freund darauf aufmerksam gemacht: »Schau es Dir an, das große Bürogebäude in der Fleischergasse«.

Es stellt sich eine merkwürdige Beklemmung und Resignation ein, als sei man Zeuge eines gespenstischen Vorgangs, wenn man den Beobachtungen des Ich-Erzählers folgt. Dieser Eindruck wird nicht zuletzt durch die literarische Inszenierung einer Schwellensituation erzeugt. Literarische Schwellentexte handeln von Erfahrungen eines Übergangs bzw. einer Grenzüberschreitung, die häufig geknüpft sind an die Erwartung eines Umbruchs oder einer Verwandlung.[86] Jackisch hingegen unterminiert in seinem Text genau diese Erwartungen. Denn im Moment des Übertritts der Schwelle geschieht nichts: keine Verwandlung, kein Umbruch, keine Veränderung. Keine Monstren verwandeln sich in Menschen. Keiner der Passanten schenkt ihnen die geringste Beachtung.

Man sieht junge Männer, die sich bunte Sturzhelme aufsetzen und ihre Maschinen starten; Frauen mit Erdbeerkörbchen, die zur Straßenbahn hasten. [...]; man sieht Männer, die sich schwankend auf den Weg in die Kneipen machen, und Frauen, die in die Neubaugebiete fahren, wo man im »Kreis der Familie« trinkt; andere schauen sich vielleicht Kriminalfilme im Fernsehen an, Detektivserien mit aufregenden Typen, die in der ganzen Welt dabei sind und von denen man erst bei der letzten Einstellung – wenn sie mit großer Geste sterben – erfährt, für wen sie wirklich arbeiten.[87]

Alles bleibt, wie es ist, alles scheint normal und gewohnt – das Klischee von Spionen und Geheimnisträgern, seien es Helden oder Schurken, hat nichts mit dem eigenen Leben zu tun, es findet auf der fernen Mattscheibe statt. Das Privatleben der ›echten‹ Geheimnisträger erweist sich hingegen als komplett ereignislos. Damit wird gleichzeitig ein anderer Zeitmodus aufgerufen, der der zyklischen Alltagszeit, in der »die Zeit keinen historischen Verlauf kennt«,[88] sondern lediglich die Wiederholung des Immergleichen, Alltäglichen, ›das normale Programm‹. Jeden Tag aufs Neue verlassen die MfS-Mitarbeiter, die Teil eines Systems aus Denunziation, Verrat und Zerstörung sind, ihren Arbeitsplatz; jeden Tag wiederholt sich die ›Normalität des Bösen‹.

Und am nächsten Morgen gehen sie dann alle wieder an ihre eigene Arbeit, in das große sachliche Gebäude gegenüber dem kleinen Kino, in dem tagsüber das normale Programm läuft und in den Nächten Konzerte stattfinden.[89]

Was mit der Verschränkung zweier Zeitmodi (Schwellenzeit, Alltagszeit) ästhetisch produktiv gemacht wird, ist eine doppelte Reflexion von gefrorener Zeit: Zum einen wird man der Ereignislosigkeit, der Stillstellung der Abläufe durch ihre Wiederholung gewahr. Zum anderen verweist die Stillstellung einer sich eigentlich durch Dynamik gekennzeichneten Schwellensituation auf die Haltung der Resignation, die wiederum den äußeren Stillstand als inneren spiegelt.

Das beschriebene Handlungsgeschehen erscheint auf den ersten Blick indes auch höchst unspektakulär. Aber aus dieser vermeintlichen Harmlosigkeit gewinnt der Text schließlich seine List. So bezieht er seine Ironie daraus, dass der Ich-Erzähler den Ort seiner Inspektion selbst als einen unauffälligen Platz beschreibt. Dies wiederum verweist auf nichts weniger als darauf, dass die für die Spionage des Alltagslebens in der DDR allseits bekannten Geheimdienstmitarbeiter nun ihrerseits aus einem heimlichen Blickwinkel in ihren Alltagsverrichtungen beobachtet werden, zumal von einem Erzähler, der sich als eine schon längst von der Staatssicherheit ins Visier genommene Person entpuppt: Eine Verkehrung der Verhältnisse, die Jackisch in seiner *Turmgesellschaft* gewitzt inszeniert. Dabei bleibt der Ton sachlich und distanziert, ohne emotionale Anteilnahme und Anklage oder Zorn und ohne, wie bereits erwähnt, die Behörde für Staatssicherheit zu benennen. In dieser nüchternen Veralltäglichung und Verharmlosung des mächtigen Kontrollapparats ist indes zweierlei aufgehoben: Einerseits die subjektive Erfahrung seines Schreckens, aber ebenso wird der subjektiven Erfahrung auch die Möglichkeit seiner Entdämonisierung eröffnet.

Holger Jackisch studierte von 1985 bis 1988 am Becher-Institut. 1959 in Bautzen geboren, arbeitete er nach seinem Abitur zunächst als Krankenpfleger, absolvierte ein Studium an der Ingenieurschule für Bauwesen in Leipzig und arbeitete danach für einige Jahre als Bauleiter. Er galt als einer der begabtesten Studenten seines Jahrgangs,[90] hatte einige Erfolge mit Hörspielskripten, blieb aber mit seiner vom Stil der Reportage geprägten Prosa von der Öffentlichkeit bis heute weitgehend unbeachtet. Nach der Wiedervereinigung konzentrierte er sich als Leiter der Feature-Redaktion des MDR auf den Hörfunk. Er starb 2001 im Alter von 42 Jahren nach schwerer Krankheit.

5.2 Wenn ich groß bin, flieg ich zu den Sternen

Kathrin Aehnlich absolvierte ihr Studium am Becher-Institut im selben Zeitraum wie Holger Jackisch. Mit ihm hatte sie bereits gemeinsam an der Ingenieurschule für Bauwesen in Leipzig studiert und ebenfalls drei Jahre im Baubetrieb gearbeitet, bevor sie 1985 das Literaturstudium aufnahm. Holger Jackisch war sie freundschaftlich und künstlerisch eng verbunden.[91] Da sie zur Zeit ihres Literaturstudiums mit Ulrich Kiehl, einem Studenten aus dem vorherigen Jahrgang des Direktstudiums, verheiratet war, hatte sie ihre Abschlussarbeit unter dem Namen Kiehl eingereicht. Später veröffentlichte die in der Nachwendezeit reüssierende Autorin ihre Texte unter ihrem Mädchennamen – so auch die Erzählung *Wenn ich groß bin, flieg ich zu den Sternen*, die Teil ihrer im Jahr 1988 eingereichten literarischen Abschlussarbeit am Becher-Institut ist und die schließlich erst 1998 veröffentlicht wurde.[92]

Auch Aehnlichs Erzählung erzeugt eine Atmosphäre der Tristesse, Ödnis und Ernüchterung, wenngleich stilistisch mit anderen Mitteln als Holger Jackisch. Gleichfalls aus der Ich-Perspektive erinnert sich die Erzählerin an ihre Kindheit und berichtet von sich als neunjährigem Mädchen, dessen Alltag maßgeblich von Erwachsenen bestimmt wird. Ihre Eltern bringen das Mädchen in der »Christenlehre« bei Frau Goldhuhn unter, obwohl es selbst lieber Mitglied der »Jungen Pioniere« wäre.

Je näher wir dem Pionierhaus kamen, umso stärker wurde der Druck seiner Hand, der mich von den Schaukästen weg, auf die andere Straßenseite zog. Ich verstand meinen Vater nicht. Bereits vor meinem Beitritt in die Pionierorganisation hatten sich meine Eltern gestritten. Ich fand diesen Streit merkwürdig, denn weder mein Vater, noch meine Mutter sollten Pionier werden, sondern ich, und ich hatte mich längst entschieden. […] Nun aber zog mich mein Vater auf die andere Straßenseite, aus meiner Familie seien alle hierher gegangen und es habe keinem geschadet: Aus uns sind alles anständige Menschen geworden. Und nun war die Reihe an mir, ein anständiger Mensch zu werden. Ich wurde durch die geöffnete Tür zwischen die Hände von Frau Goldhuhn geschoben, die mich unter ihre große Brust drückte und mein Schäfchen nannte. […] Ich hatte sie mir im engen glitzernden Kleid vorgestellt, mit einem Büschel goldener Federn auf dem Kopf. Sie würde ein Lächeln haben, wie die Frauen aus den Filmprogrammen, die meine Mutter sammelte. Als ich sie endlich sah, war ich enttäuscht über ihren weiten Pullover, die Hornbrille mit den dicken Gläsern. Nur ein Kreuz glitzerte kaum sichtbar an ihrem Hals.[93]

Eines Tages traut sich das Mädchen, statt in den Religionsunterricht, heimlich zu einer Veranstaltung der Pionierorganisation zu gehen. Als es anschließend nach Hause kommt, sitzt seine sehr nervöse Mutter mit der linientreuen Heimatkundelehrerin aus der Schule bei einem Kaffee zusammen. Die Stimmung ist angespannt, und das Mädchen hat die Befürchtung, dass seine Mutter von seiner Heimlichtuerei weiß. Entsprechend rückt es, als die Lehrerin fragt, woher es denn gerade kommt, mit der Wahrheit heraus und ist äußerst erstaunt darüber, dass die Mutter sie nicht rügt, sondern lediglich erleichtert auflacht und sich anscheinend sehr über die Nachricht freut.

Ich trat an den Tisch, zog das Kosmonautenfoto aus meiner Tasche und legte es zwischen die Kaffeetassen. »Ich war im Pionierhaus!« Ich schloß die Augen und wartete auf eine Ohrfeige. Nur bei schweren Vergehen *rutschte meiner Mutter die Hand aus*, und ich war sicher, daß mein heimlicher Pionierhausbesuch ein besonders schweres Vergehen war. Nichts geschah. Meinem Geständnis folgte das schrille Lachen meiner Mutter: *Die Kinder werden immer selbständiger.*[94]

Mit vermeintlich unschuldigem Blick wird hier ein dirigistisches Erziehungssystem im raumzeitlichen Mikrokosmos einer Kindheitsperspektive entlarvt. Dabei erweist sich die Kindheitsperspektive in ihrer Verortung als eine isolierte Perspektive, die nichts von den Ängsten und Sachzwängen weiß, denen die Erwachsenen unterworfen sind. Das Mädchen ist vielmehr befremdet von den Verhaltensweisen der Eltern, Verwandten und Lehrerinnen und fühlt sich selbst unverstanden und ausgeschlossen. Wiederholt fällt der Satz »Ich verstand nicht.«[95] Kathrin Aehnlichs Erzählung hat satirischen respektive parodistischen Charakter, insofern sie sich in formaler Überspitzung auf gesellschaftliche Zustände in der DDR bezieht und mit der Parodie auf eine Textgattung, die diese Zustände zum Gegenstand macht.[96] Die Perspektive des Kindes als eine von mangelnder Erfahrung und Unwissenheit führt zu einer Verzerrung des geläufigen Blicks auf das Alltagsgeschehen bzw. auf das Gewohnte und Vertraute, hier vor allem auf die Räume der Erziehung, das häusliche Umfeld, die Schule, das Gemeindehaus und das Gebäude der Jungen Pioniere.[97] Kindern wird in der abendländischen Kultur eine gewisse Narrenfreiheit zuerkannt, die in alten Volksweisheiten häufig mit Wahrheit in Verbindung gebracht wird (»Kindermund tut Wahrheit kund« oder auch »Kinder und Narren sagen die Wahrheit«). Insofern werden Kinder in der Literatur auch gerne als Figuren des Narren aufgerufen, wenn es darum geht, als teilnehmender Beobachter die vertraute Umgebung befremdlich und unvertraut erscheinen zu lassen. Sitten, Hierarchien, Macht und Recht werden im arglosen Blick des Kindes ins Absurde gewendet, um Missstände offenkundig werden zu lassen.[98] Dies erreicht Kathrin Aehnlich in ihrer Erzählung vor allem mit Stilmitteln der Übertreibung, der Verzerrung und Verfremdung (Hyperbel), der Auslassung von Wichtigem (Ellipse) und der Verstellung und Vortäuschung (Ironie).

> Ich stand vor der Klasse, spürte die Hand meiner Lehrerin auf der Schulter, sah aus dem Fenster in den blauen Oktoberhimmel, sah in die sich öffnenden Münder meiner Klassenkameraden und spürte meine heiße Gesichtshaut. Alle sangen, weil ich heute Geburtstag hatte, ich und der berühmte erste Sputnik.[99]

> Oft stand ich abends am Fenster und suchte den Himmel nach irgendeinem Zeichen ab. Wie konnte Gott mich sehen, wenn ich ihn

nicht sah? Ich erwog, seine Aufmerksamkeit auf die Probe zu stellen, und beschloß, nachdem er mich wieder einmal bei meiner Mutter verpetzt hatte, ihm die Zunge herauszustrecken. Bereits auf dem Weg zum Fenster wurde ich unsicher. Was konnte Gott für meinen defekten Füllhalter und die Tintenflecke auf dem Teppich?[100]

Von Engeln hielt ich nicht viel. Ich fand es schrecklich, den ganzen Tag auf einer Wolke zu sitzen, artig zu sein und Lieder singen zu müssen. Ich erschrak, wenn mich mein Vater mein kleines Englein nannte, und betrachtete ängstlich meine spitzen Schulterblätter im Flurspiegel.[101]

Um mit solchen Stilmitteln die Entlarvung des Konventionellen und Selbstverständlichen zu ermöglichen,[102] müssen dem Leser allerdings die Situationen, die Verhältnisse, die Gebräuche und die Orte, auf die sich Handlung und Akteure beziehen, vertraut sein. Die Versuche der Eltern, ihrem Kind eine in der DDR geächtete Bildung zukommen zu lassen, die nicht auf ein zukunftsorientiertes Leben im Sozialismus gerichtet ist – welches in der Erzählung auf den Sputnik im Weltraum verortet ist –, sondern auf den viel jenseitigeren Raum des Christentums, müssen scheitern. Nach dem Besuch der Heimatkundelehrerin wird das Mädchen nicht mehr in den Religionsunterricht geschickt.

Ich erfuhr nie etwas über den Grund des Besuchs meiner Heimatkundelehrerin. Es war eine schweigende Abmachung zwischen meiner Mutter und mir, daß ich von diesem Tag an nicht mehr in die Christenlehre gehen mußte.[103]

Im Unausgesprochenen vermittelt sich die Angst vor Sanktionen. Für das Mädchen ist dies zwar eine erfreuliche Wendung, hat es den Religionsunterricht doch nie gemocht. Aus der parodistischen Logik der Verzerrung vermittelt aber Aehnlichs Geschichte das Gegenteil von Veränderung und Erneuerung. Wie in Jackischs *Turmgesellschaft* werden auch in dieser Erzählung die Themen Resignation und Stillstand fokussiert. Alternativen zum sozialistischen Erziehungsprogramm stehen in der DDR nicht zur Wahl. Als Gegen-Ort des Weltraums hat das Jenseits des Gottesreiches keine Chance, genauso wenig wie die Religion als Gegenmacht zum Sozialismus.

Beide Texte der Studierenden beziehen sich aus einer stark individuellen Perspektive der Isolation auf die realen Verhältnisse der DDR, insofern sie den Zustand von Stagnation und Erstarrung und den alltäglichen Umgang mit Formen der Maskierungen literarisieren. Als hintersinnige Gesellschaftskritik wirkt die Thematisierung eines bedrückenden und eintönigen Alltagslebens mehr ernüchternd als aufbegehrend. In Jackischs Text wird die Bedrohlichkeit des Ministeriums für Staatssicherheit in der Figuration seiner Mitarbeiter als frappierend unbedrohlich enttarnt, was den Eindruck, es mit einer unheimlichen Organisation zu tun zu haben, allerdings nur steigert. In Aehnlichs Text wird aus dem isolierten Blickwinkel einer vermeintlichen Arglosigkeit eine in den Kindheitsräumen der DDR typische, oder um es paradox zu sagen, eine typisch untypische Sozialisation reflektiert.

Insofern Jackisch und Aehnlich literarisch eher sachliche und ungerührte Einblicke in die realen Verhältnisse der DDR gewähren, statt »im Sinne des sozialistischen Realismus an der weiteren Gestaltung der entwickelten sozialistischen Gesellschaft aktiv mitzuwirken«,[104] teilen sie, trotz staatlicher und ökonomischer Alimentierung, die Haltung der Akteure der autonomen Literaturszene, die sich staatlicher Kontrolle und politischer Zugehörigkeit weitgehend zu entziehen suchten. Das Studieren am Becher-Institut zu dieser Zeit bedeutete also nicht mehr, sich literarisch dem Sozialismus zuwenden zu müssen, sei es in affirmativer oder kritischer Form, sondern es konnten nun neue und ungewohnte Schreibweisen der Ernüchterung, Indifferenz und Abwendung erprobt werden. So erweisen sich Texte wie die von Aehnlich und Jackisch nicht zuletzt auch als Indizien dafür, dass es in den 1980er Jahren den Studierenden möglich war, weitgehend autonom zu entscheiden, welchen literarischen Themen sie sich in welchen ästhetischen Formen zuwandten. Nicht wenige von ihnen nutzten diese Chance, und einige Studierende überschritten zudem die institutionellen Grenzen des Instituts, etwa indem sie Texte für die inoffiziellen Kunstzeitschriften schrieben oder gar eigene Samisdat-Zeitschriften produzierten.[105] Insofern lassen sich diese auch zweifellos in dem Archipel der autonomen DDR-Literaturszene verorten, deren Selbstverständnis darin bestand, weder Instrument noch Seismograph des sozialistischen Systems sein zu wollen.

5.3 Legende

Die literarische Abschlussarbeit von Ronald M. Schernikau dagegen erweist sich als eine gallige Abrechnung mit dem Kapitalismus im Geiste des Kommunismus. Insofern unterscheidet er sich auch wesentlich von den Texten Aehnlichs und Jackischs, denen eine entschieden distanziertere Haltung zum Sozialismus eingeschrieben ist. Was formale bzw. stilistische Verfahren betrifft, greift Schernikau allerdings wie Kathrin Aehnlich in ihrer Erzählung auf Stilmittel der Verzerrung und des Parodistischen zurück. Dabei offenbart sich die Textversion der ersten 30 Seiten seines Opus magnum *Legende*, die Schernikau 1988 als literarische Abschlussarbeit am Literaturinstitut eingereicht hatte, als höchst eigenwillig und unkonventionell – sie lässt sich sogar ohne Weiteres als das formal ungewöhnlichste und gewagteste Projekt beurteilen, das je am Becher-Institut eingereicht wurde. Im Vergleich zu den Arbeiten seiner Kommilitonen ist Schernikaus Arbeit in ihrem poetologischen Anspruch und ihrem ästhetischen Variantenreichtum mithin weit radikaler angelegt. Geläufige Sinnzusammenhänge und konventionelle narrative Strukturen werden hier absichtsvoll unterlaufen und in Frage gestellt, während sie etwa den Texten von Jackisch, Aehnlich, Drawert, Lange-Müller und weiteren trotz aller ernüchternden Modernität noch selbstverständlich zugrunde liegen. Man kann sogar so weit gehen, Schernikaus Text als eine Spielart der literarischen Dekandenz zu beurteilen, die aufgrund ihrer verfallsgeschichtlichen und hedonistischen Bezüge und ›nervösen‹ wie artifiziellen Schreibweisen in der DDR bekanntermaßen die längste Zeit ihres Bestehens diskreditiert worden war.[106] In seiner Vollständigkeit konnte das in konsequenter Kleinschreibung gehaltene und aus erzählender Prosa, Essays, Gedichten, Liedern, Interviews, Zeitungsartikeln, Rezensionen, Parteiprotokollen und Filmszenarien zusammengesetzte Montagewerk *Legende* erst nach dem frühen Tod Schernikaus[107] im Jahre 2000 publiziert werden.

Aber nicht nur der literarischen Arbeit, sondern auch dem Autor Schernikau kommt eine besondere Rolle im Betrieb des Literaturinstituts zu. Der 1960 in Magdeburg geborene und im westdeutschen Lehrte aufgewachsene Autor, der als überzeugter Kommunist Parteimitglied der Sozialistischen Einheitspartei Westberlins (SEW) war und sich zugleich als bekennender Homosexueller in der Westberliner Schwulenszene engagierte, nahm 1986 sein Studium in Leipzig auf, wofür er aus

Westberlin in die DDR umsiedelte.¹⁰⁸ Diesen ungewöhnlichen Schritt unternahm Schernikau aber nicht nur wegen der Möglichkeit, auf diese Weise eine umfassende und finanziell sorglose Schriftstellerausbildung zu erhalten. Vielmehr zog es ihn aus politischer Überzeugung in die DDR, wo, wie er bekannte, zu leben ihm mehr behagte als in Westberlin.¹⁰⁹ Sein offenherziges Bekenntnis zur DDR lösten unter seinen Kommilitonen indes auch einige Irritationen aus, zumal Schernikaus bewusst glamouröse und affektierte Selbstinszenierung auf sie zunächst höchst befremdlich wirken musste, war doch eine derartig offensive und selbstbewusste Zurschaustellung der eigenen Homosexualität in der DDR völlig unbekannt. So konstatierte seine damalige Kommilitonin Kathrin Aehnlich später: »Ja, und als dann Schernikau kam, war das natürlich für uns einerseits unfassbar [...] wie kommt jetzt jemand aus dem Westen in den Osten.«¹¹⁰ In Erinnerung an Schernikaus Auftritt am Literaturinstitut zitierte sie schmunzelnd eine andere Mitstudentin: »Gudula Ziemer sagte immer: ›Das ist die schönste Frau unserer Seminargruppe.‹«¹¹¹

Schernikaus Projekt *Legende* lässt sich am ehesten der der literarischen Dekadenz nahestehenden Ästhetik des *Camp* zuordnen, einer stilistisch überpointierten Art der künstlerischen Verarbeitung, die vor allem auch Phänomenen der Trivial- und Popkultur ästhetische Beachtung schenkt und damit die Grenzen von E-Kultur und U-Kultur einzieht. Entgegen Susan Sontags Einschätzung von *Camp* als einer unpolitischen Variante des Künstlerischen handelt es sich hierbei allerdings um ein politisches *Camp*-Konzept, wenn auch parodistisch höchst verzerrt. Folgt man den weiteren maßgeblichen Konturierungen dieses Kunstphänomens durch Susan Sontag, auf die sich Schernikau in der abgeschlossenen Version seiner *Legende* sogar explizit bezieht,¹¹² dominiert in der Ästhetik des *Camp* der Stil den Inhalt, das Ästhetische das Moralische, die Ironie die Tragödie. Der Hang zum Naiven, Übertriebenen und Gekünstelten im Umgang mit Kunstwerken und Alltagsgegenständen sei dem Camp eigen. Es widme sich bewusst dem Dekorativen und wende sich dem Alltäglichen zu.¹¹³ All diese Eigenschaften treffen auf das 840 Seiten starke Werk Schernikaus zu, der selbst einmal feststellte: »der ganze sinn des camp liegt in seiner enthronung des ernsten.«¹¹⁴ Mit seiner aberwitzigen und karikaturistischen Personnage, den comic-verwandten, höchst versponnenen Plots und Handlungsfäden und dem zwischen Umgangs- und lyrischer Sprache changierenden Duktus wie auch mit seiner jegliche Gattungsgrenzen sprengenden Struktur und thematisch, stilistisch wie formal höchst avancierten und ironischen Herangehensweisen an das Ideal des Sozialismus sucht Schernikaus Werk *Legende* indes nicht nur im deutschsprachigen Raum seinesgleichen. Dieses Spektrum des Formenreichtums, Aberwitzes und des Grotesken kündigt sich bereits in dem Ausschnitt erzählender Prosa an, den Schernikau als künstlerische Abschlussarbeit am Becher-Institut eingereicht hatte.

Die drei vorgelegten Erzählausschnitte sind nach dem Muster der Bibel in Bücher, Kapitel und Verse untergliedert.[115] In den ersten beiden, mit *Die Götter* und der *Der Fabrikant der Insel* überschriebenen Teilen (Teil I und Teil II, Buch 1) werden die wichtigsten Protagonisten (die Götter fifi, kafau, stino, tete sowie der Fabrikant janfilip geldsack) ebenso umstandslos eingeführt wie der Ort der Handlung (die Insel). Die Götter treffen auf ihrem Weg himmelabwärts auf den auf der Insel lebenden Schokoladenfabrikanten, der auf dem Rückflug aus dem Urlaub in eine schwere Depression gerät und seinen Suizid plant, den die Götter aber verhindern können. Aus der Vogelperspektive der Protagonisten wird die unschwer als Westberlin zu erkennende Insel eingeführt, welche von dem Land DDR umgeben ist: Eine ›Insel der Vergangenheit‹,[116] so heißt es, inmitten des ›Landes der Zukunft‹,[117] Im Unterschied zu diesem auch als »ort des wunderbaren«[118] beschriebenen Land erweist sich die Insel als wenig wunderbar in ihrer Konzentration auf Profit und Gewinnmaximierung – »oh ungeheure traurigkeit des späten kapitalismus«,[119] wie der Vertreter dieses Prinzips janfilip geldsack in seiner Depression letztlich selbst erkennt. Die Götter fifi, kafau, stino und tete[120] schlagen dem melancholischen Fabrikanten vor, statt sich der Verzweiflung hinzugeben, doch besser zu handeln.[121] Der Fabrikant lässt sich darauf ein und beschließt, Osthandel zu betreiben, da es im Land der Zukunft bisher nur Schokolade von schlechter Qualität gibt. Außerdem beschließt er, die gleichfalls auf der Insel lebende Stellvertreterin des Kommunismus lydia königin zu heiraten – die im sogenannten zweiten Buch von Teil II eingeführt wird –, um den Kapitalismus auf der Insel zu vernichten.

ich bin janfilip. dies hier ist leider die insel. […] ich werde mich selber vernichten. |24| nicht als person, ich werde mich als kategorie vernichten. ich soll mich nicht mehr geben. es soll keinen mehr geben wie mich, niemals mehr. |25| ich muß das glückliche leben leben! ich muß so sein wie alle anderen! ich heirate! ich heirate eine kommunistin! was kann ich machen? ich kann eine kommunistin heiraten. ich die guerilla des spätkapitalismus!¹²²

Die Verstiegenheit dieses Bekenntnisses ist typisch für Handlungsstruktur und Handlungsszenarium der *Legende*, in der sich Ereignisse überschlagen und zuspitzen, Personen so parodistisch kommunizieren wie handeln und es Götter gibt, die auf die Insel purzeln, um pathetisch die Rettung dessen zu prophezeien, was nicht zu retten ist, nur um im Anschluss daran komplett ins Profane abzugleiten.

|54| du bist janfilip geldsack. dieses unter uns ist die insel. du wirst die insel nicht retten. |55| aber du wirst die insel retten wollen. das ist dein fluch. das sentiment janfilips ist sein schicksal. [...] |57| du wirst es nicht schaffen. der auftrag richtet sich an den falschen. du weiß es. du kannst die insel nicht retten. Aber du versuchst und versuchst und versuchst es. [...] |59| übrigens regnet es draußen. |60|¹²³

Der Eindruck des Grotesken und Aberwitzigen wird durch permanente Übertreibung und Ironie vermittelt. In dieser Zuspitzung und Überdrehung entfaltet sich dann auch das Moment des Komischen, durch welches sich Wahrnehmungen und Erkenntnisse von Antagonistischem, Divergentem, Widersprüchlichem und Konfliktreichem weithin ohne Qual, nämlich im Lachen, aushalten lassen. Dies ist letztlich das Movens von *Legende*, dem man insofern gerne folgt, als das gewichtige Ungleichgewicht von Kapitalismus und Kommunismus nicht in vertrauten Mustern und mit geläufigen Argumenten zur Darstellung gebracht wird. Vielmehr kommt hier eine Eigensinnigkeit zur Darstellung, die sich der Zuordnung zu einem Genre genauso entzieht, wie sich der dem Sozialismus zutiefst verbundene Autor der Einordnung als aufrechter und linientreuer Gefolgsmann verweigert.

Aufgrund des in seinen narrativen Strukturen stark zersplitterten und absurd anmutenden Plots und der zwischen Göttern und Menschen permanent wechselnden wie sich überlagernden Perspektiven ist dem Handlungsverlauf von Legende wahrlich nicht leicht zu folgen. Entsprechend schwer fällt auch eine halbwegs konzise Zusammenfassung des die Regeln der Linearität und Chronologie absichtsvoll unterlaufenden Textes. Dies geschieht nicht zuletzt durch die Setzung einer raumzeitlichen Differenz zwischen der Insel, die für die Vergangenheit einsteht, und dem die Insel umschließenden Land, welches die Zukunft repräsentiert – und dies wohlgemerkt bei gleichzeitiger Existenz beider Orte: »angestrengt kuckt die insel über das land hinweg. angestrengt kuckt das land an der insel vorbei. niemand besucht wen es nicht gibt.«[124] Das Ordnungsprinzip des Erzählens bewirkt hier nicht nur eine Gleichzeitigkeit des Ungleichzeitigen, sondern eine Logik des Unwahrscheinlichen. Auch aus dieser raumzeitlichen widersinnigen Anordnung speist sich das Groteske und Komische des Textes. Durch die Überspitzung auf der Darstellungsebene (Land der Zukunft) erhält die sozialistische Fortschrittsidee räumliche Gestalt – ein Land, das gleichzeitig da ist und doch noch nicht. Das aus der sozialistischen Perspektive folgerichtig erwartete Untergangszenario des Kapitalismus erhält seine geopolitische Gestalt als Insel der Vergangenheit, obwohl in den ersten Kapiteln der *Legende* ihr ›tatsächlicher‹ Niedergang auf der Handlungsebene des Textes noch nicht ausgemacht scheint. Der Niedergang kündigt sich in der Figur des depressiven und zu allem bereiten janfilip geldsack erst an.[125] Diese Personifizierung der Agonie in der Figur des janfilip geldsacks, die sich selbst vernichten will, und zwar nicht ›als Person‹, sondern ›als Kategorie‹, ist offenkundig karikaturistisch. Zwar durchaus verwandt mit der Narrenperspektive aus der Erzählung von Kathrin Aehnlich, besteht der gravierende Unterschied allerdings darin, dass das Mädchen in *Wenn ich groß bin, flieg ich zu den Sternen* naiv vermeintliche Wahrheiten entlarvt, janfilip geldsack hingegen jeglichen Anflug von Wahrheit und ideologischem Bekenntnis der Lächerlichkeit preisgibt. Als Witzfigur verkörpert er das faustische Prinzip in seiner Umkehrung: Einer, der stets das Gute will und das Schlechte schafft. Nicht nur aus solchen anspielungsreichen Verwirrungen erwachsen Reiz und Irritation von Schernikaus Text, sondern ebenso aus dem Kontrast zwischen dem der DDR zugeneigten Autor und seinen die DDR nicht selten verspottenden Texten. So bittet janfilip geldsack seinen Förderer, den vormaligen Schokoladenfabrikanten anton tattergreis: »du mußt den osthandel für mich treiben. du mußt den kommunisten schokolade geben, gib sie ihnen! sie haben keine, oder nur grauenhafte.«[126] Die Verbindung von Hedonismus und Sozialismus, von Lust und Politik ist in der Regel nicht das, was mit der DDR und dem Marxismus-Leninismus in Verbindung gebracht wird.

Dieses Prinzip der Verkehrung und Verkleinerung im Sinne einer Infantilisierung (die Lust auf Schokolade) ist es letztlich, welche die Thematisierung der ›großen Erzählung‹ Sozialismus in *Legende* so entwaffnend komisch erscheinen lässt. Und auch die Verwendung des Bildes des Insularen ist in *Legende* gewissermaßen ›verkehrt‹. Schernikau, der mit einem anderen als dem ›heimischen‹ Blick seiner Kommilitonen auf die DDR und den Sozialismus schaute, verband mit beidem auch nicht, wie etwa Jackisch und Aehnlich, das Negative im Sinne eines Verinselten, Abgeschotteten und Isolierten, das zugleich auch Schutzraum vor den Zugriffen des Systems sein konnte – im Gegenteil: Für Schernikau war es Westberlin, das als Ort wie Metapher des Insularen galt. In Westberlin sah er sich politisch und sozial isoliert und abgeschottet von seiner ideellen Heimat, die der Sozialismus war, dem die DDR trotz ihrer zahlreichen und zu kritisierenden Mängel am ehesten entsprach.[127]

Schernikaus unkonventionelle DDR-Kritik lässt sich indes nicht nur in seiner literarischen Abschlussarbeit *Legende* finden, sondern ebenso in seinem als essayistische Abschlussarbeit eingereichten Text *Die Schönheit von Uwe, die Lösung 43 und der Spaß der Imperialisten*, der später unter dem Titel *Die Tage in L.*[128] publiziert wurde und aus einem Mix aus persönlichen Einschätzungen, Aphorismen, Bonmots, politischen und literarischen Stellungnahmen besteht, die in der Regel zwischen zwei und zwanzig Zeilen lang sind:

schon seit längerer zeit machen sich die sozialistischen schriftsteller mit der forderung lächerlich, die sozialistischen schriftsteller sollen die realität abbilden, im ignorieren des hohnlachens der welt hinlänglich trainiert, gelingt ihnen allerdings ein langweiliges buch nach dem anderen. der erfolg! zwar schlafen unsere leser, lektoren und lieben regelmäßig ein nach den ersten seiten, dafür haben wir aber wirklich recht.[129]

sagen wir, ein wissenschaftler an einer universität ist als wissenschaftler eine null, aber politisch aktiv, sitzt in kommissionen, der gewerkschaft, der parteileitung. wie schätzen wir den jungen ein? wir schätzen ihn positiv ein. und jemandem, der ihn nicht positiv einschätzt wie wir, den nehmen wir beiseite und sagen: nichts gegen diesen engagierten kollegen! der mann hat doch grundlagen! du hast wohl was gegen seine parteiarbeit?[130]

irgendwann wurde mir klar, daß der satz: die ddr ist blöd, in der ddr niemals gedruckt werden kann. es ist vollkommen egal, in welchem zusammenhang dieser satz auftaucht. er ist in der ddr nicht druckbar.[131]

Der aus einer Vielzahl solcher bissigen und mitunter höchst witzigen Beobachtungen bestehende Text wurde von dem Gutachter, dem Institutsdirektor Hans Pfeiffer, aber keineswegs als eine provokative DDR-Kritik gelesen, sondern nahezu hymnisch aufgenommen und mit einem »sehr gut« bewertet. Der Essay sei eine Liebeserklärung an die DDR, schrieb er in seinem Gutachten.

Schernikaus Mitteilungen erhalten ihren Reiz dadurch, dass die Liebe zur DDR ihn nicht blind gemacht hat. Er spricht voller Hochachtung von den Leistungen der Menschen im Sozialismus, aber auch ohne Häme über systembedingte – uns selber oft unbewusste – Schwächen, Rudimente, Absonderlichkeiten. Diese Arbeit, so schockierend manchmal und für manchen auch diese oder jene Beobachtung und Bemerkung sein mögen, hilft dem DDR-Bürger, sein Selbstbewusstsein zu stärken, indem es ihm deutlich macht, dass die unterschiedliche Geographie von DDR und BRD auch einen zeitlich-historischen Gegensatz einschließt, den zwischen Vergangenheit und Zukunft.[132]

Aufschlussreich ist, mit welchen Euphemismen der Gutachter versuchte, die offensichtliche Flapsigkeit der Texte zu rechtfertigen und sie – gegen den Strich lesend – als gewinnbringend für den »DDR-Bürger« zu beurteilen. Insofern er schließlich auch noch den »zeitlich-historischen Gegensatz« zwischen DDR und BRD als einen von »Vergangenheit und Zukunft« benannt hatte, schlug er gleichsam noch eine Brücke zu Schernikaus literarischer Abschlussarbeit *Legende*. Einmal mehr zeigt sich, wie liberal es am Becher-Institut zugehen konnte, wie groß die Aufgeschlossenheit und Zugewandtheit der Lehrenden sein konnte, die eigenwilligen und unkonventionellen Leistungen und Neigungen ihrer Studierenden hervorzuheben und im Sinne des Sozialismus positiv zu bewerten. So hielten auch Helmut Richter, Dozent für Prosa, und Hubert Witt, Dozent für Weltliteratur, Schernikau für ein großes Talent, schätzten und förderten ihn und übten sich in väterlicher Nachsicht ob seiner uneingeschränkten Liebe zur DDR. Gleichwohl konnte Hans Pfeiffer sich in seinem hymnischen Gutachten nicht enthalten, manche Ansichten Schernikaus dann doch als dogmatisch verhärtet zu verurteilen.[133] – Verkehrte Welt!

6. Wer durfte studieren? Zulassungsverfahren

Angesichts der Differenz zwischen Schernikaus positiver Einstellung zur DDR und seinen mitunter veralbernden und ironisierenden Darstellungen von ebendieser, ist es aber erstaunlich, dass es ihm überhaupt gelang, am Becher-Institut aufgenommen zu werden. Sicherlich trugen Schernikaus Parteimitgliedschaft in der SEW sowie seine Verbindungen zu Kulturfunktionären der DDR dazu bei, dass er 1986 die Zulassung zum Studium erhielt.[134] Allerdings bewarb er sich 1986 nicht das erste Mal am Becher-Institut. Bereits einige Jahre zuvor hatte er in einem Brief an den damaligen Direktor Max Walter Schulz um Aufnahme zum Studium gebeten. Diese Bewerbung blieb erfolglos, nicht zuletzt, weil die Rechtsgrundlage für die Zulassung eines BRD-Bürgers zu einem Studium in der DDR vor dem erst 1986 in Kraft tretenden deutsch-deutschen Kulturabkommen fehlte.[135] Allerdings, so lässt sich aus Unterlagen des Becher-Instituts ersehen, war der Institutsdirektor Max Walter Schulz bei weitem nicht so überzeugt von Schernikaus literarischem Talent wie einige Jahre später sein Nachfolger Hans Pfeiffer, und so sprach er sich gegen eine Zulassung aus.[136] Pfeiffer hingegen entschied sich, obwohl eines der drei eingeholten Gutachten[137] das Talent Schernikaus erneut anzweifelte, für dessen Aufnahme.[138]

Auch andere Bewerber und Bewerberinnen, die aus der gegenwärtigen Literaturszene nicht mehr wegzudenken sind, wurden nicht geradewegs oder in manchen Fällen auch gar nicht für das dreijährige Direktstudium am Becher-Institut zugelassen. So hatte Kurt Drawert sich für den Studiengang 1979/82 zunächst vergeblich beworben, bevor er 1982 – als Nachrücker – dann doch angenommen wurde.[139] Angelika Klüssendorf, die mittlerweile mit ihren 2011 und 2014 erschienenen autobiographisch motivierten DDR-Romanen *Das Mädchen* und *April* reüssiert hat, hatte sich gleichfalls für das Direktstudium 1982–1985 am Becher-Institut beworben und wurde zur Eignungsprüfung am 28. April 1982 eingeladen.[140] Glaubt man ihren diesbezüglichen Schilderungen in

April, ist sie aber letztlich an der recht dogmatischen Aufgabenstellung gescheitert.

Zehn Sätze, die sich ein sozialistischer Schriftsteller über den Schreibtisch hänge sollte – so lautet die Prüfungsaufgabe. Der Raum sieht aus wie ein Klassenzimmer, die Luft ist zum Schneiden, ungefähr zwanzig Leute sitzen am schmalen Zweierstischen [...]. Natürlich ist sie keine sozialistische Schriftstellerin, und Sätze über dem Schreibtisch findet sie ohnehin dämlich. Durch das offene Fenster dringt das Pfeifen der Stare. [...] der Gesang legt sich über die zäh vergehenden Minuten, sie muss an Trakl denken, den sie gerade liest, was hätte der geschrieben? Ihr fällt nichts ein, sie gibt nur leere Blätter ab.[141]

Möglicherweise bewegte sich die Autorin respektive Erzählerin mit ihrer ›Erinnerung‹ im Spannungsfeld von Dichtung und Wahrheit. Im Beschlussprotokoll der Institutsleitung des Becher-Instituts vom 6. April 1982 war die Aufgabenstellung für die Bewerbung zum Studium etwas abweichend formuliert:

Nach einer kurzen Einführung bekommen die Bewerber den Auftrag, eine schriftliche Arbeit zu schreiben zu dem Thema »Die Grundlagen meines Lebensgefühls bzw. meiner Lebensbewußtheit« (Menschen Dinge Verhältnisse).[142]

Wie der Schreibauftrag tatsächlich hieß, konnte leider bisher nicht vollständig geklärt werden. Angelika Klüssendorf jedenfalls begann kein Studium am Becher-Institut. Den kritischen Unterton jedoch, den Klüssendorf ihre Protagonistin dem Becher-Institut gegenüber als Hort sozialistischer Ideologie anschlagen lässt, vernimmt man auch bei dem Lyriker Thomas Böhme, der allerdings in den 80er Jahren sowohl ein Fernstudium absolviert als auch an einem der Sonderkurse teilgenommen hatte. Dass »die wirklich guten Leute« oftmals gar nicht ans Literaturinstitut kommen würden, so äußert sich Böhme in einem 1988 geführten Interview, läge unter anderem an der

idiotischen Immatrikulationsordnung, wobei Sachen wie ein abgeschlossener Beruf eine Bedingung sind [...]. Dazu kommt das Schulmäßige, was abschreckt [...]. Wenn man zum Beispiel hört, daß die

Direktstudenten auch sechs Wochen zu NVA-Einsätzen müssen, dann kann das für viele schon ein Grund sein, sich nicht zu bewerben.[143]

Diesen Anmerkungen ist nicht zuletzt zu entnehmen, dass man am Literaturinstitut bei den Zulassungsverfahren durchaus gewissen Regeln zu folgen hatte – wobei eben nicht immer nur und ausschließlich das Talent maßgebend war – und dass Studierende während ihrer Zeit am Haus mitunter auch gewisse Konzessionen einzugehen hatten, zu denen längst nicht alle der jüngeren Autorengeneration bereit waren.

Aus den Akten des Becher-Instituts lassen sich Gründe und Argumente für die Zulassung zum Studium im Einzelnen allerdings nur selten nachvollziehen. Der Blick in die jeweiligen Personenakten, in denen möglicherweise Aufschlüsse darüber zu finden sind, bleibt aus Personenschutzgründen verwehrt. Auch der Blick in das Archivmaterial der BStU gewährt nur begrenzt Einblicke in Einzelheiten der Auswahlverfahren.

Dennoch erweisen sich die Akten des Staatssicherheitsdienstes als aufschlussreich im Hinblick auf die Einschätzungen der Studienbewerber durch die Behörde und die Kooperation des Becher-Instituts mit ihr. Dem MfS mussten in den 80er Jahren die Bewerbungsunterlagen nach dem Auswahlverfahren durch die Immatrikulationskommission des Literaturinstituts regelmäßig zu einer ergänzenden Überprüfung vorgelegt werden. Kontrolliert und bewertet vom MfS wurde das politische und private Umfeld der Bewerber. Im Anschluss daran erfolgten dann entsprechend positive oder negative Empfehlungen zur Zulassung an die Immatrikulationskommission des Becher-Instituts mit Aufforderung zu ihrer Berücksichtigung. Auch wenn das MfS seinen Empfehlungen großes Gewicht beimaß, hieß dies aber nicht zwangsläufig, dass die Immatrikulationskommission des Becher-Instituts den Standards der Staatssicherheit durchweg Folge leistete, immerhin hatte sie bereits im Vorfeld entschieden, wer zum Studium zugelassen werden sollte. Dies geht zumindest aus einer Analyse zum »Stand der Immatrikulationsentscheidungen am Institut für Literatur ›J.R. Becher‹ für das Fernstudium 1984/87« hervor, die von der für kulturelle Angelegenheiten zuständigen Abteilung XX/7 der Staatssicherheitsbehörde 1984 unternommen wurde. Ein Ziel dieser Analyse schien zu sein, den

Einfluss des MfS auf die Immatrikulationspolitik des Literaturinstituts zu erhöhen, was im Umkehrschluss bedeutet, dass der Einfluss fünf Jahre vor dem Mauerfall nicht ausreichend groß gewesen sein muss. So heißt es in der Analyse, zur »Verhinderung der Profilierung feindlich-negativer Nachwuchsliteraten« komme »der vorbeugenden Sicherung und Einflussnahme auf die Immatrikulation« durch das MfS »eine hohe operative Bedeutung zu«.[144]

Die Ergebnisse und Schlussfolgerungen der Analyse bestätigen in mehrerlei Aspekten die Vermutung, dass das MfS seine Einflussnahme als zu gering einschätzte und danach trachtete, sie zu erweitern. So heißt es in der Analyse der 117 Bewerbungen, von denen 54 von der Immatrikulationskommission des Becher-Instituts abgelehnt und 63 für eine Immatrikulation vorgeschlagen wurden, dass von den 63 für die Zulassung vorgeschlagenen Kandidaten 49 in Literaturzirkeln mitarbeiteten und nur lediglich 14 sogenannte Einzelschaffende – also nicht institutionell eingebundene Bewerber – über die literarisch notwendige Qualität verfügten. Unter den zugelassenen Bewerbern befand sich wohl eine Person, die politisch-operativ bearbeitet wurde (das heißt vom MfS unter Beobachtung gestellt war). Diese Person, so heißt es weiter, würde auch während des Studiums durch inoffizielle Quellen der bearbeitenden Diensteinheiten (DE) am Becher-Institut und durch Quellen der MfS-Diensteinheiten unter operativer Kontrolle gehalten.[145] Die Zulassung zu verhindern stand also mitnichten im Machtbereich des MfS. Dafür wird in der Analyse fortwährend akzentuiert, wie groß die Übereinstimmung der Bewerber-Einschätzungen zwischen der Immatrikulationskommission des Literaturinstituts und der Abteilung XX/7 des MfS war.

Im Einzelnen erfährt man über die vom Becher-Institut abgelehnten Bewerber, dass 17 von ihnen aufgrund politisch-operativer Gesichtspunkte keine Studienbefürwortung erhalten haben. In diesem Zusammenhang hob das MfS die positive Entwicklung der Immatrikulationspolitik des Becher-Instituts hervor, die in den Jahren zuvor vom MfK und der Abteilung des ZK der SED kritisiert worden war und auch in der Durchsetzung sicherheitspolitischer Erfordernisse des MfS unbefriedigend gewesen zu sein schien. Besonders erfreut war man darüber, dass bei zwölf dieser vom Literaturinstitut abgelehnten Bewerber übereinstimmend die Nichtzustimmung zur Studienaufnahme durch die zuständigen Diensteinheiten (DE) des MfS erfolgte. Und noch mehr erfreut war man darüber, dass weitere drei von den 17 abgelehnten Bewerbern, denen eine hervorragende künstlerische Qualität bescheinigt wurde, die aber vom MfS aufgrund feindlich negativer Aktivitäten keine Empfehlung zur Zulassung erhielten, auch bereits vom Literaturinstitut abgelehnt worden seien.[146] So bewertete das MfS die Ablehnung dieser drei Studienbewerber durch die Immatrikulationskommission als einen Fortschritt in der Zusammenarbeit mit dem Becher-Institut, offenbare diese Entscheidung doch die Einsicht, dass man am Literaturinstitut politische Loyalität höher schätze als literarische Qualität. Dieser recht überschwänglichen Interpretation des MfS lässt sich gleichwohl nicht viel mehr entnehmen, als dass es in der Behörde ein Bewusstsein um die Grenzen ihrer tatsächlichen Einflussnahme gab.

So unabhängig wie wiederum von den Lehrenden nachträglich behauptet war die Entscheidungsmacht des IfL allerdings auch nicht. Es scheint eher so, dass in der Zulassungskommission in vorauseilendem Gehorsam gehandelt wurde, wenn man bedenkt, dass den drei genannten Anwärtern trotz ihres großen Talents schon von Seiten des Instituts selbst eine Absage erteilt worden war. Andererseits lässt sich die Bewerberlage im Gesamten nicht abschätzen. Vielleicht gab es auch vergleichsweise bessere Bewerber bzw. genauso talentierte, bei denen keine politischen Konflikte zu befürchten waren, was letztlich für das Institut ein geringeres Risiko barg, musste man sich so nicht von vornerein auf Unruhe am Haus einstellen. Zudem muss berücksichtigt werden, dass hier die Bewerbungen für den Fernstudiengang und nicht für den Direktstudiengang überprüft worden sind. Das Direktstudium galt als das eigentliche Herzstück der Schriftstellerausbildung, und mit ihm war das größte künstlerische Renommee zu gewinnen. Im Fernstudiengang wurden dagegen häufig Studierende parallel zu ihrer Berufstätigkeit ausgebildet, um ebendiese fürderhin mit mehr Kompetenz in kulturpolitischen Schlüsselpositionen des Systems auszustatten. Möglicherweise achtete man am Institut deshalb in diesem Ausbildungszweig des Studiums stärker auf die politische Linientreue bzw. setzte sie voraus.

An einem früheren Fall zeigt sich mit Blick auf die vielleicht größere Relevanz der das Direktstudium betreffenden künstlerischen Auswahlkriterien, dass das Institut bei der Zulassung seiner Studierenden wiederum doch recht freie Hand hatte und die Immatrikulation vor allem nach Gesichtspunkten der literarischen Begabung erfolgt sein muss, wie dies von den Dozenten Peter Gosse, Hubert Witt und Helmut Richter später immer wieder beteuert wurde. Möglicherweise mag auch dieser Fall zu der zähneknirschenden Feststellung der Kulturpolitik beigetragen haben, wie begrenzt letztlich ihr Einfluss auf die Belange des Becher-Instituts war. Im Jahre 1979 sorgte die Zulassung von Katja Lange-Müller zum Studium für einigen Zündstoff. Damals 28-jährig, ist die mittlerweile erfolgreiche Schriftstellerin nicht nur die Tochter der ehemals renommierten Kandidatin des Politbüros und Sekretärin des ZK für Frauenfragen, Inge Lange, sondern galt darüber hinaus auch als politisch schwierig und renitent. Bereits mit 16 wurde sie wegen sogenannten unsozialistischen Verhaltens der Schule verwiesen. 1976 unterzeichnete sie die Biermann-Petition. So war Katja Lange-Müller im doppelten Sinne ein delikater Fall, da sie dem Politkader durch Verwandtschaft verbunden war, zugleich aber durch politischen Ungehorsam ebendiesem Politkader ins Auge stach. Im Zusammenhang des Eklats um das Gespräch von Joachim Nowotny mit seinen Studierenden in den *Weimarer Beiträgen* (s. o.) wurde von der Abteilung Kultur des ZK der SED von der Leitung des Literaturinstituts die Vorlage der kurz zuvor erstellten Immatrikulationsliste für den Direktstudienjahrgang 1979–1982 verlangt. Neben der Verwarnung, die Max Walter Schulz und Lothar Zschuckelt in dem bereits geschilderten Gespräch im Zentralkomitee erhielten, forderte die Leiterin der Abteilung für Kultur Ursula Ragwitz, nachdem sie die Liste eingesehen hatte, zudem die sofortige Exmatrikulation von Katja Lange-Müller.»Und sie las also die Liste durch«, berichtet Lothar Zschuckelt,»und schrie förmlich auf, ich seh das noch vor mir: ›Die Katja Lange-Müller‹.« Ragwitz befürchtete, dass sie das Politbüro literarisch aufs Korn nehme: »die [Katja Lange-Müller, K. St.] würde einen Roman über Wandlitz[147] schreiben.«[148]

Die Leitung des Literaturinstituts aber verweigerte die Exmatrikulation. Katja Lange-Müller habe Talent, so hieß es, und man würde das Gesicht verlieren, wenn man sie nun exmatrikulieren würde.[149] Schließlich machte Max Walter Schulz der Kulturfunktionärin einen Vorschlag zur Güte, auf den sie sich einließ. So wolle er, als ihr Mentor, Katja Lange-Müller unter besonderer Beobachtung der Direktion stellen.[150] Oder wie es Lange-Müller rückblickend treffend einschätzte, Max Walter Schulz sei gegenüber dem ZK und dem Ministerium für Kultur die Verpflichtung eingegangen,»bei Gefährdung seines Postens mein Wohlverhalten zu garantieren«.[151] Die kulturpolitische Macht erwies sich mithin als überraschend zahm und ließ die Verantwortlichen des Becher-Instituts im eigenen Sinne agieren. Katja Lange-Müller verhielt sich während ihres dreijährigen Aufenthalts am Becher-Institut anscheinend angemessen ›wohl‹ und hat ihr Studium ohne Zwischenfälle abschließen können. Ein Blick in ihre Abschlussarbeit zeigt zudem, dass sie sich nicht bemüßigt sah, die politische Klasse zu desavouieren. Andererseits hätte ihre Literatur wahrscheinlich weder Ursula Ragwitz noch das Politbüro begeistert, ist ihre Prosa doch nicht nur von einer düsteren Weltsicht geprägt und in Räumen des Randständigen verortet, überdies widmet sie sich in einem unterschwellig heiteren Ton auch dem Destruktiven, Hinfälligen und Zerrissenen. Lange-Müller steht mit ihrer Poetologie des Ruinösen in dieser Zeit nicht alleine. Auch andere literarische Texte von Studierenden aus den 1980er Jahren wandten sich Orten des Abseitigen zu und bevölkerten sie mit allerlei merkwürdigen Gestalten und entlegenen Themen.

7. Noch einmal aus den studentischen Arbeiten: Von Eidechsen, Königskindern und verkästen Hoffnungen

7.1 Prosa

Katja Lange-Müller, die 1984 in die Bundesrepublik ausreiste, schloss ihr Studium am Becher-Institut zwei Jahre zuvor ab. Bereits ihre Abschlussarbeit, die neben einigen Gedichten überwiegend Kurzprosa enthält, zeigte die Begabung der Autorin und ist gekennzeichnet von jenem unverwechselbaren literarischen Stil eines gleichermaßen skurrilen wie trostlosen Realismus jenseits allen sozialistischen Realismus, mit dem sie sich in der BRD als erfolgreiche Autorin von Erzählungen und Romanen etablieren sollte. Schilderungen kauziger wie desolater Außenseiter zwischen Suff und dem »großen Weh«[152] in der Düsternis von Kneipe bis Psychiatrie stehen neben ernüchternden und galligen Selbstbespiegelungen eines scheiternden und liebesbedürftigen Ich. Diese in unsentimentalem Ton und mit scharfsichtigem Blick gestalteten Miniaturen lassen keinen Raum für optimistische Zukunftsperspektiven, sondern bleiben verfangen in der Ausweglosigkeit eines Jetzt, in dem bei aller Tristesse und angesichts allen Verlusts der Augenblick des kleinen und komischen Glücks dann doch nicht fehlen darf, wie etwa in *Für Kehzi*, einer Liebesgeschichte:

> Ich spielte hinter dem vorgehaltenen Tischtuch mit deiner linken verheirateten Hand. [...] Dann pflücktest du mir die übrige künstliche Wimper vom Lid, entkorktest die Wein- oder Bierflaschen und die letzten Reste meiner schönen Seele.[153]

Wie gekonnt die Erzählung den schmalen Grat zwischen Lust, Leid, Skurrilität und Heiterkeit austariert, zeigt sich nicht zuletzt in der irreführenden Widmung »Für Kehzi«, die, wie sich im Verlauf der Erzählung herausstellt, nicht dem Andenken des Liebhabers, sondern der während des Liebesaktes verlorengegangenen Smaragdeidechse der Ich-Erzählerin gilt. In ihrem Vierzeiler »Märkische Käfer (ein Friedenslied)« beweist die sich selbst als lyrisch nicht sonderlich begabt beurteilende und später nur noch Prosa schreibende Autorin,[154] mit welcher hintersinnigen Arglosigkeit und Schlichtheit sich selbst der Verfall sozialistischer Ideale bedichten lässt:

> Leise rinnt der Rägen, wie weiches Gewelk
> zu Füssen der Gräser sich Kerfe versammeln
> launig geborgen im Wiesengebälk
> und unter Panzern: die Wehrhaften gammeln.[155]

Auch Rainer Klis, ein Kommilitone Lange-Müllers, erweist sich als ein Meister der Miniatur. Im Unterschied zu Lange-Müller gelang es dem 1955 Geborenen, der in den 1970er Jahren seinen Wehrdienst verweigert hatte, seine als literarische Abschlussarbeit eingereichte Kurzprosa zeitgleich im offiziellen Verlagswesen der DDR zu publizieren.[156] Die äußerst pointierte Prosa von Klis erzählt von ganz normalen Leuten in ihrem (nicht immer) ganz normalen Alltag. Den Schilderungen der bzw. des vermeintlich Harmlosen ist das Prinzip einer Doppelzüngigkeit im Sinne eines *Honi soit, qui mal y pense* eingeschrieben, die listig den Argwohn gegenüber dem ›ganz Normalen‹ weckt. So wird etwa unter dem ironisch irreführenden Titel *Später Buddha* in neun Zeilen von der Arbeitsunzufriedenheit eines Schlossers und dessen Hinwendung zur hinduistischen und nicht etwa zur buddhistischen Religion erzählt.[157] In der nur wenig längeren Erzählung mit dem beziehungsreichen Titel *Königskinder* hört ein Arbeiter aus Eifersucht gleich ganz auf zu arbeiten. Weil er befürchtet, seine Frau könnte ihn betrügen, verbringt er seine gesamte Zeit mit ihr zu Hause. Das freilich bleibt im Arbeiter- und Bauernstaat nicht ohne Folgen. So heißt es: »Am Ende mußte ihm zur Arbeitserziehung seine Freiheit gänzlich eingeschränkt werden.«[158] Die Ehefrau wartet indes geduldig auf die Rückkehr des Ehemannes, und dies gleich mehrmals, da dieser nach seinen Entlassungen stets rückfällig wird und das Nicht-Arbeiten aus Eifersucht nicht lassen kann. Diese Rückfälle führen zu weiteren Konsequenzen. So heißt es am Schluss der Kürzestgeschichte: »Danach war er medizinisch interessant und wurde unter der Einhaltung der Sicherheitsbestimmungen an die Universität überführt. Auf dem Weg zur Heilung entlassen, erfuhr er den ersten Scheidungstermin.«[159] Der bürokratisch-protokollarische Stil der Miniatur bürstet seinen eigentlich romantischen Gegenstand, der die Volksballade von den zwei Königskindern – »sie hatten einander so lieb« – variiert, gegen den Strich. Der Liebesgeschichte von Verzweiflung und Entbehrung ist die Tragik entzogen, indem sie in das Umfeld der nüchternen DDR-Arbeitswelt integriert und grotesk verbrämt wird. Denn der Ehemann erreicht mit seiner Arbeitsverweigerung immerzu das Gegenteil von dem, was er mit der Kontrolle seiner Frau intendiert.

Von einem auch alles andere als ›normalen‹ Leben handelt Norbert Marohns als Abschlussarbeit eingereichte Erzählung *Plötzlich mein Leben* über das Coming-Out eines Jugendlichen.[160] Hier schreibt einer in atemlosen und stammelnden Sätzen, die vom Rhythmus der Rockmusik der *Rolling Stones* (der Lieblingsband des Protagonisten) zehren, von den Wirrnissen einer emotionalen Krise, die an Ulrich Plenzdorfs Erzählung *kein runter kein fern*[161] erinnert. Die Verzweiflung, Vereinsamung und Aggression wird hier nicht durch eine in den Westen geflüchtete Mutter und einen autoritären Vater ausgelöst, sondern durch die Erkenntnis des Protagonisten, homosexuell zu sein. Dass dies in der DDR ein Leben in Isolation und Niedergeschlagenheit mit sich bringt, das von Selbstzweifeln, Liebeskummer und Ablehnung begleitet ist, gestaltet der Autor als qualvolle Preisgabe eines gepeinigten Erzählers. Norbert Marohn, 1952 geboren, wuchs im Brandenburgischen in einer Bauernfamilie auf. Bevor er von 1982 bis 1985 am Becher-Institut studierte, hatte er schon beträchtliche Studien- und Arbeitserfahrungen hinter sich. Nach seinem Abitur absolvierte er zunächst ein Studium für Internationale Beziehungen in Potsdam, und im Anschluss arbeitete er für ein Jahr im Außenministerium der DDR. Danach nahm er ein Regie-Studium in Berlin auf, das er aber nach kurzer Zeit abbrach. Anschließend übersiedelte er nach Leipzig, wo er Ende der 70er Jahre bis zu seiner Aufnahme am IfL als Betriebsleiterredakteur in einem Wälzlagerwerk arbeitete. Seine Erzählung *Plötzlich mein Leben* wollte er als das schonungslose Protokoll des schwierigen Lebens eines Homosexuellen in der DDR noch in ebendieser veröffentlichen, um auf die gesellschaftliche Ausgrenzung hinzuweisen, die dort trotz der im Vergleich zur alten BRD rechtlich weitaus liberaleren Behandlung von Homosexuellen herrschte.[162] Doch im Mitteldeutschen Verlag, in dem das Buch erscheinen sollte, verzögerte sich der Erscheinungstermin zwischen 1985 und 1989 immer wieder aufs Neue. Als 1990 dann endlich die von Marohn selbst als erstes »schwules Buch« der DDR prononcierte Erzählung erschien, wurde sie in Turbulenzen von Wende und Wiedervereinigung kaum mehr wahrgenommen.[163]

Auch die Prosa, die der 1959 geborene Holger Jackisch (Direktstudienjahrgang 1985–1988) als Teil seiner Abschlussarbeit am Becher-Institut eingereicht hatte, ist trotz ihrer Eindrücklichkeit bis heute weitgehend unbekannt geblieben – und das, obwohl Kathrin Aehnlich, seine Kommilitonin am Literaturinstitut und lebenslange Freundin, dem mit 42 Jahren früh Verstorbenen in ihrem Roman *Alle sterben, auch die Löffelstöre* ein literarisches Denkmal gesetzt hat. Die von Jackisch selbst auch als Kurzgeschichten bezeichneten vier Erzählungen (*Die Narrenstunde, Zwölfmal Fünf, Die Bärbelchens, Zwei Tage*),[164] die im Milieu von Kneipen und Nachtclubs angesiedelt sind und von Menschen im Mikrokosmos ihres mitunter schäbigen und trostlosen Nischendaseins erzählen, erfüllen sämtliche Kriterien, die diese Gattung auszeichnen – von den Techniken der Verdichtung durch Aussparungen und Andeutungen über einen sofortigen Einstieg in die Handlung, eine sparsame Konturierung der Figuren und die Konzentration des Geschehens auf wenige Augenblicke bis hin zu einem die Handlung nicht abschließenden Ende. Den für die Kurzgeschichte typischen lakonischen Tonfall erzeugt Jackisch durch einen konsequent durchgehaltenen parataktischen Stil, der widersprüchliche, nicht weiter erklärte oder unabgeschlossene Geschehnisse und Eindrücke aneinanderreiht – wie etwa in *Zwölfmal Fünf*, in dem der namenlose Protagonist durch eine Silvesternacht vagabundiert. Die fünfseitige Geschichte ist in 15 Abschnitte untergliedert, von denen ein jeder mit einem pronominalen »Er« beginnt. »Er betrat das Bahnhofsgebäude«, »Er fand das Lokal voller Menschen«, »Er sah ein Mädchen«, »Er traf einen Mann«, »Er begann die Minuten bis Mitternacht zu zählen« usw. Innerhalb der Abschnitte schildert dieses *Er* aus einer autodiegetischen Erzählposition seine Eindrücke und Wahrnehmungen in grammatisch schlicht gebauten Sätzen, die eine zugleich kafkaeske Distanz und Sogwirkung erzeugen:

> Er sah eine Frau, die mit den Händen redete, in der Sprache der Stummen, und die ihm unentwegt zunickte, weil sie ihn – er wußte nicht woher – kannte. Er sah ihr Gesicht stolz werden, als er unsicher zurückgrüßte und sie glaubte, er habe sich erinnert.
>
> Er erinnerte sich endlich an die Stumme, die ihm noch immer bedeutungsvoll zunickte: es war im Sommer gewesen ... in einem Café, wo sie die Kuchenreste von seinem Teller gegessen hatte.[165]

Dass diese Geschichten in der DDR angesiedelt sind, erschließt sich lediglich aus wenigen Markierungen wie etwa »FDJ-Anorak« oder »Präsent 20«,[166] einem in der DDR hergestellten Textilstoff. Ohne diese Hinweise ließen sich die Schauplätze nicht ohne weiteres kartieren, ließen sich das Handlungsgeschehen, die diversen Fokalisierungen und die Dialoge der Erzählungen in jeder beliebigen Stadt der zweiten Hälfte des 20. Jahrhunderts verorten, in der es Menschen gibt, die sich durch die vermeintliche Zeitlosigkeit ihrer tristen Alltagsnischen treiben lassen. Dabei stattet Jackisch seine literarischen Figuren mit überwiegend sympathischen Zügen aus, die bei aller Schnoddrigkeit, Skurrilität und Desorientiertheit von Einfühlsamkeit, Anteilnahme und Toleranz geprägt sind. Nicht zuletzt liegt der Reiz dieser vier Kurzgeschichten Jackischs in ihrer Verweisstruktur, die über das Personal der Erzählungen hergestellt wird. So tauchen Akteure, die in der einen Kurzgeschichte als Hauptfigur agieren, in der nächsten Geschichte als Nebenfigur auf, wie etwa Reinhold, der Protagonist aus *Die Narrenstunde*, der in *Zwölfmal Fünf* namentlich wieder erscheint, oder auch McMurphy, der von der Polizei festgenommene Mann in dem FDJ-Anorak aus *Zwölfmal Fünf*, der in *Die Bärbelchens* als ›Bescheidwisser‹, »der alle hier kannte«, wiederkehrt und in der Kurzgeschichte *Zwei Tage* als Geschichtenerzähler erneut auftaucht – und natürlich auf die Figur des rebellischen Außenseiters McMurphy aus dem Film

Einer flog über das Kuckucksnest verweisen soll. Diese intertextuelle Vernetzung und multiperspektivische Verknüpfung verschiedener Erzählerstimmen führen trotz des von Nüchternheit und Ironie geprägten Tons dazu, dass sich während der Lektüre der Eindruck einstellt, es mit lauter bekannten Personen zu tun zu haben, deren insulare Isoliertheit in den abseitigen und unauffälligen Räumen ihres Daseins äußerst vertraut und nah erscheint. Ähnlich wie in dem Text *Turmgesellschaft* weiß Jackisch auch hier ein von der Vergeblichkeit und Resignation dominiertes Lebensgefühl zu vermitteln, das erst durch eine Erzählweise gleichermaßen distanzierender wie anteilnehmender Ironisierung erträglich, bisweilen sogar vergnügt erscheint.

Die als Abschlussarbeit eingereichte Prosa von Kurt Drawert, der im Jahrgang zuvor das Direktstudium (1982–1985) absolviert hatte, ist gleichfalls von Trostlosigkeit und Tristesse geprägt. Allerdings ist der Erzählkosmos in Drawerts Erzählungen von einer unerbittlichen Lakonie durchzogen, wodurch die Atmosphäre des Unwirtlichen und Unbehausten, die bereits die Erzählungen von Aehnlich, Jackisch, Lange-Müller und Klis vermitteln, noch einmal drastischer wirkt. Kurt Drawert gehört zu den Absolventen des Becher-Instituts der 80er Jahre, die bereits kurz nach dem Ende der DDR große Aufmerksamkeit und vielstimmige Anerkennung als Schriftsteller erhielten. Von 1989 an bis in die Gegenwart hinein wird der auch für seinen postmodernen Stil wie für seine schonungslose Abrechnung mit der DDR gerühmte Prosaautor und Lyriker mit zahlreichen Literaturpreisen ausgezeichnet. 1956 geboren, wuchs Drawert im Havelland und in Dresden als Sohn eines Kriminalbeamten auf, an dessen Staats- und Linientreue er sich in seinem vielbeachteten Roman *Spiegelland* (1991) wütend abarbeitete. Bevor er nach mehrmaliger Bewerbung sein Studium am Becher-Institut aufnehmen konnte (s. o.), hatte Drawert eine Ausbildung zum Facharbeiter für Elektronik abgeschlossen, sein Abitur auf einer Abendschule nachgeholt und verschiedentliche Hilfstätigkeiten u. a. in der Sächsischen Landesbibliothek Dresden ausgeübt.

Seine literarische Abschlussarbeit enthält neben – mitunter nur aus einem Satz bestehender – Kurzprosa drei längere Erzählungen und Gedichte, von denen ein Teil wiederum aus Nachdichtungen besteht. In seiner Kurzprosa stellt der Autor, mal aus unmittelbarer Nähe, mal aus schroffer Distanz, die Beiläufigkeit und Unausweichlichkeit des alltäglichen Verfalls und Verlusts in dokumentarische Schärfe still. Trotz aller knappen Nüchternheit decken diese Scharfstellungen zugleich auch die mit dem Prozess des Vergehens verbundene Verwundbarkeit und Schmerzhaftigkeit auf.

> Als er, der Schneemann, dann den Weg aller Auflösung ging, gegangen war, haben recht lange noch die Äste und Kohlestückchen, Arme Augen Nase Mund, dagelegen, bis auch die und sehr plötzlich verschwunden waren.[167]

Der sanfte Schrecken über den Verlust des Schneemanns erfolgt über eine Verflechtung von Anorganischem mit Anthropomorphem. Erreicht wird diese Interferenz durch die interpunktionslose Aufzählung der vermeintlich menschlichen Körperteile des Schneemanns – Arme Augen Nase Mund –, allerdings ohne zu verhehlen, dass es sich lediglich um eine Imagination des Organischen handelt, denn das anorganisches, lebloses Material wird gleichfalls aufgerufen – Äste und Kohlestückchen. Dass beides – Anorganisches wie Organisches – dem Verfall geweiht ist – (»bis auch die und sehr plötzlich verschwunden waren«) verbindet Lebloses und Lebendiges ein weiteres Mal und hebt Vergeblichkeit und Verlust als eine grundlegende Erfahrungskategorie von Schmerz hervor.

Wiederum über die Verbindung von Leblosem, Lebendigem und einer Verlusterfahrung erfolgt ein weiteres Prosastück, welches erneut aus nur einem Satz gegossen ist.

> Als ich, links neben ihr sitzend, mit dem Fuß gegen ihren Stuhl schlug und wahrnahm, daß ich ihn damit nach rechts verrückte, begriff ich, daß sie abwesend war.[168]

Auch in seinen drei längeren Ezählungen hat Drawert das Brüchige und Ruinöse des Menschseins herausgearbeitet, wobei an die Stelle der leisen Melancholie, die der Kurzprosa noch eingeschrieben ist, nun verstärkt eine mitunter brutale Schonungslosigkeit tritt, mit der die literarischen Figuren skizziert und die Handlungen inszeniert werden. In der ersten Erzählung, *Eine Ansichtskarte für meinen Großvater*, erinnert sich ein deutscher Ich-Erzähler während eines Abendessens in Moskau bei russischen Freunden an seinen Großvater, der überzeugter Nationalsozialist war und imaginiert dessen Gräueltaten als Soldat im

Zweiten Weltkrieg an der russischen Front. Die zweite Erzählung *Der Besuch* erzählt von den vergeblichen Versuchen wiederum eines Ich-Erzählers, seine ehemalige Wirtin zu trösten, die um ihren verstorbenen Ehemann trauert, der sie zu Lebzeiten geschlagen und gequält hat. Die dritte Erzählung, *Adieu, mein Freund, und stirb*, erweist sich als besonders eindrucksvoll, insofern sie sich gekonnt an Methoden der Dekonstruktion orientiert und eine metareflektorische Ebene enthält, die dazu anregt, das Verhältnis von Realität und Fiktion und mithin auch Spielräume realistischen Erzählens zu erörtern. Die verschachtelte Konstruktion von *Adieu, mein Freund, und stirb* entfaltet sich im Sinne Genettes als eine narrative Metalepse, insofern die Grenze zwischen der fiktionsinternen Binnenwelt und der ebenfalls fiktiven Rahmenwelt des Erzählers überschritten wird.[169] Die Erzählung widmet sich drei Figuren, deren auf der jeweiligen Erzählebene vorausgesetzte Authentizität stets aufs Neue in Frage gestellt wird, da sie mal in der Rahmenhandlung präsent sind und dann wieder auf die Binnenebene wechseln. Keine der Figuren wirkt sympathisch und eignet sich als Identifikationsfigur. Vielmehr trägt eine jede Züge von Härte, Kälte und Illusionslosigkeit. Zunächst begegnet man der einsamen Catarina, die sich zu Hause auf ein Rendezvous mit Hoffmann vorbereitet. Recht schnell stellt sich heraus, dass dieses Szenario der Feder des Schriftstellers Schimanski entspringt. Der wiederum muss erleben, wie ihm seine Erzählung aus dem Ruder läuft und sich verselbständigt. Daraufhin dringt der Erzähler Schimanski in seine eigene Erzählung ein, um Catharina von Handlungen abzuhalten, die er als ihr Schöpfer nicht intendiert hat. Dieses Eindringen endet mit seiner Ermordung durch Catharina, was wiederum von Hoffmann erzählt wird, der, wie sich herausstellt, gleichfalls Schriftsteller ist und eine Geschichte über Catarina zu schreiben gedachte.[170] Mit seiner Erzählung stellt Drawert nicht nur die zeitlichen und räumlichen Logiken der Realität in Frage, sondern verdeutlicht zudem, dass und wie Fiktion diese Logiken zu unterlaufen in der Lage ist. Nicht zuletzt knüpft Drawerts Erzählverfahren an Jorge Luis Borges' Surrealismus an, aber auch an die romantische Idee der Kunstautonomie. Dass er sich damit gegen jede Art realistischen Erzählen sozialistischer Couleur wendet, ist offenkundig. In seiner theoretischen Abschlussarbeit, einem Essay über den Realismus Gustav Flauberts, der den rätselhaften Titel *Die Wirklichkeit des Unwirklichen oder Wie wird man, was man einst war* trägt, plädiert der Schriftsteller entsprechend nachdrücklich für die »Autonomie des Imaginären«.[171] Unverblümt vertritt Drawert mit und in seinen Texten indes auch eine künstlerische Position, die der offiziellen Kunstdoktrin des Landes, in dem er lebt, fundamental widerstrebt.

7.2 Lyrik

Auch die am Institut entstandene Lyrik steht in der Vermittlung von Trostlosigkeit, Erstarrung und Verlorenheit der Prosa in nichts nach. Kerstin Hensel, 1961 geboren und eine der wenigen Autorinnen dieser Zeit, die in der DDR einen gewissen literarischen Erfolg verbuchen konnte, verarbeitet in ihrer als Absolventenarbeit eingereichten Mappe von 1985 die schmerzhafte Erkenntnis aus der Kollektivperspektive eines lyrischen Wir, die eine unmissverständliche Gegenwartsdiagnose der Erstarrung und Resignation enthält, die jedem sozialistischen Zukunftsoptimismus den Garaus macht, wie etwa in dem Gedicht »Vom Liegen auf Häuten«:

> Wir liegen ausgestreckt auf unseren Häuten.
> Geflickt und starr hängt über uns der Wald.
> Und zehrend, unersättlich von den Beuten,
> die wir nicht trafen, nehmen wir Gestalt
> von großen Tieren an, wie zäher Rauch.
> Es bleibt der letzte Pfeil im Köcher.
> Wir drehen uns, weil der Arsch brennt, auf den Bauch:
> die dünnen Stellen sind noch keine Löcher.[172]

Den hier zum Teil noch epigonalen, an Brecht erinnernden Sprachgestus streifte Hensel in weiteren Gedichten, die vor allem nach ihrer Zeit am Literaturinstitut entstanden, vollends ab und entwickelte ein ganz eigenes Idiom, das aber häufig nicht minder desillusioniert klingt.[173] Erste Anklänge davon finden sich bereits in einem weiteren Gedicht aus der Literaturinstitutsmappe, wenn es diesmal ungereimt und mit weniger expressionistischem Pathos heißt »SO WIE DER HIMMEL ÜBER UNS / geronnen ist, die verkäste Hoffnung mit dem Blauschimmel, so weit bring ich es / nicht mit dir / auch wenn / wir unsere starren Hälse / brechen müßten [...].«[174]

Im Unterschied zu Hensels eindringlichem Idiom des Fatalistisch-Widersinnigen klingt die Lyrik von Gundula Sell staats- und sozialkritischer, trotziger und gerade deshalb zum Teil hoffnungsfroher. Ein mitschwingender Ton von Resignation ist aber auch hier unüberhörbar. Die drei Jahre später in den Direktstudiengang von 1985 bis 1988 eingeschriebene und mit 22 Jahren, wie auch Hensel, vergleichsweise junge Studentin engagierte sich während ihrer Zeit am Becher-Institut mit selbst gedruckten und in Umlauf gebrachten Gedichten in der inoffiziellen Literaturszene.[175] Ihre aus drei Zyklen (*Deutschland über beide Ohren, Stadtbilderklärungen, Achtdreiviertel Stunden*)[176] mit rund sechzig Gedichten bestehende literarische Abschlussarbeit handelt von Entfremdung in Arbeitsprozessen, vom (Aus-)Reisen und vom Fernweh, von Mauerhass und sogar vom Mauerfall. Aus dem 1986 entstandenen siebenstrophigen Gedicht »Wette« mit letzterem Themenbezug spricht gleichermaßen leuchtende Prophetie wie glanzlose Illusionslosigkeit. Es ist dialogisch aufgebaut, wobei sich in sechs bisweilen etwas holprig gereimten Strophen das nicht unkomplizierte Reimschema wiederholt.[177] Die erste dialogische Strophe lautet: »Schluß. Jetzt muß ich reisen. / Ich laß von mir hören. / Marmor, Stahl und Eisen / Wird uns nicht zerreißen, / Wetten wir? Sagt Claire.« Von der zweiten bis zur fünften Strophe reimt dann ausschließlich Claire gegen die Abschiedsstimmung des lyrischen Ich und prophezeit den Mauerfall: »Spar dir deine Trauer / Die jetzt führn Gewehre, / Brechen ab die Mauer / Liegen schon auf der Lauer, / Wetten wir? sagt Claire.« Die letzte Strophe dann gehört allein dem lyrischen Ich, das nun in einem anderen Reimschema[178] seine desolate Antwort gibt »Gut, ich halt dagegen / Frage – und halte inne, / Leise und verlegen / Aber was, von wegen, / Was, wenn ich gewinne?«[179]

Sells Lyrik aus der Arbeitswelt gaukelt hingegen nichts Poetisches mehr vor, sondern verweist auch formal auf die schonungslose Härte und Trostlosigkeit ihres Gegenstandes – wie das Prosagedicht »Werkzeugbude«, das in einem zwischen Nicht-Rhythmus und Rhythmus unentschiedenen Oszillieren von vermeintlich arbeitenden Maurern erzählt: »bis zur jeweils nächsten Pause liegen sie gedrückt ins Dösen / denn die Arbeit ist zu eintönig, und niemand / holt sie raus. Der Meister in der Meisterbude / schläft verkatert, auch.[180]

Auch diese offenkundig kritische Tonlage von Sells Lyrik löste bei Direktion und Dozenten weder Einspruch aus, noch erfolgten negative

Sanktionen. Im Gegenteil: Sell wurde von der Institutsleitung für die Übernahme in den Sonderkurs 1988/89 vorgeschlagen, eine besondere Auszeichnung, die nur herausragenden Studierenden vorbehalten war.[181]

Was beiden, Hensel wie Sell, aber auch weiteren in den 80er Jahren am Literaturinstitut studierenden Dichtern fehlt, ist der hohe lyrische Ton, den der bis 1970 lehrende und viel gewürdigte Dozent Georg Maurer als Lyriker selbst noch angeschlagen hatte und der mitunter auch noch bei einigen seiner Schüler zu finden war.[182] So fehlt auch der Lyrik von Kurt Drawert jegliches Pathos, obwohl sie sich von seinen hartgesottenen Erzählungen durch eine erstaunliche Zartheit unterscheidet. So stehen seine Liebes- und Naturgedichte, aber auch seine Gedankenlyrik durchaus in jener romantisch-klassischen Tradition, die auch für Maurer ausschlaggebend war. Anstelle von Pathos allerdings dominiert in Drawerts Lyrik der zugleich nüchterne und melancholische Ton, den man aus der Kurzprosa kennt. Etwa, wenn die Tristheit des Scheiterns aufgerufen wird, wie in dem Liebesgedicht »Geschichte seitenverkehrt«: »lebe wohl, Glaube an Treueversprechen / und Buchstabennudeln, lebe wohl, ›Du bist / so tief in meinem Herzen‹, lebe wohl / dies und das und Liebe ist eine Idee …«[183] Auch der Titel des Landschaftsgedichts »Romanze« erweist sich als trügerisch. So wähnt sich das lyrische Ich in einer romantischen Landschaft, die ihn jedoch befremdet: »Ruhige Landschaft / mit natureigenen Bäumen, / die alle nicht / ins Leben passen.« Schließlich stellt sich heraus, dass das lyrische Ich sich gar nicht in der Natur befindet, sondern auf ein romantisches Gemälde schaut: »[…] – ein Bild, das / Caspar David Friedrich gehört. / Etwas raschelt unter den Schritten / und erinnert an Laub // solange der Blick / nicht über den Rahmen / hinausgeht.«[184]

Die Gedichte aus den 80er Jahren sind trotz ihres partiellen Bezugs auf traditionelle Lyrikformen indes wesentlich stärker durchdrungen von Wortkargheit und Kühle, Alltagssprache und Jargon als die Gedichte aus den Dekaden zuvor und vor allem bar jeden sozialistischen Glaubens. Damit lässt sich an der Institutslyrik von den frühen bis in die späten Studienjahrgänge ein generationeller Ernüchterungsprozess in Sachen hoffnungserfüllendem sozialistischem Schreiben besonders gut nachvollziehen.

7.3 Dramatik

Die am Literaturinstitut in der letzten Dekade entstandene Dramatik wurde vorwiegend für die Bühne wie für den Hörfunk entwickelt. Sie zeichnet sich nicht selten durch ihre Darstellungsweisen des Absurden, Grotesken, Lächerlichen und Überspitzten aus, wie etwa die Theaterstücke von Werner Bernreuther, Hans Sigmar Kotsch, André Sokolowski und Ronald M. Schernikau sowie die Hörspiele von Barbara Köhler und Holger Jackisch zeigen. Exemplarisch sei hier auf den szenischen Entwurf in sieben Bildern mit dem Titel *und noch steht das haus* von Werner Bernreuther (Direktstudium 1979–1982) verwiesen.[185] Das Stück des in der DDR bekannten und preisgekrönten Liedermachers[186] spielt in der Villa von missis world und deren Tochter mary, die auch miß mankind genannt wird. Im ersten Bild ist der Dienstbote william alias progreß, der sich zugleich als Liebhaber der Tochter des Hauses herausstellt, damit beschäftigt, das alte Haus umzubauen; zum Unmut der gereizten Mutter und zur Freude von mary, was unentwegt zu Streitereien führt. Plötzlich taucht ein Fremder – Dr. hein death – in der Villa auf, die nun auf einmal auch unter Wasser steht. Im zweiten Bild versucht Dr. death progreß zu ertränken, was aber nicht gelingt. Dr. death taucht daraufhin vorübergehend ab. Während in weiteren Szenen zunächst Urlauber, dann ein General und auch wieder Dr. death erscheinen und es sich im Haus bequem machen, verfällt die Villa in kürzester Zeit und wird zunehmend überschwemmt, so dass sich die Bewohner im vorletzten Bild gerade noch über Wasser halten können. mary hat mittlerweile ein Kind bekommen, das nahezu immer schreit und die Gesellschaft kämpft um ihr Überleben. Nachdem Bild 6 in einem apokalyptischen Szenario endet, ohne dass man erfährt, was eigentlich passiert ist, (»sturm. dunkel. auf dem rundhorizont ein einziger großer vogel, der über uferloses wasser kreist«)[187] steht das Haus in Bild 7 wieder unversehrt da. Als Gäste kommen noch weitere merkwürdige Gestalten mit ›sprechenden Namen‹ hinzu (mister preacher, mister mittlinger, mister allmaker) und das Geschehen endet in einer Orgie, während Dr. death aus dem Keller hervorsteigt – »dorthin, von wo das kind schreit. wenn er etwa auf der hälfte der treppe ist – – – – – black – – –«.[188] Mit dieser beunruhigenden Szene endet das Stück. Begleitet werden viele Aufzüge von dem Gesang eines an altgriechische Dramen erinnernden Chor, der sich an das Publikum wendet und wiederholt vor den Gefahren warnt: »da ist das wasser [...] es hat kein ende das wasser«;[189] die steine, seht doch nur / – die steine kommen herunter / – schon immer kommen die steine / – herunter, wenn sie dem berg zu schwer sind, die steine wollen ins tal«.[190] Bernreuthers Stück lässt sich schwer einordnen, changiert es in seinen grotesken, parodistischen, albernen, aber auch angsterfüllten, verzweifelten und bedrohlichen Szenarien doch zwischen Lustspiel und Tragödie. Bisweilen erinnert es zudem an Antonin Artauds Konzept des *Theaters der Grausamkeit*, allerdings ohne dessen Hang zum Exotismus und dessen Vorstellung einer Bühnen-Dezentralisierung. Atmosphärisch hinterlässt es den Eindruck, einer permanent sich zuspitzenden Katastrophe zuzuschauen, deren Ausgang zwar offen scheint, aber im Bild des lauernden Todes verbleibt. Dass die Figuren, das Setting und der Handlungsverlauf kritisch auf eine verkommene bürgerliche Gesellschaft anspielen sollen, wie etwa durch die Markierung der Villenbesitzerin als gnädige Frau (Missis) samt ihres Dienstboten William oder durch die Tischsitten angezeigt wird, weist wohl eher in die Irre und wird durch eine offenkundige Aufhebung der Klassengegensätze unterlaufen. Denn der Dienstbote erweist sich nicht nur als ›Schwiegersohn‹ von missis world und Vater ihres Enkels, sondern auch durch seinen Alias »progreß« treibt er einen solchen selbst voran durch den Umbau des Hauses, die Zeugung eines Kindes und seine Düpierung und Brüskierung der vermeintlich Mächtigen im Stück – neben Streitereien mit der missis selbst legt sich progreß auch unerschrocken mit Dr. death und dem general an. Nur tritt diese Figur am Ende nicht als heroischer Held aus allem Ungemach hervor, sondern wird wie alle anderen Figuren des Stücks der Lächerlichkeit preisgegeben. Auch wenn sich Bernreuthers weitgehend unbekannt gebliebenes Drama weder offenkundig noch zwischen den Zeilen als eine Kritik am System oder an der Nomenklatur der DDR aufschließen lässt – dafür erscheinen die Bezüge und Anspielungen zu wenig dezidiert –, so handelt es sich auch hier keineswegs um eine künstlerische Ausdrucksform, durch die der reale Sozialismus Halt gewinnen könnte; zu apokalyptisch, drastisch und pessimistisch erweist sich auch dieses am Literaturinstitut entstandene Stück Literatur.

8. Dynamisierung durch Stillstellung

Die Vielfalt der Themen und die Heterogenität ihrer literarischen Gestaltungsformen sticht in den studentischen Arbeiten dieser Dekade hervor – gleichfalls die Indifferenz der Studierenden und ihrer Texte gegenüber politischen Themen sowie auch die Ironie und der Witz, mit denen die Studierenden ihren Studienalltag wie auch ihre Arbeiten ausstatteten. Gleiches lässt sich indes auch für den Verlauf des Studienbetriebs und die Grundhaltung des Lehrkörpers feststellen. Die Liberalität und Toleranz, die der allgemeinen Atmosphäre am Institut nachgesagt wurde, entsprang sicherlich zu einem gewissen Grad auch einer Indifferenz, die mit der zunehmenden Ratlosigkeit zusammenhing, wie man sich nun zu verhalten hatte, ohne größeres Aufsehen zu erregen. Das doppelte Spiel der Direktion, ein gewisses *Laissez faire* in der Innenpolitik des Instituts walten zu lassen, verbunden mit der Bereitschaft, offizielle Forderungen der Nomenklatur zu erfüllen, ohne sie dann aber tatsächlich umzusetzen, spricht für eine Führungsstrategie bzw. Leitbildorientierung, die letztlich gar keine mehr war. Denn trotz aller offiziellen Beteuerung der Leitungsebene zur Staatskonformität verweist die Institutspraxis doch eher darauf, dass das Selbstverständnis einer dem Sozialismus verpflichteten Lehranstalt abhanden gekommen war. Die Administration des Becher-Instituts, so scheint es, nahm die wachsende Unordnung hin, ließ den Eigensinn der Studierenden weitgehend zu und ertrug die damit verbundene Renitenz, ohne auf Disziplinarmaßnahmen wie in den Jahrzehnten zuvor zurückzugreifen. Dafür spricht, dass in diesem Jahrzehnt lediglich ein Student wegen Talentlosigkeit exmatrikuliert wurde. Eine Haltung der Illusionslosigkeit schien indes nicht nur bei den Studierenden eingetreten zu sein. So steht zu vermuten, dass das Desinteresse, das sich auf Seiten der Direktion wie des Lehrkörpers ihrer vermeintlich staatlichen Verpflichtung gegenüber zeigte, auch aus Erschöpfung und Inhaltsleere entstanden war, in deren Vakuum wiederum nun einiges möglich werden konnte.

Für die ›hineingeborenen‹ Studierenden entpuppte sich dieser institutionelle Verlust an Orientierung als Gewinn für ihre eigenständige Entwicklung und als Spielraum für ihr kreatives Potenzial. Ihren literarischen Arbeiten aus dieser Zeit lässt sich indes auch deutlich ablesen, was für Freiräume im letzten Jahrzehnt seines Bestehens das Becher-Institut eröffnete. Dabei profitierten die Studenten nicht zuletzt von den Vorteilen des doppelten Schutzes, den das Institut bot: zum einen von dem Privileg, einer staatlichen Einrichtung anzugehören, die nach außen eine gewisse Staatskonformität garantierte. Zum anderen waren diese Studenten aber auch geschützt durch das liberale Selbstverständnis, das im Binnenraum des Instituts herrschte. Diese Rückendeckung ermöglichte ihnen, künstlerisch wie sozial gefahrlos zu experimentieren und mit der autonomen DDR-Literaturszene zu sympathisieren oder sogar zu kooperieren, die sich jeder systempolitischen Vereinnahmung zu entziehen trachtete. So verweist die vorgenommene Verflechtung der institutionellen Einordnung des Becher-Instituts in den 80er Jahren mit der literarischen Analyse der in diesem Zeitraum dort entstandenen Literatur schließlich auf eine Paradoxie: Dass literarische Arbeiten über das stillgestellte und erstarrte Alltagsleben im Staatsgebilde DDR nicht nur für die Schublade geschrieben wurden, sondern als Abschlussarbeiten einer staatlichen Ausbildungsinstitution zu Hochschulabschlüssen führen konnten,[191] entbirgt eine Dynamik, die politisch immerhin das Gegenteil der Stasis andeutete, die von den studentischen Texten imaginiert wurde.

1 Vgl. Erich Hobsbawn: Das lange 19. Jahrhundert. Europäische Revolution, die Blütezeit des Kapitals, Das imperiale Zeitalter. Darmstadt 2017.
2 So konstatiert es auch der DDR-Literaturforscher Wolfgang Emmerich: »Die Anfänge der neuen Kunst- und Literaturszene reichen bis in die Zeit der Biermann-Ausbürgerung 1976 zurück«. Wolfgang Emmerich: Kleine Literaturgeschichte der DDR. Erweiterte Neuausgabe. Leipzig 1996, S. 407. Und auch Berbig und Karlson sehen einen engen Zusammenhang zwischen der Biermann-Ausbürgerung und einem »autonom konzipierten literarischen Lebe[n].« Roland Berbig/Holger Jens Karlson: »Leute haben sich eindeutig als Gruppe erwiesen.« Zur Gruppenbildung bei Wolf Biermanns Ausbürgerung. In: In Sachen Biermann. Protokolle, Berichte und Briefe zu den Folgen einer Ausbürgerung. Berlin 1994, S. 11–28, hier S. 27.
3 Vgl. Pierre Bourdieu: Die Regeln der Kunst. Genese und Struktur des literarischen Feldes. Übersetzt aus dem Französischen von Achim Russer und Bernd Schwibs. Frankfurt a. M. 1999. Zur Anwendung von Bourdieus Feldtheorie auf das literarische Feld der DDR vgl. die Aufsätze aus dem Sammelband von Ute Wölfel (Hg.): Literarisches Feld DDR. Bedingungen und Formen literarischer Produktionen in der DDR. Würzburg 2005; Wolfgang Emmerich: Habitus- und Generationsgemeinschaften im literarischen Feld Ostdeutschland – vor und nach der Wende. Ein Versuch, das veränderte literarische Feld mit Bourdieu und Mannheim besser zu verstehen. In: Holger Helbig (Hg.): Weiterschreiben. Zur DDR-

Literatur nach dem Ende der DDR. Berlin 2007, S. 269–283; York-Gothart Mix: Avantgarde, Retrogarde? Selbst- und Fremdbilder in der unabhängigen Literaturszene in der DDR. In: Ders./Markus Joch/Norbert Christian Wolf (Hg.): Autonomie, Markt und Aufmerksamkeit um 2000. Aktuelle Medialisierungsstrategien im Literatur- und Kulturbetrieb. Tübingen 2009, S. 123–138; Heribert Tommek: Der lange Weg in die Gegenwartsliteratur. Studien zur Geschichte des literarischen Feldes in Deutschland von 1960 bis 2000. Berlin 2015, S. 142.

4 Vgl. Wolfgang Emmerich: Kleine Literaturgeschichte der DDR, S. 407.

5 Erich Honecker zitiert nach Rudolf Gehrke: Literarisches Talent im befreiten Leben. In: Ders./Lothar Zschuckelt (Hg.): Selbstermutigung. Erwägungen ums Schreiben. Leipzig 1986, S. 11–46, hier S. 37f.

6 Elke Erb: Vorwort. In: Sascha Anderson/Elke Erb (Hg.): Berührung ist nur eine Randerscheinung. Neue Literatur aus der DDR. Köln 1985, S. 11–17, hier S. 14f.

7 Thomas Böhme im Interview mit Anthonya Visser am 13.10.1988. In: Gerd Lambroisse/Ian Wallace (Hg.): DDR-Schriftsteller sprechen in der Zeit. Eine Dokumentation (German Monitor No. 27) Amsterdam, Atlanta 1991, S. 291–304, hier S. 293.

8 Peter Böthig: Grammatik einer Landschaft. Literatur aus der DDR in den 80er Jahren. Berlin 1997, S. 76.

9 Wolfgang Emmerich: Kleine Literaturgeschichte der DDR, S. 409f. Vgl. auch Michael Thulin: Sprache und Sprachkritik. Die Literatur des Prenzlauer Bergs in Berlin/DDR. In: Heinz Ludwig Arnold (Hg.): Die andere Sprache. Neue DDR-Literatur der 80er Jahre. text + kritik Sonderband. München 1990, S. 234–243.

10 Rainer Schedlinski hier zitiert nach Emmerich: Kleine Literaturgeschichte, S. 411. Vgl. dazu auch Thomas Böhme im Interview mit Anthonya Visser, S. 301.

11 Anderson/Erb: Berührung, S. 64. Zur sprachexperimentellen bzw. -zersetzenden Lyrik vgl. Emmerich: Kleine Literaturgeschichte, S. 411f.

12 Vgl. Barbara Dröscher: Subjektive Authentizität. Zur Poetik Christa Wolfs zwischen 1964 und 1975. Würzburg 1993.

13 Vgl. dazu ebd.; Birgit Dahlke: Papierboot. Autorinnen aus der DDR – inoffiziell publiziert. Würzburg 1997, S. 132; Manfred Jäger: »Wem schreibe ich?« Adressen und Botschaften in Gedichten jüngerer Autoren aus der DDR. In: Heinz Ludwig Arnold (Hg.): Die andere Sprache. Neue DDR-Literatur der 80er Jahre. text + kritik Sonderband. München 1990, S. 61–71, hier S. 62.

14 Vgl. Jäger: »Wem schreibe ich?«, S. 68. Emmerich bemerkt, dass diese Prosa aber vor allem aus kleinen Formen bestand: Kurzprosa, Erzählungen, Essay, experimentelle Texte. Vgl. Kleine Literaturgeschichte S. 415.

15 Vgl. Notizen aus einem Gespräch mit Uwe Kolbe. In: Anderson/Erb: Berührung, S. 40–45, hier S. 45.

16 Vgl. Paul Kaiser/Claudia Petzold: Boheme und Diktatur in der DDR. Gruppen, Konflikte, Quartiere 1970–1989, Berlin 1997, S. 68f.

17 Vgl. Kaiser/Petzold: Boheme und Diktatur, S. 68f.

18 Katja Lange-Müller studierte von 1979 bis 1982 im Direktstudium, Peter Brasch nahm 1982–1983 an einem Sonderkurs teil und Uwe Kolbe 1981–1982 ebenfalls an einem Sonderkurs. Vgl. Studienlisten aus den Direktstudium und den Sonderlehrgängen, Nachlass IfL am DLL; SStAL, IfL, Nr. 5, Bl. 311/312.

19 Vgl. Dahlke: Papierboot, S. 21ff.; Jäger: »Wem schreibe ich?«, S. 63f.

20 Zu den Publikationsschwierigkeiten für junge Autoren vgl. auch das Interview mit Uwe Kolbe. In: Gerd Lambroisse/Ian Wallace (Hg.): DDR-Schriftsteller sprechen in der Zeit. Eine Dokumentation (German Monitor No. 27) Amsterdam, Atlanta 1991, S. 211–225, hier S. 214f.
21 Vgl. Teilnehmerlisten der Studierenden, Nachlass IfL am DLL.
22 Vgl. Erb: Vorwort: In: Anderson/Dies.: Berührung, S. 14.
23 Vgl. Vorbild, Leitbild. Joachim Nowotny im Gespräch mit Wolfgang Berger, Stephan Ernst, Ingrid Hildebrandt, Rainer Hohberg, Annerose Kirchner, Christine Lindner, Thomas Rosenlöcher. In: Weimarer Beiträge. Zeitschrift für Literaturwissenschaft, Ästhetik und Kulturtheorie (XXV) 1979, H. 7, S. 11–22.
24 Lothar Zschuckelt unterstand als Parteisekretär der Grundorganisation Literatur des Bezirks Leipzig, zu der u. a. auch der Leipziger Schriftstellerverband gehörte. In seiner Rolle als Parteibeauftragter war er in alle Entscheidungsprozesse am Literaturinstitut eingebunden. Vgl. Lothar Zschuckelt im Interview, 3.9.2014.
25 Nach Aussage von Zschuckelt hatte sich Erich Honecker persönlich in die Angelegenheit eingeschaltet, vgl. ebd.
26 Der Beirat konstituierte sich am 19. März 1981 und setzte sich u. a. aus Vertretern des Ministeriums für Kultur, des Ministeriums für nationale Verteidigung, des Rates des Bezirks, der Abteilung für Hoch- und Fachschulen, des Zentralrats der FDJ, der Akademie der Künste, der staatlichen Komitees für Fernsehen und Rundfunk sowie diverser Verlage zusammen. Das Literaturinstitut selbst war durch die Direktion, Vertreter aus dem Lehrkörper und der Studentenschaft vertreten. Vgl. SStaL, IfL, Nr. 57, etwa Bl. 28, 40, 53, 61, 71. Zu den Aufgaben des Beirats vgl. gleichfalls SStAL, IfL, Nr. 57, Bl. 1–3.
27 Zur Geschichte des Schriftstellerheims vgl. Margrid Bircken/Christel Hartinger (Hg.): Petzow – Villa der Worte. Das Schriftstellerheim in Erinnerungen und Gedichten. Berlin 2016.
28 Zschuckelt, Interview: »Wir waren dann mit allen Studenten und allen Kollegen eine Woche in Petzow und wurden sozusagen grunderneuert. Also da kamen Dozenten und Professoren von der Akademie der Wissenschaften, haben uns Vorträge gehalten. Und der Klaus Höpcke [stellvertretender Minister für Kultur] hat einen Vortrag gehalten.«
29 Das von Institutsdozenten gestreute Gerücht, dass dem Institut im Kontext dieses Vorfalls ein weiteres Mal die Schließung gedroht habe, ist als ein genau solches zu bewerten. Beweise dafür lassen sich weder in Unterlagen des Institutsarchivs noch in denen der BStU finden. Vgl. dazu auch Zschuckelt, Interview.
30 Vgl. die Statutfassungen des Instituts von 1955 und 1958, SStAL, IfL, Nr. 368.
31 Statut des Instituts von 1955, SStAL, IfL, Nr. 368, Bl. 1.
32 Ebd.
33 Ebd., Bl. 3.
34 Statut des Instituts von 1981, SStAL, IfL, Nr. 368, Bl. 8.
35 Ebd., Bl. 9.
36 Ebd.
37 So heißt es lediglich in dem Protokoll einer Beratung zu Fragen der perspektivischen Entwicklung des Instituts vom 6. Februar 1980, das Statut sei zu überarbeiten. Vgl. SStAL, IfL, Nr. 855, Bl. 1–5, hier Bl. 2.
38 Vgl. Zschuckelt, Interview.

ANMERKUNGEN 525

39 Protokoll einer Beratung zu Fragen der perspektivischen Entwicklung des IfL von 1980, SStAL, IfL, Nr. 855, Bl. 1.
40 Ebd., Bl. 2.
41 Zur Entwicklung des Instituts in den 80er und 90er Jahren, SStAL, IfL, Nr. 854, Bl. 3.
42 Aktivitäten und Wirksamkeit des Feindes in Bereichen der künstlerischen Intelligenz der DDR (ohne Datum) Hauptabteilung XX, BStU, HA VXX/AKG 1494, 1494, S. 303 f. Zitiert hier nach Schittli, S. 224.
43 Ebd.
44 Podiumsdiskussion am Deutschen Literaturinstitut Leipzig (DLL): Zwei Leipziger Dichterschulen – eine Geschichte? Eine Diskussion mit Peter Gosse, Sascha Macht, Katja Lange-Müller, Hans-Ulrich Treichel und Hubert Witt vom 16.7.2014.
45 Die Podiumsdiskussion fand im Rahmen des Forschungsprojekts *Literarische Schreibprozesse* statt.
46 Vgl. ebd., Zschuckelt, Interview.
47 Vgl. Peter Gosse, Podiumsdiskussion.
48 Vgl. Zschuckelt, Interview; Hubert Witt im Interview, 14.1.2014.
49 Vgl. dazu etwa Holger Jackisch: Nach Art unseres Landes. Eine Schule für Schriftsteller. Beitrag für den MDR. http://www.mdr.de/damals/archiv/literaturinstiut-nach-art-unseres-landes100.html (zuletzt eingesehen am 15.8.2017). Katja Lange-Müller, Podiumsdiskussion, Norbert Marohn im Interview, 31.7.2014; Kathrin Aehnlich im Interview, 27.8.2014.
50 Vgl. die Aussagen von Katja Lange-Müller auf der Podiumsdiskussion sowie weitere Interviewaussagen von den Studierenden Norbert Marohn und Kathrin Aehnlich, in den jeweiligen Interviews sowie gleichfalls von der im Fernstudiengang studierenden Sabine Lange im Interview, 11.10.2013.
51 Vgl. Zschuckelt, Interview; Teilnehmerlisten der Studierenden, Nachlass IfL am DLL.
52 Vgl. Matthias Frings: Der letzte Kommunist. Das traumhafte Leben des Ronald M. Schernikau. Berlin 2009, S. 346; Till Sailer (Teilnehmer des Sonderkurses 1979) im Interview, 15.11.2013.
53 Vgl. Jürgen Deppe: Ferien auf der Insel der Liberalität. Erster internationaler Sommerkurs für Literaturmittler am Institut für Literatur »Johannes R. Becher« in Leipzig. In: TAZ, Nr. 93/1, 19.6.90, S. 13.
54 Aussagen der ehemaligen Direktoren des Becher-Instituts Hans Pfeiffer und Helmut Richter, vgl. Christel Foerster: Die ›Dichterschule‹ kämpft ums Überleben. Literaturinstitut auf der Flucht nach vorn. In: Leipziger Volkszeitung, Nr. 50/96, 28.2.1990, S. 6; Siegfried Stadler: Was wird aus dem Literaturinstitut? Bilder ohne Rahmen. Helmut Richter als neuer Direktor im Amt. In: *Sächsisches Tageblatt*, 124/54, 3./4.3.1990, S. 3.
55 Vgl. die Interviews mit Kathrin Aehnlich, Norbert Marohn und Lothar Zschuckelt sowie die Beiträge von Katja Lange-Müller während der Podiumsdiskussion.
56 Deshalb ist David Clarkes Einordnung des Becher-Instituts als ein der »Nischenöffentlichkeit« zugehöriger Raum für die 80er Jahre auch nicht ganz zutreffend. Vgl. David Clarke: Parteischule oder Dichterschmiede. The Institute der Literatur »Johannes R. Becher« from his Founding to its Abwicklung. In: German

Studies Revue 29/1 (2006), S. 87–106, hier S. 91. Hier scheint der Heterotopie-Ansatz von Foucault geeigneter zu sein, insofern dort verschiedene Ausprägungen von Teilöffentlichkeiten spezifiziert werden wie etwa Kompensationsheterotopie (alternative literarische Szene) und Abweichungsheterotopie (Becher-Institut). Vgl. Katja Stopka: Eine Insel der Seligen? Das Institut für Literatur »Johannes R. Becher« im Archipel der DDR-Literaturszene der 1980er Jahre. In: Michael Ostheimer/Sabine Zubarik (Hg.): Inseln und Insularitäten. Ästhetisierungen von Heterochronie und Chronotopie seit 1960, S. 211–229.

57 Zum Topos des Archipels im vorliegenden Zusammenhang vgl. Stopka: Eine Insel der Seligen?, S. 214 ff.

58 Vgl. Kaiser/Petzold: Boheme und Diktatur, S. 68 f.

50 Zu dem Topos des Gegenorts, der im Sinne von Foucaults Heterotopien verwendet wird, vgl. Stopka: Eine Insel der Seligen? S. 220.

60 Vgl. Aehnlich, Interview; Marohn, Interview; Lange-Müller, Podiumsdiskussion.

61 Bspw. Kathrin Aehnlich, Holger Jackisch, Rainer Klis, Katja Lange-Müller, Norbert Marohn.

62 Wolfgang Eichwede, Alexander von Plato, Tomàš Vilímek: Einleitung. In: Alexander von Plato/Tomás Vilímek in Verbindung mit Piotr Filipkowski und Joanna Wawrzyniak: Opposition als Lebensform. Dissidenz in der DDR, der ČSSR und in Polen. Berlin. 2013, S. 15–22, hier S. 17.

63 Holger Jackisch: »Einsames Literaturinstitut«, in: Die Leipziger Andere Zeitung, 9.1.1991, S. 4.

64 In den Zeiträumen 1979–1982, 1982–1985, 1985–1988 und 1988–1991 fanden die vier Direktstudiengänge der 8oer Jahre am IfL statt. Vgl. Teilnehmerlisten der Studierenden, Nachlass IfL am DLL.

65 Vgl. Aehnlich, Interview; Marohn, Interview.

66 Im Folgenden werden nur die ausführlicher dargestellten Absolventenarbeiten bibliographisch vollständig erfasst. Der Korpus der Abschlussarbeiten liegt zurzeit (Winter 2017) noch im Archiv des Forschungsprojekts am DLL.

67 In etlichen der literarischen Absolventenarbeiten wird sich gleich mehrerer Gattungen bedient.

68 Vgl. hierzu bspw. die Abschlussarbeiten von Kathrin Aehnlich, Doris Luhnburg, Knut Wolfgramm (Kindheit), Karin Brockmann, Holger Jackisch, Beate Stanislau (Freundschaft), Kerstin Hensel, Gabriele Müller, Katja Lange-Müller (Einsamkeit, Liebe), Gundula Sell (Fernweh), Werner Brückner, Gudula Ziemer (Gewalt), Gerd E. König, Jörg Erich Wendt (Natur, Provinz).

69 Vgl. hierzu besonders die Absolventenarbeiten von Kurt Drawert, Katja Lange-Müller, Norbert Marohn, Gudula Ziemer.

70 Vgl. etwa Seminar- bzw. Abschlussarbeiten von den Studierenden Holger Jackisch, Kathrin Aehnlich, Ronald M. Schernikau, Gudula Ziemer, Norbert Marohn.

71 Beispiele dafür liefert die Literatur von Rainer Butzke, Rainer Klis, Katja Lange-Müller und Gundula Sell.

72 Vgl. bspw. die Absolventenarbeiten von Rainer Klis, Ronald M. Schernikau, Gundula Sell und André Sokolowski.

73 Vgl. etwa die Abschlussarbeiten von Katrin Aehnlich, Holger Jackisch, Katja Lange-Müller, Norbert Marohn und Gudula Ziemer.

74 Lediglich drei essayistische Arbeiten aus dem Jahrgang 1979–1982 des Direktstudiums befassten sich mit ideologischen Fragen. Siegfried Bahr widmete seine essayistische Abschlussarbeit den Möglichkeiten einer besseren ideologischen Beeinflussung der Jugendlichen durch Film und Fernsehen. Reinhard Hanke reflektierte über Möglichkeiten literarischer Darstellung des Arbeiters an der Schwelle zu den 80er Jahren. Und Norbert Hamel schrieb eine Abschlussarbeit mit dem Titel *Von der Schwierigkeit über die Armee im Sozialismus zu schreiben*.

75 Vgl. bspw. die Arbeiten von Werner Bernreuther, Kurt Drawert, Holger Jackisch, Katja Lange-Müller, Hans-Christian Mannschatz und Ronald M. Schernikau.

76 Vgl. die Dramen/Hörspiele von Werner Bernreuther, Holger Jackisch, Hans Sigmar Kotsch, Ronald M. Schernikau.

77 Vgl. die Abschlussarbeiten von Werner Bernreuther, Thomas Böhme, Holger Jackisch, Norbert Marohn, Gundula Sell, Werner Malowski und Gunter König.

78 Zu einer ausführlichen Analyse dieser Texte unter den raumzeitlichen Kategorien von Heterotopie (Foucault) und Chronotopos (Bachtin) vgl. Stopka: Eine Insel der Seligen?

79 Vgl. Statut des Instituts von 1981, SStAL, IfL, Nr. 368.

80 Vgl. etwa die Aussagen von Kathrin Aehnlich über ihre am Becher-Institut geschriebene Erzählung *Wenn ich groß bin, flieg ich zu den Sternen*: »Und dann kriegte ich ein Telegramm von der Ulrike Presch und die ist zu mir nach Hause gekommen und hat gesagt, dass der Text aus politischen Gründen abgelehnt wurde.« (Aehnlich, Interview).

81 Zur Kennzeichnung der DDR als Konsensdiktatur vgl. Martin Sabrow: Der Konkurs der Konsensdiktatur. Überlegungen zum inneren Zerfall der DDR aus kulturgeschichtlicher Perspektive. In: Konrad Jarausch/Ders.: Der Weg in den Untergang. Göttingen 1999, S. 83–116.

82 Vgl. Holger Jackisch: Turmgesellschaft, hier zitiert nach der Ausgabe in Sno'Boy, 1989, Nr. 2, S. 45–49. Turmgesellschaft. In: Deutsche Fotothek (o.J.): Künstlerzeitschriften der DDR. http://www.deutschefotothek.de/cms/kuenstler zeitschriften-ddr.xml (zuletzt eingesehen am 20.7.2017).

83 Stützt man sich hier auf die Erinnerung von Angehörigen des Literaturinstituts, konnten die Studierenden bei der Vorstellung inhaltlich wie formal heikler Texte mindestens auf die Verschwiegenheit ihrer Lehrer hoffen, wenn nicht sogar auf ihre Solidarität vgl. Aehnlich, Interview; Marohn, Interview.

84 Jackisch: Turmgesellschaft, S. 2. Der digitalisierte Text stimmt nicht mit den Angaben der gedruckten Version von Sno'Boy überein. Deshalb wird hier auf die Seitenzahlen 1–3 der Digitalversion verwiesen.

85 Ebd. S. 3.

86 Zu Poetiken der Schwelle, vgl. Rüdiger Görner: Grenzen, Schwellen, Übergänge. Zur Poetik des Transitorischen. Göttingen 2001; Nicholas Saul u.a. (Hg.): Schwellen. Germanistische Erkundungen einer Metapher. Würzburg 1999; Michail M. Bachtin: Chronotopos. Frankfurt a.M. 2008, S. 186.

87 Jackisch: Turmgesellschaft, S. 3.

88 Bachtin: Chronotopos, S. 185.

89 Jackisch: Turmgesellschaft, S. 3.

90 Vgl. Beurteilung des Jahrgangs 1985–1988, SStAL, IfL, Nr. 5, Bl. 257.

91 Vgl. Aehnlich, Interview.
92 Kathrin Aehnlich: Wenn ich groß bin, flieg ich zu den Sternen, 1988 als literarische Abschlussarbeit am IfL eingereicht. 1998 ist erstmalig eine Textsammlung Aehnlichs im Leipziger Verlag Kiepenheuer veröffentlicht worden, die den Gesamttitel *Wenn ich groß bin, flieg ich zu den Sternen* trägt und auch die titelgebende Erzählung enthält. Im Folgenden zitiert nach der im Aufbau-Verlag erschienenen Taschenbuchausgabe, Berlin 2003.
93 Aehnlich: Wenn ich groß bin, S. 17f.
94 Ebd. 33.
95 Ebd., S. 15, 17.
96 Man findet sie vor allem in der Kinder- und Jugendliteratur der DDR. Vgl. Rüdiger Steinlein/Heidi Strobel/Thomas Kramer (Hg.): Das Handbuch zur Kinder- und Jugendliteratur. SBZ/DDR. Von 1945 bis 1990. Stuttgart 2006.
97 Vgl. Bachtin: Chronotopos, S. 92.
98 Zur Vergleichbarkeit von Kinder- und Narrenperspektive vgl. etwa Theodor W. Adorno: »Das Einverständnis der Kinder mit den Clowns ist eines mit der Kunst, das die Erwachsenen ihnen austreiben, nicht weniger als das mit den Tieren. Nicht so durchaus ist der Gattung Mensch die Verdrängung ihrer Tierähnlichkeit gelungen, daß sie diese nicht jäh wiedererkennen könnte und dabei von Glück überflutet wird; die Sprache der kleinen Kinder und der Tiere scheint eine. In der Tierähnlichkeit der Clowns zündet die Menschenähnlichkeit der Affen; die Konstellation Tier/Narr/Clown ist eine von den Grundschichten der Kunst.« Ästhetische Theorie. Frankfurt a. M. 1970, S. 181f.
99 Aehnlich: Wenn ich groß bin, S. 16.
100 Ebd., S. 20.
101 Ebd. S. 21f.
102 Vgl. etwa Bachtin: Chronotopos, S. 92.
103 Aehnlich: Wenn ich groß bin, S. 33.
104 Vgl. Statut des Instituts von 1981.
105 Es engagierten sich Holger Jackisch, Barbara Köhler, Gudula Ziemer und Gundula Sell. Letztere konzipierte und produzierte selbst einige Texthefte und brachte sie in Umlauf. Vgl. etwa die selbstverlegten Publikationen von Gundula Sell: Helle Nacht. In: Schernikau-Nachlass, Leipzig Konvolut, Mappe 1 sowie das »Erste Heft«, Mappe 4. Der Nachlass von Ronald M. Schernikau wurde, als ich im Sommer 2015 Einsicht in ihn hatte, von Thomas Keck verwaltet und lag damals in den Räumen der Edition Sigma des Verlegers Rainer Bohn in Berlin Kreuzberg. Beiden sei für die unkomplizierte Einsicht in das sogenannte Leipzig Konvolut Schernikaus und für die freundliche Arbeitsatmosphäre herzlich gedankt. Mittlerweile hat die Akademie der Künste den Nachlass übernommen.
106 Zur Dekadenzdichtung als Gattung vgl. Caroline Pross: Dekadenz. Studien zu einer großen Erzählung der frühen Moderne. Göttingen 2013. Stichworte in diesem Zusammenhang wären das Wechselspiel von Lebenslust und Lebensüberdruss sowie die Zerstörung traditioneller narrativer Strukturen. Deren Kohärenz wiederum wird durch eine bewusst künstliche Totalität ersetzt, die sich durch Verrätselung von Handlung und Figuren, häufige (Motiv-)Wiederholungen sowie Selbstreferenzialität und einer Dominanz isolierter (oft optischer) Textdetails auszeichnet.
107 Schernikau verstarb, nachdem er im September 1989 zum Staatsbürger der

ANMERKUNGEN

DDR geworden war, im Oktober 1991 in der neuen Bundesrepublik an den Folgen von Aids.

108 Zur Biographie Schernikaus vgl. Matthias Frings: Der letzte Kommunist. Das traumhafte Leben des Ronald M. Schernikau. Berlin 2009, sowie Laura Schütz: »ein ddrbürger der einen westberliner spielt der einen ddrbürger spielt«. Über die ästhetischen und politischen Grenzgänge von Ronald M. Schernikau. In: Margrid Bircken/Andreas Degen (Hg.): Reizland DDR. Deutungen und Selbstdeutungen literarischer West-Ost-Migration, Göttingen 2015, S. 363–378.

109 Vgl. Katja Stopka: »leipzig ist die glücklichste zeit.« Ronald M. Schernikau am Institut für Literatur ›Johannes R. Becher‹ (1986–1989). In: Helmut Peitsch und Helen Thein (Hg.): Lieben, was es nicht gibt. Literatur, Pop und Politik bei Ronald M. Schernikau. Berlin 2017, S. 249–276, hier S. 249f.

110 Aehnlich, Interview.

111 Ebd. Ausführlicher zu Schernikaus Studium am IfL und seinem Verhältnis zu seinen Mitstudierenden vgl. Stopka: »leipzig ist die glücklichste zeit.«

112 Ronald M. Schernikau: Legende. Dresden 1999, S. 679.

113 Vgl. Susan Sontag: Notes on Camp (1964). In: Dies.: Against Interpretation. And other Essays, New York 1990, S. 275–292.

114 Schernikau: Legende, S. 679. Vgl. hierzu auch Frings: Der letzte Kommunist, S. 255f.

115 Im Folgenden wird aus der unpaginierten Manuskriptversion des IfL zitiert. Der Umfang der Abschlussarbeit entspricht den Seiten 17 bis 30 der Druckfassung.

116 Ronald M. Schernikau. Legende. Künstlerische Abschlussarbeit, Abschlussarbeit IfL; eingereicht 1988 (unveröff., o. O.).

117 Ebd.
118 Ebd.
119 Ebd.

120 Die Götter lebten zuvor als Menschen auch auf der Insel. Zu ihren Lebzeiten waren sie prominente Personen: fifi hieß früher Ulrike Meinhof, die Journalistin und spätere Terroristin, kafau war einst die berühmte Schauspielerin Therese Giehse. stino hieß Max Reimann und war der Vorsitzende der KPD nach dem Zweiten Weltkrieg, und tete war Klaus Mann, der suizidale Schriftsteller.

121 Vgl. Schernikau: Legende. Künstlerische Abschlussarbeit.
122 Ebd.
123 Ebd.
124 Ebd.

125 Am Ende des Buches *Legende* wird die raumzeitliche Differenz aufgehoben sein, die Insel des Kapitalismus ist zerstört, ihre Bewohner sind alle tot, und sie ist von den Kommunisten eingenommen. Allerdings realisiert sich damit nicht die erhoffte glänzende Zukunft auf der Insel, sondern unter der Westberliner Vorsitzenden der kommunistischen Partei lydia königin herrscht nun ein diktatorisches Regime. Die Einheitlichkeit der Raumzeit auf Insel und Land ist zwar wiederhergestellt, allerdings weniger als Utopie denn als Dystopie.

126 Schernikau: Legende. Künstlerische Abschlussarbeit.

127 Zu Schernikaus Haltung gegenüber dem Sozialismus und Westberlin sowie dem Verhältnis zu seinen Kommilitonen am Becher-Institut vgl. Stopka: »leipzig ist die glücklichste zeit.«, S. 249f.

128 Der 1989 im Hamburger Konkret-Literatur-Verlag erstmals publizierte Text lautet in gewohnt schernikau'scher Manier mit vollständigem Titel: Die Tage in L. darüber, daß die ddr und die brd sich niemals verständigen können, geschweige mittels ihrer literatur. Im Folgenden wird aus der unpaginierten Manuskriptversion mit dem Titel *Die Schönheit von Uwe, die Lösung 43 und der Spaß der Imperialisten* zitiert. Künstlerische, Abschlussarbeit am IfL; eingereicht 1988 (unveröff., o. O.).
129 Ebd.
130 Ebd.
131 Ebd.
132 Das Gutachten von Pfeiffer wird hier zitiert nach: Frings: Der letzte Kommunist, S. 388 f.
133 Vgl. Frings: Der letzte Kommunist, S. 376, S. 389; Witt, Interview.
134 Zur Zulassung zum Studium und der Delegierung Schernikaus in die DDR vgl. Brief vom MfK an das Institut für Literatur, SStAL, IfL, Nr. 16, Bl. 63; Bl. 168; Frings: Der letzte Kommunist, S. 317 f.
135 Vgl. Frings: Der letzte Kommunist, S. 143; Brief von Max Walter Schulz an das MfK, SStAL, IfL, Nr. 15, Bl. 55/56.
136 Vgl. Brief von Max Walter Schulz an das MfK, ebd.
137 Die Gutachter waren Peter Gosse, Gerhard Rothbauer und Marianne Schmidt, vgl. Beschlussprotokoll vom 7.5.1986, SStAL, IfL, Nr. 5, Bl. 58; Brief von Hans Pfeiffer an das MfK, SStAL, IfL, Nr. 16, Bl. 167.
138 Vgl. Schreiben von Hans Pfeifer, SStAL, IfL, Nr. 16 Bl. 163, 167–168.
139 Vgl. Beschlussprotokoll vom 23.3.1979, SStAL, IfL, Nr. 3, Bl. 185; Beschlussprotokoll vom 2.3.1982, SStAL, IfL, Nr. 5, Bl. 316/317 sowie Bl. 322/323.
140 Dokumentation des Bewerbungsverfahren für den Studienjahrgang 1982 vom 12.4.1982 vgl. SStAL, IfL, Nr. 5, Bl. 220.
141 Angelika Klüssendorf: April. Köln 2014, S. 144 f.
142 Beschlussprotokoll vom 6.4.1982, SStAL, IfL, Nr. 5, Bl. 220.
143 Thomas Böhme im Interview mit Anthonya Visser, S. 302.
144 BStU, MfS, Abt. XX Nr. 00305, Bd. 4.
145 Vgl. ebd.
146 Vgl. ebd.
147 Gemeint ist die abgeschottete Privatsiedlung der SED-Führung bei Wandlitz.
148 Zschuckelt, Interview.
149 Vgl. ebd.
150 Vgl. ebd.
151 Katja Lange-Müller: Schreiben ist manchmal wie zivilisiertes Kotzen. In: Kritische Ausgabe, Nr. 2006/07, S. 75–81, hier S. 78.
152 So lautet eine Formulierung in einer Erzählung aus Katja Lange-Müllers Abschlussarbeit. Vgl. Ein Tag aus dem Leben des Künstlers, der das große WEH geheißen. In: Gedichte und Prosa. Künstlerische Abschlussarbeit am IfL, eingereicht 1982 (unveröff. o. O.).
153 Lange-Müller: Für Kehzi. In: Gedichte und Prosa. Künstlerische Abschlussarbeit.
154 Vgl. dazu Lange-Müllers Aussage auf der Podiumsdiskussion.
155 Lange-Müller: Märkische Käfer (ein Friedenslied). In: Gedichte und Prosa. Künstlerische Abschlussarbeit.

ANMERKUNGEN

156 Vgl. Rainer Klis: Aufstand der Leser. Miniaturen. Halle (Saale) 1983.
157 Vgl. Klis: Später Buddha. In: Künstlerische Abschlussarbeit am IfL, 1982 (unveröff. o. O.). In der Erzählung ist von dem Studium der Weden die Rede, welches die Schriften sind, die dem Hinduismus zugrunde liegen.
158 Klis: Königskinder. In: Künstlerische Abschlussarbeit.
159 Ebd.
160 Vgl. Norbert Marohn: Plötzlich mein Leben. Künstlerische Abschlussarbeit am IfL, 1985 (unveröff., o. O.).
161 Ulrich Plenzdorf: kein runter kein fern. Frankfurt a. M. 1984.
162 In der DDR wurde der sog. Homosexuellen-Paragraf 175 bereits 1968 gestrichen, in der BRD erst 1994.
163 Vgl. Marohn, Interview.
164 Vgl. Holger Jackisch: Kurzgeschichten. Künstlerische Abschlussarbeit am IfL, 1988. (unveröff., o. O.).
165 Ebd.
166 Ebd.
167 Kurt Drawert: Notiz In: Ders.: Künstlerische Abschlussarbeit am IfL 1985, Teil III (Kurprosa) (unveröff., o. O.).
168 Drawert: Abwesenheit. In: Ebd.
169 Vgl. Gerard Genette: Die Erzählung. München 1998, S. 72, 168 f.
170 Vgl. Drawert: Adieu, mein Freund, und stirb. In: Ders.: Künstlerische Abschlussarbeit, Teil IV (Erzählungen).
171 Kurt Drawert: Die Wirklichkeit des Unwirklichen oder Wie wird man, was man einst war. Versuch über Flaubert am Beispiel »Madame Bovary«. Essayistische Abschlussarbeit am IfL, eingereicht 1985 (unveröff., o. O.).
172 Kerstin Hensel: Vom Liegen auf Häuten. In: O. T., Künstlerische Abschlussarbeit am IfL, 1985 (unveröff., o. O.).
173 Vgl. Hermann Korte: Zurückgekehrt in den Raum der Gedichte. Deutschsprachige Lyrik der 1990er Jahre. Berlin 2004, S. 23 f.
174 Hensel: So wie der Himmel über uns. In: O. T.
175 Vgl. Gundula Sell: Erstes Heft. In: Ronald M. Schernikau: Nachlass Konvolut, Mappe 4 o. J. (unveröff., o. O.) Helle Nacht. In: Schernikau: Nachlass, Leipzig Konvolut, Mappe 1, o. J. (unveröff., o. O.).
176 Vgl. Gundula Sell. Künstlerische Abschlussarbeit am IfL, 3 Teile, 1988 (unveröff., o. O.).
177 Das Reimschema besteht aus einer unregelmäßigen Anordnung von Paarreimen, Körnerreimen und Kreuzreimen.
178 Hier nun eine Mischung aus Paar- und Kreuzreimen.
179 Sell: Deutschland über beide Ohren. Künstlerische Abschlussarbeit.
180 Sell: Achtdreiviertel Stunden. Künstlerische Abschlussarbeit.
181 Sell, Stadtbilderklärungen. Künstlerische Abschlussarbeit.
182 Vgl. Maja-Maria Becker: »Was hat das mit sozialistischer Lyrik zu tun?« Die Bedeutung der Lyrik am Institut für Literatur »Johannes R. Becher« in der Ära Maurer. In: Zeitschrift für Germanistik. Neue Folge XXVI–3/3016, S. 549–566.
183 Drawert: Geschichte seitenverkehrt. In: Ders.: Künstlerische Abschlussarbeit, Teil I (Gedichte).
184 Drawert: Romanze. In: Ebd.

185 Werner Bernreuther: und noch steht das Haus. Künstlerische Abschlussarbeit am IfL, eingereicht 1982, paginiert (unveröff., o. O.).
186 Bernreuther hat mit der Folk-Gruppe Liedehrlich bzw. mit Stephan Krawczyk zusammen gespielt und gesungen.
187 Bernreuther: und noch steht das Haus, S 48.
188 Ebd., S. 64.
189 Ebd., S. 16.
190 Ebd., S. 25.
191 Im Falle von Aehnlich und Jackisch sind es sogar ausgezeichnete Hochschulabschlüsse. Beide erhielten ein Zeugnis mit der Note »sehr gut«. Vgl. Zensurenkonferenz vom 21.6.1988 für den Jahrgang 85-88, SStAL, Institut für Literatur, Nr. 6, Bl. 147.

XI. Die Abwicklung des DDR-Instituts und die Folgen. Ein Resümee

Am 2. Januar 1991 besetzten rund 20 Studierende das Institutsgebäude in der Leipziger Karl-Tauchnitz-Straße 8. Sie schmückten die Villa mit einem Trauerflor und brachten Transparente an der Fassade an:

Deutsche Sprache sucht Land
Literatur, erst eingesperrt, nun ausgesperrt
Exil gesucht! Sachsen sperrt uns aus. Institut für Literatur.

Im Innern des Hauses fand kein Lehrbetrieb mehr statt. In einem provisorisch eingerichteten »Organisationsbüro«[1] diskutierten die Studierenden über ein Manifest und sprachen mit Journalisten, die aus ganz Deutschland angereist waren, um über die Situation der »Kleinsten Hochschule der Welt«[2] zu berichten. Die Heizung war wieder einmal ausgefallen. Noch zu DDR-Zeiten, als das Haus u. a. in »Fragen der Energieentwicklung« dem Ministerium für Kultur der DDR unterstellt war, hatte es Pläne für eine Sanierung gegeben. Aber dazu sollte es nun nicht mehr kommen. Das sächsische Ministerium für Wissenschaft und Kunst, das seit der Wiedervereinigung am 3. Oktober 1990 über die Bildungseinrichtungen des Landes verfügte, hatte soeben die Schließung des Becher-Instituts beschlossen: An der Ausbildung sozialistischer Schriftsteller bestünde nicht länger Bedarf.

Als eine »psychologisch etwas schwierige Existenz« umschrieb der damals amtierende Direktor Helmut Richter diesen Zustand. Das Becher-Institut, für dessen Erhalt die Studierenden mit ihrer »Protestwoche« kämpften, existierte seit dem 1. Januar 1991 bereits nicht mehr, auch wenn dort noch bis zum Sommer 1993 Autoren ausgebildet werden sollten: »*De jure* gibt es uns nicht mehr, aber *de facto* leben wir noch, und das ist besser als umgekehrt.«[3] Die Studierenden kämpften mit der Besetzung der Villa für die Fortsetzung ihrer Ausbildung: »Wir wollen nicht zu Idioten der Geschichte gemacht werden«,[4] erklärte Harald Klingel, nur wenige Monate bevor er sein Direktstudium planmäßig im Sommer 1991 am Becher-Institut abgeschlossen hätte.

»Man hat es nicht kommen sehen«, erinnerte sich Hubert Witt, damals Dozent für Weltliteratur am IfL, und auch Holger Jackisch, der im Sommer 1989 einen Sonderkurs am Institut abgeschlossen hatte,[5] wusste zu berichten: »Die Lehrpläne für 1991 waren bestätigt, die nötigen Geldmittel bilanziert.«[6] Eine ähnliche Sprache spricht auch das Protokoll der letzten Leitungssitzung: Man beriet über die Ausschreibung eines neuen Direktstudienganges im Januar 1991, plante einen Delegationsaustausch mit dem Moskauer Maxim-Gorki-Literaturinstitut, verständigte sich über die neuen BAföG-Regelungen und besprach den Stand der Umbauarbeiten am Gebäude, die nach dem Mauerfall eingeleitet worden waren.[7]

Die Fragen nach der Fortexistenz des Hauses hatten sich seit dem Herbst 1989 gestellt, als das Institut von den Ereignissen der Geschichte erfasst worden war. Allerdings vertrat die Institutsleitung im Jahr der Wiedervereinigung bereits »einen verhaltenen (Zweck-) Optimismus, was die Zukunft betrifft«,[8] nachdem man glaubte, sich den Herausforderungen der neuen Zeit bislang erfolgreich gestellt zu haben. Es gab große Pläne, wie sich »das Institut in den Prozeß des Wiedervereinigung einbringen« wollte.[9] Die Direktion beabsichtigte, das Becher-Institut in »ein literarisch-künstlerisches Kommunikationszentrum für das gesamte deutschsprachige Ausland«[10] zu verwandeln und schon bald ein erstes gesamtdeutsches Direktstudium auszuschreiben.[11] Erste Schritte zur Öffnung waren bereits mit zwei Sommerkursen für Teilnehmer aus Westdeutschland und dem Ausland erfolgt, die dem Literaturinstitut weite, wenn auch nicht nur positive mediale Aufmerksamkeit eingebracht hatten. In der öffentlichen Darstellung hatte die Metapher der »Insel der Toleranz«[12] dominiert, mit der die Institutsleitung unter Richter darauf verwies, dass bereits vor dem Mauerfall eine besondere »Freiheit der Lehre, des Worts und des Gesprächs«[13] am Literaturinstitut vorgeherrscht habe. Und auch die politischen Vorzeichen schienen günstig zu stehen: Erst im Juni 1990 hatte der sächsische Wissenschaftsminister Hans Joachim Meyer vor Studierenden und Mitarbeitern der Leipziger Karl-Marx-Universität versichert, die Eigenständigkeit der unabhängigen Hochschulen wahren zu wollen.[14] Ein halbes Jahr später aber waren alle Zukunftspläne mit einem Mal für nichtig erklärt worden. Die Suche nach Ursachen führt zurück zum Vorabend der »friedlichen Revolution«, der am Leipziger Literaturinstitut, in unmittelbarer Nachbarschaft zu den historischen Ereignissen, möglichst geräuschlos begangen werden sollte.

1. Wende und Aufbruch

Ein Blick in die Leitungsprotokolle ab Oktober 1989 offenbart, wie wenig sich das Institut der Tragweite der Ereignisse, die sich damals außerhalb des Literaturinstituts abspielten, bewusst war. Noch Anfang Oktober 1989 rechnete die Institutsleitung offenbar nicht mit größeren Umbrüchen und war damit beschäftigt, einen Perspektivplan »bis zum Jahr 2000« zu erstellen. Es wurde über den Delegationsaustausch mit dem Moskauer Gorki-Institut beraten – alles verlaufe »normal«, über den 90. Geburtstag der am 4. Januar des Jahres verstorbenen Trude Richter und immer wieder über die Sanierung der defekten Heizung. Gegen Ende der Sitzung wurde kurz die Republikflucht der Ehefrau eines Studenten thematisiert und auf die Probleme einiger Studierender mit der »Studiendisziplin« eingegangen, wozu mit den Teilnehmern Einzelgespräche geführt werden sollten.[15] Es ist anzunehmen, dass es sich bei diesen »Disziplinarproblemen« um die Teilnahme der Studierenden an den Leipziger »Montagsdemonstrationen« handelte, was aus den Protokollen jedoch nicht ersichtlich wird. Im Plenum oder in den Seminaren wurde jedenfalls nicht über die aktuellen Ereignisse in Leipzig gesprochen,[16] obwohl sich immer wieder Studenten, Absolventen und sogar Dozenten des Instituts wie etwa Hubert Witt[17] in die abendlichen Protestzüge auf dem Leipziger Ring einreihten.

Nach dem Sturz Erich Honeckers und dem Amtsantritt Egon Krenz' Mitte Oktober konnte auch die Institutsleitung die Ereignisse schließlich nicht länger ignorieren. Direktor Pfeiffer brach seinen »Jahresurlaub wegen der akuten politischen Lage« ab und kehrte ans Institut zurück, wo er jedoch keinen akuten Anlass zur Handlung sah: Man habe seit langem »ein offenes Vertrauensverhältnis mit den Studenten« gepflegt. Verändern müsse sich nicht das Institut, »[v]erändert werden muß die Partei und Staatspolitik.«[18] Mit geradezu rührender Hilflosigkeit versuchte Pfeiffer dennoch, das Institut für die bevorstehenden unsicheren politischen Zeiten zu rüsten, indem er seine Kollegen dazu ermahnte, »für die nächste Phase unserer Entwicklung« eine einwandfreie Arbeitsmoral an den Tag zu legen: Die Institutsmitarbeiter sollten die Arbeitszeit korrekt einhalten, auf überzogene Pausen verzichten und vor allem davon absehen, ständig Freistellungen für den Freitag zu beantragen, empfahl der Direktor als Reaktion auf den Regierungswechsel, dem dann bald die Grenzöffnung folgen sollte.

Das Ereignis des Mauerfalls selbst wird in Leitungsprotokollen des Instituts – wie bereits der Mauerbau am 13.8.1961 – ausgespart. Nahezu beiläufig hielt man lediglich fest, dass es bereits erste Studienbewerbungen aus der BRD gegeben habe, während die Direktion keine Zeit verlor, den Blick nach vorne zu richten und über »die internationale Anbindung des Instituts an die Förderung literarischer Talente« zu beraten.[19] Ansonsten ging man zur Tagesordnung über, besprach die Nachfolge Hans Pfeiffers, der mit 65 Jahren in den Ruhestand ging, weshalb sein Amt an Helmut Richter übergehen sollte, und tauschte sich über den neugegründeten Studentenrat aus.[20]

Kurz darauf empfahl der künstlerisch-wissenschaftliche Beirat des Instituts Helmut Richter als geeigneten Kandidaten für das Direktorenamt an den Minister für Kultur, Dietmar Keller, der Richter daraufhin am 2. Januar 1990 zu einem persönlichen Gespräch nach Berlin einlud.[21] Zehn Tage darauf verfasste Hans Pfeiffer außerdem einen Brief an das MfK mit der Bitte, Helmut Richter als seinen Nachfolger einzusetzen und von einer öffentlichen Ausschreibung abzusehen.[22] Die Zukunft des Instituts schien damit gesichert zu sein: Richter, der in den 60er Jahren selbst am Institut studiert und Georg Maurer 1970 als Leiter des schöpferischen Seminars Lyrik abgelöst hatte, trat am 1.3.1990 Hans Pfeiffers Nachfolge an. Allerdings war der Wechsel an der Spitze des Instituts weniger geräuschlos abgelaufen als erhofft. Vor allem der Dichter und ehemalige Student Heinz Czechowski hatte scharf gegen Richters Ernennung durch einen SED-Genossen protestiert, da der Neubesetzung keine öffentliche Ausschreibung des Amtes vorausgegangen war.

Ein heftiger Streit entbrannte auch um das lancierte Selbstverständnis des Instituts als »Insel der Toleranz«, das zur Zeit des Direktorenwechsels aufgekommen war: »Wir mussten uns nicht wenden«, hatte im Februar 1990 der scheidende Direktor Hans Pfeiffer seine Haltung in einem Pressegespräch zum »Prozeß der demokratischen Erneuerung« am Literaturinstitut auch öffentlich noch einmal wiederholt,[23] während Richter schließlich die griffige Wendung von der »Insel der Toleranz«[24] ins Spiel brachte. Richters Kritiker Czechowski verbat sich jedoch, die Hochschule auf diese Weise zu »verklären [...] als ein[en] Hort der immer schon reinen Liberalität«.[25] Stattdessen verlangte er eine schonungslose Auseinandersetzung mit der Geschichte des Hauses, die im Kollegium bisher nicht stattgefunden habe: »Wie es scheint, ist das gesamte Literaturinstitut aus der Partei ausgetreten, der SED bzw. PDS, und hat sozusagen in einem kühnen Schwung mit fliegenden Fahnen die ›Wende‹ vollzogen.«[26] Auch der bis Sommer 1989 am Institut studierende Holger Jackisch teilte diese Kritik und monierte noch 1991 in einem – jedoch deutlich mehr um Ausgewogenheit bemühten – Artikel *Einsames Literaturinstitut* die fehlende Bereitschaft der Hochschule, Gewohntes aufzugeben und zu echten Einschnitten bereit zu sein. Es seien Kollegen trotz ihrer »fachlichen Fehlleistungen« weiter »durchgeschleppt« worden; man verzichtete auf Stellenausschreibungen, um Posten »untereinander aufzuteilen«. Jackischs Resümee: »Als [...] im Oktober die Verhältnisse in der DDR 1989 plötzlich in Bewegung gerieten, verschlief das Institut die Zeit.«[27]

Tatsächlich beschränkte sich der Umgang mit der eigenen Vergangenheit am Nachwende-Institut im Wesentlichen auf die Frage, wie mit der »Aufklärung von evtl. Mitarbeit bei der ehemaligen Staatssicherheit von Mitarbeitern des Instituts« umgegangen und auf mögliche »Angriffe von außen«, also auf öffentliche Kritik an der Vergangenheit des Instituts reagiert werden könne.[28] Auch nach dem Beschluss des Beitritts der DDR zur Bundesrepublik schien das Bedürfnis nach Selbstverteidigung offensichtlich größer zu sein als die Bereitschaft zur (selbst)kritischen Auseinandersetzung mit der eigenen Geschichte. Entsprechend verhielt man sich ruhig und erinnerte möglichst nicht an Vergangenes. Als am 30.9.1990 das 35-jährige Bestehen des Hauses anstand, einigte man sich im Kollegium darauf, dass das »Jubiläum [...] still' begangen werden«[29] sollte – schließlich wollte man vermeiden, an die kulturpolitischen Gründungsbedingungen des Instituts zu erinnern. Stattdessen beriet man über die Zukunftsfähigkeit des Instituts und wandte sich den organisatorischen Herausforderungen der neuen gesellschaftlichen Realität zu: Die Studienstipendien mussten an den BAföG-Satz angepasst und deutlich reduziert werden, bevor sie ab April 1991 vom BAföG für Direktstudenten abgelöst werden sollten.[30] Zudem überlegte das Haus, das sich zu DDR-Zeiten um die Absolventenvermittlung gekümmert hatte, fortan auch mit dem Arbeitsamt zusammenzuarbeiten, da sich zukünftige Absolventen mit Fragen der Arbeitslosigkeit konfrontiert sehen würden.[31] Und schließlich erarbeitete man Pläne zur Renovierung der Villa und Sanierung der Heizung – nicht zuletzt, um einige Räume beispielsweise als »Literaturcafé«[32]

vermieten zu können. Zu den Zukunftsplänen für das Institut gehörte neben dem international ausgerichteten Lehrangebot eine eigene Forschungsabteilung »zum Thema kreatives Schreiben (künstlerischer Schaffensprozeß)«, wie sie im Gründungsstatut aus dem Jahr 1955 bereits entworfen, aber nie aufgebaut worden war. Und schließlich plante man doch noch eine Publikation, die nicht nur über die Arbeitsmethoden des Instituts, sondern auch über dessen Geschichte Auskunft geben sollte.«[33]

So zählte vor allem die Öffentlichkeitsarbeit wieder zu den zentralen Herausforderungen des Instituts. Das Bewerben des eigenen »Sinn und Zwecks« kannte man schon von der Institutsgründung, als die Skepsis gegenüber der Schreibschule besonders groß war. Diesmal ging es immerhin »ums nackte Überleben und darum, zukünftigen Geldgebern Sinn und Wirkung des Instituts klar zu machen«,[34] wie die westdeutsche Presse die Werbemaßnahmen des Instituts bald einordnete. Zu den Bemühungen um eine wohlgesinnte Öffentlichkeit zählten auch Reisen in die BRD,[35] um das Haus vorzustellen und nach Kooperationspartnern zu suchen. Dozenten wie Hubert Witt publizierten darüber hinaus in westdeutschen Fachorganen Essays über die »Dichterschule«,[36] die allerdings auch einen durchaus kritischen Blick auf die Institution warfen. Zudem öffnete das Institut seine Türen wiederholt für Besucher aus der BRD und dem deutschsprachigen Ausland: Im Mai 1990 fand ein erster »Internationaler Sommerkurs für Literaturmittler«[37] statt, im Oktober ein »Sommerkurs für künstlerisch Schreibende«[38] – dies alles noch vor der Wiedervereinigung auf dem Boden der DDR. Im November desselben Jahres veranstaltete man dann in einer neuen Bundesrepublik eine öffentlichkeitswirksame »Institutswoche«, die wiederum Wissenschaftler und Kulturschaffende aus Ost und West zusammenführen sollte und den Studierenden Informationsveranstaltungen zu aktuellen Themen bot, wie etwa zur »Umgestaltung von Plan- zur Marktwirtschaft«, zu »Autorenbild und Autorenarbeit in der Bundesrepublik« oder »Literatur- und Autorenförderung«.[39] Parallel dazu wurde das reguläre Studienangebot fortgeführt: Im Herbst begannen ein neuer dreijähriger Fernstudienkurs und der alljährliche Sonderkurs, während am 31.1.1991 das nächste dreijährige Direktstudium planmäßig ausgeschrieben werden sollte. Das Institut schien sich erfolgreich in die neue Zeit herübergerettet zu haben.

2. »Abwicklung« und Neugründung

Die Kehrtwende zu neuer Offenheit und Transparenz hatte sich am Institut jedoch nach Jahren der Abschottung offenbar zu spät vollzogen. Vor allem der linientreue Außenauftritt, der dem Institut noch zu DDR-Zeiten seinen Fortbestand gesichert hatte, brachte das Haus nun in Verruf, je intensiver es sich um eine Öffnung gen Westen bemühte. Nach dem ersten Sommerkurs fielen die Kommentare in den bundesdeutschen Feuilletons zum Teil bissig aus. Vor allem in konservativen BRD-Presseorganen wurde das Bild des Instituts als einer ehemals roten »Kaderschmiede« aufgebaut, an der sich nach dem Mauerfall nur halbherzige Reformen vollzogen hätten.[40] Im besten Fall wurde dem Lehrangebot Provinzialität und »der Eindruck der Zweitklassigkeit«[41] attestiert – so auch in der linksliberalen *Tageszeitung* (TAZ). Vor allem aber warfen Kritiker der Hochschule eine Aufarbeitung der sozialistischen Institutsgeschichte »im Wortumdrehen« vor, wie es der Leipziger Journalist Siegfried Stadler in der F. A. Z. unter der vielsagenden Überschrift »Der gewendete Becher« formulierte. So sei etwa das Fach »Grundlagen der marxistisch-leninistischen Ästhetik« schlichtweg in »Kulturgeschichte und Sozialwissenschaften« umbenannt worden, während der Dozent nicht ausgetauscht worden sei.[42] Ein weiterer Kommentar in der F. A. Z. stellt die Existenz der Hochschule zudem mit Blick auf die ästhetische Erziehung an einem Institut in Frage, an dem die Studierenden bis zur Wende »in die strenge Zucht sozialistisch-realistischer Poetik« genommen worden seien.[43]

Die CDU-geführte sächsische Landesregierung teilte schließlich die öffentliche Linie, die einen klaren Schnitt zur sozialistischen Vergangenheit des Landes und seiner Bildungseinrichtungen einforderte: Am 12. Dezember 1990 verfügte die Regierung indes auch nicht nur die »Abwicklung« des Instituts für Literatur »Johannes R. Becher«. Rund vierzig Bildungseinrichtungen im Freistaat Sachsen sollten mit dieser Entscheidung geschlossen werden, um die »notwendige Erneuerung von Wissenschaft und Forschung« voranzutreiben, die mit dem Wiedervereinigungsvertrag festgelegt worden war. Die Aufgaben der betroffenen Institute stünden nicht in Einklang mit »den Anforderungen, die eine freiheitliche Gesellschaft, ein demokratischer Rechtsstaat und eine soziale Marktwirtschaft an Lehre und Forschung stellt«. So sei der Unterricht an den abzuwickelnden Einrichtungen »einseitig auf eine Ideologie und auf die Staats- und Gesellschaftsordnung des ›real existierenden Sozialismus‹ festgelegt«, hieß es in einer Presseerklärung des Ministeriums.[44]

Es entbehrte nicht einer gewissen Ironie der Geschichte, dass nunmehr die Landesregierung eines demokratischen Staates die Schließung des Becher-Instituts vollzog, während »die alte DDR-Obrigkeit«[45] bis zuletzt davor zurückgeschreckt war. Ausgerechnet die parteitreuen Bekenntnisse des Hauses, die nun zur Schließung führen sollten, seien unter entgegengesetzten politischen Bedingungen doch zur Rettung des Hauses abgelegt worden: »Denn manche dieser rötlichen Papiere«, erklärte etwa Helmut Richter, »wurden redlich in Situationen verfaßt, in der [sic] die politisch intendierte Schließung des Instituts unmittelbar bevorstand.«[46]

Am Institut wurde die Nachricht wie ein »zerstörerischer Blitzschlag« aufgenommen.[47] Direktor Richter, der am 12. Dezember auf der Rektorenkonferenz mit Bildungsminister Hans Joachim Meyer von den Plänen der Regierung erfuhr, protestierte noch vor Ort gegen die »pauschal diskriminierende Begründung« der Abwicklungsentscheidung, die ohne jeden »Informationsbesuch an Ort und Stelle« getroffen worden sei.[48] Er kündigte an, Klage gegen den Regierungsbeschluss zu erheben, dem keine Parlamentsabstimmung vorausgegangen war.

Von der Schließung waren zum einen offenkundig ideologisch ausgerichtete Universitätsinstitute wie die als »Rotes Kloster« bekannte Sektion für Journalistik der Karl-Marx-Universität (KMU) betroffen. Neben der Journalistik sollten auch die Sektionen Geschichte, Rechtswissenschaft, Wirtschaftswissenschaft, Politikwissenschaft, Soziologie, Psychologie und marxistisch-leninistische Philosophie geschlossen werden sowie weitere eigenständige Leipziger Hochschulen wie die Deutsche Hochschule für Körperkultur und die Pädagogische Hochschule. Noch am Tag der Verkündung formierte sich erster Protest im Innenhof der KMU. Stark vertreten waren die der KMU angehörenden Sektionen, aber auch Studierende und Mitarbeiter des Literaturinstituts schlossen sich an.

Während die Studierenden im Fach Journalistik bereits durch die Pressemitteilung des Ministeriums erfahren hatten, dass ihre Sektion geschlossen würde und die »Umimmatrikulation« für sie unabwendbar sei, blieb die Studiensituation für die 62 jungen Autoren, die im Dezember 1990 am Becher-Institut immatrikuliert waren,[49] zunächst ungewiss. Von ihrem Direktor hatten sie bislang nur erfahren, dass ihm »sozusagen ›per Handschlag‹ von Minister Meyer versichert [worden sei], daß jeder Student sein Diplom wird ablegen können.«[50] Eine schriftliche Ausarbeitung des Abwicklungsbescheides, der die Fortführung des Lehrbetriebs bis zum Erwerb der letzten Abschlüsse garantierte, sollte allerdings erst am 4. Januar am Literaturinstitut eingehen.[51]

Für die vierzehn fest angestellten Dozenten des Instituts war indes eine »Warteschleife« vorgesehen: In den sechs Monaten, die auf die Schließung der Hochschule folgten, ruhten ihre Arbeitsverträge, während sie weiterhin siebzig Prozent ihrer Bezüge erhielten und nach den Worten des Ministers »von unabhängigen Gutachtern« aus den westlichen Bundesländern in ihrer »Eignung für den Hochschuldienst« überprüft werden sollten.[52]

Am Morgen des 14. Dezember 1990 erfuhr der Protest gegen die Abwicklungsbescheide des Freistaats Sachsen einen ersten Höhepunkt in der Landeshauptstadt. Die noch bestehende Deutsche Reichsbahn musste für ihre Frühzüge nach Dresden zusätzliche Waggons bereitstellen, um alle Demonstranten befördern zu können, die sich am Leipziger Hauptbahnhof eingefunden hatten – darunter auch Angehörige des Becher-Instituts, die unter dem Motto »Bring dein Buch nach Dresden, aber gib den Geist nicht auf« an die Elbe fuhren, um Bücherberge vor dem Landtag aufzuschütten, wo am Vormittag eine »aktuelle Stunde« zum Thema »Abwicklung« angesetzt war.[53] Eines der Pressefotos[54] zeigt Ursula Beyer, die Instituts-Bibliothekarin, die unter dem Arm drei Bücher trägt: Einen Band des Klassik-Dozenten Bernd Leistner unter dem programmatischen Titel *Spielraum des Poetischen* sowie Werke von Erich Loest und Georg Maurer – zweier mit dem IfL verbundener Schriftsteller, die gewiss nicht unter dem Verdacht standen, »einseitig auf eine Ideologie und auf die Staats- und Gesellschaftsordnung des ›real existierenden Sozialismus‹ festgelegt« gewesen zu sein.

Wenige Wochen später, im Januar 1991, sollte Loest selbst das Wort ergreifen und trotz seiner zwiespältigen Erfahrungen am Literaturinstitut für dessen Fortbestehen beim Ministerium vorsprechen – aus eigener Initiative, wie in der Presse vermerkt wurde.[55] Neben Walter Jens, Hans Mayer, Peter Härtling, Werner Heiduczek, Rainer Kirsch und Volker Braun zählte Loest damit zu den prominenten Führsprechern des Hauses, die sich bereits vor der Abwicklung des Instituts dazu bereit erklärt hatten, an dessen »Prozess der demokratischen Erneuerung« mitzuwirken.[56] Als er selbst im Juli 1991 jedoch als »Wunschkandidat für den Posten des Direktors am neuen Literaturinstitut Leipzig« gehandelt wurde, lehnte Loest aus Altersgründen ab und schlug den 1940 im Vogtland geborenen und 1977 im Zuge der Biermann-Ausbürgerung in den Westen emigrierten Lyriker Bernd Jentzsch für das Amt des Gründungsdirektors vor.[57]

Der Plan zur Neugründung eines »Institutes für Gegenwartsliteratur mit einem Begegnungszentrum für Schriftsteller« war bereits in der Pressemitteilung zum Abwicklungsbescheid vom 12.12.1990 enthalten. In einer Kopie der Pressemitteilung findet sich neben diesem Passus ein handschriftlicher Kommentar von Helmut Richter: »Von mir [...] mit Mühe durchgesetzt. Wenigstens das.«[58] Von der Konzeption eines literatur*wissenschaftlichen* Instituts mit Angliederung an die Universität hielt Richter jedoch prinzipiell wenig. In einem Schreiben vom 17. Dezember 1990, das um Solidarität für den Fortbestand des Becher-Instituts warb, wies er darauf hin, dass mit diesem Plan die kunstzentrierte Aus- und Weiterbildung von Schriftstellern nichtsdestotrotz »liquidiert« werden sollte.[59] Unterstützung erhielt er vom Verband deutscher Schriftsteller, dessen Vorsitzender Uwe Friesel sich in einem offenen Brief direkt an Sachsens Ministerpräsidenten Kurt Biedenkopf wandte:

> Die Überlegung Ihres Wissenschaftsministers, das Institut langfristig der Universität zuzuordnen, beweist mir aber, daß er das Problem der Literaten-Ausbildung überhaupt nicht kennt. Es geht und ging nie um Germanistik oder Literaturgeschichte, sondern um entstehende, also künftige Literatur und Kunst.«[60]

Mit dem bisherigen Charakter einer Kunsthochschule sei das Becher-Institut wiederum einzigartig, argumentierten schließlich auch die Studierenden. Der Freistaat Sachsen, der sich »in seiner neuen Verfassung ein Kulturland nennt«, sei damit in der Pflicht, »Verantwortung für die einzige Dichterhochschule im deutschen Sprachraum« zu übernehmen: »Er mißbraucht diese Verantwortung, indem er die Hochschule schließt«, hieß es in einer Protestnote.[61]

Dieser Leitlinie schloss sich zum Ende des Jahres auch das P.E.N.-Zentrum an, das den sächsischen Ministerpräsidenten der CDU, den aus dem Rheinland stammenden Kurt Biedenkopf, persönlich in einem offenen Brief dazu aufforderte, die »Kassation des Leipziger Literaturinstituts« zu revidieren, mit der »der deutsche Sprachraum der einzigen Ausbildungsstätte für Autoren beraubt« werde.[62] Spontane Solidaritätserklärungen kamen außerdem von 67 Schriftstellern und Germanisten, die sich im Dezember 1990 zu einem Lyrik-Kolloquium in Leipzig eingefunden hatten, unter ihnen Wolfgang Hilbig, Lutz Seiler, Volker Braun, Kurt Drawert, Adel Karasholi und Barbara Köhler sowie die Professorinnen Hiltrud Gnüg (Köln), Walfried Hartinger (Leipzig), Claus Sommerhage (Bonn), Anthonya Visser (Amsterdam), Gerrit-Jan Berendse und Klaus Werner, der später zum Rektor der Leipziger Hochschule für Grafik und Buchkunst werden sollte.[63] Auch im Ausland zeigte man sich von der Entscheidung betroffen: Neben Autoren wie Elfriede Jelinek oder Adolf Muschg, die Solidaritätserklärungen telegraphierten, meldete sich die »Interessengemeinschaft (IG) österreichischer Autoren«[64] zu Wort, da »nach der Schließung dieses Instituts [...] auch Autoren aus Österreich die einzige Möglichkeit einer autorenspezifischen Hochschulausbildung genommen« worden sei. Zu den prominentesten Unterstützerinnen unter den Absolventen des Literaturinstituts zählte wiederum die frischgekürte Bachmann-Preisträgerin Angela Krauß, die das Institut »als eine Art Exterritorium auf dem Gebiet der DDR« in Schutz nahm,[65] während der stetig in Sachen Literaturinstitut engagierte Holger Jackisch immerhin betonte, dass es dem Literaturinstitut im Laufe seiner Geschichte gelungen sei, sich unter dem »Decknamen ›Johannes R. Becher‹« von der ursprünglich intendierten Ausbildung staatstragender Literaten weitgehend zu entfernen.[66]

Im Ministerium zeigte man sich von den Protesten allerdings relativ unbeeindruckt: »Wozu überhaupt brauchen Schriftsteller eine Hochschule?«,[67] fragte Kulturminister Meyer. Dessen Ansicht sei, Schriftsteller könne man nicht studieren, verkündetete Meyers Parteifreund, der Dresdner Abgeordnete und Schriftsteller Ingo Zimmermann, den Studierenden des Instituts auf einer Podiumsdiskussion am 6.1.1991. Darüber hinaus verwahrte Zimmermann sich vehement gegen die Bezeichnung »einziges deutsches Literaturinstitut«: es sei ein »sozialistisches deutsches Literaturinstitut« gewesen.[68] Während sich die Abgeordneten der SPD und PDS im Namen ihrer Fraktionen ausnahmslos »für das Fortbestehen des Instituts« aussprachen, bekräftigte Zimmermann noch einmal den Regierungsbeschluss, mit dem die CDU-Fraktion »den Willen und Auftrag ihrer Wähler erfülle. An einem Institut, das einst von Alfred Kurella und Max Zimmering stalinistisch geprägt worden sei, ginge es nicht, »daß in alte Strukturen neuer Geist einziehe.«[69]

Die Studierenden zeigten sich enttäuscht: »Uns stört ja nicht«, erklärten sie den Pressevertretern, die sie zur Protestwoche im Januar 1991 ins besetzte Literaturinstitut eingeladen hatten, »daß das Institut überprüft werden soll. Das wäre ja gut, dafür sind wir ja. Aber weder mit einem Studenten noch einem Dozenten hat ja irgendwer geredet.«[70] Minister Meyer bekräftigte jedoch die Notwendigkeit eines konsequenten Neuanfangs: »mit voller Absicht sollte im gleichen Rechtsakt ein Schlußstrich gezogen und eine neue Perspektive eröffnet werden.«[71] Damit berief er sich auf das im Abwicklungsbescheid in Aussicht gestellte »Institut für Gegenwartsliteratur«, dessen rein wissenschaftlicher Charakter nun jedoch nicht mehr zur Bedingung gemacht wurde.

Im Mai 1991 begannen im Dresdner Regierungssitz die Beratungen über die Neugründung, an der u. a. Walter Jens, Hans Mayer, Peter Härtling und der VS-Vorsitzende Uwe Friesel aus den alten Bundesländern beteiligt waren, während aus den neuen Bundesländern Rainer Kirsch, Ingo Zimmermann, Uwe Grüning und Peter Gosse an den Beratungen teilnahmen. Gosse, der ab 1973 als Lyrik-Dozent am Literaturinstitut unterrichtet hatte, wurde zu Beginn des Jahres 1992 als kommissarischer Direktor eingesetzt, um bis Sommer 1993 die Abwicklung des laufenden Lehrbetriebs zu organisieren.[72] Helmut Richter, der zunächst mit dieser Aufgabe betraut worden war, hatte noch im Sommer 1991 eine »Studie für die Neugründung des Deutschen Instituts für Literatur« vorgelegt, bevor er 1992 seinen Dienst wegen »unüberbrückbarer Differenzen« mit dem Ministerium quittiert hatte.

Parallel zur Abwicklung des IfL wurde bereits die Neugründung eines Literaturinstituts an der Universität Leipzig vorbereitet. Zu den Wunschkandidatinnen des Ministeriums für die Berufungskommission hatte u. a. Sarah Kirsch gezählt, die sich allerdings nicht im Stande sah, sich mit den Vertretern der abgewickelten Institution auseinanderzusetzen. Ihre Begründung aus der ländlichen Abgeschiedenheit ihrer Wahlheimat Tielenhemme liest sich indes ziemlich derb: »Dabeisein – das wäre für mich schlimmer, als ein Gülle-Silo zu leeren. In der Zeit schere ich lieber ein Schaf.«[73]

Anders der 1969 exmatrikulierte Gert Neumann, der bereit war, sich neben Helmut Richter und anderen Schriftstellern wie Christoph Hein, Adolf Muschg und Hans-Joachim Schädlich an der Findungskommission zu beteiligen. Zu den Kandidaten, die sich in der Endrunde am 20. Januar 1992 zur Wahl stellten, zählte auch die Instituts-Absolventin Katja Lange-Müller.[74] Zum Direktor wurde jedoch schließlich der von Loest empfohlene Bernd Jentzsch ernannt, unter dessen Vorsitz die Gründungskommission am 26. Mai 1993 ihre Arbeit aufnahm. Zu deren Mitgliedern zählten wiederum Vertreter aus Literatur und Wissenschaft, wie Walter Hinck, Gert Ueding, Gerhard Dette, Rainer Kirsch, Guntram Vesper, Christa Grimm, Helmut Richter, Pirmin Stekeler-Weithofer und der damalige Prorektor der Universität Leipzig, Günther Wartenberg.[75] Hans Mayer hatte sich inzwischen aus den Reihen der Unterstützer zurückgezogen, dem geplanten Literaturinstitut jedoch zuvor noch seine 1963 in Leipzig zurückgelassene Privatbibliothek vermacht.[76] Wenige Monate später, am 16. Juli 1993, verabschiedete der nun ausgediente Direktor Peter Gosse in der Karl-Tauchnitz-Straße 8 die letzten Absolventen des Instituts für Literatur »Johannes R. Becher«, das damit endgültig seine Tore schloss. Unter dem Namen »Deutsches Literaturinstitut Leipzig« nahm das neugegründete Institut im April 1995 in der Wächterstraße 34 seinen Lehrbetrieb auf.

3. Aufarbeitung und Ausblick

Der Ruf nach Aufarbeitung, den die letzten Studierendengenerationen und zahlreiche Befürworter des Instituts zur Abwicklung vehement vorgetragen hatten, blieb jedoch noch für Jahrzehnte ungehört. Im Jahr 2013, zwanzig Jahre nach der Schließung des Becher-Instituts, stellte der Freistaat Sachsen schließlich Fördergelder für eine erste umfassende und differenzierte Untersuchung der Institutsgeschichte bereit,[77] die durch eine Anschlussförderung der Deutschen Forschungsgemeinschaft fortgesetzt und intensiviert werden konnte.[78]

Wie die mit dieser Studie nunmehr vorliegenden Ergebnisse anschaulich belegen, war das Institut für Literatur »Johannes R. Becher« zeit seines Bestehens in engen und wechselseitigen Beziehungen mit dem Literaturbetrieb der DDR verbunden. Das gilt für den Einfluss der Kulturpolitik und der (gesellschafts)politischen Zäsuren, die in der

Institutsgeschichte ihren Niederschlag fanden. Aber auch die literarischen Entwicklungslinien, die sich außerhalb des Instituts vollzogen, wirkten sich auf die am Becher-Institut entstehende Lehre und Literatur aus. Vor allem in den 50er und 60er Jahren kann daher kaum von einer Abschottung gegenüber Kulturpolitik und offiziellem Literaturbetrieb gesprochen werden, wie dies etwa im Zuge der Abwicklung von Angehörigen des IfL im Protest gegen die Institutsschließung gern behauptet wurde. Im Gegenteil, vielmehr suchte man den Dialog mit der Öffentlichkeit und den Anschluss an kulturpolitische Bewegungen wie den Bitterfelder Weg, um das Haus als eine wichtige Institution des literarischen Raums DDR zu integrieren und etablieren. Gleichwohl vollzogen sich auch am Becher-Institut langfristige Autonomisierungsbewegungen, deren erste Anstöße bereits zu Beginn der 60er Jahre mit einer neuen Studierendengeneration und einem ersten Desillusionierungsprozess im Zuge des Bitterfelder Weges zu situieren sind. Die Institutsleitung reagierte darauf im Verlauf dieser Dekade mit Disziplinierungsmaßnahmen, in den Jahrzehnten danach aber viel häufiger mit einer gewissen Resignation, die sich in einem Laissez faire gegenüber studentischen Verhaltensweisen, Haltungen und Aktionen äußerte, manchmal, vor allem im letzten Jahrzehnt, sogar mit einer offenen Sympathie für studentisches Aufbegehren und poetischen Eigensinn. Im Interesse des eigenen Fortbestehens versuchten Direktion und Lehrkörper spätestens nach dem Ende der politisch katastrophalen Situation in den 60er Jahren zwischen studentischen und kulturpolitischen Interessen zu vermitteln, statt auf drakonische Sanktionen wie die zuvor erfolgten Zwangsexmatrikulationen zurückzugreifen. So lässt sich auch konstatieren, dass das Haus erst in der Folge der zahlreichen Konflikte und Zugeständnisse an Politik wie Studierende eine Strategie der Abschottung entwickelte und bis in die späten 80er Jahre hinein in seiner Innenpolitik immer mehr auf Distanz zum offiziellen Literaturbetrieb und zu den staatlichen Stellen ging – allerdings nach außen hin sich nach wie vor bemühte, systemkonform zu wirken. Dass lediglich die Distanzierungsbewegung zur offiziellen Doktrin nach der politischen Wende von den Verantwortlichen des Instituts hervorgehoben und als ausreichend und abgeschlossen für den Beweis einer schon längst liberal und demokratisch ausgerichteten akademischen Ausbildungseinrichtung beurteilt wurde, erwies sich jedoch als eine verhängnisvolle Fehleinschätzung: Die fehlende Bereitschaft, sich darüber hinaus mit der eigenen Geschichte auseinanderzusetzen, sollte neben dem Ausbleiben nennenswerter Reformen am Haus schließlich auch zu seiner Abwicklung führen.

Dennoch kann die Historie des Becher-Instituts nicht allein auf eine kulturpolitische Konfliktgeschichte reduziert werden. Immerhin wurden hier bedeutende Schriftsteller ausgebildet, die auch in der Nachwendezeit zum Kanon deutscher Literatur gezählt werden. Unsere Untersuchung zeigt außerdem, dass zahlreiche der am und über das Institut geführten Auseinandersetzungen nicht allein auf ideologische bzw. politische Kategorien zurückzuführen sind, sondern intrinsisch im Sinne der Eigenlogik einer künstlerischen Schriftstellerausbildung verstanden werden müssen. Dass sie im Kontext eines normativen Herrschaftssystems jedoch auf besondere Rahmenbedingungen trafen und sich u.a. dadurch von anderen bzw. späteren akademischen Schriftstellerausbildungen unterschieden, sollte dabei selbstverständlich nicht unterschlagen werden.

Denn erst aus diesen Widersprüchen zwischen Ideologie und einem selbst am Becher-Institut weitgehend autonom verstandenen Kunstverständnis ergaben sich die zahlreichen Konflikte und eine bisweilen sogar regelrechte »agonale Dynamik«[79] des Instituts: Das ambitionierte Ziel, Literatur von Weltrang zu schaffen, konnte das Haus trotz zahlreicher Anpassungen an den literaturpädagogischen »Versuchsaufbau« einer ihrem Grundverständnis nach sozialistisch ausgerichteten Kunsthochschule nie gänzlich aufgeben. So geriet das IfL immer wieder in ein Spannungsfeld, das zwischen seinen Ansprüchen, eine literarisch hochwertige Ausbildung zu gewährleisten, und der Notwendigkeit, sich den strikten kulturpolitischen Zielvorgaben zu beugen, oszillierte. Anders gesagt: Die Institutsleitung stand wiederkehrend vor der unlösbaren Aufgabe, zwischen den Erwartungen der Nomenklatur und den Anforderungen der Praxis zu vermitteln. Widersinnigerweise musste die Hochschule, um die staatlichen Vorgaben zu erfüllen, mitunter sogar eine Praxis etablieren, die ebendiesen staatlichen Vorgaben zuwiderhandelte. Dies galt insbesondere mit Bezug auf die Vorgaben des Bitterfelder Weges, die das Institut auf das Ideal der allseitigen Volksbildung bei gleichzeitiger künstlerischer Meisterschaft verpflichtet hatten, während man im Lehrbetrieb des Instituts die Grenzen der literarischen Förderbarkeit schnell erkannte. Gerade mit Blick auf die Intentionen und Praktiken sozialistischer Volksbildungsmaßnahmen, die auch am

Literaturinstitut eine Rolle spielten, eröffnen sich Perspektiven für Anschlussuntersuchungen, die im begrenzten Rahmen der vorliegenden Studie zu großen Teilen ausgeklammert werden mussten. Eine Vertiefung der hier kaum geschehenen Auswertung der Fernstudiengänge und der in diesem Zusammenhang entstandenen literarischen Arbeiten erscheint dabei äußerst vielversprechend. Das Material, welches zu den ab 1969 erfolgreich am Becher-Institut etablierten Fernstudiengängen vorliegt, verspricht weiterführende wie auch differenziertere Einblicke in die Förder- und Bildungsmaßnahmen für die große Gruppe von Nicht-Berufsschriftstellern, die am IfL ausgebildet wurde, sowie Einsichten in die Intentionen und Motive, die schreibende Arbeiter (bzw. später auch Angestellte und Leiter) dazu bewegten, ein solches Studium am Becher-Institut aufzunehmen.

Dass die vorliegende Untersuchung sich überwiegend auf die Direktstudiengänge konzentriert hat, begründet sich nicht zuletzt aus dem Hauptanliegen des Instituts, in seinem Kernstudiengang begabte Autoren und damit verbunden wegweisende literarische Werke zu fördern. Mit diesen Ansprüchen geriet das Institut aber wiederum in Widerspruch zu ebenjenen normierenden Dogmen eines mitunter äußerst schlicht ausfallenden kulturpolitischen Literaturverständnisses, dem offene Experimentier- und Suchbewegungen literarischer Schreibprozesse äußerst gefahrenträchtig erschienen, die deshalb abgewehrt werden mussten. Entsprechend befand man sich am IfL in einem Dilemma: Man wollte zwar unbedingt Kunst hervorbringen, sollte sich aber an Voraussetzungen halten, die Kunst letztlich unmöglich machten. Dieses Dilemma aufzuheben konnte nur durch eine Überschreitung bzw. Missachtung der kulturpolitischen Dogmen gelingen.[80]

Wenn das erste Charakteristikum einer literarischen Avantgarde »die radikale Autonomisierung des Materials«[81] ist, braucht sie *per definitionem* Entgrenzung, die es in der Ausbildung am Becher-Institut nach den kulturpolitischen Vorgaben des MfK zu verhindern galt. Um diese engen Grenzen zumindest zu verschieben, versuchte die Institutsleitung nicht selten, »Abweichungen« im Verhalten der Studierenden und ihren literarischen Ausdrucksformen theoretisch zu legitimieren und als gesetzmäßige Entwicklungsschritte in die offizielle Theorie zu integrieren, wie dies etwa der langjährige Direktor Max Walter Schulz unternommen hatte, der – so zeigen unsere Ergebnisse – damit auch nicht völlig erfolglos blieb. Trotz aller politischen Kontrollversuche von außen konnte das Institut somit zumindest eine interne Strategie verfolgen, die den Nachwuchsautor als ein noch unfertiges und zu formendes Geschöpf begriff und ihm dadurch einen gewissen Eigensinn nicht absprechen wollte. Mit dieser Leitlinie legte man am Haus im Fortgang seines Bestehens die Grundlage für ein autonomes Selbst- und Kunstbewusstsein, vor dessen Hintergrund eine Übereinstimmung zwischen Kunst und sozialistischer Politik nicht mehr unbedingt erstes Ziel sein konnte. So gehörte das Institut schließlich zu den Orten, an denen »das Loyalitätsverhältnis von Schriftstellern und Politik in Bewegung geriet«[82] – ganz im Gegensatz zur Gründungsintention, die sich versprochen hatte, parteitreue Staatsdichter am Institut zu erziehen. Insofern lässt sich die Frage, ob das Institut für Literatur in seiner Funktion nun als parteiische Kaderschmiede oder ambitionierte Dichterschule zu bewerten sei, in einem vereinfachenden Entweder-Oder kaum beantworten. Als wesentlich vielschichtiger und in vielerlei Hinsicht auch doppelgesichtiger, als eindeutige Polarisierungen es zuließen, erwiesen sich nicht nur die kulturpolitischen Aushandlungsprozesse, sondern auch die Ausbildungsformen und -strategien am Institut. Gerade die praktische Umsetzbarkeit der Letzteren war freilich ein kaum kalkulier- und kontrollierbares Unternehmen. Denn die Heterogenität der Interessen, der Ambitionen und der Ansprüche von ›lernenden‹ Schriftstellern in ihren zeitgenössischen Kontexten ließ sich, wie die Geschichte des Instituts schlussendlich zeigt, weder mit ›planwirtschaftlich‹ festgeschriebenen Curricula noch mit kulturpolitischen Indienstnahmen in den Griff bekommen.

Bemerkenswert erscheint vor diesem Hintergrund nicht zuletzt ein weiteres relevantes Ergebnis unserer Analysen – nämlich, dass am IfL jenseits seiner normativen und ideologischen Verpflichtungen trotzdem Lehrverfahren und künstlerische Ausbildungsziele entwickelt wurden, die der heutigen Ausbildungspraxis durchaus vergleichbar sind. Ähnliches gilt für die zentralen Bildungserfahrungen und Lernprozesse der Studierenden, die den Erwerb und die praktische Einübung von handwerklichem Wissen betreffen, das Sammeln von Lektüreerfahrungen umfassen und in der Auseinandersetzung mit den sozialen Aspekten ihrer Rollen als Schriftsteller begründet sind. Auch in dieser Hinsicht unterscheiden sich die Autor-Genesen im akademischen Ausbildungskontext der DDR nicht unbedingt von den gegenwärtigen literarischen Aneignungsverfahren und Erfahrungshorizonten angehender Autoren im Rahmen eines künstlerischen Hochschulstudiums. Sosehr sich die politischen Rahmenbedingungen des Becher-Instituts von heutigen Bildungseinrichtungen wie dem Deutschen Literaturinstitut Leipzig auch unterscheiden, es sind zahlreiche Parallelen zwischen den Erfahrungen der damaligen Schreibschüler in der DDR und denen der heute in einem liberaldemokratischen Gesellschaftssystem akademisch ausgebildeten Nachwuchsautoren zu erkennen. Damit werden Muster und Strukturen einer akademischen Schriftstellerausbildung sichtbar, die sich vermutlich weitgehend unabhängig vom historischen und politischen Kontext entwickeln. Die Ergebnisse unserer Studie eröffnen, wenn auch historische und institutionelle Parallelen lediglich angedeutet werden konnten, neue Untersuchungsfelder und liefern eine konstruktive Basis für vergleichende Anschlussstudien, die etwa die Situation aktueller Ausbildungsangebote oder die Entwicklung internationaler Studiengänge für literarisches Schreiben ins Auge fassen.

Das ausgewertete Datenmaterial zu vierzig Jahren Lehrpraxis am ersten Literaturinstitut im deutschsprachigen Raum kann damit zur Wissensgewinnung auch für die heutige Lehrpraxis nachgenutzt werden.

1 Leonore Brandt: Selbstermutigung. Wird das Leipziger Literaturinstitut eine Hochschule bleiben? In: Freitag, Nr. 4, 18.1.1991, S. 19.
2 Vgl. Helmut Richter: Die kleinste Hochschule der Welt. In: Christian Ide Hintze/Dagmar Travner (Hg.): Über die Lehr- und Lernbarkeit von Literatur. Wien 1993, S. 95–110, hier S. 96.
3 Ebd.
4 Harald Klingel: Positionen. In: Leipziger Volkszeitung, 29./30.12.1990, S. 17.
5 Vgl. Teilnehmerliste der Sonderkurse. Nachlass IfL am DLL.
6 Holger Jackisch: Einsames Literaturinstitut. In: Die Leipziger Andere Zeitung, 9.1.1991, S. 4.
7 Protokoll der Leitungssitzung vom 29.11.1990, SStAL, IfL, Nr. 6, Bl. 1ff.
8 Jürgen Deppe: Ferien auf der Insel der Liberalität. Erster internationaler Sommerkurs für Literaturmittler am Institut für Literatur »Johannes R. Becher« in Leipzig. In: TAZ, Nr. 93/1, 19.6.90, S. 13.
9 Helmut Richter: Brief an die Senatoren des Instituts. 9. August 1990. SStAL, IfL, Nr. 911, Bl. 4.
10 Christel Foerster: Die »Dichterschule« kämpft ums Überleben. Literaturinstitut auf der Flucht nach vorn. In: Leipziger Volkszeitung, Nr. 50/96, 28.2.1990, S. 6.

11 Vgl. Beschlussprotokoll Theoretische Konferenz vom 6.9.1990, SStAL, IfL, Nr. 6, B. 19.

12 Die Wendung war im Februar 1990 auf einem Pressegespräch zum »Prozess der demokratischen Erneuerung« am Literaturinstitut ins Spiel gebracht worden. Vgl. Siegfried Stadler: Was wird aus dem Literaturinstitut? Bilder ohne Rahmen. Helmut Richter als neuer Direktor im Amt. In: Sächsisches Tageblatt, 124/54, 3./4.3.1990, S. 3.

13 Vgl. Pfeiffer, zit. n. Förster: Die »Dichterschule« kämpft. Vgl. auch Siegfried Stadler: Meister der Verdrängung. Lesung und Gespräch am Literaturinstitut. In: Sächsisches Tageblatt, 124/45, 30.5.1990, S. 6.

14 N. N.: Bekenntnisse eines Staatsministers. Prof. Hans Joachim Meyer zur demokratischen Erneuerung der Universitäten und Hochschulen. In: Leipziger Volkszeitung, 20.12.1990, S. 19.

15 Vgl. Beschlussprotokoll der Sitzung der Institutsleitung von 3.10.1989, SStAL, IfL, Nr. 6, Bl. 48.

16 So erinnerte sich etwa die Fernstudentin Sabine Lange im Interview vom 11.10.2013.

17 Im Interview vom 14.1.2014 schilderte Witt außerdem, wie es ihm am 4. Dezember 1989 gelang, sich mit seinem DSV-Ausweis und in Begleitung des damaligen Sonderkursteilnehmers Holger Jackisch Zutritt zur von Demonstranten besetzten Stasi-Zentrale am Dittrichring zu verschaffen.

18 Protokoll der Leitungssitzung vom 19.10.1989. SStAL, IfL, Nr. 6, Bl. 44.

19 Beschlussprotokoll der Sitzung der Institutsleitung vom 18.12.1989, SStAL, IfL, Nr. 6, Bl. 41.

20 Ebd., Bl. 40f.

21 Beschlussprotokoll der Sitzung der Institutsleitung vom 9.1.1990, SStAL, IfL, Nr. 6, Bl. 38.

22 Hans Pfeifer: Brief an das Ministerium für Kultur vom 12.1.1990, SStAL, IfL, Nr. 16, Bl. 40.

23 Vgl. Pfeiffer, zit. n. Stadler: Was wird aus dem Literaturinstitut?

24 Vgl. Stadler: Was wird aus dem Literaturinstitut?

25 Vgl. Heinz Czechowski: Wo ist unsere Zeugenschaft geblieben? In: Börsenblatt, Nr. 29/1990, S. 535–537, hier S. 537.

26 Heinz Czechowski im Gespräch mit Siegfried Stadler: Geht die deutsche Revolution in die Hose? In: Sächsisches Tageblatt, 24./25.2.1990, S. 3.

27 Jackisch: Einsames Literaturinstitut.

28 Beschlussprotokoll, Sitzung des Senats vom 3.7.1990, SStAL, IfL, Nr. 6, Bl. 29.

29 Beschlussprotokoll, Sitzung des Senats vom 4.9.1990, SStAL, IfL, Nr. 6, Bl. 23.

30 Vgl. Protokoll der Leitungssitzung am 30.11.1990, SStAL, IfL, Nr. 6, Bl. 2 u. Beschlussprotokoll der Leitungssitzung am 2.10.1990, SStAL, IfL, Nr. 6, Bl. 9.

31 Beschlussprotokoll, Sitzung des Senats vom 4.9.1990, SStAL, IfL, Nr. 6, Bl. 23.

32 Beschlussprotokoll, Sitzung des Senats vom 3.7.1990, SStAL, IfL, Nr. 6, Bl. 28.

33 Beschlussprotokoll Theoretische Konferenz vom 6.9.1990, SStAL, IfL, Nr. 6, Bl. 20. Hervorhebung im Original.

34 Deppe: Ferien auf der Insel.
35 Vgl. Protokoll der Leitungssitzung am 30.11.1990, SStAL, IfL, Nr. 6, Bl. 3, Beschlussprotokoll, Sitzung des Senats vom 4.9.1990, SStAL, IfL, Nr. 6, Bl. 23.
36 Vgl. Witt: Dichterschule.
37 Vgl. Deppe: Ferien auf der Insel.
38 Auf dem Plan standen ein Prosa-Seminar zum »kreative[n] Schreiben« in Gruppenarbeit, ein Lyrikseminar mit anschließender Lesung von Thomas Rosenlöcher, ein Dramatik-Seminar mit einer Lesung von Rainer Kirsch, Seminare zu Sowjetliteratur und Klassikerrezeption in der DDR, zahlreiche Werkstattsitzungen zur Besprechung von eigenen Texten, ein Stadtrundgang durch Leipzig und ein Besuch im Braunkohletagebau von Regis. Vgl. Plan für den Sommerkurs 29.9.–6.10.1990, SStAL, IfL, Nr. 6, Bl. 17f.
39 Vgl. Ablaufplan Institutswoche vom 5.11. bis 9.11.1990, SStAL, IfL, Nr. 6, Bl. 6.
40 Vgl. Clarke, David: Parteischule oder Dichterschmiede? The Institut für Literatur »Johannes R. Becher« from Its Founding to Its Abwicklung, in: German Studies Review, Vol. 29, No. 1, 2006, S. 87–106, hier S. 97.
41 Deppe: Ferien auf der Insel.
42 Siegfried Stadler: »Der gewendete Becher. Leipziger Literaturinstitut – nun gesamtdeutsch«. In: F. A. Z., 18.6.1990, S. 31.
43 Thomas Rietzschel: Kulturschande? In: F. A. Z., 7.12.1990, Nr. 285, S. 33.
44 Vgl. Presserklärung des Sächsischen Staatsministeriums für Wissenschaft und Kunst vom 12.12.1990. Nachlass IfL am DLL.
45 Vgl. Die Angehörigen des Instituts für Literatur »Johannes R. Becher«: Wovor die alte DDR-Obrigkeit zurückschreckte: Zerstörerischer Blitzschlag. In: Leipziger Volkszeitung, 29./30.12.1990, S. 17.
46 Richter: Kleinste Hochschule der Welt, S. 100.
47 Vgl. Die Angehörigen des Instituts für Literatur »Johannes R. Becher«: Wovor die alte DDR-Obrigkeit zurückschreckte: Zerstörerischer Blitzschlag. In: Leipziger Volkszeitung, 29./30.12.1990, S. 17.
48 Brandt: Selbstermutigung.
49 15 Autoren sollten im Sommer 1991 ihr Direktstudium abschließen, 17 Teilnehmer aus Ost- und Westdeutschland hatten im Herbst 1990 den einjährigen Sonderkurs begonnen, 30 Studierende waren ebenfalls seit dem Wintersemester im Fernstudium immatrikuliert. Vgl. Teilnehmerlisten, Nachlass IfL am DLL.
50 Vgl. auch Steffen Lüddemann: Über Literatur nur räsonieren? Leserbrief. In: Leipziger Tageblatt, 18.12.1990, S. 10.
51 Vgl. Brandt: Selbstermutigung.
52 Vgl. Brief von Ministers Meyer an das IfL vom 20. Dezember 1990, Nachlass IfL am DLL. Vgl. auch N. N.: »Aus« für zwei Leipziger Hochschulen. DHfK und Literaturinstitut werden aufgelöst / Journalistikstudenten verabschiedeten Entschließung. In: Leipziger Volkszeitung, 290/97, 13.12.1990, S. 1.
53 Vgl. N. N: Studenten geben den Geist nicht auf. Energische Proteste Leipziger Studenten und Lehrkräfte / Sonderzüge rollen heute nach Dresden. In: Leipziger Volkszeitung, 291/97, 14.12.1990, S. 1.
54 In: Leipziger Volkszeitung, 297/97, 21.12.1990, S. 1.
55 Siegfried Stadler: Ein Ende ohne Ende. Literaturinstitut: Nach der Besetzung nun Verwaltungsklage. In: *Leipziger Tageblatt*, 6/46, 8.1.1991. S. 6.

56 N.N.: Ein Fall von Abwicklung. Die Attacke auf das Literaturinstitut Johannes R. Becher in Leipzig. In: Publizistik & Kunst, 2/1991, S. 26. Vgl. auch Haslinger: Deutsches Literaturinstitut Leipzig, S. 1559.
57 Vgl. Jürgen Serke: Schlimmer, als ein Gülle-Silo zu leeren. In: Die Welt, Nr. 171, 25.7.1991, S. 17.
58 Vgl. Presseerklärung des Ministeriums vom 12.12.1990, Nachlass IfL am DLL.
59 Vgl. Helmut Richters Brief vom 17.12., Nachlass IfL am DLL.
60 Uwe Friesel: Offener Brief an Kurt Biedenkopf. In: Publizistik & Kunst, 2/1991, 17.12.1990, S. 26.
61 N.N.: »Aus« für zwei Leipziger Hochschulen.
62 N.N.: P.E.N. protestiert bei Ministerpräsident. In: Leipziger Volkszeitung, 29./30.12.1990, S. 17.
63 Vgl. Haslinger: Deutsches Literaturinstitut Leipzig, S. 1559.
64 Vgl. Interessengemeinschaft österreichischer Autoren: Unterstützungserklärung an Bundesinnenminister Wolfgang Schäuble, Bildungsminister Möllemann und Sachsens Ministerpräsidenten Kurt Biedenkopf. 2. Januar 1991. Nachlass IfL am DLL.
65 Angela Krauß im Gespräch: Eine Art Exterritorium auf dem Gebiet der DDR. In: Sächsische Zeitung, 14/46, 17.1.1991, S. 7.
66 Vgl. Jackisch: Einsames Literaturinstitut, S. 4.
67 Dozenten und Studentensprecher des Instituts für Literatur »Johannes R. Becher«: Verteidigung der Poesie. In: Leipziger Volkszeitung, 292/97, 15./16.12.1990, S. 22.
68 Vgl. Rolf Richter: Es geht um einen neuen Geist. Parlamentarier vom Regierungssitz Dresden des Landes Sachsen bei der Aktionswoche am Literaturinstitut. In: Leipziger Volkszeitung, 5/97, 7.1.1991, S. 16.
69 Vgl. ebd.
70 Brandt: Selbstermutigung.
71 N.N.: Planung für Literaturinstitut. In: Die Welt, Nr. 104, 6.5.1991, S. 19.
72 Vgl. Haslinger: Deutsches Literaturinstitut Leipzig, S. 1560.
73 Vgl. Serke: Gülle-Silo.
74 Vgl. Regine Möbius: Jentzsch: Gemeinsame Wurzel zweier Literaturen. In: Börsenblatt 10/4.2.1992, S. 15.
75 Vgl. Haslinger: Deutsches Literaturinstitut Leipzig, S. 1561.
76 Vgl. Der Spiegel 30/1992, S. 175.
77 Das Projekt mit dem Titel »Literarische Schreibprozesse im Kontext der institutionellen Hochschulausbildung – dargestellt am Beispiel des Instituts für Literatur ›Johannes R. Becher‹« wurde am Deutschen Literaturinstitut Leipzig unter der Leitung von Hans-Ulrich Treichel von Februar 2013 bis Dezember 2014 bearbeitet.
78 Von Februar 2015 bis Februar 2017 wurde die Arbeit im DFG-Projekt »Das Institut für Literatur »Johannes R. Becher« (1955–1993). Literarische Schreibprozesse im Spannungsfeld von kulturpolitischer Vereinnahmung, pädagogischem Experimentieren und poetischem Eigensinn« fortgesetzt.
79 Vgl. Leon Hempel: Die agonale Dynamik des lyrischen Terrains. Herausbildung und Grenzen des literarischen Feldes der DDR. In: Wölfel, Ute (Hg.): Literarisches Feld DDR. Bedingungen und Formen literarischer Produktion in der DDR. Würzburg 2005, S. 13–29.

80 Vgl. dazu auch eine Schlussforderung des Studenten Ralph Giordano, der dieses Paradoxon bereits im ersten Studienjahr am IfL erfasst hatte. Vgl. Giordano: Die Partei, S. 195.

81 Karl Heinz Barck: Avantgarde. In: Ders. u. a. (Hg.): Ästhetische Grundbegriffe. Hist. Wörterbuch in sieben Bänden. Stuttgart 2000–2005, Bd. 1, S. 545–577. Vgl. auch Falko Schmieder: ›Experimentalsysteme‹ in Wissenschaft und Literatur. In: Michael Gamper (Hg.): Experiment und Literatur. Themen, Methoden, Theorien. Göttingen 2010, S. 17–39, hier S. 34.

82 Vgl. Heribert Tommek: Der lange Weg in die Gegenwartsliteratur. Studien zur Geschichte des literarischen Feldes in Deutschland von 1960 bis 2000. Berlin 2015, S. 162.

Zu den Archivbeständen und Quellen

Das Quellenmaterial, das die Grundlage für die vorliegende Untersuchung des Becher-Instituts bildete, besteht zum überwiegenden Teil aus dem nachgelassenen Aktenkorpus des Instituts, das im Sächsischen Staatsarchiv Leipzig (SStAL) als Depositum des Bundesarchivs (BArch) untergebracht ist. Das Findbuch des zwischen 1993 und 1994 archivierten Bestandes gewährt einen Überblick über die vom Institut nachgelassenen Dokumente im Umfang von rund 15 lfd. Metern.[1] Obgleich die Unterlagen, insbesondere die Papiere der Gründungsjahre, nicht vollständig überliefert sind, bot der vorhandene Bestand des Instituts für Literatur zunächst eine solide Materialgrundlage. Die institutionellen Arbeitsprozesse der Bildungseinrichtung über die knapp 40 Jahre ihres Bestehens konnten ebenso ermittelt werden wie das vom Institut überlieferte schreibdidaktische und literarische Material im Hinblick auf Lern- und Lehrprozesse. Zudem konnten die ästhetischen Anforderungen literarischen Schreibens ausgewertet werden. Ein großer Teil des überlieferten Aktenbestandes umfasst Dokumente der Leitungs- und Verwaltungsebene des Instituts, die aus Protokollen der Leitungssitzungen, aus Perspektivplänen, Rechenschafts- und Jahresberichten sowie aus Unterlagen zur Aus- und Weiterbildung (Lehrkonzepte, Lehrpläne und Seminarprotokolle) oder zur Zusammenarbeit mit Verlagen und anderen kulturellen Einrichtungen bestehen. Gleichfalls zum Aktenbestand der Verwaltung gehören Unterlagen fiskalischer und sozialökonomischer Art. Das Archivmaterial über Akteure des Instituts setzt sich aus namentlich zugeordneten Personal- und Handakten des Lehrkörpers wie auch aus den gleichfalls mit Namen versehenen Studentenakten zusammen. Letztere bilden gemeinsam mit nachgelassenen Abschlussarbeiten vor allem aus den Fernstudiengängen sowie weiteren Manuskripten von Studierenden den überwiegenden Teil des Gesamtaktenbestandes.

Quellen, die Einblicke in politische, soziale, pädagogische und künstlerische Konflikte innerhalb des Instituts zu gewähren versprachen, sind in diesem offiziellen Archivkorpus hingegen rar bzw. häufig als personenbezogene Daten dem Datenschutz unterstellt und nicht einsehbar. Auch die Auseinandersetzungen und Konfrontationen mit staatlichen Institutionen, wie dem Ministerium für Kultur, dem Deutschen Schriftstellerverband, der SED und weiteren administrativen Stellen, sind nur in seltenen Fällen im Aktenbestand dokumentiert. Lediglich eine Akte zu den am Literaturinstitut eingeleiteten Disziplinarverfahren ist überliefert, die konkrete Informationen über Exmatrikulationsverfahren von Studierenden beinhaltet und die damit auch in Zusammenhang stehenden Konflikte des Instituts mit dem MfK dokumentiert. Sie ist allerdings aus Gründen des Persönlichkeitsschutzes für die Einsichtnahme gesperrt. In den Protokollen der Leitungssitzungen findet sich zu solchen brisanten Vorfällen hingegen nichts.[2] Zwar entdeckt man in einigen Strukturpapieren Hinweise auf Konfliktlagen (z. B. im Kontext der drohenden Schließung des Instituts im Jahre 1968), oder in Plänen zur Zukunftsgestaltung des Instituts wird hin und wieder auf zurückliegende Miseren verwiesen (vor allem in Unterlagen aus den 1980er Jahren). Diese retrospektiv in einen größeren Sinnzusammenhang gestellten Krisen sind aber in der Regel entschärft dargestellt oder werden im Rückblick gar als gewinnbringend für die Zukunft beurteilt und legen Vermutungen von Beschönigung und Verharmlosung nahe.

Weil sich vor allem die 50er Jahre nur spärlich aus dem lückenhaften Bestand des Sächsischen Staatsarchivs erschließen ließen und sich die Aussagekraft der einsehbaren Unterlagen über die diversen Konflikte und Kontroversen am Institut als eher dürftig herausstellte, wurde schnell deutlich, dass eine Rekonstruktion der institutionellen Arbeits- und Verwaltungsprozesse aus dem offiziellen Aktenbestand für eine sowohl an künstlerischen und pädagogischen wie auch an sozialen und politischen Zusammenhängen orientierte Institutsgeschichte nicht genügen würde. Erschwerend hinzu kam, dass relevante Akten nicht nur zur Erschließung von Konfliktlagen, sondern auch zur Einsicht in Auswahl- und Prüfungsverfahren von Studierenden aus Gründen des Persönlichkeitsschutzes im Sächsischen Staatsarchiv Leipzig nicht einsehbar sind, woran sich in der näheren Zukunft auch nichts ändern wird.[3] Die Sperrvermerke gelten vor allem für die sogenannten Studentenakten sowie für die bereits erwähnten Akten der Disziplinarverfahren. Nur durch eine ausdrückliche Genehmigung der Betroffenen konnten diese Sperrvermerke zum Teil aufgehoben werden.[4] Somit erlaubt der Aktenbestand keine alle Jahrgänge umfassende Analyse der Auswahlkriterien für die Studienaufnahme, wozu die Beurteilung des Talents und des künstlerischen Entwicklungspotenzials durch die

Zulassungskommission ebenso gehörte wie die Bewertung des studentischen Klassenbewusstseins oder der Partei(nicht)zugehörigkeit durch Institutsangehörige und delegierende Instanzen. Eine systematische Erschließung der künstlerischen Entfaltungsmöglichkeiten einzelner Studierender oder auch von Studentenkohorten während des Studienverlaufs konnte gleichfalls nicht erfolgen, da sich die Aussagen der verantwortlichen Lehrenden über die Leistungs- und Aufnahmebereitschaft ihrer Schüler, über ihren ästhetischen Eigensinn und ihre literarischen Fortschritte, ihre Disziplin und ihr soziales wie sozialistisches Engagement in den zumeist nicht zur Verfügung stehenden Studentenakten befinden.

Nicht zuletzt auch um solche Lücken zu schließen, war es unerlässlich, weitere Quellen hinzuzuziehen. Zuvor aber noch ein Wort zum Verständnis von *Quelle* im vorliegenden Forschungszusammenhang, dessen Untersuchungsschwerpunkte in den Bereichen von Literaturwissenschaft, zeitgeschichtlicher Forschung und historischer Bildungsforschung liegen und damit Schnittstellen zwischen mehreren Fachdisziplinen ergeben. Mit Quellen zu arbeiten scheint für alle Geisteswissenschaften selbstverständlich; gleichwohl hat jede Fachdisziplin ihr eigenes Verständnis von Quelle und Quellenforschung.[5] In der Literaturwissenschaft existieren auch mindestens zwei Bedeutungszuschreibungen von ›Quelle‹, wobei die eine auf den konkreten literarischen Text rekurriert respektive auf die Einflusssphäre und Dependenzbeziehung des Dichters und seiner schöpferischen Inspiration. Als Stichworte wären hier Intertextualität, Stoff, Motiv, Adaption, Parodie etc. zu nennen. Die andere Bedeutung bezieht sich auf jedwedes Material, das der literarhistorischen Forschung als Ausgangs- und Bezugspunkt ihrer wissenschaftlichen Arbeit dient. Sie geht weit über die Fragen der Philologie hinaus, insofern der für die Literatur und das literarische Feld maßgebliche kultur- und sozialhistorische Kontext mitberücksichtigt wird. Dabei orientiert man sich nicht nur wesentlich an dem von der Geschichtswissenschaft zu Beginn des 19. Jahrhunderts etablierten Begriff der *Quelle* als historisches Zeugnis, sondern ebenso an deren entwickelten Methodik der Quellenanalyse und -kritik.[6] Um der vielschichtigen Geschichte des Becher-Instituts und seiner Angehörigen mit einer wissenschaftlich ebenso facettenreichen Perspektivierung Rechnung zu tragen, bieten sich dieses von der Geschichtswissenschaft etablierte Verständnis von Quelle und der Umgang mit ihr im vorliegenden Zusammenhang geradezu an, was freilich den Bezug auf das am konkreten literarischen Text orientierte Quellenverständnis, das mit der Analyse studentischer Arbeiten gleichfalls Teil des Forschungsprojekts ist, keinesfalls ausschließt.

Für unsere Untersuchung wurden neben dem Aktenkorpus des Becher-Instituts als weitere Materialien etwa das am Bundesarchiv gesammelte Archivgut des Staatsapparats der DDR berücksichtigt, das u. a. kultur- und hochschulpolitische Richtlinien und Direktiven, aber auch Dokumente zu Druckgenehmigungsverfahren der am Literaturinstitut entstandenen Publikationen enthält. Darüber hinaus waren die Dokumente des Staatssicherheitsdienstes für unsere Untersuchung von einiger Relevanz, stand doch das Literaturinstitut samt seinen Angehörigen bereits seit 1957 im Visier des MfS.[7] Die von Inoffiziellen Mitarbeitern (IM) bekanntlich äußerst akribisch geführten und detailreich ausgeschmückten Berichte (MfS-Akten) eigneten sich gleich in mehrerlei Hinsicht für Einblicke in das Geschehen und die Vorkommnisse einer staatlichen Hochschule der DDR: *erstens* zur Identifizierung dessen, wen und was Doktrin und Staat als politisch verdächtig einordneten; *zweitens* zur Ermittlung und Diagnose konkreter politischer Verdachtsmomente; und *drittens* zur Gewinnung eines Überblicks über artikulierte Einstellungen, Meinungen und Handlungen der unter Beobachtung stehenden Einzelpersonen wie Gruppen. Obwohl es sich bei diesem Material um Informanten- und auch Denunziationsberichte handelt, die auf besondere Art und Weise quellenkritisch zu behandeln sind, weil sie im Rahmen konspirativer Aktivitäten und im Dienste eines erziehungsdiktatorischen Systems entstanden sind, taugten sie doch in ihrer Vielfalt, Breite und Akribie für einen direkten oder indirekten Einblick in Alltagsphänomene und Denkwelten am Institut.[8]

Des Weiteren wurde die zeitgenössische Presse berücksichtigt, die der Öffentlichkeit über Ereignisse und Veranstaltungen am Becher-Institut bzw. über seine Angehörigen und deren Werke berichtete. Am DLL liegt ein Pressearchiv mit rund 500 das Becher-Institut betreffenden Artikeln vor. Es umfasst den Zeitraum von 1963 bis zur Abwicklung des Instituts (1990–1993). Gleichfalls als Quelle wurde zeitgenössische wissenschaftliche Literatur zur Erschließung der größeren Zusammenhänge der didaktischen, ästhetischen und politischen Auffassungen am Literaturinstitut hinzugezogen – dies vor allem aus den Bereichen der Literatur- und Kulturwissenschaft, der Philosophie, der Soziologie und der Pädagogik. Zudem galt es, literarische Werke als Quellen zu berücksichtigen, anhand deren ästhetische Einflüsse auf die Studierenden bzw. ihre eigene Literatur ausgeleuchtet werden konnten. Als unerlässlich für die Untersuchung der künstlerischen, individuellen und politischen Einstellungen der Studierenden wie Lehrenden am Institut haben sich darüber hinaus private Unterlagen und persönliche Hinterlassenschaften (Selbstzeugnisse) erwiesen.[9] Dazu zählen private Personennachlässe und autobiographische Zeugnisse ebenso wie Briefwechsel und Tagebücher von Autoren, die als Studierende und Lehrende dem Literaturinstitut verbunden waren. Überdies gehören dezidiert abgefragte Erinnerungen und Bewertungsmuster von lebenden Zeitzeugen zu diesem Quellenbestand, deren Wert besonders hinsichtlich der häufig in den offiziellen Akten fehlenden Informationen – beispielsweise zu Aspekten der sozialen Beziehungen der Studierenden untereinander oder zu ihren Lehrkräften sowie zum Alltags- und Konfliktgeschehen am Haus – kaum zu überschätzen ist. Zu diesem Zweck wurden im Verlaufe des Forschungsprojekts 21 qualitative Zeitzeugeninterviews geführt sowie eine Podiumsdiskussion am DLL mit ehemaligen Lehrenden und Studierenden beider Leipziger Literaturinstitute zur Geschichte des IfL veranstaltet.[10]

Nicht zuletzt hinsichtlich der Relevanz der persönlichen, künstlerischen, sozialen wie politischen Einschätzungen der Akteure ist der hohe Quellenwert der am Institut entstandenen literarischen und essayistischen Arbeiten für die vorliegende Studie hervorzuheben. Vor allem die Abschlussarbeiten sind dabei von Belang. Denn obwohl diese als ein Teil der Prüfungsleistungen den Status offizieller Dokumente einnehmen, lassen sie doch neben den Selbstzeugnissen und Zeitzeugenaussagen am ehesten Rückschlüsse auf die Denkweisen und den Gestaltungswillen ihrer Urheber zu. Im besonderen Maße eigneten sich hierfür neben den literarischen Arbeiten die sogenannten Poetischen Konfessionen. Mit diesem nach Johannes R. Becher benannten und vom Literaturinstitut vorgegebenen Format wurde den Studierenden die Möglichkeit eröffnet, ihr ästhetisches und politisches Selbstverständnis zu konturieren. In der Bestandsanalyse des Findbuches des Sächsischen Staatsarchivs wurde auf Lücken im Bestand der Abschlussarbeiten hingewiesen.[11] Vor allem Arbeiten aus den zwei- bis dreijährigen Direktstudiengängen, die als das Herzstück der Schriftstellerausbildung galten, sind nicht überliefert worden. Ein glücklicher

Fund führte zur weitgehenden Schließung dieses Defizits: Aus dem Kellergeschoss des Deutschen Literaturinstituts Leipzigs (DLL), das nach der Abwicklung des Becher-Instituts gegründet worden war und seit 1995 als Institut der Universität Leipzig eine Schriftstellerausbildung anbietet, konnten in Vergessenheit geratene Kartons mit 478 Abschlussarbeiten aus den Direktstudiengängen von 1957 bis 1993 geborgen werden. Eine systematische Erschließung der überlieferten Texte erfolgte im Verlauf des Forschungsprojektzeitraumes. Zu diesem Zweck wurde für die vorliegende Studie eine Datenbank angelegt, in der die Abschlussarbeiten nach biobibliographischen sowie sachlichen und gattungsspezifischen Kriterien ausgewertet und mit einer kurzen Inhaltsangabe versehen wurden. Auf dieser Grundlage konnten nun auch über Einzelanalysen hinausgehende vergleichende Untersuchungen der Texte unternommen sowie empirische Daten gesammelt werden, wodurch sich der Mehrwert der Studie noch einmal erhöhte.

1 Vgl. Findbuch zum Bestand 20311, Institut für Literatur Johannes R. Becher, Leipzig im Sächsischen Staatsarchiv Leipzig (1996).
2 Diese aus unserem Aktenstudium hervorgehende Erkenntnis bestätigt mithin die Aussage von den Archivarinnen in ihrer Bestandsanalyse; vgl. Findbuch, S. IV.
3 Vgl. § 5 (2) des Bundesarchivgesetzes.
4 Zudem hatten wir Zugriff auf zwei Magisterarbeiten aus den Jahren 2001 und 2004, in denen Verweise auf Akten zu finden sind, die zum damaligen Zeitpunkt noch nicht mit Sperrvermerken versehen waren. Einige dieser – vor allem die Disziplinarverfahren betreffenden – Aktennachweise haben wir übernommen. Vgl. Helge Andrä: Die Geschichte des Literaturinstituts »Johannes R. Becher« von der Gründung bis 1970, Magisterarbeit am Institut für Germanistik der Universität Leipzig 2001 (unveröff.); Tobias Hilmer: Literaturpolitik in der DDR zwischen 1953 und 1957. Die Gründung des Instituts für Literatur in Leipzig. Magisterarbeit, Institut für Geschichte, TU Berlin 2004 (unveröff.).
5 Vgl. Thomas Rathmann/Nikolaus Wegmann: Ad Fontes – Bona Fides. In: Dies. (Hg.): »Quelle«. Zwischen Ursprung und Konstrukt. Ein Leitbegriff in der Diskussion, Berlin 2004, S. 12–39, hier S. 12, 20.
6 Zum Lemma *Quelle* und ihren Zuschreibungen vgl. Jan-Dirk Müller (Hg.): Reallexikon der deutschen Literaturwissenschaft, Bd. 3, P–Z. Berlin 2003, S. 202–205.
7 Vgl. Joachim Walther: Sicherungsbereich Literatur. Schriftsteller und Staatssicherheit in der Deutschen Demokratischen Republik, Berlin 1996, S. 149f.
8 Vgl. Jens Gieseke: »Different Shades of Gray.« Denunziations- und Informantenberichte als Quellen der Alltagsgeschichte des Kommunismus. In: Zeithistorische Forschungen/Studies in Contemporary History, Jg. 7 (2010), H. 2, S. 287–295.

ANMERKUNGEN

9 Zu der Gattung der Selbstzeugnisse vgl. Eckart Henning: Selbstzeugnisse. Quellenwert und Quellenkritik, Berlin 2012.

10 Interviews wurden mit folgenden Personen geführt: Kathrin Aehnlich, Rudi Berger, Christine Ernst, Stephan Ernst, Christel Hartinger, Constanze John, Rainer Kirsch, Christine Lamprecht, Sabine Lange, Norbert Marohn, Eva Maurer, Steffen Mohr, Dieter Mucke, Horst Nalewski, Gert Neumann, Andreas Reimann, Till Sailer, Dietmar Sehn, Joachim Walther, Hubert Witt, Lothar Zschuckelt. Die Podiumsdiskussion fand am 15. Juni 2014 unter dem Titel *Zwei Leipziger Dichterschulen – eine Geschichte?* im Foyer des DLL statt. Teilnehmer des Podiums waren die ehemaligen IfL-Dozenten Peter Gosse und Hubert Witt sowie die IfL-Absolventin Katja Lange-Müller, die später auch am DLL lehrte, außerdem Hans-Ulrich Treichel, Professor am DLL, und Sascha Macht, Absolvent des DLL und Mitarbeiter des Forschungsprojekts.

11 Vgl. Findbuch. S. V.

Quellen und Literatur

1. Abkürzungen

ABF	Arbeiter- und Bauern-Fakultät
Abt.	Abteilung
AdK	Akademie der Künste der DDR
AJA	Arbeitsgemeinschaft Junger Autoren
BArch	Bundesarchiv
BStU	Bundesbeauftragter für die Unterlagen des Staatssicherheitsdienstes der ehemaligen Deutschen Demokratischen Republik
BVfS	Bezirksverwaltung für Staatssicherheit
CDU	Christlich Demokratische Union Deutschlands
ČSSR	Tschechoslowakische Republik
DEFA	Deutsche Film Aktiengesellschaft
DLL	Deutsches Literaturinstitut Leipzig
DSV	Deutscher Schriftstellerverband (1950–1973)
FDGB	Freier Deutscher Gewerkschaftsbund
FDJ	Freie Deutsche Jugend
GI	Geheimer Informator des MfS (IM-Kategorie bis 1968)
GMS	Gesellschaftlicher Mitarbeiter für Sicherheit des MfS (IM-Kategorie)
GO	Grundorganisation der SED
GST	Gesellschaft für Sport und Technik
HA	Hauptabteilung des MfS
IfL	Institut für Literatur »Johannes R. Becher«
IM	Inoffizieller Mitarbeiter des MfS
KMU	Karl-Marx-Universität Leipzig
KPD	Kommunistische Partei Deutschlands
KPdSU	Kommunistische Partei der Sowjetunion
KZ	Konzentrationslager
LPG	Landwirtschaftliche Produktionsgenossenschaft
LVZ	Leipziger Volkszeitung
MDV	Mitteldeutscher Verlag
MfK	Ministerium für Kultur der DDR
MfS	Ministerium für Staatssicherheit der DDR
MD	Neues Deutschland
N.N.	Nomen nominandum
NDL / ndl	Neue Deutsche Literatur / neue deutsche literatur
NÖSPL	Neues Ökonomisches System der Planung und Leitung
NS	Nationalsozialismus
NSDAP	Nationalsozialistische Deutsche Arbeiterpartei
NVA	Nationale Volksarmee
o. D.	ohne Datum
o. P.	ohne Paginierung
o. T.	ohne Titel

OPK	Operative Personenkontrolle (Untersuchungsmaßnahme des MfS)
OV	Operativer Vorgang (Untersuchungsmaßnahme des MfS)
PDS	Partei des Demokratischen Sozialismus
SAG / SDAG	Sowjetische Aktiengesellschaft / Sowjetisch-deutsche Aktiengesellschaft
SBZ	Sowjetische Besatzungszone
SED	Sozialistische Einheitspartei Deutschlands
SMAD	Sowjetische Militäradministration
SPD	Sozialdemokratische Partei Deutschlands
SStAL	Sächsisches Staatsarchiv, Staatsarchiv Leipzig
SV	Schriftstellerverband der DDR (1973–1990)
UdSSR	Union der Sozialistischen Sowjetrepubliken
VEB	Volkseigener Betrieb
ZK	Zentralkomitee der SED

2. Quellen

Archive und Nachlässe

Sächsisches Staatsarchiv, Staatsarchiv Leipzig:
   20311 Institut für Literatur »Johannes R. Becher«
Archiv der Akademie der Künste Berlin:
   Alfred-Kurella-Archiv
   Georg-Maurer-Archiv
   Helmut-Baierl-Archiv
   Max-Walter-Schulz-Archiv
   Rainer-Kirsch-Archiv
   Wieland-Herzfelde-Archiv
Archiv der Behörde des BStU
Bundesarchiv Berlin-Lichterfelde
Georg-Maurer-Archiv, Leipziger Städtische Bibliotheken, Bibliothek Plagwitz »Georg Maurer«
Deutsches Literaturinstitut Leipzig:
   Teilnehmerlisten der Studierenden des Instituts für Literatur »Johannes R. Becher«
   Pressearchiv zum Institut für Literatur »Johannes R. Becher«
   Schriftverkehr / Dokumente ab 1990
   Künstlerische und theoretische Abschlussarbeiten der Studierenden des Instituts für Literatur »Johannes R. Becher«
Nachlass von Ronald M. Schernikau, Edition Sigma Berlin (mittlerweile Archiv der Akademie der Künste Berlin)

3. Literatur

3.1 Künstlerische und theoretische Abschlussarbeiten der Studierenden

Aehnlich, Kathrin: Wenn ich groß bin, flieg ich zu den Sternen. Abschlussarbeit am IfL; eingereicht 1988 (unveröff., o. O.).
Ahrndt, Waltraud: Es war einmal ein Mädchen. Abschlussarbeit am IfL; eingereicht 1967 (unveröff., o. O.).
Anisimo, Roswitha: Künstlerische Abschlussarbeit. Abschlussarbeit am IfL; eingereicht 1979 (unveröff., o. O.).
Artelt, Karl: Das neue Lied der Nationalen Volksarmee. Abschlussarbeit am IfL; eingereicht 1970 (unveröff., o. O.).
Ders.: Entwicklungsanalyse. Abschlussarbeit am IfL; eingereicht 1970 (unveröff., o. O.).
Baierl, Helmut: Dialektik des Details. Bemerkungen zum Problem des Realismus in der darstellenden Kunst. Abschlussarbeit am IfL; eingereicht 1958 (unveröff., o. O.).
Berger, Wolfgang: Zweiter literarischer Text zum Versuch einer extensiven Erzählweise. In: Ders.: Künstlerische Abschlußarbeit. Abschlussarbeit am IfL; eingereicht 1979 (unveröff., o. O.).
Bernhof, Reinhard: Über die Verantwortung der Kunst. Abschlussarbeit am IfL; eingereicht 1967 (unveröff., o. O.).
Bernreuther, Werner: und noch steht das Haus. Künstlerische Abschlussarbeit, Abschlussarbeit am IfL; eingereicht 1982 (unveröff., o. O.).
Bieker, Gerd: Hallo, wir sind nicht Halb! Oder: Die Sonne und der Wind. Eine Geschichte für junge Leute, Abschlussarbeit am IfL; eingereicht 1963 (unveröff., o. O.).
Biele, Peter: Sieben Fragen an mich selbst. Ein Versuch über das Nachhaltige in meinem Leben. Abschlussarbeit am IfL; eingereicht 1973 (unveröff., o. O.).
Bitter, Ludwig: Künstlerische Arbeiten. Abschlussarbeit am IfL; eingereicht 1973 (unveröff., o. O.).
Boden, Brigitte: Weiterfahrt ohne Platzkarte. In: Dies.: Abschlussarbeit am IfL; eingereicht 1970 (unveröff., o. O.).
Bräunig, Werner: Probleme des lyrischen Bildes im Sozialistischen Realismus. Abschlussarbeit am IfL; eingereicht 1960 (unveröff., o. O.).
Brümmer, Herbert: Brückenschläge. Abschlussarbeit am IfL; eingereicht 1975 (unveröff., o. O.).
Buschmann, Wolfgang: Skizzen über das Nachhaltige in meinem Leben. Abschlussarbeit am IfL; eingereicht 1974 (unveröff., o. O.).
Cronauge, Armin: Künstlerische Abschlußarbeit. Abschlussarbeit am IfL; eingereicht 1973 (unveröff., o. O.).
Csiba, László: Der literarische Satz. Ein Essay. Abschlussarbeit am IfL; eingereicht 1991 (unveröff., o. O.).
Czechowski, Heinz: Anspruch auf Schönheit. am IfL; eingereicht 1961 (unveröff., o. O.).
Deichfuß, Horst: Poetische Konfession. Werden und wollen. Eine Zwischenbilanz. Abschlussarbeit am IfL; eingereicht 1965 (unveröff., o. O.).

Drawert, Kurt: Die Wirklichkeit des Unwirklichen oder Wie wird man, was man einst war. Versuch über Flaubert am Beispiel »Madame Bovary«. Essayistische Abschlußarbeit am IfL; eingereicht 1985 (unveröff., o. O).
Ders.: O. T. Künstlerische Abschlussarbeit am IfL; eingereicht 1985 (unveröff., o. O.).
Eggers, Gerd: Eine poetische Konzeption. Abschlussarbeit am IfL; eingereicht 1967 (unveröff., o. O.).
Fiedler, Heinz: Poetische Konfession? Abschlussarbeit am IfL; eingereicht 1965 (unveröff., o. O.).
Flegel, Walter: O. T. Künstlerische Abschlussarbeit am IfL; eingereicht 1963 (unveröff., o. O.).
Freitag, Franz: Lachen und lachen lassen. Versuch einer poetischen Konfession. Abschlussarbeit am IfL; eingereicht 1967 (unveröff., o. O.).
Friedrich, Herbert: Strupp auf dem Damm. Abschlussarbeit am IfL; eingereicht 1961 (unveröff., o. O.).
Glante, Günter: Keiner lebt für sich allein. Abschlussarbeit am IfL; eingereicht 1963 (unveröff., o. O.).
Hahn, Erich: Die Grenze. Abschlussarbeit am IfL; eingereicht 1961 (unveröff., o. O.).
Hensel, Kerstin: Vom Liegen auf Häuten. In: Dies.: O. T. Künstlerische Abschlussarbeit. Abschlussarbeit am IfL; eingereicht 1985 (unveröff., o. O.).
Jackisch, Holger: Kurzgeschichten. Künstlerische Abschlussarbeit. Abschlussarbeit am IfL; eingereicht 1988 (unveröff., o. O.).
Jürgas, Gottfried: Das Interview. Abschlussarbeit am IfL; eingereicht 1965 (unveröff., o. O.).
Karasholi, Adel Suleiman: »Der Vogel Sehnsucht«, »Tagebuch einer Liebe«, »Die Flucht«. Abschlussarbeit am IfL; eingereicht 1964 (unveröff., o. O.).
Kellner, Wolfgang: Zur Eigenen Entwicklung. In: Ders.: Abschlussarbeit am IfL; eingereicht 1970 (unveröff., o. O.).
Kettner, Reinhard: Der Fluch der guten Tat. Abschlussarbeit am IfL; eingereicht 1967 (unveröff., o. O.).
Kirchner, Annerose: Mittagsstein. Abschlussarbeit am IfL; eingereicht 1979 (unveröff., o. O.).
Dies.: Verwandlungen – Bekenntnisse zu Gertrud Kolmar. Abschlussarbeit am IfL; eingereicht 1979 (unveröff., o. O.).
Kleineidam, Horst: Einige Unmaßgebliche Bemerkungen über Dramatik und Theater. Poetische Konfession eines harmlosen Provokateurs. Abschlussarbeit am IfL; eingereicht 1965 (unveröff., o. O.).
Klis, Rainer: O. T. Künstlerische Abschlussarbeit. Abschlussarbeit am Institut für Literatur (IfL); eingereicht 1982 (unveröff., o. O.).
Köditz, Jürgen: Über das Nachhaltige. Abschlussarbeit am IfL; eingereicht 1973 (unveröff., o. O.).
Könau, Hans-Joachim: Künstlerische Abschlußarbeit. Abschlussarbeit am IfL; eingereicht 1976 (unveröff., o. O.).
Krauß, Angela: Frühschicht. Abschlussarbeit am IfL; eingereicht 1979 (unveröff., o. O.).
Kreitlow, Ernst: Ohne Titel. Abschlussarbeit am IfL; eingereicht 1963 (unveröff., o. O.).
Kupsch, Joachim: Einige Bemerkungen über die Bedeutung der Autobiographie

für die neue deutsche Literatur. Abschlussarbeit am IfL; eingereicht 1958 (unveröff., o. O.).

Ders.: Über den Rhythmus der deutschen Sprache. Abschlussarbeit am IfL; eingereicht 1958 (unveröff., o. O.).

Lange-Müller, Katja: Gedichte und Prosa. Künstlerische Abschlussarbeit. Abschlussarbeit am IfL; eingereicht 1982 (unveröff., o. O.).

Lindner, Christine: Frauengestalten bei Brigitte Reimann. Abschlussarbeit am IfL; eingereicht 1979 (unveröff., o. O.).

Dies.: Literarischer Abschluß. Abschlussarbeit am IfL; eingereicht 1979 (unveröff., o. O.).

Linnhofer, Alfons: Die Wasserscheide. In: Ders.: Künstlerische Abschlussarbeit. Abschlussarbeit am IfL; eingereicht 1963 (unveröff., o. O.).

Lipowski, Egbert: Über mich. Abschlussarbeit am IfL; eingereicht 1970 (unveröff., o. O.).

Löpelt, Peter: Mein Gestern, Heut und Morgen. Abschlussarbeit am IfL; eingereicht 1967 (unveröff., o. O.).

Luhnburg, Doris: Albena. Bemühungen um einen Essay. Abschlussarbeit am IfL; eingereicht 1988 (unveröff., o. O.).

Marohn, Norbert: Plötzlich mein Leben. Abschlussarbeit am IfL; eingereicht 1985 (unveröff., o. O.).

Metz, Ursula: Wer bietet mehr? Eine kulturpolitische Studie. Abschlussarbeit am IfL; eingereicht 1964 (unveröff., o. O).

Mohr, Steffen: Skizzen über das Nachhaltige, oder: Wo bin ich? Abschlussarbeit am IfL; eingereicht 1973 (unveröff., o. O.), S. 23 f.

Müller, Josef: Eine kontrollierte Sommerliebe. In: Ders.: Künstlerische Abschlussarbeit. Abschlussarbeit am IfL; eingereicht 1963 (unveröff., o. O.).

Neumann, Lonny: Vier Stationen hinter der Stadt (Teilmanuskript). Abschlussarbeit am IfL; eingereicht 1976 (unveröff., o. O.).

Oplustil, Karlheinz: Briefe an R. Abschlussarbeit am IfL; eingereicht 1964 (unveröff., o. O.).

Plate, Friedrich: Gedanken über das Nachhaltige. Abschlussarbeit am IfL; eingereicht 1973 (unveröff., o. O.).

Ders.: Geschichten aus Lande Buri. In: Ders.: Künstlerischer Abschluß. Abschlussarbeit am IfL; eingereicht 1973 (unveröff., o. O.).

Polichronidis, Christos: Der wundertätige Talisman. Abschlussarbeit am IfL; eingereicht 1973 (unveröff., o. O.).

Prinz, Rudolf: Skizzen über das Nachhaltige. Abschlussarbeit am IfL; eingereicht 1973 (unveröff., o. O.).

Ders.: Warum Ete Bomsdorf auf der Treppe steht. In: Ders.: Diplomarbeit. Abschlussarbeit am IfL; eingereicht 1973 (unveröff., o. O.).

Räppel, Karl-Heinz: Purzel setzt sich durch. Abschlussarbeit am IfL; eingereicht 1961 (unveröff., o. O.).

Rosenlöcher, Thomas: Gedichte. Abschlussarbeit am IfL; eingereicht 1979 (unveröff., o. O.).

Schade, Helmut: Mein Spiegel. Abschlussarbeit am IfL; eingereicht 1964 (unveröff., o. O.).

Schernikau, Ronald M.: Die Schönheit von Uwe, die Lösung 43 und der Spaß der Imperialisten. Theoretische Abschlussarbeit am IfL; eingereicht 1988 (unveröff., o. O.).

Ders.: Legende. Künstlerische Abschlussarbeit. Abschlussarbeit am IfL; eingereicht 1988 (unveröff., o. O.).
Schmenger, Fritz: Neue Freunde. Abschlussarbeit am IfL; eingereicht 1961 (unveröff., o. O.).
Schmieder, Meike: Ohne Titel. Abschlussarbeit am IfL; eingereicht 1970 (unveröff., o. O.).
Sell, Gundula: Deutschland über beide Ohren, Stadtbilderklärungen, Achtdreiviertel Stunden. Künstlerische Abschlussarbeit in drei Teilen am IfL; eingereicht 1988 (unveröff., o. O.).
Senkbeil, Heinz: Der Schriftsteller und die schöpferische Phantasie. Abschlussarbeit am IfL; eingereicht 1962 (unveröff., o. O.).
Sewart, Karl: Konfessionelles und Konzeptionelles zu meinem Leben und meinem Schreiben. Abschlussarbeit am IfL; eingereicht 1972 (unveröff., o. O.).
Striegler, Günter: Selbstrezension. ›Das poetische Prinzip‹ (1971). In: Ders.: Abschlussarbeit am IfL; eingereicht 1973 (unveröff., o. O.).
Ders.: Auf der Suche nach dem Nachhaltigen in meinem Leben. Teil 1–3. (1972 u. 1973). In: Ders.: Abschlussarbeit am IfL; eingereicht 1973 (unveröff., o. O.).
Ders.: Die Nacht mit Iwan Iwanowitsch. In: Ders.: Künstlerische Abschlußarbeit. Abschlussarbeit am IfL; eingereicht 1973 (unveröff., o. O.).
Tappert, Christiane: Alter Hase. In: Dies.: Künstlerische Abschlussarbeit. Abschlussarbeit am IfL; eingereicht 1979 (unveröff., o. O.).
Völkel, Ulrich: Etwas Wahreres als Tatsachen. Abschlussarbeit am IfL; eingereicht 1965 (unveröff., o. O.).
Warnatzsch, Joachim: Versuch einer Basis meiner poetischen Konfession. Abschlussarbeit am IfL; eingereicht 1965 (unveröff., o. O.).
Weinhold, Siegfried: Selbstanalyse. Abschlussarbeit am IfL; eingereicht 1970 (unveröff., o. O.).
Zipprich, Dagmar: Ohne Titel. Abschlussarbeit am IfL; eingereicht 1963 (unveröff., o. O.).

3.2 Gedruckte Quellen

Abusch, Alexander: Sinn und Zweck eines Instituts für Literatur. Rede zur Eröffnung des Instituts für Literatur am 30.9.1955 in Leipzig. In: Institut für Literatur (Hg.): Ruf in den Tag. Jahrbuch des Instituts für Literatur »Johannes R. Becher«, Bd. 2, Leipzig 1962, S. 11–16.
Aehnlich, Kathrin: Wenn ich groß bin, flieg ich zu den Sternen (1998). Berlin 2003.
Albrecht, Günther/Böttcher, Kurt/Greiner-Mai, Herbert/Krohn, Paul Günther: Art. Maurer, Georg. In: Dies.: Schriftsteller der DDR. Leipzig 1974, S. 369–371.
Allert, Dietrich: Bitterfeld – Tradition und Perspektive. In: Jürgen Bonk/Dieter Faulseit/Ursula Steinhaußen (Hg.): Handbuch für schreibende Arbeiter. Berlin 1969, S. 12–30.
Anderson, Sascha/Erb, Elke (Hg.): Berührung ist nur eine Randerscheinung. Neue Literatur aus der DDR. Köln 1985.
Autorenkollektiv: Deutsches Schriftstellerlexikon. Von den Anfängen bis zur Gegenwart. Hg. von Gunter Albrecht u. a. Weimar 1961.

Dass.: Geschichte der Literatur der Deutschen Demokratischen Republik. Berlin (Ost) 1980.
Autorenkollektiv: Skizze zur Geschichte der deutschen Nationalliteratur. In: Weimarer Beiträge. Zeitschrift für Literaturwissenschaft, Ästhetik und Kulturtheorie, 1964, H. 10, S. 644–812.
Autorenkollektiv: Vorbild – Leitbild. Joachim Nowotny im Gespräch mit Wolfgang Berger, Stephan Ernst, Ingrid Hildebrandt, Rainer Hohberg, Annerose Kirchner, Christine Lindner, Thomas Rosenlöcher. In: Weimarer Beiträge. Zeitschrift für Literaturwissenschaft, Ästhetik und Kulturtheorie, 1979, H. 7, S. 11–22.
Dass.: Gegen den Strom. Ein Stück originäre Leipziger Literaturgeschichte aus dem Jahr 1968. Ausstellungskatalog. Mit Beiträgen von Siegmar Faust, Ralph Grüneberger, Bernd-Lutz Lange, Andreas Reimann u. a. Leipzig 2004.
Baierl, Helmut: Die Feststellung. Berlin (Ost) 1958.
Ders.: Il Tricheco. In: Sinn und Form, 1971, Heft 1, S. 13–20.
Barthel, Kurt: Beitrag. In: Deutscher Schriftstellerverband (Hg.): IV. Deutscher Schriftstellerkongreß, Januar 1956. Protokoll. 2. Teil. Beiträge zur Gegenwartsliteratur. Berlin (Ost) 1956, S. 44–50.
Bauer, Werner: Franzl und Jana. Berlin (Ost) 1960.
Becher, Johannes R.: Auf andere Art so große Hoffnung. Tagebuch 1950, Eintragungen 1951. Berlin/Weimar 1955.
Ders.: Verteidigung der Poesie. Vom Neuen in der Literatur. Berlin 1960.
Ders.: Das poetische Prinzip. Berlin 1975.
Ders.: Von der Größe unserer Literatur. In: Ders.: Werke, Bd. 18, Weimar 1981, S. 521.
Beitz, Willi: Sozialistischer Realismus. In: Claus Träger (Hg.): Wörterbuch der Literaturwissenschaft. Leipzig 1986, S. 481–483.
Biographische Datenbank: Czechowski, Heinz. (Biographische Angaben aus dem Handbuch »Wer war wer in der DDR?«) https://www.bundesstiftung-aufarbeitung.de/wer-war-wer-in-der-ddr-%2363%3B-1424.html?ID=512 (zuletzt eingesehen am 28.8.2017).
Bloch, Ernst/Herzfelde, Wieland: »Wir haben das Leben wieder vor uns«. Briefwechsel 1928–1949. Hg. von Jürgen Jahn. Frankfurt a. M. 2001.
Böhme, Thomas: Im Interview mit Anthonya Visser im Oktober 1988. In: Gerd Lambroisse, Ian Wallace (Hg.): DDR-Schriftsteller sprechen in der Zeit. Eine Dokumentation (German Monitor No. 27) Amsterdam, Atlanta 1991, S. 291–304.
Braemer, Edith: Volksverbundenheit und Parteilichkeit. In: Forum, 15/16, 1976, S. 17.
Brandt, Leonore: Selbstermutigung. Wird das Leipziger Literaturinstitut eine Hochschule bleiben? In: Freitag, Nr. 4, 18.1.1991, S. 19.
Braun, Michael: Carola di Ossi, come on. In: Weltbühne, 15/88, 13.4.1993, S. 463–466.
Braun, Volker: Anspruch. In: Ders.: Gedichte. Frankfurt a. M. 1979, S. 7.
Ders.: Rimbaud. Ein Psalm der Aktualität. In: Sinn und Form, 1985, S. 978–998.
Bräunig, Werner: Uran. Gewidmet den Kumpeln der SDAG Wismut zum V. Parteitag der Sozialistischen Einheitspartei Deutschlands. In: Institut für Literatur (Hg.): Ruf in den Tag. Jahrbuch des Instituts für Literatur »Johannes R. Becher«. Bd. 1, Leipzig 1960, S. 304–308.

Ders.: Vom ersten Schritt. In: Ders.: In diesem Sommer. Erzählungen. Halle (Saale) 1960, S. 255–274.
Ders.: Weil dich das Leben braucht. In: Neue deutsche Literatur, 1960, 8. Jg., H. 1, S. 58–76.
Ders.: Weil dich das Leben braucht. Szenarium zu einem Fernsehfilm. In: Institut für Literatur (Hg.): Ruf in den Tag. Jahrbuch des Instituts für Literatur »Johannes R. Becher«. Bd. 2, Leipzig 1962, S. 267–341.
Brecht, Bertolt: Was ist Formalismus? In: Ders.: Schriften zur Literatur und Kunst. Bd. 3: 1934–1956. Anmerkungen zur literarischen Arbeit. Aufsätze zur Literatur. Die Künste in der Umwälzung. Frankfurt a. M. 1967, S. 185–189.
Ders.: Gedicht auf einen chinesischen Teewurzellöwen. In: Ders.: Werke in 30 Bänden (GBA), Bd. 15, Berlin (Ost)/Frankfurt a. M. 1988–2000, S. 255.
Czechowski, Heinz: Nachmittag eines Liebespaares. Halle (Saale) 1962.
Ders.: Wasserfahrt. Gedichte. Halle (Saale) 1967.
Ders.: Im Gespräch mit Christel u. Walfried Hartinger. In: Heinz Czechowski: Ich, beispielsweise, 2. Aufl., Leipzig 1986 (erstmals 1982), S. 117–133.
Ders.: Ich und die Folgen. Gedichte. Reinbek bei Hamburg, 1987.
Ders.: Steht die Uhr schon wieder still? Offener Brief an Helmut Richter. In: Union, 15.2.1990, S. 6.
Ders.: Im Gespräch mit Siegfried Stadler: Geht die deutsche Revolution in die Hose? In: Sächsisches Tageblatt, 24./25.2.1990, S. 3.
Ders.: Dreimal verfluchte DDR. Abschiedsgedanken des Leipziger Schriftstellers. In: Sächsisches Tageblatt, 3.10.1990, S. 12–13.
Ders.: Über Adel Karasholi. In: Dietmar Keller (Hg.): Nachdenken über Deutschland. Bd. 1, Berlin 1990, S. 117–119.
Ders.: Wo ist unsere Zeugenschaft geblieben? Im Gespräch mit Ute Ackermann. In: Börsenblatt Nr. 29/1990, S. 535–537.
Ders.: Das Wiedererscheinen. Sarah Kirsch in der Menge. In: Börsenblatt für den Deutschen Buchhandel. Frankfurt a. M., Nr. 97, 6.12.1991, S. 4220–4221.
Ders.: Im Interview mit Gerd Labroisse. In: Gerd Labroisse/Ian Wallace (Hg.): DDR-Schriftsteller sprechen in der Zeit. Eine Dokumentation. German Monitor No. 27, Amsterdam 1991, S. 173–189, hier S. 174.
Ders.: Die Pole der Erinnerung. Autobiographie. Düsseldorf 2006.
Deppe, Jürgen: Ferien auf der Insel der Liberalität. Erster internationaler Sommerkurs für Literaturmittler am Institut für Literatur »Johannes R. Becher« in Leipzig. In: TAZ, Nr. 93/1, 19.6.90, S. 13.
Dessau, Paul: 27 Lieder aus dem »Dreistrophenkalender« von Georg Maurer. In 3 Heften. Leipzig 1975.
Deutscher Schriftstellerverband (Hg.): IV. Deutscher Schriftstellerkongreß, Januar 1956. Protokoll. 2 Teile. Beiträge zur Gegenwartsliteratur. Berlin (Ost) 1956.
Die Angehörigen des Instituts für Literatur »Johannes R. Becher«: Wovor die alte DDR-Obrigkeit zurückschreckte: Zerstörerischer Blitzschlag. In: Leipziger Volkszeitung, Nr. 29, 30.12.1990, S. 17.
Dozenten und Studentensprecher des Instituts für Literatur »Johannes R. Becher«: Verteidigung der Poesie. In: Leipziger Volkszeitung, Nr. 292/97, 15./16.12.1990, S. 22.
Dymschitz, Alexander Lwowitsch: Über den Formalismus in der Deutschen Malerei. Tägliche Rundschau vom 19.11.1948.

Eggers, Gerd: Vaterland. In: Rat des Bezirks Leipzig (Hg.): Wo das Glück sicher wohnt. Eine Festgabe Leipziger Schriftsteller und Künstler zum 20. Jahrestag der Deutschen Demokratischen Republik. Leipzig 1969, S. 155–158.
Endler, Adolf: Im Zeichen der Inkonsequenz. In: Sinn und Form, 1971, S. 1358–1366.
Ders.: DDR-Lyrik Mitte der Siebziger. Fragment einer Rezension. In: Amsterdamer Beiträge zur neueren Germanistik, 7/1978, S. 72.
Ders.: Dies Sirren. Gespräche mit Renatus Deckert. Göttingen 2010.
Faust, Siegmar: Wenn man Charly Marx heißt. Fernsehspiel von Siegmar Faust. Gesendet in der Reihe »Freiheit die ich meine« am 10.6.1979 im ZDF (Regie: Alexander Ziebell).
Fedin, Konstantin: Beitrag. In: IV. Deutscher Schriftstellerkongreß, Januar 1956. Protokoll. 2. Teil. S. 50–56.
Foerster, Christel: Die »Dichterschule« kämpft ums Überleben. Literaturinstitut auf der Flucht nach vorn. In: Leipziger Volkszeitung, Nr. 50/96, 28.2.1990, S. 6.
Friedrich, Herbert: Strupp auf dem Damm. Berlin (Ost) 1962.
Friesel, Uwe: Offener Brief an Kurt Biedenkopf. In: Publizistik & Kunst, 2/1991, 17.12.1990, S. 26.
Fröhlich, Paul: Fester Standpunkt – gute Ergebnisse. Diskussionsbeitrag auf dem 11. Plenum des ZK der SED, 16. bis 18. Dezember 1965. In: Elimar Schubbe (Hg.): Dokumente zur Kunst-, Literatur- und Kulturpolitik der SED. Stuttgart 1972, S. 1095–1098.
Fühmann, Franz: Brief an Hans Bentzien, Minister für Kultur, 1. März 1964. In: Simone Barck/Stefanie Wahl (Hg.): Bitterfelder Nachlese. Ein Kulturpalast, seine Konferenzen und Wirkungen. Mit unveröffentlichten Briefen von Franz Fühmann. Berlin 2007, S. 178–185.
Fürstenberg, Franz von: Bericht des Ministers von Fürstenberg an die königlich preußische Regierung über die Lehranstalten des Münsterlandes. In: Wilhelm Esser (Hg.): Franz von Fürstenberg. Dessen Leben und Wirken nebst seinen Schriften über Erziehung und Unterricht. Münster 1842, S. 151.
Geerdts, Hans Jürgen: Gedanken zur Diskussion über die sozialistische Nationalliteratur nach 1945. In Weimarer Beiträge. Zeitschrift für Literaturwissenschaft, Ästhetik und Kulturtheorie, 1963, H. 9, S. 100–122.
Gehrke, Rudolf: Literarisches Talent im befreiten Leben. In: Ders./Lothar Zschuckelt (Hg.): Selbstermutigung. Erwägungen ums Schreiben. Leipzig 1986, S. 11–46.
Gehrke, Rudolf/Zschuckelt, Lothar (Hg.): Selbstermutigung. Erwägungen ums Schreiben. Leipzig 1986.
Giordano, Ralph: Die Partei hat immer Recht. Ein Erlebnisbericht über den Stalinismus auf deutschem Boden, (1961). Freiburg i. Br. 1990.
Görlich, Günter: Das Liebste und das Sterben. Berlin (Ost) 1963.
Haase, Horst u. a. (Hg.): Geschichte der Literatur der Deutschen Demokratischen Republik. Autorenkollektiv unter Leitung von Horst Haase. In: Geschichte der deutschen Literatur von den Anfängen bis zur Gegenwart. Bd. 11, Berlin 1976.
Ders.: (Hg.): Geschichte der deutschen Literatur, Bd. 11 (Sonderausgabe): Geschichte der Literatur der Deutschen Demokratischen Republik. Berlin (Ost) 1980.
Hacks, Peter: Der Sarah-Sound. In: Neue deutsche Literatur (24) 1976, H. 9, S. 104–118.

Havemann, Robert: Dialektik ohne Dogma. Reinbek bei Hamburg 1964.
Heine, Heinrich: Nachtgedanken. In: Ders.: Neue Gedichte. Hamburg 1844, S. 274–276.
Hermlin, Stephan: Beitrag. In: Deutscher Schriftstellerverband (Hg.): IV. Deutscher Schriftstellerkongreß, Januar 1956. Protokoll. 2. Teil. Beiträge zur Gegenwartsliteratur. Berlin (Ost) 1956, S. 56–64.
Hermsdorf, Klaus: Die Nationale Bedeutung der sozialistischen Literatur. In: Weimarer Beiträge. Zeitschrift für Literaturwissenschaft, Ästhetik und Kulturtheorie, 1961, H. 7, S. 290–315.
Heym, Stefan: Beitrag. In: Deutscher Schriftstellerverband (Hg.): IV. Deutscher Schriftstellerkongreß, Januar 1956. Protokoll. 2. Teil. Beiträge zur Gegenwartsliteratur. Berlin (Ost) 1956, S. 7–18.
Hörnigk, Theresa: Kriegserlebnis und Wandlungsgestalt in der frühen DDR-Literatur. In: Literatur im Wandel. Entwicklungen in europäischen sozialistischen Ländern 1944/45–1980. Berlin u. a. 1986, S: 223–246.
Holzapfel, Klaus-Jürgen (Hg.): Sächsischer Landtag. 1. Wahlperiode 1990–1994. Volkshandbuch. Rheinbreitbach 1991, S. 93.
Ders. (Hg.): Sächsischer Landtag. 2. Wahlperiode 1994–1999. Volkshandbuch. Rheinbreitbach 1995.
Honecker, Erich: Bericht des Politbüros an das 11. Plenum des ZK der SED, 16.–18.12.1965. In: Elimar Schubbe (Hg.): Dokumente zur Kunst-, Literatur- und Kulturpolitik der SED (1946–1970). Stuttgart 1972, S. 1076–1081.
Ders.: Bericht des Zentralkomitees an den VIII. Parteitag der Sozialistischen Einheitspartei Deutschlands. Berlin (Ost) 1972.
Ders.: Die Hauptaufgabe umfasst auch die weitere Erhöhung des kulturellen Niveaus. In: Ders.: Reden und Aufsätze. Bd. 1, Berlin (Ost) 1975, S. 426–429.
Institut für Literatur: Chronik des Instituts. In: Dass. (Hg.): Ruf in den Tag. Jahrbuch des Instituts für Literatur »Johannes R. Becher«. Bd. 1, Leipzig 1960.
Dass. (Hg.): Zwischenbericht. Notate und Bibliographie zum Literatur »Johannes R. Becher«, Leipzig. Leipzig 1980.
Jackisch, Holger: »Einsames Literaturinstitut« in: Die Leipziger Andere Zeitung, 9.1.1991, S. 4.
Jackisch, Holger: Turmgesellschaft. In: Sno'Boy, 1989, Nr. 2, S. 45–49. Deutsche Fotothek (o. J.): Künstlerzeitschriften der DDR. http://www.deutschefotothek.de/cms/kuenstlerzeitschriften-ddr.xml (zuletzt eingesehen am 20.7.2017).
Jarmatz, Klaus: Forschungsfeld Realismus. Theorie, Geschichte, Gegenwart. Berlin (Ost)/Weimar 1975.
Jakobs, Karl-Heinz: Guten Morgen, Vaterlandsverräter. Halle (Saale) 1959.
Kanzog, Kurt: Respektlose Übung zu produktiven Zwecken. In: Max Walter Schulz/Wladimir Pimenow (Hg.): Tauchnitzstraße – Twerskoi Boulevard. Beiträge aus zwei Literaturinstituten. Halle (Saale) 1975, S. 67–76.
Kersten, Heinz: Gefangen im Käfig der Ideologie. In: Die Zeit vom 19.1.1956.
Kirsch, Rainer: Meinen Freunden, den alten Genossen. In: Ders./Sarah Kirsch: Gespräch mit dem Saurier. Berlin 1965, S. 67.
Ders.: Amt des Dichters. Aufsätze, Rezensionen, Notizen 1964–1978, mit einem Frontispiz von Roger Melis. Rostock 1979.
Ders.: Georg Maurer zum 60. Geburtstag. In: Ders.: Ordnung im Spiegel. Leipzig 1991, S. 319–321.

Ders.: Kunst und Verantwortung. In: Ders.: Ordnung im Spiegel Essays, Notizen, Gespräche. Leipzig 1991, S. 120–128.
Kirsch, Sarah: Landaufenthalt. Gedichte. Berlin (Ost) 1967.
Dies.: Im Interview vom 3. Mai 1979. In: Gerd Labroisse/Ian Wallace (Hg.): DDR-Schriftsteller sprechen in der Zeit. Eine Dokumentation (German Monitor No. 27) Amsterdam, Atlanta 1991, S. 69–79.
Dies.: Selbstauskunft. Sarah Kirsch im Gespräch (August 1993). In: Wolfgang Heidenreich/Bernhard Rübenach (Hg.): Sarah Kirsch. Texte, Dokumente, Materialien. Peter-Huchel-Preis. Ein Jahrbuch. Baden-Baden 1993.
Dies.: Bevor ich stürze, bin ich weiter – Ein Besuch bei Sarah Kirsch. Sarah Kirsch im Interview mit A. Marggraf. Deutschlandradio Kultur, 26.5.2013.
Dies.: Im Spiegel. Poetische Konfession. Mit einer Vorbemerkung von Isabelle Lehn, Sascha Macht und Katja Stopka. In: Sinn und Form, 2013 Heft 6, S. 852–855.
Kirsch, Sarah/Kirsch, Rainer: Berlin Sonnenseite. Deutschlandtreffen der Jugend in der Hauptstadt der DDR. Berlin (Ost) 1964.
Dies.: Höhenunterschiede. In: Freiheit, 7.10.1964.
Dies.: Gespräch mit dem Saurier. Berlin 1965.
Klingel, Harald: Positionen. In: Leipziger Volkszeitung, 29./30.12.1990, S. 17.
Klis, Rainer: Aufstand der Leser. Miniaturen. Halle (Saale) 1983.
Klüssendorf, Angelika: April. Köln 2014.
Koch, Hans: Unsere Literaturgesellschaft. Kritik und Probleme. Berlin (Ost) 1965.
Köhler, Erich: Schatzsucher. Rostock 1964.
Kolbe, Uwe: Hineingeboren. Gedichte. Berlin (Ost)/Weimar 1980.
Ders.: Im Gespräch. In: Sascha Anderson/Elke Erb (Hg.): Berührung ist nur eine Randerscheinung. Neue Literatur aus der DDR. Köln 1985, S. 40–45.
Ders.: Interview. In: Gerd Lambroisse/Ian Wallace (Hg.): DDR-Schriftsteller sprechen in der Zeit. Eine Dokumentation (German Monitor No. 27) Amsterdam, Atlanta 1991, S. 211–225.
Krauß, Angela: Eine Art Exterritorium auf dem Gebiet der DDR. Im Gespräch über das Leipziger Literaturinstitut »J.R. Becher«. In: Sächsische Zeitung, Nr. 14/46, 17.1.91, S. 7.
Kurella, Alfred: Ich lebe in Moskau. Berlin (Ost) 1947.
Ders.: Die Gronauer Akten. Berlin (Ost) 1954.
Ders.: Bilanz der Sowjetliteratur. In: Neue Deutsche Literatur 3/3 (1955), S. 121.
Ders.: Beitrag. In: Deutscher Schriftstellerverband (Hg.): IV. Deutscher Schriftstellerkongreß, Januar 1956. Protokoll. 2. Teil. Beiträge zur Gegenwartsliteratur. Berlin (Ost) 1956, S. 146–154.
Ders.: Wer bagatellisiert? Zur Gegenwartslage unserer Literatur. In: Sonntag 3./4.12.1956.
Ders.: Die Einflüsse der Dekadenz. In: Sonntag, 21.7.1957.
Ders.: Tatsachen gegen Legenden. Zur Geschichte des Begriffs Sozialistischer Realismus. In: Neue Deutsche Literatur, 5/2 (1957), S. 136–145.
Ders.: Von der Lehrbarkeit der literarischen Meisterschaft. Vortrag zur Eröffnung des Instituts für Literatur in Leipzig. In: Institut für Literatur (Hg.): Ruf in den Tag. Jahrbuch des Instituts für Literatur »Johannes R. Becher«. Bd. 1, Leipzig 1960, S. 17–36.

Ders.: Zwischendurch. Verstreute Essays 1934–1940. Berlin (Ost) 1961.
Ders.: Nun ist dies Erbe zu Ende ...: [Das Wort 7/1938]. In: Hans-Jürgen Schmitt (Hg.): Die Expressionismusdebatte. Materialien zu einer marxistischen Realismuskonzeption. Frankfurt a. M. 1973, S. 50–60.
Lauterbach, Hermann Otto: Zeuge Robert Wedemann. Berlin (Ost) 1963.
Leist, Heino: Dumme Geschichten. Berlin (Ost) 1963.
Lindemann, Werner: Das unheilige Testament. Gedichtzyklus in achtzehn Kapiteln. In: Institut für Literatur (Hg.): Ruf in den Tag. Jahrbuch des Instituts für Literatur »Johannes R. Becher«. Bd. 1, Leipzig 1960, S. 215–248.
Loest, Erich: Durch die Erde ein Riß. Ein Lebenslauf. Hamburg 1981.
Ders.: Prozesskosten. Bericht. Göttingen 2007.
Lübbe, Peter (Hg.): Dokumente zur Kunst-, Literatur- und Kulturpolitik der SED 1975–1980. Stuttgart 1984.
Lüddemann, Steffen: Über Literatur nur räsonieren? Leserbrief. In: Leipziger Tageblatt, 18.12.1990, S. 10.
Lukács, Georg: Erzählen oder Beschreiben? In: Ders.: Probleme des Realismus. Berlin (Ost) 1955, S. 103–145.
Marx, Karl: Das Kapital. Kritik der politischen Ökonomie. 3. Bd., Berlin 1988.
Marx, Karl/Engels, Friedrich: Werke. Bd. 37, Berlin (Ost).
Maurer, Georg: Himmlische Landschaft. In: Ders.: Ewige Stimmen. Leipzig 1936.
Ders.: Ein quadratmetergroßes Stück Erde. Interview mit Eduard Zak. In: Sonntag, Nr. 42, 17.10.1965, 20. Jg, S. 8.
Ders.: Einleitende Worte zu dem Zyklus *Das Unsere*. In: Gerhard Wolf (Hg.): Dichtung ist deine Welt, Selbstaussagen und Versuche zum Werk Georg Maurers. Halle (Saale) 1973, S. 20–21.
Ders.: Über mich. Einleitende Worte anläßlich einer Lesung vor Studenten der Karl-Marx-Universität Leipzig 1956. In: Gerhard Wolf (Hg.): Dichtung ist deine Welt. Selbstaussagen und Versuche zum Werk Georg Maurers. Halle (Saale) 1973, S. 9–19.
Ders.: Wo beginnt Welt, wo ich? – Gedicht im Zyklus. Ein Gespräch mit Walter Nowojski (1964). In: Gerhard Wolf (Hg.): Dichtung ist deine Welt. Selbstaussagen und Versuche zum Werk Georg Maurers. Halle (Saale) 1973, S. 22–30.
Ders.: Majakowskis bildliche Argumentation. In: Ders.: Essay 2. Halle (Saale) 1973, S. 40–62.
Ders.: Was vermag Lyrik? In: Ders.: Was vermag Lyrik? Essays, Reden, Briefe. Hg. von Heinz Czechowski. Leipzig 1982, S. 136–145.
Ders.: Das Unsere. In: Walfried Hartinger/Christel Hartinger/Eva Maurer (Hg.): Georg Maurer. Werke in zwei Bänden. Bd. 1, Halle (Saale)/Leipzig 1987, S. 460–471.
Ders.: Der Schreitbagger (1953/54). In: Walfried Hartinger/Christel Hartinger/Eva Maurer (Hg.): Georg Maurer. Werke in zwei Bänden. Bd. 1, Halle (Saale)/Leipzig 1987, S. 327.
Ders.: Die Form und die Wirklichkeit. In: Walfried Hartinger/Christel Hartinger/Eva Maurer (Hg.): Georg Maurer. Werke in zwei Bänden. Bd. 1, Halle (Saale)/Leipzig 1987, S. 472–478.
Ders.: Die Schaffenden. In: Walfried Hartinger/Christel Hartinger/Eva Maurer (Hg.): Georg Maurer. Werke in zwei Bänden. Bd. 1, Halle (Saale)/Leipzig 1987, S. 107–108.

Ders.: Kleines ästhetisches Bekenntnis. In: Walfried Hartinger/Christel Hartinger, Eva Maurer (Hg.): Georg Maurer. Werke in zwei Bänden. Bd. 1, Halle (Saale)/Leipzig 1987, S. 547–549.
Ders.: Über mich. In: Walfried Hartinger/Christel Hartinger/Eva Maurer (Hg.): Georg Maurer. Werke in zwei Bänden. Bd. 1, Halle (Saale)/Leipzig 1987, S. 53–56.
Ders.: Veränderte Landschaft. In: Walfried Hartinger/Christel Hartinger/Eva Maurer (Hg.): Georg Maurer. Werke in zwei Bänden. Bd. 1, Halle (Saale)/Leipzig 1987, S. 423–424.
Mayer, Hans: Zur Gegenwartslage unserer Literatur. In: Sonntag, 28.11.1956.
Melle, Fritz Hendrick: Notizen aus einem Gespräch mit F.-H. Melle In: Sascha Anderson/Elke Erb (Hg.): Berührung ist nur eine Randerscheinung. Neue Literatur aus der DDR. Köln 1985, S. 147.
Mickel, Karl: O. T. In: Forum, Nr. 8, 1966, S. 20.
Mierau, Franz (Hg.): mitternachtstrolleybus. neue sowjetische lyrik. Berlin (Ost) 1965.
Mittenzwei, Werner: Im Zwielicht. Auf der Suche nach dem Sinn einer vergangenen Zeit. Leipzig 2004.
Möbius, Regine: Erinnern, trauern, Vergangenheit bewältigen. In: Börsenblatt für den Deutschen Buchhandel, Nr. 12/1992, S. 24–29.
Dies.: Jentzsch: Gemeinsame Wurzel zweier Literaturen. In: Börsenblatt Nr. 10/ 4.2.1992, S. 15.
N. N.: »Antwort«. In: Weltbühne, 18/88, 4.5.1993, S. 570.
N. N.: Bekenntnisse eines Staatsministers. Prof. Hans Joachim Meyer zur demokratischen Erneuerung der Universitäten und Hochschulen. In: Leipziger Volkszeitung, 20.12.1990, S. 19.
N. N.: Biermann das Recht auf weiteren Aufenthalt in der DDR entzogen. In: Neues Deutschland, 17.11.1976, S. 2.
N. N.: Ein Fall von Abwicklung. Die Attacke auf das Literaturinstitut Johannes R. Becher in Leipzig. In: Publizistik & Kunst, Nr. 2/1991, S. 26.
N. N.: Formalismus. In: Manfred Berger (Hg.): Kulturpolitisches Wörterbuch. 2. Aufl., Berlin 1978, S. 207–208.
N. N.: Fragen der Entwicklung der sozialistischen Literatur und Kunst, 24.4.1959. In: Elimar Schubbe (Hg.): Dokumente zur Kunst-, Literatur- und Kulturpolitik der SED. Stuttgart 1972, S. 552–562.
N. N.: Kaninchen am Himalaya. In: Der Spiegel 52/1963, S. 83–88.
N. N.: P. E. N. protestiert bei Ministerpräsident. In: Leipziger Volkszeitung, 29./30.12.1990, S. 17.
N. N.: Planung für Literaturinstitut. In: Die Welt, Nr. 104, 6.5.1991, S. 19.
N. N.: Über hundert Unterschriften: Der offene Brief in Sachen Biermann. In: Die Zeit vom 3.12.1976, S. 34.
N. N.: Wir sind es gewohnt, mitzudenken. Stellungnahmen und Erklärungen von Künstlern und Kulturschaffenden unserer Republik zur Aberkennung der DDR-Staatsbürgerschaft Biermanns. In: Neues Deutschland, 22.11.1976, S. 3–5.
N. N.: Zonenflucht. In: Der Spiegel 24/11.6.1958.
N. N.: Zum IV. Deutschen Schriftstellerkongreß. In: Neues Deutschland, 8.1.1956.

N. N.: »Aus« für zwei Leipziger Hochschulen. DHfK und Literaturinstitut werden aufgelöst / Journalistikstudenten verabschiedeten Entschließung. In: Leipziger Volkszeitung, Nr. 290/97, 13.12.1990, S. 1.
N. N.: Studenten geben den Geist nicht auf. Energische Proteste Leipziger Studenten und Lehrkräfte / Sonderzüge rollen heute nach Dresden. In: Leipziger Volkszeitung, Nr. 291/97, 14.12.1990, S. 1.
Neumann, Gert: Elf Uhr. Frankfurt a. M. 1981.
Novak, Helga M.: Im Schwanenhals. Frankfurt a. M. 2013.
Pfeiffer, Hans: Dialogübungen. In: Max Walter Schulz/Wladimir Pimenow (Hg.): Tauchnitzstraße – Twerskoi Boulevard. Beiträge aus zwei Literaturinstituten. Halle (Saale) 1975, S. 162–181.
Plenzdorf, Ulrich: kein runter kein fern. Frankfurt a. M. 1984.
Politbüro des ZK der SED: Der Jugend Verantwortung und Vertrauen. Kommunique des Politbüros des Zentralkomitees der Sozialistischen Einheitspartei Deutschlands zu Problemen der Jugend in der Deutschen Demokratischen Republik. In: Neues Deutschland, 21.9.1963, S. 1–3.
Preißler, Helmut: Gedanken und Gedichte. In: Sonntag, 1/1963.
Preuß, Gunter: Kurzinformation zu einem merkwürdigen Haus (1988). In: Ders.: Ruf in die Wüste. Aufsätze und Interviews von gestern und heute. Göttingen 2016, S. 153–155.
Prinz, Rudi: Warum Ete Bomsdorf auf der Treppe steht. In: Hans Schmidt/Martin Viertel (Hg.): Gedanken in meiner Glashütte. Geschichten und Gedichte. Berlin 1976, S. 20–27.
Reimann, Andreas: Georg Maurer. In: Neue Deutsche Literatur, 1975, 23. Jg., H. 9, S. 105–107.
Reimann, Brigitte: Alles schmeckt nach Abschied. Tagebücher 1964–1970. Hg. von Angela Drescher. Berlin 2001.
Dies.: Die Geschwister. Berlin (Ost) 1963.
Reinhardt, Stephan: Kaderschmiede und Dichterschule. Das Literaturinstitut Leipzig. Hörfunkfeature, WDR, 1.5.1997.
Respondek, Gerhard: Kenners Dreh. Deutscher Fernsehfunk 1961.
Richter, Helmut: Der Lehrer Georg Maurer. In: Gerhard Wolf (Hg.): Dichtung ist deine Welt. Selbstaussagen und Versuche zum Werk Georg Maurers. Halle (Saale) 1973, S. 202–205.
Ders.: Vom Umgang mit der Wahrheit. Offene Antwort an Heinz Czechowski. In: Union, 16.2.1990, S. 8.
Richter, Rolf: Es geht um einen neuen Geist. Parlamentarier vom Regierungssitz Dresden des Landes Sachsen bei der Aktionswoche am Literaturinstitut. In: Leipziger Volkszeitung, Nr. 5/97, 7.1.1991, S. 16.
Rosenlöcher, Thomas: Der Nickmechanismus. Ein Selbstbefragungsversuch. In: Ders.: Ostgezeter. Beiträge zur Schimpfkultur. Frankfurt a. M. 1997, S. 99–145.
Rothbauer, Gerhard: Der Zwölfte im Peloton. In: Max Walter Schulz/Wladimir Pimenow (Hg.): Tauchnitzstraße – Twerskoi Boulevard. Beiträge aus zwei Literaturinstituten. Halle (Saale) 1975, S. 187–207.
Salomon, Horst: Sonne in Menschenhänden. In: Institut für Literatur (Hg.): Ruf in den Tag. Jahrbuch des Instituts für Literatur »Johannes R. Becher«. Bd. 1, Leipzig 1960, S. 402–403.

Schernikau, Ronald M.: Schweres Schicksal oder Curiosité? Im Gespräch mit Thomas Blume. In: Sonntag, Nr. 1990/10, S. 6–7.
Ders.: Legende. Dresden 1999.
Schmieder, Meike: Dunkler Traum im Rampenlicht. Berlin (Ost) 1962.
Dies.: Nur drei Takte Glück. Berlin (Ost) 1967.
Dies.: Nachtfrost. Berlin (Ost) 1975.
Dies.: Ich habe einen Mord gesehen. Berlin (Ost) 1981.
Schmidt, Marianne: Einleitung. In: Institut für Literatur (Hg.): Zwischenbericht. Notate und Bibliographie zum Institut für Literatur ›Johannes R. Becher‹, Leipzig. Leipzig 1980, S. 7–9.
Schmitt, Hans-Jürgen: Die Expressionismusdebatte. Materialien zu einer marxistischen Realismuskonzeption. Frankfurt a. M. 1973.
Schmitt, Hans-Jürgen/Schramm, Godehard (Hg.): Sozialistische Realismuskonzeptionen. Dokumente zum 1. Allunionskongreß der Sowjetschriftsteller. Frankfurt a. M. 1974.
Schubbe, Elimar (Hg.): Dokumente zur Kunst-, Literatur- und Kulturpolitik der SED. Stuttgart 1972.
Schulz, Max Walter: Wir sind nicht Staub im Wind. Roman einer unverlorenen Generation. Halle (Saale) 1962.
Ders.: »Was tut unseren jungen Schriftstellern not?« Tagebuchnotizen. In: Tauchnitzstraße 8. Blätter des Instituts für Literatur »Johannes R. Becher«. Leipzig 1963. Nr. 2, S. 12–14.
Ders.: Nochmals über die Lehrbarkeit der literarischen Meisterschaft. Aus der Rede zum 10. Jahrestag der Gründung des Instituts für Literatur »Johannes R. Becher«, 30. September 1965. In: Ders.: Stegreif und Sattel. Anmerkungen zur Literatur und zum Tage. Halle (Saale) 1968, S. 63–76.
Ders. (Hg.): Kontakte. Literarische Porträts. Halle (Saale) 1970.
Ders.: Vorwort. In: Ders. (Hg.): Kontakte. Literarische Porträts. Halle (Saale) 1970, S. 5–12.
Ders.: Schöpferische Schule für begabte Autoren. In: Neues Deutschland, 30.9.1975, S. 4.
Ders.: Über die Lehrbarkeit kreativen Schreibens. Interview mit Walter Nowojski. In: Neue Deutsche Literatur, 1975 (23), Heft 9, S. 30–34.
Ders.: Pinocchio und kein Ende. Prosa-Seminar über einen begabten Hampelmann. In: Ders.: Pinocchio und kein Ende. Notizen zur Literatur. 2., erw. Aufl., Halle (Saale) 1980, S. 180–201.
Ders.: Nochmals über die Lehrbarkeit der literarischen Meisterschaft. (Aus der Rede zum 10. Jahrestag der Gründung des Instituts für Literatur »Johannes R. Becher, 30. September 1965.) In: Institut für Literatur (Hg.): Zwischenbericht. Notate und Bibliographie zum Institut für Literatur »Johannes R. Becher«, Leipzig 1980, S. 25–33.
Schulz, Max Walter/Pimenow, Wladimir (Hg.): Tauchnitzstraße – Twerskoi Boulevard. Beiträge aus zwei Literaturinstituten. Halle (Saale) 1975.
Seeger, Bernhard: Beitrag. In: Deutscher Schriftstellerverband (Hg.): IV. Deutscher Schriftstellerkongreß, Januar 1956. Protokoll. 2. Teil. Beiträge zur Gegenwartsliteratur. Berlin (Ost) 1956, S. 133–135.
Seghers, Anna: Der Anteil der Literatur an der Bewußtseinsbildung des Volkes. Hauptreferat auf dem IV. Schriftstellerkongreß. 10. Januar 1956. In: Deutscher

Schriftstellerverband (Hg.): IV. Deutscher Schriftstellerkongreß, Januar 1956. Protokoll. 1. Teil. Beiträge zur Gegenwartsliteratur. Berlin (Ost) 1956 S. 41–70.

Serke, Jürgen: Schlimmer, als ein Gülle-Silo zu leeren. In: Die Welt, Nr. 171, 25.7.1991, S. 17.

Skitschak, Manfred: Vor der Abwicklung gerettet. Leipziger Dichterschule besteht unter neuem Namen weiter. In: Süddeutsche Zeitung, Nr. 124, 29.5.1992, S. 14.

Stade, Martin: Exmatrikulation 68. In: Hans-Jürgen Schmitt (Hg.): Geschichten aus der DDR. Hamburg 1979, S. 87–105.

Stadler, Siegfried: Was wird aus dem Literaturinstitut? Bilder ohne Rahmen. Helmut Richter als neuer Direktor im Amt. In: Sächsisches Tageblatt, In: Sächsisches Tageblatt, Nr. 124/54, 3./4.3.1990, S. 3.

Ders.: Meister der Verdrängung. Lesung und Gespräch am Literaturinstitut. In: Sächsisches Tageblatt, Nr. 124/45, 30.5.1990, S. 6.

Ders.: Der gewendete Becher. Leipziger Literaturinstitut – nun gesamtdeutsch. In: F. A. Z., 18.6.1990, S. 31.

Ders.: Ein Ende ohne Ende. Literaturinstitut: Nach der Besetzung nun Verwaltungsklage. In: Leipziger Tageblatt, Nr. 6/46, 8.1.1991. S. 6.

Steinhaußen, Ursula/Faulseit, Dieter/Bonk, Jürgen (Hg.): Handbuch für schreibende Arbeiter. Berlin (Ost) 1969.

Striegler, Günter: Siebzehn Pfund Pfifferlinge. Heitere Erzählungen. 4. Aufl., Berlin 1987.

Ulbricht, Walter: Der Kampf um den Frieden, für den Sieg des Sozialismus, für die nationale Wiedergeburt Deutschlands als friedliebender demokratischer Staat. In: Elimar Schubbe (Hg.): Dokumente zur Kunst-, Literatur- und Kulturpolitik der SED. Stuttgart 1972, S. 536.

Ders.: Errungenschaften und Aufgaben auf dem Gebiet der Kultur. Rechenschaftsbericht vor dem IV. Parteitag der SED, 5. bis 6. April 1954. In: Elimar Schubbe (Hg.): Dokumente zur Kunst-, Literatur- und Kulturpolitik der SED. Stuttgart 1972, S. 339.

Ders.: Fragen der deutschen Nationalliteratur. Rede auf dem auf dem IV. Deutschen Schriftstellerkongreß 9. bis 14. Januar 1956. In: Elimar Schubbe (Hg.): Dokumente zur Kunst-, Literatur- und Kulturpolitik der SED. Stuttgart 1972, S. 421–426.

Ders.: Fragen der Entwicklung der sozialistischen Literatur und Kultur. Rede vor Schriftstellern, Brigaden der sozialistischen Arbeit und Kulturschaffenden in Bitterfeld, 24.4.1959. In: Elimar Schubbe (Hg.): Dokumente zur Kunst-, Literatur- und Kulturpolitik der SED (1946–1970). Stuttgart 1972, S. 552–562.

Ders.: Probleme des Perspektivplans bis 1970. Referat auf dem 11. Plenum des ZK der SED, 16. bis 18. Dezember 1965. In: Elimar Schubbe (Hg.): Dokumente zur Kunst-, Literatur- und Kulturpolitik der SED. Stuttgart 1972, S. 1081–1088.

Ders.: Über die Entwicklung einer volksverbundenen sozialistischen Nationalkultur. Rede auf der II. Bitterfelder Konferenz, 24. und 25. April 1964. In: Elimar Schubbe (Hg.): Dokumente zur Kunst-, Literatur- und Kulturpolitik der SED. Stuttgart 1972, S. 956–991.

Viertel, Martin: Sankt Urban. Berlin (Ost) 1968.

Villon, François: Sämtliche Dichtungen. Dt. von Walther Küchler. Heidelberg 1956.

Wagenbach, Klaus: Von der volkseigenen Idylle ins freie Land der Wölfe. Ein Gespräch mit Sarah Kirsch. In: Freibeuter 2 (1979), S. 85–93.
Wander, Fred: Das gute Leben oder Von der Fröhlichkeit im Schrecken. Erinnerungen. Göttingen 2006.
Warnart, Grit: Peter Biele und seine Inventur des Lebens. In: Volksstimme. Zeitung für Sachsen-Anhalt, 11.11.2011. https://www.volksstimme.de/kultur/ kultur_regional/661362_Peter-Biele-und-seine-Inventur-des-Lebens.html.
Wiens, Paul/Shaw, Elisabeth: Zunftgenossen Kunstgefährten. Bilder von Elisabeth Shaw. Verse von Paul Wiens. Berlin (Ost) 1956.
Witt, Hubert: Leipziger Dichterschule. In: Sprache im technischen Zeitalter, Nr. 116/1990, S. 321–329.
Wolf, Christa: Diskussionsbeitrag auf dem 11. Plenum des ZK der SED. In: Elimar Schubbe (Hg.): Dokumente zur Kunst-, Literatur- und Kulturpolitik der SED. Stuttgart 1972, S. 1098–1101.
Wolf, Gerhard (Hg.): Bekanntschaft mit uns selbst. Gedichte junger Menschen. Halle (Saale) 1961.
Ders.: Nachwort. In: Ders. (Hg.): Bekanntschaft mit uns Selbst. Gedichte junger Menschen. Halle (Saale) 1961, S. 148–149.
Ders.: Umrisse einer Biographie. In: Ders. (Hg.): Dichtung ist deine Welt. Selbstaussagen und Versuche zum Werk Georg Maurers. Halle (Saale) 1973, S. 315–338.
Ders. (Hg.): Bleib ich, was ich bin? Teufelswort Gotteswort. Zum Werk des Dichters Georg Maurer. Berlin 1998.
Wolf, Gerhard/Maurer, Eva: Bibliographie zum Werk Georg Maurers. In: Ders. (Hg.): Dichtung ist deine Welt. Selbstaussagen und Versuche zum Werk Georg Maurers. Halle (Saale) 1973, S. 343–363.
Zimmering, Max: Und fürchte nicht den Tag. Balladen und andere Verse von gestern und heute. Dresden 1950.
Ders.: Im herben Morgenwind. Ausgewählte Gedichte aus zwei Jahrzehnten. Berlin (Ost) 1953.
Ders.: Vorwort. In: Institut für Literatur (Hg.): Ruf in den Tag. Jahrbuch des Instituts für Literatur »Johannes R. Becher«. Bd. 1, Leipzig 1960, S. 9–16.
ZK der SED: Entschließung vom 26.7.1953. In: Elimar Schubbe (Hg.): Dokumente zur Kunst-, Literatur- und Kulturpolitik der SED. Stuttgart 1972, S. 298.
Zweig, Arnold: Selbstverantwortung unserer freien Schriftsteller. 10. Januar 1956. In: IV. Deutscher Schriftstellerkongreß, Januar 1956. Protokoll, 1. Teil, S. 1–74.
Zwerenz, Gerhard: Der Widerspruch. Autobiographischer Bericht. Frankfurt a. M. 1974.

3.3 Forschungsliteratur

Adams, Katherine H.: A History of Professional Writing Instruction in American Colleges. Years of Acceptance, Growth and Doubt. Dallas 1993.
Adorno, Theodor W.: Ästhetische Theorie. Frankfurt a. M. 1970.
Agde, Günter: Ende des Aufbruchs. Ein übersehenes Opfer des Kahlschlag-Plenums 1965: Der Roman *Sternschnuppenwünsche* von Gerd Bieker. In: Neues Deutschland, 16.12.2015, S. 14.

Ames, Konstantin: Zwischen Talentförderung und Publikationspolitik. Die Zusammenarbeit des Mitteldeutschen Verlages Halle (Saale) mit dem Institut für Literatur »Johannes R. Becher« in den 60er und 70er Jahren. Magisterarbeit am Institut für Kommunikations- und Medienwissenschaft, Abt. Buchwissenschaft und -wirtschaft der Universität Leipzig 2010 (unveröff.).

Andrä, Helge: Die Geschichte des Literaturinstituts »Johannes R. Becher« von der Gründung bis 1970. Magisterarbeit am Institut für Germanistik der Universität Leipzig. Leipzig 2001 (unveröff.).

Andrejew, Juri: Theoretische Probleme des sozialistischen Realismus. In: Der sozialistische Realismus in der Literatur, von einem Autorenkollektiv unter der Leitung von Harri Jünger. Leipzig 1979, S. 188–216.

Aumüller, Matthias: Ankunftsliteratur. Explikation eines literaturhistorischen Begriffs. In: Wirkendes Wort 61, H. 2, 2011, S. 293–311.

Barck, Karl Heinz: Avantgarde. In: Ders./Martin Frontius/Friedrich Wolfzettel/Burkhart Steinwachs (Hg.): Ästhetische Grundbegriffe. Ein Historisches Wörterbuch in sieben Bänden. Stuttgart 2000–2005. Bd. 1: Absenz – Darstellung. Stuttgart/Weimar 2000, S. 545–577.

Barck, Simone: Das Dekadenz-Verdikt. Zur Konjunktur eines kulturpolitischen »Kampfkonzepts« Ende der 50er bis Mitte der 60er Jahre In: Jürgen Kocka (Hg.): Historische DDR-Forschung. Aufsätze und Studien. Berlin 1993, S. 327–344.

Dies.: Ein Genre wird öffentlich. In: Dies./Martina Langermann/Siegfried Lokatis: »Jedes Buch ein Abenteuer«. Zensur-System und literarische Öffentlichkeiten in der DDR bis Ende der sechziger Jahre. Berlin 1997, S. 285–316.

Barck, Simone/Langermann, Martina/Lokatis, Siegfried: »Jedes Buch ein Abenteuer«. Zensur-System und literarische Öffentlichkeiten in der DDR bis Ende der sechziger Jahre. Berlin 1997.

Barth, Bernd Rainer/Schweizer, Werner/Grimm, Thomas (Hg.): Der Fall Noel Field. 2 Bde., Berlin 2006.

Barthes, Roland: Die Vorbereitung des Romans. Vorlesung am Collège de France 1978–1979 und 1979–1980. Frankfurt a. M. 2008.

Baßler, Moritz: Die kulturpoetische Funktion und das Archiv. Eine literaturwissenschaftliche Text-Kontext-Theorie. Tübingen 2005.

Becker, Maja-Maria: »Was hat das mit sozialistischer Lyrik zu tun?« Die Bedeutung der Lyrik am Institut für Literatur »Johannes R. Becher« in der Ära Maurer. In: Zeitschrift für Germanistik, 2016, NF XXVI. Jg., H. 3, S. 549–566.

Berbig, Roland/Karlson, Holger Jens: »Leute haben sich als Gruppe erwiesen.« Zur Gruppenbildung bei Wolf Biermanns Ausbürgerung: In: Roland Berbig/Arne Born/Jörg Judersleben/Holger Jens Karlson/Dorit Krusche/Christoph Martinkat (Hg.): In Sachen Biermann. Protokolle, Berichte und Briefe zu den Folgen einer Ausbürgerung. Berlin 1994, S. 11–28.

Berendse, Gerrit-Jan: Die »Sächsische Dichterschule«. Lyrik in der DDR der sechziger und siebziger Jahre. Frankfurt a. M./Bern/New York/Paris 1990.

Best, Otto F.: Gegenwartsliteratur in der BRD, Österreich, Schweiz und in der DDR (von 1945 bis zu den 80er Jahren). In: Ehrhard Bahr (Hg.): Geschichte der deutschen Literatur. Kontinuität und Veränderung. Bd. 3: Vom Realismus bis zur Gegenwartsliteratur. Tübingen 1988, S. 433–539.

Bilke, Jörg Bernhardt: Der Wismut-Roman blieb ungedruckt. Zu Werner Bräunigs 70. Geburtstag. In: Deutschlandarchiv, 2004, Jg. 37, H. 2, S. 264–269.

Ders.: Die Berliner Mauer und die Literatur. In: Der Stacheldraht. Für Freiheit, Recht und Demokratie. Hg. von der Union der Opferverbände Kommunistischer Gewaltherrschaft e. V. (UOKG) und dem BSV-Förderverein für Beratungen e. V., Nr. 5/2013, S. 9–10.

Bircken, Margrid/Hartinger, Christel (Hg.): Petzow – Villa der Worte. Das Schriftstellerheim in Erinnerungen und Gedichten. Berlin 2016.

Blamberger, Günter: Das Geheimnis des Schöpferischen oder: Ingenium est Ineffabile? Stuttgart 1991.

Bogdal, Klaus-Michael: Alles nach Plan, alles im Griff. Der diskursive Raum der DDR-Literatur in den fünfziger Jahren. In: Georg Mein/Markus Rieger-Ladich (Hg.): Soziale Räume und kulturelle Praktiken. Über den strategischen Gebrauch von Medien. Bielefeld 2004, S. 123–148.

Bönisch, Georg/Neumann, Conny: »Bist du verrückt?« In: Der Spiegel 32/2002, S. 64–66.

Bosse, Heinrich: Dichter kann man nicht bilden. Zur Veränderung der Schulrhetorik nach 1770. In: Jahrbuch für internationale Germanistik, Jahrgang 10, H. 1, 1978, S. 80–125.

Bothe, Katrin: Kreatives Schreiben. In: Ulla Fix/Andreas Gardt/Joachim Knape (Hg.): Rhetorik und Stilistik/Rhetoric and Stylistics. Ein internationales Handbuch historischer und systematischer Forschung/An International Handbook of Historical and Systematic Research. Bd. 31, 2. Halbbd., Berlin 2009, S. 2364–2377.

Böthig, Peter: Grammatik einer Landschaft. Literatur aus der DDR in den 80er Jahren. Berlin 1997.

Bourdieu, Pierre: Die Regeln der Kunst. Genese und Struktur des literarischen Feldes. Übersetzt aus dem Französischen von Achim Russer und Bernd Schwibs. Frankfurt a. M. 1999.

Brachmann, Jens: Enteignetes Material. Zitathaftigkeit und narrative Umsetzung in Ingeborg Bachmanns »Malina«. Wiesbaden 1999.

Bratfisch, Rainer: Art. Pannach, Gerulf. In: Helmut Müller-Enbergs, Jan Wielgohs, Dieter Hoffmann/Andreas Herbst/Ingrid Kirschey-Feix (Hg.): Wer war wer in der DDR? Ein Lexikon ostdeutscher Biographien, Bd. 2, M–Z. Berlin 2010, S. 981.

Bräuer, Gerd: Warum Schreiben? Schreiben in den USA. Aspekte, Verbindungen. Tendenzen. Frankfurt a. M. 1996.

Braun, Matthias: Vorbeugende Bearbeitung. Das MfS an den Hochschulen der DDR. In: Deutschland Archiv, 1997, H. 6, S. 912–923.

Ders.: Kulturinsel und Machtinstrument. Die Akademie der Künste, die Partei und die Staatssicherheit. Göttingen 2007.

Bretschneider, Gotthard: Verbotene Kunst. Zum Schicksal des Wismut-Romans »Rummelplatz« von Werner Bräunig u. a. Kunstwerken. Schlema 1998.

Brettschneider, Werner: Zwischen literarischer Autonomie und Staatsdienst. Die Literatur in der DDR. Berlin 1972.

Brockmann, Stephen: Writers' State. Constructing East German Literature, 1945–1959. Rochester/New York 2015, S. 260–278.

Brohm, Holger: Die Koordinaten im Kopf. Gutachterwesen und Literaturkritik in der DDR in den 1960er Jahren. Fallbeispiel Lyrik. Berlin 2001.

Clarke, David: The Institut für Literatur »Johannes R. Becher« from its Founding to its Abwicklung. In: German Studies Review 2006, S. 87–106.

Ders.: Das Institut für Literatur ›Johannes R. Becher‹ und die Autorenausbildung in der DDR. In: Peter Barker/Marc-Dietrich Ohse/Dennis Tate (Hg.): Views from Abroad. Die DDR aus britischer Perspektive. Bielefeld 2007, S. 175–185.

Czech, Oliver/Müller, Gabriele: Sozialistischer Realismus und die DDR-Literaturwissenschaft. Von der Instrumentalisierung bis zum allmählichen Verfall eines Leitbegriffs. In: Heiner Timmermann (Hg.): Das war die DDR. DDR-Forschung im Fadenkreuz von Herrschaft, Außenbeziehungen, Kultur und Souveränität. Münster 2004, S. 592–609.

Dahlke, Birgit: Papierboot. Autorinnen aus der DDR – inoffiziell publiziert. Würzburg 1997.

Decker, Gunnar: 1965. Der kurze Sommer der DDR. München 2015.

Degen, Andreas (Hg.): Reizland DDR. Deutungen und Selbstdeutungen literarischer West-Ost-Migration. Göttingen 2015.

Delianidou, Simela: Transformative, transitäre, transgressive Identitätsmodelle: autothematische Exilliteratur zwischen Moderne und Postmoderne. Würzburg 2010.

Deppe, Jürgen: Literaturinstitut Johannes R. Becher. In: Heinz Ludwig Arnold/ Frauke Meyer-Gosau (Hg.): Literatur in der DDR. Rückblicke. text + kritik Sonderband. München 1991, S. 63–71.

Drenkow, Renate: Kraft- und Spannungsfeld Gegenwart. Zu Günter Görlich. In: Anneliese Löffler (Hg.): ... an seinem Platz geprüft. Gelebtes und Erzähltes bei DDR-Autoren. Halle (Saale) 1979, S. 70–83.

Drescher, Angela: »Aber die Träume, die haben doch Namen«. Der Fall Werner Bräunig. In: Werner Bräunig: Rummelplatz. Berlin 2007, S. 625–674.

Dies.: »Ach, wie geht man von sich selber fort?« Werner Bräunings letzte Jahre. In: Werner Bräuning: Gewöhnliche Leute. Erzählungen, hg. und mit einem Nachwort von Angela Drescher. Berlin 2008, S. 221–250

Dröscher, Barbara: Subjektive Authentizität. Zur Poetik Christa Wolfs zwischen 1964 und 1975. Würzburg 1993.

Eckert, Rainer: Widerstand und Opposition in der DDR. Von den Forschungen zur Geschichte des Nationalsozialismus zur Auseinandersetzung mit der SED-Diktatur. Version: 1.0. In: Docupedia-Zeitgeschichte, 2.12.2013, Docupedia https://docupedia.de/zg/Widerstand_und_Opposition (zuletzt eingesehen am 20.7.2017).

Eichwede, Wolfgang/Plato, Alexander von/Vilímek, Tomáš: Einleitung. In: Alexander von Plato, Tomás Vilímek in Verbindung mit Piotr Filipkowski und Joanna Wawrzyniak: Opposition als Lebensform. Dissidenz in der DDR, der ČSSR und in Polen. Berlin. 2013, S. 15–22.

Elkana, Yehuda: Die Entstehung des Denkens zweiter Ordnung im antiken Griechenland. In: Shmuel N. Eisenstadt (Hg.): Kultur in der Achsenzeit. Frankfurt a. M. 1987, S. 52–88.

Emmerich, Wolfgang: Heinz Czechowski. In: Heinz Ludwig Arnold (Hg.): Kritisches Lexikon zur deutschsprachigen Gegenwartsliteratur. Bd. 3, München 1978, S. 1–10.

Ders.: Kleine Literaturgeschichte der DDR. Darmstadt u. a. 1981.

Ders.: Maurer, Georg. In: Neue Deutsche Biographie. Herausgegeben von der Historischen Kommission bei der Bayerischen Akademie der Wissenschaften. 16. Bd.: Maly-Melanchthon. Berlin 1990, S. 440–441.

Ders.: Für eine andere Wahrnehmung der DDR-Literatur. Neue Kontexte, neue Paradigmen, ein neuer Kanon. In: Klaus Städke, Wolfgang Emmerich: DDR-Literatur und Literaturwissenschaft in der DDR. Zwei kritische Bilanzen. (Materialien und Ergebnisse aus Forschungsprojekten des Institutes. Heft 2: DDR-Literatur und Literaturwissenschaft in der DDR) 1992, S. 15–30.

Ders.: Der ganz persönliche Faschismus. Die Auseinandersetzungen mit der nationalsozialistischen Vergangenheit. In: Ders.: Die andere deutsche Literatur. Aufsätze zur Literatur aus der DDR. Opladen 1994, S. 38–45.

Ders.: Der verlorene Faden. Probleme des Erzählens in den siebziger Jahren. In: Ders.: Die andere deutsche Literatur. Aufsätze zur Literatur aus der DDR. Opladen 1994, S. 46–78.

Ders.: Kleine Literaturgeschichte der DDR. Erweiterte Neuausgabe, Leipzig 1996.

Ders.: Habitus- und Generationsgemeinschaften im literarischen Feld Ostdeutschland – vor und nach der Wende. Ein Versuch, das veränderte literarische Feld mit Bourdieu und Mannheim besser zu verstehen. In: Holger Helbig (Hg.): Weiterschreiben. Zur DDR-Literatur nach dem Ende der DDR. Berlin 2007, S. 269–283.

Müller-Enbergs, Helmut: Gesellschaftlicher Mitarbeiter für Sicherheit (GMS). In: Roger Engelmann/Bernd Florath/Helge Heidemeyer/Daniela Münkel/Arno Polzin/Walter Süß (Hg.): MfS-Lexikon. Begriffe, Personen und Strukturen der Staatssicherheit der DDR. Berlin 2011, S. 101.

Erb, Elke: Vorwort. In: Sascha Anderson/Elke Erb (Hg.): Berührung ist nur eine Randerscheinung. Neue Literatur aus der DDR. Köln 1985, S. 11–17.

Erbe, Günter: Die verfemte Moderne. Die Auseinandersetzung mit dem »Modernismus« in Kulturpolitik Literaturwissenschaft und Literatur der DDR. Opladen 1993.

Ester, Hans/Stekelenburg, Dick von: Gespräch mit Sarah Kirsch. In: Het Duitse Boek. Bd. 9, 2 (1979), S. 100–113.

Faust, Siegmar: Im Gespräch. In: Uta Grundmann/Klaus Michael/Susanna Seufert (Hg.): Revolution im geschlossenen Raum. Die andere Kultur in Leipzig, 1970–1990. Leipzig 2002, S. 106–109.

Ders.: 1968 und kein Ende? In: Glossen. Eine internationale Zeitschrift zu Literatur, Film und Kunst nach 1945, 27/2008, S. 5. http://www2.dickinson.edu/glossen/heft27/1968-27/Siegmar-Faust.html.

Felsner, Kristin: Perspektiven literarischer Geschichtsschreibung: Christa Wolf und Uwe Johnson. Göttingen 2010.

Finck, Almut: Autobiographisches Schreiben nach dem Ende der Autobiographie. Berlin 1999.

Finger, Evelyn: Pechblende. In: Die Zeit vom 3.5.2007, S. 59.

Franke, Konrad: Die Literatur der Deutschen Demokratischen Republik. München/Zürich 1971.

Frings, Matthias: Der letzte Kommunist. Das traumhafte Leben des Ronald M. Schernikau. Berlin 2011.

Gallée, Caroline: Georg Lukács. Seine Stellung und Bedeutung im literarischen Leben der SBZ/DDR 1945–1985. Tübingen 1996.

Gansel, Carsten/Walenski, Tanja (Hg.): Erinnerung als Aufgabe? Dokumentation des II. und III. Schriftstellerkongresses in der DDR 1950 und 1952. Göttingen 2008.

Geipel, Ines/Walther, Joachim: Gesperrte Ablage. Unterdrückte Literaturgeschichte in Ostdeutschland 1945–1989. Düsseldorf 2015.
Geist, Peter: Die wandlose Werkstatt. Versuch, mit der »Sächsischen Dichterschule« literaturhistorisch umzugehen. In: Brigitte Krüger/Helmut Peitsch/Hans-Christian Stillmark (Hg.): Lesarten. Beiträge zur Kunst-, Literatur- und Sprachkritik. Berlin 2007, S. 55–76.
Genette, Gérard: Die Erzählung. München 1998.
Gieseke, Jens: »Different Shades of Gray«. Denunziations- und Informantenberichte als Quellen der Alltagsgeschichte des Kommunismus. In: Zeithistorische Forschungen/Studies in Contemporary History, Jg. 7 (2010), H. 2, S. 287–295.
Gießler, Günter: Einige Gedanken zur literarischen Begabung. In: Hans-Georg Mehlhorn (Hg.): Nachdenken über künstlerische Begabungen. Materialien der wissenschaftlich-methodischen Konferenz des Ministeriums für Kultur zur Entwicklung, Diagnose und Förderung künstlerischer Begabungen, Leipzig, am 5.10.1988. Leipzig 1989, S. 51–52.
Ders.: Das Literaturinstitut J.R. Becher und das Kreative Schreiben. In: Wilhelm Gössler/Christoph Hollender (Hg.): Schreiben und Übersetzen. »Theorie allenfalls als Versuch einer Rechenschaft«. Tübingen 1994, S. 131–144.
Giovanopoulos, Anna-Christina: ›Humanistischer Aufschrei‹ oder ›anarchistischer Protest?‹. The East German Reception of Ernest Hemingway, J.D. Salinger, and Jack Kerouac. In: Heike Paul/Katja Kanzler (Hg.): Amerikanische Populärkultur in Deutschland. Case Studies in Cultural Transfer Past and Present. Leipzig 2002, S. 87–109.
Glindemann, Barbara: Creative Writing in England, den USA und Deutschland. Kulturelle Hintergründe, Literaturwissenschaftlicher Kontext, institutioneller Bezug. Frankfurt a. M. 2001.
Görner, Rüdiger: Grenzen, Schwellen, Übergänge. Zur Poetik des Transitorischen. Göttingen 2001.
Greenblatt, Stephen: Verhandlungen mit Shakespeare. Innenansichten der englischen Renaissance. Frankfurt a. M. 1993.
Greiner, Bernhard: Die Literatur der Arbeitswelt in der DDR. Heidelberg 1974.
Groth, Joachim-Rüdiger: Widersprüche. Literatur und Politik in der DDR 1949–1989. Zusammenhänge, Werke, Dokumente. Frankfurt a. M. 1994.
Grünbaum, Robert: Wolf Biermann 1976: Die Ausbürgerung und ihre Folgen. Erfurt 2006.
Grundmann, Uta/Michael, Klaus/Seufert, Susanna (Hg.): Revolution im geschlossenen Raum. Die andere Kultur in Leipzig, 1970–1990. Leipzig 2002.
Harbach, Chad: MFA vs. NYC. America now has two distinct literary cultures. Which one will last? In: N+1. Issue 10. Fall 2010. http://www.slate.com/articles/arts/culturebox/2010/11/mfa_vs_nyc.html (zuletzt eingesehen am 18.8.2017).
Hartinger, Christel/Hartinger, Walfried: Heinz Czechowski. In: Hans Jürgen Geerdts (Hg.): Literatur der Deutschen Demokratischen Republik in Einzeldarstellungen. Bd. 3, Berlin (Ost) 1987, S. 15–38.
Hartinger, Walfried: Nachwort. In: Ders./Christel Hartinger/Eva Maurer (Hg.): Georg Maurer. Werke in zwei Bänden. Bd. 2, Halle (Saale)/Leipzig 1987, S. 493–507.
Haslinger, Josef: Deutsches Literaturinstitut Leipzig. In: Geschichte der Universität Leipzig 1409–2009. Bd. 4: Fakultäten, Institute, Zentrale Einrichtungen,

2. Halbbd., Leipzig 2009, S. 1542–1570. Erneut erschienen als: Haslinger, Josef: Greif zur Feder, Kumpel! Das Institut für Literatur Johannes R. Becher (1955–1993). Zeitschrift für Germanistik, NF XX. Jg., H. 3, S. 583–598.

Haslinger, Josef/Treichel, Hans-Ulrich (Hg.): Wie werde ich ein verdammt guter Schriftsteller? Frankfurt a. M. 2005.

Heider, Magdalena: Politik – Kultur – Kulturbund. Zur Gründungs- und Frühgeschichte des Kulturbundes zur demokratischen Erneuerung Deutschlands 1945–1954 in der SBZ/DDR. Köln 1993.

Helmut Richter: Die Kleinste Hochschule der Welt. In: Christian Hintze/Dagmar Travner (Hg.): Über die Lehr- und Lernbarkeit von Literatur. Wien 1993, S. 95–110.

Hempel, Leon: Die agonale Dynamik des lyrischen Terrains. Herausbildung und Grenzen des literarischen Feldes der DDR. In: Ute Wölfel (Hg.): Literarisches Feld DDR. Bedingungen und Formen literarischer Produktion in der DDR. Würzburg 2005, S. 13–29.

Ders.: Maurer, Georg. In: Michael Opitz/Manfred Hofmann (Hg.): Metzler Lexikon DDR-Literatur. Stuttgart/Weimar 2009, S. 217–218.

Henning, Eckart: Selbstzeugnisse. Quellenwert und Quellenkritik. Berlin 2012.

Hilmer, Tobias: Literaturpolitik in der DDR zwischen 1953 und 1957. Die Gründung des Instituts für Literatur in Leipzig. Magisterarbeit. Institut für Geschichte, TU Berlin. Berlin 2004 (unveröff.).

Hilton, Ian: Heinz Czechowski. The Darkened Face of Nature. In: Arthur Williams/Stuart Parkes/Roland Smith (Hg.): German Literature at a Time of Change 1989–1990. German Unity and German Identity in Literary Perspective. Bern 1991, S. 401–412.

Hintze, Christian/Travner, Dagmar: Über die Lehr- und Lernbarkeit von Literatur. Wien 1993.

Hirdina, Karin: Debatten um Politik und Kunst. In: Heinz Ludwig Arnold (Hg.): Literatur in der DDR. Rückblicke. text + kritik Sonderband. München 1991, S. 85–92.

Hobsbawm, Eric: Das lange 19. Jahrhundert. Europäische Revolution, Die Blütezeit des Kapitals, Das imperiale Zeitalter. Darmstadt 2017.

Huberth, Franz: Aufklärung zwischen den Zeilen. Stasi als Thema in der Literatur. Köln/Weimar/Wien 2003.

Ihmel-Tuchel, Beate: Die SED und die Schriftsteller 1946–1956. In: Aus Politik und Zeitgeschichte. 13/2000, S. 3–10.

Jackisch, Holger: Nach Art unseres Landes. Eine Schule für Schriftsteller. Beitrag für den MDR. http://www.mdr.de/damals/archiv/literatinstiut-nach-art-un seres-landes100.html (zuletzt eingesehen am 28.8.2017).

Jäger, Georg: Experimentell. In: Klaus Weimar (Hg.): Reallexikon der deutschen Literaturwissenschaft. Bd. 1, Berlin 1997, S. 546–547.

Jäger, Manfred: Das Ende einer Kulturpolitik. Die Fälle Kunze und Biermann. In: Deutschland-Archiv 12, 1976, S. 1233–1239.

Ders.: Die Gegenwartsreportage in der DDR als literarisch-publizistische Gebrauchsform. In: Raoul Hübner/Eberhard Schütz (Hg.): Literatur als Praxis? Aktualität und Tradition operativen Schreibens. Opladen 1976, S. 96–122.

Ders.: »Wem schreibe ich?« Adressen und Botschaften in Gedichten jüngerer Autoren aus der DDR. In: Heinz Ludwig Arnold (Hg.): Die andere Sprache.

Neue DDR-Literatur der 80er Jahre. text + kritik Sonderband. München 1990, S. 61–71.
Ders.: Kultur und Politik in der DDR. Köln 1994.
Jentzsch, Bernd: Der Akademie-Abend. Bericht und Belichtung. 11. Dezember 1962. Euskirchen 2009.
Judt, Matthias: DDR-Geschichte in Dokumenten. Beschlüsse, Berichte, interne Materialien und Alltagszeugnisse. Berlin 2013.
Kaiser, Paul/Petzold, Claudia: Boheme und Diktatur in der DDR. Gruppen, Konflikte, Quartiere 1970–1989, Berlin 1997.
Kessler, Florian: Lassen Sie mich durch, ich bin Arztsohn! In: Zeit Online, 23.1.2014. http://www.zeit.de/2014/04/deutsche-gegenwartsliteratur-brav-kon formistisch (zuletzt eingesehen am 28.8.2017).
Kind-Kovács, Friederike/Labov, Jessi: (Hg.): Samizdat, Tamizdat, and Beyond. Transnational Media During and After Socialism. New York 2013.
Kirchenwitz, Lutz: Folk, Chanson und Liedermacher in der DDR. Chronisten, Kritiker, Kaisergeburtstagssänger. Berlin 1993.
Kirsten, Wulf: Die Stadt als Text. In: Heinz Czechowski: Auf eine im Feuer versunkene Stadt. Halle (Saale) 1990, S. 143–148.
Köhler, Astrid: Klaus Schlesinger, Die Biographie. Berlin 2011.
Köpp, Franka/Lampe, Roland/Wolf, Sabine: Lebenslauf. In: Dies.: Georg Maurer 1907–1971, Berlin/Brandenburg 2002, S. 13–15.
Korall, Harald: Der Fall W[erner] B[räunig] – Späte Bilder zu einer Legende. In: Argonautenschiff. Jahrbuch der Anna-Seghers-Gesellschaft Berlin und Mainz e. V., 2006, H. 15, S. 163–174.
Korte, Hermann: Zurückgekehrt in den Raum der Gedichte. Deutschsprachige Lyrik der 1990er Jahre. Berlin 2004.
Kostka, Jan: Das journalistische und literarische Werk von Klaus Schlesinger 1960 bis 1980. Kontext, Entstehung und Rezeption. Berlin 2015.
Krause, Christian: Nowotny, Joachim. In: Helmut Müller-Enbergs/Jan Wielgohs, Dieter Hoffmann/Andreas Herbst/Ingrid Kirschey-Feix (Hg.): Wer war wer in der DDR? Ein Lexikon ostdeutscher Biographien. Bd. 2, M–Z. Berlin 2010, S. 961.
Krenzlin, Leonore: Vom Jugendkommuniquée zur Dichterschelte. In: Günter Agde (Hg.): Kahlschlag. Das 11. Plenum des ZK der SED 1965. Studien und Dokumente. Berlin 1991, S. 148–158.
Dies.: Soziale Umschulung und neuer Lebensstil. Der »Bitterfelder Weg« und ein Blick auf Brigitte Reimann. In: Evamarie Badstübner (Hg.): Befremdlich anders. Leben in der DDR. Berlin 2000, S. 539–551.
Krüss, James: Die kleinen Pferde heißen Fohlen. Hamburg 1962.
Laabs, Hans-Joachim u. a. (Hg.): Pädagogisches Wörterbuch. Berlin (Ost) 1987.
Labroisse, Gerd/Wallace, Ian (Hg.): DDR-Schriftsteller sprechen in der Zeit. Eine Dokumentation (German Monitor No. 27) Amsterdam/Atlanta 1991.
Lange-Müller, Katja: Schreiben ist manchmal wie zivilisiertes Kotzen. In: Kritische Ausgabe, Nr. 2006/07, S. 75–81.
Langermann, Martina: Öffentlichkeit als gesellschaftlicher ›Lektor‹ und die Steuerung von Lesarten. In: Simone Barck/Dies./Siegfried Lokatis: »Jedes Buch ein Abenteuer«. Zensur-System und literarische Öffentlichkeiten in der DDR bis Ende der sechziger Jahre. Berlin 1997, S. 316–345.

Dies.: Rummel um den *Rummelplatz* von Werner Bräunig. In: Simone Barck/ Dies./ Siegfried Lokatis: »Jedes Buch ein Abenteuer«. Zensur-System und literarische Öffentlichkeiten in der DDR bis Ende der sechziger Jahre. Berlin 1997, S. 319–331.

Lehmann, Günther: Lebenslauf. In: http://research.uni-leipzig.de/agintern/CPL/ PDF/Lehmann_GuentherK.pdf (zuletzt eingesehen am 28.8.2017).

Lehmann, Joachim: Vom ›gesunden Volksempfinden‹ zur Utopie. Literaturkritik der DDR im Spannungsfeld von Zensur und Literatur. In: Heinz Ludwig Arnold/Frauke Meyer-Gosau (Hg.): Literatur in der DDR. Rückblicke. text + kritik Sonderband. München 1991, S. 117–126.

Lehn, Isabelle/Macht, Sascha/Katja Stopka: Das Institut für Literatur »Johannes R. Becher«, Leipzig (1955–1993). Literarische Schreibprozesse im Spannungsfeld von kulturpolitischer Vereinnahmung, pädagogischem Experimentieren und poetischem Eigensinn. In: Denkströme. Das Journal der Sächsischen Akademie der Wissenschaften (14) 2015, H. 2, S. 77–104.

Dies.: Das Institut für Literatur »Johannes R. Becher«. Eine Institution im Wandel von vier Dekaden DDR-Literaturgeschichtet. In: Zeitschrift für Germanistik (Schwerpunktthema), NF XXVI (2016), H. 3.

Leistner, Bernd: Auskunft zum Leipziger Literaturinstitut. In: Publizistik und Kunst, 1991/4, S. 26.

Lentz, Michael: Schreiben lernen? Haben andere nicht nötig! In: Josef Haslinger/ Hans-Ulrich Treichel (Hg.): Schreiben lernen, Schreiben lehren. Frankfurt a. M. 2006, S. 30–46.

Lessing, Wolfgang: ›Dienstag hab ich Hauptfach, muss noch viehisch rabotten …‹ Anmerkungen zur Lernkultur in den Spezialschulen für Musik der DDR. Manuskript zum Vortrag, gehalten am 11.10.2013 an der Hochschule für Musik und Theater Rostock.

Löffler, Dietrich: Buch und Lesen in der DDR. Ein literatursoziologischer Rückblick. Bonn 2011.

Lohse, Karen: Schattenwelten. Romantische Montan-Diskurse als Medien der Reflexion über Arbeit in der DDR(-Literatur). Hilbig. Fühmann. Bräunig. Marburg 2010.

Lokatis, Siegfried: Otto Gotsches Konferenz und der Bitterfelder Weg (1959). In: Simone Barck/Martina Langermann/Ders.: »Jedes Buch ein Abenteuer«. Zensur-System und literarische Öffentlichkeiten in der DDR bis Ende der sechziger Jahre. Berlin 1998, S. 140–155.

Ders.: Volk und Welt. Ökonomische Probleme eines DDR-Verlags, In: Heiner Timmermann (Hg.): Die DDR in Europa – zwischen Isolation und Öffnung. Münster 2005, S. 528–537.

Ders.: »DDR-Literatur« aus der Schweiz, aus Österreich und der Bundesrepublik. Das Germanistik-Lektorat von Volk und Welt. In: Monika Estermann/Edgar Lersch (Hg.): Deutsch-Deutscher Literaturaustausch in den 70er Jahren. Wiesbaden 2006, S. 42–70.

Mabee, Barbara: Die Poetik von Sarah Kirsch. Erinnerungsarbeit und Geschichtsbewusstsein. Amsterdam u. a. 1989.

Magenau, Jörg: Guten Abend, Du Schöne. Tagesspiegel vom 21.7.2013.

Mählert, Ulrich: Kleine Geschichte der DDR. 4. Aufl., München 2004.

Mandelkow, Karl Robert: Die literarische und kulturpolitische Bedeutung des Erbes. In: Hansers Sozialgeschichte der deutschen Literatur vom 16. Jahrhundert bis zur Gegenwart. Bd. 11, München/Wien 1983, S. 78–119.

Masters, Edgar Lee: Spoon River Anthology. St. Louis 1915.

McGurl, Mark: The Program Era. Postwar Fiction and the Rise of Creative Writing. Harvard 2009.

Mehlhorn, Gerlinde/Mehlhorn, Hans-Georg: Man wird nicht als Genie geboren. Ein Plädoyer für die Begabungsentwicklung. Berlin (Ost) 1987.

Micke, Marina: ›Wechselschritt zwischen Anpassung und aufrechtem Gang‹. Negotiating the Tensions between Literary Ambition and Political Constraints at the Institut für Literatur ›Johannes R. Becher‹ Leipzig (1950–1990). Manchester 2015. https://www.research.manchester.ac.uk/portal/files/54578774/FULL_TEXT.PDF (zuletzt eingesehen am 28.8.2017).

Micke, Marina/Philpotts, Mathew: Irreconcilable Differences: The Troubled Founding of the Leipzig Institute for Literature. In: Oxford German Studies 2014, H. 1, S. 5–19.

Mittenzwei, Werner: Der Realismusstreit um Brecht. Berlin/Weimar 1978.

Mix, York-Gothart: Avantgarde, Retrograde? Selbst- und Fremdbilder in der unabhängigen Literaturszene in der DDR. In: Ders./Markus Joch/Norbert Christian Wolf (Hg.): Autonomie, Markt und Aufmerksamkeit um 2000. Aktuelle Medialisierungsstrategien im Literatur- und Kulturbetrieb. Tübingen 2009, S. 123–138.

Müller, Jan-Dirk (Hg.): Reallexikon der deutschen Literaturwissenschaft, Bd. 3, P–Z. Berlin 2003.

Müller-Funk, Wolfgang: Erfahrung und Experiment. Studien zu Theorie und Geschichte des Essayismus. Berlin 1995.

Opitz, Michael/Hofmann, Michael (Hg.): Metzler Lexikon DDR-Literatur. Stuttgart 2009.

Pailhès, Anne-Marie: Die Debatte um die Lehrbarkeit des Schriftstellerberufs in der DDR. Alfred Kurellas Rede zur Eröffnung des Instituts für Literatur in Leipzig am 30. Juli 1955. In: Themenportal Europäische Geschichte, 2014, www.europa.clio-online.de/essay/id/artikel-3772, S. 1–6 (zuletzt eingesehen am 28.8.2017).

Peitsch, Helmut: Vom Faschismus zum Kalten Krieg – auch eine deutsche Literaturgeschchte. Literaturverhältnisse, Genres, Themen. Berlin 1996.

Ders.: Nachkriegsliteratur 1945–1989. Göttingen 2009.

Ders.: Die Vorgeschichte der ›Brecht-Lukács-Debatte‹. Die Spesen zu Brechts ›Sieg‹. In: Internationales Archiv für Sozialgeschichte der deutschen Literatur (IASL), Juni 2014, Bd. 39, H. 1, S. 89–121.

Pietraß, Richard: Dichterleben. Steckbriefe und Kusshände. Warmbronn 2016.

Pike, David: The Politics of Culture in Soviet-Occupied Germany 1945–1949. California 1992.

Pohlmann, Tom: License to kill. *Der Schreitbagger*. Notizen zu einem Gedicht von Georg Maurer. In: Gerhard Wolf (Hg.): Bleib ich, was ich bin? Teufelswort Gotteswort. Zum Werk des Dichters Georg Maurer. Berlin 1998, S. 77–78.

Porombka, Stephan: Das neue Kreative Schreiben. In: German as Foreign Language (GFL), 2009, H. 2, S. 167–193.

Potapov, Anatolij: Moskau: Das Gorki-Literaturinstitut. In: Christian Hintze/Dagmar Travner (Hg.): Über die Lehr- und Lernbarkeit von Literatur. Wien 1993, S. S. 77–93.

Pross, Caroline: Dekadenz. Studien zu einer großen Erzählung der frühen Moderne. Göttingen 2013.
Ramey, Lauri: Creative Writing and Critical Theory. In: Steven Earnshaw (Hg.): The Handbook of Creative Writing. Edinburgh 2007, S. 42–53.
Rathmann, Thomas/Wegmann, Nikolaus: Ad Fontes – Bona Fides. In: Dies. (Hg.): »Quelle«. Zwischen Ursprung und Konstrukt. Ein Leitbegriff in der Diskussion, Berlin 2004, 12–39.
Rheinberger, Hans-Jörg: Experiment, Differenz, Schrift. Zur Geschichte epistemischer Dinge. Marburg a. d. Lahn 1992.
Ders.: Man weiss nicht genau, was man nicht weiss. Über die Kunst, das Unbekannte zu erforschen. NZZ, 5.5.2007.
Richter, Helmut: Institut für Literatur »Johannes R. Becher«. Zum 50. Jahrestag der Gründung am 30. September 2005. In: Rektor der Universität Leipzig (Hg.): Jubiläen 2005. Personen, Ereignisse. Leipzig 2005, S. 69–74.
Riedel, Harry: Max Zimmering. In: Hans Jürgen Geerdts (Hg.): Literatur der DDR in Einzeldarstellungen. Stuttgart 1972, S. 113–129.
Rothbauer, Gerhard: Creative reading: Ein Leipziger Lehrbeispiel. In: Walter Grünzweig (Hg.): The United States in Global Contexts. American Studies after 9/11 and Iraq. Münster 2004, S. 128.
Rothfels, Hans: Zeitgeschichte als Aufgabe. In: Vierteljahreshefte für Zeitgeschichte (1) 1951, H. 1 S. 1–8.
Rotta, Linde: Die Schulbank der roten Dichter. Das Leipziger Literaturinstitut. Hörfunkfeature. Deutschlandfunk, 22.2.2005.
Rühm, Gerhard: über die lehrbarkeit von literatur. In: Christian Hintze/Dagmar Travner (Hg.): Über die Lehr- und Lernbarkeit von Literatur. Wien 1993, S. 27–30.
Rüther, Günter: Greif zur Feder Kumpel. Schriftsteller, Literatur und Politik in der DDR 1949–1990. Düsseldorf 1999.
Saadhoff, Jens: Germanistik in der DDR. Literaturwissenschaft zwischen »gesellschaftlichem Auftrag« und disziplinärer Eigenlogik. Heidelberg 2007.
Sabrow, Martin: Der Konkurs der Konsensdiktatur. Überlegungen zum inneren Zerfall der DDR aus kulturgeschichtlicher Perspektive. In: Konrad Jarausch/Ders.: Der Weg in den Untergang. Göttingen 1999, S. 83–116.
Sachs, Heinz: Nachwort. In: Ders. (Hg.): Werner Bräunig. Ein Kranich am Himmel. Unbekanntes und Bekanntes. Halle (Saale) 1981, S. 467–477.
Saul, Nicholas/Steuer, Daniel/Möbus, Frank/Illner, Birgit (Hg.): Schwellen. Germanistische Erkundungen einer Metapher. Würzburg 1999.
Schaad, Martin: Die fabelhaften Bekenntnisse des Alfred Kurella. Eine biographische Spurensuche. Hamburg 2014.
Schachinger, Marlen: Werdegang. Varianten der Aus- und Weiterbildung von Autor/innen. Frankfurt a. M. 2014.
Scharfschwerdt, Jürgen: Werther in der DDR. Bürgerliches Erbe zwischen Sozialistischer Kulturpolitik und gesellschaftlicher Realität. In: Fritz Martini/Walter Müller-Seidel/Bernhard Zeller (Hg.): Jahrbuch der Deutschen Schillergesellschaft 22. Stuttgart 1978, S. 235–276.
Scherner, Erhard: »Junger Etrusker erteilt Unterricht«. Eine Erinnerung an Alfred Kurella (1895–1975). In: Utopie kreativ, Juli/August 2007, Heft 201/202, S. 657–673.

Schiller, Dieter: Der Traum von Hitlers Sturz. Studien zur deutschen Exilliteratur 1933–1945. Frankfurt a. M. 2011.
Schittly, Dagmar: Zwischen Regie und Regime. Die Filmpolitik der SED im Spiegel der DEFA-Produktionen. Berlin 2002.
Schmidt, Claudia: Rückzüge und Aufbrüche zur DDR-Literatur in der Gorbatschow-Ära. Frankfurt a. M. 1995.
Schmidt, Jochen: Die Geschichte des Genie-Gedankens in der deutschen Literatur, Philosophie und Politik 1750–1945. Bd. 1: Von der Aufklärung bis zum Idealismus. Darmstadt 1985.
Schmieder, Falko: ›Experimentalsysteme‹ in Wissenschaft und Literatur. In: Michael Gamper (Hg.): Experiment und Literatur. Themen, Methoden, Theorien. Göttingen 2010, S. 17–39.
Schmitt, Hans-Jürgen: Die Expressionismusdebatte. Materialien zu einer marxistischen Realismuskonzeption. Frankfurt a. M. 1973.
Schneider, Ulrike: »Uns interessierten im Grunde nur die Menschen«. Utopie und Wirklichkeit der sozialistischen Gesellschaft. Maxi und Fred Wanders Leben in und ihre Deutungen der DDR. In: Margrid Bircken/Andreas Degen (Hg.): Reizland DDR. Deutungen und Selbstdeutungen literarischer West-Ost-Migration. Göttingen 2015, S. 193–212.
Schreyer, Wolfgang: Ahrenshooper Begegnungen. Ein Haus am Meer und seine Gäste, o. O.
Schröder, Jürgen: Sozialistischer Sturm und Drang. In: Wilfried Barner (Hg.): Geschichte der deutschen Literatur von 1945 bis zur Gegenwart. 2., erw. Aufl., München 2006, S. 321–340.
Schulz, Dagmar: Zum Leistungsprinzip in der DDR. Politische und pädagogische Studien. Köln 1998.
Schütz, Laura: »ein ddrbürger der einen westberliner spielt der einen ddrbürger spielt«. Über die ästhetischen und politischen Grenzgänge von Ronald M. Schernikau. In: Margrid Bircken, Andreas Degen (Hg.): Reizland DDR. Deutungen und Selbstdeutungen literarischer West-Ost-Migration. Göttingen 2015, S. 363–378.
Serke, Jürgen: Heinz Czechowski – Gefangen in den Ruinen des Anfangs. In: Ders.: Zu Hause im Exil. Dichter, die eigenmächtig blieben in der DDR. München 1998, S. 187–215.
Ders.: Thomas Rosenlöcher: Im Schutzbereich der Engel. In: Ders.: Zu Hause im Exil. Dichter, die eigenmächtig blieben in der DDR. München 1998, S. 353–377.
Sontag, Susan: Notes on Camp (1964). In: Dies.: Against Interpretation. And other Essays. New York 1990, S. 275–292.
Stadt Leipzig (Hg.): Georg Maurer (1907–1971): »Ach, das einfachste Wort gib mir ein ...« Georg Maurer im Dialog. Leipzig 1997.
Steinert, Hajo: Gäbe es bessere Bücher, wenn Schriftsteller ausgebildet würden? Die Perspektive der Literaturverwerter. In: Ministerium für Schule und Weiterbildung, Wissenschaft Nordrhein-Westfahlen (Hg.): Studienziel: Dichter. Ist literarisches Schreiben lehrbar? Düsseldorf 1998, S. 51–53.
Steinlein, Rüdiger/Strobel, Heidi/Kramer, Thomas (Hg.): Handbuch zur Kinder- und Jugendliteratur. SBZ/DDR. Von 1945 bis 1990. Stuttgart 2005.
Stopka, Katja: Eine Insel der Seligen? Das Institut für Literatur ›Johannes R. Becher‹ im Archipel der DDR-Literaturszene der 1980er Jahre. In: Michael Ostheimer/

Sabine Zubarik (Hg.): Inseln und Insularitäten. Ästhetisierungen von Heterochronie und Chronotopie seit 1960. Hannover 2016, S. 211–229.

Dies.: Halbfabrikate. DDR-Literatur der 1970er Jahre im Zeichen ästhetischer Intermedialisierung. In: Kathrin Max (Hg.): Tendenzen und Perspektiven der gegenwärtigen DDR-Literatur-Forschung. Würzburg 2016, S. 143–160.

Dies.: »wir sind nicht vorbildlich, wie es an der Wandzeitung heißt«. Kinder- und JugendbuchautorInnen der DDR als Studierende am Institut für Literatur *Johannes R. Becher*. In: kjl&m. forschung. schule. bibliothek, (68) 2016, Heft 4, S. 73–83.

Dies.: »leipzig ist die glücklichste zeit.« Ronald M. Schernikau am Institut für Literatur ›Johannes R. Becher‹ (1986–1989). In: Helmut Peitsch/Helen Thein (Hg.): Lieben, was es nicht gibt. Literatur, Pop und Politik bei Ronald M. Schernikau. Berlin 2017, S. 249–276.

Straube, Robert: Veränderte Landschaften. Landschaftsbilder in Lyrik aus der DDR. Bielefeld 2016.

Streller, Siegfried: Das Bild des neuen Menschen. Bemerkungen zu Werner Bräunigs Erzählung ›Weil dich das Leben braucht‹ / Aus einem Vortrag von Dr. Siegfried Streller, Institut für Deutsche Literaturgeschichte. In: Universitätszeitung. Organ der SED-Parteileitung der Karl-Marx-Universität vom 16.5.1961, Nr. 20., 5. Jg., S. 6.

Stüssel, Kerstin: In Vertretung. Literarische Mitschriften von Bürokratie zwischen früher Neuzeit und Gegenwart. Tübingen 2004.

Swander, Mary/Leahy, Anna/Cantrell, Mary: Theories of Creativity and Creative Writing Pedagogy. In: Steven Earnshaw (Hg.): The Handbook of Creative Writing. Edinburgh 2007, S. 11–23.

Ther, Philipp: Deutsche und polnische Vertriebene. Gesellschaft und Vertriebenenpolitik in der SBZ/DDR und in Polen 1945–1956. Göttingen 1998.

Thulin, Michael: Sprache und Sprachkritik. Die Literatur des Prenzlauer Bergs in Berlin/DDR. In: Heinz Ludwig Arnold (Hg.): Die andere Sprache. Neue DDR-Literatur der 80er Jahre. text + kritik Sonderband. München 1990, S. 234–243.

Tommek, Heribert: Der lange Weg in die Gegenwartsliteratur. Studien zur Geschichte des literarischen Feldes in Deutschland von 1960 bis 2000. Berlin 2015.

Treichel, Hans-Ulrich: Ein Wort, geflissentlich gemieden. Dekadenz und Formalismus am Institut für Literatur »Johannes R. Becher«. In: Zeitschrift für Germanistik, 2016, NF XXVI. Jg., H. 3, S. 530–548.

Ueding, Gert/Steinbrink, Bernd: Grundriß der Rhetorik. Geschichte, Technik, Methode. 3. Aufl., Stuttgart 1994.

Visser, Anthonya: Blumen ins Eis. Lyrische und literaturkritische Innovationen in der DDR zum kommunikativen Spannungsfeld ab Mitte der 60er Jahre. Amsterdam 1994.

Wagener, Hans: Sarah Kirsch. Berlin 1989.

Walther, Joachim: Sicherungsbereich Literatur. Schriftsteller und Staatssicherheit in der Deutschen Demokratischen Republik. Berlin 1996.

Weber, Ronald: Peter Hacks, Heiner Müller und das antagonistische Drama des Sozialismus. Ein Streit im literarischen Feld der DDR. Berlin 2015.

Weimann, Robert: Realität und Realismus. Über Kunst und Theorie in dieser Zeit. In: Sinn und Form, 1984, Heft 5, S. 924–951.

Wenzke, Rüdiger: Zwischen Bestenabzeichen und Armeeknast. Wahrnehmungen und Forschung zum Innenleben der DDR-Volksarmee. In: Hans Ehlert/ Matthias Rogg (Hg.): Militär, Staat und Gesellschaft in der DDR. Berlin 2004, S. 497–530.
Ders.: Ulbrichts Soldaten. Die Nationale Volksarmee 1956 bis 1971. Hg. von Militärgeschichtlichen Forschungsamt. Berlin 2013.
Wölfel, Ute (Hg.): Literarisches Feld DDR. Bedingungen und Formen literarischer Produktionen in der DDR. Würzburg 2005.
Young, Edward: Gedanken über die Original-Werke. Aus d. Engl. von H. E. von Teubern, Faksimile-Druck der dt. Ausgabe von 1760. Heidelberg 1977.
Zimmermann, Peter: Industrieliteratur der DDR. Vom Helden der Arbeit zum Planer und Leiter. Stuttgart 1984.
Zöllner, Juliane: Zur Schriftkultur am Institut für Literatur »Johannes R. Becher«. Eine Lektüre ausgewählter Absolventenarbeiten aus dem Direktstudienjahrgang 1976–1979. In: Zeitschrift für Germanistik, 2016, NF XXVI. Jg., H. 3, S. 567–582.

Dank

Die Ergebnisse unseres Forschungsprojekts wären ohne die Förderung des Sächsischen Staatsministeriums für Wissenschaft und Kunst (SMWK) und damit verbunden der Sächsischen Akademie der Wissenschaften zu Leipzig (SAW) sowie der Deutschen Forschungsgemeinschaft (DFG) nicht zustande gekommen. Das SMWK hat das am Deutschen Literaturinstitut Leipzig (DLL) situierte Forschungsprojekt von Februar 2013 bis Dezember 2014 mit einer Anschubförderung finanziell unterstützt. Ein Folgeantrag bei der DFG wurde positiv bewilligt, so dass das Projekt von Januar 2015 bis März 2017 fortgesetzt und zum Abschluss gebracht werden konnte. Für die Anerkennung unseres wissenschaftlichen Vorhabens wie für dessen finanzielle Förderung danken wir dem SMWK und der DFG ausdrücklich.

Gleichfalls haben wir den Archiven zu danken, in deren Räumen und mit deren Quellen und Dokumenten wir arbeiten durften. Zuallerst geht unser Dank an die Mitarbeiterinnen und Mitarbeiter des Sächsischen Staatsarchivs in Leipzig, die uns stets kompetent wie informiert und zudem mit ausgesprochener Freundlichkeit den Archivbestand des Becher-Instituts zur Verfügung gestellt haben. Nicht minder danken wir den Mitarbeiterinnen und Mitarbeitern des Archivs der Akademie der Künste in Berlin, mit deren Unterstützung wir wichtige Einblicke in zahlreiche Nachlässe von Personen erhielten, die mit dem IfL in Verbindung standen. Zudem gilt unser Dank den Mitarbeiterinnen und Mitarbeitern der Behörde des BStU, hier insbesondere Ulrike Wilkens von der Außenstelle Leipzig, die uns einen umfangreichen Aktenkorpus aus den ehemaligen Archiven des MfS mit Blick auf die geheimpolizeilichen Untersuchungsmaßnahmen am IfL zusammengestellt hat. Außerdem möchten wir Thomas Keck für die Einsicht in den Nachlass von Ronald M. Schernikau danken, der mittlerweile in den Bestand des Archivs der Akademie der Künste Berlin übergegangen ist, aber zur Zeit unserer Recherche noch in den Räumen des Sigma-Verlags untergebracht war und von Thomas Keck verwaltet wurde. Zu Dank verpflichtet sind wir unseren Kolleginnen und Hilfskräften, die – gleichfalls vom SMWK und der DFG finanziert – uns in dem Forschungsprojekt über den Verlauf von knapp vier Jahren unterstützt haben. An erster Stelle danken wir Maja-Maria Becker und

Juliane Zöllner, die an der für die Ergebnisse der Studie äußerst relevanten Datenbank der Abschlussarbeiten gearbeitet haben und dafür die nicht immer erfreuliche Lektüre von Hunderten Abschlussarbeiten des Becher-Instituts auf sich nehmen mussten. Des Weiteren sei ihnen, aber auch Esther Becker, Özlem Dündar und Domenico Müllensiefen für Recherche- und Kopierarbeiten und das mühsame Geschäft der Transkription der Interviews gedankt. Gleichfalls geht unser Dank an Lieven Ebeling für die technische Herstellung der Datenbank, mit der sich wunderbar arbeiten, vergleichen und auf die Abschlussarbeiten des IfL zugreifen lässt.

Für Hinweise, Anregungen, Unterstützung und Lektüren haben wir folgenden Personen zu danken, die uns über die gesamte Laufzeit des Projekts und der Manuskriptfertigstellung kollegial wie freundschaftlich verbunden waren. Unser ausdrücklicher Dank geht an Hans-Ulrich Treichel, der das Projekt als zuständiger Projektleiter stets begleitet hat und dem wir viele Anregungen und Hinweise verdanken. Weiterhin danken wir Jörn Dege und Claudius Nießen, die uns als Geschäftsführer des DLL bei der Antragstellung und der Verwaltung des Projektetats engagiert unterstützt haben, Bradley Schmidt für Übersetzungsarbeiten, Sascha Kokot für Literaturhinweise und Fotografien, Wolfgang Knape für die Bereitstellung des Fotos für den Buchumschlag und Annelie Ramsbrock für gewinnbringende Rat- und Kürzungsvorschläge. Insbesondere sei Michael Ostheimer für die instruktive Begleitung des Projekts und für seine zahlreichen wertvollen Hinweise gedankt. Außerdem haben wir Erhard Schütz und Brigitte Peters für Anregungen und Unterstützung zu danken. Den Interviewpartnerinnen und -partnern sowie den Gästen unserer Podiumsdiskussion danken wir für die Gespräche, ihre Freundlichkeit und Auskunftsbereitschaft. Ein ganz besonderer Dank gebührt Helmut Peitsch für die kompetente Lektüre des Gesamtmanuskripts. Die Drucklegung des Buches wurde aus Projektmitteln der DFG finanziert, wofür wir uns noch einmal ausdrücklich bei der DFG bedanken möchten. Ebenso gebührt Dank dem Zentrum für Zeithistorische Forschung Potsdam, das uns freundlicherweise einen Druckkostenzuschuss gewährt hat. Nicht zuletzt haben wir Thedel v. Wallmoden, Nikola Medenwald und Philipp Mickat vom Wallstein Verlag zu danken, mit deren kompetenter und freundlicher Unterstützung unser Manuskript erst zu diesem Buch werden konnte.

Personenregister

Abusch, Alexander 32, 34, 38f., 250
Adamek, Heinrich 250
Aehnlich, Kathrin 15, 55, 71f., 474, 490, 492–496, 499f., 511, 513
Ahrndt, Waltraud 256
Albrecht, Friedrich 419
Anders, Peter 244
Anderson, Sascha 125f., 471f.
Anisimo, Roswitha 447, 452f.
Apitz, Bruno 113, 230
Arendt, Erich 329
Artelt, Karl 264f., 372, 374, 396

Baierl, Helmut 113, 118, 137, 144, 146, 158, 172, 179–182, 223
Baldauf, Anita 244
Bambula Díaz, Juliane 425
Barthel, Kurt (Kuba) 12, 118, 167–169, 306, 372
Bartsch, Kurt 16, 246, 253, 298, 395
Bartsch, Rudolf 138, 165, 232
Bauer, Werner 179
Becher, Johannes R. 12f., 31–34, 59, 73, 113, 138, 155, 204, 238, 296, 321, 324f., 359, 365, 398, 559
Becker, Jurek 118, 124
Beier, Dieter 378
Bekier, Erwin 138, 158, 165
Bentzien, Hans 243, 287
Berger, Wolfgang 448, 475
Berkes, Ulrich 105
Bernhof, Reinhard 253f., 360, 385, 395, 399f., 404
Bernreuther, Werner 474, 519f.
Beyer, Frank 117
Beyer, Ursula 541
Biedenkopf, Kurt 542f.
Bieker, Gerd 116, 130, 236, 239–242, 250
Biele, Peter 384, 391f., 404, 420
Biermann, Wolf 23, 46, 103, 105, 115f., 123, 125, 130, 173, 246, 254f., 341, 343, 401, 428, 435, 439–444, 446, 457, 469f., 507, 542

Bitter, Ludwig 446f.
Bloch, Ernst 17, 97, 146f., 160, 162, 166, 168, 340
Boden, Manfred 428
Böhm, Karl 305
Böhme, Thomas 470f. 474, 503
Bonk, Jürgen 45, 176, 297
Borchers, Elisabeth 300
Bourquain, Klaus 267, 281
Brasch, Peter 472, 474
Braun, Volker 44, 115, 118f., 122, 124f., 127, 130, 246, 284, 297, 300f., 303, 427, 470f., 541, 543
Bräunig, Werner 15, 17, 23, 69, 116, 130, 173, 176, 179, 197–212, 218, 221f., 227–229, 232, 242, 250–252, 256, 301, 306f., 309, 318, 364, 375, 417, 419, 450
Brecht, Bertolt 94, 112f., 138, 160, 162, 182f., 204, 258, 291, 305–308, 315, 321, 324, 333, 438, 516
Bredel, Willi 167, 210, 235, 317
Breschnew, Leonid 240, 415
Brock, Rudolf 138, 158
Brümmer, Herbert 449
Bruna, Herbert 138, 172
Bruyn, Günter de 118, 266
Buschmann, Wolfgang 359f., 388–391, 400f., 404

Chruschtschow, Nikita 22, 143, 164f., 240
Cibulka, Hanns 427
Claudius, Eduard 113, 118, 137
Cronauge, Armin 448
Csiba, Làszlò 406
Czechowski, Heinz 15, 69f., 113, 173, 180, 200, 217, 226f., 245f., 255, 283–285, 293–295, 297, 299–322, 325, 344, 400, 536

Deichfuß, Horst 325f., 364, 385, 394
Dessau, Paul 286
Dominik, Hans 198

Döring, Stefan 471
Drawert, Kurt 15, 55, 474, 495, 502, 513–516, 518, 543
Dymschitz, Alexander Lwowitsch 111

Eckert, Wolfgang 236f.
Eggers, Gerd 253f., 394f., 402
Ehrenburg, Ilya 164f.
Eisler, Hanns 162
Eisold, Norbert 417
Endler, Adolf 15, 46, 97, 137–139, 143f., 146–151, 153–155, 163, 166, 172, 180, 223, 284, 300, 318, 329
Erb, Elke 246, 300f., 318, 472
Ernst, Stephan 417, 424, 441f., 475
Eschenberg, Hans 179

Faktor, Jan 125
Falkenhayn, Harry 431f.
Faust, Siegmar 260, 262, 265, 381
Fiedler, Heinz 326, 365, 367, 369
Field, Noel 150
Flegel, Walter 16, 236, 238, 372
Floß, Rolf 209, 427
Freitag, Franz 397
Fret, Rosemarie 256
Freyer, Egbert 372
Friedrich, Herbert 180, 224, 232
Friedrich, Walter 429
Friesel, Uwe 542, 544
Fröhlich, Paul 250f., 298
Frühauf, Jochen 255
Fühmann, Franz 66, 124, 177, 210, 229, 243, 375, 437
Fürnberg, Louis 204

Gehrke, Rudolf 40, 47, 91, 479f.
Gerlach, Harry 138, 158
Gießler, Günter 44f., 149
Giordano, Ralph 15, 57, 65, 97, 137, 140–142, 144, 146, 166–172, 223
Glante, Günter 236f.
Gloger, Gotthold 65f., 68, 138, 140f., 165, 171f., 223, 427
Göldner, Wilfried 371
Görlich, Günter 16, 118, 173, 179, 200, 235, 306

Gosse, Peter 71, 91, 105, 319, 418, 424f., 438, 443–446, 481, 486, 507, 544f.
Gotsche, Otto 317
Grass, Günter 258
Gratzik, Paul 16, 261, 396
Grimm, Christa 545
Grüning, Uwe 544
Gysi, Klaus 211

Habel, Hildegard 171
Hacks, Peter 334
Hager, Kurt 247, 444
Hahn, Erich 179, 233f.
Harder, Irma 427
Hartinger, Christel 303
Hartinger, Walfried 287, 303, 543
Härtl, Heide(marie) 263f., 363
Härtling, Peter 541, 544
Hastedt, Regina 428
Havemann, Robert 249, 252, 254, 298
Heartfield, John 150
Heiduczek, Werner 541
Hein, Christoph 127, 545
Hensel, Kerstin 15, 55, 72, 474, 516–518
Hermlin, Stephan 66, 113, 151, 230, 246, 302, 440
Herrde, Dietrich 49, 145, 176
Herzfelde, Wieland 17, 65–68, 97, 146, 150–165, 170–172, 175–177, 184–186
Heym, Stefan 118, 121, 167, 435
Hilbig, Wolfgang 263, 543
Hildebrandt, Ingrid 475
Hinck, Walter 545
Hohberg, Rainer 417, 475
Holtz-Baumert, Gerhard 16, 200, 306
Honecker, Erich 23, 120, 123, 127, 130, 240f., 249f., 376, 415, 439, 443f., 535
Huchel, Peter 230, 305–307, 321

Jackisch, Holger 474, 481, 483, 487–490, 493–495, 500, 511–513, 519, 533, 537, 543
Jakobs, Karl-Heinz 15, 114, 173, 179f.
Jakubietz, Maximilian 145, 199

PERSONENREGISTER   597

Janzen, Nikolai 145–148, 200, 308f., 318, 320
Jelinek, Elfriede 543
Jendryschick, Manfred 443
Jens, Walter 541, 544
Jentzsch, Bernd 217, 246, 284, 297, 301, 317, 542, 545
John, Constanze 61, 71
Jürgas, Gottfried 406

Kahlau, Heinz 112
Kampling, Harry 208f., 395
Kant, Hermann 117, 210, 341, 375, 437
Kanzog, Kurt 145, 208, 264, 290, 308, 419, 423, 430f.
Karalus, Wolfgang 180
Karasholi, Adel 245, 543
Keller, Dietmar 320, 536
Kellner, Wolfgang 264f., 396f.
Kettner, Reinhard 256
Kienast, Wolfgang 417
Kirchner, Annerose 446f., 475
Kirsch, Rainer 16, 46, 63f., 77, 105, 209, 217, 245–247, 251f., 254f., 283–285, 296f., 299–303, 318, 321–334, 340–345, 362–365, 369f., 380, 400f., 470, 541, 544f.
Kirsch, Sarah (Ingrid Hella Bernstein) 15, 64, 77, 105, 115, 125, 217, 245–247, 252, 254f., 283–285, 293f., 297, 300f., 303, 318, 321–339, 341–344, 359, 362, 369f., 398, 400, 470, 544
Kirsten, Wulf 301, 316f., 319, 427
Kleineidam, Horst 261, 325, 365, 398
Klemperer, Victor 17, 146f.
Klemt, Henry-Martin 474
Klingel, Harald 533
Klis, Rainer 46, 105, 474, 509, 513
Klüssendorf, Angelika 502f.
Knape, Wolfgang 443
Knappe, Joachim 173, 291
Knobloch, Heinz 427
Köditz, Jürgen 386–388, 420
Köhler, Barbara 15, 474, 519, 543
Köhler, Erich 179, 200, 218, 222, 227, 229, 306

Koch, Hans 115
Kokot, Florian 425
Kolbe, Uwe 105, 125, 471f., 474
Komm, Ulrich 172, 372
Könau, Hans-Joachim 424, 449
Kossuth, Leonhard 145, 164f.
Kotsch, Hans Sigmar 519
Koziol, Andreas 125
Krauß, Angela 15, 55, 63, 402, 416, 447, 451, 543
Kreitlow, Ernst 236
Krumbolz, Eckard 173
Kucharski, Heinz 223f.
Kuhnert, Reinhard 417
Kunert, Günter 112, 228
Kunze, Reiner 103, 115, 118, 123, 435
Kupsch, Joachim 138, 153f., 172, 180, 182–186
Kurczyk, Lothar 180
Kurella, Alfred 12f., 16, 31, 33–37, 42f., 48, 56f., 91–98, 100, 102, 142–150, 160, 162f., 166, 169–171, 175–178, 200, 219, 250, 290, 308, 544

Laabs, Joochen 427f.
Lademann, Erwin 138
Lange, Hans-Gert 138, 172
Lange, Inge 507
Lange-Müller, Katja 15, 46, 71, 73, 75, 104f. 368, 472, 474, 481, 495, 507–509, 513, 545
Lauterbach, Hermann Otto 179, 232
Lazar, Auguste 306
Lehmann, Günther K. 145, 175, 199, 203, 263, 295, 325, 418
Leist, Heino 179, 371
Lemme, Werner 421
Leonardt, Arne 179
Lindemann, Werner 16, 138, 149, 171f., 180, 223–225, 232, 246
Lindner, Christine 417, 441, 447, 475
Linnhofer, Alfons 236
Lipowski, Egbert 265f., 363, 378f., 402
Loest, Erich 15, 38, 57, 65, 68, 97, 124, 137, 139–144, 146–148, 150, 155, 158, 163f., 166, 169, 171f., 223, 291, 541f., 545

Löpelt, Peter 256, 377, 385, 395
Lorenc, Kito 301
Lorenz, Gottfried 171 f.
Löw, Peter 426
Luhnburg, Doris 366
Lukács, Georg 112, 155–163, 185

Mallwitz, Dieter 172
Marchwitza, Hans 113, 179, 210
Marohn, Norbert 105, 481, 510 f.
Maron, Monika 127
Matthies, Horst 372
Maurer, Eva (Eva Dehnert) 288, 299
Maurer, Georg 17, 23, 60 f., 64, 69 f., 77, 129, 146, 148 f., 166, 183, 199, 209, 217 f., 247 f. 254 f., 283–300, 303, 306–308, 316, 318 f., 323–325, 328–331, 333–335, 337, 339 f., 342–345, 362, 364, 369, 376 f., 418, 438, 518, 536, 541
Mayer, Hans 17, 94, 97, 112, 115 f., 139, 146 f., 259, 290, 308, 541, 544 f.
Mehnert, Günter 427
Melle, Fritz Hendrik 125,
Metz, Ursula 244
Meyer, Hans Joachim 534, 540 f., 543 f.
Mickel, Karl 115, 217, 246, 255, 284, 297, 300 f., 303 f., 318, 399 f.
Mohr, Steffen 46, 72, 366 f., 384, 395, 417, 422 f.
Morgner, Irmtraud 121, 452
Mucke, Dieter 46, 69, 105, 130, 209, 211, 249, 251–254, 256, 395, 402, 422, 426, 428 f.
Müller, Armin 205
Müller, Heiner 112 f., 116, 118 f., 121, 124, 318
Müller, Josef 236
Muschg, Adolf 543, 545

Nalewski, Horst 23, 43, 47, 199, 257, 259, 296 f., 308, 325
Neumann, Gerhard 180
Neumann (Härtl), Gert 16, 218, 260, 263, 363, 402, 470, 545
Neumann, Lonny 447 f.
Neumann, Margarete 263

Neutsch, Erik 114–116, 210, 251, 341, 365, 437
Novak (Vigfusson), Helga Maria 16, 44, 46, 218, 248 f., 252–254, 256, 284, 298, 343, 395, 402
Nowotny, Joachim 419, 423 f., 437 f., 443, 475, 507

Oplustil, Karlheinz 379 f.
Otto, Rainer 242

Pannach, Gerulf 425 f.
Papenfuß, Bert 125, 471
Pfeiffer, Hans 91, 264, 419, 428, 430–432, 438, 501 f., 535 f.
Pickert, Horst 264, 419, 421 f.
Pietraß, Richard 319
Plate, Friedrich 384 f., 420, 448
Plenzdorf, Ulrich 105, 121 f., 130, 427 f., 510
Polichronidis, Christos 448
Poppe, Grit 55
Preißler, Helmut 16, 137 f., 149, 153 f., 172, 180 f., 223, 229, 260, 302, 324
Preuß, Gunter 367, 416 f., 423, 443
Prinz, Rudolf 392–394, 404, 420, 446 f., 449 f.
Püschel, Walter 66, 138, 153 f., 158

Quast, Odwin 260, 262

Radek, Karl 161
Ragwitz, Ursula 444 f., 475, 478, 507 f.
Raischies, Karin 255
Räppel, Karl-Heinz 232, 371
Reichwald, Fred 138, 158 f., 224
Reimann, Andreas 16, 105, 130, 217 f., 248 f., 252–255, 263, 284, 295 f., 298, 300, 343, 395, 422, 426, 428 f.
Reimann, Brigitte 114 f., 233–235, 256, 437, 448, 452
Reinhard, Annemarie 48
Respondek, Gerhard 180
Richter, Helmut 48, 51, 63, 75, 91, 104 f., 218, 242, 293, 299, 319 f., 380, 417 f., 423, 425, 443, 487, 501, 507, 533 f., 536, 540, 542, 544 f.
Richter, Manfred 224

PERSONENREGISTER

Richter, Trude 17, 60, 64, 199, 204, 206, 211, 296, 308, 325, 535
Rodrian, Fred 16, 99, 173
Rodrigo, Theodor 255
Rosenlöcher, Thomas 15, 105, 416, 424, 439, 441f., 454–456, 475
Rosenthal, Rüdiger 471
Rothbauer, Gerhard 36, 60f., 265f., 366f., 419, 425, 427–430, 432–436, 438, 444, 446
Rump, Bernd 417, 426

Saalmann, Günter 426
Sailer, Till 73, 76f.
Salomon, Horst 118, 173, 179, 200, 205f., 218, 222, 227f., 232, 297, 306f.
Schade, Helmut 245
Schädlich, Hans-Joachim 545
Schäfer, Paul Kanut 99, 173
Schaller, Wolfgang 256
Schedlinski, Rainer 125, 471
Schernikau, Ronald M. 15, 63, 474, 495–497, 499–502, 519, 593
Schlesinger, Klaus 130, 427
Schmenger, Fritz 232
Schmidt, Kathrin 77f., 474
Schmidt, Konrad 427
Schmidt, Marianne 48, 419
Schmieder, Meike 265, 362f.
Schmoll, Werner 172
Schnatz, Walter 426
Schröder, Ralf 429
Schulz, Max Walter 11, 16f., 42–44, 46, 54f., 61, 64, 75, 91, 98–105, 130, 173, 180, 199, 208, 211, 225f., 235, 244f., 248f., 255, 257, 260, 263, 319, 380f., 392, 395, 416f., 419f., 425, 428f., 437, 440f., 445, 447, 475, 479, 502, 507, 548
Schulz-Semrau, Elisabeth (Semrau-Groß) 99, 417, 419, 425, 444
Schulze, Axel 253f., 256, 298, 395, 427
Schumacher, Siegfried 267
Sczeponik, Ursula 48, 423
Seghers, Anna 112, 138, 166, 258, 336, 380, 419, 437
Semmler, Horst-Ulrich 105, 428
Seiler, Lutz 543

Sell, Gundula 474, 481, 517f.
Senkbeil, Heinz 371, 397f.
Serke, Jürgen 304, 311
Sewart, Karl 386f.
Shaw, Elisabeth 169f.
Shdanow, Andrej 110
Sokolowski, André 474, 519
Sperling, Helmut 138, 171
Stade, Martin 16, 105, 130, 261, 378, 396, 422, 426–428
Stalin, Josef 22, 37, 59, 95, 141, 148, 165, 305
Steinhaußen, Klaus 218, 242, 245, 254, 260, 299, 301, 417
Steinhaußen, Ursula 45, 176
Steiniger, Kurt 173, 180, 223f., 291
Steinmann, Hans-Jürgen 179, 229
Stöbe, Siegfried 179
Strahl, Rudi 99, 173, 371
Striegler, Günter 380–383, 395, 404, 448
Strittmatter, Erwin 258, 341, 437
Strittmatter, Eva 57
Strube, Wilhelm 145, 158

Tappert, Christiane 417, 447
Tetzner, Gerti (Gertrud) 16, 105, 263, 363, 443, 452
Tuschel, Karl-Heinz 69, 173, 200, 297

Uhlitzsch, Joachim 146
Ulbricht, Walter 12f., 23, 37, 41, 62, 92f., 167, 182, 228f., 234, 236f., 240, 243, 248, 250, 261f., 376, 415

Viertel, Martin 99, 172f., 179, 218, 227
Völkel, Ulrich 325f., 361–363, 369f., 376f., 398

Walther, Joachim 235, 427
Walther, Klaus 244
Wander, Fred 15, 65, 137, 139–148, 152–154, 158, 172
Warnatzsch, Joachim 325, 370–376
Wartenberg, Günther 545
Weber, Hans 76, 326
Weber-Liebscher, Martha 140, 171
Weigel, Helene 306
Weinert, Erich 204, 220, 306, 326, 371

Weinhold, Siegfried 406
Weiß, Rudolf 138
Wend, Rosemarie 419
Werner, Walter 172, 179, 227, 232, 291
Wiens, Paul 169, 305, 341
Witt, Hubert 52, 405, 501, 507, 533, 535, 538
Wolf, Christa 103, 114f., 118f., 121, 124f., 127, 210, 229, 239, 250, 266, 341, 437, 470f.
Wolf, Gerhard 200, 226, 245, 287f., 300f., 310, 319
Wolf, Klaus 179

Wolter, Christine 428
Wünsche, Günter 256
Wurzberger, Karl 372

Ziemer, Gudula 474, 496
Zimmering, Max 33, 36, 53, 57f., 91, 98f., 176, 199, 207f., 219f., 222–225, 229, 231f., 247f., 308, 322, 544
Zimmermann, Ingo 543f.
Zipprich, Dagmar 236, 238f.
Zoppeck, Robert 47, 419, 423
Zschuckelt, Lothar 419, 475f., 507
Zwerenz, Gerhard 97